A ascensão do "resto"

FUNDAÇÃO EDITORA DA UNESP

Presidente do Conselho Curador
Herman Voorwald

Diretor-Presidente
José Castilho Marques Neto

Editor-Executivo
Jézio Hernani Bomfim Gutierre

Conselho Editorial Acadêmico
Antonio Celso Ferreira
Cláudio Antonio Rabello Coelho
José Roberto Ernandes
Luiz Gonzaga Marchezan
Maria do Rosário Longo Mortatti
Maria Encarnação Beltrão Sposito
Mario Fernando Bolognesi
Paulo César Corrêa Borges
Roberto André Kraenkel
Sérgio Vicente Motta

Editores-Assistentes
Anderson Nobara
Arlete Zebber
Dida Bessana

Alice H. Amsden

A ascensão do "resto"
Os desafios ao Ocidente de economias com industrialização tardia

Tradução
Roger Maioli dos Santos

© 2004 da Editora Unesp

© 2001 Oxford University Press, Inc. Esta tradução do The Rise of the "Rest", originalmente publicada em inglês em 2001, é publicada em acordo com a Oxford University Press, Inc. [This translation of The Rise of the "Rest", originally published in English in 2001, is published by arrangement with Oxford University Press, Inc.]

© 2007 da tradução brasileira

Fundação Editora da UNESP (FEU)
Praça da Sé, 108
01001-900 – São Paulo – SP
Tel.: (0xx11) 3242-7171
Fax: (0xx11) 3242-7172
www.editoraunesp.com.br
feu@editora.unesp.br

CIP – Brasil. Catalogação na fonte
Sindicato Nacional dos Editores de Livros, RJ

A548a

    Amsden, Alice A. (Alice Hoffenberg)
    A ascensão do "resto" : os desafios ao Ocidente de economias com industrialização tardia/Alice H. Amsden; tradução de Roger Maioli dos Santos. – São Paulo: Editora UNESP, 2009.

    Tradução de: The Rise of the "Rest" : challenges to the west from late-industrializing economies

    Inclui bibliografia
    ISBN 978-85-7139-916-7

    1. Industrialização – Áreas subdesenvolvidas – História. 2. Concorrência. I. Título.

09-1447.
                                                        CDD: 338.90091724
                                                        CDU: 338.45(1-772)

Editora afiliada:

Sumário

Apresentação   7

Prefácio   21

I. Ficando para trás, de 1850 a aproximadamente 1950   25

    1 A industrialização tardia   27

    2 A ossada dos tecelões manuais   69

    3 Tribulações da transferência tecnológica   105

    4 Investimento em três frentes   137

    5 A importância da experiência manufatureira   189

II. Avançando furtivamente, a partir de aproximadamente 1950   225

    6 Acelerando   227

    7 Segregação seletiva   287

    8 Empresas líderes nacionais   335

III. Preparando-se para o confronto, a partir
de aproximadamente 1980   431

9   De mecanismos de controle para
mecanismos de resistência   433

10   O "resto" ascenderá uma vez mais   487

Referências bibliográficas   503

Índice remissivo   565

Apresentação

GLAUCO ARBIX[1]

No debate que freqüentou o mundo das Ciências Sociais e da Economia desde a década de 1990 o corpo teórico e analítico construído por Alice Amsden tem lugar obrigatório. Seja pela contraposição ao *mainstream* econômico, marcado pelas concepções de inspiração neoclássica, seja pelo caráter antecipatório de seus escritos, principalmente em relação ao peso da China.

Para a autora de *A ascensão do "resto"*, o "resto" se refere a um seleto grupo de países, em geral caracterizados como emergentes, que aumentou significativamente sua participação no comércio internacional, inclusive em áreas e setores industriais atém então dominados pelos países avançados do Ocidente e pelo Japão. Ao longo da década de 1990, esse grupo de países iniciou também um processo de

---

1 Professor do Departamento de Sociologia da USP, coordenador do Observatório da Inovação do Instituto de Estudos Avançados (USP) e pesquisador da Fapesp e do CNPq.

diferenciação interna, seja em termos de suas escolhas estratégicas e investimentos, seja em termos de suas opções políticas de longo prazo. China, Coréia, Índia e Taiwan consolidaram seus sistemas nacionais de produção e serviços assim como impulsionaram a construção de empresas e conglomerados que passaram a investir de modo significativo em Pesquisa e Desenvolvimento (P&D) e se tornaram, por isso mesmo, corporações líderes em certas áreas da ciência e tecnologia. Num estilo distinto, conta-nos o livro, Brasil, México, Turquia e Argentina vivenciaram experiências intensivas em fusões, aquisições e privatizações. Colheram, com isso, resultados relativos bem inferiores em termos da consolidação de empresas nacionais com capacidade de liderança internacional; assim como suas economias carregaram a marca da instabilidade ou do baixo crescimento.

Até que ponto as escolhas que os países do "resto" fizeram ao longo dos anos 1980 e 1990 — assim como as escolhas que não fizeram — pesaram para determinar seu padrão de desempenho e de inserção no mundo do século XXI?

Será que a globalização da economia ainda deixa algum espaço para a efetividade das políticas nacionais? Como? E quais?

Existiria alguma chance real de essas economias em desenvolvimento ganharem espaço efetivo no cenário internacional e alcançarem um patamar de qualidade de vida equivalente ao de nações avançadas? Ou será que o avanço desses países seria apenas circunstancial? E, no longo prazo, tenderiam a retomar sua condição original, mantendo-se teimosamente em sua condição de atrasados?

Para Alice Amsden não há nem haverá caminhos nem escolhas fáceis para os países que procuram seu próprio espaço no concerto internacional. A assimetria de poderes, a parcialidade das regras internacionais e a natureza da disputa pelos mercados são enormes obstáculos para os países que procuram alçar-se entre os mais avançados. Apesar desses constrangimentos anotados pela autora, é bom que se diga, este não é um livro pessimista. Pelo contrário, trata-se de um livro que incomoda alguns pela crítica ácida, mas, para outros, ajuda a recompor um quadro de discussão que pode auxiliar na construção ou na retomada de estratégias de desenvolvimento. Há, certamente, pontos muito recorrentes na literatura desenvolvimentista, principalmente a de tradição latino-americana. A ênfase na ação estatal nem sempre aparece como novidade, sobretudo para o leitor brasileiro, argentino ou mexicano. Mas o é de 2001, num período em que o Estado era apresentado somente como parte do problema. E, como parte da polêmica, deveria se afastar das funções ligadas ao desenvolvimento. Tendo isso em conta, o livro introduz interpretações que se pautaram pelo contraponto. Esse é seu valor real, pois firmou-se como um convite à reflexão alternativa às convenções que então predominavam.

A trajetória

Alice Amsden é professora de Economia Política no Departamento de Urbanismo e Planejamento do Instituto de Tecnologia de Massachusetts (MIT), nos Estados Unidos. Tornou-se mundialmente conhecida por seus trabalhos sobre o lugar da ação pública na promoção do desenvolvimento, em especial nos países de industrialização recente. Seu livro mais importante, *Asia's Next Giant: South Korea and Late Industralization*, publicado em 1989, foi premiado como o melhor Livro de Economia Política pela Associação Norte-Americana de Ciência Política.

À época, os escritos de Amsden irromperam como um dos mais vigorosos — e raros — contrapontos às visões que buscavam apresentar o salto coreano como decorrente de sua orientação para as exportações e a liberalização de sua economia. Sua análise introduziu no debate novos componentes, em particular os relacionados à desconfiança dos planejadores e das autoridades públicas, assim como dos empresários coreanos, das concepções mais sintonizadas com o livre mercado. Ao aprofundar sua análise sobre a rejeição dos mecanismos mais usuais da regulamentação econômica, como a livre formação de preços pelos mercados, o livro de Amsden revelou uma trajetória até então invisível da economia coreana, deu destaque à ação do Estado e mostrou como a Coréia, em certo sentido, fez praticamente tudo ao contrário das recomendações marcadamente neoclássicas, que se haviam disseminado mundialmente, muitas delas graças à atuação do Banco Mundial. As análises do Banco, diga-se de passagem, seriam fortemente contestadas por Amsden, ao longo de toda sua carreira.

Caracterizadas como ideologicamente orientadas e distantes da realidade, as interpretações gerais mais ortodoxas cederam lugar à análise concreta da atuação do Estado e da sinergia — virtuosa, segundo a autora — estabelecida entre o setor público e o privado na Coréia.

Desse prisma, Amsden identificou os instrumentos que viabilizaram o desenvolvimento de tecnologias e a elevação acelerada da qualificação e capacitação industrial. Foi assim que a Coréia, de um país acostumado apenas a emprestar ou copiar tecnologias, teria superado o apego tradicional de sua indústria ao padrão tecnológico da produção têxtil, teria avançado pelos meandros das novas técnicas da siderurgia e alcançado o controle e desenvolvimento de uma gama de indústrias, produtos e serviços *high-tech*. Essa acelerada trajetória impressionava o mundo da época — e, em certo sentido, atrai nossa atenção até os dias de hoje —, principalmente porque o desempenho coreano estendeu-se para além da economia e conseguiu manifestar-se em todos os domínios da vida social, com a elevação do padrão da saúde, educação e da qualidade de vida de sua população. A Coréia avançou pelo território dos países avançados e passou a se comportar como tal, realidade essa até mesmo negada por teorias mais pessimistas do desenvolvimento.

Para sustentar esse avanço, disse Amsden, a Coréia desenvolveu intensamente políticas industriais, controlou preços, privilegiou setores, escolheu áreas estratégicas, utilizou-se fartamente do câmbio e de subsídios como incentivos às exportações, ao seu crescimento e ao fortalecimento de suas empresas. Mais do que isso, construiu instituições voltadas para sustentar todo o esforço público e privado pelo desenvolvimento nacional.

Ou seja, a Coréia (e também Taiwan) obteve sucesso exatamente onde outros países, de estatura similar, fracassaram. E isso exatamente porque teriam dado primazia aos mercados como determinantes de seu crescimento, em detrimento de uma incisiva atuação do Estado, da busca incessante de conhecimento e inovação e da construção de instituições adequadas para isso.

Por sugerir essa mudança de paradigma na análise do desempenho econômico das nações, por restabelecer o lugar do Estado e das políticas industriais, *Asia's Next Giant* marcou os debates de toda uma geração de economistas e cientistas sociais.

A expansão da análise

Em *A ascensão do "resto"*, Amsden continua ancorada nos pilares de sua análise anterior sobre o caso coreno. Neste livro, porém, amplia e desenvolve ainda mais sua preocupação central, identificando um grupo de países (*latecomers*, os que chegaram depois) que estariam transitando para o desenvolvimento, ainda que diferenciadamente.

O que teria levado esse grupo a ocupar um lugar de proeminência na arena internacional, apesar de sua condição de "atrasado"? Maior liberalização — e conseqüente melhor funcionamento — de sua economia, segundo as regras do livre mercado? Instituições mais eficientes? Sua maior integração no comércio internacional?

Para Amsden, esse segredo só pode ser encontrado na recuperação do lugar do Estado e no seu papel-chave no comando de estratégias nacionais de desenvolvimento. Além da Coréia e de Taiwan, o livro agora trata de outros países asiáticos (como China, Malásia, Indonésia, Tailândia e Índia) e da Turquia. Mas também expande suas análises para a América Latina, envolvendo Brasil, Chile, México e Argentina. Todos esses países, ainda que de modo diferenciado, deram enormes passos no pós-guerra para superar seu atraso secular.

Os números expostos pelo livro são eloqüentes: entre 1960 e 1980, o PIB desses países aumentou em média 9% ao ano; as exportações cresceram a uma cadência de dois dígitos nos últimos cinqüenta anos; de 1950 ao início da década de 1970 a renda *per capita* dobrou em alguns países e quadruplicou em outros. Para Amsden, há processos ainda pouco iluminados que seriam os únicos capazes de explicar as razões desses avanços espetaculares. O ponto central de sua análise é que as estratégias implementadas por esses países constituíram-se como claras rupturas em relação ao período anterior à Segunda Guerra.

Que novos rumos seriam esses?

A incursão teórica da autora destaca o lugar especial que passou a ocupar a geração de conhecimento e o desenvolvimento de tecnologia no mundo do pós-guerra. Todos esses países, em maior ou menor grau, perceberam essa nova realidade e dotaram-se de instrumentos e políticas que valorizaram e permitiram essa busca intensiva de conhecimento para qualificar seu sistema produtivo ainda incipiente.

Como é reconhecido, esse conhecimento ligado à produção e aos processos de inovação nem sempre são facilmente comprados, copiados ou mesmo recriados. Não só seus mecanismos mais sutis são protegidos pelas empresas, como, fundamentalmente, há dimensões desse conhecimento que não podem ser codificadas. Trata-se do conhecimento tácito, de difícil apreensão.

Essa ênfase na novidade introduzida pelo conhecimento e pela tecnologia é provavelmente o ponto mais forte de seu livro, cujo valor tende a ser diminuído quando a leitura é mais ligeira — afinal, a saliência da mão forte do Estado é mais facilmente apreendida e, sem dúvida, também mais polêmica. Claro que a ênfase da autora estimula essa percepção. Mas como o livro carrega a intensidade do debate dos anos 1990, pode ser uma boa sugestão um olhar para o que permanece com maior significado ao longo do tempo.

O recorte com base na busca do conhecimento estabeleceu um verdadeiro divisor de águas entre as análises de Amsden e as de perfil mais convencional. Sua lógica permitiu que a autora tomasse o conhecimento com todas as imperfeições, dificuldades e incertezas que cercam sua geração. A instabilidade acentuada desses processos — decorrente da natureza própria do conhecimento — retira das mãos exclusivas do mercado a dinâmica de formação de preços para o trabalho, capital e mesmo para a terra. Se a questão de fundo é viabilizar um salto para o desenvolvimento, a intervenção do Estado torna-se essencial, tanto para abreviar os ritmos da produção quanto do acesso ao conhecimento novo. Caso contrário, os mecanismos de defesa dos mercados tenderá a destilar, a conta-gotas, os determinantes mais avançados da competitividade das economias. Segundo a autora, quando o assunto é o binômio conhecimento-desenvolvimento, os mercados não podem se manter na condição de árbitros exclusivos da produtividade das empresas e das economias. Se isso acontece, as economias atrasadas tenderão a perpetuar-se no atraso. Exatamente por isso, a definição de incentivos, de metas e o monitoramento e a avaliação permanentes do desempenho das empresas e da economia — executadas conjuntamente pelo setor público e privado — teriam condições de funcionar de modo eficiente.

Ao afirmar a intervenção do Estado como uma decisão estratégica, Amsden deixa claro que a ação estatal não estaria orientada para a correção de eventuais falhas de mercado, de coordenação ou de externalidades, como sugerem as visões mais ortodoxas. A atuação do setor público, de acordo com Amsden, seria justificada como o único meio de superação do *gap* de competitividade dos países atrasados, hiato esse que encontra suas raízes na carência básica de conhecimento e tecnologia. Exatamente por isso, as recomendações de Amsden apontam, como regra, para a formação dos preços por fora dos mecanismos de mercado, via bancos ou linhas especiais sustentadas pelos governos. No caso brasileiro, o melhor exemplo viria da atuação do Banco Nacional de Desenvolvimento Econômico e Social (BNDES), com suas linhas de juros subsidiados.

Como lidar, porém, com trajetórias da ação estatal que, ao longo da história, foram marcadas por fenômenos de promiscuidade quando não de apropriação do público pelo privado?

Problemas desse tipo, em particular caros para nós brasileiros (mas não só), receberam da autora uma recomendação especial: as relações entre as empresas e os governos precisam necessariamente ser marcadas pela reciprocidade. Ou seja, precisam estar assentadas sobre um pacto de direitos e deveres que preserva, antes de tudo, o retorno para a sociedade dos investimentos públicos realizados no setor privado. No livro, essa questão é trabalhada em várias dimensões, seja do ponto de vista geral, da macroeconomia, seja do ponto de vista da evolução de uma empresa. Metas e objetivos só poderiam ser fixados com esse lastro, o que exigiria o acompanhamento e a avaliação sistemáticos do retorno social dos investimentos públicos no setor privado.

Essa reciprocidade é tida como crítica na análise da autora e apresentada como a principal inovação institucional elaborada e definida por esse grupo de países, ainda que sua implementação no mundo real nem sempre tenha recebido no livro a necessária atenção.

Ao estabelecer a busca do conhecimento com base na reciprocidade entre o público e o privado como o diferencial básico do comportamento desses países, Amsden conclui que a intervenção pesada dos governos surge, dessa forma, não somente como possível, mas como necessária. E, ao intervir, os governos tendem a distorcer preços, o mercado de trabalho e os termos da própria competição, sempre em favor de sua indústria nativa. Para isso, o livro apresenta exemplos abundantes sobre o disciplinamento dos mercados e mesmo de empresas executado por esses países. O Estado atua permanentemente como a mão visível, aquela que costura pactos, sela acordos, define incentivos, redireciona investimentos, hierarquiza e prioriza. Para Amsden, esse comportamento, fruto de escolhas de longa duração, seria o fator determinante a explicar a emergência do "resto".

Competição, Estado e idéias imperfeitas

Apesar de ter sido escrito em 2001, há muito o que aprender no livro de Amsden. Ainda mais na época em que vivemos, de questionamento dos rumos da economia mundial e de um certo tipo de fundamentalismo de mercado. A crise financeira que sacode o planeta certamente abrirá novos rumos para um reposicionamento dos países. Como o "resto" vai se comportar? Diferenciadamente, ao certo, pois não tem o mesmo peso nem ocupa lugar semelhante na arena mundial.

Os argumentos do livro de Amsden são incisivos e orientados para a polêmica. Mas será que tomados em sua leitura estrita ajudarão a América Latina a superar as profundas decepções com o funcionamento dos mercados? Ou apenas deixarão entreaberta a porta da intervenção estatal, de mais fácil lida, que poderá apenas repetir — agora com lances mais dramáticos — uma história que vários desses países já experimentaram?

Esse é o trabalho insubstituível do leitor.

Nesta apresentação, coube-nos apenas apontar para o leitor o quão sugestiva é a idéia do livro de Amsden sobre as escolhas distintas que o Brasil fez em relação à Coréia, à China e à Índia. Principalmente se forem levados em conta os resultados colhidos, quer em termos da economia, da tecnologia, quer dos indicadores sociais; em todos esses transparece a timidez do desempenho brasileiro, o que nos instiga a aprofundar os estudos comparativos, ainda incipientes em nosso país. As análises de Amsden levam-nos a repensar a natureza e as características do *developmental state*, conceito que percorre todo o seu livro. Nesse sentido, as aproximações com o nosso desenvolvimentismo são inevitáveis, pois há traços, práticas e instrumentos comuns. O *developmental state* de Amsden, porém, está embebido pelas concepções de Chalmers Johnson, e foi construído com base na experiência concreta do Japão do pós-guerra. Ou seja, não tem como referência a experiência latino-americana, em muito estimulada pela Comissão Econômica para a América Latina e o Caribe (Cepal). Essa diferença foi um dos motivos que levaram Johnson a utilizar *developmental* em vez de *developmentalist*.

Há semelhanças, claro. Mas, no livro, as diferenças são muitas, a começar pela não-cumplicidade com a ineficiência. O *developmental*, no caso, se refere a um Estado que planeja, define prioridades e hierarquiza seus investimentos; que baseia sua ação na reciprocidade (ou seja, a ação e os recursos públicos não se movem numa via de mão única); que orientou todo o seu esforço para as exportações e a disputa de qualidade no mercado internacional; um Estado que monitora e avalia permanentemente; que está orientado para capacitar as empresas e, por isso mesmo, exige a elevação sistemática de seu padrão de produtividade e competitividade; que investe na qualificação e educação como prioridade.

Para Amsden, o Brasil está na companhia da Argentina e do México, que persistem como exemplos de escolhas equivocadas ou malfeitas, pois não se orientaram para a construção de grandes empresas nacionais, competitivas e exportadoras. A análise é forte, mas pede mais aprofundamento. Sobretudo porque em vários setores industriais e mesmo de serviços, o Brasil construiu empresas mais qualificadas do que a China ou a Índia, a exemplo de nossa siderurgia, construção de aviões, prospecção em águas profundas e biocombustíveis, para não falar de nossa agricultura. Em todas essas áreas intensivas em tecnologia, o Brasil alcançou liderança mundial.

A opção analítica do livro, porém, foi outra, em parte marcada pela sua época. O argumento construído sugere que na metade da década de 1980 escolhas decisivas foram feitas por esses países, o que deu origem a dois grupos distintos no interior do "resto": o dos países "independentes" — como China, Coréia, Índia e Taiwan — que investiram na produção autóctone de tecnologia; e o dos *integrationists* — Brasil, Argentina, Chile, México e Turquia — ou seja, aqueles países teriam optado por não estimular intensamente a capacitação tecnológica própria e apoiar a formação de grandes empresas nacionais. Esse grupo teria, segundo a autora, optado pela compra de tecnologia, pela confiança no investimento externo, nos processos de transferência tecnológica ou pela esperança de que alguma tecnologia poderia transbordar para o tecido produtivo (*spilloovers*) a partir das empresas estrangeiras instaladas em seu território.

O livro não explicita, porém, a origem e o desenvolvimento das diferentes estratégias nos dois modelos. No caso brasileiro, por exemplo, toda a experiência do II Plano Nacional de Desenvolvimento (PND) é minimizada. O ponto que chama atenção é que não há referência precisa sobre as fases e os os momentos do crescimento acelerado, que nem sempre são os mesmos para os distintos países. A China, por exemplo, começou praticamente a crescer quando o Brasil começou a estagnar. Seriam as duas fases de crescimento comparáveis? Ou teríamos de comparar o crescimento rápido com a fase brasileira de baixo crescimento?

No caso das exportações, a mesma dúvida aflora: a orientação para o mercado externo foi importante? Quão importante? O avanço das exportações em áreas de maior densidade tecnológica teria sido possível em todos os países nas décadas de 1940, 50, 60 ou 70? As exportações desses períodos seriam comparáveis com as de anos mais recentes, após o surgimento da Organização Mundial do Comércio (OMC) e as mudanças das regras do comércio internacional?

Todas essas questões levam-nos a perguntar se a divisão básica do livro — *integrationists* e *independentes* — é sustentável teoricamente, ou obedeceria a lógicas, ritmos e pesos sociais diferentes que os países exibem a respeito de itens como "eficiência do Estado", "instituições", "democracia". Esta, por exemplo, sugere um olhar sobre os diferentes tipos de regime político que se instalaram nos países do "resto". Uma sociedade antidemocrática como a chinesa, em que todos os processos decisórios passam pelo Estado, em que não há possibilidade de contestação dos planos governamentais, em que a razão de Estado se identifica com as razões da sociedade, pode ser caracterizada como um *developmental state* da mesma natureza que o Estado brasileiro, argentino ou mesmo indiano? A resposta permanece como um desafio, já que o livro não arrisca seu desenvolvimento.

Em outra chave, ao apresentar a intervenção do Estado como um novo paradigma para todos os emergentes, Amsden parece subestimar experiências fortes na mesma direção que se realizaram na América Latina. O Estado brasileiro, entre as décadas de 1940 e 80, mostrou-se particularmente proativo, muito antes do que na Coréia e mesmo na China. Isso significa que o esforço para qualificar e diferenciar a atuação estatal é chave para a compreensão de todas as tentativas feitas por esses países para superar seu atraso. No entanto, sabe-se que nem todos os países têm as mesmas condições sociais e o mesmo padrão de relacionamento entre a esfera pública e a privada. Essa talvez seja a principal lacuna do livro, pois Amsden pouco elabora sobre as relações entre Estado e sociedade que, além de serem dinâmicas e móveis ao longo do tempo, apresentam características sensivelmente distintas entre os vários integrantes do "resto".

O aprofundamento dessas relações permitiria, por exemplo, melhor compreensão do relacionamento íntimo que o Estado coreano contraiu com o setor privado, como a trajetória dos *Chaebols*[2] pode ilustrar. No mesmo sentido, o leitor teria mais condições de compreender como a atuação do Estado chinês foi essencial para que uma série de empresas ocupasse um lugar de destaque na economia mundial. Ou então, teríamos mais dados e referências para refletir sobre vários problemas decorrentes da simbiose entre público e privado — como a corrupção — que ganharam pouca importância na argumentação do livro.

O tratamento em profundidade dessas questões ainda é tarefa por ser feita, já que a preocupação de dotar os países de um novo ferramental voltado para o desenvolvimento permanece mais do que atual.

A recuperação do lugar do Estado no desenvolvimento e na superação do atraso é importante. Mas é fundamental reconhecer que esse é apenas o primeiro passo, pois o exercício, para se completar, pede a definição da qualidade da atuação estatal, do relacionamento preciso que deve contrair com o setor privado. Esses pontos são tão ou mais importantes, pois vão além de um contraponto extremo ao pensamento mais ortodoxo que recusa *in limine* a atuação estatal.

Amsden deixou-nos um libelo contra a ortodoxia. Indicou-nos também uma série de outros desafios para a construção de novos paradigmas de desenvolvimento econômico e social.

Nada, como se sabe, substitui a análise histórica e social de cada país, o que permite identificar as condições de possibilidade de cria-

---

2 Grandes conglomerados de empresas, que atuam simultaneamente em setores diferenciados da economia e, em geral, originados e/ou vinculados a famílias tradicionais. Samsung, Hyundai e LG, entre outros, seriam exemplos desses agrupamentos.

ção ou atuação de suas instituições. A sua realização é árdua, exige pesquisa e paciência, mas é a única via que permite o reconhecimento dos limites e a possibilidade da política e da atuação estatal, de modo que não se reproduzam, pela negativa, as receitas universais muitas vezes divulgadas pelo pensamento econômico ortodoxo.

O contraponto e polêmica estão no DNA desse processo, em que novas sínteses ganharão realidade. Por isso mesmo, o livro de Amsden mantém suas qualidades e desperta interesse. Na área de Humanas, Exatas ou Biológicas, o leitor especializado ou apenas interessado nas experiências e no debate sobre o desenvolvimento encontrará nesta obra um excelente estímulo para o exercício de sua reflexão.

Prefácio

O comportamento do mercado tem como premissa a idéia de "escassez" — ela é a essência do valor. É portanto curioso que as principais teorias de desenvolvimento econômico tratem o conhecimento como um bem livre. Na teoria que alicerça as prescrições de políticas em prol do livre comércio, o conhecimento cai como maná do céu. Nas "novas" teorias do crescimento da década de 1980, o conhecimento em um dado país é o bem "público" quintessencial cujo uso por um indivíduo ou empresa não diminui sua disponibilidade para outros.

E, todavia, o conhecimento é o mais precioso de todos os ativos. O conhecimento necessário para concorrer em mercados mundiais, diversamente de informações factuais, compreende habilidades únicas, capacidades *sui generis*, novos conceitos de produtos e sistemas de produção idiossincráticos. Por ser exclusivo e específico de cada empresa, o conhecimento é tudo, menos universalmente disponível e gratuito. Ele é a chave para o desenvolvimento econômico, que envolve uma conversão da criação de riqueza centrada em ativos primários baseados em produtos na criação de riqueza centrada em ativos baseados no conhecimento.

Este livro examina como os retardatários avançaram em um ambiente em que o conhecimento era de difícil acesso e constituía uma barreira à entrada erigida pelas empresas estabelecidas. Ele analisa as propriedades gerais do "aprendizado puro", ou da industrialização "tardia", com base primeiro em tecnologias que já eram comercializadas por empresas de outros países. O comportamento de mercado de economias que se industrializaram durante a Primeira e a Segunda Revoluções Industriais com o auxílio de tecnologias radicalmente novas mostra-se distinto do comportamento de mercado de economias que se industrializaram na ausência de quaisquer produtos ou técnicas de produção originais, ambos tendo requerido diferentes políticas, instituições e teorias para que o desenvolvimento econômico tivesse sucesso.

Muitas pessoas ajudaram-me com este estudo. Sou grata pelas sugestões, comentários ou outras formas de auxílio de Bjorn Beckman, Brenda Blais, Connie Chang, Wan-Wen Chu, Daniel Chudnovsky, Joel Clark, Carissa Climaco, John Coatsworth, Josh Cohen, Diane Davis, Carter Eckert, Zdenek Drabek, Yoon-Dae Euh, Peter Evans, Giovanni Federico, Duncan Foley, Roberto Frenkel, David Friend, Pankaj Ghemawat, Stephen Harber, Maria Innes Barbero, Devesh Kapur, Maryellen Kelley, Duncan Kincaid, Emine Kiray, Sanjaya Lall, Thomas Tunghao Lee, Liz Leeds, Choon Heng Leong, Youngil Lim, Yeo Lin, o falecido Qiwen Lu, Brooke Malkin, Daniel Malkin, Sunil Mani, Stephen Marglin, Sunshik Min, Antonio Morales, Maurício Mesquita Moreira, Juan Carlos Moreno, Mona Mourshed, O. Wonchol, P. K. O'Brien, Arturo O'Connell, Peter Perdue, Tom Rawski, Jaime Ros, Bish Sanyal, John Schrag, Margin Schulz, Helen Shapiro, Ajit Singh, Andrés Solimano, Edward Steinfeld, Francês Stewart, Akira Suehira, Lance Taylor, Peter Temin, David Unger, Nick von Tunzelmann e Kathy Yuan.

Dados inéditos foram-me gentilmente fornecidos por Nancy Birdshall, Jorge Mario de Soto Romero, R. Deininger, Masataka Fujita, Anwarul Hoda, Angus Maddison e Wang Tzyy-po.

Uma bolsa do Social Science Research Council permitiu-me estudar com Joana Andrade e Dulce Monteiro Filha os padrões de desempenho definidos pelo Banco Nacional do Desenvolvimento Econômico e Social (BNDES), durante um período de 25 anos. A pesquisa de primeira classe dessas pessoas é reconhecida com gratidão. Informações sobre a indústria automobilística da China basearam-se em uma viagem de campo à First Auto Works, à Beijing Jeep e a fornecedores de peças de primeira camada em junho de 1997 com Dong-Yi Liu, Tom Rawski e Yu-Xin Zhang, patrocinada pela Academia Chinesa de Ciências Sociais. Yeong Bon Lee fez um trabalho notável ao estimar as fontes alternativas de finanças das burocracias do Japão e da Coréia apresentadas no Capítulo 6. Trabalhar com Hyun-Dae Cho em um artigo sobre as políticas tecnológicas da Coréia na década de 1990 ajudou a formular minhas idéias sobre política tecnológica de forma mais geral.

Jon Clark, meu assistente de pesquisa, merece agradecimentos especiais por ter sido legal, tranqüilo, perspicaz e divertido.

Por suas idéias estimulantes e suas críticas extensivas, uma reverência especial a Duncan Kennedy, Lex Kelso, Michael Piore, José António Ocampo, Raymond Vernon (*in memoriam*), Alfred Chandler, Joel Mokyr e Takashi Hikino.

A. H. A.
Cambridge, Massachusetts
Maio de 2000

I
Ficando para trás, de 1850 a aproximadamente 1950

1
A industrialização tardia

Depois da Segunda Guerra Mundial um punhado de países não pertencentes ao Atlântico Norte — *o "resto"* — se alçou à condição de concorrentes de classe mundial em uma vasta gama de indústrias de média tecnologia. As receitas nacionais alcançaram níveis sem precedentes e a renda *per capita* dobrou em questão de décadas. Como a industrialização vingou entre esses primeiros retardatários, por que ela seguiu uma trilha única e exclusiva e o que certos países fizeram para chegar mais longe do que outros são as questões de que trata este livro. Por volta do final do século, a empáfia decorrente do sucesso econômico havia levado o "resto" a se superexpandir e a se endividar. Mas ele ainda dava todos os sinais de que continuaria a mordiscar o pão com manteiga das manufaturas no Atlântico Norte, assim como as companhias multinacionais do Atlântico Norte continuariam se acotovelando para penetrar em seus mercados financeiros, vender para seus consumidores e comprar ativos de suas promissoras empresas. Em 1965, o "resto" respondia por menos de um vigésimo da produção manufatureira do mundo. Em 1995, ele respondia por aproximadamente um quinto (ver Tabela 1.1).

Entre os países de desenvolvimento atrasado já havia surgido uma grande divisão ao fim da Segunda Guerra Mundial, na forma da *experiência manufatureira*. O "resto" — compreendendo China, Índia, Indonésia, Coréia do Sul, Malásia, Taiwan e Tailândia na Ásia; Argentina, Brasil, Chile e México na América Latina; e Turquia no Oriente Médio — havia adquirido suficiente experiência manufatureira na produção de seda, tecidos de algodão, gêneros alimentícios e bens de consumo leves para avançar para setores de média e posteriormente de alta tecnologia. O "resquício", que compreendia países menos expostos à moderna vida fabril no período pré-guerra, não teve posteriormente nada que se aproximasse à diversificação industrial do "resto". A linha divisória entre os dois conjuntos de países não era absoluta, como mais tarde se observou, mas países sem uma robusta experiência manufatureira tenderam a ficar ainda mais para trás, e o mundo em desenvolvimento acabou dividido entre aqueles que foram excluídos da indústria do mundo moderno e aqueles que vinham redefinindo seus termos.

Tabela 1.1. A participação do "resto" na população mundial, no PIB mundial e na produção manufatureira mundial de 1965 a 1995

Participação		1965 (%)	1995 (%)
	População	47,5	49,5
Com a China	PIB	7,0	14,1
	PIB em manufaturas	4,9	17,4
	População	33,1	35,7
Sem a China	PIB	6,3	11,6
	PIB em manufaturas	4,3	12,9

Fontes: Os dados sobre os países do "resto" e os totais mundiais são adaptados de Hill (1996). Os dados sobre o PIB em manufaturas foram derivados utilizando-se os dados dos PIBs da DRI/McGraw Hill multiplicados pelas proporções da manufatura nos PIBs encontradas em Unido (1997 e vários anos) e no Banco Mundial (1976 e vários anos), exceto no caso de Taiwan, cujos dados provieram da República da China (1996 e vários anos). Os dados sobre a China em 1965 são estimativos. As proporções das manufaturas no total mundial de valor agregado (1965 e 1995) foram usadas como sucedâneos de suas proporções na produção mundial total e provieram do Banco Mundial (1982; 1987).

A ascensão do "resto" foi uma das mudanças fenomenais da segunda metade do século XX. Pela primeira vez na história, países "atrasados" se industrializaram *sem inovações próprias*. Eles avançaram em indústrias que exigem um elevado grau de capacidades tecnológicas sem terem inicialmente nenhuma capacidade tecnológica avançada própria. A industrialização tardia foi um caso de *aprendizado puro*, o que significa uma completa dependência inicial da tecnologia comercializada por outros países para estabelecer indústrias modernas. Essa dependência emprestou ao avanço suas normas distintivas.

Ativos baseados no conhecimento

O desenvolvimento econômico é um processo em que se passa de um conjunto de ativos baseados em produtos primários, explorados por mão-de-obra não especializada, para um conjunto de ativos baseados no conhecimento, explorados por mão-de-obra especializada. A transformação exige que se atraia capital tanto humano como físico da busca de renda, do comércio e da "agricultura" (definida em termos amplos) para as manufaturas, o coração do crescimento econômico moderno. É no setor manufatureiro que os ativos baseados no conhecimento foram cultivados e usados mais intensivamente. Quanto maiores tais ativos, mais fácil será a transição da produção de produtos primários para a produção industrial (e posteriormente para a prestação de serviços modernos).

Um "ativo baseado no conhecimento" é um conjunto de habilidades que permitem ao detentor produzir e distribuir um produto acima dos preços prevalecentes no mercado (ou abaixo dos custos do mercado). As habilidades requeridas são por natureza tanto administrativas como tecnológicas. São científicas ou artesanais e incorporam-se em um indivíduo ou empresa, dependendo da escala da fábrica física e da complexidade do processo de produção. É possível distinguir três capacidades tecnológicas genéricas que cultivam ativos baseados no conhecimento: *capacidades de produção* (as habilidades necessárias para transformar insumos em produtos); *capacidades de execução de projetos* (as habilidades necessárias para aumentar a capacidade); e *capacidades de inovação* (as capacidades necessárias para projetar produtos e processos inteiramente novos) (ver Tabela 1.2).

O conhecimento é um insumo especial porque é difícil de acessar, seja "fabricando-se", seja "comprando-se". Diversamente da informação, que é factual, o conhecimento é conceitual; ele envolve combinações de fatos que interagem de maneiras intangíveis. A informação perfeita é concebível — com tempo e dinheiro suficientes, uma empresa pode conhecer todos os fatos disponíveis a respeito de seu negócio. Um conhecimento perfeito é inconcebível porque o conhecimento é específico de cada empresa, sendo mantido em exclusividade na medida do possível para gerar renda tecnológica.

A maioria das teorias e prescrições de política relacionadas ao desenvolvimento econômico, contudo, situa-se analiticamente mais perto da extremidade acessível do que da inacessível no espectro da cognição, que podemos definir, em um extremo, pela informação perfeitamente acessível (digamos, um fato estilizado) e, no outro extremo, pelo conhecimento totalmente inacessível (a combinação de idéias tácitas e implícitas que formam um conceito específico de uma empresa). Na teoria do comércio de Heckscher-Ohlin-Samuelson, que ainda governa os debates sobre políticas em questões de abertura econômica, o conhecimento perfeito ("tecnologia") é uma premissa-chave que representa empresas de quaisquer países em uma mesma indústria como igualmente produtivas, o que por conseguinte deixa o país não competitivo com uma única escolha de política eficiente: ajustar preços (reduzir salários) em vez de desenvolver *know-how* (subsidiar o aprendizado), que, segundo a premissa, já está no limite mundial.

Nos "novos" modelos de crescimento, entidades comerciais absolutamente não existem, e com isso o conhecimento exclusivo e específico de uma empresa não pode constituir uma barreira à entrada; a informação é um bem livre em toda economia, e a difusão de informações no âmbito global, que dirige as taxas de crescimento internacionais, torna-se sobretudo uma questão de investir em educação (em vez de, por exemplo, na formação de empresas). Na "nova economia institucional", o processo de desenvolvimento econômico é concebido como um movimento em direção a informações e mercados cada vez mais perfeitos e, com isso, a "custos de transação" mínimos — e não como um processo de desenvolvimento de ativos baseados no conhecimento com vistas a reduzir os custos de produção e melhorar a posição no mercado (ver Capítulo 10). Em teorias segundo as quais as imperfeições de mercado se radicam em "falhas de informação", a extremidade inacessível do espetro de cognição é mais relevante, mas mesmo em tais casos (ver, por exemplo, Stiglitz, 1989), os exemplos escolhidos para ilustrar problemas de subdesenvolvimento se relacionam tipicamente com a informação, e não com o conhecimento (os mercados financeiros, por exemplo, supostamente falham nos países mais pobres por carecerem de informações suficientes sobre mutuários sem experiência). Políticas governamentais para fomentar o desenvolvimento também permanecem presas à educação e a infra-estruturas neutras no que toca a empresas (Banco Mundial, 1998-99). Quando a política governamental tem a sanção dos economistas para ir além dos bens públicos, como no caso do patenteamento, ela é concebida para superar o problema das economias avançadas que é o conhecimento *livre demais*, o qual conduz supostamente ao subinvestimento, e não o problema das economias retrógradas que é a escassez de ativos baseados no conhecimento, que conduz à inabilidade desses países para concorrer com preços globais mesmo em indústrias compatíveis com seu quinhão de capital e mão-de-obra, como a têxtil, a siderúrgica, a química, a automobilística e a de equipamentos elétricos pesados, dependendo do estágio de desenvolvimento.

Tabela 1.2. Capacidades tecnológicas

Capacidade de produção[1]

Gestão da produção — supervisionar a operação de unidades estabelecidas
Engenharia da produção[2] — proporcionar informações necessárias para otimizar a operação de unidades estabelecidas, inclusive as seguintes:
1. Controle de matéria-prima: separar e classificar insumos, procurar insumos melhores
2. Cronograma de produção: coordenar os processos de produção entre produtos e unidades

3. Controle de qualidade: monitorar a conformidade com as normas dos produtos e atualizá-las
4. Resolução de problemas encontrados no decorrer da operação
5. Adaptações de processos e produtos: responder a circunstâncias mutantes e aumentar a produtividade

---

Execução de projetos (capacidade de investimento)

Treinamento de pessoal — transmitir habilidades e aptidões de todos os tipos

Estudos de factibilidade de pré-investimento — identificar projetos possíveis e determinar as perspectivas de viabilidade segundo conceitos com *design* alternativo

Execução de projetos — estabelecer ou expandir unidades, incluindo o seguinte:
1. Gestão de projetos: organizar e supervisionar atividades envolvidas na execução de projetos
2. Engenharia de projetos: proporcionar informações necessárias para tornar a tecnologia operacional em seu ambiente específico, incluindo o seguinte:
   a. Estudos detalhados (fazer escolhas experimentais entre alternativas de *design*)
   b. Engenharia básica (fornecer tecnologia central em termos de fluxos de processo, balanços de matéria e energia, especificações de equipamentos principais e *layout* das fábricas)
   c. Engenharia detalhada (fornecer tecnologia periférica em termos de especificações completas para todo o capital físico, de planos de arquitetura e engenharia e de especificações para a construção e instalação de equipamentos)
3. Compras (escolher, coordenar e supervisionar fornecedores de *hardware* e construtoras subcontratadas)
4. Incorporação do capital físico (realizar a preparação do local, a construção, a ereção da fábrica e o fabrico de maquinário e equipamentos)
5. Início das operações (alcançar uma capacidade predefinida de inovação de normas).

Capacidade de inovação

As habilidades necessárias para criar novos produtos ou processos, o tipo de habilidade que depende da novidade da tecnologia.
1. *Ciência pura:* a busca do conhecimento intrínseco
2. *Pesquisa básica:* a busca de tecnologias radicalmente novas
3. *Pesquisa aplicada:* a busca de produtos diferenciados
4. *Pesquisa exploratória:* a busca do aperfeiçoamento de produtos diferenciados
5. *Desenvolvimento avançado:* a busca da capacidade de manufatura otimizada de produtos diferenciados aperfeiçoados

---

1. As atividades listadas referem-se à operação de fábricas, mas atividades similares dizem respeito também à operação de outros tipos de unidades produtivas.

2. Este uso da expressão diferencia-se do usual por ela estar sendo empregada aqui com muito mais amplitude, incluindo todas as atividades de engenharia relacionadas à operação de unidades existentes. Neste caso, a expressão abrange o design de produtos e a engenharia manufatureira, no sentido que têm estes termos ao serem geralmente usados no contexto da produção industrial. Consultem-se os verbetes com esses títulos na McGraw-Hill Encyclopedia of Science and Technology (New York: McGraw-Hill Book Company, 1977).

Fontes: Adaptado de Westphal et al. (1985) e Amsden et al. (2000).

A natureza da própria tecnologia torna o conhecimento difícil de adquirir. Como as propriedades de uma tecnologia não podem necessariamente ser de todo documentadas, a otimização de processos e a especificação de produtos permanecem uma arte.[1] As habilidades gerenciais que essa arte compreende são antes tácitas que implícitas. Capacidades tecnológicas que geram novos produtos e novas técnicas de produção são parte dos ativos "invisíveis" de uma empresa (Itami, 1987). Tais ativos permitem à empresa vender abaixo dos custos dos concorrentes e acima de seu padrão de qualidade. Como ativos baseados no conhecimento são exclusivos, intangíveis e portanto difíceis de copiar, eles conduzem a lucros acima do normal e conferem a seus detentores rendas monopolísticas (Wernerfelt, 1984).

Em razão de tais rendas "empresariais" ou "tecnológicas", existe uma grande relutância por parte das empresas em vender ou arrendar seus ativos intangíveis de ponta. Seu valor, mais do que ser vendido, pode ser maximizado se eles forem mantidos como exclusividade e explorados dentro da empresa (Hymer, 1976). O sigilo desses ativos é tipicamente protegido pela lei, como nas restrições à divulgação por parte de ex-funcionários. Mesmo que tais ativos sejam postos à venda, como o são durante transferências de tecnologia, a difusão de uma empresa para outra pode ser bastante imperfeita (ver o Capítulo 3 para o período pré-guerra) e depender de um nível avançado de habilidades por parte do *comprador*. O objeto de venda pode compreender tão-somente a parte codificada de uma tecnologia. O conhecimento sobre como um processo de produção funciona e como melhorá-lo talvez não seja divulgado nunca.

Em função do conhecimento imperfeito, a produtividade e a qualidade tendem a variar sensivelmente entre empresas de uma mesma indústria — e mais forçosamente entre empresas da mesma indústria em diferentes países. O preço da terra, a mão-de-obra e o capital já não determinam por si sós a competitividade. O mecanismo de mercado

---

1 Esta concepção de tecnologia deriva do trabalho de Nelson (1987), Rosenberg (1976) e, em última instância, Schumpeter (1942).

perde o *status* de único árbitro, deferindo-se, antes, a instituições que fomentam a produtividade. Como os salários mais baixos de um país pobre podem se mostrar inadequados perante a maior produtividade de um país rico, o modelo da "vantagem comparativa" já não se comporta previsivelmente: os retardatários não podem necessariamente industrializar-se pela simples especialização numa indústria de baixa tecnologia. Mesmo nesse tipo de indústria a demanda pode favorecer os países estabelecidos mais qualificados (assim, historiadores econômicos continuam a discutir como o Japão, por exemplo, triunfou antes da Segunda Guerra Mundial sobre as indústrias têxteis de salários inferiores da China e da Índia, conforme examinado no Capítulo 2).[2]

Sob tais condições desfavoráveis e com a incerteza quanto a como proceder, os governos dos retardatários enfrentam uma escolha. Eles podem ou não fazer nada, contando antes com um realinhamento de sua taxa de câmbio determinada pelo mercado, o que equivale a um corte em seus salários reais, ou podem intervir e tentar elevar a produtividade por meios não necessariamente de todo claros. Essa escolha é ilustrada na Figura 1.1. Um movimento de A a B constitui um corte salarial. Um movimento de A a C constitui um aumento de produtividade. A grande vantagem do primeiro é que ele é automático. Se um país não pode concorrer com as importações, o valor de sua taxa de câmbio acabará caindo, acarretando um declínio nos salários reais.[3] Entretanto, cortes salariais não são uma garantia de que as habilidades aumentarão nem de que os custos totais cairão o bastante. Em longo prazo os salários decadentes de um país pobre podem não ser páreo para a produtividade ascendente de um país rico, como se vê pelo destino dos tecelões de tear antes da Primeira Guerra Mundial (ver Capítulo 2). A vantagem do aprendizado subsidiado, em contraste, é que a industrialização recebe um tranco que pode ser sustentável. A grande desvantagem é que o motor do crescimento pode se superaquecer por causa de "falhas do governo".

---

2 Ver, por exemplo, Clark (1909), Pearse (1929), Clark (1987) e Wilkins (1987).

3 Para a equivalência, sob premissas razoáveis, entre a depreciação da taxa de câmbio e o declínio nos salários reais, ver Krugman; Taylor (1978).

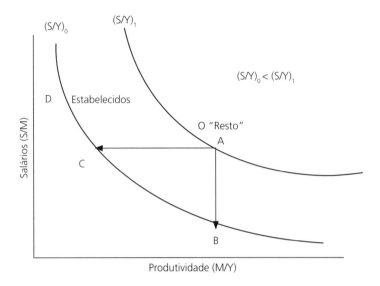

Figura 1.1. Subsidiar o aprendizado ou cortar salários reais. M = mão-de-obra; Y = produção; S/M = salário real por trabalhador; S/Y = custo unitário da mão-de-obra. Os lugares geométricos do custo unitário da mão-de-obra são hipérboles retangulares, o produto dos salários reais pela proporção entre mão-de-obra e produtividade. São, portanto, constantes.

Os emuladores da Inglaterra no Atlântico Norte jamais enfrentaram uma escolha tão drástica porque se industrializaram em concomitância com uma extraordinária onda de mudança tecnológica, designada como Segunda Revolução Industrial. Diversamente dos investidores do "resto", a imaginação dos investidores no Atlântico Norte fora tomada por expectativas de imensas riquezas decorrentes das novas tecnologias, o que disponibilizou as finanças e o capital humano necessários para um investimento em "três frentes": em fábricas com uma escala mínima eficiente; em capacidades gerenciais e tecnológicas; e em marketing (Chandler Jr., 1990). Os Estados Unidos podiam ser retrógrados para os padrões britânicos após as Guerras Napoleônicas, mas a descaroçadora de algodão de Eli Whitney mostrou-se a descoberta histórica necessária para criar um setor manufatureiro de ponta na debilitada economia norte-americana. Na França, a ominosa concorrência da Grã-Bretanha na indústria têxtil foi vencida graças a *designs* de moda parisienses de renome mundial e a tecidos brilhantemente coloridos, possibilitados por um precoce setor químico de base científica (ver Capítulo 2). Mesmo a Suécia, a retardatária da Europa Setentrional, acelerou a industrialização após a década de 1860 com invenções que se tornaram a origem de empresas internacionais de fita azul [as que figuram na maioria das listas da *Fortune*]: o telefone (L. M. Ericsson, 1876); o separador (Alfa Laval, 1879); equipamentos elétricos (Asea, 1890); e mancais (SKF, 1907) (Hikino; Amsden, 1994).[4] O Japão, pioneiro do modelo da industrialização tardia, enfrentou formidáveis barreiras à entrada nos mercados mundiais, mas tinha ativos mais ricos do que os países do "resto" em um estágio comparável de desenvolvimento — era rico o bastante para colonizar seus vizinhos Coréia, Taiwan e Manchúria. De passo a passo, o Japão penetrou a órbita da indústria moderna, ao inaugurar novas formas de produzir artigos tradicionais, inicialmente a seda (inventada na China)[5] e tecidos de algodão (modernizados na Índia antes de no Japão).

Quaisquer que tenham sido as desarticulações da Segunda Guerra Mundial, as barreiras à entrada motivadas pelo conhecimento e impostas pelo Atlântico Norte e pelo Japão reapareceram com o advento da paz. A liderança do Japão em têxteis, bicicletas e outros

---

4 Na década de 1930 até mesmo a Finlândia, outrora colônia da Suécia, suplementou seus empréstimos de tecnologia com inovações: "Entre as soluções originais [para problemas técnicos] pode-se mencionar o equipamento para serrarias produzido pelas oficinas Ahlström, as moedouras desenvolvidas pela Tampereen Pellava ja Rautatehdas e os sistemas de acionamento elétrico para moedouras criados pela principal companhia de engenharia nacional, a Strömberg, como também novos processos para o alvejamento de celulose" (Raumolin, 1992, p.332).

5 A Itália conseguiu reter sua participação de mercado nas exportações de seda depois de 1900 graças a inovações no maquinário de tecelagem de seda feitas por engenheiros do norte da Itália (Merchant, 1985).

setores de baixa tecnologia foi sustentada por imperfeições do mercado de mão-de-obra. O Japão podia ter salários *médios* superiores aos de outros países asiáticos, mas na base da escala de habilidades seus salários continuavam relativamente competitivos. Indústrias intensivas em mão-de-obra (o setor "informal") empregavam tipicamente mulheres e trabalhadores em meio período, e a diferença salarial entre tais trabalhadores no Japão e seus vizinhos era menor do que a mesma diferença em indústrias mais intensivas em capital ou em habilidades profissionais (o setor "formal"). Nas indústrias de média e alta tecnologia em que o Atlântico Norte predominava, os "vendavais de destruição criativa" schumpeterianos, contrariamente à teoria, não derrubaram as barreiras à entrada (Schumpeter, 1942). As mesmas companhias multinacionais cujas inovações lhes haviam assegurado o poder no mercado no final do século XIX ainda exerciam esse poder sobre companhias nascentes do "resto" no final do século XX: Hoechst, Bayer, Dow e DuPont nos produtos químicos; Dunlop, Pirelli, Goodyear e Firestone nos pneus; Ford, Fiat, General Motors e Mercedes nos automóveis; Siemens, Philips, Westinghouse e General Electric nos artigos eletrônicos; John Deere, Demag, Escher-Wyss e Olivetti no maquinário; e Anaconda, Arbed, Krupp e Nippon Steel nos metais primários (Chandler Jr., 1990).

Tabela 1.3. Ganhos diários no Leste Asiático, 1968

País (1968)	Setor formal (US$)[1]	Setor informal (US$)[2]
Japão	6,5	1,08
Taiwan	1,6	0,61-0,76
Coréia	1,6	0,37-0,40
Malásia Ocidental	n.d.	1,08
Tailândia	1,4	0,5

1. Ganhos diários médios, masculinos e femininos. Salário diário estimado a partir de horas e ganhos mensais. Moedas locais convertidas em dólares por meio das taxas de câmbio existentes. (Ilo, 1970)
2. Salários diários mínimos (trabalhadores masculinos sem especialização). (Chomchai, 1973)

O "resto" continuava, assim, a enfrentar a mesma escolha política (ver Figura 1.1) que vinha enfrentando havia mais de um século. Por volta da década de 1950, contudo, a maioria dos retardatários também tinha de avir-se com uma diferença em habilidades com o Atlântico Norte e o Japão que se ampliara em muito (ver Tabela 1.4, que mensura a diferença por meio da renda *per capita*). Como resposta à inabilidade para concorrer, os governos do "resto" engoliram a pílula tradicional e aplicaram uma pressão descendente sobre os salários. A lei marcial na Coréia e em Taiwan, por exemplo, impediu a formação de sindicatos. Mas pela primeira vez os governos também optaram *en masse* por uma solução institucional intervencionista.

Um novo mecanismo de controle

Para compensar seu déficit em habilidades, o "resto" ascendeu concebendo um modelo econômico original e heterodoxo. Tal modelo se qualifica como novo por ser governado por um *mecanismo de controle* inovador. Um mecanismo de controle é um conjunto de instituições que impõe disciplina ao comportamento da economia.[6] O mecanismo de controle do "resto" girava em torno do princípio da *reciprocidade*. Subsídios ("ativos intermediários") eram alocados para tornar as manufaturas lucrativas — de modo a promover o fluxo de recursos dos ativos baseados em produtos primários para os ativos baseados no conhecimento —, mas nem por isso eram brindes. Os recipientes de ativos intermediários tinham de seguir *padrões de desempenho monitoráveis, por natureza redistributivos e concentrados nos resultados.* O mecanismo de controle recíproco do "resto" transformou assim a ineficiência e venalidade associadas à intervenção governamental em um bem coletivo, assim como a "mão invisível" do mecanismo de con-

---

6 O conceito de mecanismo de controle foi aplicado pela primeira vez a animais e máquinas, e adaptado à cibernética por um físico (Wiener, 1948). Ele também se tornou uma parte integral das modernas técnicas de administração corporativa (Merchant, 1985).

trole guiado pelo mercado do Atlântico Norte transformara o caos e o egoísmo das formas do mercado em um bem-estar geral (Mandeville, 1714 [reimp. 1924]). O mecanismo de controle recíproco do Atlântico Norte minimizava as falhas do mercado. O mecanismo de controle recíproco do "resto" minimizava as falhas do governo.

Tabela 1.4. PIB *per capita* por Região, 1870-1992 (dólares internacionais de 1990)

Região[1]	1870	1913	1950	1973	1995
(a) Economias do Atlântico Norte[2]	2.238	3.957	5.676	12.412	17.761
(b) América Latina	760	1.439	2.487	4.387	5.031
(c) Ásia	582	689	708	1.701	3.267
(d) África	450	575	830	1.311	1.221
(e) O "resto"[3]	717	913	1.074	2.245	7.122
Argentina	1.311	3.797	4.987	7.970	8.130
Brasil	740	839	1.673	3.913	5.279
Chile	n.d.	2.653	3.827	5.028	8.794
México	710	1.467	2.085	4.189	5.093
Índia	558	663	597	853	1.537
Indonésia	657	917	874	1.538	3.393
Coréia do Sul	n.d.	948	876	2.840	11.868
Taiwan	n.d.	794	922	3.669	13.028
Tailândia	717	846	848	1.750	6.491
Malásia	n.d.	n.d.	n.d.	n.d.	7.808
Turquia	n.d.	979	1.299	2.739	n.d.
(b)/(a)	0,34	0,36	0,44	0,35	0,28
(c)/(a)	0,26	0,17	0,12	0,14	0,18
(d)/(a)	0,20	0,15	0,15	0,11	0,07
(e)/(a)	0,32	0,23	0,19	0,18	0,42

1. As médias regionais são computadas somando-se o PIB de toda uma região e dividindo-o pela população total desta última.
2. As economias do Atlântico Norte são uma média simples de catorze países europeus mais Austrália, Nova Zelândia, Canadá e Estados Unidos.
3. O "resto" exclui a China.

Fontes: Médias dos países, exceto para 1995, adaptadas de Maddison (1995). Os dados de 1995 foram gentilmente fornecidos por Angus Maddison e são inéditos.

Um mecanismo de controle envolve um *sensor* para detectar os "pressupostos" do processo a ser controlado: um *assessor*, para comparar o que acontece com o que devia acontecer; um *efetuador*, para mudar comportamentos; e uma *rede de comunicações*, para transmitir informações entre todos os departamentos.[7] No "resto", os pressupostos exógenos que os formuladores de políticas *industriais* adotavam eram os preços determinados por formuladores de políticas *macroeconômicas*, como a taxa de câmbio, a taxa geral de juros, o nível de impostos e por vezes até mesmo o nível das tarifas (determinados historicamente por ministérios das finanças com vistas a gerar receita). Formuladores de políticas industriais eram assim, em grande medida, *tomadores de preços*. Eram engenheiros econômicos com a função de tornar a indústria manufatureira lucrativa e contornar quaisquer dificuldades impostas à industrialização pelos preços prevalecentes, fossem esses preços determinados pela política, pela tecnocracia *ou pelo mercado*.

Dados os preços prevalecentes, o primeiro dos experimentos de engenharia do "resto" definia os preços *como* se os mercados livres vigorassem. A justificativa era permitir que os fabricantes comprassem insumos importados e vendessem seus produtos finalizados a preços mundiais. Para esse fim, alguns países criaram zonas de livre comércio ("de processamento de exportações"). A teoria por trás de tais zonas era que os fabricantes do "resto" eram intrinsecamente lucrativos a preços mundiais, em razão de seus baixos salários. Para industrializar, era necessário simplesmente "'acertar' os preços". As zonas de livre comércio foram um passo nessa direção, pois os fabricantes se desvencilhavam das distorções nas taxas de câmbio prevalecentes, salvo por sua compra de insumos locais, em maioria mão-de-obra. Todos os insumos importados eram isentados de impostos, uma importante concessão em face das grandes distorções de preços internacionais. Em troca de importações sem impostos, as empresas tinham de exportar 100% de sua produção.

---

7 Todos os mecanismos de controle compartilham esses quatro elementos (Anthony; Govindarajan, 1995).

A despeito desse experimento com o liberalismo (que ocorreu no Leste Asiático nas décadas de 1950 e 1960), poucas empresas, salvo aquelas nas indústrias mais intensivas em mão-de-obra, aproveitaram as concessões sem impostos para se estabelecer em zonas de livre comércio. Outras indústrias, inclusive as de tecidos de algodão, não podiam exportar toda (ou parte alguma de) sua produção a preços mundiais, pois *não* eram competitivas a tais preços. A produtividade estava abaixo das normas mundiais e os salários mais baixos não a compensavam, exceto nos setores mais intensivos em mão-de-obra, que já eram lucrativos mesmo antes da Segunda Guerra Mundial.

Os planejadores de desenvolvimento, assim, foram um passo além. Eles ofereceram o reembolso dos direitos aduaneiros sobre insumos importados que fossem incorporados nas exportações: 100% de exportações já não eram necessárias. Uma vez mais o resultado foi misto: as manufaturas intensivas em mão-de-obra floresceram (muitas vezes sob propriedade estrangeira), mas o setor manufatureiro não se diversificou.

Sendo assim, a engenharia econômica foi ainda mais longe. Maiores ativos intermediários (subsídios) foram oferecidos à indústria têxtil e a fabricantes prospectivas de média tecnologia; na prática, fez-se uma tentativa deliberada de *"'errar' os preços"* — manipulá-los para tornar a atividade manufatureira lucrativa. Ao mesmo tempo, um princípio-chave de experimentos anteriores foi mantido e reforçado, o *princípio da reciprocidade:* um subsídio (como importações isentas de impostos) tinha de ser vinculado a um padrão de desempenho (como os 100% de exportações).

Na indústria de tecidos de algodão, por exemplo, o privilégio de vender no protegido mercado interno dependia do cumprimento das metas de exportação. Mais tarde, outras indústrias tiveram de ajustar as importações a um valor equivalente de exportações (ou compactuar com alguma espécie de arranjo de "balança comercial"). Na montagem de automóveis e nos eletrodomésticos, o direito de vender localmente sob proteção tarifária vinculava-se à "localização" do fabrico de peças e componentes. Uma condição para receber os empréstimos suaves de bancos de desenvolvimento era o emprego de profissionais não aparentados em cargos de responsabilidade, como o de diretor financeiro e o de engenheiro do controle de qualidade, conforme examinado no Capítulo 6 com respeito ao Brasil.

O crédito dos bancos de desenvolvimento para a indústria pesada comprometia os mutuários a contribuir com seu próprio capital (sob requisitos referentes à relação dívida-capital) e a construir fábricas com uma escala mínima eficiente. Na Coréia, uma licença lucrativa para estabelecer uma companhia geral de comércio dependia de as exportações atenderem a critérios referentes a valor, diversidade geográfica e complexidade do produto. Conforme as indústrias do "resto" ganhavam porte, os padrões de desempenho transitaram para a pesquisa e desenvolvimento (P&D). As "empresas de ciência e tecnologia" da China ganharam um estatuto legal especial em troca de padrões de desempenho relativos a empregos tecnicamente treinados e à presença de novos produtos no total de vendas. Pequenas empresas taiwanesas foram escolhidas a dedo para se instalarem em parques científicos que as obrigavam a gastar certa porcentagem de suas vendas em P&D e a empregar técnicas de produção avançadas.

A partir do fim da década de 1950, a alocação de subsídios em todos os países do "resto", exceto um — a Argentina —, esteve sistematizada. Ela era circunscrita e entrecruzada por uma densa rede de normas e requisitos relativamente transparentes e por natureza recíprocos. Em teoria, o problema do dano moral veio à tona, conforme as empresas se tornavam grandes demais para que os governos lhes permitissem falir. Na prática, os governos não podiam permitir que líderes nacionais falissem, mas *permitiam* que seus *proprietários* entrassem em falência, deixando a capacidade de produção intacta mas transferindo os direitos de propriedade a outras entidades, reduzindo com isso o risco de dano moral (para a Coréia, ver Amsden; Euh 1995). A corrupção foi o flagelo da industrialização tardia. Dentro da jurisdição governada por um mecanismo de controle recíproco, contudo, ela foi discutivelmente minimizada (como ilustrado abaixo pela Tailândia). Tampouco a corrupção ficava patentemente evidente em épocas de grande instabilidade financeira, como seria de esperar se ela fosse de fundamental importância. As crises da dívida externa que abalaram a América Latina a partir de 1982 e o Leste Asiático a partir de 1997 foram causadas pela tendência do Estado desenvolvimentista de superexpandir-se (ver Capítulo 9). A prolongada estagnação da América Latina provavelmente deveu-se mais ao fracasso do Estado desenvolvimentista em criar um novo "setor de ponta" do que a suas práticas corruptas. A corrupção por todo o "resto" foi historicamente endêmica, e não está claro se aumentou ou diminuiu após a Segunda Guerra Mundial ou após a liberalização da década de 1980. Em geral, a corrupção provavelmente estorvou o desenvolvimento, num grau que variou de país para país, mas, graças ao mecanismo de controle recíproco do "resto", ela não o descarrilou. Ela pode ser considerada um padrão de desempenho perverso, mas um padrão não monitorável e, por isso, de dimensão indeterminada.[8]

O "resto" ascendeu, portanto, em conjunção com o "acerto do mecanismo de controle", e não com o "acerto dos preços". Mais de um século de desenvolvimento moroso foi revertido, e seguiu-se uma expansão sem precedentes das manufaturas. Durante décadas, os índices de crescimento da produção manufatureira e da produção manufatureira *per capita* cresceram mais rápido *fora* do Atlântico Norte do que dentro dele. Entre 1960 e 1980, o índice de crescimento anual real da produção manufatureira do "resto" foi em média de 9% (ver Tabela 1.5). As exportações na maioria dos países cresceu anualmente na casa dos dois dígitos *por quase cinqüenta anos* (ver Capítulo 7). Entre 1950 e 1973 a renda *per capita* dobrou em alguns países e quadruplicou em outros. Na Ásia, incluindo a Índia, uma vez mais eles quase dobraram

---

8 As tentativas de mensurar a corrupção sofrem de unilateralidade: elas presumem que os representantes do governo, e não os representantes das empresas (a fonte de informação de tais tentativas), iniciam o suborno. Elas também deixam de incluir a corrupção na forma do que pode ser chamado de "constituentismo", ou exigências por parte de representantes de empresas privadas para que o governo intervenha em seu nome para influenciar as políticas de um outro governo. Com isso, as tentativas de mensurar a corrupção também deixam de diferenciar graus diversos de corrupção. Ver, por exemplo, a discussão de Ades; Tella (1999).

ou aumentaram por um fator ainda maior entre 1973 e 1995 (ver Tabela 1.4). Os aumentos na renda *per capita* foram especialmente notáveis à luz do rápido crescimento populacional (ver Tabela 1.6), que seguiu de mãos dadas com os altos índices de urbanização (ver Tabela 1.7).

Tabela 1.5. Índices de crescimento anual real médio da produção manufatureira (P) e da produção manufatureira por empregado (P/E), 1960-1995

País	1960-70 %		1970-80 %		1980-90 %		1990-95 %		1960-95 %	
	P	P/E	P	P/E	P	P/E	P	P/E	P	P/E
Argentina	5,4	n.d.	0,9	4,6	−1,4	−3,1	11,6	13,8	2,1	3,4
Brasil	8,0	n.d.	9,0	2,2	0,1	1,6	25,2	24,3	8,5	6,4
Chile	9,4	n.d.	1,8	3,4	2,9	−1,1	10,4	7,2	5,5	2,4
China	n.d.	n.d.	8,4	3,7	9,6	8,9	13,5	13,2	9,9	7,7
Índia	3,1	n.d.	4,0	−0,1	7,4	7,0	2,3	−0,6	4,5	2,6
Indonésia	6,4	n.d.	14,2	9,9	7,4	−1,7	15,1	4,5	10,1	4,2
Coréia	17,7	n.d.	16,0	8,4	12,0	5,8	10,9	10,7	14,6	7,8
Malásia	10,9	n.d.	11,8	4,3	9,5	5,0	19,8	9,5	12,0	5,6
México	9,7	n.d.	7,2	3,9	2,2	3,1	8,4	11,1	6,6	5,0
Taiwan	15,0	n.d.	12,6	3,7	7,2	4,9	4,8	5,6	10,6	4,5
Tailândia	9,1	n.d.	10,1	-2,1	9,6	1,3	13,2	9,1	10,1	1,5
Turquia	8,1	n.d.	5,1	1,5	7,1	4,9	4,7	5,8	6,5	3,7
Média do "resto"	9,7	n.d.	9,1	3,5	6,8	3,6	11,7	9,1	9,0	4,7
Canadá	4,7	n.d.	3,6	2,3	2,2	2,0	0,0	2,1	3,0	2,1
França	6,9	n.d.	3,8	4,8	1,0	2,4	1,7	4,3	3,6	3,8
Alemanha	7,7	n.d.	2,1	3,9	1,3	1,5	3,7	5,0	3,7	3,2
Itália	8,2	n.d.	4,2	4,0	2,8	4,8	2,3	1,5	4,7	3,9
Reino Unido	2,9	n.d.	0,0	2,0	1,2	4,2	0,1	3,2	1,2	3,1
Estados Unidos	4,2	n.d.	5,0	2,3	3,6	4,8	2,9	3,2	4,1	3,5
Média do A. Norte	5,8	n.d.	3,1	3,2	2,0	3,3	1,8	3,2	3,4	3,3
Japão	15,2	n.d.	5,3	6,0	5,8	5,3	6,3	7,6	8,4	6,1

Notas: As estatísticas de cada coluna representam médias dos índices de crescimento anual real incluídos nos títulos das colunas. Variáveis reais foram calculadas usando-se o índice de preços de atacado do FMI (vários anos).

Fontes: Todos os dados de Taiwan foram tirados da República da China (vários anos). Os dados da produção manufatureira interna bruta e da produção por empregado nos anos até 1990 foram tirados do Banco Mundial (vários anos). Todos os dados subseqüentes foram extraídos da Unido (vários anos).

A industrialização tardia

Tabela 1.6. População por país (em milhares), 1850-1995

País	1850	1900	1930	1950	1980	1995
Argentina	1.100	4.693	11.900	17.150	28.237	34.600
Brasil	7.234	17.984	33.570	51.941	118.518	157.800
Chile	1.443	2.974	4.370	6.082	11.145	14.300
México	7.662	13.607	17.175	27.376	69.655	93.700
Turquia	n.d.	11.900	14.930	20.809	44.737	61.644
China	412.000	400.000	489.000	546.815	981.235	1.218.800
Índia	187.657	235.729	278.620	359.000	679.000	930.600
Indonésia	22.977	42.746	60.600	79.043	147.490	198.400
Coréia do Sul	n.d.	8.772	13.670	20.557	38.124	44.900
Taiwan	n.d.	2.864	4.615	7.882	17.642	21.146
Tailândia	5.230	7320	12.395	19.442	46.700	60.200
França	36.350	40.598	41.610	41.836	53.880	58.100
Alemanha	19.952	31.666	40.810	49.983	61.566	81.700
Reino Unido	25.601	38.426	45.865	50.363	56.314	58.600
Estados Unidos	23.352	76.391	123.670	152.271	227.757	263.082
Japão	32.000	44.103	64.200	83.563	116.800	125.030

Fontes: Todos os dados, exceto os de 1995, adaptados de Maddison (1995). Dados de 1995 do 1996 Almanac (Boston: Houghton Mifflin).

Tabela 1.7. População por cidade (em milhares), 1850-1990

Cidade	1850	1900	1950	1970	1990
Berlim	424	1.884	3.336	3.208	3.454
Chicago	30	1.699	3.621	3.369	2.784
Londres	2.362	4.537	3.348	2.772	6.670
Madri	271	540	1.618	3.146	2.910
Moscou	369	1.039	4.537	6.942	8.747
Nova York	516	3.437	7.892	7.896	7.323
Paris	1.053	2.714	2.850	2.591	2.152
Roma	176	425	1.652	2.782	2.800
Tóquio	596	1.440	5.385	8.841	8.112
Bangkok	160	587	605	1.867	5.876
Pequim	1.649	1.700	2.768	7.500	5.700
Bombaim	644	776	2.839	5.971	12.916*
Buenos Aires	178	663	2.981	2.972	2.961
Istambul	900	874	983	2.136	6.620
Jacarta	54	115	1.861	4.579	8.259
Cidade do México	210	345	2.235	2.903	19.479*
Rio de Janeiro	266	811	2.377	4.252	5.615
Santiago	115	256	1.350	2.662	4.385
São Paulo	31	240	2.017	5.925	10.099
Seul	90	201	1.446	5.443	10.628

Notas: O ano verdadeiro e o ano indicado para a cifra populacional podem diferir.
* Indica população da grande área metropolitana.

Fontes: Dados, excetuando-se os de 1990, adaptados de Showers (1979). Dados de 1990 adaptados do 1996 Almanac (Boston: Houghton Mifflin).

Globalização e propriedade nacional

Embora todos os países do "resto" tenham conseguido criar indústrias de média tecnologia, alguns foram mais longe do que outros na conversão em economias baseadas no conhecimento. China, Índia, Coréia e Taiwan começaram a investir pesado em habilidades nacionais próprias, o que as ajudou a sustentar a propriedade nacional de empresas nas indústrias de média tecnologia e a invadir setores de alta tecnologia com base em "líderes nacionais". Em contraste, Argentina e México e, em menor medida, Brasil e Turquia aumentaram sua dependência do *know-how* estrangeiro para o crescimento futuro. Nesses países, o investimento estrangeiro predominou, mas os gastos locais em ciência e tecnologia por parte de investidores estrangeiros foram praticamente nulos. Em vez disso, por volta do ano 2000 havia emergido uma estratégia de longo prazo — intencional ou naturalmente — que incluía licenças estrangeiras e excedentes de investimentos estrangeiros como motores do crescimento. A estratégia de longo prazo da Malásia, da Indonésia e da Tailândia permanecia incerta em 2000, em razão da relativa juventude dos setores industriais desses países. No Chile, o maquinário desenvolvimentista já havia sido removido em 1973. Depois de uma intensa pressão descendente aplicada sobre os salários, o crescimento em longo prazo passou a depender da continuação da exploração de minérios (cobre) e da engenharia de novas agroindústrias de "butique".

A escolha entre "fazer" e "comprar" tecnologia em meio ao "resto" não era oito ou oitenta. Todos os países continuaram a "comprar" grandes quantidades de tecnologia estrangeira, e todos tiveram de investir em alguma engenharia adaptativa para fazer com que a tecnologia estrangeira funcionasse. Além disso, o "resto" em geral se tornara mais internacional. Acompanhando a globalização, as empresas nacionais haviam investido externamente em produção e distribuição. Tinham formado *joint ventures* e "alianças estratégicas" com empresas estrangeiras em seu país. Não obstante, uma divisão emergia dentro do "resto", entre os "integracionistas" e os "independentes", entre países que buscavam se clonar para investidores estrangeiros como estratégia de crescimento nacional (simbolizada pela filiação do México ao Acordo de Livre Comércio da América do Norte [Nafta]) e países que buscavam criar sistemas de inovação nacionalista para dar apoio a "líderes nacionais" com suas próprias habilidades exclusivas baseadas no conhecimento.

A diferença entre as duas abordagens, ambas críveis e racionais, dependeu das duas mais importantes forças que influenciaram a transição da formação de ativos de produtos primários para a formação de ativos baseados no conhecimento: a história — o *tipo* de experiência manufatureira que um país adquirira no estágio inicial dessa transição; e a distribuição de renda — quão igualmente os recursos estavam divididos *dentro* do setor primário.

Experiência manufatureira

Classificamos os países como pertencentes ao "resto" ou ao "resquício" de acordo com sua experiência manufatureira. Ainda assim, os conjuntos de países com e sem experiência manufatureira no final da Segunda Guerra Mundial não estavam petrificados. Nós definimos a experiência arbitrariamente de modo a excluir países cujos setores manufatureiros dedicavam-se predominantemente ao processamento de um único produto primário — por exemplo, a refinação de açúcar em Cuba, a refinação de petróleo na Venezuela e o descaroçamento e a tecedura de algodão no Egito e no Paquistão.[9]

---

9 O padrão que usamos para "experiência manufatureira" é que em 1955 a indústria representasse no mínimo 10% do PIB; que não mais de 40% da produção industrial ocorresse em um único ramo industrial; e que pelo menos metade de toda a produção industrial ocorresse em ramos sem relação direta com o processamento de petróleo ou outras matérias-primas. A fonte primária de dados foi a ONU (1963; 1965), suplementada, quando possível, por informações dos países.

Também excluímos países em virtude de seu tamanho especial ou experiência histórica única.[10]

Analiticamente, contudo, experiência e inexperiência são distintas; sem experiência, o maquinário desenvolvimentista fica mais propenso a dar as costas ao acúmulo de capital e degenerar na "busca de renda" — o enriquecimento pessoal por meio de uma redistribuição dos ativos existentes. A experiência manufatureira passada gera expectativas relativamente altas nos investidores potenciais de que a futura atividade manufatureira terá sucesso, o que, como sugerido acima, proporciona um incentivo à utilização de recursos ("ativos intermediários") para expandir a capacidade manufatureira em vez de atingir o auto-enriquecimento imediato. A experiência manufatureira também gera os administradores e engenheiros qualificados necessários para implementar os planos de investimento. Depois da Segunda Guerra Mundial, essa elite foi essencial para estabelecer e operar os mecanismos de controle recíprocos do Estado desenvolvimentista e da mais recalcitrante instituição a emergir nos anos do pré-guerra: a empresa de propriedade nacional administrada profissionalmente (ver Capítulo 8).

A experiência manufatureira do pré-guerra caía em três categorias não excludentes: *pré-moderna*; *emigrada*; e *colonial* (ver Tabela 1.8). O primeiro tipo, a pré-moderna, originava-se de atividades artesanais e era a de mais longa duração. Encontrava-se sobretudo na China, na

---

10 Excluímos as cidades-Estado de Hong Kong e Cingapura do "resto" porque parecia irrazoável fazer delas pontos de dados equivalentes ao Brasil e à China, por exemplo. Seu tamanho diminuto e a evitação da necessidade de comutar a atividade econômica da agricultura para a indústria durante a industrialização fizeram delas casos aberrantes. Discutimos Hong Kong no contexto do livre comércio no Capítulo 7. Os países do antigo bloco soviético também foram excluídos, porque seus elos históricos com a Europa e a experiência do pós-guerra em um sistema capitalista os punham em uma categoria analítica diversa da de outros países economicamente retrógrados. A China foi incluída porque sua adesão aos princípios do planejamento central foi relativamente breve, de 1948 a 1978.

Índia, no Império Otomano e no México.[11] O segundo tipo de experiência, a emigrada, originava-se do *know-how* transferido por emigrantes permanentes ou quase permanentes. Os emigrados da China foram fundamentais para a industrialização da Indonésia, de Taiwan, da Tailândia e da Malásia (a Malásia também tinha uma grande população emigrada da Índia). A emigração para as indústrias manufatureiras da Turquia e da América Latina proveio sobretudo de países do Atlântico Norte, representando a influência de *indivíduos* estrangeiros antes da chegada de *empresas* estrangeiras (que começaram a operar na América Latina somente por volta da década de 1920, como se observa no Capítulo 3). O terceiro tipo de experiência manufatureira foi o colonial, ou o *know-how* e as organizações que emergiram por intermédio de antigos elos coloniais. As transferências coloniais (ignorando-se influências "neocoloniais") provieram ou do Atlântico Norte (como na Índia) ou, no caso de Manchúria (China), Coréia e Taiwan, do Japão.

Assim concebida, a experiência manufatureira não é simplesmente um cabedal de conhecimento. É um cabedal de conhecimento que passa por um *específico filtro histórico e institucional*. Pode-se conjecturar que a distinção entre a experiência emigrada e colonial diferencia uma vasta gama de práticas entre os retardatários, com destaque para sua estratégia tecnológica de longo prazo — "fazer" ou "comprar". Os países que investiram pesado em empresas nacionais e habilidades nacionais — China, Índia, Coréia e Taiwan — tinham *todos* experiência manufatureira *colonial*. Os países que foram magnetos para o investimento estrangeiro direto e lentos em investir em habilidades avançadas

---

11 No Império Otomano, muitas habilidades artesanais foram extintas antes de a indústria moderna surgir (Keyder, 1994). No México, nenhuma das modernas usinas têxteis podiam traçar suas origens às *obrajes* de lã que haviam florescido no século XVI na região de Pueblo, no México central (Glade, 1982). Todavia, pode não ser coincidência que a moderna manufatura têxtil tenha surgido e fenecido na Turquia no século XIX, especialmente a manufatura de seda na região oeste próximo a Bursa, e que o México tenha estabelecido a mais precoce indústria moderna para tecidos de algodão em todo o "resto" na década de 1830 (juntamente com o primeiro banco de desenvolvimento) (ver Capítulos 3 e 4).

(ou ineptos no investimento) — Argentina, Brasil, Chile, México e Turquia — tinham *todos* experiência emigrada do Atlântico Norte.

Tabela 1.8. Fonte de experiência manufatureira anterior à Segunda Guerra Mundial

País	Pré-moderna	Emigrada	Colonial
Argentina		A.N.	
Brasil		A.N.	
Chile		A.N.	
China	X		A.N., J.
Índia	X		A.N.
Indonésia		C.	A.N.
Coréia			J.
Malásia		C. I.	A.N.
México	X	A.N.	
Taiwan		C.	J.
Tailândia		C.	
Império Otomano (Turquia)	X	A.N.	A.N.

Notas: O x indica a presença da experiência. A.N. = Atlântico Norte; J. = Japão; I. = Índia; C. = China.

Após a Segunda Guerra Mundial e a ascensão de movimentos radicais de independência e descolonização, os países com experiência manufatureira colonial foram capazes de nacionalizar, expropriar ou adquirir empresas de propriedade estrangeira. Empresas de propriedade nacional podiam então aproveitar a vantagem do "primeiro lance" para expandir indústrias com vastas economias de escala. Países com experiência emigrada do Atlântico Norte, em contraste, não tiveram uma descontinuidade comparável (a história da Turquia foi ligeiramente mais complicada do que a da América Latina, como se discute no Capítulo 3). Os países com experiência emigrada do Atlântico Norte também tenderam a ter um estoque maior de investimento estrangeiro, porque sua experiência manufatureira do pré-guerra tinha ido mais longe e portanto seus mercados internos tinham-se tornado relativamente grandes, constituindo um atrativo para investidores estrangeiros. Como conseqüência, empresas nacionais nascentes tendiam a ser *"expelidas"* por empresas multinacionais (ver Capítulo 8).

Com isso, a *profundidade* da experiência manufatureira do préguerra distinguia o "resto" do "resquício". O *tipo* de experiência manufatureira do pré-guerra distinguia países *dentro* do "resto". Quanto maior a continuidade na transmissão de conhecimento antes e depois da Segunda Guerra Mundial, e quanto maior a *des*continuidade na propriedade de empresas estrangeiras, maior a base para o surgimento de líderes nacionais e para a formação de habilidades nacionais.

O paradoxo político da distribuição de renda

Os setores primários do "resto" eram altamente diversificados — em termos do que produziam, de como a produção se organizava (embora a propriedade familiar predominasse, salvo na mineração) e de os recursos serem ou não igualmente distribuídos.[12] A igualdade da distribuição de renda entre os países do "resto" variava drasticamente (ver Tabela 1.9). Presumindo-se que os dados de 1960 sejam precisos, os países com maior desigualdade na distribuição de terras eram a Argentina, o Brasil e a Malásia (coeficientes de Gini de 0,7 ou superiores). Os países com a distribuição de terras mais igualitária eram a Coréia, Taiwan e a Tailândia (coeficientes de Gini abaixo de 0,5). A reforma agrária do pós-guerra no Japão, na Coréia e em Taiwan havia criado algumas das economias mais igualmente distribuídas do mundo (as nacionalizações na Malásia após 1960 também reduziram as desigualdades). Outras medidas de igualdade (o Gini da renda e a proporção entre a renda do quinto superior da população e a do quinto inferior) mostram essencialmente os mesmos padrões distributivos dos Ginis da terra, mas duas diferenças se salientam: maior desigualdade no México e maior igualdade na Índia (o coeficiente Gini de renda na

---

12 Kuznets (1955) afirmou que, conforme uma economia se expande mediante a diversificação nas manufaturas, a distribuição de renda piora, porque as desigualdades *dentro* do setor manufatureiro (em virtude de realizações educacionais diversas) vêm a ser maiores do que no setor agrário. Kuznets diz relativamente pouco sobre a distribuição de renda *dentro* da agricultura em si.

Índia no fim da década de 1980 e início da de 1990 era de apenas 0,3). Dados comparáveis sobre a China estão em geral indisponíveis, mas a distribuição de terra mesmo após a reforma econômica (a partir de 1978) era quase certamente bastante igualitária. Faltam também dados sobre a distribuição de terra no Chile, mas o Gini de renda do Chile, de quase 0,6, indica que a desigualdade era muito alta.

Tabela 1.9. Distribuição de terra, renda e educação, vários anos

País	Terra (Gini)	Renda (Proporção[1])	Renda (Gini)	Educação[4] (% de Ensino Médio)	Educação[5] (Coef. de Var.)
	1960	1975-83	1986-95	1960	1960
Argentina	0,86	n.d.	n.d.	3,0	0,24
Brasil	0,83	27,7	0,6	2,0	0,48
Chile	n.d.	n.d.	0,57	2,1	0,29
China	n.d.	n.d.	0,42	n.d.	n.d.
Índia	0,58	10,1	0,3	0,0	0,86
Indonésia[2]	0,55	11,9	0,34	0,1	0,87
Coréia do Sul[3]	0,35	4,9	n.d.	2,6	0,65
Malásia	0,75	n.d.	0,48	1,5	0,65
México	0,62	15,4	0,5	1,4	0,51
Taiwan	0,45	4,3	n.d.	4,2	0,51
Tailândia	0,46	11,2	0,46	0,6	0,60
Turquia	0,6	n.d.	n.d.	0,7	0,68
Japão	0,41	4,0	n.d.	6,3	0,20
França	0,52	n.d.	0,37	2,1	0,19
Alemanha	0,54	n.d.	0,28	1,8	0,19
Reino Unido	0,72	n.d.	0,33	1,8	0,08
Estados Unidos	0,71	10,7	0,4	6,5	0,06

1. Proporção em que a renda do quinto superior da população excede a do quinto inferior.
2. Somente a população rural.
3. Somente a população urbana.
4. Porcentagem da população que atingiu uma educação de ensino médio (concluída ou inconclusa).
5. O coeficiente de variação é o desvio-padrão dividido pela média ponderada dos anos de escolaridade da população.

Fontes: Ginis de terra: dados gentilmente cedidos por R. Deininger, do Banco Mundial. Proporção de renda: todos os países, exceto Taiwan e Indonésia: ONU e Departamento Internacional de Questões Econômicas e Sociais (1985); Taiwan: Li (1988); Indonésia: Gelb et al. (1988). Ginis de renda: Banco Mundial (vários anos). Educação: dados gentilmente cedidos por Nancy Birdsall, Carnegie Foundation. EUA: calculados com base em dados do Bureau of Census.

Os países que investiram pesado em empresas e habilidades nacionais — China, Índia, Coréia e Taiwan — tinham *todos* uma distribuição de renda relativamente igualitária. Para fins de explicação, uma economia nacional pode ser considerada um todo orgânico. Quanto maior a desigualdade de renda (de acordo com classe social, raça, religião ou região), maior é a ruptura do todo orgânico, e mais difícil é a mobilização de apoio para empresas nacionais e habilidades nacionais específicas das empresas. Após a Segunda Guerra Mundial, a maior igualdade induziu um fluxo relativamente volumoso de recursos da produção de produtos primários para a manufatura, e também resolveu um *paradoxo político* a favor da indústria.

Primeiro, é de esperar que o fluxo de recursos da agricultura para a manufatura dependa de níveis relativos de retorno, e que uma distribuição desigual de recursos naturais tendam a gerar quase-rendas ricardianas. Essas rendas dificultam que as manufaturas concorram por recursos, especialmente na ausência de ativos baseados no conhecimento que gerem rendas equiparáveis para o empreendedorismo manufatureiro. Com quase-rendas no setor primário, os ativos intermediários precisam ser maiores do que o normal para que as manufaturas sejam relativamente lucrativas, e os padrões de desempenho, sendo um custo para os recipientes de ativos intermediários, tornam-se mais difíceis de aplicar.

Grandes concentrações absolutas de recursos no setor primário também acarretam *capacidades absorventes* de capital humano relativamente altas. Pressupondo-se a propriedade familiar das unidades produtivas em todos os setores (por maior que possa ser cada unidade individual), a progênie educada de uma família rica tem maior propensão a permanecer no setor primário ou a dividir seu tempo entre setores quando os recursos naturais estiverem enviesados a seu favor. Com grandes concentrações de recursos naturais e custos de entrada fixos para o aprendizado manufatureiro, as *competências-chave* de investidores do setor primário (e terciário) dificilmente se concentrarão nas manufaturas, como é exemplificado pelo Brasil.

Em segundo lugar, ativos intermediários podem ser alocados pelo governo ou para um número relativamente alto de empresas (*difusão*) ou para um número relativamente pequeno de "líderes nacionais" (*concentração*). Os principais instrumentos usados para difundir ou concentrar subsídios são os mesmos, independentemente dos países: o licenciamento industrial (que influencia quantas empresas terão permissão para operar numa dada indústria); e padrões de desempenho relativos ao teto da relação dívida-capital (o que influencia o porte da empresa) e à distribuição dos lucros (o que influencia a estrutura da empresa). Paradoxalmente, países do "resto" com distribuições de renda atuais relativamente igualitárias seguiram a abordagem da concentração, enquanto países com distribuições de renda relativamente desiguais seguiram a abordagem da difusão (ver Capítulo 8).

A associação entre desigualdade de renda e políticas difusionistas é paradoxal porque se os governos (e especialmente os governos autoritários) forem vistos como servos dos ricos e poderosos, a concentração de subsídios deveria ocorrer nos casos em que a distribuição de renda fosse acentuadamente distorcida. Além disso, com a exceção da Índia, os governos do "resto" tenderam a ser autoritários nos primeiros anos do pós-guerra. A industrialização tardia se desenrolou em grande medida contra um pano de fundo de política antidemocrática. Não obstante, o Estado desenvolvimentista da industrialização tardia tendeu a ser cada vez mais tecnocrático, com olhos no crescimento de longo prazo e ouvidos nos interesses instituídos. Pressupondo-se que a probabilidade de turbulência social aumente com a desigualdade, e pressupondo-se ainda que os tecnocratas sejam avessos ao risco, então, dentro dos limites de um mecanismo de controle recíproco tecnocrático, políticas de difusão e desigualdades existentes de renda devem seguir de mãos dadas.

Há amplo consenso entre os economistas políticos de que a distribuição de renda tem um grande efeito no desenvolvimento econômico, intuição nascida sobretudo de exames estatísticos. Há incerteza quanto aos canais pelos quais a distribuição transmite seu efeito ao comportamento econômico. Na industrialização tardia, pode-se conjecturar que a distribuição de renda afeta o grau em que as empresas nacionais estabelecem suas competências-chave dentro ou fora das manufaturas e o grau em que as políticas industriais concentram ou difundem os ativos intermediários para diversificar a indústria. Quanto maior a desigualdade, mais difusionistas tendem a ser as políticas e, conseqüentemente, maior é a dificuldade de criar líderes nacionais com habilidades exclusivas e de ponta.

A criação de instituições

Com a precisão de um relógio, mecanismos de controle recíprocos começaram a ser construídos no fim da década 1950 ou início dos 1960 por toda parte do "resto", exceto na Argentina. Na Tailândia, um golpe levou ao poder um general com simpatia pelas empresas privadas. Uma Lei de Promoção do Investimento Industrial em 1960 criou um Conselho de Investimento que começou rapidamente a fomentar a atividade manufatureira, como será examinado em breve. Na Malásia, uma Ordenança da Indústria Pioneira em 1958 deu início à promoção industrial, que se intensificou depois que tumultos irromperam em 1969 (Hoffmann; Tan Siew, 1980; e Rasiah, 1995). Na Indonésia, um novo governo militar que chegou ao poder em 1966 sob o general Soeharto encetou a longa jornada rumo à industrialização utilizando muitas instituições estabelecidas pelo ex-presidente Sukarno.[13] Na Coréia, a industrialização se acelerou após um golpe dos Jovens Turcos em 1961 e da ascensão ao poder de um arquidesenvolvimentista, Park Chung Hee (Cole; Lyman, 1971). Em Taiwan, o Terceiro Plano de Desenvolvimento (1961-64) enfatizou a necessidade de promover a indústria pesada, e com a formação de um Escritório de Desenvolvimento Industrial em 1970, grandes projetos de investimento se aceleraram (Wade, 1990). Na Índia, o Parlamento aprovou uma Resolução da Política Industrial em 1956 que resultou em intensos esforços para reestruturar as indústrias existentes e, sobretudo, para

---

13 Para uma análise da interpretação do Atlântico Norte dos anos de Sukarno, ver Thee (1996). Para Soeharto, ver Robison (1986) e Hill (1996).

se diversificar em novos setores manufatureiros básicos (Sandesara, 1992). Na Turquia, um golpe de 1960 levou ao estabelecimento de um Escritório de Planejamento Estatal e ao início da expansão industrial turca do pós-guerra (Keyder, 1987). No Brasil, uma "abordagem de indústrias básicas foi parte de uma ideologia generalizada de modernização e desenvolvimento econômico que influenciou as alocações do governo desde fins da década de 1940 e teve sua culminação no Programa de Metas, cujos projetos foram formulados no início dos anos 1950 e implementados em 1957-61 com o presidente Kubitschek" (Jeff, 1968, p.46). No Chile, a reconstituição de uma corporação desenvolvimentista em 1961 (Corfo) foi o empurrão por trás de uma promoção industrial mais intensiva (Mamalakis, 1976). No México, a nova presidência de Miguel Alemán fez da industrialização sua única meta econômica e, juntamente com um "novo grupo" de industriais progressistas, iniciou um vigoroso plano para estimular a atividade manufatureira (Mosk, 1950). Mesmo a China, com um mecanismo de controle inteiramente diferente na época, intensificou suas tentativas de industrialização em 1958 com um Grande Salto Adiante.

A sincronização da criação de instituições em diferentes países de diferentes continentes sugere um "momento na história" em ação. Foi um momento eufórico definido pelos "ventos da mudança" da descolonização e por uma alta da ideologia do planejamento desenvolvimentista.[14] Foi também um momento desesperado definido pelo aumento da fuga de cérebros, de pessoas com educação superior (ver Tabela 1.10) e por oportunidades minguantes de migração ultramarina para um estoque "ilimitado" de mão-de-obra (ver Tabela 1.11). Além disso, quando um país começava a introduzir maquinário desenvolvimentista, outros países em grande proximidade seguiam seu exemplo: os sistemas de promoção industrial da Malásia, Indonésia e Tailândia, por exemplo, foram introduzidos quase ao mesmo tempo e eram semelhantes entre si.

---

14 "Ventos da mudança" foi uma expressão cunhada pelo primeiro-ministro Harold Macmillan, do Reino Unido, com referência primariamente à descolonização.

Tabela 1.10. Índices de não-regresso entre estudantes estrangeiros masculinos nos Estados Unidos

País	Estudantes (1964)	% de Não-regresso (1969)
Argentina	521	21,6
Brasil	528	8,2
Chile	387	13,3
China	1.716	38,3
Índia	6.136	7,2
Indonésia	635	2,8
Coréia	2.067	11,0
México	1.145	18,8
Taiwan	3.246	11,7
Tailândia	1.168	3,6

Número absoluto de estudantes em 1964. Os índices de não-regresso se aplicam aos cinco anos após a graduação.

Fonte: Adaptado de Myers (1972).

Nos anos imediatamente após a guerra, *não* intervir teria parecido estranho. Assim, a formação de capital interno bruto começou a aumentar, ainda que ciclicamente (ver Tabela 1.12), e a participação do governo no investimento bruto atingiu níveis elevados (ver Tabela 1.13), com o investimento estrangeiro direto respondendo por apenas uma pequena parcela da formação de capital (ver Tabela 1.14).

Avaliaremos brevemente as instituições desenvolvimentistas criadas pela *Tailândia*, um caso de relativo minimalismo no que se refere à intervenção do governo (Banco Mundial, 1993). Em capítulos posteriores, analisaremos os mecanismos de controle antes tematicamente do que pela perspectiva de um único país. Uma visão geral de um país, da boca de ex-funcionários do governo de alto escalão, proporciona uma certa idéia da profundidade e amplitude dos controles.[15]

---

15 As informações sobre a Tailândia provêm de entrevistas com membros do Conselho de Investimento, Bangkok: secretário-geral adjunto Vanee Lertudumrikarn, julho de 1991 e agosto de 1993; secretário-geral adjunto Khun Chakchai, julho de 1991 e abril de 1996; e secretário-geral adjunto Chakramon Phasukavanich, abril de 1996. Citações mais breves no texto de oficiais do Conselho de Investimento são de um ou outro desses indivíduos.

Tabela 1.11. Movimentos estimados de migração mundial voluntária, 1815-1980

	1815-1914	1919-39	1945-80
(a) Total de migrantes voluntários (est.)	82.100.000	13.919.000	24.750.000
(b) Anos na era	100	21	36
(c) Média de migrantes voluntários/ano (est.)	821.000	662.810	687.500
(d) População do ano mediano (milhões)	1.240	2.000	3.200
(e) Migrantes anuais voluntários por milhão de habitantes mundiais [(c)/(d)]	660	330	215

Fontes: Os dados foram compilados de uma série de fontes diferentes, não necessariamente complementares. As cifras para o número de migrantes voluntários para cada um dos três períodos listados foram adaptadas de Segal (1993). As estatísticas da população mundial são adaptadas de Woytinsky; Woytinsky (1953). Segal lista os grandes movimentos de migração voluntária por país emissor para cada era e inclui estimativas do número de migrantes dentro de cada movimento. Agregamos suas estimativas para cada era listada. Segal não pretende justificar cada migrante ou mesmo cada movimento significativo de migrantes. Além disso, algumas estimativas não estão listadas. Portanto, elas quase certamente subestimam os fluxos totais de cada era.

Tabela 1.12. Formação de capital interno bruto como porcentagem do Produto Interno Bruto

País	1950 (%)	1960-64 (%)	1965-69 ('%)	1970-74 (%)	1975-79 (°%)	1980-84 (%)	1985-89 (%)	1990-95 (%)
Argentina	19	14,0	202	20,1	25,4	22,3	18,3	17,0
Brasil	17	n.d.	24,2	20,6	22,6	20,4	21,2	20,0
Chile	16	14,2	15,9	14,4	15,4	15,7	16,5	22,7
Índia	13	17,5	17,9	15,5	19,1	19,6	21,1	22,2
Indonésia	7	14,3	8,3	n.d.	n.d.	25,6	25,2	29,0
Coréia	13	13,9	23,0	22,9	27,9	29,7	29,1	36,2
Malásia	12	15,2	15,6	23,1	25,1	34,3	26,5	34,5
México	17	17,8	19,6	19,1	21,4	21,9	19,1	19,8
Taiwan	14	19,0	23,6	29,1	30,0	26,9	20,6	23,6
Tailândia	14	21,2	23,8	23,1	24,5	28,0	29,2	39,9
Turquia	14	15,5	16,3	21,1	23,4	19,5	22,8	22,7
Coeficiente de variação	22,5	15,4	25,5	20,3	17,7	22,6	18,9	29,4

Fontes: Todos os dados para Taiwan são da República da China (1996). Todos os demais dados foram tirados diretamente do Fundo Monetário Internacional (vários anos).

A industrialização tardia

Tabela 1.13. Porcentagem de participação pública na formação de capital interno bruto, 1960-1996

País	1960-64	1965-69	1970-74	1975-79	1980-84	1985-89	1990-96
Argentina	n.d.	n.d.	37,6	41,9	24,5	28,4	15,7
Brasil	25,3	29,1	28,7	35,8	37,3	32,3	23,5
Chile	n.d.	n.d.	62,1	50,4	37,6	45,7	22,1
Índia	46,0	41,5	41,2	45,0	48,6	47,9	29,6
Indonésia	n.d.	n.d.	n.d.	n.d.	43,8	33,2	34,7
Coréia	27,4	23,8	24,3	21,9	24,5	22,2	24,0
Malásia	27,8	38,5	31,4	37,9	46,1	41,1	33,8
México	58,0	33,8	33,7	40,7	41,7	29,8	21,6
Taiwan	40,9	36,4	38,5	49,2	47,4	38,3	49,2*
Tailândia	31,3	33,0	25,4	28,2	30,0	22,6	19,5
Turquia	49,8	53,1	41,9	47,8	56,7	52,3	25,7

* 1990-94 apenas.

Fontes: Todos os dados sobre Taiwan são tirados da República da China (1996). Todos os demais dados para 1970 e anos posteriores são adaptados de Glen (1998). Os dados da década de 1960 provêm dos seguintes: Brasil (vários anos), Chandhok (1996), Banco da Coréia (vários anos), Malásia (vários anos), México (1994), Tailândia (vários anos), Turquia (vários anos).

Tabela 1.14. Investimento estrangeiro direto líquido como porcentagem da formação de capital interno bruto, 1960-1995

País	1960-64	1965-69	1970-74	1975-79	1980-84	1985-89	1990-95
Argentina	1,0	0,5	0,2	1,2	2,0	4,4	9,2
Brasil	n.d.	7,6	5,7	4,2	3,8	2,0	2,0
Chile	−1,3	3,0	−7,0	3,9	7,8	4,6	8,7
Índia	n.d.	0,0	0,0	0,0	0,1	0,4	1,0
Indonésia	n.d.	0,3	n.d.	n.d.	25,6	25,2	28,3
Coréia	0,2	0,6	2,7	0,8	0,3	1,5	0,8
Malásia	n.d.	10,2	12,3	12,5	11,9	8,7	20,2
México	3,5	4,4	4,1	3,4	3,2	7,1	13,7
Taiwan	4,4	−4,9	1,5	1,0	0,8	1,7	1,4
Tailândia	1,7	3,7	3,5	1,3	2,7	3,6	4,2
Turquia	2,1	0,9	1,6	0,5	0,6	1,7	2,2

Fontes: Todos os dados sobre Taiwan são tirados da República da China (1996). Todos os demais dados são tirados diretamente do Fundo Monetário Internacional (vários anos).

O mecanismo de controle recíproco da Tailândia

O mecanismo de controle da Tailândia era administrado por um serviço público resultante de um movimento político de 1932, cujas reformas levaram a que os funcionários públicos fossem escolhidos segundo seu mérito acadêmico. Dada a meritocracia acadêmica, o serviço público tailandês tornou-se altamente educado em uma sociedade em que a posição social passou a depender da educação superior. Em 1936, até um terço dos alunos tailandeses no exterior eram funcionários do governo sob licença (Evers; Silcock, 1967). O Conselho de Investimento (CDI) da Tailândia, supervisor da promoção industrial, afirmou que até a década de 1990 jamais sofrera escassez de engenheiros bem treinados, apesar das baixas matrículas nas escolas. Uma vez que na primeira fase da industrialização a maioria das empresas manufatureiras tailandesas eram empresas familiares de primeira geração, os funcionários do governo tendiam a ser mais bem-educados do que os empresários privados.[16] Qualquer que fosse o balanço, o CDI atraiu os talentos mais brilhantes após a Segunda Guerra Mundial, como fizeram as burocracias elitistas do Japão Meiji e de outros países do "resto" (Daito, 1986).

Violações do princípio do mérito acadêmico na Tailândia vieram principalmente nas mãos da educação estrangeira e da ajuda externa americana:

> Foi só depois da Segunda Guerra Mundial que os detentores de diplomas estrangeiros ganharam reconhecimento como peritos técnicos dentro da estrutura do serviço público tailandês, mas desde o início esses diplomas davam acesso a oportunidades e à rápida

---

16 Isso contrastava com a incidência mais equilibrada da educação universitária nos setores público e privado da Índia, do Brasil e do México, cuja indústria era mais avançada do que a da Tailândia no fim da década de 1950 e, por isso, mais diretiva. Para o setor privado, ver Cepal (1963) no caso da América Latina e Agarwala (1986) no caso da Índia. Para as burocracias responsáveis pela política econômica no Brasil, ver Willis (1990). Para exemplos de países, ver Ross Schneider (1998).

promoção. ... O sistema de mérito acadêmico foi solapado ainda mais pelo impacto crescente da educação americana após a Segunda Guerra Mundial. ... [Os candidatos a novos cursos de treinamento eram] em maioria escolhidos conjuntamente por funcionários públicos tailandeses e conselheiros americanos. ... Paradoxalmente, o novo sistema facilitou em muito a obtenção de um diploma estrangeiro para os que tivessem o devido patronato. (Evers; Silcock, 1967, p.86-7)

Uma oposição permanente às políticas desenvolvimentistas do serviço público tailandês surgiu na forma de economistas treinados por americanos.[17] Os membros do Conselho de Investimento se queixavam de críticas constantes dos "economistas puros" no Escritório do primeiro-ministro, que "não entendiam o mundo real". Os "economistas puros" replicavam que a empresa privada teria-se fortalecido sem o lastro do CDI; que o poder gerava corrupção; e que os métodos do CDI para "coletar vencedores" eram arbitrários. O CDI respondeu nomeando seus críticos como conselheiros.

Abrangência

Um número muito grande de projetos de investimento na Tailândia cresceu sob as asas do CDI. Uma pesquisa sobre as grandes empresas da Tailândia na década de 1990 estimou que aproximadamente 70% das empresas manufatureiras pertencentes aos grandes grupos industriais haviam recebido benefícios e cumprido padrões de desempenho sob contrato com o CDI (Suehiro 1993). O CDI, de acordo com suas próprias estimativas, esteve envolvido em aproximadamente 90% dos maiores projetos manufatureiros da Tailândia, abrangendo os setores tanto privado como público e empresas tanto locais como estrangeiras, com investimentos totalizando em torno de US$ 14 bilhões em 1990. Dada a esparsa base industrial da Tailândia e o corpo de funcionários relativamente pequeno do CDI, um mem-

---

17 Para uma situação comparável na Coréia, ver Amsden (1994).

bro que houvesse pertencido ao CDI por 23 anos (1968-91) *conhecia pessoalmente todos os maiores investidores.* Em 1990, 70% do corpo profissional do CDI eram engenheiros, e apenas 100 engenheiros estavam empregados no total.

Um golpe de Estado em 1958 levara ao poder um primeiro-ministro interessado em promover a empresa privada. Antes do regime Sarit, a empresa estatal era suprema, em parte como reação ao medo da dominação econômica chinesa (ver Capítulo 8). Conforme ficava mais claro que a atividade manufatureira com a direção do CDI podia gerar lucros, o governo ficou mais comprometido com a industrialização, e conforme o comprometimento com a industrialização por parte dos altos líderes políticos se fortalecia, a promoção industrial se expandia e o desenvolvimento florescia, apesar do militarismo e da corrupção (para uma causa e efeito comparáveis em Taiwan, ver Amsden, 1985). *"Todo mundo receava que o crescimento rápido ia acabar"*, e o sucesso em si ajudou a manter a corrupção em xeque, pelo menos durante os primeiros anos de crescimento rápido.

O índice real de crescimento anual médio da produção manufatureira saltou de 5,6% no período pré-plano que antecedeu 1960 para 9,1% em 1960-70 e 10,1% em 1970-80 (ver Tabela 1.5). A parcela das manufaturas no PIB subiu de 12,5% em 1960 para 18,3% em 1975 (ver Capítulo 5). A influência generalizada do CDI seguiu assim de mãos dadas com a expansão sustentada das manufaturas.

Novas regras

O CDI concedeu benefícios fiscais, proteção tarifária (com parecer do Ministério das Finanças), crédito subsidiado (reservado a empresas multinacionais por um banco de desenvolvimento, a Corporação Financeira Industrial da Tailândia), restrições à entrada (com parecer do Ministério da Indústria) e benefícios especiais para empresas estrangeiras (permissão de possuir terras e importar mão-de-obra). Esses benefícios foram oferecidos em troca de padrões de desempenho referentes a metas de exportação, requisitos de conteúdo local, tetos para a relação dívida-capital, pisos para a propriedade nacional, mínimos da escala operacional, obrigações do cronograma de investimentos, critérios de localização regional e, enfim, especificações para a qualidade dos produtos e regras ambientais. O governo promovia especificamente transferências tecnológicas de empresas multinacionais tornando o apoio a tais empresas condicionado a contratação de gerentes locais. A Lei do Controle da Ocupação de Estrangeiros restringia o número de vistos de trabalho emitidos para pessoal estrangeiro, iniciando com isso a substituição de gerentes e engenheiros estrangeiros por tailandeses.

Na década de 1960, o imposto de renda corporativo da Tailândia chegava a 30%, e os impostos de importação sobre insumos para produtos industrializados eram onipresentes; os impostos de importação vinham sendo uma das principais fontes de receita do governo desde antes do século XVIII. Apesar da reputação de "abertura" da Tailândia, os impostos de importação por volta da época do Terceiro Plano Nacional de Desenvolvimento Econômico e Social (1972-76) eram em média de 30-40%, e de 60% sobre artigos de luxo. Em 1983, a tarifa nominal média era de 31% na Tailândia "aberta" em comparação com 24% na Coréia "resguardada" (James et al., 1987). Portanto, o direito a uma redução ou isenção dos impostos de importação era uma rica recompensa. Para proteger a indústria local, contudo, as isenções de impostos só eram concedidas para maquinários e outros insumos *não* fabricados na Tailândia (variantes dessa "Lei dos Similares" existem em todo o "resto", com o primeiro exemplo datando possivelmente da década de 1930 no Brasil). O Conselho de Investimento argumentava que os "benefícios fiscais sob a Lei de Promoção do Investimento foram o começo da prosperidade comercial neste país".

Todos os projetos do CDI seguiram o mesmo procedimento, a despeito de quem os iniciasse (missões estrangeiras para cortejar investidores potenciais eram usualmente iniciadas pelo CDI). As propostas eram submetidas primeiro a uma *Análise de Projetos* por engenheiros, que verificavam a viabilidade técnica e a compatibilidade com as capacidades das indústrias relacionadas, e por economistas, que verificavam a conformidade com critérios políticos especificados nos planos qüinqüenais (discutidos no Capítulo 6). As propostas viáveis eram então enviadas a um *Comitê Decisório* com membros do CDI e da indústria privada, e caso se chegasse a uma decisão afirmativa, as propostas seguiam para um *Comitê de Privilégios* para que se revisasse o pacote de benefícios envolvido. Como meio de reduzir a corrupção, as reuniões do Comitê Decisório acerca dos principais projetos eram abertas a todos os ministérios envolvidos, e os projetos aprovados, qualquer que fosse seu porte, tinham de incluir uma *Declaração de Retornos* detalhada indicando a justificativa de sua aceitação. Após a aprovação, inspetores monitoravam o desempenho (eles verificavam, por exemplo, se tecnologias específicas tinham sido compradas e maquinário instalado). Em média, o CDI cancelou anualmente os benefícios de 7% de seus clientes por não-conformidade com os termos do acordo.

Os padrões de desempenho vinculados a benefícios fiscais destinavam-se a criar novas capacidades em "indústrias-alvo" com base em equipamentos modernos, como opostos aos de segunda mão. As empresas existentes que expandiam sua própria capacidade mediante a aquisição de uma outra empresa existente ou a extensão de uma fábrica existente não se qualificavam (embora novas fábricas de empresas existentes se qualificassem). Padrões de desempenho adicionais eram negociados enquanto os projetos estavam sob exame. No caso de *projetos preexaminados*, os critérios de desempenho eram ditados pelo CDI. Os fabricantes de tecidos de algodão, por exemplo, tinham de exportar 50% de sua produção antes da primeira crise de energia (1973) para se qualificarem para um apoio novo ou continuado; isso se aplicava indistintamente a empresas estrangeiras e nacionais. Dado esse piso de 50% (ao qual se chegou após "estudos detalhados"), uma empresa têxtil era selecionada para promoção dependendo de quão competitiva fosse sua proposta em termos dos padrões adicionais de desempenho que prometia.

No caso de *projetos orientados,* o CDI dividiu todas as indústrias em três classificações com benefícios variáveis de duração finita. Esse procedimento foi criticado por economistas, e por isso o CDI passou a uma regra de decisão caso a caso. Esse procedimento era impraticável, de modo que em 1977 o CDI voltou a uma classificação em três níveis, mas usou novos critérios para selecionar indústrias para os maiores benefícios, como a *intensidade de exportação* e a *localização regional,* em vez da intensidade de capital ou mão-de-obra. Em média, apenas 15% das requisições eram rejeitadas, mas apenas empresas que atendiam aos critérios do CDI tendiam a fazê-las.

No caso de *grandes projetos*, o CDI e clientes potenciais se envolviam em negociações intensas. Os principais pontos polêmicos eram o número de ingressantes na indústria que o CDI fosse promover (e o Ministério da Indústria fosse licenciar) e a quantidade de "capital próprio" que as empresas forneceriam (o que influenciava sua relação dívida-capital). No caso de tubos para televisores coloridos, por exemplo, considerações quanto a economias de escala levaram o CDI a oferecer privilégios a um único ator. Os atores dos grandes projetos eram selecionados em um processo transparente envolvendo todos os ministros com carteiras econômicas.

Os economistas criticaram o CDI em seus primeiros anos de operação por ser generoso demais ao alocar benefícios:

> o CDI foi extremamente promíscuo ao conceder certificados de promoção. Jamais se perguntou seriamente qual indústria NÃO promover. Como uma mulher num surto de compras (para ser justo com as senhoras, permitam-me observar que todos os secretários-gerais do CDI eram homens), ele emitiu certificados de promoção a despeito de serem itens de consumo em massa (têxteis) ou artigos de luxo consumidos por relativamente poucas pessoas (refrigeradores e condicionadores de ar), a despeito da escala mínima de operação (veículos automotivos), a despeito das verdadeiras intenções dos que solicitavam e obtinham os certificados de promoção (petroquímicas), a despeito de a indústria já estar firmemente estabelecida e de novos investimentos não serem portanto tão arriscados como de início (hotéis e fábricas têxteis no final dos anos 60, cimento) e a despeito da eficiência (fertilizantes). (Siamwalla, 1975, p.38)

O CDI pode ou não ter sido *indiscriminado* em seu apoio a indústrias inapropriadas, mas no início da década de 1960 a virtude da promiscuidade foi provocar um impulso de crescimento de base ampla. Isso, por seu turno, assegurou a popularidade do CDI e o apoio de grandes políticos e empresários.

Desequilíbrio

Em certos momentos decisivos antes da década de 1990 (definidos por choques exógenos, grandes projetos novos ou maior concorrência externa), o CDI respondeu alterando o escopo e a natureza do apoio. As tarifas eram assunto do Ministério das Finanças, mas uma seção-chave de uma lei tarifária geral deu ao CDI poderes para impor *sobretaxas* às tarifas existentes. Quando a indústria tailandesa cambaleou após a segunda crise da energia (1979), vinte grupos de produtos foram sujeitos a sobretaxas de importação que iam de 10 a 40% além dos impostos existentes (Narongchai; Ajanant, 1983). Medidas igualmente extraordinárias foram tomadas para formar grandes indústrias. No caso dos automóveis, uma das indústrias mais problemáticas na carteira do CDI, de 1978 a 1990 o CDI proibiu a importação de carros pequenos (abaixo de 2.400 cilindradas) e limitou o número de marcas e modelos de automóveis que poderiam ser produzidos localmente. Um projeto de um motor a diesel para veículos automotivos, disputado acirradamente por três *joint ventures* nipo-tailandesas, tipificou o lado não-burocrático do CDI. Na questão do número de candidatos à produção de motores a diesel na Tailândia, o pessoal técnico do CDI "lutou muito" por um limite de um ou no máximo dois, mas isso foi indeferido pelo conselho governante do CDI, que queria mais concorrência e licenciou "não mais do que três empresas". Na questão de como utilizar a capacidade de fundição da Tailândia na fabricação de blocos para motores, o CDI apoiou as fundições locais contra as alegações de baixa qualidade dos japoneses, mas em troca obrigou as fundições tailandesas a transferir trabalho para fornecedores tailandeses menores. Finalmente, na questão das exportações, o CDI obteve um compromisso com exportações dos licitantes japoneses (que haviam inicialmente exigido *restrições* à exportação) ao tornar as concorrências entre eles mais implacável (Doner, 1991).

A mescla de audácia e burocracia do CDI pode ter refletido a "cultura" em ação, mas não necessariamente a cultura tailandesa. Burocracias desenvolvimentistas em todo o "resto" exibiram um comportamento similar em desequilíbrio. A cultura entre os retardatários da época era "dar conta do recado" em vez de "'acertar' os preços".

E é a como dar conta do recado que a atenção se voltará agora.

2
A ossada dos tecelões manuais

A forte concorrência deflagrada após 1815 pela revolução tecnológica britânica nos produtos têxteis gerou celeuma e, por fim, quatro estratégias defensivas entre os países produtores de têxteis. Na *extremidade superior* da escala de capacidades, a França explorou seu artesanato tradicional na fiação e tecelagem manual, e os Estados Unidos adotaram um sistema de produção em massa similar ao da Inglaterra, mas produzindo tecidos rústicos ao invés de finos (Temin, 1988).[1] Na *extremidade inferior* da escala de capacidades, o México seguiu os Estados Unidos na produção em massa. A China, a Índia e o Império Otomano tentaram imitar a França, ao mesmo tempo que lutavam para produzir fios e tecidos para o consumo em massa.

---

1 Números mais finos era produzidos na Inglaterra com mulas de fiar, que faziam uso das capacidades extensivas da experiente força de trabalho britânica. Os números mais grossos eram produzidos nos Estados Unidos usando uma nova tecnologia por filatório a anel, que exigia menos habilidade da mão-de-obra (Huberman, 1991).

Apesar de similaridades superficiais, a história das indústrias têxteis do "resto" no pré-guerra não podia ter sido mais diferente da mesma história na França, nos Estados Unidos ou no Japão. Estes últimos resolveram seus problemas por meio de inovações, algo que as primeiras não fizeram. Qualquer que fosse a estratégia — produção em massa ou artesanato — e qualquer que fosse o grau de abertura econômica — protecionista (como no México ou no Brasil) ou livre comércio (como na China, na Índia e no Império Otomano) —, as indústrias têxteis do "resto" não conseguiram se tornar atores mundiais dinâmicos senão depois da Segunda Guerra Mundial.

Este capítulo começa a explorar as razões por trás do fracasso do "resto". Para dar uma idéia da extensão de seu déficit de habilidades, as capacidades da França, dos Estados Unidos e do Japão serão examinadas com a extensão necessária para estabelecer um referencial.

Ativos artesanais: França

Descrições dos obstáculos ao desenvolvimento econômico da França após as Guerras Napoleônicas são muito similares às da Índia ou da América Latina:[2] uma estrutura de classes arcaica, um sistema bancário infantil, um conjunto desfavorável de leis comerciais, baixa demanda, mão-de-obra barata que retardou a mecanização, maquinário estrangeiro caro e, em comparação com a Grã-Bretanha, carvão e capital relativamente caros, menos engenheiros, fábricas menores, equipamento inferior, menos aprimoramentos técnicos, serviços complementares esparsos nos distritos industriais, infra-estrutura inferior e, com isso, maiores custos de produção. O continente defrontava-se supostamente com um problema de atraso "exatamente como o dos países subdesenvolvidos de hoje" (Crouzet, 1972, p.101).

---

2 Compare Landes (1969) sobre a França, Morris (1983) sobre a Índia e Haber (1989) sobre o México.

Não obstante, em 1815 a França já estava na fronteira tecnológica do mundo em certos campos que eram cientificamente avançados para a época. Mais que isso, a França já tinha uma base industrial *diversificada*. Estima-se que a indústria em 1815 tenha respondido por cerca de 20% da renda nacional (Kuznets, 1966), ao passo que imediatamente após a Segunda Guerra Mundial a China, a Índia e o Império Otomano ainda não haviam alcançado nem metade dessa proporção, considerando-se convenções contábeis nacionais aproximadamente similares (ver Capítulo 5). A França teve de *transformar* indústrias existentes, de "modernizá-las" pela introdução em grande escala de novas técnicas que foram inventadas e aperfeiçoadas na Inglaterra, [mas] não precisou construir novas indústrias totalmente do zero (Crouzet, 1972, p.101). Uma historiografia revisionista começou a afirmar que a França nunca foi realmente atrasada.[3]

Em 1851, na Grande Exibição de trabalhos industriais no Palácio do Cristal em Londres, fabricantes franceses demonstraram suas inovações em tecnologias recentes de "base científica", como em maquinário (na forma de uma roda d'água turbinada), na fotografia (como o daguerreótipo) e em tinturas para tecidos ("É um fato universalmente admitido que, em alguns dos preparados químicos mais delicados, como os alcalóides vegetais, as produções do fabricante francês excedem aquelas de outras nações.") (Great Exhibition of the Works of All Nations, 1968). Em tradicionais "indústrias parisienses", como os tecidos de seda, roupas, sapatos, artigos de couro, jóias, pratarias, móveis, tapeçaria, vídeos e instrumentos de precisão, as capacidades francesas não tinham rival. Nem todo o artesanato francês, incluindo os têxteis, foi rapidamente modernizado. As indústrias da moda parisiense, por exemplo, permaneceram "não regeneradas em sua

---

3 Os revisionistas perguntaram-se se a França havia crescido lentamente em comparação com a Inglaterra (ver Levy-Leboyer; Bourguignon, 1986), se tinha sido mais protegida (ver Nye, 1991) e se o porte das empresas francesas era relativamente pequeno (ver Nye, 1987). Para o crescimento em geral, ver Trebilcock (1981), o debate entre Crafts (1995) e Landes (1995) e os artigos de resenha de Aldrich (1987) e Nardinelli (1988).

falta de mecanização e organização fabril", mas também continuaram sendo "um pilar das exportações francesas" (Pollard, 1990, p.36). Não obstante, a França tinha as habilidades empresariais e artesanais para adaptar velhos produtos a novos gostos. Ela acumulara habilidades mecânicas suficientes para desenvolver os mais modernos tipos de maquinário no intuito de reduzir os custos de produção.

Na Alsácia, por exemplo, já em 1815-30 bastidores hidráulicos e mulas [fiadeiras] manuais foram substituídos por mulas a vapor na fiação, e houve uma mudança decisiva de teares manuais para teares a vapor na tecelagem.

> A prontidão do fabricante alsaciano de investir em equipamentos modernos deveu-se muito ao desenvolvimento de uma indústria local criativa para a construção de máquinas. (Landes, 1969, p.160-1)

A produção artesanal floresceu até mesmo em um distrito relativamente atrasado como Troyes, onde, como em outras partes da França, "a indústria tecelã de teares manuais jamais se recobrou da crise da década de 1780", mas onde a transição para a "energia a vapor e a mecanização não começou a sério antes da década de 1870". Dada sua história de manufaturas de alta qualidade (em 1872 o inspetor de Manufaturas notou que Troyes contava mais com sua "alta qualidade" do que com baixos preços para concorrer), Troyes começou a se especializar em meias, e então se diversificou em luvas tricotadas, mitenes, calças, roupas íntimas, coletes, camisolas, anáguas, vestidos, camisetas, túnicas e trajes de banho. A especialização foi possibilitada pela introdução de um bastidor de tricô circular que "impulsionou a produtividade na indústria sem alterar seu caráter essencialmente artesanal" (Heywood, 1981, p.559-61).[4]

Conforme o século XX se aproximava e a França adentrava tardiamente à Segunda Revolução Industrial, suas indústrias se tornaram

---

4 Heywood afirma que "à luz da moderna teoria do comércio internacional", a proteção foi necessária para a indústria têxtil francesa, mas foi excessiva e durou tempo demais (p.556).

cada vez mais parecidas com as da Alemanha e dos Estados Unidos em termos da intensidade do capital e de suas empresas de grande escala. Ainda assim, a experiência manufatureira da França deu presumivelmente a essas indústrias e organizações um toque específico. Por um lado, "a indústria francesa teve uma estratégia de nichos, procurando antes produtos de qualidade do que produtos baratos, e refletindo em partes a heterogeneidade do mercado nacional. O fato de que uma série de inovações foram concebidas por inventores individuais (fotos, automóveis, aviação, cinema, rádio) reflete a ênfase francesa na qualidade" (Fridenson, 1997). Por outro, embora os grandes negócios franceses se agrupassem no mesmo conjunto de indústrias que haviam dado ascensão a grandes negócios em outras partes, eles não eram nem tão grandes nem tão numerosos como os gigantes dos Estados Unidos e da Alemanha, e tendiam a exibir um capitalismo mais pessoal do que administrativo (Smith, 1993).

Assim, a distância entre a França e a Inglaterra na época das Guerras Napoleônicas não era grande a ponto de impedir aquela de converter suas habilidades artesanais pré-capitalistas em ativos de reforço do mercado. Por quase duzentos anos depois disso ela usou suas capacidades *sui generis* para concorrer.

Custos de sobrevivência: China, Índia e o Império Otomano

Assim como uma literatura revisionista contestou a idéia do atra so da França, outra literatura revisionista emergiu nos anos 1970 para contestar a história tradicional em países que acabariam formando o "resto". O debate sobre a Índia tratava do imperialismo britânico.[5]

---

5 Ver o artigo de Morris (1968), que contesta as explicações imperiais do subdesenvolvimento, e as respostas por Chandra (1988), Matsui (1968) e Raychaudhuri (1968). Ver também o diálogo entre Bagchi (1976) e Vicziany (1979). Macpherson (1972) avalia os "fatos", Robb (1981) aponta as vantagens de uma abordagem empírica e Tomlinson (1982; 1988) oferece uma visão geral. Roy (1999) examina a indústria tradicional sob o colonialismo.

Na China ele dizia respeito aos portos do Tratado e à contribuição do "comprador".[6] No Império Otomano, centrou-se no poder de permanência das habilidades tradicionais.[7] Na América Latina envolveu a relevância de elos entre a exportação de produtos primários para as manufaturas e a qualidade da industrialização sob autarquia durante as duas guerras mundiais e a Grande Depressão.[8] Comum à maioria dos estudos de países era a afirmação de que a influência externa fora mais benigna do que antes se imaginava. Também alegava-se, com evidências novas, que apesar das ineficiências, da tecnologia obsoleta, de estoque de capital antigo e da diversificação limitada o crescimento das manufaturas antes da Segunda Guerra Mundial foi mais rápido do que outrora se admitia.[9] No caso de países com

---

6 Sobre os vícios e as virtudes da intervenção estrangeira na China, ver o debate entre Esherick (1972) e Nathan (1972) e a ampla discussão sobre os portos do Tratado em Murphey (1977) e Rawski (1970). Para uma análise do comprador como algo diverso de um demônio, ver Hao (1970). O poder persistente do artesanato foi investigado por Feuerwerker (1970) e Chao (1975). A aceleração do crescimento industrial moderno foi analisada pela primeira vez por Rawski (1980), que influenciou uma revisão por Feuerwerker (1977).

7 Ver, por exemplo, Quataert (1994), Keyder (1994) e Pamuk (1986) em contraste com Issawi (1980a; b).

8 Para a Argentina, ver Diaz Alejandro (1970), Gallo (1970), Schvarzer (1981), Taylor (1998) e Villanueva (1972). Para uma visão geral, ver Inés Barbero (1995) e Karol; Hilda (1990). Para o Brasil, ver Dean (1969), Fishlow (1972), Leff (1982), Versiani (1980) e Abrev et al. (1997), e para o México, ver Haber (1989), Coatsworth (1995) e Thomson (1991). Estes e outros países latino-americanos são analisados por Cardenas et al. (2000), Cortes Conde (1992), Ground (1988) e Thorp (1992; 1984). Especialmente úteis são os ensaios bibliográficos de Glade, William; Thorp, Rosemary; Lewis, Colin M. (em Bethell, 1995). Em geral, os revisionistas acusam a falta de conhecimento dos teóricos da dependência — Frank (1967) é alvo de críticas especialmente pesadas — ou os ignoram totalmente, como no caso da "nova história econômica" (Coatsworth; Taylor, 1998). Para uma réplica, ver Frank (1998). Para uma visão cultural de alguns dos prolongados debates sobre o desenvolvimento econômico, ver Landes (1998). Para uma abordagem não cultural, ver Cypher; Dietz (1997).

9 O revisionista mais radical foi possivelmente Lloyd Reynolds, que chegou perto de sugerir que o crescimento passado foi tão rápido que mesmo países no "resquício" já não estavam realmente em má situação: Se o Sri Lanka [e países

experiência manufatureira pré-moderna, sobretudo a China, a Índia e o Império Otomano, havia também a afirmação específica de que, ao contrário da alegação de Karl Marx, *a ossada dos tecelões manuais não havia maculado as planícies da periferia.*

Na verdade, depois da abertura internacional e antes da tão protelada ascensão da produção industrial têxtil, o tecelão manual chinês, indiano e otomano sobreviveu à concorrência britânica. Dado um diferencial estimativo de produtividade entre a fiação mecanizada e manual de mais de 40:1, mas de menos de 10:1 entre a tecelagem mecanizada e a manual (Chao, 1975), as importações de fios tipicamente arruinavam os fiadores manuais. Os fios importados, contudo, eram usados pelos tecelões manuais para fabricar tecido para o mercado interno. Tecnicamente, portanto, Marx estava errado e os revisionistas ganharam o dia. Ainda assim, sua vitória foi pirrônica. Como os artesões do "resto" concorriam com base antes em baixos salários do que em altas habilidades, *eles sobreviveram antes por se terem empobrecido do que por serem sido inovadores,* como na França. A "abertura econômica" atuou contra eles por dois canais: a demanda interna por artesanato de luxo declinou (ver Gadgil, 1959 para a Índia); e as importações concorrentes aumentaram. Havia uma incapacidade generalizada de usar habilidades comerciais e técnicas para inovar com base na concorrência estrangeira.

---

similares] vem realmente se desenvolvendo há mais de um século, como pode classificar-se tão mal em termos de renda *per capita*? ... Simon Kuznets ... [indica] que a conversão de moedas locais em dólares americanos a uma taxa de câmbio normal exagera a diferença real em níveis de consumo. ... O ajuste a uma base de poder aquisitivo sugere que as cifras *per capita* 'oficiais' para os países de mais baixa renda deveriam ser duas ou três vezes maiores que as atuais para serem ao menos comparáveis com as cifras dos países mais ricos. (Reynolds, 1985, p.39-40). Na verdade, Kuznets nega que utilizar taxas de câmbio pelo poder aquisitivo muda substancialmente a diferença de renda entre os países ricos e os pobres: Dada uma diferença de mais de 30 para 1 entre todos os países desenvolvidos e os países pobres e menos desenvolvidos, a redução [o uso de comparações entre o poder aquisitivo] para 15 ou mesmo 10 no caso dos primeiros ou para 10 ou mesmo 7 no caso dos últimos ainda nos deixaria com uma grande diferença (Kuznets, 1972, p.275).

A Tabela 2.1 sumaria parte da incerta evidência. No caso do Império Otomano, a menos desenvolvida entre as grandes economias industriais pré-modernas do "resto", o artesanato otomano no século XVIII já havia começado a atender sobretudo a consumidores internos do estrato inferior, e no século XIX as exportações de têxteis já eram nulas (Faroqhi, 1994; Genc, 1994, p.67). O que se torna evidente daí em diante é a crescente importância relativa das importações tanto de fios quanto de tecidos, e o tardio surgimento da produção industrial interna de uns e outros (que só ocorreu, respectivamente, nas décadas de 1880 e 1900). Na época da Primeira Guerra Mundial, as importações de tecidos de algodão respondiam por mais de três quartos do consumo total, e o Império Otomano se tornara o terceiro melhor parceiro comercial da Grã-Bretanha (Pamuk, 1986 e Inalcik, 1987). Um declínio monolítico no emprego *total* em têxteis é indicado na Tabela 2.2. Não é senão com o surgimento da produção industrial interna após 1882 que os empregos começam a crescer.

O padrão na Índia é similar, embora a perda do mercado interno para as importações antes da ascensão da produção industrial interna seja menos severa e o surgimento da produção têxtil mecanizada ocorra muito antes. Ao longo do século XIX as importações de fios da Índia crescem enquanto a produção mecanizada de fios aguarda a fundação da primeira fábrica têxtil moderna na Índia, em 1854. Quanto aos tecidos, depois de 1850 a participação implícita das importações no consumo estimativo total é de cerca de 50%, embora alguns digam que 75% seja mais acurado.[10] De 1896-97 a 1898-99, as importações respondem por 60% do consumo total de roupas, a produtividade dos tecelões manuais responde por 30% e as fábricas respondem por apenas 9% (Mehta, 1953). A partir de 1800, o número de artesãos indiano declinou em cifras absolutas (ver Tabela 2.2).

---

10 Para a estimativa de 50%, ver Twomey (1983); para a estimativa de 75%, ver Chandavarkar (1994).

Tabela 2.1. Estimativas da produção e comércio de têxteis — França, Império Otomano, Índia, China e México, 1790-1924

		Fio				Tecido		
	Anos	**Exportação**	**Importação**	**Tear manual**	**Industrial**	**Exportações**	**Importações**	**Tear manual**
França (em toneladas)	1781-90		0	3.742		0	772	2.315
	1803-12		0	7.496		441	1.102	4.630
	1815-24		0	17.637		1.102	0	11.905
	1825-34	110	0	31.747		1.984	0	22.267
	1835-44	210	110	46.517		4.079	0	37.148
	1845 54	210	0	62.942		7.165	110	45.966
Império Otomano (em toneladas)	1820-22							
	I	0	150	11,550	0	0	450	11.550
	II	0	150	12.900	0	0	450	12.900
	111	0	150	14.250	0	0	450	14.250
	1840-42							
	1	0	2.650	8.250	0	0	4.100	8.250
	11	0	2.650	9.750	0	0	4.100	9.750
	III	0	2.650	11.250	0	0	4.100	11.250
	1870-72	0	7.750	3.000	0	0	17.300	3.000
	1880-82	0	6.500	2.000	500	0	24.700	2.000
	1909-11	0	12.550	1.000	5.000	0	49.350	1.000

(continua)

Tabela 2.1. *(continuação)*

	Anos	Fio				Tecido		
		Exportação	Importação	Tear manual	Industrial	Exportações	Importações	Tear manual
Índia[1] (fios em milhões de libras; tecido em milhões de jardas quadradas)	1790					50		
	1820		3				26	
	1840	0,6	17			26	199	
	1870	6,0	34			14	1.189	
	1880-84	43,0	42	150	151	36	1.766	1.000
	1900-1904	234,0	28	110	532	120	1.992	1.286
	1920-24	67,0	48	70	679	195	1.387	1.468
China[2] (fios em milhões de libras; tecido em milhões de jardas quadradas)	1810					544		
	1820					302		
	1875	12,4	632,3	0			457	1.637
	1905	304,3	393,3	90,2			509	1.981
	1919	178,5	333,6	297,6			787	1.798
	1931	−76,0	173,3	966,9			300	1.815
México[3] (fios em toneladas; tecido em milhões de jardas quadradas)	1807	0				0	7,0	
	1817	0				0	0,7	
	1817	0				0	22,0	
	1837	0				0		

(continua)

Tabela 2.1. *(continuação)*

	1843	0			3.867	0		
		0			327	0		
	1854	0			3.346	0		
México[3] (fios em toneladas; tecido em milhões de jardas quadradas)		0						
					2.843			
	1856	0				0	41,9	
	1870	0				0		
	1872	0				0	40,8	
	1877-78	0			2.753	0		

Notas: Apenas estimativas aproximadas. Os espaços em branco indicam que não há dados disponíveis.

1. A participação implícita das importações no consumo de tecidos na Índia é de aproximadamente 50%. Esse número é contestado em outras fontes, que afirmam uma participação das importações na virada do século de cerca de 75%. Ver, por exemplo, Chandavarkar (1994).

2. As importações na China são líquidas de exportações.

3. México: varas = 36 polegadas inglesas; pedaço de manta = 32 jardas = 26,75 metros divididos por 0,836 = uma jarda (ver Thomson 1989, p.XIV, para conversão).

Fontes: Adaptado de: França: Markovitch (1996), como citado em Heywood (1977); Império Otomano: Pamuk (1986); Índia, salvo exportações: Twomey (1983); exportações da Índia e da China: Twomey (1983); China, salvo exportações: Reynolds (1975); México, importações: Herrera Canales (1977); México, fios e tecidos: Thomson (1991) e Roberto Sandoval Z., como citado em Cardoso (1987), p.152.

O tecido feito em tear manual na China se saiu melhor do que na Índia, e provavelmente respondeu por quase 80% do consumo total de tecidos ainda em 1905 (ver Tabela 2.1).[11] Não obstante, "os fios importados atenderam a cerca de 70% da demanda chinesa (de fios feitos em máquinas por volta de 1908) e, sob pressão das importações, a indústria fiandeira local permaneceu em depressão" (Kuwahara, 1986, p.120). Conjecturas também sugerem uma queda absoluta nos empregos no setor têxtil da China nesse período.[12]

O que não fica claro pelas evidências diretas apresentadas pelos relatos revisionistas é como os tecelões manuais *chegavam* a concorrer com as importações de tecidos britânicos, que tinham a um só tempo baixos preços e alta qualidade (mensurada de acordo com consistência, cor, impressão ao tato e peso). A hipótese favorecida é que os tecelões manuais atendiam a um segmento de mercado especial que as importações não podiam ou não queriam atingir, como na China (o mesmo se argúi no tocante à Índia, ao Império Otomano e ao México):

> O desempenho do setor de tecelagem manual ... é notável, e sugere a existência de um mercado forte e parcialmente segregado, especialmente no interior rural da China, para os produtos manuais, geralmente mais pesados e de maior durabilidade. O tecido de fábricas internas e os artigos importados não eram substitutos perfeitos para o tecido manual. (Feuerwerker, 1970, p. 374)[13]

---

11 Um comprador, contudo, foi citado como tendo dito que na segunda metade do século XIX, nos portos do tratado e as cidades e cidadezinhas do interior, *apenas vinte ou trinta por cento das pessoas usavam roupas nativas.* Isso contrasta com o período antes de 1831, quando a Inglaterra comprou mais nanquins (roupa manufaturada na região de Nanquim) do que vendeu tecidos manufaturados britânicos para a China (FeuerwerkeR, 1969). A estimativa do comprador para a participação do mercado interno pode ser tão confiável como a cifra citada na Tabela 2.1.

12 De acordo com Feuerwerker (1970, p.374-5): "Embora a quantidade absoluta de tecido artesanal aumentasse ... este aumento não era grande o bastante para acomodar a mão-de-obra que se tornara redundante devido ao ... declínio na produção de fios tecidos à mão. ... Tampouco, até o início dos anos 20, as usinas têxteis das cidades proporcionaram um grande escoadouro. ... [Com isso], os efeitos empregatícios das mudanças entre 1871-80 e 1901-10 foram negativos."

13 No caso do Império Otomano, "os tecelões freqüentemente se concentravam em fabricar as vestimentas não-ocidentais ainda apreciadas por tantos de seus clientes" (Quataert,1994, p.97).

Tabela 2.2. Estimativas de emprego na indústria têxtil — Império Otomano e Índia, 1800-1829

	Ano	Fiação	Tecelagem	Total
Império Otomano[1]	1820-22	215.000	65.250	280.250
	1840-42	162.500	62.000	224.500
	1970-72	50.000	53.750	103.750
	1880-82	33.300	45.000	78.300
	1909-11	16.650	87.759	104.409
Índia[2] (em milhões)	1800 (alta estim.)	4,5	1,8	6,3
	1800 (baixa estim.)	2,8	1,1	3,9
	1850	4,2	1,8	6
	1880	1,5	1	2,5
	1913	0,9	1,5	2,4
	1929	0,6	1,7	2,3

1.Estimativas apenas. Representa o emprego em período integral.
2. Estimativas apenas. Representa o emprego em têxteis feitos à mão.

Fontes: Para o Império Otomano, adaptado de Pamuk (1986); para a Índia, adaptado de Twomey (1983).

Não obstante, embora os tecidos importados e de fábrica possam não ter sido substitutos *perfeitos* para o tecido feito à mão, eles devem ter sido substitutos bem aproximados em meio aos consumidores empobrecidos e sensíveis a preços do "resto". As preferências de consumo, portanto, podem não ser uma explicação inteiramente satisfatória de como os tecelões sobreviveram.

Outra possibilidade é que sua produtividade aumentou no século XIX porque a tecnologia *não* estava estagnada. Sabe-se que ocorreram três avanços tecnológicos na tecelagem com tear manual: o *tear de madeira aperfeiçoado* (projetado localmente mediante o aprendizado na prática); o *tear de mecanismo férreo* (inventado no Japão); e o *tear Jacquard* (inventado na primeira década do século XIX na França). No caso da China, a idéia para o aprimoramento do tear de madeira veio da produção em fábrica, e portanto tal avanço não poderia ter aumentado a produtividade no século XIX, uma vez que a produção fabril ainda não havia emergido nessa época. O tear de mecanismo férreo foi importado do Japão em 1906, "mas não foi amplamente utilizado senão quando os chineses modificaram os pedais para acomodar os pés atados das mulheres chinesas" (Chao, 1975, p.185-7). Assim, tampouco esse tear poderia ter contribuído para a maior produtividade durante o século XIX e início do XX. Quanto ao tear Jacquard, também ele foi importado na China em 1906 por um perito em têxteis japonês, que tinha alunos em Tientsin em uma escola com patrocínio estatal. Mas não apenas esse tear não esteve presente na China no século XIX, como ele não aumentava a velocidade, permitindo apenas uma variedade maior de tecidos nativos (Chao, 1975, p.185-7). A mudança tecnológica na tecelagem com tear manual no século XIX esteve assim relativamente estagnada na China e presumivelmente em outras partes, já que a maioria dos relatos não menciona novas técnicas.

Outra possibilidade (supondo-se alta substituição de preços entre o tecido importado e o tecido nacional feito à mão) é que os tecelões manuais concorriam com as importações baixando seus próprios custos, ou seja, mantendo a paridade com (ou pondo-se abaixo dos) preços dos tecidos importados — que vinham caindo vertiginosamente no século XIX — por meio de reduções nos custos de produção (presumimos que os insumos se limitem a fios e mão-de-obra). Como os preços *tanto* dos fios *como* dos tecidos importados vinham declinando no século XIX, para que os tecelões manuais concorressem sem reduzir sua própria remuneração (qualquer que fosse o arranjo econômico sob o qual trabalhassem) o preço dos fios importados precisaria ter caído mais do que o dos tecidos importados (em uma proporção relativa à participação dos fios nos custos totais). Não é possível fazer tais cálculos precisos,[14] mas a longo prazo é provável que o preço dos tecidos importados (e com isso dos nacionais) tenha caído *mais* do que o preço dos fios importados:

---

14 Reynolds (1975, p.97) estima que os tecidos de tear manual chineses (particularmente os de mais baixa classe) sofreram uma queda de preços de cerca de 40% no período 1875-1931, "mas essa queda foi provavelmente um pouco menor do que a dos preços dos fios importados".

De modo geral, a queda nos preços dos fios foi causada pela inovação nos processos de fiação na Grã-Bretanha, enquanto o declínio no preço dos tecidos era causado pela inovação tanto na tecelagem como no processo de fiação. Segue-se que, de uma perspectiva de longo prazo, a queda no preço dos tecidos por peça seria maior do que a queda nos preços dos fios necessários para uma peça de tecido. Fica claro, então, que a remuneração pela tecelagem de uma peça tornava-se menor, embora por outro lado seja muito provável que a produtividade da mão-de-obra das tradicionais peças feitas à mão não tenha subido significativamente. A única maneira de compensar a queda na remuneração por peça era trabalhar com mais afinco e por mais e mais horas. (Matsui, 1968, p.20-1)

Considerando a Índia, "temos motivos para supor que os tecelões manuais indianos ficaram menos bem de vida economicamente ou menos numerosos" (Matsui, 1968, p.21, ênfase adicionada).

É altamente improvável, entretanto, que a oferta de tecelões manuais tenha caído. Conforme as importações de fios aumentou, e conforme fiadores manuais desempregados se voltaram à tecelagem manual, o número de ingressantes potenciais na tecelagem deve ter subido substancialmente. Segue-se daí que os preços internos e as margens de lucro dos tecelões manuais ficaram sujeitos a uma dura pressão descendente. No Império Otomano, as indústrias de exportação [como a seda e a tapeçaria] tinham em comum com muitos setores voltados ao mercado interno [como os tecidos de algodão] o recurso à mão-de-obra barata, que *em geral sofreu um declínio nos salários reais* (Quataert, 1994, p.89-90, grifo nosso). Na China a manufatura têxtil foi realocada em pequenas áreas, as quais se determinou que se situassem próximas das áreas de cultivo do algodão, "pois a nova mão-de-obra ali poderia *ocupar novos postos de trabalho* (Chão, 1977, p.187, grifo nosso).[15]

---

15 Outra possibilidade é a de que os tecelões manuais fossem protegidos pelos custos de transportar tecidos importados de cidades costeiras para os confins rurais. Essa proteção natural, contudo, provavelmente ruiu durante o século XIX, conforme o transporte melhorou. Além disso, é de esperar que a distribuição

Com isso, a fiação manual no século XIX parece ter concorrido com as importações, se tanto, reduzindo o preço tanto dos fios *como da mão-de-obra*. Se é de supor que uma resposta dinâmica dos empresários se seguiria, não está claro que o tenha feito. A resposta à concorrência britânica dos artesãos na França e dos artesões na China, na Índia e no Império Otomano não podia ter sido mais diferente.

A desvantagem comparativa norte-americana

A indústria têxtil norte-americana antes da chegada do mecânico britânico Samuel Slater em 1789 se limitara em grande medida à fiação doméstica de lã e linho, com moção manual ou hidráulica. A moderna manufatura têxtil aguardava o *know-how* que Slater trouxe consigo da Inglaterra, e logo a indústria se tornou a primeira a exibir unidades de produção em grande escala. O capital ficou mais concentrado nas manufaturas, conforme a lucratividade do comércio declinou. Como os artesãos careciam do capital necessário, as finanças foram assumidas por mercadores:

> os lucros baixos ou inexistentes do comércio exterior de 1807 a 1815 *e a promessa durante esses anos de alto retorno na iniciativa interna* trouxeram appletons, cabots, lawrences, lowells e outros líderes da aristocracia mercante à manufatura têxtil. (Cochran, 1972, p.80, grifo nosso)

Com essa concentração do capital surgiu uma nova organização da manufatura têxtil — o sistema Waltham — que, por sua vez, aumentou a produtividade e presumivelmente a lucratividade:

---

de tecidos importados tenha pegado carona em grandes canais de distribuição já existentes para os fios importados, de modo que a proteção devido aos custos de transporte foi provavelmente mínima, como se afirma que fora na China (Chao, 1975, p.189). No México, os produtores de tecidos de algodão se mobilizaram contra a construção de uma ferrovia, por receios de que o transporte mais barato elevaria a concorrência (Thomson, 1991).

A nova forma era mais puramente americana do que sua predecessora, que havia usado maquinário inglês e um tipo inglês de mão-de-obra. Era, de fato, o protótipo da grande corporação moderna, organizada para a produção em massa e integrando todos os processos, desde a matéria-prima até o produto finalizado, sob uma única administração e, na medida do possível, em uma única fábrica. (Ware, 1931, p.60)

A Boston Manufacturing Company, estabelecida em 1813 em Waltham, Massachusetts, tornou-se a primeira empresa organizada dessa nova maneira. Uma amostra de seis grandes empresas com múltiplas fábricas, incluindo essa empresa, tenderam a exibir uma produtividade "notavelmente mais alta" no período 1820-59 do que a média da indústria em geral (Davis; Stettler, 1966, p. 230).

Na década entre 1814 e 1824, a indústria americana de tecidos de algodão já não se limitava a tomar emprestado processos de produção britânicos. Uma grande inovação ocorreu com o tear a vapor, inventado por Paul Moody para Francis Cabot Lowell. Outras grandes inovações incluíram a podadeira Waltham, o bastidor de enchimento de dupla velocidade, o tempereiro automático e apanhadeiras e esfarrapadeiras (Gibb, 1950). Ocorreu então uma série de meias inovações na forma do filatório coberto e de um imperfeito filatório a anel, da mula autônoma e de melhorias nas maçaroqueiras. Problemas mecânicos inerentes à transmissão por engrenagem inglesa se haviam multiplicado nos Estados Unidos devido à má cópia, e tais problemas limitavam as velocidades de operação. Nisso, a inovação da transmissão por correias veio aumentar em muito a velocidade dos fusos. Praticamente sem nenhum investimento de capital, a produtividade por fuso aumentou quase 50% (Davis; Stettler, 1966).[16]

---

16 Acreditava-se outrora que após um arroubo inicial de criatividade a manufatura têxtil sofreu estagnação tecnológica, mas evidências mais recentes sugerem que não foi isso o que ocorreu. Como observaram Davis; Stettler (1966), e em seguida David (1970) e Kevin (1971), houve um aumento contínuo na produtividade (produção por fuso ao ano e produção por trabalhador ao ano).

Assim, começando com o descaroçador de algodão de Eli Whitney em 1793, as inovações foram o que ajudou a indústria têxtil americana a prosperar sob barreiras tarifárias em um grande e expansivo mercado interno. Ao longo de todo o século XIX, "tanto os índices salariais como os retornos sobre o capital na forma de juros foram mais altos nos Estados Unidos do que na Grã-Bretanha" (North, 1965, p.675-6). Para se tornarem uma nação manufatureira, os Estados Unidos enfrentavam a mesma escolha que a maioria dos aprendizes (retratados na Figura 1.1): "eles tinham ou de estreitar esses diferenciais de [salário] ou melhorar de fato sua produtividade". Diversamente do que ocorreu no setor manual no "resto", contudo, "o sucesso nas manufaturas americanas ... sobreveio não ao se reduzir o preço dos fatores produtivos abaixo daquele em áreas produtoras concorrentes, e sim ao se aumentar a produtividade substancialmente, a ponto de mais do que compensar a diferença" (North, 1965, p.675-6). Na indústria têxtil norte-americana, nem mesmo um ritmo de inovação extraordinário elevou a produtividade a ponto de os custos unitários da mão-de-obra igualarem ou caírem abaixo dos da Inglaterra. Mas em razão da proteção tarifária (discutida mais adiante), isso não pareceu impedir investimentos na indústria têxtil nem debilitar os impulsos de crescimento que ela transmitia ao restante da economia americana.

A "resposta adaptativa"[17] do México

A experiência na fabricação de tecidos (de lã) foi mais longa no México do que nos Estados Unidos. Há relatos de uma vívida atividade manufatureira no México de colonização espanhola remontando pelo menos ao século XVIII (Thomson, 1989). A experiência histórica, contudo, não conseguiu ajudar significativamente a *moderna* indústria têxtil do México, fosse porque a atividade artesanal não envolvia

---

17 Schumpeter (1947) distingue a resposta "criativa" da resposta "adaptativa" à mudança econômica.

uma divisão sofisticada da mão-de-obra, fosse porque as habilidades adaptativas do setor moderno eram fracas.[18] As finanças não eram necessariamente o problema principal; as finanças privadas, provindas muitas vezes de especuladores da área de algodão bruto, mostraram-se inicialmente abundantes para as primeiras iniciativas mexicanas nos tecidos de algodão.[19] Ocorria era que a baixa produtividade contribuía para a baixa lucratividade e, com isso, para a baixa especialização, o que por seu turno intimidou o capital.

As modernas companhias têxteis do México eram freqüentemente possuídas e administradas por estrangeiros, ou possuídas em conjunto por estrangeiros legítimos e de segunda geração (os "crioulos"). Mercadores da França, da Espanha, da Inglaterra e dos Estados Unidos figuravam entre os mais proeminentes proprietários de usinas de fiação (Potash, 1983). Alega-se que as habilidades de técnicos estrangeiros "foram rapidamente transmitidas a técnicos mexicanos que se mostraram à altura da tarefa de manter, reparar e até mesmo construir imitações de maquinário têxtil estrangeiro". Após uma recessão econômica em 1842, "as necessidades tecnológicas do setor industrial permaneceram bastante modestas, e poderiam ser facilmente atendidas por um pequeno grupo de técnicos imigrantes, combinados com a destreza técnica do artesão mexicano". Assim, afirmou-se que "o México recém-republicano enfrentou poucos obstáculos técnicos intransponíveis" (Thomson, 1991, p.294-5). Segundo essa visão, os problemas de custo nas usinas de algodão no México se deviam aos

---

18 Os *obrajes* do México não conribuíram com um único empresário que fosse para a moderna manufatura têxtil, como se observou anteriorment (Glade, 1982).

19 Uma parte imaginativa da precoce iniciativa têxtil do México foi a criação pelo governo nos anos 1830 de um banco de desenvolvimento, *El Banco de Avio*, que por um breve período utilizou rendas de impostos sobre importações proibidads para subsidiar investimentos em produtos têxteis privados (Potash, 1983). Apenas uma pequena fração do capital requerido para financiar a moderna capacidade têxtil, contudo, proveio dessa fonte. Mas a ausência de instituições financeiras convencionais não parece ter impedido a ascensão da indústria têxtil mecanizada. Ver Keremitsis (1973) e Muller (1978), como citados em Thomson (1989).

altos preços do algodão bruto e do transporte, ambos determinados politicamente (os produtores de algodão bruto bloqueavam as importações baratas do artigo, enquanto os investimentos estatais em infra-estrutura foram nulos até o advento das ferrovias).[20]

Essa conclusão sobre a tecnologia, contudo, é consistentemente contraditada por retalhos de evidência qualitativa, como no caso de La Constancia, a mais antiga usina de fiação do México, construída em 1836. Após a morte, em 1846, de seu proprietário, Esteban de Antuñano, o "visionário" industrial do México, uma grande guerra entre o México e os Estados Unidos cortou as comunicações entre os dois países. Apesar de uma década de aprendizado e transferência tecnológica, o novo gerente de La Constancia se viu aparentemente incapaz de trocar uma roda de transmissão quebrada até 1849, o que manteve todos os fusos inativos *por três anos* (Thomson, 1989). No caso da Miraflores, a fábrica integrada de fiação e tecelagem da família Martinez del Río na Cidade do México, não há indicações de que os proprietários tenham feito alguma tentativa de absorver, e menos ainda de aprimorar, o conhecimento estrangeiro de como montar uma fábrica têxtil ou dirigi-la. O gerente residente da Miraflores era um escocês cujos deveres incluíam a supervisão das operações, a administração de novas instalações e construções e a verificação dos procedimentos contábeis.

---

20 De todos os países do "resto", o transporte ruim afligiu especialmente o México, antes da ascensão das ferrovias a partir da década de 1870 (Coatsworth, 1978; 1981). Todavia, a moderna indústria têxtil no México, cujo ímpeto precoce nos anos 1830 e 1840 supostamente se esgotou nas mãos dos altos preços do transporte e do algodão bruto, sangrava e ainda estava muito abaixo das melhores práticas internacionais nas décadas de 1980 ou 1910 (ou mesmo 1930 e 1940), muito após a construção de ferrovias e a solução, mediante importações, dos elevadíssimos preços do algodão bruto. Mesmo nas décadas de 1830 e 1840, quando o transporte no México — interna e internacionalmente — passava por ser abismal e a criminalidade nas estradas estava em alta, o contrabando não tinha dificuldade alguma para abrir caminho do exterior para os mercados mais remotos do México. Se tecidos contrabandeados adentravam e percorriam o México, não está claro por que os tecidos mexicanos não conseguiam percorrer e sair do México.

O escocês tinha rédea livre na direção da fábrica. Os sócios tinham pouco treinamento técnico relativo à manufatura têxtil e, como questão de princípio, preferiam limitar-se a assuntos de finanças e manter-se fora da produção. (Walker, 1986, p.141)

Essa estratégia de mãos lavadas quase sempre resultava em má administração. O áspero debate entre os industriais sobre importações livres ou controladas de algodão bruto incluía acusações de *má administração* como a causa fundamental dos dilemas da indústria têxtil. Em um caso os industriais foram descritos como

gravemente ignorantes ... eles são precisamente aqueles cujas fábricas são consideradas ineficientes (*mal economizadas*) e que parecem depositar todas as suas esperanças de se manterem ativos no fechamento ou ruína de outras fábricas, ou nos monopolistas.

No caso de outros industriais, "os pequenos lucros que recebiam deviam-se ao modo como administravam suas fábricas, e aos acordos ruinosos que fizeram na época em que elas foram fundadas", não sendo dos menores a contratação de gerentes estrangeiros a preços exorbitantes (Thomson, 1989, p.261; 255-6, tradução minha). Dados sobre a produtividade são escassos, mas os que existem sobre 1845-54 (na forma de fusos por operário) sugerem estagnação (Potash, 1983).

Em função da ameaça às margens de lucro representada por ineficiências grosseiras na produção, os empresários diluem suas energias. Eles especularam sobre a dívida pública mexicana e não mexicana, e se diversificaram em outras indústrias que não a têxtil, sem investir na formação de habilidades no nível da indústria ou em capacidades organizacionais para administrar simultaneamente várias linhas de produtos, a exemplo do que fizeram os grupos comerciais diversificados do pós-guerra. Além de La Constancia, de La Económica e de outras fábricas têxteis, a carteira financeira do principal industrial mexicano, Antuñano, incluía investimentos no cultivo e descaroçamento de algodão, na comercialização de tecidos, em fábricas para a produção de vidro, em porcelana, em papel e em ferro, além de uma fazenda de trigo (Thomson, 1989). A família Martínez del Rio, uma proeminente proprietária panamenha do setor têxtil na Cidade do México, investiu mais ativos na década de 1850 em papéis do governo de vários tipos (ações, apólices, títulos da dívida) e cotas e ações em empresas *não* familiares do que nos negócios familiares, apenas um dos quais era têxtil.[21]

Embora nenhuma fábrica têxtil moderna no México provavelmente descenda de *obrajes* tradicionais para a produção de tecidos de lã, houve uma relação íntima entre as fábricas de fiação mecanizada e as de teares manuais (que tiveram em grande parte o mesmo destino do setor de tecelagem manual na China, na Índia e no Império Otomano) (Thomson, 1991). Os lojistas, mercadores e fabricantes do centro de Puebla, que responderam por entre 32 e 38% de toda a produção fiandeira mexicana entre 1843 a 1852, não "anteviam a industrialização sustentada". Pelo contrário,

> viam-se como tendo o papel de utilizar a moderna tecnologia de fiação disponível para renovar e aumentar seu controle econômico sobre o artesanato tecelão que supriam com fios e cujas roupas comerciavam.

Eles diferiam de suas contrapartidas da pré-independência por se terem tornado proprietários de fábricas de fiação e por vezes também de grandes estabelecimentos de tecelagem. Como seus predecessores, porém, eles

> continuaram a usar crediários junto a tecelões independentes como o principal meio de controlar e lucrar com a manufatura de algodão. (Thomson, 1989, p.257-8)[22]

Isso sugere que os investimentos em capacidades tecnológicas modernas foram pequenos porque era mais lucrativo para os empresários manipular os preços do algodão bruto e do tecido feito à mão sob barreiras tarifárias do que aspirar a se tornarem internacionalmente

---

21 Isso fica evidente pelos dados apresentados em Walker (1986, tabela 4).

22 Muitos investidores eram *agiotistas*, ou especuladores que detinham várias carteiras de investimento (Potash, 1983).

competitivos em tecidos ou fios. A proteção tarifária, porém, era vulnerável ao contrabando, de modo que a produção para o mercado interno era uma coisa morna.

Protecionismo

Passadas as Guerras Napoleônicas, todos os países com indústrias pré-modernas, tanto no Atlântico Norte como no "resto", recorreram a tarifas para proteção. Por causa do domínio colonial, contudo, os níveis tarifários no início do século XIX tornaram-se irrisórios na China, na Índia e no Império Otomano, ao passo que alcançaram de 35 a 45% nos Estados Unidos e uma faixa ligeiramente maior na Inglaterra (ver Tabela 2.3).[23] A partir da década de 1830, as tarifas no México flutuaram muito por década e foram comprometidas pelo contrabando, mas estiveram em média mais perto dos níveis dos Estados Unidos do que de outros países no "resto" com experiência têxtil pré-moderna.

Três perguntas se levantam sobre as tarifas nesse período: quão necessárias eram, quanto tempo duraram e até que ponto eram eficazes?

No caso da Europa, afirmou-se que imediatamente após as Guerras Napoleônicas "a proteção foi absolutamente necessária para a sobrevivência da maioria das indústrias continentais" (Crouzet, 1972,

---

23 As políticas comerciais também discriminavam as colônias. A Índia enfrentou, no início do século XIX, tarifas sobre suas exportações de tecidos para a Grã-Bretanha na casa dos 40-60%, ao passo que os produtos têxteis britânicos entravam na Índia virtualmente sem tributação (sujeitos a um imposto *ad valorem* de apenas 3,5%). Enquanto isso, dentro da Índia os fabricantes e comerciantes locais de produtos têxteis indianos tinham de pagar entre 6 e 18% de impostos *ad valorem* pelo trânsito interno, impostos de que os comerciantes britânicos estavam isentos (Lamb, 1955). Os produtos têxteis ingleses também entravam no Império Otomano quase que sem tributação, e os termos da Convenção Comercial Anglo-Turca de 1838 também estipulavam que um mercados belga teria de pagar 5% sobre bens vendidos na Turquia, enquanto um mercados turco pagava 12% pelas exportações ou mesmo pelo transporte de um dos estados otomanos para outro (Issawi, 1966).

p.101). Não está claro quão necessária foi a proteção na França, mas na indústria têxtil as tarifas certamente estiveram em vigor por um longo período e foram bem-sucedidas em suas metas:

> A indústria de algodão em particular ficou quase imune à concorrência estrangeira em seu mercado interno, com proibições expressas impostas às importações de fios, tecidos e malhas de algodão em 1793. Elas sobreviveram em grande medida intactas até 1860. ... Nesse ínterim, a indústria de algodão francesa experimentou um período de crescimento sustentado. (Heywood, 1981, p. 554-54; Heywood, 1977)[24]

Já em 1830, os tecidos de algodão respondiam por mais de 10% das exportações francesas (Woodruff, 1966). Entre 1781 e 1854 a França praticamente não importou fios ou tecidos (ver Tabela 2.1).

Tarifas foram necessárias para que a indústria têxtil mexicana se mantivesse à tona. Foram também de longa duração e mínima eficiência, tanto em barrar importações como em promover o aprendizado interno. De acordo com uma estimativa, "os fabricantes nunca foram nem de longe competitivos com seus concorrentes ultramarinos". Estimou-se que os preços internos excediam os preços internacionais por um fator de no mínimo dois na década de 1830, quando a indústria têxtil do México ganhou proteção pela primeira vez, e até a década de 1890, quando a proteção foi renovada (Walker, 1986, p.162). Em 1872, até 52% das importações do México ainda consistiam em produtos têxteis (Herrera Canales, 1977).[25]

---

24 A França era outro dos países do Atlântico Norte que usava sua política comercial para impedir a concorrência do "resto", como no seqüestro e expatriação, pelo embaixador francês na Istambul de 1714, de um mestre tingidor saxão que fora trazido para transferir tecnologia para a indústria de lã local, uma ameaça para o setor de artesanato de lã da própria França! (Genc, 1994).

25 A indústria têxtil do Brasil *tampouco* era competitiva a preços internacionais. Ao longo de todo o período 1860-1913, o Brasil experimentou um "declínio contínuo e agudo na competitividade da produção local em comparação com as importações — *na ausência de tarifas*" (Versiani, 1980, p.324).

Nos Estados Unidos, uma tarifa têxtil foi introduzida em 1816. Ela deflagrou um longo debate, começando com uma passagem no clássico de Frank Taussig de 1892, *The Tariff History of the United States* [A história tarifária dos Estados Unidos], que afirmava que a proteção, embora se justificasse inicialmente em razão da infância da indústria, logo se tornara redundante: "em 1832, a indústria havia quase certamente atingido uma posição firme, em que era capaz de enfrentar a concorrência estrangeira em condições de igualdade" (Taussig, 1892, p.136).[26]

Essa conclusão, contudo, foi subseqüentemente contestada, tanto por uma comparação direta dos custos e preços americanos e britânicos (Harley, 1992) como por inferência econométrica.[27] Mesmo depois de exercer controle sobre diferentes tecidos, a indústria americana de tecidos de algodão

> não conseguiu alcançar a paridade tecnológica com a Grã-Bretanha nos anos do anteguerra. A remoção das tarifas teria posto quase todos os produtores americanos de tecidos de algodão, inclusive as famosas fábricas de Waltham e Lowell, sob intensa pressão. Poucas teriam sobrevivido à introdução do livre comércio. (Harley, 1992)

---

26 A visão de Taussig foi reexaminada por David (1970), que tentou determinar se, considerada a natureza do aprendizado incremental, as tarifas eram a melhor maneira de capturar as exterioridades do aprendizado. Sua resposta foi que elas eram inferiores, porque o aprendizado assumia a forma da difusão a partir das firmas internas com melhores práticas, em vez da "aquisição de experiência repetitiva e generalizada, mensurada pela produção agregada cumulativa" (p.599). Mesmo assim, David não considerou diretamente se as companhias têxteis americanas poderiam de fato concorrer com as britânicas sem tarifas.

27 Com base em tal inferência, Bils (1984, p.1045) afirma que "remover a proteção teria eliminado a maior parte do valor agregado na indústria de tecidos de algodão", que "constituía quase dois terços do valor agregado nas manufaturas de grande escala na Nova Inglaterra na década de 1830".

Tabela 2.3. Níveis tarifários médios sobre bens importados — Países selecionados, 1820-1970

País	Anos	Índices tarifários médios (%)	País	Anos	Índices tarifários médios (%)
China	1843-1922	5,0		1913	33,7
	1929-38	8,0		1929	18,4
Índia	Ca. 1800	3,5	México[g]	1937	17,0
	1862-1894	5,0		1948	11,1
	1913	4,0		1960	20,1[h]
	1925	14,0		1970	17,7
	1937	28,9	Reino Unido	1820	45,0-55,0
	1955	30,4		1875	0,0
Império Otomano[a]	1838-62	5,0		1913	0,0
	1862-1902	8,0		1925	5,0
	1907-14	11,0		1931	n.d.
Brasil	1851-70	26,5		1950	23,0
	1881-90	39,0	Estados Unidos	1820	35,0-45,0
	1890-99	27,0		1875	40,0-50,0
	1900-1914	42,0		1913	44,0
	1945-50	14,4		1925	37,0
	1960-65	85		1931	48,0
	1967-70	37,0		1950	14,0
Argentina	1913	26,0	França	1820	n.d.
	1925	26,0		1875	12,0-5,0
	1927	23,8		1913	20,0
	1945-50	12,2[b]		1925	21,0
	1962	148,8[c]		1931	30,0
	1969	36,0[d]		1950	18,0
Chile	1913	n.d.	Alemanha	1820	8,0-12,0
	1925-27	27,5[e]		1875	4,0-6,0
	1932	35,0		1913	13,0
	1955	39,1		1925	20,0
	1961	89,0[f]		1931	21,0
	1967-70	n.d.		1950	26,0

(continua)

Tabela 2.3. *(continuação)*

País	Anos	Índices tarifários médios (%)	
Japão	1820	n.d.	
	1875	5,0	
	1913	19,8	
	1925	22,6	
	1931	23,8	
	1950	n.d.	

a. Turquia.
b. Tarifa *ad valorem*.
c. Valor máximo
d. Proteção nominal.
e. Antes de 1928, tarifa básica.
f. Proteção nominal.
g. As entradas de 1929, 1937 e 1948 representam o coeficiente de taxas alfandegárias. Este consiste no quociente, em valores correntes, das taxas alfandegárias pelo total das importações.
h. Proteção nominal.

Fontes: Dados sobre Argentina, Brasil, Chile e México, para 1925 e posteriormente (salvo se houver abaixo indicação em contrário), adaptados de Ground (1988, p.196). Medem os índices das "tarifas nominais": a média dos níveis tarifários disponíveis sobre bens de consumo, intermediários e de capital. Dados sobre a Índia (1937 e 1955) e o Chile (1945-1950) adaptados de Maizels (1963, p.141). Medem os "níveis médios *ad valorem* dos impostos de importação sobre uma amostra de bens manufaturados em países selecionados". Dados sobre a Turquia adaptados de Issawi (1966, p.38-40). Trata-se de níveis tarifários gerais estabelecidos por lei. Os níveis de 1838 a 1902 foram definidos de acordo com a Convenção Comercial Anglo-Turca de 1838 (subseqüentemente renegociados em 1862). Esse pacto também requereu um imposto geral sobre as exportações de 12%. Dados sobre o Brasil para os anos 1890-1924 adaptados de Leff (1982, p.175). Medem os "impostos sobre as exportações como porcentagem do valor das importações brasileiras". Dados sobre a Índia nos anos de 1913 e 1925 e sobre a Argentina (1913) tirados de Lewis (1949, p.48). Medem os "níveis médios das tarifas". Dados sobre o Brasil de 1851 a 1890 adaptados de Leff (1892, p.74, 175). Medem os "impostos sobre as importações como porcentagem do valor das importações". Dados sobre a Índia no século XIX adaptados de Lewis (1970, p.328). Medem os "níveis médios das tarifas". Dados de 1913 sobre México, China, Reino Unidos, Estados Unidos, França, Alemanha e Japão (1875) adaptado de Bairoch (1993, p.37, 40). Outros dados sobre o Japão provêm de Yamazawa (1975). Eles exibem grandes desvios-padrão em torno da média. Os dados sobre a China e o México medem "os impostos sobre as importações como porcentagem das importações especiais". Todos os outros dados medem "os níveis tarifários médios sobre produtos manufaturados". Dados sobre a China adaptados de Wright (1966). A cifra para 1843-1929 é o nível nominal *ad valorem* definido segundo acordos internacionais. Não foi senão no período 1922-29 que a taxa de 5% foi coletada universalmente. Antes disso, os cronogramas variavam de acordo com o bem a ser comercializado e, resultado disso, segundo Wright, "[U]ma taxa ad valorem efetiva de 5% raramente ou nunca existiu" (p.590). A cifra para 1929-38 representa a coleta anual estimativa dos impostos sobre as importações como porcentagem do valor total das importações (calculada com base nas estimativas e cronogramas proporcionados na Nova Tarifa Nacional, instituída em 1º de fevereiro de 1929).

Fez-se amiúde a pergunta contrafactual se a China, a Índia e o Império Otomano não teriam prosperado mais caso as tarifas tivessem sido maiores. Embora seja difícil responder a essa questão, a evidência mexicana sugere que os déficits de habilidades eram demasiado profundos e amplos para serem reparados com um único instrumento de política como as tarifas; daí o ataque em massa a tais deficiências após a Segunda Guerra Mundial.[28]

Déficit de habilidades

A amplitude dos déficits de habilidades nas indústrias têxteis do "resto" pode ser avaliada em termos de três habilidades genéricas introduzidas no capítulo 1: *produção, execução de projetos* e *inovação* (ver Tabela 1.2). Os déficits na indústria de tecidos de algodão abrangiam todas as três.

No tocante a habilidades para executar projetos, as previsões de demanda do "resto" eram amiúde imprecisas, seu planejamento

---

28 Wolcott (1997, p.135) examina o período entre guerras e afirma que, como os problemas da Índia estavam "embutidos na estrutura do mercado de trabalho, [eles] ficavam além do controle de qualquer governo", e com isso as tarifas teriam sido redundantes (ver também Wolcott; Clark, 1999). Não obstante, e a despeito de se o protecionismo teria ou não ajudado a indústria têxtil indiana, Wolcott infere a suprema importância da indisposição dos operários de trabalhar como a explicação para a baixa produtividade indiana. Ela faz isso mantendo constantes outros fatores igualmente propensos a influenciar a produtividade, como a qualidade da administração indiana. Clark (1987) também afirma que a indústria têxtil indiana, como a do "resto" de maneira mais geral, perdia para a concorrência estrangeira apor causa da menor carga de trabalho para a mão-de-obra (aparentemente uma conseqüência da cultura). Embora a menor produtividade da mão-de-obra no "resto" seja confirmada por grande parte das evidências disponíveis, e qualquer que seja sua confiabilidade, Clark descarta outras explicações plausíveis para os custos maiores. Quanto à questão do papel da administração na baixa produtividade, ver o debate dele com Wilkins (1987). A importância da administração é sugerida pela diferença em produtividade entre usinas de algodão de propriedade chinesa e usinas de algodão de propriedade japonesa operando na China, analisadas adiante.

financeiro era inexistente e sua aquisição de tecnologia era rudimentar, tudo isso aumentando os custos de iniciação.[29] Uma usina de algodão brasileira estabelecida em 1853 com 2.500 fusos, cem teares e equipamentos para o descaroçamento de algodão

> sofreu desde o início percalços, circunstâncias e eventos que retardaram seu progresso e levaram os donos a perder parte de seu capital. O maquinário imperfeito provocou o primeiro percalço, resultado da má-fé da loja de máquinas. O segundo percalço foi o mau planejamento e construção dos cinturões de transmissão — que foram danificados e exigiram reparo. O último percalço (ainda afetando sua prosperidade) foi a ausência de uma administração enérgica. (Stein, 1957, p.42)

Mesmo a jóia da Índia, a Empress Mill, "teve seus problemas de formação, e o desempenho da companhia esteve longe de satisfatório inicialmente. Como conseqüência, o valor das ações começou a cair" (Tripathi, 1990, p.59). Graças à burocracia, a Usina de Tecidos de Algodão de Xangai, na China, teve um período de gestação de treze anos (Feuerwerker, 1958)! Depois que as fábricas foram construídas, a lucratividade padeceu em razão de gestão operacional e práticas administrativas mal concebidas; de treinamento, manutenção e reparo ruins; e de relações trabalhistas mal administradas, tudo isso aumentando os custos operacionais e reduzindo ainda mais a qualidade. Em uma fábrica têxtil indiana visitada por um perito estrangeiro mesmo na década de 1930,

> muito do maquinário é velho e parte dele é de um tipo obsoleto, mas a maioria seria boa o bastante caso fosse mantida limpa e em reparo.

---

29 Estimou-se que o custo de construir uma usina de fiação em Bombaim em 1877 fosse de cerca de três vezes o custo em Lancashire (Morris, 1983), enquanto o custo estimado de construir uma usina de algodão no México em 1910 era de US$ 19,72 por fuso, em comparação com US$ 12,72 por fuso na Grã-Bretanha (Clark, 1987).

Mas nos bastidores de fiação e estiragem eu vi um grande número de rolamentos com o feltro desgastado e deformado, ou amarrotados e sujos, ou fora de alinhamento; em condições realmente péssimas. (Moser, 1930, p.102)

No Brasil, poucas empresas conheciam seus custos unitários, e reportou-se que *ainda em 1945* "são raras as fábricas têxteis com uma contabilidade de custos sistemática" (Stein, 1955).

As indústrias têxteis do Atlântico Norte e do Japão não eram necessariamente ideais de eficiência. Nas usinas de algodão do Japão antes de 1880, falha no design das fábricas, por incompetência de engenheiros locais, resultou em custos adicionais para as obras de construção. A água foi adotada como força motriz, mas era fraca demais para mover o maquinário (Nakaoka, 1991). Não obstante, por volta de 1920 uma comparação de eficiência entre usinas de algodão chinesas e usinas de algodão japonesas operando na China (usinas C e usinas J, respectivamente) mostra um grande diferencial de produtividade a favor do Japão.[30] O campo de atuação era equilibrado para os bens de capital. Ambos os tipos de empresa compravam seu equipamento dos mesmos fornecedores estrangeiros; em 1927-32 os cinco maiores vendedores de maquinário têxtil para usinas C e usinas J foram idênticos (Kuwahara, 1986). As usinas C e J também se equilibravam em outros sentidos; o Japão, com efeito, era o principal professor da China. As empresas chinesas tinham uma vantagem do lado da demanda na forma de boicotes militantes que irromperam no período entre guerras contra a compra de bens estrangeiros, o que proporcionou uma forma de proteção às usinas chinesas. As usinas J sofriam ainda em razão dos custos usuais em operações a distância, mas levavam vantagem em habilidades e

---

30 Na época em que as firmas têxteis japonesas investiram na China na década de 1920, contudo, tais investimentos eram meticulosamente planejados e rapidamente executados. O *zaibatsu* da Mitsubishi, por exemplo, comprou inicialmente uma companhia chinesa falida em 1902 como experiência. Dois anos depois, comprou outra usina chinesa, que operou experimentalmente por um ano mediante o arrendamento (Chao, 1975; e Kuwahara, 1986).

distribuição.[31] Ainda assim, quando a Grande Depressão provocou uma competição implacável na indústria chinesa de algodão, muitas usinas Chinesas foram à bancarrota ou tiveram um desempenho medíocre, ao passo que a maioria das usinas Japonesas locais cresceu continuamente e mostrou-se lucrativa desde o início, respondendo, em 1930, por aproximadamente 40% dos fusos da China (Kuwahara, 1986).

A Tabela 2.4 mostra as diferenças nos custos de produção entre usinas C e usinas J em 1935 (com base em uma amostra de 43 empresas). Os custos de produção (despesas das fábricas) são líquidos com relação aos custos da matéria-prima, que foram estimados como montando a até 88% dos custos de produção, dependendo do número dos fios (Chao, 1975). A mais significativa diferença de custos dizia respeito à mão-de-obra, seguida de longe pelo reparo das máquinas. Como as usinas J pagavam ordenados mais altos do que as usinas C, os custos mais elevados de mão-de-obra das usinas C decorriam da baixa produtividade. A Tabela 2.5 oferece uma série de estimativas de produtividade para 1935. As empresas J superaram as empresas C em todos os quesitos: em fio por fuso por hora, em fio por operário por hora e no número de fusos e teares operados por trabalhador. As diferenças em produtividade relacionavam-se com a organização, tecnologia, administração, relações trabalhistas e distribuição. Não era fácil para um forasteiro decifrar e duplicar, tanto individual como coletivamente, esses ativos exclusivos baseados no conhecimento.[32]

---

31 O Japão havia investido na China quando suas exportações para aquele país foram ameaçadas. Nas décadas de 1860 e 1870, a Índia estivera vendendo fios para a China. Em 1892 o Japão ultrapassara a Índia no valor das exportações para o mercado chinês (os mercadores indianos envolvidos no comércio com a China se voltaram então ao financiamento de mais usinas de algodão indianas). Logo o Japão começou a ameaçar a Índia em seu próprio mercado interno, o que levou as usinas indianas a produzir mais tecido e fios de numeração maior, ameaçando com isso as exportações de Lancashire para a Índia. Quando as usinas de algodão chinesas se expandiram, o Japão receou perder seu mercado de exportação na China. Por isso, a partir da década de 1920, ele investiu na própria China (Koh, 1966).

32 A discussão que se segue baseia-se em Kuwahara (1986; 1992).

As empresas do Japão reduziram os problemas de coordenação envolvidos nas operações ultramarinas enviando grande número de diretores, gerentes médios e operários de produção do Japão para a China (e, quando uma usina J iniciava as atividades, enviando trabalhadores-chave da China para o Japão, para treinamento). As fábricas têxteis japonesas aprimoravam suas práticas desde a década de 1890, quando tentaram pela primeira vez exportar para a China. Em última análise, elas "melhoraram a eficiência da operação das usinas com base em dados estatísticos" (Kuwahara, 1992, p.151). Prepararam um gráfico processual da proporção de mistura de algodão bruto apropriado para o número do fio projetado e a proporção de estiragem de fibras soltas, determinando o intervalo de calibragem, a velocidade dos fusos e a torcedura de fibras e fios, tomando por base oficinas domésticas. O fato de que os principais cargos administrativos e técnicos nas usinas J eram ocupados por funcionários japoneses limitava as possibilidades de transferência tecnológica para as usinas C.

Tabela 2.4. Custos de produção do fio de algodão nº 20 na China, 1935

	Fábricas de propriedade chinesa	Fábricas de propriedade japonesa
Custos de mão-de-obra	10,7	6,3
Salários	1,2	0,6
Energia e carvão	5,5	4,8
Suprimentos para reparo de máquinas	1,8	0,6
	1,7	0,5
Embalagem	1,5	1,2
Transporte	0,2	0,2
Miscelânea	1,5	0,5
Total	24,5	15,1

Fonte: Adaptado de Kuwahara (1991).

As usinas chinesas caracterizavam-se pelo sistema contratual (as relações trabalhistas — desde o recrutamento e treinamento até o desempenho profissional e a demissão — eram controladas por chefes independentes) e pelo nepotismo (os chefes muitas vezes eram pessoalmente aparentados com o proprietário da fábrica). Em contraste, as usinas J enfatizavam o treinamento dos trabalhadores e o paternalismo, o que servia para reduzir a rotatividade da mão-de-obra. O tempo de serviço médio nas usinas C se contava em meses, enquanto o mesmo tempo nas usinas J ia de um a três anos.

Tabela 2.5. Comparação da produtividade entre países, tecidos de algodão, 1929

País	Fios por hora	Fusos por operário	Fio por trabalhador por hora	Teares por operário
Sul dos Estados Unidos	4,5	1.120	5.000	n.d.
Reino Unido	5,0	600	3.000	3,6-4,0
Japão	5,4	400	2.100	5,5-5,8[1]
Usinas japonesas na China	4,5-5,5	200-400	1.000-1.100	3,0
Usinas chinesas	3,0-4,0	165-240	600-700	2,0
Brasil (1921)	n.d.	n.d.	n.d.	2,0-3,0
Índia (1927)[2]	n.d.		n.d.	2,0
México (1909)	n.d.	n.d.	n.d.	2,0-3,0

1. Excluindo-se os teares automáticos.
2. Apenas Bombaim.

Fontes: Lu (1993), exceto por Brasil (Pearse, 1921), Índia (Rutnagu, 1927) e México (Clark, 1909).

O desempenho das máquinas dependia da habilidade em engenharia das empresas individuais. O reparo, a manutenção, o ajuste das máquinas a uma variedade de algodões brutos e temperaturas do recinto e o remodelamento de máquinas mediante reposições com as mais modernas peças eram todos desafios de engenharia nas usinas de algodão. Não obstante,

> era difícil para os engenheiros e os trabalhadores experientes de outras empresas imitar e utilizar a perícia acumulada de uma empresa; muito *know-how*, como o ritmo de rotação das fibras durante o processo de extração e o processo de fiação preliminar, era man-

tido em segredo. Esse *know-how* gerou as diferenças de qualidade e produtividade dos fios de algodão entre as empresas. (Kuwahara, 1992, p.156-7)

Assim, os déficits de habilidade do "resto" eram multifacetados, envolvendo não apenas a incapacidade de inovar mediante novos produtos e processos, mas também a incapacidade de produzir segundo padrões mundiais de eficiência e de implementar as decisões de investimento. Os responsáveis iam desde operários de chão de fábrica da produção, passando por gerentes médios, até os proprietários individuais. Os problemas por trás do retardamento do "resto" eram tanto amplos como profundos.

Conclusão

É interessante que a indústria têxtil dos Estados Unidos raramente tenha sido competitiva a preços mundiais durante os duzentos *anos* entre 1800 e 2000. Ela sobreviveu por trás de barreiras comerciais de um tipo (tarifas) ou outro (restrições voluntárias à exportação). Todavia, até a Guerra Civil Americana na década de 1860, os produtos têxteis constituíam o "setor líder" das manufaturas americanas.

Igualmente notável é o fato de que por grande parte do mesmo período, salvo que sem tarifas ou outras formas de proteção, as indústrias têxteis da China, da Índia e (em menor medida) do Império Otomano *tornaram-se* competitivas a preços mundiais. Todavia, pelo menos antes da Segunda Guerra Mundial, elas nunca chegaram a ser tão desenvolvidas como suas contrapartidas nas indústrias têxteis norte-americana ou francesa. A concorrência britânica no "resto" destruiu rapidamente a fiação em teares manuais, enquanto a tecelagem por tear manual perseverou graças a cortes salariais. Quando a produção industrial de fios e tecidos finalmente emergiu, ela foi ofuscada pelas usinas japonesas, que logo se tornaram as mais eficientes produtoras do mundo, abarcando 40% do mercado interno de têxteis da China por meio de investimentos estrangeiros e eliminando as exportações da Índia para a China.

Tampouco parece razoável concluir que as indústrias têxteis do "resto", por não terem crescido senão lentamente antes da Segunda Guerra Mundial sob as forças de mercado, não tivessem vantagens comparativas. *Ex ante*, a vantagem comparativa de um país nunca pode ser conhecida, mas havia indícios precoces do sucesso iminente da indústria têxtil. Ao fim da Guerra Revolucionária Americana, a indústria têxtil dos Estados Unidos foi ameaçada por exportações de "Indies" (da Índia) e "Nankeens" (da China) (Ware, 1931). Na Exibição do Palácio de Cristal em Londres, um visitante comparou favoravelmente os tecidos da Índia com os da França: "Os indianos são os franceses do Oriente, por seu gênio industrial (*génie industriel*)".[33] Há, assim, motivos para crer que os produtos têxteis eram uma indústria compatível com o desenvolvimento na Índia e na China, uma indústria que seria altamente bem-sucedida nos mercados mundiais. Em pouco tempo, contudo, as exportações de tecidos indianos e chineses declinaram vertiginosamente (ver Tabela 2.1).

A despeito de uma literatura revisionista que romantiza a tecelagem manual e ressuscita os ossos do tecelão (na Índia) ou da tecelã (na China e no Império Otomano) das descoradas planícies onde Karl Marx os deixou, os artesãos do "resto" eram figuras trágicas. Eles concorriam abaixando o próprio ordenado e recuando para mercados regionais de baixa renda geograficamente inacessíveis. Não há evidência de "flexibilidade" ou inventividade por parte deles, traços tipicamente atribuídos nos anos 1990 a empresas de pequeno porte. A mais importante indústria do pré-guerra, os tecidos de algodão, não inspiravam esperanças de que o "resto" pudesse vir a desenvolver uma alternativa viável à moderna produção em massa nas linhas desenvolvidas pela França.

O Japão, com uma produção apenas modesta até o período entreguerras, acabou triunfando tanto nos tecidos de algodão como na seda, sendo o pioneiro de uma nova abordagem à manufatura, como será examinado no próximo capítulo no caso da seda. Sem um conjunto

---

33 Royle (1851), como citado em Gadgil (1959, p.31).

comparável de habilidades, as indústrias do pré-guerra do "resto" meramente cambalearam adiante. O protecionismo, como praticado no México, revelou-se inadequado na ausência de esteios de maior alcance e de um mecanismo de controle disciplinar para estimular o crescimento econômico.

3
Tribulações da transferência tecnológica

Em tese, a transferência tecnológica deveria habilitar um país atrasado a cumprir normas de produtividade mundiais. Na prática, como a tecnologia é "subentendida", não sendo nunca completamente codificável, a melhor transferência tecnológica raramente atinge a paridade em produtividade entre comprador e vendedor.[1] Quanto

---

1 O subentendimento refere-se à especificação incompleta da tecnologia, porque a) suas propriedades científicas não foram totalmente entendidas, de modo que a documentação é impossível; b) suas propriedades são de direito exclusivo; ou c) a natureza de suas propriedades é mais artística do que científica. Os dois primeiros tipos de subentendimento referem-se tipicamente a técnicas de produção e hardware — maquinário e equipamento. Os dois últimos tipos se referem tipicamente a software — capacidades organizacionais e administrativas. Ver Katz (1987) sobre a América Latina, Lall (1987) sobre a Índia, Mourshed (1999) sobre a indústria farmacêutica (Índia e Egito) e Westphal et al. (1985) sobre a Coréia, bem como Rosenberg (1982) e David (1997) para uma discussão geral. Teece (1976) examina os custos que o subentendimento implica em uma transferência tecnológica. Para uma análise da transferência de tecnologia processual de um ponto de vista histórico, ver Von Tunzelmann (1997).

mais subentendida a tecnologia, mais difícil é transferi-la. Dado qualquer nível de subentendimento, quanto mais monopolístico o poder do vendedor e quanto mais baixas as habilidades e as capacidades organizacionais do comprador, tanto pior é a transferência. A transferência seria o mais perfeita possível mediante o investimento estrangeiro direto, mas tal investimento não chega necessariamente quando é preciso.[2] Se chegar cedo demais, pode "deixar de fora" as empresas nacionais (ver Capítulo 8).

A timidez dos investidores estrangeiros deixou o "resto" com um sério déficit de habilidades que cresceu ao longo do tempo em comparação com o Atlântico Norte e o Japão. O problema do subentendimento surgiu desde cedo em razão da composição setorial da produção manufatureira do "resto". Qualquer que seja a fonte da experiência manufatureira, todos os países tenderam a compartilhar a mesma composição seqüencial da indústria. Na década de 1930, ou muito antes, o processamento de comida (incluindo tabaco e bebidas) dominou, com porcentuais entre 30 e 40%, o total da produção manufatureira (em especial o refinamento de açúcar, o preparo de cerveja e a moenda de farinha). A seguir, em importância, vinham os produtos têxteis e as roupas (algodão e seda),[3] seguidos de cimento,

---

2 Como observado por Cairncross (1962, p.43, ênfase adicionada): "Embora o investimento estrangeiro tenha sem dúvida acelerado o desenvolvimento dos países (pobres), é mais exato concebê-lo como algo que acompanhou e reforçou seu crescimento, em vez de ter sido preliminar para este ... *O investidor estrangeiro usualmente não entrou em cena senão mais tarde, seguindo atrás ao invés de correr na frente*". A experiência dos Estados Unidos "sustenta vigorosamente" essa avaliação (Kravis, 1972, p.404).

3 Por volta da década de 1930, os produtos têxteis e a indumentária, como parcela da produção manufatureira total, corresponderam a aproximadamente 26% no Brasil (Kuznets, 1955), 23% no Chile (Weaver, 1980), 30% no México (Bulmer-Thomas, 1994) e 40% na China (Rawski, 1989). Embora a Argentina tenha tido uma indústria têxtil, ela era relativamente pequena, correspondendo a cerca de 15% da produção manufatureira (Weaver, 1980). Em 1936, os fusos instalados (em milhares) perfaziam 159 na Argentina, 2.311 no Brasil e 862 no México. Os números correspondentes para teares instalados (em milhares) eram de 1,8, 81,9 e 33,2 (International Labour Office 1937, p.111).

papel, fósforos e, após a virada do século, aço. Todas essas são indústrias baseadas em recursos naturais.[4] Como as propriedades específicas de um recurso natural variam conforme o local, uma transferência tecnológica bem-sucedida exige investimentos substanciais no aprendizado e na adaptação locais.

O Japão estabeleceu um referencial para os aprendizes, começando com a transferência tecnológica. Esse país começou a se industrializar rapidamente apenas na década de 1890, quase ao mesmo tempo que a China e um pouco depois do Brasil, da Índia e do México.[5] A primeira usina de seda bruta japonesa ao estilo ocidental, usando equipamento importado, foi fundada pelo governo local Maebashi só em 1870 (a primeira fiação de seda moderna da China, fundada por um mercador de seda, surgiu em Xangai em 1881 [Eng, 1984]). A empresa pioneira em tecidos de algodão no Japão, a Companhia de Fiação de Algodão de Osaka, foi estabelecida com a assistência de engenheiros estrangeiros em maio de 1882 (Miyamoto, 1988) (a primeira usina moderna de fiação de algodão apareceu na China em 1890). Dadas as capacidades de engenharia e o conhecimento básico do Japão, sua absorção do *know-how* estrangeiro foi mais proativa, sistemática e consumada, como se analisa a seguir no caso da indústria de seda.

---

4 Sua localização no "resto" foi influenciada pela disponibilidade de matéria-prima. Os tecidos de algodão tendiam a ser produzidos em países onde o algodão bruto era cultivado localmente (o Japão antes da Restauração Meiji, o Brasil, a China, a Índia, a Turquia e o México). O aço tendia a ser fabricado em países com ricos depósitos de carvão e minério de ferro (eles incluíam os países acima exceto o Japão, que comprava seus insumos para o aço da Manchúria, que colonizou na década de 1930).

5 Como se observou no último capítulo, a moderna indústria têxtil mexicana teve início na década de 1830, mas a primeira usina de grande escala (a Compañía Industrial de Orizaba) foi fundada em 1889 (era a única usina em 1895 grande o bastante para pagar imposto sobre as vendas) (Keremitsis, 1987). Havia usinas no nordeste do Brasil, mas o desenvolvimento acelerado começou em outras regiões brasileiras na década de 1890 (Versiani, 1980). A primeira usina de algodão da Índia, a Oriental, foi estabelecida pelo mercador pársi N. F. Davar em 1854. A "jóia" da Índia, a Empress Mill, da família Tata, começou a operar com filatórios a anel em 1877 (Tripathi; Mehta, 1990; Tripathi, 1982).

Transferência tecnológica

A transferência tecnológica sempre foi uma condição necessária para a industrialização tardia, mas quase nunca bastava. As transferências foram especialmente problemáticas antes da Segunda Guerra Mundial, quando o transporte e as comunicações eram relativamente ruins e o "resto" estava em uma fase inicial de transformação industrial. Portanto, o processo de transferência tecnológica foi provavelmente menos satisfatório no período 1850-1950 do que nos cinqüenta anos seguintes.

Antes da década de 1910, "empresas" estrangeiras estavam menos inclinadas a estabelecer operações manufatureiras no "resto" do que "indivíduos" estrangeiros. Nenhuma das companhias do segmento têxtil de Lancashire antes de 1910 operava como empresa multinacional na China, na Índia, na Turquia ou no Brasil.[6] O desempenho de um indivíduo, além disso, não era necessariamente comparável ao de uma empresa:

> Indivíduos britânicos no exterior não são equivalentes a gerentes britânicos, que podem recorrer à experiência em andamento da matriz e continuar sendo parte de uma organização comercial com conhecimento em todas as facetas das operações de negócios. Do mesmo modo, as companhias comerciais britânicas que ofereciam supervisão administrativa (contratos de gestão) não eram idênticas a uma organização administrativa que crescia a partir da experiência em manufatura têxtil de uma matriz atuante. (Wilkins, 1987, p.121)

A mesma fraqueza valia para os indivíduos franceses, espanhóis e norte-americanos que, como se viu no capítulo anterior, dominaram a moderna indústria têxtil mexicana a partir da década de 1830. Imigrantes italianos muitas vezes tornavam-se empresários na Argentina, mas uma subsidiária de uma multinacional italiana, a Pirelli, foi

---

6 Companhias da Europa continental em torno de 1913 tinham muito poucas filiais manufatureiras no "resto", a exceção sendo a subsidiária mexicana da Metallgesellschaft (Alemanha) (Franko, 1974).

estabelecida pela primeira vez na Argentina somente em 1917 (Inés Barbero, 1990). Esse foi o mesmo ano em que a Ford Motor Company começou a montar carros na Argentina (Diaz Alejandro, 1970). Como os indivíduos não eram parte de organizações comerciais atuantes, seu know-how não estava necessariamente em dia. Engenheiros britânicos nas usinas de algodão da Índia, por exemplo, seguiam muitas vezes desenvolvimentos tecnológicos em Lancashire com um considerável atraso (Kiyokawa, 1983). Não era incomum que o know-how estrangeiro beirasse à impostura. Na década de 1880, várias usinas de açúcar anglo-brasileiras foram geridas por empreiteiros ferroviários e se mostraram um completo fiasco: "A opinião à época era unânime em considerar a direção dessas empresas deplorável", embora o sucesso financeiro de algumas usinas de açúcar *brasileiras* sugerisse que era possível dirigi-las com êxito (Graham, 1968, p.153).[7] Mesmo as grandes companhias comerciais que precederam as multinacionais não eram especialmente eficazes em sua transferência tecnológica. Na China, duas usinas de seda britânicas foram criadas por proeminentes companhias comerciais britânicas, a Jardine, Matheson & Company e a Kungping Company, mas "em razão da má administração essas fiações todas faliram em poucos anos" (Lieu, 1936, p.34).

Por vezes a eficiência dos técnicos estrangeiros era constrangida por disparidades culturais e sociais. No caso do Império Otomano na década de 1850, "cristãos europeus simplesmente não eram os modelos mais eficazes, e não eram convincentes como líderes de opinião, mesmo nos casos em que conheciam a língua. Seu conselho era freqüentemente ignorado. Em muitos casos, os técnicos contratados

---

7 Compare a experiência inicial da refinação moderna de açúcar no Brasil com a da Inglaterra. Em 1875 a Henry Tate and Sons uniu forças com um engenheiro alemão que detinha uma patente para cubos de açúcar. Antes disso, os merceeiros tinham de fatiar pães-de-açúcar cônicos para seus clientes. Tate convocou um engenheiro experiente e em doze meses uma refinaria estava construída. Nem tudo foram doçuras para Tate; ele passou por um duro período financeiro e teve de tirar a filha do internato. Mas acabou prevalecendo, e logo o cubo Tate se tornou a ordem do dia em matéria de açúcar refinado em Londres — tão grande era a confiança na "natureza durável da qualidade do produto" (Chalmin, 1990, p.77).

acreditavam que seu trabalho era operar o equipamento, e não necessariamente ensinar novas técnicas. As enormes diferenças de salário entre trabalhadores estrangeiros e otomanos então típicos contribuíram para as más relações entre os dois grupos" (Quataert, 192, p.32). No Brasil, antes da abolição da escravatura em 1888, a companhia de mineração de ouro São João del Rey "simplesmente se adaptou às condições locais. A administração britânica da São João, por exemplo, queria desesperadamente contratar mão-de-obra brasileira livre e não podia. Ela recorreu relutante [mas lucrativamente] à mão-de-obra escrava", o que prolongou a vida da escravidão e retardou a ascensão da indústria moderna (Eakin, 1989, p.266-7).

Quando empresas estrangeiras finalmente substituíram indivíduos estrangeiros como provedoras de tecnologia no "resto", elas estavam mais propensas a entrar em um mercado estrangeiro para aproveitar um processo em andamento do que para serem o primeiro ator e servirem de catalisadores para a expansão industrial.[8] "O investimento britânico direto nas manufaturas brasileiras cresceu com o poder industrial brasileiro em geral", mas não o liderou. Com isso, "os britânicos não foram a causa da industrialização brasileira. [Na verdade], as atividades de alguns deles tenderam a impedir esse processo. Mas outros trabalharam lado a lado com os brasileiros para concretizá-lo" (Graham, 1968, p.142). No caso das ferrovias mexicanas, "empresas locais construíram um total de 226 quilômetros de trilhos antes que o capital norte-americano chegasse para construir as duas grandes artérias do país" (Coatsworth, 1981, p.38).[9] Em última análise, multinacionais norte-americanas e européias investiram pesadamente nas indústrias manufatureiras da América Latina, particularmente em bens de consumo, mas quando fizeram isso em grande número, a partir da década de 1910 ou 1920, muitas indústrias modernas já tinham sido fundadas

---

8 O investimento estrangeiro antes seguiu do que liderou a industrialização na Rússia imperial, bem como no "resto". Comenta-se que sua contribuição foi "decididamente de natureza menor" antes de 1880. A partir de 1880, ela se acelerou substancialmente e, portanto, tornou-se um fator importante mais cedo do que no "resto" (MckaY, 1974, p.336).

9 Ver também (Ficker, 1995).

(Phelps, 1936). A maioria das firmas de cigarros latino-americanas foi estabelecida nos primeiros anos do século XX, e algumas na década de 1890. Elas cresceram rapidamente na Argentina, Brasil, Chile e México. Nesses mercados, os maiores da região, a British American Tobacco conquistou uma cabeça de ponte ou logo antes ou depois da Primeira Guerra Mundial, freqüentemente por meio da aquisição de uma firma local (Shepherd, 1989). Os fundadores da indústria de empacotamento de carne bovina da Argentina incluíam uma firma britânica, bem como duas firmas de propriedade nativa, que foram adquiridas em 1907 por empacotadoras americanas (Crossely; Greenhill, 1977). A Corning Glasswork e a Pittsburgh Glass Company compraram o controle acionário na financeiramente sólida Companhia Cristalerías Rigolleau em 1942, adquirindo com isso "uma antiga e prestigiosa firma que já usufruía uma posição dominante em seu campo e havia estabelecido elos tanto com fornecedores como com compradores" (Lewis, 1990, p.51).

Na China, exceto por uma série de tentativas frustradas, nenhuma fábrica têxtil possuída por um ocidental foi estabelecida antes de 1914, ao passo que modernas fábricas chinesas começaram a aparecer na década de 1890 (Chao, 1975). Alguns investimentos japoneses nas usinas de algodão chinesas envolveram grandes *zaibatsus* em vez de indivíduos, mas quem quer que fosse o investidor, ele se apossou de fábricas chinesas já existentes; os próprios chineses tinham sido os desbravadores (Koh, 1966). Firmas estrangeiras investiram em indústrias chinesas não-têxteis, mas tais firmas tendiam inicialmente a ser muito pequenas, sem incluir nomes notáveis de fabricantes multinacionais (Allen; Donnithorne, 1954).[10] Indivíduos estrangeiros

---

10 Sobre o papel minimalista dos investidores estrangeiros na industrialização inicial da China, ver Dernberger (1975) e Murphey (1977, p.126). O último afirma que até em 1931 "o papel desempenhado pelo investimento estrangeiro foi marginal". Remer (1933) sugere que o papel das firmas estrangeiras nas manufaturas iniciais foi substancial, mas oferece pouca evidência. Hou (1965) proporciona informações detalhadas sobre os investimentos estrangeiros na industrialização inicial da China, mas não especifica se firmas nacionais também atuavam nas mesmas indústrias na época. Feuerwerker (1964) descreve o investimento estrangeiro na China como "minúsculo" em tamanho.

na Índia foram responsáveis por dar início à indústria de juta, uma grande exportadora do século XIX. A iniciativa para a construção de ferrovias também proveio de estrangeiros. Mas os indianos assumiram a ponta na criação das indústrias de tecidos de algodão, da geração de energia, do transporte marítimo, da construção, do açúcar, do ferro e aço, da engenharia, dos implementos agrários e posteriormente dos produtos químicos, dos automóveis e dos aviões (Agarwala, 1986). Inicialmente, Londres não permitira à Índia desenvolver sua própria indústria siderúrgica, por receio de que ela tomasse o lugar das exportações britânicas de aço para a Índia. Quando tais exportações foram desafiadas pelo aço alemão, uma indústria siderúrgica interna tornou-se aceitável. Os britânicos "devem ter pensado que a abolição das aborrecidas leis de prospecção induziriam empresários ingleses a montar usinas siderúrgicas na Índia. Entretanto, apenas um inglês fez uma tentativa débil de entrar no campo", e a primeira usina siderúrgica indiana foi construída por uma proeminente família de empresários indianos, os Tatas (Tripathi; Mehta, 1990, p.61).

Na Turquia, os "estrangeiros" que com freqüência estabeleciam instalações modernas de produção eram na verdade emigrados que já viviam no Império Otomano havia gerações. Por exemplo, a maior fábrica têxtil construída em Izmir antes de 1912-13 era possuída por um descendente de antigas famílias comerciais francesas e inglesas que vinham atuando na região de Izmir desde o fim do século XVIII e início do XIX (Clark, 1969). Ironicamente, o investimento estrangeiro na Turquia tornou-se real somente depois que não-muçulmanos nativos foram expulsos do país após a Segunda Guerra Mundial por nacionalistas que esperavam criar um papel econômico mais amplo para capitalistas muçulmanos nativos. Em vez disso, investidores estrangeiros preencheram a brecha e acabaram respondendo por 63% da produção manufatureira (Keyder, 1994).

Deu-se no Japão como no "resto": investidores estrangeiros não foram os primeiros atores. Foi tardiamente, no período entre 1896 e a Primeira Guerra Mundial, "quando os japoneses já tinham demonstrado sua tendência progressista geral e suas atitudes industriais específicas, que investimentos estrangeiros diretos nas manufaturas começaram a aparecer" (Reubens, 1955, p.220).[11]

Em teoria, firmas estrangeiras são desejáveis porque proporcionam "derramamentos" (discutido no Capítulo 9) e um modelo positivo a ser seguido: "Não há como entrar nas fábricas (têxteis) de propriedade chinesa na China (por volta de 1930) sem perceber a influência das fábricas de propriedade japonesa" (Moser, 1930, p.66). Não obstante, modelos estrangeiros podem esmagar a concorrência interna. Na indústria de cigarros da China, a British American Tobacco (BAT), uma gigante multinacional, e a Nanyang, uma firma local, concorriam diretamente na década de 1910 pelo crescente mercado chinês. Chien Chao-nan, proprietário da Nanyang, criou um depósito em um galpão na área de concessão estrangeira de Xangai para iniciar a produção (a Nanyang tinha acumulado experiência produzindo cigarros em Hong Kong pelo uso de tecnologia japonesa). "No dia seguinte um representante da BAT tentou comprar o prédio", o que deu início a uma discussão veemente que só terminou quando um dos representantes da própria BAT (um cantonês como Chien) "defendeu a posição da Nanyang e solicitou à administração da BAT que não obrigasse Chien a abrir mão de seus direitos ao prédio". Chien instalou 119 máquinas americanas de fabrico de cigarros e posteriormente comprou o local (Cochran, 1980, p.74).[12] Em outro caso, na década de 1890, empresários que tentavam fabricar produtos têxteis no Império Otomano para o consumo interno (no Egito) foram levados à bancarrota pela pressão de lobistas favoráveis aos interesses têxteis de Manchester. O embaixador britânico tentou inicialmente interromper a construção da fábrica com empecilhos administrativos, mas então, para garantir a própria renomeação diante das ameaças de fabricantes de tecidos

---

11 Para o Japão, ver também Okita; Miki (1967).

12 A Nanyang ainda estava viva em 1998, apesar de um mercado interno chinês altamente competitivo para cigarros: "O principal produto da empresa é bem conhecido entre os fumantes chineses, e é visto como pertencendo à dúzia de marcas nacionais e estrangeiras de alta classe na China" (Bankers Trust, 1998, p.70).

ingleses, agiu mais vigorosamente para conseguir que o governo local impusesse altas taxas de produção à fábrica. A construção foi suspensa (Clark, 1969).

Usar uma firma estrangeira como referencial era especialmente importante em indústrias cuja tecnologia vinha mudando rapidamente, como a dos produtos têxteis (no fim do século XIX o filatório a anel estava substituindo a mula e os teares automáticos vinham ganhando terreno). Nessas indústrias, a orientação da engenharia por parte da administração era essencial para se manter em dia com a tecnologia. Todavia, a perícia tecnológica não era necessariamente uma característica dos investidores estrangeiros. As primeiras grandes siderúrgicas do Japão receberam assistência técnica da Alemanha em 1897, mas "os engenheiros alemães não trabalhavam tão duro como as Usinas Yawata esperavam. Eles careciam do conhecimento e habilidades básicos para liderar engenheiros e encarregados japoneses". Isso ocorria apesar do fato de o engenheiro chefe, o sr. Toppe, ganhar um altíssimo salário — *duas vezes o do primeiro-ministro do Japão!* Yawata chegou à conclusão que "os engenheiros alemães que tinham ido ao Extremo Oriente (na virada do século) dificilmente eram de primeira" (Yonekura, 1994, p.43).[13] No México, o financiamento da indústria "coube a um círculo relativamente pequeno de mercadores financistas (europeus) que, dada sua experiência no comércio e na mutuação, eram mais hábeis em fraudar o mercado e manipular a política do governo do que em alinhar métodos de produção ou inovar processos e técnicas" (Haber, 1989, p.5). As firmas estrangeiras respondiam por aproximadamente 20% da produção na indústria têxtil da Índia, mas dificilmente seriam modelos exemplares. Como indica a Tabela 3.1, poucos diretores em usinas de propriedade ou européia ou indiana tinham um histórico técnico; os históricos mercantis eram a norma em ambos os casos.

---

13 Na verdade havia uma empresa alemã envolvida, a Gutehoffnungshutte (GHH).

Investimentos subseqüentes de compradores de tecnologia eram necessários para adotar e modificar importações estrangeiras e absorver o *know-how* estrangeiro. Isso era especialmente verdade no "resto", já que a maioria das indústrias que vinham sendo abertas nele antes da Primeira Guerra Mundial baseavam-se sobretudo em matéria-prima, como se observou anteriormente, e investimentos locais eram necessários para adaptar técnicas estrangeiras a especificações de processamento locais. A British American Tobacco, por exemplo, investiu pesadamente para treinar agricultores chineses para plantar tabaco do tipo americano (Cochran, 1980). O comprador-estudioso Cheng Kuan-ying organizou, desenvolveu e então administrou a Usina de Tecidos de Algodão de Xangai a partir de 1879. Para determinar se o maquinário estrangeiro poderia realmente processar o algodão bruto da China, Cheng contatou um conterrâneo cantonês nos Estados Unidos e pediu-lhe que contratasse um perito técnico para investigar o assunto. O norte-americano A. W. Danforth foi a Xangai e expressou sérias dúvidas sobre a adequação das fibras mais curtas do algodão chinês para o processamento mecânico. Cheng então mandou Danforth de volta aos Estados Unidos com algumas amostras de algodão bruto chinês, e o tecido resultante mostrou-se igual em qualidade ao tecido americano (Hão, 1970). (A produção foi retardada, contudo, porque Cheng, segundo se diz, concentrava o poder nas próprias mãos e "tendia a tratar os fundos da empresas qual fossem seus" [Feuerwerker, 1958, p.212]). No caso do fabrico de aço, o custo e a qualidade são altamente sensíveis à escolha certa e à combinação de matéria-prima, que não podem ser determinadas simplesmente por uma fórmula matemática. "Elas requerem uma experimentação paciente e cuidadosa em grande escala, o que significa anos de esforço esmerado para determinar as melhores combinações."[14] Assim, as Usinas Siderúrgicas Yawata, do Japão, tiveram grandes problemas inicialmente porque o "alto-forno projetado por um engenheiro alemão era grande demais para o coque mole e de baixa qualidade do Japão. Por causa da alta

---

14 Clark (1973), como citado em Rawski.

Tabela 3.1. Histórico dos diretores de fábricas indianas (tecidos de algodão), 1913 e 1925

Diretores	1913		1925	
	Total	Tecnicamente treinados	Total	Tecnicamente treinados
Europeus	30	4	24	2
Indianos	132	8	151	9

Fonte: Adaptado de Kiyokawa (1983).

pressão e fricção do grande forno, o coque japonês era pulverizado, e impedia a circulação de ar e o insuflamento vertical do minério de ferro e do fluxo" (Yonekura, 1994, p.44).[15]

Assim como o ensino em transferências tecnológicas estava longe do ideal, o aprendizado era imperfeito, por causa dos investimentos locais insuficientes para absorver o conhecimento estrangeiro. Em 1890 até 60% do pessoal técnico na média administração das fábricas

---

15 "Nem tudo que reluzia era ouro" mesmo no período pós-guerra. No Brasil, uma transferência tecnológica pela Union Carbide no fim da década de 1960 para uma central de nafta Wulff que forneceria etileno resultou em um custoso contratempo: "o que era tido como dificuldades de 'partida' em todas as partes onde isso foi tentado (em países diversos do Brasil) acabou se revelando como falhas fundamentais. As centrais Wulff simplesmente não funcionavam" (Evans, 1979, p.233). Na Índia, uma explosão química em 1984 em uma usina da Union Carbide em Bhopal resultou em pelo menos 3 mil mortos e 300 mil feridos. O relatório sobre a tragédia, feito pelo Conselho de Pesquisa Industrial e Científica, a atribuiu a "falhas de projeto, equipamento, suprimentos e procedimentos operacionais" (Shrivastava, 1992, p.46). No México, o maquinário e a tecnologia processual para uma usina siderúrgica de oxigênio BOF, comprados da firma alemã Demag, tinham "uma série de problemas incorporados no projeto original, que não apenas não levou em conta corretamente as condições específicas do ambiente local, como também preservou problemas técnicos não resolvidos" (Pérez; José de Jesús Pérez y Peniche, 1987, p.187). Na Coréia, uma fábrica de cimento padeceu cronicamente de um processo tecnicamente falho, fornecido pela Mitsubishi Heavy Industry. A Kolon Nylon convidou a Chemtex, uma companhia de fibras americana, para participar no capital e compartilhar tecnologia. A produção começou em 1963, "mas enfrentou muitas dificuldades técnicas", com o que a Kolon buscou tecnologia do Japão (Tran, 1988, p.399). Nos casos em que as firmas estrangeiras tropeçavam, as locais por vezes levavam a melhor.

Tribulações da transferência tecnológica

têxteis de Bombaim era europeu. Até a década de 1920, aproximadamente um terço de todos esses gerentes continuava sendo de estrangeiros (Kiyokawa, 1983). Parece ter havido entre os indianos um aprendizado insuficiente para dispensar os serviços de conselheiros estrangeiros. A indústria têxtil mexicana pode ter começado nos anos 1830, mas na década de 1890 "visitantes estrangeiros comentavam que as fábricas eram administradas por um inglês com grande experiência em Lancashire ou por homens treinados no distrito de Manchester na Inglaterra. Em 1896 uma nova fábrica em Torreon trouxe quarenta trabalhadores especializados da França" (Keremitsis, 1987, p.197). Uma das maiores usinas de algodão do Brasil, a América Fabril, foi aberta por dois mercadores e um industrial em 1878. Mas ainda em 1921 seu diretor administrativo era um nativo de Yorkshire, e mais de quarenta encarregados ingleses estavam empregados em vários departamentos (Pearse, 1929). Um visitante em São Paulo em 1930 "descobriu serem muito numerosos os técnicos estrangeiros; são vistos por toda parte" (Dean, 1969, p.177). A Usina de Tecidos de Algodão de Xangai, como se observou anteriormente, valeu-se inicialmente de A. W. Danforth como consultor. Posteriormente, depois de um incêndio, Danforth "foi imbuído da responsabilidade técnica de erigir uma fábrica, comprar maquinário e organizar a produção para a nova Usina de Hua-sheng" (Feuerwerker, 1958, p.221). Evidentemente, os gerentes locais durante a primeira expansão da fábrica não tinham adquirido as capacidades (ou a confiança) para se incumbirem dessas tarefas pessoalmente na segunda expansão da fábrica. A China, ao contrário, testemunhou entre 1914 e 1922 um aumento de mais de 300% em seus fusos e teares, e a maioria das usinas nesse período conseguiu economizar dinheiro e contratar engenheiros chineses em vez de técnicos estrangeiros (Chao, 1975). Similarmente, em 1900, a britânica Rio Flour Mills no Brasil declarou que por meio de um programa de treinamento muitos brasileiros tinham aprendido o ofício, de modo que "todos os nossos moleiros, engenheiros e outros trabalhadores especializados, com a exceção de menos de meia dúzia, e todos os nossos operários comuns, em número de aproximadamente 250, são nativos, ou vivem permanentemente no país" (Graham, 1968, p.139). A Companhia de Fiação de Osaka começou a produzir fios em 1883, e

> como sempre um engenheiro inglês veio dirigir a instalação das máquinas de fiar. Um engenheiro estrangeiro trabalhando na casa da moeda em Osaka veio ajudar com a instalação das máquinas a vapor. Mas um engenheiro japonês também participou, de modo que a instalação não dependeu completamente de engenheiros estrangeiros. A era da completa dependência de estrangeiros estava passando. (Chokki, 1979, p.149)

Conforme o desenvolvimento do maquinário no Atlântico Norte se tornou mais sofisticado, a compra de maquinário no "resto" ficou mais difícil; comprar as máquinas certas tornou-se uma arte. As primeiras fiações do Japão "obtiveram seu conhecimento técnico por meio de engenheiros estrangeiros que tinham sido enviados ao Japão para instalar o equipamento e dar aconselhamento técnico". A Companhia de Fiação de Osaka, todavia, estabeleceu um precedente ao enviar um engenheiro à Inglaterra para aprender sozinho. Quando regressou ao Japão, ele publicou um livro sobre *Como Fiar*, que difundiu informações pela indústria. Posteriormente, o engenheiro tornou-se presidente da altamente lucrativa Companhia de Fiação de Osaka (Chokki, 1979, p.148-9). Na segunda metade da década de 1880, todas as grandes usinas de algodão "tinham ficado cautelosas na seleção das máquinas, e enviavam conselheiros técnicos à Inglaterra para investigar vários tipos antes de comprar" (Takamura, 1982, p.285). O proprietário brasileiro em 1925, em contraste, demonstrou "pouco conhecimento e ainda menos interesse no fabrico de pano". Os detalhes da produção eram deixados a encarregados "cuja única recomendação era um aprendizado rotineiro de dez ou quinze anos como operários". Os empresários "sentiam que as usinas de algodão eram dirigidas com base no princípio de inserir matéria-prima em uma ponta e conseguir pano na outra", e que "o problema mais intrincado de uma empresa têxtil era 'encomendar maquinário'". Tais encomendas eram feitas em reuniões com um representante de vendas estrangeiro em que se discutia o produto apropriado para a compra (Stein, 1955, p.117; ver também Birchal, 1999).

Algumas das indústrias mais bem-sucedidas, ainda que pequenas em porte geral, adquiriam sua tecnologia simplesmente pela engenharia reversa (cópia) e pelo estudo de desenhos estrangeiros. Elas prosperavam atendendo a nichos de mercado menores e especializados (amiúde monopolísticos), operando com estoques pequenos e sistemas simples de contabilidade de custos. Tudo isso, somado aos custos de transporte, tornava o maquinário estrangeiro competitivo. No Chile,

> várias grandes oficinas de engenharia estavam em operação em Valparaíso no final do século, fabricando [na verdade, apenas montando] locomotivas, material rolante, motores marítimos, maquinário de mineração, pontes e todos os tipos de obras de engenharia; reportou-se que o maquinário de mineração era "de altíssima classe". (Platt, 1973, p.232)

No caso do setor de engenharia leve no período 1930-45, que fabricava produtos customizados com técnicas de mão-de-obra intensiva, alguns empresários eram imigrantes italianos que tinham aprendido o ofício no Brasil, enquanto outros eram brasileiros nativos (a mesma história se aplica à Argentina). Qualquer que fosse sua origem, eles instilaram uma "mentalidade industrial" no Instituto de Pesquisas Tecnológicas do Instituto Politécnico de São Paulo. As necessidades de pessoal administrativo e técnico eram atendidas localmente (Leff, 1968).

Ainda assim, o Politécnico em São Paulo formava sobretudo engenheiros civis, e não de produção. Até 1945 ele fornecera um total de apenas quatrocentos engenheiros cujos diplomas eram de interesse para a indústria. Os industriais não fizeram *lobby* no governo para mais educação técnica, e tampouco custearam uma escola técnica privada, porque era mais barato para eles contratar técnicos estrangeiros (Dean, 1969). O treinamento técnico em todas as partes do "resto" era praticamente inexistente.[16] Apesar de sua vasta riqueza mineral, o Brasil não teve uma escola de minas senão em 1875 (Rippy, 1947). Na China, um estudo especializado constatou que a necessidade total de técnicos em 82 usinas chinesas em meados da década de 1930 era estimativamente de 4 mil pessoas, e todavia apenas quinhentas das empregadas por essas empresas tinham recebido algum treinamento profissional na China ou no exterior. Ainda na década de 1930 só uma faculdade na China estava formando engenheiros têxteis (Chao, 1975, p.154). Mesmo na Índia, o primeiro real instituto de educação técnica, o Victoria Jubilee Technical Institute em Bombaim, não foi estabelecido senão na década de 1880 (com dinheiro privado). Uma conferência convocada pelo vice-rei Curson para expandir a escolaridade técnica na virada do século recebeu uma resposta "patética" dos governos locais, e não foi levada adiante (Kiyokawa, 1983, p.21).[17]

Ao descaso pela educação técnica no "resto" correspondeu o descaso pela educação em geral. Não surpreende que os limitados dados disponíveis indiquem que, em comparação com o Atlântico Norte e o Japão, em um período de desenvolvimento (aproximadamente) comparável, as matrículas escolares, os anos médios de estudo e os índices de alfabetização entre os adultos eram muito mais baixos no "resto" (ver Tabelas 3.2, 3.3 e 3.4). Em 1950, os anos médios de escolaridade no "resto" não eram nem metade do que eram no Atlântico Norte em 1913. O analfabetismo na Argentina e na Índia era mais alto do que no Atlântico Norte por uma grande ordem de magnitude. Tudo isso

---

16 A falta de investimento em educação foi outrora tida como parcialmente responsável pelo declínio econômico da Grã-Bretanha, apenas para ser substituída pela crença de que uma relação científica entre a educação e a produtividade industrial não estava empiricamente estabelecida. Mas "a influência da educação pode ter sido descartada precipitadamente" (Roderick; Stephens 1978, p.149). Quanto a se a educação era geralmente importante para o crescimento à luz dos requisitos de habilidades do século XIX, ver Tortella (1990). Kawabe; Daito (1993) analisam o treinamento nas corporações modernas e na educação comercial.

17 O treinamento técnico era muito mais avançado no Atlântico Norte, e mesmo na Rússia: "Apesar de seu relativo atraso, a Rússia em geral estava bem munida em termos de educação técnica formal mesmo antes da Emancipação, quando suas universidades e escolas de engenharia conseguiram (por volta de 1860) proporcionar um treinamento abrangente e atualizado para os principais ramos da tecnologia e ciência aplicada" (Kenwood; Lougheed, 1982, p.109).

contrasta com os inícios do Japão Meiji, que fundou uma faculdade de engenharia em 1877, promoveu vigorosamente a escolaridade primária universal e criou um sistema universitário elitista (estudantes matriculados na educação superior passaram de 12 mil em 1895 para 127 mil trinta anos depois) (Kawabe; Daito, 1993). Simultaneamente, o recrutamento e treinamento privado de gerentes médios por grandes empresas também melhorou (Daito, 1986).

Tabela 3.2. Anos médios de escolaridade — O Atlântico Norte e o "resto", 1820-1992

País	1820	1870	1913	1950	1973	1992
Argentina				4,8	7,0	10,7
Brasil				2,1	3,8	6,4
Chile				5,5	8,0	10,9
México				2,6	5,2	8,2
Índia				1,4	2,6	5,6
Coréia				3,4	6,8	13,6
Taiwan				3,6	7,4	13,8
Média				3,3	5,8	9,9
Bélgica				9,8	12,0	15,2
França			7,0	9,6	11,7	16,0
Alemanha			8,4	10,4	11,6	12,2
Itália				5,5	7,6	11,2
Holanda			6,4	8,1	10,3	13,3
Suécia				9,5	10,4	14,2
Reino Unido	2,0	4,4	8,8	10,8	11,7	14,1
Portugal				2,5	4,6	9,1
Espanha				5,1	6,3	11,5
Estados Unidos	1,8	3,9	7,9	11,3	14,6	18,0
Média	1,9	4,2	7,7	8,3	10,1	13,5

Notas: Dado fornecido para pessoas com idades entre 15 e 64. Os espaços em branco indicam que não havia dados disponíveis.

Fonte: Dados adaptados de Maddison (1995). Maddison atribuiu pesos a cada nível de escolaridade. Os anos de escolaridade primária receberam um peso de 1, os anos de escolaridade secundária são multiplicados por um fator de 1,4, e os anos de escolaridade pós-secundária são multiplicados por um fator de 2.
O "resto" só inclui os países para os quais Maddison oferece dados. Não há dados correspondentes para China, Indonésia, Malásia, Tailândia ou Turquia.

Alice H. Amsden

Tabela 3.3. Índices (%) de analfabetismo entre adultos — Países selecionados, 1850-1990

País	1850[a]	1900[b]	1950[c]	1970	1980	1990
Alemanha[d]	20	12	n.d.	1	1	1
Suécia	10	n.d.	n.d.	1	1	1
Império Austríaco[e]	43	23	n.d.	1	I	1
Bélgica	48	19	3	1	1	1
Reino Unido[f]	32	n.d.	n.d.	3	1	1
França	43	17	4	1	1	1
Itália	78	48	14	6	4	3
Espanha	75	56	1S	6	7	4
Estados Unidos	20	11	3	1	1	1
Argentina	n.d.	54	14	7	6	5
Brasil	n.d.	n.d.	51	34	26	18
Chile	n.d.	n.d.	20	11	9	7
China	n.d.	n.d.	n.d.	n.d.	35	22
Índia	n.d.	95	83	66	59	52
Indonésia	n.d.	n.d.	n.d.	43	33	18
Coréia	n.d.	n.d.	23	12	6	4
Malásia	n.d.	n.d.	62	42	30	22
México	n.d.	n.d.	43	26	17	12
Taiwan	n.d.	n.d.	n.d.	n.d.	n.d.	n.d.
Tailândia	n.d.	n.d.	48	21	12	7
Turquia	n.d.	n.d.	68	49	34	19

[a] Alemanha 1849, Áustria 1851, Bélgica 1856, Reino Unido 1851, França 1851, Espanha 1857, Itália est. Estados Unidos 1870.

[b] Argentina 1895, Índia 1901, França 1901, Itália 1901, Alemanha 1871.

[c] Argentina 1947, Chile 1952, Coréia 1955, Malásia 1947, Tailândia 1947, França 1946, Itália 1951. Os dados sobre o México se referem à população total acima de seis anos de idade. Os dados sobre os Estados Unidos e a Argentina se referem à população acima de catorze anos de idade. Todos os outros dados se referem à população acima de quinze anos de idade.

[d] Os dados de 1850 e 1900 são sobre a Prússia.

[e] Os dados de 1850 e 1900 são sobre o Império Austríaco.

[f] Os dados de 1850 e 1900 são apenas sobre a Inglaterra e o País de Gales.

Fontes: Dados para 1850 e 1900 (para todos os países, exceto a Índia e os Estados Unidos) adaptados de Cipolla (1969). Os dados de 1850 medem os que não sabiam ler. Os dados tanto de 1850 quanto de 1900 sobre esses países se referem à população total acima de dez anos de idade. Os dados para a Argentina são adaptados de Randall (1977; referem-se à população com seis anos de idade ou mais). Dados sobre a Índia em 1850 e 1900 adaptados de Lal (1988). Dados sobre os Estados Unidos para 1850 e 1900 adaptados de West (1975, p.42). Esses dados se referem à população total acima de dez anos de idade. Dados de 1950 adaptados da Unesco (1972). Os dados de 1950 se referem à população total acima de quinze anos de idade. Dados de 1970 sobre Alemanha, Suécia, Áustria, Bélgica, Reino Unido, França e Estados Unidos adaptados do Banco Mundial (1976; 1994). Todos os outros dados de 1970 tirados da Unesco (1993). Todos os dados de 1970 se referem à população total com mais de quinze anos de idade (exceto Malásia, que se refere à população acima dos dez anos de idade). Dados de 1980 sobre Alemanha, Suécia, Áustria, Bélgica, Reino Unido, França e Estados Unidos adaptados do Banco Mundial (1985). Todos os outros dados de 1980 tirados da Unesco (1993). Todos os dados se referem à população total com mais de quinze anos de idade. Dados de 1990 sobre Alemanha, Suécia, Áustria, Bélgica, Reino Unido, França e Estados Unidos adaptados do Banco Mundial (1995). Todos os outros dados de 1990 foram adaptados da Unesco (1993). Todos os dados de 1990 se referem à população total acima de quinze anos de idade.

Tabela 3.4. População alfabetizada em países selecionados, 1869-1951

País	Ano	População alfabetizada (% do total)		Ano	População alfabetizada (% do total)
Índia	1901	5	México	1910	23
	1911	6		1921	29
	1921	7		1930	33
	1931	10		1943	55
	1941	16		1950	57
	1951	17	Chile	1943	76
Argentina	1869	22	China	1930	30
	1895	46	Turquia	1927	10
	1929	75		1940	20
	1943	85		1950	33
Brasil	1877	14			
	1942	50			

Notas: Argentina: cifras de 1869 e 1895 representam porcentagens da população total com seis anos de idade ou mais; a cifra de 1929 representa a população total com mais de catorze anos de idade. Turquia: todos os dados para a população com seis anos de idade ou mais. China: representa a população masculina de sete anos de idade ou mais. México: dados de 1921 representam a população com cinco anos de idade ou mais; dados de 1910, 1930 e 1950 representam a população com seis anos de idade ou mais.

Fontes: Todos os dados sobre a Índia adaptados de Lal (1988, p.134). Todos os dados para 1942-43 adaptados de Hughlett (1946, p.347). Dados sobre a Argentina para o século XIX adaptados de Randall (1977, v. 2). Dados sobre a Turquia adaptados de Hale (1981, p.67). Dados do século XIX sobre o Brasil adaptados de Graham (1968). Dados sobre a China adaptados de Rawski (1989, p.58). Todos os dados sobre o México (salvo os de 1943) adaptados de Wilkie (1970).

À guisa de conclusão, não houve praticamente nenhum caso de um grande investimento nos primórdios da história industrial do "resto" realizado sem *alguma* transferência tecnológica, ainda que por pura cópia. Mesmo a indústria têxtil indiana, com sua reputação por pioneirismo endêmico, iniciou suas operações modernas em 1854 com uma usina em Bombaim cuja propriedade era parcialmente britânica, usando técnicas e pessoal de Lancashire (Mehta, 1953). As primeiras instalações químicas bem-sucedidas na China foram fundadas na época da Primeira Guerra Mundial por chineses, mas os empresários envolvidos tinham sido educados em Tóquio, Quioto e Berlim (Rawski, 1980). Todavia, em razão das fraquezas nos lados tanto da oferta como da demanda, a transferência tecnológica foi um processo bastante imperfeito. Essa conclusão se baseia em evidências casuais, mas não há razões sugerindo que tais evidências não sejam representativas da experiência da grande maioria das transferências de tecnologia do "resto" entre 1850 e 1950.

O contraste com o Atlântico Norte

Falhas inerentes às transferências de tecnologia também afligiam o Atlântico Norte. Até 1850 e 1860 os centros continentais freqüentemente não atingiam a produtividade e economia britânica mesmo quando usando equipamentos aparentemente similares (Pollard, 1981, p.182).[18] Mas o processo de aquisição de tecnologia dos dois conjuntos de aprendizes diferia. Primeiro, como a maioria dos países do "resto" estava geograficamente isolada dos centros de aprendizado avançado (primeiro a Grã-Bretanha, e depois outros países do Atlântico Norte), e como o transporte e a comunicação internacionais fossem caros e lentos antes de, digamos, 1920, o "resto" raramente experimentou o modo de transferência tecnológica que experimentaram países do Atlântico Norte localizados próximo à Grã-Bretanha: não apenas recebendo pro-

---

18 Ver também Kenwood; Lougheed (1982) e Saul (1972).

fessores em casa, mas também *enviando alunos para fora*. Quando, por exemplo, empresários têxteis noruegueses do início da segunda metade do século XIX voltaram os olhos para a Grã-Bretanha para se suprirem de equipamentos, "isso resultou em uma série de visitas à Grã-Bretanha por virtualmente todos os empresários têxteis importantes da Noruega em busca de informação e da nova tecnologia" (Bruland, 1989, p.61). Em 1870, estima-se que quase um terço dos empresários na Renânia e na Vestfália tenha visitado a Grã-Bretanha para fazer ou estudar negócios (Kocka, 1978). As visitas de empresários noruegueses e alemães eram apenas uma parte de uma *"grand tour"* de estrangeiros na Inglaterra:

> prussianos, bávaros, nobres hanoverianos, príncipes e condes russos, marqueses francesas e uma miscelânea de figurões suecos, dinamarqueses, portugueses e espanhóis abriam caminho para as fábricas de botões de Birmingham, circulavam elegantemente por indústrias químicas, fábricas de papel, fundições de munição ou estaleiros de navios, e reportavam suas descobertas para seus ministros em casa. (Robinson, 1975, p.3, citado em Bruland, 1989, p. 62)

As desvantagens de aprender apenas recebendo professores de longe são óbvias. Uma delas é que aprender por meio de um intermediário pode não ser confiável; a observação em primeira mão é melhor. Outra é que o estudante curioso não tem a oportunidade de buscar atividade. E todavia há pouca evidência antes de, digamos, 1910 de que as firmas do "resto" enviassem emissários a fornecedores de tecnologia no Atlântico Norte. Típico do "resto" nesse período foi a forma como a China obteve a tecnologia para sua primeira usina siderúrgica, a Han-yeh-ping, estabelecida em 1896. Que o diretor chinês da usina "se sentisse totalmente apto a instruir o ministro chinês em Londres sobre os tipos de equipamento a serem comprados é apenas um exemplo da onipotência que toda autoridade confuciana arvorava" (Feuerwerker, 1964, p.95). As exceções que confirmam a regra envolviam empresas incomumente bem administradas. Para adquirir tecnologia para a usina siderúrgica do grupo Tata, Jamshedji Tata, fundador do grupo, esteve nos Estados Unidos em 1907 por quatro meses e conferenciou com peritos em aço em Cleveland e Birmingham (ele foi descrito pela imprensa americana como o "J. P. Morgan das Índias Orientais" (Fraser, 1919, p.20). O Japão, diversamente do "resto", enviava engenheiros para ultramar desde os tempos da manufatura têxtil, como se observou anteriormente. Mais tarde, a primeira usina siderúrgica do Japão, a Yawata Works, enviou uma equipe a uma empresa alemã por seis meses (Yonekura, 1994). Ironicamente, essa mesma empresa alemã foi a fornecedora de tecnologia para as maiores usinas siderúrgicas do Japão e da China; o engenheiro-chefe em ambos os casos foi o incompetente sr. Toppe. Os japoneses acabaram demitindo-o; os chineses, em contraste, parecem nunca ter se dado conta de suas habilidades de terceira categoria (Yonekura [1994] e Feuerwerker [1964]).

Depois da Segunda Guerra Mundial, quando os custos do aprendizado se baratearam com novas e melhores modalidades de transporte, comunicação e educação, a aquisição de tecnologia pelo "resto" assumiu cada vez mais a forma do envio de estudantes, trabalhadores, engenheiros e administradores para aprender no exterior. Um excelente exemplo é a Pohang Iron and Steel Mill (Posco) da Coréia do Sul, que enviou ao estrangeiro centenas de trabalhadores pertencentes ou não à produção para treinamento na prática (Amsden, 1989). Antes da Segunda Guerra Mundial, um treinamento comparável era um sério lapso da educação do "resto".

Em segundo lugar, a atualidade do aprendizado é maior quando ele é contínuo. No caso das empresas têxteis norueguesas,

> visitas à Inglaterra para a inspeção e a compra de equipamentos não se limitavam necessariamente ao período de implantação, continuando a ser feitas para acompanhar os desenvolvimentos técnicos e comprar novos equipamentos. (Bruland, 1989, p.65-6)

Embora as firmas do "resto" muitas vezes comprassem os equipamentos mais recentes, em algumas indústrias a utilização da capacidade era tão baixa que a compra de equipamentos pela mesma empresa eram pouco freqüentes, especialmente pelo fato de a incidência de falências tender a ser muito alta (ver Capítulo 4). Com isso, é talvez um exagero afirmar que a transferência tecnológica que proporcionou a base da indústria moderna na China do século XX ocorreu de um golpe só, mas parece, sim, que as infusões posteriores foram mais lentas e menores do que a dose inicial. (Feuerwerker, 1967, p.313)

Terceiro, as habilidades atrasadas e o baixo nível de alfabetização e educação do "resto" tornavam mais difícil — e caro — absorver o *know-how* estrangeiro. A despesa relativa pode ser estimada pelo tempo que um perito estrangeiro ficava na companhia cliente e o salário que recebia. O quadro geral dos trabalhadores britânicos na Noruega é de breves estadas e alta rotatividade (Bruland, 1989). Em contraste, o quadro casual pintado antes para o "resto" é de gerentes estrangeiros quase permanentes e operários de longa duração.

Mesmo presumindo-se estadas de igual duração, os assistentes técnicos eram muito mais caros para o "resto" do que para o Atlântico Norte. Os fiandeiros na Noruega em 1861 ganhavam 34,2 xelins noruegueses, enquanto as fiandeiras britânicas na Noruega ganhavam 49 xelins, ou 1,4 vez a mais (Bruland, 1989). Mas supondo, conservadoramente, que uma trabalhadora britânica ao trabalhar no "resto" recebesse duas vezes o que ganhava em casa, ela então ganharia oito vezes o que um operário indiano ganhava e dez vezes o que ganhava um operário chinês (dado que em 1933 os salários por semana de uma fiandeira estivessem em torno de 71 xelins nos Estados Unidos, quarenta xelins no Reino Unido, doze xelins no Japão, dez xelins na Índia e oito xelins na China, sendo 1 librao (£) igual a 20 xelins) (Mehta, 1953, p.144). Esse grande diferencial de salários provavelmente causava problemas sociais, como causou no Império Otomano, além de impor um imenso fardo financeiro às firmas. Além disso, supondo-se que, quando os trabalhadores locais acabassem substituindo os estrangeiros em cargos de supervisão e gerência, seus salários não fossem reajustados para baixo, então a diferença artificial de salários entre os funcionários pertencentes e não pertencentes à produção se tornava imenso.

Quarto, a escala da operação eficiente aumentou constantemente durante todo o século XIX. Assim, como o "resto" se industrializou depois do Atlântico Norte, ele teve de enfrentar problemas maiores de escala. De resto, os custos das finanças, das relações trabalhistas e do aprendizado não mudam necessariamente em linearidade com a maior escala.

Finalmente, a lista de capacidades de que o "resto" carecia era muito mais longa do que a do Atlântico Norte. Além de não ter tecnologia própria, o "resto" tinha poucas firmas estabelecidas. Não apenas os países do "resto" tinham de importar *know-how* estrangeiro, como também tinham de criar do zero as organizações para implementar esse *know-how*. Mesmo na Noruega, sem uma história de produção têxtil manual, as companhias têxteis que adquiriram tecnologia britânica eram empresas já em operação, com algum histórico (Bruland, 1989).

Além da transferência tecnológica: a indústria da seda

Apesar de ter sido a inventora da seda e apesar de um aumento de sete vezes na produção de seda entre 1870 e 1928, a indústria de seda chinesa sofreu uma extraordinária virada nas mãos do Japão. De 1859 a 1861 a China respondeu por 50,6% das exportações mundiais de seda bruta, enquanto o Japão respondia por apenas 6,7% (ver Tabela 3.5). Entre 1927 e 1929 a participação da China caíra para 21,9%, ao passo que a do Japão tinha saltado para 67,2% (Federico, 1994, p.53). Em 1929 a maior de todas as indústrias do Japão era a fiação de seda, mais importante até mesmo do que a fiação de algodão (Yamazaki, 1988).[19] Estima-se que as exportações de seda bruta tenham financiado nada

---

19 A manufatura de seda segue quatro passos básicos: (1) o cultivo de amoreira; (2) a criação de bicho-da-seda (sericultura); (3) a fiação da fibra de seda (seda bruta) dos casulos, quer à mão, quer por meio de filatórios mecânicos a vapor; e (4) a tecelagem de tecidos de seda. O terceiro passo, foco da concorrência entre a China e o Japão, é composto de quatro operações: (a) a secagem dos casulos; (b) o cozimento dos casulos; (c) a fiação das meadas e seda dos casulos; e (d) a refiação para fins de acabamento.

Tabela 3.5. Participação nas exportações de seda (%) — Países selecionados, 1859-1938

País	1859-61	1873-75	1905-07	1911-13	1927-29	1936-38
Itália	26,5	30,9	32,8	19,2	10,3	6,2
China	50,6	53,1	33,9	35,4	21,9	10,7
Japão	6,7	8,3	27,0	41,5	67,2	83,1
Turquia	7,6	4,1	4,8	3,2	0,3	0,0
Outro	8,6	3,7	1,5	0,7	0,2	0,0

Fonte: Adaptado de Federico (1994), p.53.

menos do que 40% das importações de maquinário e matéria-prima do Japão entre 1870 e 1930.[20] O fabrico da seda foi "uma escola de treinamento para a industrialização japonesa" (Hemmi, 1970).[21]

Tanto a China quanto o Japão modernizaram suas indústrias tradicionais de seda importando tecnologia da Itália, inclusive o projeto das dobadouras a vapor. O Japão, contudo, destacou-se em relação à China ao aumentar ainda mais a produtividade e a qualidade. A produtividade do fabrico de seda chinês estagnou (mensurada pelo número de carretéis por bacia). Estima-se que a produtividade da China no início da Primeira Guerra Mundial tenha sido mais baixa do que a produtividade da Itália calculada na época de sua transferência tecnológica para a China (Federico, 1994). O sucesso econômico da indústria da seda no Japão foi além de aprimoramentos em tecnologias importadas.[22] Depois de estudar as práticas estrangeiras, o Japão

---

20 Na Itália, a seda representava dois terços das exportações durante o Reino Napoleônico (Poni; Mori, 1996). Na segunda metade do século XIX, a seda ainda era a maior exportação da Itália, e produziu mais valor agregado do que as indústrias de produtos químicos, engenharia e metalurgia juntas (Davis, 1991).

21 Citado em Li (1981, p.6).

22 Em razão das capacidades tecnológicas do norte da Itália, a indústria da seda italiana permaneceu uma grande produtora mundial até ficar sem mão-de-obra barata para a agricultura na década de 1910. Embora fosse uma retardatária entre os países do Atlântico Norte, a Itália ingressou no primeiro escalão na indústria da seda graças ao espírito inovador de seu setor de engenharia — nesse sentido ela foi como a indústria francesa de tecidos de algodão, analisada

redefiniu a manufatura da seda como negócio, em resposta a uma crise geral na indústria.

A doença do bicho-da-seda (pebrina) apareceu na França em 1854 e logo se espalhou pelo mundo. Ela devastou a indústria francesa de fiação de seda e converteu a França numa grande importadora de seda bruta para o fabrico de tecidos. A indústria americana de tecelagem de seda emergiu depois da Guerra Civil por trás de uma tarifa protetora que jamais cairia abaixo dos 45% e se tornou uma importadora de seda bruta ainda maior do que a França (Federico, 1994). As indústrias de tecelagem da seda tanto européias como americanas preferiam a seda fiada em dobadouras a vapor à seda fiada manualmente, pois o produto fiado mais mecanicamente era considerado superior em regularidade, enrolamento, limpeza e elasticidade. A força do Japão tornou-se por fim a de produzir seda bruta fiada em máquinas com uma qualidade mediana e consistente em quantidades imensas e confiáveis para o rapidamente expansivo mercado americano. Em 1909 o Japão havia ultrapassado a China como o maior exportador de seda bruta do mundo, apesar do fato de que no segmento de topo a seda chinesa era superior à japonesa, e apesar do fato de que nas décadas de 1870 e 1880 compradores americanos se houvessem queixado de que a seda japonesa era irregular e inferior (e de que as práticas comerciais chinesas eram desonestas) (Li, 1981).

---

no último capítulo. A Itália concorria produzindo seda da mais alta qualidade por meio de equipamento avançado. Três inovações foram introduzidas nas fábricas italianas. Primeiro, entre 1885 e 1890 foi desenvolvido um secador para casulos de seda (em resposta a um concurso patrocinado pelo Ministério da Agricultura, da Indústria e do Comércio da Itália) que poupou mão-de-obra e capital e elevou a produtividade. Segundo, inventou-se um dispositivo mecânico para preparar casulos que economizou mão-de-obra especializada e aumentou a produtividade da fiação. Terceiro, foi desenvolvido um dispositivo que ligava mecanicamente a ponta de novos casulos a uma meada em movimento, e com isso poupava tempo e aumentava a produtividade. Partindo de um número inicial de dois ou quatro carretéis por bacia, na década de 1930 as mais produtivas fábricas de seda italiana processavam de dezesseis a vinte carretéis por bacia (Federico, 1994). Para algumas melhorias incrementais japonesas, ver Ono (1986).

Um fator por trás da queda da China foi o alastramento da pebrina. Esforços de governos fracos de erradicá-la obrigando os camponeses a seguir um método laborioso concebido por Louis Pasteur fracassaram (Eng, 1984). Na década de 1920,

> estimou-se que as cartelas de ovos de bicho-da-seda vendidas no mercado estavam entre 75% e 95% adoecidas. No Japão e na França, uma onça de ovos renderia de 110 a 133 libras de casulos, ao passo que na China renderia de 15 a 25 libras. O fracasso em aplacar essa doença foi o mais crítico fator tecnológico no declínio da indústria de seda chinesa no século XX. (Li, 1981, p.23)

O suprimento errático de ovos aumentou os custos em estágios subseqüentes da produção, pois a matéria-prima constituía uma altíssima porcentagem dos custos totais. Na virada do século, ela representava aproximadamente 80% do valor do produto final (Federico, 1994). Em 1933 o valor da matéria-prima como porcentagem do valor do produto era estimado como maior nas dobadouras a vapor de Xangai (fiação de seda bruta) do que em qualquer outra indústria de Xangai (doze no total), exceto os tecidos de algodão e a moenda de farinha (ver Tabela 3.6).

Em países que mantinham um suprimento de ovos saudáveis de bicho-da-seda (o Império Otomano e o Japão), a regulação do governo foi instrumental. Na teoria, a ação privada coletiva poderia ter feito as vezes da coordenação do governo (Aoki et al., 1997). Na prática, a regulação do governo continha um elemento de coerção necessário para impor a observância. No caso da Turquia, os residentes de Bursa (perto de Izmir), cuja manufatura da seda datava da era bizantina, se reuniram e a altos custos importaram ovos saudáveis para a criação. Apesar do sucesso inicial, a tentação de altos lucros levou alguns criadores a adotar "práticas fraudulentas", que resultaram em ovos doentes e seda bruta inferior. Os esforços dos residentes não tiveram como superar "a corrupção, indiferença e falta de capital", e a criação de bichos-da-seda em Bursa "pareceu condenada". O cavaleiro em armadura dourada acorreu ao resgate na forma da imperial Administração Otomana da

Dívida Pública, que foi formada em 1881 por obrigacionistas europeus da imensa dívida otomana. Para aumentar a receita, a Administração da Dívida promoveu a produção de seda revivendo uma estação de pesquisas sobre a seda, estabelecendo um criadouro modelo de bichos-da-seda, atualizando os padrões de produção e — qualquer que fosse o compromisso ideológico dos detentores da dívida com o livre comércio — criando impostos de exportação sobre os ovos de bicho-da-seda que entrassem na Turquia, para proteger os produtores de ovos locais. Entre 1880 e 1908, as exportações de seda bruta de Busca (sobretudo para a França) triplicaram (Quataert, 1983, p.485).[23]

Tabela 3.6. Doze indústrias de ponta em Xangai, 1931-1933

	Número de fábricas		Número médio de trabalhadores por fábrica		Valor da matéria-prima (como % do produto)
	1931	1933	1931	1933	em 1933
Fundições	35	20	2	36	44,0
Indústria de maquinário	289	160	36	68	44,0
Indústria química	60	78	128	118	55,0
Fósforos	3	4	473	402	68,0
Fiação de algodão	27	29	2240	2083	75,0
Tecelagem de algodão	61	69	102	129	88,0
Dobadouras a vapor	66	49	611	607	82,0
Tecelagem de seda	251	115	40	85	63,0
Produtos de tricô	96	52	80	136	70,0
Produtos de borracha	29	41	233	269	38,0
Farinha de trigo	14	15	160	168	83,0
Cigarros	44	45	312	388	40,0

Fonte: Adaptado de Lieu (1936, p. 383-5).

---

23 A indústria da seda era dominada por emigrados da França, da Armênia e de outras regiões do Oeste. Quando esses emigrados foram expulsos da Turquia em conseqüência da guerra e da revolução no início do século XIX, a indústria da seda de Bursa entrou em colapso.

O papel do governo na indústria da seda no Japão foi no mínimo tão abrangente quanto o da Administração da Dívida no Império Otomano. Desde o final do século XIX era ilegal que os domicílios japoneses produzissem seus próprios ovos; criadores especiais eram licenciados para produzir ovos, e somente estes poderiam ser usados na sericultura (Li, 1981, p.24). Além disso, assim que o governo Meiji subiu ao poder, ele estabeleceu escritórios e inspeções para garantir o controle de qualidade e fundou estações de pesquisa para estudar doenças do bicho-da-seda (estações comparáveis apareceram na China somente na década de 1920, dependendo da região) (Hemmi, 1970). Estimou-se que entre um terço e metade da produção japonesa de seda bruta no período de 1870 a 1929 se deveu à maior disponibilidade de insumos (Federico, 1994).

O governo japonês também criou fábricas modelo para a fiação da seda. Elas faliram, mas a transferência tecnológica para o setor privado foi considerável. A Fiação Tomioka,[24] a primeira fábrica de seda ao estilo ocidental no Japão, foi vendida à família Mitsui e tornou-se a Companhia Katakura de Manufatura de Seda, uma das maiores e mais lucrativas do país. A fábrica modelo Miyamada inspirou uma empresa de administração conjunta (a Nakayama-sha), cuja tecnologia se difundiu por toda a região de Suwa (Togo, 1997).

No que toca ao capital, este foi disponibilizado para a indústria de fiação de seda por instituições financeiras controladas pelo governo. Com o suporte do Banco de Espécie de Yokohama (fundado em 1880) e do Banco do Japão (fundado em 1882), bancos comerciais puderam assistir os atacadistas fazendo empréstimos aos fiadores de seda (os bancos de desenvolvimento do Japão são discutidos no Capítulo 6). Em 1917, 94,7% de todas as fiações podiam usar o vapor em vez do carvão vegetal ou a lenha, um aumento em relação aos meros 36,7% em 1892 (Ono, 1986).

Empresários japoneses também conseguiram superar problemas organizacionais que tinham sido uma fonte de ineficiência no fabrico

---

24 Uma avaliação conservadora da contribuição da Tomioka para o aprendizado é feita por McCallion (1989).

de seda por gerações. Os estágios no processo de produção da seda, por serem isolados e descentralizados, deram origem historicamente a um número maior de corretores que vendiam seguros contra risco isolando uns dos outros os estágios da produção. Mas os intermediários também se esquivaram miopemente da responsabilidade pelo processo como um todo. Na China,

> aqueles que se envolveram no negócio da seda não tinham necessariamente um interesse de longo prazo em melhorar a qualidade do produto. Eles simplesmente investiam seus fundos esperando ter um retorno rápido e alto. (Li, 1981, p.154)[25]

A natureza da propriedade e do controle, em particular, contribuiu para a baixa qualidade e má administração.[26] No caso das fiações, tais coisas tipicamente envolviam parcerias por um único ano. Fiadores cantoneses alugavam dos clãs, da fidalguia rural e dos senhores de terras que tinham construído fiações ao estilo "frango caipira" como forma de especulação imobiliária. A sociedade por cotas era a forma organizacional típica, mas a maioria dos investidores preferia espalhar seu capital em várias iniciativas em vez de concentrá-lo em uma única fiação, com os lucros tendendo a ser redistribuídos em vez de reinvestidos.

A separação entre propriedade e administração diminuiu consideravelmente os requisitos de capitalização para operar uma fiação e facilitou a entrada na indústria, já que o capital fixo para a construção de prédios e maquinários tinha sido fornecido pelos arrendadores ou ex-proprietários. Ao mesmo tempo, essa mudança estrutural não apenas acentuava a falta de integração horizontal

---

25 Os dez fabricantes de seda mais conhecidos e bem-sucedidos na China no século XX eram compradores concorrentes, e muitos também dirigiam companhias próprias para a venda de seda por atacado (Eng, 1984).

26 Nas fiações de Xangai, "queixas sobre a falta de habilidade e disciplina dos trabalhadores eram freqüentes. Um observador disse que em comparação com a ordem das fiações japonesas, as fábricas chinesas eram absolutamente caóticas. Os trabalhadores eram preguiçosos, descuidados, sujos (penteavam o cabelo na sala de fiação e coziam espigas de milho nas bacias dos casulos) e desonestos" (Li, 1981, p.174).

da indústria, como também estimulava a especulação, promovia a instabilidade e desestimulava a renovação técnica e a expansão das fábricas. (Eng, 1984, p.362)

Em razão da escassez de crédito, dos valores crescentes das terras e dos custos crescentes de construção em Xangai no final da década de 1920, 89% dos fiadores alugavam suas fábricas e equipamentos.[27]

Unidades comerciais maiores com maior poder de mercado se desenvolveram no Japão em resposta aos problemas do curto-prazismo, da especulação e do controle descentralizado sobre os processos de produção. O número de intermediários diminuiu, em parte pela formação de cooperativas de produtores rurais, mas especialmente por meio do fortalecimento das companhias gerais de comércio (que também controlavam o comércio de seda ultramarino da China). Grandes companhias manufatureiras verticalmente integradas também emergiram. Embora as fiações japonesas geralmente continuassem pequenas, depois de 1910 duas companhias verticalmente integradas dominaram o estágio de produção da fiação mecânica (a Katakura em Nagano e a Gunze em Kansai), o que aumentou o controle da administração sobre o processo total de produção e estabeleceu um referencial para toda a indústria. Em 1929, em termos de lucros líquidos, a Companhia Katakura de Manufatura de Seda era a décima terceira entre as cinqüenta maiores empresas industriais e de serviços do Japão (Yamazaki, 1988).

Como resumo, a indústria japonesa da seda foi a primeira a introduzir um novo padrão de produção envolvendo mais governo e maiores empresas: o governo limitou a entrada no início do processo de produção para fins de controle de qualidade; contribuiu para a formação de organizações ao investir em fábricas modelo; e criou bancos de desenvolvimento para financiar novos equipamentos de produção. Isso permitiu à empresa privada realizar os investimentos em três frentes analisadas mais plenamente no próximo capítulo.

---

27 A separação entre a propriedade e a administração nas pequenas fábricas de Xangai nessa época parece ter sido geral (Lieu, 1936).

Fábricas de seda verticalmente integradas emergiram no Japão para controlar toda a cadeia de produção, e hierarquias administrativas se dedicaram a motivar a mão-de-obra e monitorar a produtividade. Companhias gerais de comércio, uma extensão dos grupos comerciais diversificados do Japão, estabeleceram os canais de distribuição necessários para comprar matéria-prima e dispor dos produtos finalizados a preços altamente competitivos. A transferência tecnológica, assim, foi apenas o início de um processo de aprendizado intensivo, mesmo em uma indústria tradicional e de baixa tecnologia como a seda.

Conclusão

Todo retardatário precisa aprender com um mestre estabelecido. Mas nem todos os aprendizes são iguais. Como sugerem as evidências casuais da transferência tecnológica do pré-guerra, quanto mais atrasado o aprendiz, mais difícil a transferência. Essa tendência perpetua a divergência de renda nos países que tentam alcançar a dianteira tecnológica do mundo.

A transferência tecnológica para o "resto" antes da Segunda Guerra Mundial teve seus momentos de ganhos e cooperação mútuos. Mas ela também sofreu de técnicas de absorção fracas no lado da demanda e de distância geográfica, altos custos, incompetência e má vontade no lado da oferta. Investidores estrangeiros — primeiro indivíduos e a seguir empresas — tipicamente entravam em cena depois que uma indústria já estivesse iniciada. Eles podem ter aumentado a produtividade e a qualidade nas empresas que adquiriram, mas usualmente não serviam de catalisador para a diversificação industrial. A despeito de quão aberta fosse a economia de um comprador de tecnologia, a transferência tecnológica não se mostrou confiável como meio de equalizar a produtividade internacionalmente. No fim das contas, meios adicionais foram necessários — e foram mobilizados — para estreitar a diferença.

4
Investimento em três frentes

O "resto" seguiu um "caminho torto" para o desenvolvimento industrial entre 1850 e 1950, por falta de tecnologia exclusiva e *know-how* e habilidades relacionados. Embora a experiência manufatureira tenha se acumulado e o ritmo de crescimento da produção possa até ter aumentado,[1] o "resto" não pôde se industrializar rápido o bastante

---

1 Comparações entre os índices de crescimento na produção manufatureira antes e depois do período entre guerras são impedidas pela escassez de dados confiáveis. Economistas revisionistas sugerem convincentemente que o crescimento das manufaturas antes da Segunda Guerra Mundial foi mais rápido do que outrora se admitia (ver Capítulo 2). Todavia, não está claro se tais índices foram mais rápidos do que após a Primeira Guerra Mundial, e está ainda menos claro se as indústrias manufatureiras comparadas nos dois períodos são as mesmas com respeito a produtos e porte das empresass. Os dados de Hofman (1993), os mais abrangentes disponíveis, indicam um crescimento mais rápido depois da Segunda Guerra Mundial do que antes, até mesmo na América Latina.

para seguir o ritmo do Atlântico Norte.[2] Poucas empresas conseguiram fazer o "investimento em três frentes" ao qual Chandler Jr. (1990) atribui o sucesso da moderna empresa comercial: em maquinário atualizado e fábricas de escala otimizada; em hierarquias administrativas e habilidades tecnológicas; e em redes de distribuição. Cada qualificação é examinada abaixo para entender por que o progresso no "resto" foi tão trôpego.

Lucro foi o motivo que levou as coisas para o caminho torto, uma vez que *o papel do governo era mínimo* exceto na indústria do aço, que só emergiu depois de 1900.[3] As tarifas, nos casos em que existiam, eram concebidas tanto para os fins de receita como para a industrialização (para tarifas médias em países selecionados entre 1820 e 1970, ver Tabela 2.3). As tarifas discriminatórias na Inglaterra contra as exportações de manufaturas da Índia nem se aproximavam de condições de livre comércio. Mas os críticos da política do Raj se concentraram na ausência de tarifas protetoras internas em em detrimento da presença de tarifas externas discriminatórias como o obstáculo mais sério para a expansão industrial (ver, por exemplo, Bagchi, 1972). A proteção na América Latina se limitava em grande parte aos produtos têxteis, mas mesmo na indústria têxtil a proteção era intermitente e solapada pelo contrabando (ver a discussão sobre o México no Capítulo 2). A China e o Império Otomano experimentaram um "imperialismo de livre comércio", ou uma abertura de mercado forçada pelas potências européias (Gallagher; Robinson, 1953); suas tarifas eram nulas. As políticas governamentais na Índia, América Latina, China e no Império

---

2 Mensurando-se os ativos pela renda *per capita*, a razão entre a renda *per capita* do "resto" e a do Atlântico norte caiu de uma alta histórica de 0,33 em 1870 para 0,24 em 1913 e 0,17 em 1950 (ver Tabela 1.4). Escusado é dizer que a confiabilidade dos dados em que tais estimativas se baseiam é incerta, e provavelmente varia conforme o país e o período.

3 Para o papel do governo no Brasil, ver Topik (1980 e 1987). O governo chinês, além de não fazer nada para ajudar a industrialização, passa por tê-la prejudicado (Perkins, 1967). Sobre a China ver também Rawski (1989). Sobre a Índia, ver Bagchi (1972), Lamb (1955) e Tomlinson (1993). Sobre o Império Otomano, ver Keyder (1994) e Issawi (1980a). Sobre o México, ver Haber (1989).

Otomano antes da Primeira Guerra Mundial, portanto, proporcionam um laboratório para estudar os efeitos do liberalismo sobre as tentativas de industrializar sem habilidades de padrão mundial.

Sem produtos ou processos novos que pudessem inflamar a imaginação de investidores ricos, uma longa luta teve de ser travada para atrair capital para as manufaturas. Habilidades manufatureiras pouco desenvolvidas em termos de administração e tecnologia significavam que os investimentos nas manufaturas eram vistos como arriscados e não lucrativos (ou lucrativos somente se monopólios fossem formados) em comparação com o empréstimo de dinheiro ou com investimentos fora da esfera manufatureira. O capital pode ou não ter sido "escasso" — oportunidades de investimento atraentes parecem tirar capital do assoalho em países com experiência manufatureira pré-moderna. Usos concorrentes, contudo, punham-se no caminho da indústria na busca pelos fundos disponíveis. Dada a "timidez" do capital, países no "resto" faziam poucos investimentos nos ativos exigidos para que houvesse crescimento. Portanto, os índices de falência na manufatura eram altos (normalmente negligenciados nos índices de lucratividade mensurados), contribuindo para um clima comercial de especulação, venalidade e fraude muito antes da ascensão do apadrinhamento e do Estado desenvolvimentista.

Frente um: unidades de produção em grande escala

Antes da Segunda Guerra Mundial, tanto o acúmulo de habilidades como o crescimento das empresas se arrastaram e atrapalharam um ao outro. Sem empresas modernas, as habilidades tardavam a se desenvolver, e sem habilidades de ponta aquelas tardavam a crescer.

As *empresas de pequena escala* do "resto" tendiam a não ser agentes dinâmicos da mudança industrial, em contraste com o papel desenvolvimentista que desempenharam na Inglaterra durante a Primeira Revolução Industrial, com o papel socialmente progressista que desempenharam nos "distritos industriais" da Europa após a Segunda

Guerra Mundial (Piore; Sabel, 1984) e com o papel inovador que desempenharam nos Estados Unidos na década de 1990. Na Índia, pequenas empresas antes da Segunda Guerra Mundial operavam "descaroçadoras e prensas de algodão, moinhos de arroz e de óleo, prensas de juta, processos de fabrico de açúcar por panela aberta e pequenas fábricas com teares manuais ou a vapor", mas elas "não iniciaram uma revolução industrial nem inauguraram novos métodos de produção ou novas indústrias" (Bagchi, 1972, p.442). No caso da tecelagem à mão, como vimos anteriormente, elas nem mesmo geraram melhorias técnicas incrementais suficientes para sobreviverem, exceto ao diminuírem os próprios níveis de retorno.

Em Xangai, na década de 1930, pequenas empresas competiam com base na flexibilidade e na capacidade de mudar seus processos e produtos rapidamente em resposta a alterações na demanda (como foi também o caso de empresas de pequena escala depois da Segunda Guerra Mundial em Taiwan, para onde muitas empresas de Xangai migraram). As empresas de Xangai

> esperavam ganhar dinheiro em um breve período de tempo; portanto, não queriam investir tanto capital em seus negócios. Quando ganhavam algum dinheiro, sentiam-se prontas para debandar a qualquer momento. Por isso preferiam o prédio das fábricas, o maquinário e a energia elétrica. Tudo o que reduzisse o custo da produção e tornasse desnecessário investir grandes somas de dinheiro é sempre bem-vindo para elas. (Lieu, 1936, p.103-4)

Embora as empresas de pequena escala na Xangai dos anos 1930 tenham minimizado custos e fossem "flexíveis", elas fizeram pouco para contribuir para a formação de habilidades.

Na América Latina, um estudo de 1946 notou que

> o traço mais notável das indústrias de manufatura e processo em toda a América Latina é o número bastante alto de estabelecimentos relativamente pequenos. Mesmo na Argentina e no Brasil o número médio de empregados em uma fábrica é de respectivamente apenas 16,0 (1944) e 16,2 (1942),

em comparação com 42,76 (1939) nos Estados Unidos. De acordo com um censo industrial de 1939 na Argentina, de 53.907 empresas, apenas 420 tinham folhas de pagamento com mais de 200 pessoas numa mesma fábrica. Além disso, "a maioria das pequenas fábricas latino-americanas é mal equipada. Elas carecem de métodos modernos e de baixo custo para a produção e distribuição. Procedimentos de fabrico obsoletos representam altos custos manufatureiros" (Hughlett, 1946, p.48).[4]

Sem tecnologia exclusiva, as empresas do "resto" nunca conseguiram crescer em pé de igualdade com empresas de países europeus menores, que, como os países do "resto", sofriam de baixa demanda interna. Algumas das maiores empresas do Atlântico Norte no século XIX emergiram nos menores países (Daems [1986] e Schroter [1997]). Elas fizeram isso inovando para entrar em mercados estrangeiros: "Indústrias especializadas com um alto conteúdo de mão-de-obra estavam se tornando um elemento importante no comércio mundial. Dessas especializações emergiram grandes fabricantes nos países pequenos — a Sulzer, a Brown Boveri e a Escher Wyss na Suíça, a de Laval na Suécia, a Burmeister na Dinamarca, a Carel na Bélgica e a Werkspoor e a Philips na Holanda" (Saul, 1982, p.125). Na Suíça, a Geigy (1864), a CIBA (1884), a Sandoz (1886) e a Hoffmann-La Roche (1894) inovaram com novos produtos nas áreas de tingidores de anilina e de fármacos, e com base nessas inovações estabeleceram empresas multinacionais (Fritzsche, 1996).[5]

A incapacidade do "resto" de gerar inovações mesmo que remotamente comparáveis significou que as importações inundaram seus mercados internos (como nos produtos têxteis) e as manufaturas permaneceram uma pequena parcela das exportações totais, apesar do rápido crescimento das manufaturas no comércio mundial. Em

---

4 Sobre a obsolescência e ineficiência na indústria de tecidos de algodão relativamente moderna da América Latina, ver Unecla (1951). Sobre a Argentina em geral, ver Diaz Alejandro (1970).

5 Sobre a Suécia, ver Capítulo 1.

1926 estimou-se que a parcela das manufaturas nas exportações totais era de até 43% no Japão e 37% nos Estados Unidos, mas de apenas 19% na Índia e 3% no México (ver a Tabela 4.1). Em 1928 estima-se que os produtos manufaturados representassem apenas 16,5% do total de exportações da China (Hsiao, 1974). Os produtos que figuravam proeminentemente nessa parcela "manufatureira", além disso, eram baseados em matérias-primas, incluindo couro cru, bolos de arroz, óleo de soja, óleo de amendoim, farinha de trigo, ferro-gusa, lingotes de estanho e cigarros. Apesar da proeminência da indústria de tecidos de algodão na China e na Índia, as exportações de tecidos de algodão como parcela das exportações totais era quase nula (ver Tabelas 4.2 e 4.3).[6] As exportações da América Latina de 1850 a pelo menos 1950 consistiram em grande maioria em produtos brutos ou com processamento primário (para a Argentina, ver Diaz Alejandro [1970]. O Brasil exportou algumas manufaturas de algodão durante a Segunda Guerra Mundial para países vizinhos, mas isso acabou com o fim da guerra (Wythe, 1955). Com isso, mesmo que as exportações de produtos primários da América Latina tenham "sugado" investimentos em manufaturas, como sugerem os historiadores revisionistas, elas não "sugaram" exportações *manufaturadas* (ver Cardenas et al. [2000] e Cortes Conde [1992]). Sem exportações, a escala necessária para construir empresas de classe mundial em países pequenos inexistia.

---

6 As exportações da Índia para a China, sua maior cliente, foram arruinadas pelo Japão, como observamos no Capítulo 2. As exportações indianas de fios, como parcela da produção total de fios na Índia, foram de 47,4% em 1899-99, 11,7% em 1918/19 e de apenas 3,1% em 1927/28 (Koh, 1966). Esse declínio espelhou o do Japão, cujas exportações de fios, como parcela da produção interna, caíram de 41% em 1893-97 para apenas 2,4% em 1928-32 (Shinohara, 1964). Isso ocorreu porque a oferta de fios produzidos internamente era consumida por fabricantes de tecidos nacionais, e não estrangeiros. Mas o coeficiente declinante de exportação de fios do Japão foi compensado por um grande aumento nas exportações de tecidos, ao passo que o declínio da Índia nas exportações de fios não foi compensado por coisa alguma; as exportações de tecidos indianos primeiro subiram e depois caíram em valor absoluto.

Investimento em três frentes

Tabela 4.1. As manufaturas como parcela (%) — Países selecionados, 1899-1959

Países	Anos	Parcela das manufaturas	Países	Anos	Parcela das manufaturas
México	1909-10	2	Japão	1899	22
	1926	1		1913	31
	1940	3		1929	43
	1945	n.d.		1955	64
	1950	7		1959	74
Índia	1899	8	Estados Unidos	1899	18
	1913	13		1913	21
	1929	19		1929	37
	1955	31		1955	48
	1959	34		1959	48

Fontes: Dados sobre o México adaptados de Reynolds (1970, p.205). Todos os demais dados adaptados de Maizels (1963, p.64).

Tabela 4.2. Composição das exportações da China, 1868-1928

Produto	1868	1898	1928
Algodão bruto	0,8	0,0	3,4
Seda bruta	36,8	28,0	15,7*
Chá	55,4	18,1	3,7
Manufaturas de algodão	0,0	0,0	3,8
Manufaturas de seda	3,0	6,7	2,7*
Subtotal	96,0%	52,8%	29,3%
Outros	4,0	47,2	70,7
Total	100%	100%	100%

Notas: Os dados sobre o comércio da China no período anterior à Primeira Guerra Mundial não são confiáveis (Murphey, 1977).
*A queda das exportações de seda bruta e manufaturada é estimada com base em Hsiao (1974).

Fonte: Adaptado de Latham (1978; 1981).

Tabela 4.3. Composição das exportações da Índia, 1870-1929

Produto	1870	1900	1924/25-1928/29
Algodão bruto	36,4	10,7	21,0
Juta bruta	4,3	8,6	9,1
Arroz	7,1	13,2	9,9
Trigo	0,2	3,8	1,3
Chá	2,0	7,4	8,7
Manufaturas de algodão	2,2	1,2	2,8
Manufaturas de juta	0,4	6,6	16,2
Subtotal	52,6%	51,5%	69,0%
Outros	47,4	48,5	31,0
Total	100%	100%	100%

Fonte: Adaptado de Latham (1979; 1981).

Os movimentos da taxa de câmbio no último quartel do século XIX eram muito favoráveis à exportação. Para países de padrão-prata (China, Chile, Índia, Japão, Coréia, Malásia, México e Tailândia), o preço da prata com relação ao ouro caiu quase ininterruptamente entre 1873 e 74, implicando uma desvalorização de aproximadamente 50% durante essas duas décadas (Nugent, 1973). Todavia, as exportações manufaturadas estagnaram, atravancando com isso o crescimento de empresas de grande escala.

Dada a demanda interna e externa, o escopo para empresas comerciais de grande escala é tanto maior quanto mais concentrado o mercado interno. Em 1907 as assim chamadas "Seis Grandes" empresas de fiação do Japão estavam entre as mais eficientes do mundo e as mais oligopolistas. Elas representavam 61% de todos os fusos, um nível de concentração maior do que nas indústrias de fiação em todo o "resto", que eram ainda assim bastante concentradas (Kuwahara, 1986 p.108).[7]

---

7 Em 1900 a concentração no Brasil e no México era mais alta do que nos Estados Unidos (que, evidentemente, era muito maior): as quatro proporções de concentração das empresass foram estimadas como de 0,22 no Brasil, 0,28 no México e apenas 0,7 nos Estados Unidos (Haber, 1991). A indústria têxtil brasileira em 1910 estava estruturada de tal modo que oito usinas representavam mais de um terço de todos os fusos, um pouco menos de um terço de todos os teares e cerca de um quinto da força de trabalho das usinas de algodão (Stein,

Mas ao passo que a alta concentração industrial, o grande porte das empresas e a eficiência convergiam na indústria têxtil do Japão, elas divergiam nas indústrias têxteis do "resto", como em outras indústrias. Após um movimento de fusão no México depois de 1900, altos índices de concentração mostraram-se endêmicos nas indústrias de cimento, cerveja, sabão e explosivos, mas o desempenho era abissal (Haber, 1989). A exceção que provava a regra (de que a alta concentração e o bom desempenho complementam um ao outro somente na presença de habilidades de ponta) era a indústria de vidro mexicana. Uma empresa, a Vidriera Monterrey, assegurou um monopólio nacional baseado em um processo original de sopragem automática de garrafas de vidro; a Vidriera Monterrey converteu-se em um dos grupos comerciais mais dinâmicos do México, a Vitro S/A, mantendo a reputação de excelência até os anos 1990 (ver Capítulo 8).

Com isso, na ausência da formação de seda, as empresas no "resto" permaneceram pequenas, e, sem um aumento em seu porte, os investimentos em seda permaneceram desprezíveis.[8] A fábrica média na Argentina, o país do "resto" com a mais alta renda *per capita*, era menor em 1946 do que em 1941. A Segunda Guerra Mundial "estimulou sobretudo a proliferação de muitas empresas de pequena escala, mal capitalizadas e tecnologicamente atrasadas" (Lewis, 1990, p.39). Nas décadas de 1920 e 1930, quando a produção industrial se expandia no Brasil, tanto a concentração industrial como o porte médio das empresas tenderam a *declinar* (Dean, 1969). Os dados indianos sobre

---

1957). Na China, em 1930, de 127 usinas, 61 eram possuídas por 14 empresas (Chao, 1975). No final da Segunda Guerra Mundial na Índia, as 14 maiores empresas possuíam em conjunto um quinto dos ativos totais, e as 6 maiores controlavam cerca de um sexto (Mehta, 1953, p.184).

8 Em parte, o porte das empresass divergiu entre os países, graças a diferentes respostas a falências e fusões. A maioria das usinas de algodão extintas de propriedade indiana ou chinesa serviu de base para novas empresas, e não para fusões ou aquisições. Com isso, as usinas tendiam a ser pequenas pelo padrões japoneses, em que as dissoluções representavam muitas vezes uma fusão ou aquisição e, com isso, davam origem a empresas com múltiplas unidades. De um total de cinqüenta e sete usinas de propriedade chinesa em 1929, apenas oito tinham múltiplas unidades, como estimado com base em Pearse (1929, p.154-5).

o porte médio das empresas não mostraram nenhum aumento nas fiações ao longo do tempo, apesar das crescentes economias de escala das fiações na linha de frente mundial (Kuwahara, 1986). O número de fusos por fábrica era de 24,3 em 1879-80 e 25,1 em 1943-44. Os teares por fábrica aumentaram de apenas 2,3 para 5 (Chand, 1949).

As empresas no "resto" não conseguiram nem mesmo manter a paridade em porte com as empresas do Atlântico Norte. Usando o número médio de trabalhadores por fábrica em Xangai como medida aproximada do porte das empresas pela indústria (ver Tabela 3.6), fica claro que a fiação de algodão teve a maior concentração entre as empresas de grande escala, seguida pela tecelagem de algodão e, a maior distância, pelos cigarros e fósforos. Todavia, quando comparamos o porte das principais empresas têxteis no "resto" e no Atlântico Norte, os negócios do "resto" são minúsculos. As Tabelas 4.4a e 4.4b examinam a primeira, a segunda e a décima maiores fábricas de fiação de algodão em diferentes países por volta da virada do século e no fim da década de 1920. É bem verdade que com o tempo o porte das empresas aumentou tanto no Brasil como na Índia (os dois países com dados intertemporais). Mas o porte das empresas era consideravelmente menor no Brasil, na Índia e no México do que nos Estados Unidos e no Japão, e com o tempo a diferença entre os dois conjuntos de países tendeu a aumentar.

Frente um (continuação): investimento em capital

Uma cultura global de "modernismo" tomou conta das principais empresas do "resto" nos cinqüenta anos entre 1890 e 1939, que coincidiram com a Segunda Revolução Industrial no Atlântico Norte. Essa cultura enfatizava a formação de capital, a tecnologia moderna e as técnicas administrativas mais recentes.

O etos modernista dos tempos era evidente na Companhia de Cigarros Nanyang, da China, que emergiu por volta da virada do século e sobreviveu à guerra, à revolução e à reforma para se manter como um dos grandes fabricantes de cigarros na China na década de 1990, como se observou anteriormente. A Nanyang foi extremamente precoce em sua criação de uma elite administrativa. Chien Chao-nan, um dos dois irmãos que possuíam a Nanyang, convenceu os membros da família nos anos 1910 de que para concorrer com a British American Tobacco eles teriam de ficar mais parecidos com ela e contratar gerentes assalariados treinados, um desvio radical das práticas antigas. Antes, pessoas de fora já tinham se sentado no conselho de diretores da Nanyang, mas somente após uma longa rixa familiar haviam sido nomeadas para altos cargos de supervisão. De maneiras muito tangíveis e transparentes, "eles contribuíram diretamente para o sucesso comercial de Nanyang durante a era dourada após a Segunda Guerra Mundial por suas inovações nas finanças, nas manufaturas, no marketing e nas compras" (Cochran, 1980, p.151).

Tabela 4.4a. Maiores empresas de fiação de algodão por país, *circa* 1897

País	Empresas*	Fusos (milhares)
Estados Unidos (1987)	1. Knight	388,9
	2. Amoskeag	290,0
	10. Boot	153,0
Japão (1897)	1. Kanegafuchi	81,8
	2. MIE	56,8
	3. Naniwa	26,0
Índia (1897)	1. Maneckji Petit	131,1
	2. J. Sassoon	90,1
	10. Swadeshi	50,8
México (1909)	1. Cidosa	70,7
	2. Manufactura	47,9
	5. Antonio Abad	25,9
Brasil (1909)	1. Alliança	56,4
	2. Confianza	42,8
	10. Pernam.	31,0

* 1º, 2º e 10º maiores geralmente fornecidos.

Fontes: Para Estados Unidos, Japão e Índia: Yonekawa (1982); para o México e o Brasil (1909), Clark (1909).

A Nanyang foi também uma das primeiras companhias chinesas a introduzir princípios de administração científica. Ela confiou a tarefa de melhorar seu sistema manufatureiro a um jovem chinês que estudara administração de empresas no Massachusetts Institute of Technology no fim da década de 1910.

A abordagem à administração de empresas que mais impressionou os graduandos chineses do M.I.T. foi a do perito americano em eficiência Frederick Winslow Taylor, cujo clássico livro *Os princípios da administração científica* estava disponível para eles em chinês (Cochran, 1980, p.153).[9]

Tabela 4.4b. Maiores empresas de fiação de algodão por país, *circa* 1928

País	Empresas*	Fusos (milhares)
Estados Unidos (1928)	1. Amoskeag	790
	2. Lockwood Green	571
	10. BBR & Knight	237,4
Japão (1928)	1. Dainippon	896,7
	2. Toyo	859,9
	3. Wakayama	138,8
Índia (1928)	1. Madura	335,6
	2. United Sassoon	245,2
	10. Shopurgi Bro.	97,3
China (1929)	1. Shenxin	310,5
	2. Yong'an	213,2
	7. Jinhua	33,6
	10. n.d.	
Brasil (1919)	1. Amér. Fabril	85,3
	2. Matarazzo	60,0
	10. Belge-Bres.	23,9

* 1º, 2º e 10º maiores geralmente fornecidos.

Fontes: Para Estados Unidos, Japão e Índia: Yonekawa (1982); para o Brasil (1919): Pearse (1921); para a China: Lu (1993).

---

9 Uma abordagem "científica" às relações trabalhistas também ficou evidente nas melhores empresas nacionais da Índia. No caso da usina siderúrgica Tata em Jamshedpur, "para levar adiante o Trabalho de Bem-Estar Social segundo linhas científicas modernas, um comitê de sociólogos distintos", incluindo os sindicalistas do comércio Beatrice e Sidney Webb, foram convidados a traçar um esquema "para um trabalho científico de bem-estar, a ser desenvolvido em Jamshedpur" (Fraser, 1919, p.95).

A fé na tecnologia moderna é ilustrada por um caso na Nanyang em 1916, quando sua expansão gerou problemas financeiros e discórdia entre seus dois proprietários. Chien Chao-nan encomendara doze novas máquinas americanas de fabricação de cigarros. Seu irmão temia a insolvência e cancelou o pedido. Conta-se que Chien, furioso, argumentava angustiado: "O que vamos fazer? O que vamos fazer? Quem atua no negócio de manufaturas precisa enxergar longe e não pode ser mesquinho assim por causa de quantias insignificantes de dinheiro" (Cochran, 1980, p.79-80).

Os pioneiros da indústria das usinas de algodão de Bombaim supostamente "começaram com o mais seleto maquinário de fabricação britânica" (Rutnagur, 1927, p.49). Jamshedji Tata introduziu o filatório a anel na década de 1880, por volta da mesma época em que o processo era introduzido em Manchester (Agarwala, 1986). Uma delegação prestigiosa enviada ao Brasil em 1921 comentou: "Visitamos, durante nossa viagem, um grande número de usinas de algodão e ficamos muito impressionados com a arquitetura moderna das usinas (e) com o maquinário de primeira classe" (Pearse, 1921, p.29). O veloz filatório a anel foi desenvolvido no início do século XIX e tornara-se amplamente usado na Nova Inglaterra em 1868. Supostamente "o filatório a anel conquistou em seguida a indústria da Ásia, a do Japão durante 1889 e a da Índia durante a década de 1900. A nova indústria fabril da China estabelecida em 1890 baseava-se exclusivamente no filatório a anel, como as indústrias contemporâneas do Brasil e do México" (Farnie, 1991, p.154).

Não obstante o etos do modernismo, além do fracasso em investir nas capacidades tecnológicas necessárias para gerar a demanda de que dependiam as empresas de grande escala, o "resto" na verdade tardou a fazer os investimentos necessários para modernizar seus bens de capital. A formação bruta de capital fixo era extremamente baixa no "resto", pelo menos nos pouquíssimo países para os quais há dados (de confiabilidade questionável) disponíveis. Ela era de apenas metade ou um quarto do que era no Atlântico Norte e no Japão, o que sugere que a formação de ativos era extremamente baixa. Como indicado na Tabela 4.5, no período 1870-89 o investimento interno fixo bruto (IIFB) como fração do PIB era de aproximadamente 13% na França e no Japão, mas de apenas 5% na Índia.[10] Entre 1980 e 1913 ele ainda era de cerca de 14% na França e no Japão e de cerca de 5% na Índia e na Coréia. Em 1914-38 subira para em torno de 16% na França e no Japão e 7% na Índia e na Coréia.[11] A parcela do "resto" e a parcela do Atlântico Norte de investimento fixo bruto no PIB permaneceram mais ou menos em proporção constante entre si; a convergência foi nula, presumindo-se que os dados sejam exatos.

Tabela 4.5. Investimento de capital fixo bruto (% do PIB) — Países selecionados, 1870-1938

País	1870-89	1890-1913	1914-38
França	12,8	13,9	16,1[a]
Alemanha	n.d.	n.d.	12,9[b]
Reino Unido	8,4	8,5	7,8
Estados Unidos	6,3	15,9	14,2
Japão	12,6[c]	14,4	16,2
Índia	4,5	5,6	7,0
Coréia	n.d.	4,9[d]	7,0
Taiwan	n.d.	8,7[e]	15,6

Notas: Preços atuais de mercado.
[a] 1922-1938
[b] 1925-1938
[c] 1885-1889
[d] 1911-1913
[e] 1903-1913

Fonte: Adaptado de Maddison (1991, p.9).

---

10 De acordo com Goldsmith (1983), no período 1860-1913, a formação de capital líquido da Índia como parcela do PIB variou de 2 para 4%. Entre 1898 e 1938, a economia pública bruta foi de menos de 2% do PIB.

11 É provável que a parcela de investimentos da Coréia e de Taiwan em 1914-38 tenha sido inusitadamente alta, dado o fortalecimento militar do Japão nesse período.

Tampouco a intensidade do capital, mensurada no nível da indústria, parece ter acompanhado aquela do Atlântico Norte. Há dados disponíveis para a fiação de algodão usando fusos por trabalhador como substitutos da intensidade do capital (ver Tabela 4.6). Essa proporção aumentou acentuadamente no Japão entre 1929 e 1938, em razão de a mão-de-obra ter ficado mais cara conforme os salários subiram e o trabalho noturno ter sido ilegalizado para mulheres e crianças (a principal fonte de mão-de-obra nas usinas de algodão do Japão). Em contraste, os fusos por trabalhador permaneceram mais ou menos constantes de 1900 a 1938 no Brasil, na Índia e no México, o que sugere que o "resto" não estava investindo em equipamentos mais avançados comparáveis com os do Japão. Em termos do número absoluto de fusos por trabalhador, a proporção era praticamente a mesma no Brasil, no México e na Índia. Todavia, Brasil e México tinham salários mais altos do que a Índia, por isso, se quisessem concorrer com a Índia nos mercados mundiais, precisariam de uma proporção maior (em nível de produtividade). De sua parte, as usinas indianas foram mais lentas em introduzir a tecnologia de filatórios a anel do que o Japão, seu grande concorrente. Estimou-se que a porcentagem de fusos a anel no total de fusos em 1913 era de 97,7 no Japão, 86,9 nos Estados Unidos, 72,5 na Índia e 18,7% na Inglaterra (a professora da Índia) (Takamura, 1982).[12]

Houve numerosas razões por trás da lenta introdução de maquinário no "resto", não sendo das menores os salários estagnados. Determinar a movimentação dos salários durante os séculos XIX e XX na maioria dos países é um exercício de adivinhação empírica, especialmente em se considerando que eles variavam muito por indústria, região, sexo, idade e mesmo fábrica. Todavia, se houve escassez de mão-de-obra (como claramente houve no início da construção de ferrovias no Brasil [Mattoon, 1977], no México [Ficker, 1995] e na Índia [Kerr, 1995]), então ela desapareceu na virada do século, ou antes, em países com fontes pré-moderna ou emigradas de experiência

---

12 Ver também Saxonhouse; Wright (1984).

manufatureira. À escassez de mão-de-obra seguiu-se um suprimento "ilimitado" de mão-de-obra, salvo em locais isolados (Lewis 1954).[13] Em indústrias competitivas, portanto, dada a abundância de mão-de-obra, o movimento dos salários médios em torno de uma *tendência plana ou descendente* dependeu em grande medida de flutuações na demanda, produtividade, organização da mão-de-obra e relações trabalhistas. Na Argentina, no Brasil e no México, o paternalismo era a suposta resposta para a inquietação trabalhista. Na Índia e na China, a maioria das grandes empresas terceirizou a gestão da mão-de-obra para "empreiteiros" ou "chefes" externos.[14]

Estimou-se que na indústria têxtil mexicana, "por volta do fim do porfiriato (1910), o trabalhador médio tinha menos poder aquisitivo do que em 1877" (Keremitsis, 1987, p.188, e Gómez-Galvarriato, 2000). Na Argentina, houve uma irrupção contínua de greves entre

---

13 A mais extensiva pesquisa sobre a oferta de mão-de-obra está relacionada à Índia. Ver Morris (1965) e Chandavarkar (1994).

14 O sistema dos contratos de mão-de-obra na China e o sistema de empreiteiros da Índia eram similares. Nos primeiros dias dos empregos em fábricas, quando a mão-de-obra era escassa, desqualificada e não habituada ao estilo das fábricas, empreiteiros da mesma classe social e aldeia que os trabalhadores recrutavam estes últimos e lhes ensinavam as habilidades básicas. Os empreiteiros também eram responsáveis pela disciplina dos operários (Chandavarkar, 1994). Conforme a mão-de-obra se tornou abundante e os requisitos de habilidades aumentaram, a falta de uma reforma substancial no sistema de empreiteiros "tornou-se um dos muitos grandes fracassos da administração industrial na Índia", embora as relações trabalhistas variassem por região, sendo melhores em Ahmedabad do que em Bombaim. O excesso da oferta sobre a demanda de mão-de-obra gerou uma força de trabalho inadequadamente treinada e um convite aberto à politicagem e à corrupção, já que os trabalhadores eram obrigados a subornar o empreiteiro em troca do emprego. O efeito foi o de solapar "os elementos vitais da administração interna honesta" (Mehta, 1953, p.68-9). Na China, as empresass subcontratadas "obtinham a mais barata mão-de-obra possível", preferivelmente o trabalho infantil, já que recebiam uma quantidade fixa como paga por fardo de algodão produzido. O sistema de subcontratação estava quase morto na China em 1929, embora o trabalho infantil persistisse (Pearse, 1929, p.171). O sistema de empreiteiros na Índia continuou em vigor até depois da Segunda Guerra Mundial. Na China, na década de 1930 a maioria das usinas de algodão e de farinha tinha mudado para um "sistema de supervisores" diretamente sob o controle da administração (Lieu, 1928).

1907 e 1929, e durante esse período estima-se que os salários reais dos grevistas caíram a princípio e depois subiram, atingindo em 1930 um nível apenas ligeiramente superior ao de vinte anos antes (Dorfman, 1970, p.269). Os salários na indústria têxtil de Bombaim até 1914 eram "notavelmente estáveis" e não subiram senão lentamente, se tanto (dependendo da classificação dos empregos) (Mehta, 1953). Entre 1926 e 1937, os salários caíram vertiginosamente, dependendo da profissão. Similarmente, nas usinas de juta de Calcutá, os salários médios (em rúpias) por mês entre 1900 e 1939 aumentaram de apenas 12,0 para 19,6. Os salários reais nas usinas de algodão de Xangai no período de 1910 a 1930 também estiveram estáveis ou em declínio. Somente na década de 1930, entre greves maciças e mobilização política, eles aumentaram. O mesmo padrão de salários reais estagnados tende a caracterizar a indústria de mineração e carvão na China (Rawski, 1989),[15] enquanto o índice de salário real de Pequim (1913 = 100) mostrou um ligeiro declínio para os agricultores (de 114 em 1900 para 112 em 1925) e um declínio acentuado para os mineiros (130 em 1900 e 108 em 1925) (Lieu, 1928).

Salários estagnados ou em declínio levavam a inquietação, greves e baixa produtividade.[16] Ao mesmo tempo, eles constituíam um desestímulo para que as empresas investissem em maquinário.

Depois das Guerras Napoleônicas, salários baixos pelos padrões ingleses no continente europeu também impediram investimentos (Landes, 1969), mas um setor de maquinário inovador abaixou radicalmente o custo das máquinas e com isso a resistência à formação de

---

15 A partir de 1929, estima-se que os salários tenham aumentado em 80-100% em Xangai com relação ao decênio anterior (King; Lieu, 1929). Os salários no Império Otomano mostraram uma tendência ascendente de longo prazo no período 1839-1913. Os salários em moeda saltaram 20% na esteira da Revolução dos Jovens Turcos de 1908, quando os sindicatos foram brevemente legalizados, greves irromperam e a mão-de-obra ficou escassa por causa do aumento da emigração (Boratav et al., 1985).

16 Nos nove anos entre 1918 e 1926, estima-se que houve 1.232 greves na China, 44% na indústria têxtil, o que representava aproximadamente 43% da produção industrial (King; Lieu, 1929; Chang, 1967).

Tabela 4.6. Investimentos na manufatura de algodão, comparação internacional, 1900, 1913, 1929, 1938

País		1900	1913	1929	1938
Japão	Usinas	80	152	245	272
	Fusos	1.268	2.415	6.347	12.550
	Operários	56	108	160	151
	Fusos/operário	23	22	40	83
Brasil	Usinas	110	240	395	355
	Fusos	735	1.513	2.651	2.696
	Operários	39	82	124	116
	Fusos/operário	19	18	21	23
China (total)	Usinas	12	31	120	n.d.
	Fusos	417	1009	3.638	4.300
	Operários	n.d.	n.d.	242	n.d.
	Fusos/operário	n.d.	n.d.	15	n.d.
Apenas chineses	Usinas	7	22	74	n.d.
	Fusos	259	544	2.088	n.d.
	Operários	n.d.	n.d.	155	n.d.
	Fusos/operário	n.d.	n.d.	13	n.d.
Índia	Usinas	192	271	339	380
	Fusos	5.118[1]	6.780[1]	9.506	10.020
	Operários	185	260	403	438
	Fusos/operário	28	26	24	23
México	Usinas	134	118	145	137
	Fusos	589	753	839	832
	Operários	28	33	40	34
	Fusos/operário	21	23	21	25

Notas: Fusos e operários em milhares. Os dados dos fusos não são estritamente comparáveis porque em alguns países podem se referir a fusos ativos, enquanto para outros podem se referir ao total de fusos. Geralmente, os dados sobre a China estão sujeitos a uma margem de erro maior. O total chinês inclui usinas de propriedade chinesa, usinas de propriedade japonesa e usinas possuídas por outras nacionalidades, sobretudo britânicos. Os dados nem sempre se referem ao ano especificado, mas são os mais próximos disponíveis.
1. Somente Bombaim.

Fontes: Estados Unidos: Woytinsky; Woytinsky (1953, p. 1072). Japão, 1900: Clark (1914, p.40); 1913-28: Moser (1930, p.50-1); 1938: Woytinsky; Woytinsky (1953, p.1067). Brasil: Stein, (1938; 1957), Woytinsky; Woytinsky (1953, p.1067). China, 1900-1928: Moser (1930, p.87-8; 1938), Woytinsky; Woytinsky (1953, p.1067). Índia, 1900-1913: Chandavarkar (1994, p.250; 1929-38), Koh (1966, #251, p.369). México: Haber (1989).

capital. No "resto", os construtores de maquinário moderno também reduziram os custos de capital, embora por um método diferente. Em vez de desenvolver novos modelos, eles engenhosamente *copiavam* projetos estrangeiros. As cópias eram de qualidade inferior à dos produtos estrangeiros, graças à matéria-prima inferior, mas era vendida a uma fração dos preços estrangeiros.[17] O maquinário barato encontrou seus melhores mercados no setor informal e nas oficinas de reparo e manutenção de empresas de grande escala. O maquinário barato também aparecia no mercado na forma de equipamento de segunda mão de empresas falidas. No fim da década de 1930, a indústria de fabricação de maquinário na China tinha avançado a ponto de uma das principais empresas ter penetrado os mercados de exportação (Rawski, 1975).[18]

Apesar disso, os principais equipamentos das modernas empresas comerciais continuavam a ser importados, como é ilustrado pelas ferrovias, e tendiam a ser mais caros do que nos países de origem, contribuindo ainda mais para ritmos de investimento morosos no "resto". As dificuldades financeiras de importar maquinário durante a Grande Depressão,[19] e as dificuldades geopolíticas de importá-lo durante as duas guerras mundiais, agravaram a obsolescência do estoque de capital do "resto". Ao término da Segunda Guerra Mundial, não apenas a tecnologia e as habilidades, como também a idade dos bens de capital, estavam muito atrás da linha de frente mundial.

---

17 Sobre o Brasil, ver Leff (1968). Na China, "imitações de teares estrangeiros, máquinas para artigos de armarinho, máquinas de solda, motores elétricos e a gasolina e máquinas de cigarros eram vendidas por uma fração do preço exigido pelos originais importados" (Rawski, 1980, p.6-15).

18 O diretor de uma das maiores usinas de algodão na Índia afirmou em 1939 que havia um "campo enorme" para o fabrico de maquinário têxtil na Índia. As indústrias existentes de aço e arame podiam produzir todos os liços de arame necessários para as usinas de algodão indianas. "Para mim é pessoalmente muito incômodo ver a maioria dos melhores equipamentos de estiragem fabricados na China sendo entregues na Índia" (Chandakarvar, 1994, p.242).

19 Sobre os efeitos complexos da Depressão da década de 1930 no "resto", ver Diaz Alejandro (1984) e Latham (1981). Sobre a China, ver Rawski (1989). Sobre a Índia, ver Thomas (1935). Sobre a América Latina, ver Chu (1972), Ground (1988) e Cardenas et al. (2000).

Frente dois: a administração moderna e as ferrovias

As ferrovias estiveram entre os primeiros grandes negócios e, a partir da segunda metade do século XIX, surgiram tanto no Atlântico Norte como no "resto" (ver Tabela 4.7). Potencialmente, eram incubadoras para o capital e para os sistemas modernos de administração necessários para a diversificação em novas indústrias. Esse potencial, embora cumprido pela maior parte do Atlântico Norte, foi em grande medida (embora não inteiramente) desperdiçado no "resto".

Onde ferrovias eram construídas, elas tipicamente constituíam a mais importante atividade econômica na época, em termos de formação de capital e emprego. As exportações britânicas de capital entre 1865 e 1914 eram em média de 90,4 milhões de libras por ano no setor de transportes, comparado com apenas 12.300 libras na agricultura e nas indústrias extrativistas, seu segundo uso mais importante (Davis; Huttenback, 1986).[20] As ferrovias foram a primeira empresa comercial moderna porque

> o capital necessário para construir uma ferrovia estava muito acima do necessário para comprar uma plantação, uma usina têxtil ou mesmo uma frota de navios. Portanto, um empresário, uma família ou um pequeno grupo de associados raramente conseguia possuir sozinho uma ferrovia. Tampouco os muitos cotistas ou seus representantes a administravam. As tarefas administrativas eram por demais numerosas, variadas e complexas. Elas requeriam habilidades e treinamento especiais, que só podiam ser possuídos por um gerente assalariado em tempo integral. (Chandler Jr. 1977, p.87)

As ferrovias foram também parteiras de outros negócios, graças a elos retroativos. Os emuladores da Grã-Bretanha no Atlântico Norte começaram a produzir internamente os insumos que a Grã-Bretanha anteriormente lhes fornecera: locomotivas, ferro fundido por coque, trilhos (ferro pudlado e laminado) e posteriormente aço, todos em unidades

---

20 Na Argentina, por exemplo, na época da Segunda Guerra Mundial, as ferrovias representaram cerca de 40% das ações do investimento estrangeiro direto, com outros 20% sendo representados por outros serviços de utilidade pública (Lewis, 1990).

comerciais de grande escala. Além disso, as inovações administrativas dentro do sistema ferroviário eram um modelo a ser replicado por outras indústrias, especialmente nos Estados Unidos:

> Como as primeiras empresas comerciais modernas, as ferrovias se tornaram o modelo administrativo para empresas comparáveis quando estas surgiam em outras formas de transporte, bem como na produção e distribuição de bens. As ferrovias eram altamente visíveis; os homens de negócio norte-americanos podiam ver facilmente como elas operavam. ... todo homem de negócio que produzisse ou distribuísse bens em volume tinha de trabalhar de perto com gerentes ferroviários. (Chandler Jr. 1977, p.188)

Com isso, mesmo que o porte médio das empresas no "resto" fosse relativamente pequeno, a mania ferroviária que tomou a Argentina, o Brasil, o Chile, a China, a Índia e o México gerou o potencial de desenvolver grandes negócios e, em seguida, administradores assalariados com perícia profissional. A transferência tecnológica no caso das ferrovias era relativamente transparente e competitiva.

Tabela 4.7. Ferrovias (quilômetros de trilhos), 1870-1950

Quilômetros por país	1870	1913	1950
Reino Unido	21.500	32.600	31.350
Estados Unidos	85.200	402.000	360.150
Alemanha	18.900	63.400	36.900
França	15.500	40.800	41.300
Japão	0	10.600	27.400
Argentina	730	33.500	42.900
Brasil	750	24.600	36.700
Chile	700	8.100	8.500
China	0	9.850	22.200
Índia	7.700	55.800	54.800
Indonésia	80	5.000	6.600
México	350	20.500	23.300
Tailândia	0	950	1.800
Turquia	200	5.450	7.700

Fonte: Adaptado de Maddison (1995).

A transição de empresas possuídas e administradas por famílias para sociedades por ações com gerentes assalariados foi lenta até mesmo na Europa; ela só apareceu no final do século XIX (Kobayashi; Morikawa, 1986; e Church, 1994). O "resto", contudo, sofreu demora não apenas nessa transição. Ele também deixou de explorar outros benefícios derivados da construção de ferrovias, em conseqüência de sua escassez de habilidades. Com isso, os recursos administrativos surgiram muito mais tarde no "resto" do que na Europa ou mesmo no Japão, embora a construção de ferrovias no Japão tenha começado relativamente tarde (ver Tabela 4.7). O modernismo da Companhia de Cigarros Nanyang citado anteriormente foi a exceção à regra geral.

Por um lado, os elos retroativos entre as ferrovias e a indústria pesada nunca se materializaram no mesmo ritmo que nos retardatários europeus — a Alemanha, por exemplo. Numa questão de dez ou vinte anos e com o auxílio das tarifas, a Alemanha conseguira substituir as importações de quase todas as locomotivas e trilhos de ferro usados nas ferrovias prussianas (Fremdling, 1983). Na China, em contraste, a única tentativa parcialmente bem-sucedida de dar realidade ao *slogan* de que as ferrovias deveriam ser construídas "sem tomar emprestado fundos estrangeiros e sem usar ferro estrangeiro" foi um trilho de 19 milhas construído em 1894 até uma mina de ferro" (Huenemann, 1984, p.46). Na década de 1930, todas as 139 novas locomotivas da China ainda foram compradas fora (Chang, 1943). Embora a experiência da China com ferrovias enfrentasse mais problemas de atraso e imperialismo do que a de outros retardatários, a substituição das importações na Índia, Argentina, no Brasil e México mal progredira tampouco.[21] No Brasil, engenheiros de São Paulo experimentaram produtos da mina de ferro e da fundição da província, mas descobriram que sua qualidade era inferior à da Grã-Bretanha. Quando o aço substituiu o ferro como o principal material dos trilhos, o Brasil não teve como concorrer internacionalmente (como examinado a seguir). Na década de 1860

---

21 Sobre a Índia, ver Kerr (1995); sobre o México, ver Ficker (1995); sobre o México e o Brasil, ver Summerhill, 1997.

as primeiras máquinas a vapor foram enviadas para o Brasil da Inglaterra; nos anos 1920 o Brasil ainda estava importando locomotivas da General Electric, embora houvesse alguma montagem de locomotivas tanto no Brasil como no Chile (para o Chile, ver o Capítulo 3). Ainda em *1968* o Brasil importava locomotivas e estava apenas estabelecendo as políticas para substituir suas importações (Mattoon, 1977).

O fato de que as finanças para ferrovias sempre viessem de ultramar (a possibilidade de autofinanciamento será examinada mais adiante) significava tipicamente que estrangeiros também nomeavam os gerentes de topo, que por sua vez tomavam decisões quanto a quem contratar e onde adquirir materiais. Não obstante, embora o Japão Meiji também emprestasse de fora para construir suas primeiras ferrovias, ele também dissociou as finanças da tecnologia (como seus discípulos fariam após a Segunda Guerra Mundial), tomando capital emprestado de um banco e comprando tecnologia de uma fonte independente, o que deu ao governo japonês mais controle sobre a substituição de importações e a localização de gerentes de topo (Ramseyer; Rosenbluth, 1995). Em contraste, ao passo que a "mexicanização" da maior parte da força de trabalho na mais importante ferrovia do México estivesse quase completa em 1914, os altos funcionários permaneciam estrangeiros (Ficker, 1995). Nas ferrovias da Índia, europeus e indianos só interagiam, por volta de 1900, naquele ponto da hierarquia administrativa em que os empreiteiros eram responsáveis por supervisionar a mão-de-obra (Kerr, 1995).

Apesar de tudo isso, o aprendizado de técnicas de produção e também de capacidades de execução de projetos em função da construção de ferrovias foi considerável. Inspetores gerais estrangeiros em linhas ferroviárias menores começaram a ser substituídos por brasileiros na virada do século, auxiliados pelo estabelecimento de um colégio de engenharia civil, como observado anteriormente, e de clubes de engenharia (Mattoon, 1977). Na China, a Estrada de Ferro Hsinning, na província sulista de Kwangtung, foi organizada por volta de 1914 por um sino-americano e foi financiada, construída e operada inteiramente por chineses (Hsu, 1915, reimpressão em 1968).

Mais que isso, as habilidades adquiridas pelos reguladores do governo eram consideráveis, dependendo do país. A Companhia das Índias Orientais e posteriormente o Raj tentaram monitorar a construção e a operação de todas as grandes ferrovias, e "o governo da Índia exercia extensivamente seus direitos de supervisão e direção". Uma grande forma de supervisão era

> o acesso a praticamente todas as contas, procedimentos, minutas, papéis etc., da Empresa Ferroviária, e a nomeação, *ex officio*, de um membro do Conselho da Empresa Ferroviária com "direito de veto em todos os procedimentos nos Conselhos dos ditos Diretores". (Kerr, 1995, p.19)

Precisamente o mesmo mecanismo, a nomeação de um representante do governo no conselho de diretores da empresa, foi adotado após a Segunda Guerra Mundial pelo governo indiano para monitorar os empréstimos do banco de desenvolvimento (ver Capítulo 6).

Não obstante, até o período entre guerras havia uma grosseira ignorância sobre princípios administrativos fundamentais até mesmo nas grandes ferrovias de alguns países retardatários, e a regulação central era fraca. De acordo com o ministro das ferrovias chinês em 1935-37, a China carecia de um sistema centralizado e preciso de contabilidade, bem como de procedimentos racionais para a administração de estoques e materiais (Chang, 1943). Além disso, a propriedade e o controle estrangeiros das ferrovias introduziam um grande "risco moral" em todo o ambiente de negócios. Trapaças, fraudes e corrupção abundavam em todos os grandes projetos ferroviários, estimuladas pela "*garantia*" — de que os investidores estrangeiros receberiam uma faixa de juros predeterminada (que no "resto" ia de 5 a 7%) sobre o capital investido, sem embargo da real lucratividade. "'Toda a história das ferrovias indianas', afirmou um funcionário do Estado diante do Comitê Seleto de 1884, 'foi uma longa e malsucedida tentativa de construí-las sem garantia'" (Macpherson, 1955-66, p.185). As garantias foram a regra em quase todos os países fora dos Estados Unidos (Davis; Huttenback, 1982, p.344, n. 35), mas causaram os maiores estragos nos casos em que os custos eram monitorados com menos facilidade, como no "resto", onde praticamente todos os insumos provinham de fora.[22] Assim, não apenas o *boom* ferroviário no "resto" falhou sobremaneira em gerar um corpo de gerentes assalariados locais bem treinados, como também ofereceu um sem-número de maus exemplos de acordos comerciais fraudulentos.

A ascensão dos gerentes assalariados no "resto" aguardava a emergência de empresas estrangeiras e grupos comerciais diversificados. Estes últimos superaram os problemas da pequena escala em um único setor diversificando-se em muitas indústrias diferentes, e criando com isso uma alta demanda geral por perícia administrativa (ver Capítulo 8). O sistema de "agências administrativas" da Índia foi uma premonição disso, mas em sua primeira constituição ele não teve bom desempenho (como examinado em uma seção posterior). Foi o Japão, em contrapartida, que liderou o caminho, já que o *zaibatsu* preservava *a propriedade familiar,* mas adotava o *controle profissional* (ver Capítulo 8) (Morikawa, 1986; e Morikawa, 1992). Somente após a Segunda Guerra Mundial os países do "resto" reuniram recursos administrativos suficientes nos negócios *e* no governo, na forma de habilidades de execução de projetos para assegurar que grandes investimentos na indústria pesada, que, a exemplo das ferrovias, usava tecnologia e capital estrangeiros, maximizassem os elos retroativos internos e minimizassem os custos em moeda estrangeira.

Frente três: distribuição

Os custos de distribuição eram decisivos para a competitividade, especialmente em certas indústrias de bens de consumo. A Nanyang, a fábrica de cigarros da China, estava em persistente desvantagem em

---

22 Sobre o superfaturamento e a corrupção nas ferrovias, ver Wright (1974); sobre a Argentina, Huenemann (1984); sobre a China, Pletcher (1972); e Ficker (1995) sobre o México.

comparação com a British American Tobacco, pois não tinha como corresponder a seus imensos gastos publicitários (Cochran, 1980). Na indústria chinesa de chá, atrair o bebedor de chá britânico das marcas de chá indianas de propriedade britânica estava igualmente além dos recursos dos produtores chineses (Rawski, 1989).

Na América Latina, era típico que até mesmo as maiores fábricas vendessem sua produção a importadores, que então vendiam tal produção a distribuidores atacadistas. As empresas têxteis sofriam por estarem nas mãos de corretores de algodão por um lado e atacadistas por outro. Com isso, alguns diretores de vendas brasileiros de usinas menores introduziram inovações organizacionais para moderar essa sujeição, como procedimentos diversos de manuseio e embalagem. Alguns abriram suas próprias lojas de varejo para vendas diretas.

> Que as grandes usinas do Rio e de São Paulo não tenham seguido a trilha das usinas menores do interior pode ter sido causado pela estreita integração das grandes casas de comércio de roupas com algumas das usinas. Em alguns casos, os mercadores de roupas eram também diretores das usinas de algodão; em outros, eles supervisionavam de perto a administração ocupando cargos nos principais comitês de auditoria, que, por seu turno, supervisionavam os diretores administrativos; em outros casos ainda, usinas e mercadores entremeavam suas ações, já que anos de vendas por meio de uma única casa atacadista bastavam para estabelecer uma ligação efetiva. (Sten, 1957, p.122)

No México, o elo entre o fabrico e a distribuição era tão estreito que mesmo após a Segunda Guerra Mundial todas as grandes lojas de departamentos e de produtos secos na Cidade do México possuíam e operavam usinas de algodão. "A indústria é totalmente integrada segundo linhas verticais" (Mosk, 1950, p.123).

As indústrias têxteis indianas e chinesas também usavam distribuidores ao vender localmente, mas omitiam os importadores. Ambas as formas de distribuição eram comparáveis à prática do Atlântico Norte até 1914:

Uma seção especializada de marketing integrada com a produção em uma estrutura corporativa tardou a desenvolver-se em alguns países, notavelmente na Grã-Bretanha, na França e na Itália, onde séculos de comércio interno e ultramarino haviam construído uma rede de feitores e mercadores atacadistas por cujo intermédio, durante boa parte do século XIX, a maioria dos produtores distribuía seus bens. (Church, 1994, p.133)

A indústria têxtil japonesa desenvolveu um sistema de distribuição que ficava a meio caminho entre a produção e venda integradas dentro da empresas e a venda totalmente desintegrada usando distribuidores (a distância). A Associação Japonesa de Usinas de Algodão (Boseki Rengokai) era não apenas um cartel, mas também uma associação para integrar verticalmente as operações de compra de algodão bruto, do fabrico de bens têxteis e da exportação. Essa integração ajudou a reduzir custos eliminando intermediários. A Boseki Rengokai usou três grandes importadores para comprar algodão bruto, e esses importadores tinham representantes em todas as áreas de cultivo de algodão do mundo, o que lhes permitia comprar o melhor algodão ao menor preço. Isso ajudou as usinas japonesas a maximizar os retornos da "mescla de algodão", em que, para qualquer padrão de qualidade dos fios, o algodão bruto de menor custo era utilizado. A Boseki Rengokai também tinha um acordo com a Companhia de Vapores do Japão para reduzir os custos do transporte (Odell, 1916).[23] Nem a Índia, a China, o Brasil ou o México tinham as capacidades organizacionais ou o escopo global para replicar esse sistema.[24] Assim, embora a evidência

---

23 Não está claro como as companhias têxteis japonesas economizavam algodão bruto. Ver a discussão sobre o Japão em Moser (1930).

24 Comprar algodão local era um grande problema na China porque os distribuidores de algodão tendiam a adulterar seu produto (Moser, 1930). Comprar localmente era um problema ainda maior no Brasil, porque a princípio o algodão era considerado uma lavoura de pobres e, portanto, era fornecido irregularmente e com qualidade fora dos padrões. No México, o algodão local era difícil de cultivar e caro demais; o conflito entre os plantadores de algodão e os fabricantes de tecidos consistia em quem conseguiria uma tarifa maior do governo, se a indústria ou a agricultura, com ambas conseguindo, no fim

empírica sobre a distribuição no "resto" seja extremamente limitada, parece provável que as empresas não investiam muito em aumentar suas próprias capacidades de distribuição. Tampouco criavam grandes companhias de comércio segundo o modelo japonês,[25] que desempenhou um papel importante no sucesso dos dois setores de ponta do Japão, o tecido de algodão e a seda.

Finanças

Embora os índices de investimento do "resto" fossem inequivocamente baixos, não está claro se eram baixos nas manufaturas por causa da *escassez* de capital (um déficit entre o suprimento absoluto total de capital poupado e a demanda por ele) ou da *timidez* do capital (um déficit entre a oferta e a demanda devido à indisposição dos poupadores de emprestar). Se um país possui um superávit persistente em sua balança de pagamentos, de modo que o capital poupado supere os investimentos, então pode-se dizer que há timidez do capital (Das, 1962; Bagchi, 1972). Alternativamente, pode-se pensar em timidez em termos do produto excedente que um país produz ou pode produzir acima de alguma medida específica das necessidades de subsistência de sua população (Riskin, 1975).

O suprimento absoluto total de capital no "resto" parecia maior naquelas economias com as maiores populações e a mais longa experiência manufatureira pré-moderna (China e Índia). A timidez do capital nesses países também era grande. Com isso, é nesses países que se pode examinar a hipótese de que a causa radical da timidez era a ausência de habilidades, e que o efeito da timidez foi a subcapi-

---

das contas, limitar as importações (Keremitsis, 1987). Com o tempo, contudo, conforme o cultivo de algodão pelo México mudou da região costeira para o norte, comprar algodão bruto ficou menos problemático (ver Capítulo 2).

25 A Argentina era uma exceção, já que uma grande e diversificada companhia de exportações fundada por imigrantes belgas no início do século XVIII, a Bunge y Born, passou a operar fora de Buenos Aires a partir da segunda metade do século XIX (Schvarzer, 1989).

talização e práticas financeiras defensivas que solaparam ainda mais a confiança dos investidores.

A Índia teve superávits na balança de pagamentos (mercadorias e metal precioso) no período 1835-1946 (Banerjee, 1963; Maddison, 1971). Já em 1840, houve também evidências qualitativas substanciais de que quando oportunidades lucrativas surgiam, o capital aparecia:

> As primeiras fábricas não eram iniciativas excepcionalmente custosas pelos padrões locais. Uma empresa podia entrar em operação em Bombaim com um investimento entre 500 mil e um milhão de rupias, ou cerca de 50 mil a 100 mil libras esterlinas pelas taxas de câmbio prevalecentes.[26] Isso cobria o custo da terra, dos prédios, dos equipamentos e do estoque. Muitos outros tipos de empresa projetadas no mesmo período envolviam somas tão grandes ou maiores. As ações eram emitidas em unidades de Rs. 2.500 ou, mais tipicamente, Rs. 5.000. Essas não eram quantias destinadas a atrair o pequeno investidor. Todavia, o número de pessoas em Bombaim com somas a arriscar em empresas promissoras era suficientemente grande, de modo que, quando a usina Oriental foi lançada em

---

26 O baixo custo de entrada na Índia foi objeto de debate. De acordo com um estudo, 500 mil rupias eram muito dinheiro, e o fato de que as usinas de algodão e de juta e as companhias de chá requeriam administrações independentes aumentava seu fardo financeiro (Rungta, 1970). Quanto ao custo de entrada em outros países, os empresários fabris japoneses eram de costume ricos fazendeiros ou fabricantes locais de molho de soja ou vinho, que entravam no setor de manufaturas têxteis "por um senso de dever patriótico". Entretanto, "a construção das fábricas os obrigava a incorrer em despesas inesperadamente altas". A quantia necessária para abrir uma empresa já estava no limite de suas capacidades (Nakaoka, 191, p.293). Na China (1904-08), algumas usinas de algodão se achavam na extremidade inferior do espectro do capital autorizado (em taéis), e algumas no meio. Os investimentos mais custosos tendiam a ser as ferrovias, a mineração e fusão de minérios e os bancos de estilo moderno (Feuerwerker, 1958, p.3). Por outro lado, no início dos anos 1930, descobriu-se que de um total de doze indústrias em Xangai os tecidos de algodão tinham a mais alta capitalização média por fábrica (Lieu, 1936). Em contraste, os requisitos de capital da Primeira Revolução Industrial eram modestos; a entrada na fiação ou tecelagem de produtos têxteis estava supostamente ao alcance do artesão típico (Mathias, 1973).

1854 com capital pago de Rs. 1.250.000 dividido em 500 ações de Rs. 2.500, ninguém teve permissão de assinar mais de quatro ações. (Morris, 983, p.575)

De acordo com um sócio da Tata Sons and Company,

o público na Índia, especialmente em Bombaim, está sempre pronto a investir seu dinheiro em negócios fabris iniciados por indivíduos ou empresas com a reputação de honestidade e eficiência, e que tenham grande experiência fabril. (Chandavarkar, 1994, p.67 e 243)

Com um negócio bem-sucedido nos produtos têxteis, a Tata conseguiu levantar dinheiro no setor privado em 1907 para uma grande usina siderúrgica. "O Capital total da nova Empresa foi subscrito pelo público indiano no lapso notavelmente curto de umas poucas semanas, com o número de acionistas ficando em torno de 7 mil" (Fraser, 1919, p.77).

O potencial superávit econômico da China em 1933 também foi estimado grande, possivelmente de mais de 25% do PNB (Riskin, 1975).[27] Presumindo-se que a magnitude do superávit seja uma função da riqueza, então um grande superávit não surpreende, dadas as evidências do bem-estar material da China em um período anterior da história.[28] Um capitão marítimo britânico que viajava de Hainan para o Cantão em 1819 observou:

Dificilmente se suporá que algum outro povo usufrua uma vida mais feliz e satisfeita. ... Pessoas da mais pobre qualidade aqui estão mais bem-vestidas do que a mesma classe de pessoas mesmo na Inglaterra. ... Não vimos nada que se aproximasse a um mendigo.

---

27 Estima-se que os "pagamentos externos" da China, contudo, tenham excedido os "pagamentos internos", pelo menos de 1903 a 1930 (Remer, 1933, p.206). Contas confiáveis da balança de pagamentos são totalmente indisponíveis para outros países nesse período. Para a formação de capital na China antes de 1936, ver Rawski (1989, capítulo 5).

28 Pomeranz (1997) argumenta que o consumo no século XVIII foi aproximadamente igual na China e na Europa.

Outros relatos ocidentais também se diz enfatizarem a ausência de pobreza, a alta produtividade e uma vida comercial extensiva e vigorosa, não apenas no Cantão, mas também em outras províncias (Murphey, 1977, p.163). Supostamente uma "comparação da situação econômica da China no século XIX com a do Japão Meiji indica que pelo menos com respeito ao produto agrícola *per capita*, e talvez até mesmo à renda *per capita* total, os chineses não estavam piores" (Riskin, 1975, p.81-2). Dada a escala das operações dos atravessadores,

> ao contrário do que geralmente se supõe, uma razão importantes para o desenvolvimento econômico relativamente lento da China no século XIX não era a escassez de capital, pois grandes quantidades de fundos chineses já estavam disponíveis. (Hao, 1970, p.348)

Alega-se, por exemplo, que a Companhia de Cimento Chee Hsin não enfrentou nenhum problema para levantar capital após a virada do século. Seus 29 acionistas tinham carteiras diversificadas, com interesses em outras indústrias, no comércio e em atividades bancárias (Feuerwerker, 1967). Mais significativo, estimou-se que "a economia chinesa poderia ter proporcionado o modesto grau de formação de capital necessário para erigir as ferrovias que tinham sido construídas com financiamento estrangeiro, mas tanto os capitalistas privados como os funcionários públicos tinham outras prioridades — uma situação pela qual o imperialismo foi parcial, mas não inteiramente responsável" (Huenemann, 1984, p.131).

Não obstante, mesmo se o capital estivesse guardado no assoalho, arrancá-lo exigia oportunidades de investimento com altos retornos esperados e baixo risco. Dados confiáveis sobre os níveis de lucros antes da guerra no "resto" são escassos, especialmente no tocante ao longo prazo,[29] embora os retornos em tempos de guerra fossem geralmente

---

29 Os melhores dados são sobre o México (1902-38), e sugerem que "por baixo da estrutura industrial concentrada do México havia um nível surpreendentemente baixo de rentabilidade" (Haber, 1989, p.103).

muito altos.[30] Com evidências insuficientes tampouco se pode determinar se as manufaturas ganhavam mais ou menos do que os investimentos alternativos, que eram representados na China pelo comércio e a mutuação.[31] O que está claro é que falências e despojamentos no "resto" eram altos até mesmo entre fábricas grandes e modernas. De 31 fábricas de propriedade chinesa operando antes de 1911, todas, menos uma, mudaram de mãos pelo menos uma vez (das cinco fábricas estrangeiras, nenhuma mudou de mãos). Entre 1923 e 1931,[32] dezenove unidades foram reorganizadas, cinco foram assumidas por credores, dezenove foram à falência e dezessete foram vendidas a terceiros" (Chao, 1975, p.126). Na Índia, apenas cinco das pioneiras empresas têxteis do século XIX sobreviveram até a Primeira Guerra Mundial. De um total de 97 fábricas construídas em Bombaim entre 1855 e 1925, doze foram incendiadas ou de outro modo fechadas e desmanteladas; dezesseis transferiram suas agências administrativas voluntariamente; e 45 foram liquidadas e reconstruídas com outros nomes (Rutnagur,

---

30 Como no Atlântico Norte, os lucros no "resto" eram altos durante guerras e baixos durante depressões. A Primeira Guerra Mundial e suas repercussões imediatas geraram índices de retorno extremamente altos na Índia, na China e na América Latina (Miller, 1981). Em Bombaim, entre 1917 e 1922, os lucros brutos foram em média de 75,6%, e os líquidos (depois das comissões e da depreciação) de 60,5% (Morris, 1983). Estimou-se que de 1914 a 1919 os lucros médios anuais das fiações de algodão na China aumentaram 70%. As empresas mais importantes multiplicaram por vinte seus lucros, e algumas até por cinqüenta (Bergere, 1983). O histórico de cinco fábricas entre 1915 e 1922 mostra índices anuais de lucros médios de 83,75% (para duas fábricas), 140 e 57,6% (Chao, 1975, p.139).

31 Diz-se que os maiores compradores na China do século XIX tinham lucros anuais de aproximadamente 30%. Também eles enfrentavam altos riscos e iam rotineiramente à falência (Chan, 1977). Diz-se que os mutuantes ganhavam entre 30 e 50% sobre os empréstimos, e as casas de penhor e os bancos nativos, entre 15 e 25% (Dernberger, 1975). Se forem precisos, esses dados sugerem que a mutuação era mais lucrativa do que a manufatura (ver os índices esporádicos de lucros dos tecidos de algodão calculados por Chao [1975]).

32 Mil novecentos e vinte e nove não foi um ano de depressão econômica, pois a China seguia o padrão-prata e o preço reduzido da prata no mercado mundial representou uma desvalorização da moeda chinesa. A prosperidade persistiu na China até a segunda metade de 1931. A produção tendeu a se manter constante ao longo de toda a Depressão, embora os lucros tenham caído (Lieu 1928).

1927, p.37).[33] Altos índices de falência afligiam outras indústrias na Índia não menos do que as têxteis. O número de sociedades por ações aumentou consistentemente depois do início do século XX, mas entre 1921 e 1935 o capital pago não registrou grande aumento. "Isso se devia ao fato de que ocorrera um imenso número de falências das empresas, com o resultado de que *o investidor indiano, habitualmente tímido, intimidou-se ainda mais* (Das, 1962, p.161, grifo nosso).[34]

A indústria japonesa dos tecidos de algodão também tinha uma alta rotatividade a princípio: entre 1893 e 1911 houve oitenta novas aberturas e 83 dissoluções, o que é uma proporção ainda maior do que havia na indústria têxtil chinesa entre 1912 e 1930, com 68 aberturas e 22 dissoluções (embora os respectivos períodos de tempo e fases de desenvolvimento diferissem). A especulação e a fraude eram também figuras familiares nas usinas têxteis japonesas (algodão e seda), como notado a seguir. Não obstante, as indústrias de mão-de-obra intensiva do Japão acabaram rompendo o círculo vicioso que envolvia a timidez do capital, e essa ruptura pode ser atribuída à produtividade relativamente alta do Japão. Dada a grande vantagem em produtividade (que observamos no caso das empresas têxteis japonesas operando na China [ver Capítulo 2]), a lucratividade também era relativamente alta. Os níveis de lucros eram mais altos nas companhias têxteis japonesas operando na China do que nas companhias chinesas (que por sua vez tinham lucros mais altos do que as usinas de propriedade ocidental) (Kuwahara, 1992). Por sua vez, os altos lucros e os altos níveis de capitalização seguiam de mãos dadas ("é um fato significativo que, embora haja na China inteira aproximadamente duas vezes mais

---

33 No México, 134 fábricas de tecidos de algodão estavam em operação em 1900, mas apenas 84 em 1915, em conseqüência de falências e também de fusões e aquisições (Haber, 1989, p.125). No Brasil, de nove usinas de algodão fundadas por plantadores antes de 1900, sete foram vendidas a importadores até 1917 (Dean, 1969).

34 Os índices declarados de lucratividade no nível da indústria dependiam dos procedimentos contábeis referentes às empresas falidas. A exclusão das empresas que faliam aumentava a lucratividade para até dez pontos percentuais acima das estimativas que consideravam as falências (Mehta, 1953, p.191).

usinas chinesas do que usinas de propriedade japonesa, o capital total investido nessas indústrias pelos chineses fica pouco acima da metade da quantia investida pelos japoneses" [King; Lieu, 1929, p.6]). Como havia recursos suficientes para investimento, não sendo dos menos importantes os recém-fundados bancos de desenvolvimento do Japão (ver Capítulo 2), as fábricas de grande escala conseguiram sobreviver. No fim das contas, o número de empresas na indústria têxtil do Japão atingiu o mínimo e o "sistema oligopolista" teve início, com o que a lucratividade tornou-se mais robusta e as liquidações diminuíram (Kuwahara, 1986; Kuwahara, 1992; e Yonekawa, 1982).[35]

Engordando os lucros

As empresas do "resto", em contraste, especulavam com ativos fixos (examinados mais adiante) e envolviam-se em práticas financeiras duvidosas para levantar capital.[36] Elas garantiam dividendos

---

35 Durante uma recessão em 1907-08, o índice de retorno sobre o capital pago das dez maiores companhias de fiação japonesas ficava em geral perto de 20%, já que essas empresas tinham estabelecido oligopólios nos principais mercados de fios de algodão, e flutuações em casa ou no exterior tinham pouco impacto sobre elas. Em contraste, "o desempenho comercial das empresas pequenas e médias foi muito pior" (Kuwahara, 1986, p.120).

36 Nenhum dos membros do "resto" tinha um sistema bancário no fim do século XIX ou início do XX disposto a fazer empréstimos de longo prazo aos donos de fábricas. Ver Rawski (1989) sobre a China e Rungta (1970) sobre a Índia. Em parte, a ausência dos bancos resultou de uma falta de demanda. As empresas familiares relutavam em contrair empréstimos bancários em razão do risco e por terem de dividir seu patrimônio com os bancos no caso de inadimplemento. Do lado da oferta, era custoso estabelecer bancos modernos. Das 227 companhias chinesas que se registraram no Ministério da Agricultura, da Indústria e do Comércio entre 1904 e 1908, apenas doze tinham capital autorizado acima de um milhão de taéis. Das doze, três eram bancos de estilo moderno (e três eram fiações e tecelagens de algodão) (Feuerwerker, 1958). Com base em evidências limitadas, as relações dívida-capital no México foram declaradas como "inacreditavelmente" baixas por causa da ausência de empréstimos bancários na carteira financeira das empresass (Haber, 1989, p.66). Ver Chao (1975) sobre a China.

(como observado anteriormente com respeito às ferrovias) e não levavam em conta devidamente a depreciação. Em suma, estavam seriamente subcapitalizadas, o que diminuía ainda mais suas chances de sobrevivência.

As *kuan-tu shang-pan* na China, ou empresas possuídas por burocratas e administradas por mercadores,[37] contraíam empréstimos a curto prazo a juros elevados, garantiam o pagamento de dividendos a despeito dos ganhos e faziam provisões inadequadas no tocante à depreciação e a seguros. Os dividendos garantidos (*kuan-li*) eram subtraídos da renda bruta antes que a contagem de lucros e prejuízos fosse criada. Para atrair capital mercante, os dividendos garantidos eram de usualmente 8 ou 10% sobre o capital subscrito, e constituía parte das despesas operacionais da companhia. Se os lucros de uma empresas fossem inadequados ou se a empresa estivesse operando com prejuízo, os *kuan-li* eram retirados do capital ou fundos adicionais eram obtidos via empréstimo (Feuerwerker, 1958, p.18). Os dividendos garantidos em empresas de escala relativamente grande persistiram na China até pelo menos a década de 1930.

A severa subcapitalização das empresas chinesas pode ter ocorrido por não haver nenhum incentivo, sob um sistema de dividendos fixos *kuan-li*, para manter uma alta proporção de capital próprio. Qualquer que fosse a causa, como os empresários chineses tendiam deliberadamente a construir fábricas excessivamente grandes em relação a seu limitado capital próprio, eles tinham de contrair empréstimos em curto prazo a taxas de juros altíssimas para atender a suas necessidades financeiras. Muitas vezes suas necessidades acabavam não sendo atendidas, e eles sofriam grave escassez de capital de giro, o que era fatal nas indústrias têxteis e de seda, em que a matéria-prima representava de 70 a 80% dos custos de produção (Chao, 1975).

Suborçar a cota de depreciação era outro meio de inflar os lucros declarados. Isso era rotineiramente feito pela maior fábrica de

---

37 Os fundados de 26 usinas têxteis na China entre 1890 e 1910 incluíram treze funcionários públicos seniores, sete funcionários públicos aposentados e membros da fidalguia rural, e sete compradores (Chan, 1977, p.61).

cimento da China, a Chee Hsin, cujas despesas gerais mais baixas do que em fábricas de cimento comparáveis no Atlântico Norte "eram típicas de empresas manufatureiras chinesas. Em parte eram o produto de uma cota de depreciação notavelmente baixa", na ordem de 2,84% da receita bruta ao longo do período 1908-39. Em uma indústria de capital intensivo como o cimento, essa cota era "uma cifra ridiculamente inadequada". Na verdade, suborçar a depreciação não era uma estratégica tão irracional por parte da Chee Hsin, pois a demanda interna por cimento vinha crescendo devagar em razão das condições políticas deteriorantes e da desaceleração das construções. A Chee Hsin deteve quase que um monopólio regional até a década de 1930, e por isso, apesar de seu equipamento obsolescente e em parte graças a suas despesas gerais artificialmente baixas, ela mostrava altos lucros brutos — 26,35% da receita bruta de 1908 a 1939. Sob tais circunstâncias, o

> empreendedorismo (tornou-se) antes uma questão de conseguir a maior fatia possível de um bolo limitado do que de procurar continuamente novas maneiras de produzir outro maior ou melhor. (Feuerwerker, 1967, p.325-6)

Para aumentar o capital e empregar diretores administrativos, a Índia desenvolveu uma instituição única chamada de sistema de "agências de administração". Agentes recebiam comissões a despeito do desempenho da empresa, uma forma de dividendo garantido. Isso era um desestímulo ao bom desempenho e um convite à corrupção.

As origens do sistema de agências são obscuras,[38] mas é muito provável que nos estágios iniciais da industrialização, antes da ascensão de ricas famílias empresariais, o capital necessário para um projeto tivesse de ser angariado em um pequeno grupo de mercadores prósperos, mas atarefados, a maioria dos quais não tinha elos de parentesco por meio de nenhuma família.

---

38 Ver Tripathi; Mehta (1990, p.34s., 43), para referências sobre o debate.

Tal situação tornaria desejável pôr a administração da empresa nas mãos de uma pessoa ou empresas com reputação comercial, mas que só se disporia a assumir a responsabilidade caso a remuneração fosse alta e garantida durante um longo período. (Rungta, 1970, p.228)[39]

No fim das contas, tais empresas acabaram controladas por uma única família, e o sistema tornou-se similar ao *zaibatsu* japonês (um grupo comercial diversificado de propriedade familiar) (Tripathi, 1982; Gadgil, 1959). O *modus operandi* do sistema *zaibatsu* na Índia era que uma família rica abriria uma empresa e conferiria interesses controladores a familiares e amigos. Simultaneamente, os acionistas controladores formariam uma empresa de agenciamento administrativo (tipicamente uma proprietária ou parceria única) à qual se confiava a administração da(s) nova(s) empresa(s). A remuneração da agência administrativa era usualmente fixa em termos de uma certa porcentagem da produção ou das vendas anuais — qualquer que fosse o desempenho da fábrica.

Abusos se instauravam porque não havia nenhum controle sobre os agentes. Ao passo que os diretores administrativos de fábricas em Lancashire trabalhavam sob o controle de um conselho diretório, acionistas não familiares sob um sistema de agência tinham muito pouca voz na administração.[40] De acordo com um relatório do *Indian Textile Journal* de novembro de 1899:

---

39 "... os agentes administrativos eram os maiores cotistas, bem como os diretores das empresas de que eram nomeados agentes. (Desde 1970 as casas de agenciamento foram reorganizadas como empresas gestoras de ativos e continuam a controlar seus grupos comerciais.) Assim, não houve separação entre o controle administrativo e a propriedade. Controlando uma série de empresas, cada casa de agenciamento formava um grupo comercial similar ao do *zaibatsu* no Japão. Os *zaibatsus* (grupos comerciais possuídos por famílias) diferiam das casas de agenciamento, contudo, por serem na prática administrados por gerentes assalariados" (Yonekawa, 1986).

40 Ao passo que as usinas de Lancashire eram sobretudo empresas individuais, na Índia elas eram sobretudo sociedades.

Não podemos alterar a concorrência japonesa ou chinesa, não podemos controlar as monções, aparentemente não podemos nem mesmo fazer muito para melhorar o cultivo (de algodão), e a concorrência com Manchester nos fios de numeração mais alta e nos tecidos mais finos está repleta de impedimentos. Mas o mercado saturado do Extremo Oriente é obra totalmente nossa, a má administração miserável é coisa nossa (e) a desonestidade rapace é coisa nossa. (Rutnagur, 1927, p.51)

Os mercados ficaram saturados porque os agentes administrativos estavam interessados apenas em sua própria comissão, que se vinculava à produção, de maneira que continuavam a produzir a todo vapor mesmo quando a demanda por seus bens estava caindo vertiginosamente. "O resultado foi que não apenas os altos lucros sumiram, como as empresas começaram a operar com prejuízo" (Rungta, 1970, p.232).

Sem supervisão, a corrupção se tornou onipresente, como observado em Bombaim nos anos 1870:

O algodão era comprado por seletores sem instrução que não tinham como lhe julgar as fibras ou o valor, e cuja honestidade era mais que duvidosa; era pesado por balanceiros corruptos que recebiam suborno pelo excesso de peso. Comprava-se carvão deficiente em qualidade ou peso, e o algodão era fabricado em máquinas carregadas de comissões sub-reptícias e mantidas por oficinas nas quais os dentes do tubarão já haviam deixado profundas marcas. A folha de pagamento da fábrica estava repleta de empregados inúteis ou fictícios, e os próprios empregados subornavam os empreiteiros e supervisores. O Conselho de Diretores era desacreditado, os auditores eram escolhidos pela amabilidade de sua disposição, e profusas despesas de escritório e honorários advocatícios conferiam dignidade ao negócio. Todo princípio do comércio e fabrico honesto parecia ter sido virado de ponta-cabeça, e o todo, quando considerado em conjunto, transmitia a impressão de que a indústria não existia por outro propósito que o de sustentar um gigantesco sistema de velhacarias. (Rutnagur, 1927, p.50-1)

Assim, embora o sistema de agências de administração tenha surgido como um meio conveniente de angariar capital e superar a escassez de talento administrativo, ele acabou sendo um meio desastroso de desenvolver habilidades.

Especulação

A escassez de ativos para o fortalecimento do mercado no setor manufatureiro do "resto" era um criadouro natural para o comportamento especulativo, já que diminuía as expectativas dos investidores de obter grandes lucros com as manufaturas. Em vez destas, a especulação passou a ser vista como uma opção com baixos custos de oportunidade.[41] Em indústrias baseadas no processamento de um recurso natural, a especulação em matéria-prima por vezes tinha precedência sobre a maximização dos retornos sobre as manufaturas. A Silk Association of America escreveu sobre o mercado internacional em 1911:

> A seda não é vendida hoje puramente com base na oferta e na demanda; tornou-se, sim, um artigo em grande medida especulativo. Com isso, o mercado não sabe como se proteger do espírito de jogatina que se infundiu na comercialização desse valiosíssimo produto. (Li, 1981, p.88)

Na década de 1920, a especulação no algodão bruto era comum em Nova York e Liverpool, mas a especulação por fábricas de algodão no Japão e na China era especial porque quantidades imensas

---

41 O verbete sobre especulação (por Jean Tirole) em *The New Palgrave Dictionary of Money and Finance* diz o seguinte: "O conceito de especulação sempre fascinou tanto acadêmicos como praticantes; isso pode se dever a definições inconsistentes, mal-entendidos ocasionais e genuína importância econômica" (Tirole 1992, p.513). De acordo com o *Oxford Universal Dictionary*, a especulação é "a ação ou prática de comprar e vender bens, patrimônio e ações, etc., para lucrar com as altas ou baixas do valor de mercado, diversamente do comércio ou investimento regular".

de algodão eram compradas adiante da demanda, e nenhuma de tais compras tinha salvaguarda.[42] No tocante à China, onde o algodão cultivado localmente era comprado e vendido especulativamente em Xangai, o secretário-geral da Federação Internacional do Algodão e das Indústrias Têxteis Aliadas declarou:

> entende-se prontamente que o negócio da fiação de algodão é de importância meramente secundária sob tais condições; depende da sorte ou não na compra de matéria-prima o lucro ou prejuízo da usina. (Pearse, 1929).

Se as compras adiantadas fossem de um algodão incompatível com a moda existente, resultaria um custoso aumento dos estoques. Ou a qualidade dos produtos sofria em razão de as usinas fiarem o algodão armazenado em vez do algodão apropriado para o que estava em demanda.[43]

---

42 Não está claro se as usinas de algodão da Índia especulavam em algodão bruto. De acordo com um estudo de 1927, "a compra especulativa de algodão futuro e à vista raramente é praticada por usinas de Bombaim", mas acrescentava-se que os especuladores no mercado de algodão sujeitavam as usinas a impulsos especulativos (Rutnagur, 1927, p.350). Rungta (1970, p.215) afirma que as próprias usinas especulavam em algodão bruto.

43 Como não tinha um mercado à vista interno para o algodão bruto nos anos 1920, o Japão também precisava comprar algodão em quantia suficiente para três meses de consumo futuro, para assegurar a produção contínua. Entretanto, o risco supostamente não era tão alto como na China, já que muitas usinas no Japão eram filiais de grupos *zaibatsu* e, com isso, relativamente fortes em termos financeiros. As usinas japonesas eram integradas verticalmente — a compra de algodão público e a comercialização de produtos finalizados eram realizadas pela mesma organização —, de modo que sempre que houvesse expectativas de que o preço do algodão bruto caísse, a empresa podia reduzir ligeiramente os preços de seus produtos finalizados para acelerar as vendas. Com isso haveria menos prejuízos nos produtos quando seus preços fossem posteriormente reduzidos pela queda real no preço do algodão (Chao, 1975). As três grandes revendedoras por trás das compras de algodão eram presumivelmente hábeis nesse negócio, e compartilhavam com os clientes parte de seus ganhos especulativos (Moser, 1930).

Além de especular em algodão, carvão e juta, por vezes os agentes administrativos da Índia também especulavam sobre as ações de suas próprias empresas, tomando lucros por um lado e prejuízos por outro para maximizar suas próprias comissões. Ademais, todo o relacionamento entre a distribuição e a manufatura nos tecidos de algodão, em que o mercador acabou se diversificando na produção, era de natureza a gerar um elemento de especulação. Quando os mercadores indianos foram expelidos do negócio de exportação de algodão bruto por grandes comerciantes do Atlântico Norte (e posteriormente do Japão), eles continuaram a comprar algodão indiano localmente e investir seu capital em usinas de fiação. Ao investir na indústria, eles ganhavam considerável flexibilidade em suas operações. Podiam comprar algodão bruto quando os preços estavam baixos e vender quando os preços subiam. Se o negócio de algodão continuasse em depressão, podiam transferir para o fabrico de fios estoques destinados à exportação. Em vez de construir armazéns para estocar os fios, podiam destinar o algodão ao melhor uso de curto prazo e ajustar suas operações às incertezas do mercado (Bombaim empregou mão-de-obra diária durante toda a Segunda Guerra Mundial). Embora inteligente, mesmo

> *os agressivos e bem-sucedidos mercadores não se sentiam motivados pela ânsia de embarcar em um processo de desenvolvimento tecnológico cumulativo*, preferindo, em vista da ansiedade de salvaguardar suas apostas, diversificar-se e sobreviver. (Chandavarkar, 1985, p.647-8, grifo nosso)[44]

---

44 Que tal especulação não fosse simplesmente parte da cultura tradicional indiana, mas antes um fenômeno do subdesenvolvimento, é sugerido pelo fato de que os primeiros empresários britânicos operando na Índia também especulavam. A primeira tentativa de produzir aço na Índia ocorreu na Companhia de Ferro e Aço de Bengala, que foi incorporada à Inglaterra em 1889. Depois de examinar o registro, "sentimos o caráter periclitante das propostas técnicas e financeiras e ficamos com a impressão de que os planos eram formulados e as operações conduzidas de maneira impulsiva, especulativa e assistemática (particularmente em contraste com a primeira tentativa indiana de construir uma usina siderúrgica)" (Morris, 1983, p.588).

O "empurrãozinho" para a indústria pesada: ferro e aço

As modernas indústrias de mão-de-obra intensiva, viciadas em especulação e desgoverno financeiro, não perderiam esses hábitos senão depois da Segunda Guerra Mundial, quando empréstimos de bancos de desenvolvimento superaram parcialmente os problemas de subcapitalização e os padrões de desempenho mitigaram a especulação. Em vez disso, o que apareceu no "resto" antes da guerra foi o crescimento de empresas em grande escala em indústrias que exigiam um elevado capital mínimo, para tornar o desgoverno extremamente custoso. Os meios para adentrar tais indústrias vieram inicialmente de: (a) "líderes nacionais" em setores com mão-de-obra intensiva que tinham acumulado capital e experiência em execução de projetos e (b) apoio do governo.

Cinco países pré-modernos e emigrados dentro do "resto" construíram siderúrgicas integradas antes de 1945 (ver Tabela 4.8). Dois se revelaram um sucesso (Brasil e Índia), dois foram desapontamentos (México e Turquia) e um quinto foi um fiasco (China). Por que esses cinco países — entre todos os países em desenvolvimento — conseguiram erigir um moderno complexo siderúrgico é algo ligado a duas vantagens: seu quinhão de matéria-prima e de finanças acumuladas e a experiência manufatureira na forma de habilidades administrativas.

Os países que haviam tido sucesso em desenvolver uma indústria têxtil também tendiam a tê-lo em desenvolver uma indústria integrada de ferro e aço. Não há exemplo no "resto" (incluindo os aprendizes coloniais discutidos no próximo capítulo) de um país surgindo do nada e tornando-se da noite para o dia um líder no fornecimento de aço. A transferência de experiências dos tecidos de algodão para o aço foi muito direta em pelo menos três casos. Na China, o mercador Sheng Hsuan-Huai, que estivera por trás da fundação da primeira usina têxtil, também esteve por trás da fundação da primeira usina siderúrgica (Feuerwerker, 1958). No México, Carlos Prieto, um mercador-financista com um patrimônio diversificado que incluía produtos têxteis, adquiriu o controle do primeiro monopólio siderúrgico integrado do México (Haber, 1989). O grupo Tata, na Índia, que

Tabela 4.8. As primeiras usinas siderúrgicas integradas do "resto", 1894-1941

País	Usinas	Propriedade	Estabelecida em	Capacidade siderúrgica[1]
Brasil	Volta Redonda (CSN)	estatal	1941	270.000
China	Han-Yeh-Ping	mista	1894	50.000[2]
Índia	Tata (Tisco)	privada	1907	100.000
México	Fundidora	privada	1900	90.000
Turquia	Karabuk	estatal	1939	150.000
Japão	Yawata	estatal	1901	150.000

1. Em toneladas. Capacidade projetada. A capacidade projetada pode ser enganosa, pois os projetos originais eram alterados ou podia haver a expectativa de atingi-los por estágios. A usina de Volta Redonda chama-se Companhia Siderúrgica Nacional (CSN). O nome da usina da Tata é Tata Iron and Steel Company (Tisco). "Fundidora" designa La Fundidora de Fierro y Acero de Monterrey.
2. Não há dados sobre a produtividade de aço na Han-yea-ping até 1907. Uma produção de 50 mil toneladas foi alcançada em 1910 e só excedida em 1914.

Fonte: Adaptado de Baer (1969) para o Brasil; Feuerwerker (1964) para a China; Morris (1983) para a Índia; Hershlag (1968) para a Turquia; e Yonekura (1994) para o Japão.

fez fortuna nos produtos têxteis, usou os lucros e a organização que derivara dos têxteis para diversificar-se no aço (e quando a demanda por aço despencou na década de 1920, subsídios dos produtos têxteis a sustentaram) (Morris, 1983). Além disso, o sucesso das empresas na manufatura de aço decorreu do conhecimento que haviam adquirido como importadoras de aço. Informações na Índia sobre fabricação e marketing vieram de dentro do grupo Tata:

> A empresa da família, a Tata and Sons and Company, foi uma das maiores importadoras e revendedoras de ferro e aço na Índia. Ela conhecia intimamente o mercado local. Também tinha escritórios na China e no Japão, onde esperava encontrar uma importante demanda tanto para o aço como para o ferro fundido

(a Índia era uma grande exportadora de minério de ferro para o Japão) (Morris, 1983, p.589). Quanto ao Brasil, "Volta Redonda teve outrora uma posição monopolista como a única importadora (de aço) no país", o que ajudava a prever as tendências de mercado (Baer, 1969, p.129).

Havia menos elos organizacionais entre os produtos têxteis e o aço no Japão, no Brasil e na Turquia porque as primeiras grandes usinas siderúrgicas nesses países eram estatais. Ainda assim, os governos tipicamente administravam unidades de produção em outras indústrias como a destilação de álcool, o sal e a mineração de carvão.

Todos os cinco países fabricantes de aço no "resto" também tinham experiência na fusão de ferro antes de tentarem sua mão no aço.[45] A primeira produtora de ferro-gusa do Brasil, a Esperança, iniciou suas operações em 1891. O Brasil tinha supostamente cerca de setenta pequenas oficinas produzindo aproximadamente duas mil toneladas de ferro fundido na virada do século. Numerosas fábricas de ferro e aço também apareceram na década de 1920, originárias de outras indústrias (Baer, 1969; Rady, 1973). No caso da China, as minas de Tayeh (minério de ferro) e P'inghsiang foram desenvolvidas antes que um complexo siderúrgico integrado surgisse em torno delas (a ferrovia para Tayeh, mencionada anteriormente, foi projetada para facilitar a produção de ferro, que, por sua vez, deveria fornecer trilhos para as ferrovias) (Feuerwerker, 1964). Na Índia do século XIX, a moderna produção de ferro difundiu-se por várias regiões, especialmente Bengala. Em 1889, a Companhia de Ferro e Aço de Bengala, mencionada anteriormente, empregava cerca de quinhentas pessoas em suas oficinas de fusão e mil em suas fundições (Chaudhuri, 1964). Investidores americanos criaram uma fundidora de ferro no México em 1881 sob o nome de Iron Mountain Company. Ela empregava técnicas bastante modernas para a redução do minério. Outras operações menores também apareceram. Descrições da Turquia a partir da década de 1840 fazem referência a fundições de ferro com caldeiras e forjas (Clark, 1974). É bem verdade que as primeiras instalações para o fabrico de ferro no "resto" podem não ter proporcionado uma transferência

---

45 Uma conturbada companhia brasileira que produzia ferro e aço em pequena escala formou uma *joint venture* com um sindicato belga em 1921, tornando-se no fim das contas uma das maiores usinas siderúrgicas Brasil por meio do crescimento incremental. Não a escolhemos como o primeiro complexo siderúrgico integrado do Brasil em função de sua expansão desintegrada e passo a passo.

tecnológica direta para o fabrico integrado de aço, graças a diferenças no tamanho do equipamento operacional. Mas elas fizeram parte do acúmulo de habilidades e da comunidade de empresas.

Apesar da experiência manufatureira e do fato de que a tecnologia para o fabrico de aço já estava madura na época em que surgiu no "resto", operar em plena capacidade com um nível de lucros positivo era um grande desafio. Comparada com indústrias anteriores, a siderurgia envolvia equipamentos e instalações de escala muito maior. Havia mais matéria-prima (sobretudo carvão, coque e minério de ferro) envolvida, cujas propriedades físicas variavam de acordo com a localização geográfica. Otimizar os retornos de tais recursos naturais requer tentativas e erros, como se observou anteriormente. Como os custos de transporte para a finalização eram altos, as decisões sobre a localização das fábricas eram multifárias e as habilidades de execução de projeto para planejar investimentos eram críticas. O ingresso também exigia um rápido crescimento, impossibilitando com isso o aprendizado evolucionário, e a produção por processo contínuo significava que a distribuição e a produção tinham de ser cuidadosamente vinculadas e coordenadas.[46]

---

46 O emparelhamento com a Inglaterra por parte do Atlântico Norte na indústria de aço envolveu provavelmente mais incógnitas tecnológicas do que as mencionadas acima, mas também um número maior de habilidades; foi, portanto, muito mais rápido. Já na primeira metade do século XIX, "em vários sentidos importantes os produtores americanos de ferro e aço não apenas adotaram novas tecnologias rapidamente, como superaram as práticas européias sem tardança" (Hyde, 1991, p.52). No final do século XIX, a indústria siderúrgica americana foi responsável por introduzir uma longa série de mudanças tecnológicas, incluindo o processo rápido, o sopro independente, novos mecanismos de sopro, o carregamento mecânico, a fundição mecânica e a entrega direta de ferro derretido às oficinas de siderurgia (Temil, 1964). No caso da Alemanha, a maioria das melhorias técnicas no plano original do conversor Bessemer havia sido concebida e aplicada pela primeira vez na Grã-Bretanha e nos Estados unidos, mas tais inovações "foram implementadas na Alemanha sem nenhum atraso significativo. ... No que se refere às grandes inovações em siderurgia, qualquer atraso perceptível em comparação com a Grã-Bretanha já havia sido retificado na década de 1860" (Fremdling, 1991, p.123, 132). A Suécia, uma das mais pobres e tardias industrializadoras da Europa, facilitou seu caminho rumo à manufatura de aço graças a sua experiência no fabrico de ferro. Por muito tempo a Suécia exportara ferro para a Inglaterra, mas esse comércio importante estava

O fracasso na siderurgia acometeu a China porque os proprietários da primeira usina chinesa, a Han-yeh-ping, se excederam ao iniciarem o investimento, não tendo plena ciência dos custos e do planejamento envolvidos. A administração ruim começou com a desconsideração de conselhos técnicos estrangeiros e com a decisão errada para a localização da usina, que foi situada longe demais dos depósitos disponíveis de carvão e minério de ferro. O início das operações foi seriamente retardado, o que significou que as garantias do governo de comprar um certo número de trilhos de aço foram suspensas. Para modernizar as instalações de produção foi necessário mais capital, mas a má reputação da empresa tornou o levantamento de finanças problemático. Uma dívida em curto prazo foi contraída e a estrutura financeira da Han-yeh-ping se deteriorou. Em troca dos empréstimos, a empresa vendeu carvão e minério de ferro para a recém-fundada Yawata Steel Works por um preço fixo a longo prazo (Feuerwerker, 1964). No fim das contas, toda a Hah-yeh-ping, e não apenas suas divisões de minério de ferro e carvão, acabou sob o controle japonês (Yonekura, 1994). Em 1916 Han-yeh-ping tornara-se um cúmplice do expansionismo do Japão no Pacífico, incluindo a própria China.

A primeira usina siderúrgica integrada da Turquia, a Karabük, era parte do Banco de Desenvolvimento Sümer, de propriedade estatal, e era um produto da assistência técnica da empresas alemã Krupp em 1932-33. A rivalidade política entre a Alemanha e a Grã-Bretanha acabou deixando uma empresas de engenharia britânica, a H. A. Brassert, incumbida do projeto. As informações limitadas sugerem que os

---

sendo ameaçado por mudanças nos padrões da demanda inglesa. Os metalúrgicos suecos foram à Inglaterra investigar e resolveram um problema de qualidade já nos anos 1830. Outra dificuldade surgiu, e em 1845 a invenção, por um sueco, de um gerador a gás salvou o dia. Todas essas inovações permitiram que o ferro continuasse sendo uma das principais exportações da Suécia, e "facilitaram a transição do modo de organização empresarial peculiar à antiga indústria sueca de ferro, com suas muitas oficinas dispersas e amiúde isoladas e suas relações patriarcais entre ferreiros e operários, para a produção hodierna em grande escala baseada em conversores e para fornos abertos e elétricos" (Soderlund, 1960, p.64; ver também Wohlert, 1991, Ahlstrom, 1993, e Jorberg, 1969).

militares turcos foram responsáveis por situar a fábrica em uma remota região interiorana por razões de defesa, longe de depósitos de carvão e a 600 milhas por terra do minério de ferro.[47] Mas a má assistência técnica estrangeira não ajudou a melhorar as coisas: "os conselheiros alemães e posteriormente os britânicos que executaram o plano não podem eximir-se de um alto grau de responsabilidade pelos defeitos da usina. Houve um elemento de gigantomania na luta pela magnitude do projeto (a capacidade de Karabük era aproximadamente igual à da Yawata), com muito pouca reflexão sobre a matéria-prima, a complementaridade das várias partes da fábrica e a demanda urgentíssima por produtos semi-acabados, ferramentas e equipamento agrícola" (Hershlag, 1968, p.105). Em 1950, reportou-se que apenas dois dos três altos-fornos e dois dos quatro fornos abertos estavam funcionando. Embora a produção estivesse crescendo, Karabük operava abaixo da capacidade apesar de ser intensamente protegida e de usufruir um monopólio interno (Singer, 1977).

Em contraste, tanto a usina siderúrgica de Volta Redonda (CSN), uma empresa estatal igualmente com alta proteção tarifária, como a usina siderúrgica Tata (Tisco), uma iniciativa privada indiana sem proteção tarifária (exceto na década de 1920), tiveram um bom histórico.[48] Um economista concluiu em 1969 que

---

47 "Infelizmente a reputação de Karabük não tendeu a ser boa, particularmente entre observadores estrangeiros interessados em eficiência. Além das usuais causas de altos custos em empresas estatais, como o número indevido de funcionários, a interferência política e as dificuldades administrativas, em geral as unidades não eram consideradas nem bem localizadas nem bem projetadas" (Singer, 1977, p.31). De acordo com um observador estrangeiro interessado em eficiência que visitou a Turquia para aconselhar os concessores da ajuda externa americana, "resta saber se uma grande usina siderúrgica moderna deve ter alta prioridade no desenvolvimento industrial de uma economia que em maior parte ainda é operada em níveis característicos da Europa na Idade Média" (Thornburg, 1949, p.111).

48 A despeito dos feitos tecnológicas, as indústrias siderúrgicas tanto americana como alemã receberam uma proteção tarifária substancial. Na Alemanha, tarifas e tecnologia avançada se combinaram com cartéis para propelir os lucros, aparentemente sem nenhum efeito negativo sobre o desempenho (Fremdling, 1991).

parece razoavelmente claro que a indústria de aço no Brasil é competitiva no sentido do custo comparativo, sem nenhum recurso a benefícios externos ou — neste momento — a argumentos de indústria na infância.

Volta Redonda, com um quarto do total da produção de aço no Brasil no início da década de 1960, era tão eficiente que não foi necessário fazer ajustes por sua idade avançada quando se calculou o desempenho da indústria do aço no Brasil (Baer, 1969, p.151). A Tisco também cresceu rápido — 8% em média a cada ano em suas três primeiras décadas (de 100 mil toneladas de aço finalizado em 1912 para 800 mil toneladas de aço finalizado em 1939, quando atendia a três quartos do consumo de aço da Índia). Um estudo da Randy observou que a Tisco era "uma das maiores usinas siderúrgicas do Império Britânico, bem como uma das produtoras de mais baixo custo no mundo" (Johnson, 1966, p.12).

O sucesso dessas duas empresas — a Volta Redonda e a Tisco — envolveu ricas reservas de ferro bruto, capitalização adequada e pesados investimentos em habilidades para a execução de projetos. Ambas fizeram preparações extensivas ao escolherem o melhor local para a fábrica e ao selecionarem o melhor projeto de processos (da Arthur G. McKee & Company, sediada nos Estados Unidos, no caso do Brasil; e da Julian Kennedy, sediada no Reino Unido, no caso da Índia). Nenhum dos projetos foi concretizado sem um longo preparo. No caso da Tisco, "o planejamento e o projeto foram tão bem-feitos que na época em que irrompeu a Segunda Guerra Mundial a empresa havia superado as dificuldades iniciais de formação. Mas a organização Tata precisara de muitos anos e milhões de rupias para passar da concepção inicial ao início da produção" (Morris, 1983, p.591-2).[49]

---

49 Um grande atraso tanto na Índia como no Brasil dizia respeito à prospecção de minério, mas em ambos os casos a demora aparentemente contribuiu para um planejamento melhor. Para a política por trás dos atrasos em Volta Redonda, ver Callaghan (1981).

Em segundo lugar, tanto a Tisco como a CSN investiram pesadamente em capacidades administrativas e treinamento dos trabalhadores. O governo brasileiro era o principal cotista da CSN, mas o americano Eximbank era o maior mutuante e estipulou que "a administração deveria incluir administradores e engenheiros brasileiros treinados nos Estados Unidos". Na época da construção, cerca de 55 peritos norte-americanos e 127 engenheiros brasileiros estavam empregados. Os trabalhadores eram recrutados nas melhores escolas e treinados dentro e fora do emprego (Rady, 1973, p.145, 201). Em 1919 a Tisco estabeleceu um instituto técnico para treinar indianos que acabariam substituindo o pessoal estrangeiro, cujo número chegou a um pico de 229 em 1924, quase vinte anos depois de a Tisco iniciar suas operações. Foi só em 1936 que o primeiro indiano foi nomeado gerente-geral, e só na Segunda Guerra Mundial que a Tisco foi totalmente nacionalizada.[50] Por trás dos dois grupos de gerentes, contudo, havia uma motivação mais forte. A Tisco era uma empresa *swadeshi* (nacional indiana) e a Volta Redonda era uma vitrine nacional.

Em suma, podemos dizer que as primeiras usinas siderúrgicas do "resto" a terem sucesso tiveram-no porque haviam feito o investimento em três frentes analisadas anteriormente. Todas as cinco usinas, tanto sucessos como fracassos, investiram em fábricas de grande escala (talvez demasiado grande na Turquia e pequena na China). Mas apenas os sucessos também investiram pesadamente em hierarquias administrativas — para conceber o projeto e dirigir a fábrica — e na distribuição.

Ainda assim, o investimento em três frentes no aço feito por países do "resto" foi muito diferente do tipo feito pelas principais empresas do Atlântico Norte. Ele envolveu um papel para o governo, fosse como proprietário (no Brasil, na Turquia e no Japão), fosse como solucionador de problemas (na Índia).[51] "Durante as fases de planejamento

---

50 Morris (1983) e Johnson (1966).

51 Exceto ao proporcionar proteção tarifária, o papel do governo na indústria de aço tanto nos Estados Unidos como na Alemanha foi pequeno (Abe, 1991). Na Suécia ele foi praticamente inexistente.

e construção (da Tisco), os Tatas receberam assistência extensiva e oficial — pesquisas geológicas, custos de transporte reduzido, acesso facilitado aos direitos a terra e água, arranjos de importação simplificados para materiais de construção e um acordo para que o Estado comprasse 20 mil toneladas de trilhos de aço anualmente por dez anos a preços de importação" (Morris, 1983, p.589).[52]

O investimento em três frentes também envolveu um papel maior para o grupo comercial diversificado. No caso da Tisco, como já se observou, uma filial irmã no setor têxtil serviu de vaca leiteira para o investimento original em aço, e o braço comercial da Tata proporcionou informações de mercado sobre a demanda por aço. Além disso, quando a Tisco estava prestes a falir após a Primeira Guerra Mundial, o grupo Tata a resgatou: "era impensável para os Tatas deixar que o mais prezado legado do fundador languescesse" (Tripathi; Mehta, 1990, p.66). Um dos filhos do fundador empenhou parte de sua fortuna pessoal para obter um empréstimo bancário e todos os Tatas pressionaram o governo por tarifas maiores. Depois da Segunda Guerra Mundial, os grandes agentes que sustentavam o investimento em três frentes eram os mesmos que tinham aparecido antes da guerra na indústria do aço: o governo e grupos diversificados.

Conclusão

Sem produtos novos ou habilidades de classe mundial, o "resto" empreendeu uma jornada longa e acidentada pelo tortuoso caminho rumo à industrialização. Desprovidas de ativos inovadores, as empresas careciam de credibilidade perante investidores potenciais. Sem capital, era difícil realizar o investimento em três frentes necessário para concorrer nas indústrias modernas: em fábricas de grande escala e equipamentos atualizados, em capacidades tecnológicas e equipes de administração, e na distribuição. Tampouco as empresas de pequena

---

52 O governo também negou apoio em muitos sentidos. Ver Bagchi (1972).

escala evitaram a necessidade de tais investimentos modernizando os sistemas de produção artesanal e substituindo com eles a produção em massa. A medida em que isso ocorreu parece ter sido negligível. Empresas de pequena escala antes da Segunda Guerra Mundial, e durante a maior parte do período pós-guerra, não serviram de agentes do desenvolvimento industrial tardio. Em vez disso, em razão da relativa falta de atrativos do investimento em manufaturas sem habilidades exclusivas, altos índices de falência e baixos índices de retorno prevaleceram e estimularam práticas financeiras imprudentes, especulação, logro e fraude. O sistema econômico relativamente liberal que prevaleceu em todo o "resto" antes da Segunda Guerra Mundial, portanto, esteve enredado em suas formas peculiares de corrupção.

Passados quase cem anos, não houve nenhuma solução óbvia, endógena e orgânica para o dilema econômico do "resto". Foi nesse contexto e crescimento industrial sem industrialização que o Estado desenvolvimentista nasceu.

5

A importância da experiência manufatureira

Os países do "resto" que se industrializaram rapidamente após a Segunda Guerra Mundial tinham experiência manufatureira acumulada no período pré-guerra. Isso os diferenciou dos países do "resquício". A dependência desse caminho era tamanha que nenhuma economia emergiu do nada como concorrente industrial. Quaisquer outros tipos de "pulos do gato" que tenham ocorrido na industrialização tardia, este não foi um deles. No capítulo anterior, analisamos como o artesanato pré-moderno e a emigração do Atlântico Norte afetaram o acúmulo de experiência manufatureira. Neste capítulo veremos como o regime colonial e a emigração chinesa a afetaram. Vamos nos concentrar em Malásia, Indonésia, Taiwan, Tailândia (sem elos coloniais formais)[1] e Coréia (sem emigração chinesa). Então

---

1 Pelos termos do Tratado de Bowring (1855-1932), a Tailândia tornou-se praticamente uma colônia da Grã-Bretanha; ela perdeu o controle sobre suas finanças

resumiremos as forças e fraquezas de diferentes tipos de experiência manufatureira no "resto" como um todo.

Se o desempenho manufatureiro em um dado período depende do acúmulo de experiência prévia em *manufaturas,* em oposição a outros tipos de atividade econômica, isto deveria se manifestar estatisticamente. Para testá-lo, dados agregados entre países podem ser usados para estimar duas equações de regressão cobrindo 29 países[2] em que a variável dependente é a *produção manufatureira per capita em 1994* (Manpc$_{94}$).[3] Em uma equação, a variável independente é o PIB *per capita* em 1950 (PIBPC$_{50}$). Nesta equação, o R^2 ajustado é de apenas 0,35, sugerindo que apenas 35% da variação entre países na produção manufatureira *per capita* em 1994 pode ser explicada por variações na *renda per capita* em 1950, um sucedâneo da atividade econômica geral (ver Figura 5.1). Na segunda equação, a variável independente é a produção manufatureira *per capita* em 1950 (Manpc$_{50}$). O R^2 nesta equação é 0,75, ou mais do que o dobro do primeiro R^2 ajustado. Assim, 75% da variação na produção manufatureira em 1994 pode ser explicada por variações na produção *manufatureira per capita* em 1950. Pressupondo que os dados sejam acurados e a amostra seja aleatória, a experiência manufatureira parece ter sobre a produção manufatureira *per capita* subseqüente algum poder especial que a atividade econômica geral não possui.

---

e tarifas, que foram definidas em aproximadamente 3%. Em 1930 cerca de 70% do comércio tailandês era com a Grã-Bretanha, e estimou-se que 95% de sua economia moderna era de propriedade estrangeira, sobretudo de britânicos (Ingram, 1971).

2 O critério de seleção para esses 29 países em desenvolvimento foi simplesmente a disponibilidade de dados.

3 O ano de 1994 foi o último para o qual havia dados disponíveis na época em que as equações de regressão foram estimadas. Dados para 1992 e 1994 proporcionaram resultados aproximadamente similares.

Figura 5.1. Regressão para a experiência manufatureira

Regressão	Constante	PIB *per cap.*, 1950	Produção Mft. *per cap.*, 1950	R-quadrado ajustado
Produção manufatureira *per capita*, 1994, como função de:				
1. n = 29*	92,4 (1,4)	0,11 (4,0)		0,35
2. n = 29*	45,9 (1,2)		0,95 (9,1)	0,75

* Os países incluem Nigéria, Quênia, Birmânia, Paquistão, Índia, Ceilão, RAU, Guatemala, Honduras, Jordânia, Indonésia, Filipinas, Paraguai, Panamá, Marrocos, Colômbia, El Salvador, Equador, Trinidad e Tobago, Peru, Venezuela, Costa Rica, México, Brasil, Chile, Turquia, Barbados, África do Sul e Argentina. Os países foram escolhidos conforme a disponibilidade de dados. Coréia e Taiwan foram omitidos como forâneos. Variável dependente: produção manufatureira *per capita*, 1994, em dólares atuais (Onudi, 1997). As cifras entre parênteses são estatísticas t. O PIB *per capita* em 1950 é mensurado em dólares internacionais de 1990 (Maddison, 1995). A produção manufatureira *per capita* de 1950 é estimada em se multiplicando a participação das manufaturas no PIB e dividindo-a pela população (Nações Unidas, 1963).

Agora tentaremos entender essa especificidade.

Os elementos da experiência manufatureira

A mobilização do Japão para a guerra e a invasão da Manchúria na década de 1930 serviram de pára-raio para a industrialização de seus vizinhos. Os investimentos estrangeiros em manufaturas começaram no Sudeste Asiático por volta da época da Primeira Guerra Mundial, mas a atividade manufatureira se acelerou na década de 1930. O Japão adotou rapidamente políticas industriais de promoção às manufaturas para os preparativos de guerra em suas colônias, Coréia e Taiwan, plantando com isso as sementes de seus sistemas tão bem-sucedidos de promoção industrial no pós-guerra. Os governos coloniais na Indonésia e na Malásia reagiram às ameaças do Japão com investimentos defensivos, incluindo o protecionismo contra exportações japonesas.[4]

---

4 No início da década de 1930, "o governo das Índias Orientais Holandesas aprovou a Ordenação das Importações na Crise, destinada a impor cotas a toda uma gama de bens japoneses, enquanto nas Filipinas o Japão foi obrigado pelos Estados Unidos a chegar a um acordo de cavalheiros limitando suas exportações para essa colônia. Medidas paralelas foram adotadas em todas as colônias insulares, restringindo o investimento estrangeiro, a exportação de materiais estratégicos, a imigração e a propriedade de terras, todas as quais se destinavam claramente ao progresso econômico japonês" (Peattie, 1996, p.203).

Um golpe de Estado sem derramamento de sangue na Tailândia em 1932 descerrou um período de desenvolvimento nacionalista, a princípio em colaboração com o Japão. Embora a "política econômica permanecesse liberal na maioria das colônias (do Sudeste Asiático) durante todo o século XIX e no início do século XX" (ela nunca fora liberal nas colônias japonesas), a política econômica já era protecionista quando o crescimento voltou no fim da década de 1930 após a Grande Depressão (Lindblad, 1998, p.19).

Coréia

A ojeriza que os coreanos votavam à experiência do colonialismo japonês criou após a independência uma historiografia nacionalista que desmereceu as contribuições de longo prazo da ocupação japonesa para o crescimento industrial coreano.[5] Novos estudos revisionistas, contudo, sugerem que o desenvolvimento industrial da Coréia sob o jugo japonês foi profundo, e maior do que até agora se reconhece.[6]

A industrialização avançou na Coréia a partir da Primeira Guerra Mundial e se acelerou com o Incidente da Manchúria em 1931. Como as economias ocidentais na época da Primeira Guerra Mundial já não podiam suprir seus mercados asiáticos, e como as fábricas japonesas haviam ocupado a brecha, a capacidade de produção interna do Japão se tornou insuficiente para atender à demanda de suas próprias colônias por bens e serviços. Com isso, uma Lei das Corporações de 1911 restringindo investimentos coloniais em indústrias que concorressem com as indústrias internas do Japão foi relaxada. O desenvolvimento industrial da Coréia por essa época, embora nada fenomenal, foi característico do que estava por vir. Primeiro, *zaibatsus* (grupos co-

---

5 Para uma resenha dessa literatura inicial, ver Hori (1994).

6 As pesquisas empíricas no nível da empresa e da indústria foram orientadas pelo professor An Pyongjik, da Universidade Nacional de Seul. Os alicerces foram lançados por Park (1985; 1990; 1999). As principais fontes utilizadas abaixo também incluem Choi (1982), Eckert (1996; 1991; 1990) e Hori (1994).

A importância da experiência manufatureira

merciais) japoneses tanto novos como antigos foram um grande fator na industrialização coreana. O grupo Mitsui, por exemplo, investiu na Corporação Têxtil Chosen (1917), na Corporação de Fios de Seda Bruta Chosen (1919), na Corporação de Descaroçamento de Algodão Namboku (1919) e na usina de Cimento Onoda (1917). Os grandes grupos comerciais surgiram cedo na expansão industrial da Coréia, em parte graças à relativa importância das indústrias pesadas. Em 1939, as grandes fábricas (com mais de duzentos trabalhadores) representavam cerca de 1% do número total de fábricas, mas produziam cerca de dois terços da produção por valor (Suh, 1978).[7] Em segundo lugar, embora os investimentos japoneses fossem de muito maior escala do que os investimentos coreanos, a grande corporação de propriedade coreana também surgiu cedo, tanto na seda (a Usina de Seda Chosen, em 1919) como nos tecidos de algodão. A Corporação Têxtil Kyongsong (fundada originalmente em 1911 e reorganizada em 1919 como a Companhia de Fiação e Tecelagem Kyungsung) foi estabelecida com o ideal específico de promover o desenvolvimento nacional, e grandes latifundiários e líderes de negócios coreanos foram inicialmente os proprietários (problemas na administração acabaram levando ao mesmo padrão familiar de propriedade e controle visto em outras partes do "resto", como se observou no Capítulo 4). Em terceiro lugar, ao passo que investimentos em pequena escala na virada do século se concentravam no processamento de alimentos (especialmente a moenda de arroz), investimentos novos e maiores cobriam múltiplas indústrias, incluindo ferro e aço (o maior investimento fora feito pelo grupo Mitsubishi em 1917), mineração, construção naval, descaroçamento de algodão, processamento de alimentos, seda, madeira, cerveja, fabrico de tingidores, remédios, farinha, cimento, açúcar e fiação e tecelagem de algodão.

A indústria em maior parte se estagnou na década de 1920, mas investimentos em energia hidrelétrica na parte norte do país por um

---

7 A fonte original dessa estimativa foi Kawai Akitake, *O estado atual das manufaturas coreanas* (em japonês), Seul, 1943.

novo *zaibatsu* japonês (a porta-bandeira foi a Corporação de Fertilizantes de Nitrogênio do Japão, a Nihon Chisso) acabaram levando à criação, em 1937, da Corporação de Fertilizantes e Nitrogênio da Coréia (Chosen Chisso) e de um grande complexo industrial elétrico-químico. O crescimento foi lento, mas entre 1922 e 1930 o número de fábricas com mais de cinqüenta empregados aumentou de 89 para 230, e entre estes estavam 49 fábricas de propriedade coreana. Em 1930 mais de um terço de todos os trabalhadores estava empregado em fábricas com mais de cem funcionários (ignorando-se o grande número de migrantes coreanos trabalhando no Japão). O número total de operários fabris em 1930 foi estimado em pouco acima de 100 mil, distribuídos entre o processamento de alimentos (32,2% dos trabalhadores), produtos têxteis (19%), produtos químicos (17,5%), cerâmica (6%) e outras indústrias (Park, 1985, p.42). Naquele ano, a população da Coréia era de aproximadamente 13,6 milhões, e presume-se que a população de Seul fosse de 355 mil (ver Tabelas 1.6 e 1.7). O atraso da Coréia em relação ao Japão pode ser estimado aproximadamente assim: a porcentagem de operários fabris na população total na Coréia (101 mil/13,6 milhões) em 1930 era de 0,75%. A porcentagem comparativa no Japão (1,68 milhão/64,2 milhões) era de 2,6%, ou aproximadamente 3,5 vezes maior.[8]

A tomada da Manchúria pelo Japão apresentou a segunda oportunidade para a industrialização coreana, uma vez que a Coréia era considerada a ponte entre a China e o Japão. A comunidade comercial coreana deu entusiásticas boas-vindas ao expansionismo do Japão, como favorável aos negócios. Durante este período outra grande característica da indústria coreana emergiu: a pesada direção do governo (Kohli, 1994). Em 1932, para induzir investimentos em maior escala do Japão, o governo geral na Coréia assumiu o controle da geração de energia hidrelétrica. A geração de energia seria desenvolvida privadamente pelo grupo Noguchi, ao passo que a transmissão e a

---

8 Sobre a força de trabalho nas fábricas do Japão, ver Park (1985, p.83). Sobre a população, ver Tabela 1.6.

distribuição teriam de ser controladas pelo governo. Para promover o desenvolvimento da geração de energia e outras indústrias, o governo adotou diferentes formas de subsídio, e estas dependiam tipicamente da adesão ao controle de preços. "Sob tais políticas governamentais, a natureza da indústria colonial foi notavelmente transformada neste período" (Park, 1985, p.50). Com isso, pelo menos um tipo de dependência surgiu cedo na Coréia, juntamente com o surgimento precoce dos grupos comerciais diversificados e da intervenção econômica do governo.

Em 1940, a produção industrial quase igualou a produção agrícola em valor. A indústria leve e pesada atingiu proporções aproximadamente iguais em produção manufatureira. Indústrias relacionadas tanto direta como indiretamente com a guerra se expandiram em ritmo fenomenal, incluindo fábricas de farinha, cervejarias, usinas têxteis e instalações de fibra sintética em grande escala. Além de um grande complexo químico no norte da Coréia, um complexo metalúrgico surgiu no sul, na área de Kyongson-Inchon próximo a Seul, especializando-se na produção de ferramentas mecânicas e maquinário para mineração, veículos pesados, equipamento elétrico e itens aeroespaciais. Um grande bloco de empreiteiros para peças mecânicas se estabeleceu na área de Yongsan, em torno das oficinas de engenharia de Yongsan. Trabalhadores envolvidos nas indústrias pesadas aumentaram de um quarto da força de trabalho total em 1931 para quase 38% em 1936 (Park, 1985). Estima-se que em 1943 mais de 360 mil trabalhadores na Coréia estavam envolvidos em trabalho fabril (Park, 1985). Embora a maior parte do capital para a expansão proviesse do Japão e a maioria das fábricas de propriedade coreana permanecesse pequena, até mesmo as fábricas coreanas começariam a se modernizar. O tear automático Toyoda, por exemplo, inventado no Japão e considerado um dos melhores do tipo no mundo (a patente foi vendida à Platt Brothers U.K. em 1929), começou a ser importado para a Coréia em grandes números (Izumi, 1979, Tabela II).

O comércio proporciona outro indicador do progresso na industrialização coreana, e altos coeficientes comerciais no pré-guerra (importações e exportações como parcelas do PIB) foram outros prenúncios de uma tendência futura. Ao passo que as exportações da Coréia (quase todas para o Japão) eram predominantemente agrárias na época da anexação em 1910, a parcela da agricultura caiu para cerca de 50% na década de 1940. Na mesma época, a composição das importações havia mudado, e os bens de produção (bens de capital mais materiais de construção) subiram de 13,6% em 1914 para 31,4% em 1940. "Podemos inferir que a industrialização [...] durante esse período foi alta" (Hori, 1994, p.10). Mesmo em termos internacionais, a Coréia estava se tornando uma produtora ou exportadora de certa significância. Por exemplo, em 1939 a Coréia foi a décima primeira de 29 entre os maiores exportadores de cigarro do mundo; um ano antes ela fora décima quinta entre as 26 maiores produtoras de tecidos de algodão (Woytinsky; Woytinsky, 1953).

Coreanos trabalhavam em várias funções especializadas e administrativas em empresas de propriedade japonesa, não apenas nas manufaturas como nos serviços, incluindo os serviços financeiros (em 1943, a força de trabalho *total* da Coréia em empregos remunerados foi estimada em 1,75 milhão). Apesar do preconceito racial e da discriminação, "números significativos de operários coreanos puderam na verdade ascender a cargos fabris de especialização e responsabilidade, especialmente durante a segunda fase do período colonial", quando a escassez de trabalhadores japoneses durante a guerra gerou oportunidades para a promoção de coreanos (Eckert, 1996, p.19). O governo colonial começou a investir mais na educação coreana, do nível primário ao nível profissional, e empresas japonesas (como a Companhia de Cimento Onada)[9] investiu mais no treinamento interno. Um relatório de 1943 sobre engenheiros das áreas de projetos, estudos de factibilidade e inspeção de obras, trabalho com máquinas e ferramentas, tratamento médico, higiene e pesquisa chegou a um

---

9 De acordo com os registros pessoais, a porcentagem de coreanos recebendo treinamento (uma aprendizagem de três anos) compensou exatamente o declínio porcentual em trabalhadores japoneses recebendo treinamento (Park, 1985).

total de 20 mil empregados, mais de 32% dos quais eram coreanos (Eckert, 1996). Assim sendo,

> que Chosen (a Coréia) estivesse virtualmente desprovida de talento empresarial ou administrativo quando o governo colonial chegou ao fim em 1945 é "um equívoco comum". (Eckert. 1996, p.22)

Os coreanos penetraram até mesmo as fileiras dos capitalistas de grande escala. Coreanos ricos tinham pouca dificuldade para investir em empresas japonesas, os exemplos sendo os homens que posteriormente se tornariam fundadores dos grupos Samsung e LG (Lucky-Goldstar), dois dos quatro grandes *chaebol* da Coréia. Diretórios comerciais dos anos 1930 mostram vários coreanos identificados como funcionários ou grandes cotistas em companhias japonesas, especialmente em cidades provincianas ou cidades em que os investimentos de capital eram menores do que em Seul. Além disso, em 1941 mais de 40% do número de empresas industriais eram dirigidas por coreanos. Em algumas indústrias, como a de bebidas, a de fármacos e a de usinas de arroz, empresas coreanas representavam mais de 50% do total, e mesmo em indústrias ligadas à guerra, como a metalurgia, os produtos químicos e os tecidos, eles representavam, respectivamente, em torno de 28, 30 e 39% do total, sem contar as empresas de pequena escala, a maioria das quais era de propriedade coreana (Eckert, 1996, p.23).

No comércio e nas finanças, os coreanos estiveram ativos fundando bancos e companhias comerciais de pequeno e médio porte desde a virada do século, um número que subiu vertiginosamente conforme os negócios na Manchúria floresceram. Enquanto isso, gerentes coreanos de colarinho branco enchiam as fileiras dos ministérios gerais do governo e de instituições semi-oficiais como os bancos de desenvolvimento. Mesmo antes da mobilização para a guerra, um terço do pessoal administrativo do Banco Industrial Chosen era constituído por coreanos, e as cotas para posições mais altas subiram para quase 45% conforme o recrutamento de gerentes japoneses para a guerra aumentava. No final da guerra, coreanos tinham substituído inteiramente os japoneses em alguns departamentos (Moskowitz, 1979). Coreanos se tornaram até mesmo funcionários de alto escalão fora da Coréia, em outras partes do Império do Japão. Com isso,

> em resultado de sua experiência com o planejamento e a mobilização econômica em tempos de guerra, as elites burocráticas e comerciais do pós-guerra tanto em Taiwan como na Coréia descobriram a importância das instituições públicas e do planejamento central em esforços de grande escala para promover a industrialização. (Kobayashi, 1996, p.327)

A divisão da indústria manufatureira entre o norte e o sul da Coréia foi de tal sorte que em 1939-40 o Norte tinha a vantagem, mas somente por um fator de 1.2 (Suh, 1978). A indústria química estava sobretudo no Norte, mas as indústrias metalúrgica e têxtil situavam-se especialmente no Sul. No caso dos produtos têxteis, que se tornariam o "setor de ponta" da Coréia nos anos 1960, as fábricas em 1939 eram em número de 608, e os trabalhadores totalizavam 47 mil, com uma alta concentração em empresas de grande escala (as grandes empresas representavam 67% da força de trabalho total e 86% de toda a produção). "Apesar de ter estado completamente sob o domínio e o controle financeiro do Japão desde a década de 1930, a indústria de fiação e tecelagem deu grandes passos no sentido de se tornar uma moderna indústria manufatureira fabril" (Choi, 1982, p.257).

A Coréia, assim, tinha acumulado, por ocasião do final da guerra, considerável experiência manufatureira na forma de uma força de trabalho habituada ao serviço remunerado (sob condições muito disciplinadas), uma elite administrativa com capacidades de produção em uma vasta gama de indústrias e burocracias governamentais e um pequeno núcleo de empresários com habilidades de execução de projetos, na empresa tanto pública como privada (bem como entre os militares). O setor de ponta da Coréia na década de 1960, os produtos têxteis, obviamente não foi algo que passou a existir subitamente em resultado dos tão celebrados planos qüinqüenais de desenvolvimento do regime Park. Pelo contrário, ele representa a culminação de um processo de desenvolvimento que tinha se iniciado durante a Primeira Guerra Mundial e florescido na década de 1930 após o Incidente da Manchúria. (Eckert, 1996, p.37)

Os elementos da "experiência manufatureira" que se podem considerar como tendo sido importantes são:

- A força de trabalho.
- *A administração assalariada*, embora empregada sobretudo em empresas de propriedade estrangeira, e não nacional.
- O *know-how* de produção.
- Habilidades para a execução de projetos (nos setores privado e público).

Taiwan

A experiência manufatureira de Taiwan antes *dos anos 1960* foi possivelmente tão extensa como a da Coréia, embora com um cronograma diferente e pesos atribuídos a elementos diferentes, dado o fato crucial de que Taiwan se beneficiou não apenas da orientação japonesa, mas também de um influxo, na década de 1950, de grande número de trabalhadores, gerentes e empresários da China continental. A indústria pesada progrediu mais na Coréia (especialmente na parte norte da península), ao passo que as empresas de pequena escala foram mais importantes em Taiwan — outro prenúncio de uma tendência futura. A importância precoce das empresas de pequena escala em Taiwan pode ser inferida do seguinte: a população de Taiwan em 1930 era de apenas um terço da população da Coréia (4,5 milhões contra 13,5 milhões, como visto na Tabela 1.6); sua densidade populacional era maior por um fator de 4,7 (em 1938); mas o número de fábricas de propriedade taiwanesa era 7,5 vezes maior do que o número de fábricas de propriedade coreana (Hori, 1994, p.19).

Paralelos próximos entre a industrialização no pré-guerra na Coréia e em Taiwan existiam no comércio (crescimento rápido e altos coeficientes de exportação [Hori, 1994]), extensas iniciativas semi-oficiais do governo (especialmente na mineração e na exploração mineral [Ho, 1984]), e na promoção governamental da indústria a partir dos anos 1930 para criar uma cabeça de ponte para o expansionismo de Tóquio (da Coréia para a China e de Taiwan para o Sudeste Asiático). Mas graças a diferentes recursos naturais (especialmente os minerais e a energia hidrelétrica no norte da Coréia, que Taiwan não possuía, e a longa estação de crescimento e o clima mais ameno para a agricultura em Taiwan, que a Coréia não possuía), a industrialização em Taiwan não foi tão longe como a da Coréia em termos de diversificação e do desenvolvimento da indústria básica. O setor manufatureiro de Taiwan permaneceu dominado avassaladoramente pelo processamento de alimentos (em especial o refinamento de açúcar). Nos anos 1920, o processamento de alimentos em Taiwan representou cerca de 70% do valor bruto das manufaturas (proporcionando a base para grandes grupos comerciais nos anos 1950, comentados no Capítulo 8), e "em 1926-1928 e 1938-1940 a composição da produção no setor manufatureiro de Taiwan mudou apenas ligeiramente" (Ho, 1984, p.367).

Mesmo a moderna indústria de fiação e tecelagem em grande escala é vista como tendo se desenvolvido pouco até o fim da guerra. De acordo com um relato: "Em 1945, quando Taiwan foi restaurada à China Nacionalista após 51 anos de ocupação japonesa, havia na ilha apenas duas usinas de algodão, duas fábricas de juta e uma usina de lã" (*Far Eastern Economic Review*, 1962, p.103).[10] O relativo subdesenvolvimento dos produtos têxteis na Taiwan do pré-guerra também é sugerido pelo fato de que eles eram um grande artigo de importação, muitas vezes das áreas costeiras da China: "Os tecidos de algodão eram importados para vestir a população local" (Ho, 1978, p.30).

---

10 Outra contagem sugere que catorze usinas têxteis existiam, mas eram pequenas e se envolviam tipicamente com tecelagem. O total de máquinas para tecelagem, contudo, era menos de mil e a capacidade total para tecidos cinza em meados da década de 1940 era de apenas dois milhões de jardas por ano (Gee; Kuo, s.d).

A importância da experiência manufatureira

Em 1954, contudo, as importações como porcentagem da oferta eram de apenas 3,8%, indicando uma notável substituição das importações em menos de uma década (Ho, 1978, p.190). O rápido progresso no pós-guerra se deveu parcialmente à política governamental. Quando Taiwan já não podia importar tecidos da China comunista, e as importações do Japão começaram a consumir a moeda estrangeira, o governo de Taiwan promoveu pesadamente a substituição das importações de tecidos, oferecendo vários tipos de assistência para estimular o investimento por empresários locais; os investidores usufruíam praticamente lucros garantidos (Lin, 1973; Gee; Kuo, s.d.). Além disso, o rápido progresso foi possibilitado, a despeito de uma experiência manufatureira no pré-guerra relativamente fraca, pelo grande influxo, para Taiwan, de chineses continentais, alguns dos quais com longa experiência na manufatura de produtos têxteis em Xangai e outras grandes áreas chinesas (Shandong), que antes da guerra tinham sido centros de modernas usinas de fiação e tecelagem de propriedade japonesa (ver Capítulo 4). Assim,

> a boa qualidade e a força de trabalho com custo relativamente baixo, combinadas com empresários têxteis experimentados que tinham fugido da China continental em 1949, constituíram uma base muito forte para a indústria taiwanesa. A partir do final dos anos 1960, os produtos têxteis se tornaram o maior artigo de exportação do país. (Gee; Kuo, s.d., p.14)

Empresários têxteis se tornaram fundadores de grandes grupos comerciais, como a Far Eastern, a Tai-yuen e a Chung-hsing. Ao passo que a indústria pesada estava freqüentemente no núcleo do *chaebol* na Coréia, 33 dos 106 maiores grupos de negócios em Taiwan em 1976 tinham uma empresa têxtil como sua nau capitânia (Gold, 1988).

Não apenas os produtos têxteis, como também outras indústrias, como a moenda de farinha e as ferramentas mecânicas, se beneficiaram da experiência (e por vezes do capital e mesmo do equipamento) trazidos a Taiwan por emigrados chineses (no caso das ferramentas mecânicas, ver Amsden, 1977). Com isso, qualquer experiência de que a indústria de Taiwan carecesse devido ao colonialismo japonês foi (parcialmente) compensada pela experiência da China. Na década de 1960 a experiência manufatureira em Taiwan era possivelmente tão avançada como na Coréia, mas com maior ênfase em pequenos negócios e menor ênfase na indústria pesada. A força de trabalho, as elites administrativas, as capacidades de produção e as habilidades para a execução de projetos no setor privado e especialmente no público estavam todos no lugar, ainda que não firmemente. Depois da Segunda Guerra Mundial, portanto, Taiwan se tornou um local ideal para "fabricantes de equipamento original" estrangeiros comprarem suas peças e componentes.

Nem mascates nem príncipes: a Indonésia

Na década de 1950 um renomado antropólogo norte-americano identificou a ausência das empresas modernas como um grande obstáculo ao desenvolvimento econômico da Indonésia, não encontrando evidências da formação de empresas modernas em nenhuma das duas grandes formações econômicas da Indonésia, uma relacionada aos mascates que dominavam o comércio e a outra aos príncipes que comandavam a agricultura.

> O que lhes falta é o poder de mobilizar seu capital e canalizar seu ímpeto de modo a explorar as possibilidades de mercado existentes. Eles carecem da capacidade de formar instituições econômicas; são empresários sem empresas. (Geertz, 1963, p.28)

Uma formação compreendia cidades com milhares de comerciantes envolvidos em uma economia de bazares, em que "o fluxo total do comércio está fragmentado em um número altíssimo de transações interpessoais não relacionadas", em resposta às oportunidades sendo criadas pela agricultura comercializada mas em oposição ao crescimento de grandes negócios (Geertz, 1963, p.28). A outra formação compreendia latifundiários aristocráticos deslocados e seus lavradores campesinos, unidos por elos tradicionais e obrigações mútuas que iniibiam a maximização dos lucros e que não estavam senão começando a se enfraquecer. Geertz não tinha esperanças de que qualquer uma dessas formações pudesse servir de solo fértil para maior industrialização, mas ele observou astutamente que uma economia moderna não pode surgir "*ex nihilo* [do nada] em uma cultura quase totalmente tradicional". Quaisquer que sejam suas deficiências, os comerciantes, os senhores de terras e os lavradores da despertante Indonésia "são o que o governo Indonésio terá de utilizar" (Geertz, 1963, p.80).

Embora Geertz tivesse razão ao dizer que a indústria indonésia não poderia surgir e não surgiu *ex nihilo*, e que mudanças sustentando um aumento no comércio e o afrouxamento dos tradicionais elos agrários eram necessárias para o desenvolvimento econômico (discutido a seguir), tampouco a moderna indústria indonésia surgiu diretamente das duas formações que ele estudou. Em vez disso, ela emergiu em grande parte de investimentos coloniais e da atividade manufatureira emigrada da China, que Geertz em grande medida ignorou.

> A expansão econômica determinada pelas exportações converteu o Sudeste Asiático em um terminal de investimentos excepcionalmente atraente para o capital privado do mundo metropolitano. *Essa região foi provavelmente mais favorecida entre os investidores do que a África ou a América Latina.* (Lindblad, 1998, p.15, grifo nosso)

Como indicado na Tabela 5.1, a Indonésia representava metade ou mais dos investimentos coloniais fluindo para a região do Sudeste Asiático em 1914 e 1937.

Embora a maior parte dos investimentos coloniais fosse em setores não manufatureiros, alguns investimentos manufatureiros começaram a surgir. Entre 1870 e 1914, as manufaturas indonésias estiveram dominadas pelo refinamento de açúcar. A Primeira Guerra Mundial estimulou o desenvolvimento industrial conforme as importações ocidentais foram temporariamente perturbadas. As novas indústrias incluíam produtos químicos, petróleo, carvão e produtos de borracha; alimentos, bebidas e tabaco (incluindo a aquisição de uma fábrica existente pela British American Tobacco); metais básicos, maquinário e equipamentos; e cerâmica. O período 1920-29 testemunhou até mesmo a formação de uma fábrica de montagem de automóveis da General Motors (1927).

Tabela 5.1. Investimento estrangeiro direto no Sudeste Asiático, 1914 e 1937

	1914 (milhões de dólares)	1914 (%)	1937 (milhões de dólares)	1937 (%)	*Per capita* (1937 US$)
Indonésia	675	61	1261	52	19
Malaia	150	14	372	14	69
Tailândia	25	2	90	3	6
Outros	250	23	845	31	–
Total	1100	100	2568	100	–

Fontes: Adaptado de Lindblad (1998), com base em dados de H. G. Callis, *Foreign Capital in Southeast Asia* (New York: Institute of Pacific Relations, 1942).

Conforme o suprimento de eletricidade se expandiu durante a década de 1920, o número de fábricas cresceu. Ainda assim, a maior parte das novas fábricas se voltava para o mercado interno, e era pequena. Conforme a concorrência do Atlântico Norte regressou e os custos do transporte caíram, as liquidações superaram as inaugurações. Mais de dois quintos dos 10.343 estabelecimentos industriais registrados em 1921 eram indonésios, mas 81% deles empregavam cinco ou menos trabalhadores. A exportação ultramarina de açúcar e petróleo processados, bem como a exportação entre ilhas de uma grande variedade de produtos, permaneceu mais importante do que a substituição de importações dominadas por estrangeiros. Ainda assim, o uso de caldeiras a vapor na metalurgia cresceu, e "pela primeira vez a indústria nas Índias Holandesas conseguiu provar que era capaz de mais do que meramente reparar o maquinário" (Segers, 1987, p.23).

A importância da experiência manufatureira

Conforme a Grande Depressão se amenizou e a possibilidade de uma guerra no Pacífico aumentou, investimentos nas manufaturas indonésias ganharam importância. Os investimentos eram estimulados por medidas coloniais para proteger a indústria local. Um embargo sobre as exportações de capital gerou liquidez para as finanças das manufaturas. As cotas de importação de cimento, utensílios de cozinha, pneus para carros e motocicletas favoreciam a substituição das importações. Cotas para fertilizantes artificiais, lâmpadas elétricas, cobertores de algodão e toalhas de banho foram introduzidas para proteger a indústria manufatureira holandesa local. No geral, proporcionou-se um estímulo às assim chamadas empresas estrangeiras no ultramar (subsidiárias de empresas estrangeiras atendendo ao mercado local ou a outros mercados do Sudeste Asiático) em indústrias como a cerveja, biscoitos, tecelagem, sabão, tinta, pneus, bicicletas, papel, calçados, fios de algodão e cimento. A importância decrescente das importações manufaturadas foi um estímulo para que várias casas comerciais se envolvessem com manufaturas. Uma grande companhia comercial holandesa (a Internationale Credieten Handelsvereeniging Rotterdam) começou a produzir papel, fosfato, cerâmica e alimentos. Outras grandes casas comerciais entraram na metalurgia. Investidores chineses também começaram a contribuir para a expansão das manufaturas após 1930, em indústrias como a dos artigos de tecelagem, biscoitos, lâmpadas elétricas, botões, sabão, tubos internos para bicicletas e tampinhas de garrafa.

> Há também indicações de que capital indonésio foi investido em companhias manufatureiras ... ativas na produção de têxteis, couro, preparo de borracha, óleos essenciais, sabão e cigarros de cravo. (Segers, 1987, p.34)

Acima de tudo expandiu-se o setor têxtil, especialmente as modernas usinas de tecelagem.

Em 1940 o número de operários fabris na Indonésia fora estimado em torno de 300 mil, aproximadamente o dobro do número que havia quatro anos antes. Além disso, pela primeira vez o número de operários fabris nas manufaturas excedeu o número de operários fabris em minas ou unidades de produção ligadas às plantações (Segers, 1987, p.29). Com isso, entre os elementos da experiência manufatureira listados anteriormente, a Indonésia tinha acumulado uma força de trabalho nos anos do pré-guerra. Embora essa força de trabalho se concentrasse sobretudo no processamento de alimentos, nos produtos têxteis e na marcenaria, o emprego em outras indústrias, inclusive na de maquinário, tinha subido, embora não no ritmo da Coréia ou mesmo de Taiwan. Ao passo que a parcela representada pela moderna força de trabalho na população em torno de 1930 era de aproximadamente 0,75 na Coréia e 2,6% no Japão (como observado anteriormente), ela era de apenas 0,5 na Indonésia (usando estimativas da população em 1930). Dizendo de outra forma, enquanto os operários fabris por volta de 1940 totalizavam 300 mil na Indonésia, com uma população de 60,5 milhões por volta de 1930, eles totalizavam 360 mil na Coréia com uma população de apenas 13,5 milhões. Além disso, embora pareçam faltar estudos detalhados sobre a localização dos cargos administrativos nas indústrias modernas, é quase certo que cargos de escalão inferior eram ocupados por indonésios. A localização, contudo, dificilmente terá ido tão longe na Indonésia como na Coréia ou em Taiwan, quando mais não fosse porque empregados holandeses locais na época da guerra não estavam tanto em falta como os empregados japoneses. De resto, é quase certo que a Indonésia não adquiriu capacidades para a execução de projetos comparáveis às adquiridas pela Coréia ou por Taiwan, pois nem o governo holandês nem empresas multinacionais holandesas mobilizaram recursos para a guerra a par com a mobilização nas colônias do Japão. Ainda assim, quando os indonésios finalmente venceram sua guerra de Independência contra a ocupação holandesa e propriedades holandesas foram nacionalizadas em dezembro de 1957 e no início de 1958, os indonésios se apoderaram de um rico butim — 489 corporações holandesas, inclusive 216 plantações, 151 estabelecimentos de mineração ou industriais, quarenta empresas de comércio e dezesseis companhias de seguro (Creutzberg, 1977). Embora desatualizadas e em ordem de funcionamento imperfeita, essas empresas existiam em grande número e eram organizacionalmente mais avançadas do que as que os mascates e príncipes da Indonésia teriam sido capazes de criar endogenamente.

Malaia[11] e Tailândia

Usando a Indonésia como referência, a experiência manufatureira do pré-guerra, no sentido direto da formação de empresas e habilidades administrativas e de produção, foi provavelmente mais alta na Malaia e mais baixa na Tailândia, como é sugerido pelo investimento direto estrangeiro *per capita* em 1937 (ver Tabela 5.1). Como na Indonésia, a atividade manufatureira malaia sob o colonialismo britânico (e emigrados chineses) foi inicialmente um derivado da extração (de estanho e borracha) e da agricultura de plantação (de óleo de copra, óleo de palmeira e abacaxis). Tais atividades também constituíam o núcleo dos grupos comerciais (casas de agenciamento) que se tornariam grandes proprietários da atividade manufatureira na Malásia do pós-guerra (em 1965, por exemplo, cinco casas de ponta, Harrisons & Crosfield, Guthrie, Boustead-Buttery, a Companhia de Bornéu e a REA-Cumberbatch controlavam 220 empresas manufatureiras [Lindblad, 1998]). Adicionalmente, a Malaia se beneficiou da chegada em 1881 da United Engineers, que começou a construir pequenas embarcações e a reparar navios (Allen; Donnithorne, 1957) e então se diversificou para a construção de dragas e maquinário para borracha, a produção de ferro e aço e a manufatura de peças, componentes, maquinário e caldeiras. Essa grande loja de empregos serviu como ponto de treinamento para trabalhadores locais (sobretudo chineses) cujas habilidades foram então utilizadas em empresas independentes ou em arranjos de terceirização com a United Engineers (Thoburn, 1977). Na década de 1930, a Malaia experimentou o mesmo *boom* que a Indonésia na substituição das importações de bens de consumo. A

---

11 Posteriormente a Malásia, que exclui Cingapura.

Ford, por exemplo, estabeleceu uma montadora em 1932 (a montadora da GM na Indonésia fora inaugurada em 1927) e a Bata Shoe iniciou suas operações em 1937. Estima-se que dez anos mais tarde aproximadamente 126.160 trabalhadores estavam empregados nas manufaturas. Destes, 17% estavam empregados no processamento de alimentos, 15% nos têxteis, 17% na marcenaria e 19% na metalurgia e na construção de maquinário. Na década de 1950 os produtores locais já estavam exportando manufaturas de borracha, alimentos, bebidas e maquinário para o Sudeste Asiático (Rasiah, 1995, p.67).

Sem uma intervenção colonial direta, os investimentos manufatureiros da Tailândia no pré-guerra foram menos extensivos do que na Indonésia, mas com menores fatores compensatórios. A abundância de terras aráveis na Tailândia criou uma economia agrária com um alto nível de atividade de mercado (Ingram, 1971). Essa atividade foi conducente ao crescimento do comércio, a partir do qual emergiu um precoce setor bancário, controlado tanto por tailandeses como por chineses. Desse setor bancário emergiram muitos dos grupos comerciais diversificados que proporcionaram um início adiantado para a indústria têxtil tailandesa do pós-guerra (a União Saha e a Indústria Tailandesa de Cobertas, por exemplo [Doner; Ramsay, 1993]), os rudimentos para a iniciativa nacional na indústria básica e sócios para as muitas *joint ventures* formadas com empresas estrangeiras na Tailândia a partir da década de 1960. Mais que isso, o empreendedorismo para a manufatura moderna proveio efetivamente de príncipes, na forma do Departamento de Propriedades da Coroa da Tailândia, que estabeleceu os maiores grupos comerciais da Tailândia, a Siam Cement (fundada em 1909 com a participação de capital e administração dinamarqueses) e a Siam Motors (ver Capítulo 8). Os militares tailandeses também desempenharam um papel de liderança em estimular as manufaturas na década de 1930, formando alianças com capitalistas chineses e nacionalizando o patrimônio estrangeiro nas indústrias de cigarros, cerveja, cimento e açúcar (incluindo a British American Tobacco) (Suehiro, 1985).

Em suma, entre os países do "resto", a industrialização esteve provavelmente mais atrasada na Tailândia, quando mais não fosse porque a Tailândia teve menos tipos de experiência manufatureira no pré-guerra (ver Tabela 5.1). A indústria tailandesa sofria com um mercado interno pequeno, pouco capital e habilidades tecnológicas desprezíveis. Apesar disso, quando irrompeu a Segunda Guerra Mundial, a Tailândia já não era estranha à indústria moderna.

A chegada da paz: os limites da experiência

Na época em que a guerra acabou e a paz chegou, a industrialização havia progredido em todas as partes do "resto", embora desigualmente. Presumindo que os dados sobre a participação das manufaturas no PIB sejam comparáveis entre países (apesar de diferenças na cobertura de empresas de pequena escala), a forma emigrada de experiência manufatureira no Atlântico Norte mostrou o melhor desempenho, exceto na Turquia. A produção manufatureira como parcela do PIB na década de 1950 ficava entre 20 e 30% na Argentina, no Brasil, no Chile e no México, todos os quais haviam adquirido seu *know-how* de emigrados do Atlântico Norte, e entre 5 e 15% em outros países (ver Tabela 5.2). Diferenças na renda *per capita* seguiram o mesmo padrão geral (ver Tabela 1.3). A atividade manufatureira em países cujas economias foram enfraquecidas pela guerra ou transformadas pela descolonização (especialmente Coréia, Taiwan, Índia, Indonésia e Malásia, para não falar da China) foi provavelmente maior do que as estatísticas indicaram. Todavia, qualquer que tenha sido a fonte da experiência manufatureira, todos os países do "resto" sofreram nos anos 1950 de duas deficiências: não havia indústrias manufatureiras modernas evidentes que pudessem concorrer a preços mundiais nos mercados internacionais, incluindo-se a indústria de tecidos de algodão no leste da Ásia, e não havia um conjunto evidente de empresas modernas e bem administradas para liderar a investida pela diversificação.

No fim das contas, os petroquímicos se tornaram o "setor de ponta" da América Latina, no sentido de que na década de 1970 ou antes disso eles se tornaram um magneto para investimentos, formação de empresas e comércio internacional. Isso foi emblemático da industrialização baseada em produtos primários da América Latina. Investimentos multinacionais na indústria de petróleo latino-americana haviam sido extensivos antes da Segunda Guerra Mundial, sendo porém limitado no tocante a elos retroativos. Tipicamente, eles se restringiam à exploração, à extração e ao refinamento de petróleo. A participação da indústria química na produção manufatureira na década de 1950 não foi maior na América Latina do que em outras partes do "resto"; excetuando-se a Tailândia e a Turquia, a participação em todos os países girou em torno dos 13% (ver Tabela 5.2). A Pemex no México foi estabelecida depois da nacionalização do patrimônio estrangeiro de petróleo em 1938, mas só começou a produzir petroquímicos no final da década de 1950. Similarmente, no caso dos fertilizantes, uma produtora de grande escala, a Guananmex, só foi fundada em 1943, quando o governo mexicano assumiu o papel de empresário. No Brasil, a produção de petróleo e gás começou a ser realizada em grande escala pela estatal Petrobras, formada em 1954. Por seu turno, a Petrobras criou a Petroquisa, responsável por realizar investimentos em petroquímicos, já em 1968. Na Argentina, embora a Yacimientos Petrolíferos Fiscales (YPF) tenha sido fundada como empresa pública na década de 1920, ela não estabeleceu sua primeira usina petroquímica senão em 1943 (Cortes; Bocock 1984).

Tabela 5.2. Distribuição das manufaturas por indústria, 1953-1990

Indústria		Porcentagem da manufatura total		
		1963[1]	1975	1990
Argentina	Alimentos	23,6	22,8	19,6
	Produtos têxteis	22,5	12,9	9,7
	Madeira	4,7	2,6	1,6
	Papel	5,0	5,0	5,0
	Produtos químicos	13,2	17,9	34,1
	Não-minerais	4,6	5,0	4,4
	Maquinário	n.d.	19,2	13,3

(continua)

A importância da experiência manufatureira

Tabela 5.2. *(continuação)*

Indústria		Porcentagem da manufatura total		
		1963[1]	**1975**	**1990**
Argentina (cont.)	Outros	2,1	0,6	0,3
	Total	100	100	100
	Prod. Mft./PIB[2]	31	32	22
Brasil	Alimentos	22,5	15,5	12,2
	Produtos têxteis	23,1	111,6	12,9
	Madeira	6,7	4,5	1,9
	Papel	6,5	6,3	5,4
	Produtos químicos	13,6	18,9	23,9
	Não-minerais	7,3	6,2	4,3
	Metais	17,9	13,1	13,4
	Maquinário	n.d.	23,4	24,9
	Outros	2,4	1,4	1,1
	Total	100	100	100
	Prod. Mft./PIB	24	29	26
Chile	Alimentos	26,6	21,8	21,7
	Produtos têxteis	28,2	8,4	7,5
	Madeira	3,8	2,0	4,1
	Papel	6,8	5,8	9,6
	Produtos químicos	12,0	19,3	17,3
	Não-minerais	6,0	2,8	3,2
	Metais	16,1	28,3	31,9
	Maquinário	na	11,4	4,7
	Outros	0,6	0,4	0,2
	Total	100	100	100
	Prod. Mft./PIB	23,0	21,0	22,0
Índia	Alimentos	19,7	10,8	11,5
	Produtos têxteis	36,3	19,5	12,3
	Madeira	0,6	0,7	0,4
	Papel	3,8	4,9	3,2
	Produtos químicos	12,6	20,2	26,8
	Não-minerais	3,5	3,9	4,7
	Metais	16,5	16,3	13,1
	Maquinário	Na	23,3	27,3
	Outros	7,0	0,5	0,6
	Total	100	100	100
	Prod. Mft./PIB	12	16	19

(continua)

Alice H. Amsden

Tabela 5.2. (continuação)

Indústria		Porcentagem da manufatura total		
		1963[1]	1975	1990
Índia (cont.)	Metais	16,5	16,3	13,1
	Maquinário	Na	23,3	27,3
	Outros	7,0	0,5	0,6
	Total	100	100	100
	Prod. Mft./PIB	12	16	19
Indonésia	Alimentos	38,0	33,4	20,1
	Produtos têxteis	8,0	13,7	13,7
	Madeira	2,0	3,1	10,2
	Papel	1,0	2,9	3,4
	Produtos químicos	12,0	30,8	28,3
	Não-minerais	4,0	4,3	2,6
	Metais	11,0	3,8	11,7
	Maquinário	n.d.	7,9	9,4
	Outros	24,0	0,2	0,5
	Total	100	100	100
	Prod. Mft./CDP	8	9	20
Coréia	Alimentos	21,0	17,8	11,3
	Produtos têxteis	29,2	22,6	13,2
	Madeira	5,0	2,7	1,6
	Papel	7,2	4,0	4,6
	Produtos químicos	11,9	22,3	17,6
	Não-minerais	8,9	5,7	4,6
	Metais	14,7	8,9	12,8
	Maquinário	n.d.	14,2	32,2
	Outros	2,2	1,9	2,1
	Total	100	100	100
	Prod. Mft./PIB	9	27	31
Malásia	Alimentos	36,6	27,0	15,6
	Produtos têxteis	n.d.	7,2	6,3
	Madeira	17,8	11,1	6,8
	Papel	8,2	5,3	4,7
	Produtos químicos	14,4	21,0	23,5
	Não-minerais	6,3	4,2	6,4
	Metais	4,5	6,7	7,6
	Maquinário	6,9	16,9	28,1
	Outros	5,2	0,6	1,0

(continua)

A importância da experiência manufatureira

Tabela 5.2. *(continuação)*

Indústria		Porcentagem da manufatura total		
		1963[1]	1975	1990
Malásia (cont.)	Total	1 00	100	100
	Prod. Mft./GOP	9	18	24
México	Alimentos	30,0	29,0	22,2
	Produtos têxteis	18,0	14,1	9,0
	Madeira	5,0	3,1	2,5
	Papel	4,0	4,9	5,8
	Produtos químicos	11,0	18,0	28,6
	Não-minerais	4,0	5,6	3,7
	Metais	27,0	9,9	9,9
	Maquinário	0,0	14,2	16,6
	Outros	1,0	1,3	1,8
	Total	100	100	100
	Prod. Mft./PIB	24	23,0	23,0
Taiwan	Alimentos	41,8	22,1	11,4
	Produtos têxteis	16,3	17,4	12,5
	Madeira	4,1	2,5	1,6
	Papel	5,6	2,8	5,1
	Produtos químicos	12,7	18,7	21,7
	Não-minerais	5,9	5,5	3,9
	Metais	12,2	10,2	11,8
	Maquinário	Na	18,2	22,5
	Outros	1,3	2,8	9,6
	Total	100	100	100
	Prod. Mft./PIB	14	29[3]	36
Tailândia	Alimentos	53,9	41,0	31,3
	Produtos têxteis	9,5	15,4	25,5
	Madeira	8,1	4,4	2,9
	Papel	3,0	3,0	2,2
	Produtos químicos	5,6	14,4	111,5
	Não-minerais	7,1	2,9	4,2
	Metais	5,4	5,7	4,3
	Maquinário	6,2	9,6	11,8
	Outros	1,3	3,6	7,3
	Total	100	100	1 00
	Prod. Mft./PIB	12	18	26
	Produtos químicos	5,6	14,4	111,5
	Não-minerais	7,1	2,9	4,2

(continua)

Tabela 5.2. *(continuação)*

Indústria		Porcentagem da manufatura total		
		1963[1]	1975	1990
Tailândia (cont.)	Metais	5,4	5,7	4,3
	Maquinário	6,2	9,6	11,8
	Outros	1,3	3,6	7,3
	Total	100	100	1 00
	Prod. Mft./PIB	12	18	26
Turquia	Alimentos	35,6	22,0	16,11
	Produtos têxteis	33,5	14,0	14,0
	Madeira	1,1	1,0	1,0
	Papel	3,0	4,0	3,0
	Produtos químicos	8,1	27,0	27,0
	Não-minerais	3,7	5,0	7,0
	Metais	14,7	12,0	14,0
	Maquinário	n.d.	14,0	17,0
	Outros	0,4	0,0	11,0
	Total	100	100	100
	Prod. Mft./PIB	11	20	24
Itália	Alimentos	19,5	8,9	8,4
	Produtos têxteis	14,6	11,8	12,9
	Madeira	5,3	2,7	3,1
	Papel	5,2	5,3	6,9
	Produtos químicos	16,8	17,6	13,2
	Não-minerais	4,4	6,0	6,1
	Metais	32,8	15,5	12,4
	Maquinário	Na	31,3	35,7
	Outros	1,5	0,8	1,3
	Total	100	100	100
	Prod. Mft./PIB	48	n.d.	23
Japão	Alimentos	9,6	10,0	8,9
	Produtos têxteis	16,0	7,9	4,7
	Madeira	4,4	4,2	2,5
	Papel	9,7	8,2	7,9
	Produtos químicos	16,2	14,7	15,0
	Não-minerais	5,5	5,1	4,3
	Metais	36,0	15,3	13,8
	Maquinário	Na	32,9	41,4
	Outros	2,5	1,7	1,5
	Total	100	100	100
	Prod. Mft./PIB			28

(continua)

A importância da experiência manufatureira

Tabela 5.2. *(continuação)*

Indústria		Porcentagem da manufatura total		
		1963[1]	**1975**	**1990**
Reino Unido	Alimentos	10,3	12,9	13,4
	Produtos têxteis	14,3	8,2	5,3
	Madeira	2,6	3,1	3,0
	Papel	7,0	7,8	10,9
	Produtos químicos	10,7	15,4	17,9
	Não-minerais	4,0	4,4	4,9
	Metais	48,4	14,2	10,2
	Maquinário	n.d.	12,8	33,4
	Outros	2,6	1,2	1,1
	Total	100	100	100
	Prod. Mft./PIB	56		23
Estados Unidos	Alimentos	12,4	11,8	12,4
	Produtos têxteis	9,9	6,9	4,9
	Madeira	4,2	2,9	2,9
	Papel	9,3	9,7	12,1
	Produtos químicos	12,0	15,8	17,6
	Não-minerais	3,3	3,4	2,7
	Metais	44,9	13,6	9,0
	Maquinário	n.d.	34,4	36,9
	Outros	4,0	1,6	1,4
	Total	100	100	100
	Prod. Mft./PIB			18

Notas:

1. Dados de 1953 sobre Argentina, Brasil, Chile, Índia, Turquia, Itália e Japão; dados de 1958 sobre Indonésia e Coréia; dados de 1959 sobre a Malásia; dados de 1950 sobre o México; dados de 1954 sobre Taiwan, Reino Unido e Estados Unidos; dados de 1963 sobre a Tailândia.
2. Para a Produção Manufatureira/PIB, a coluna de 1963 usa dados de 1955.
3. 1970.

Categorias ONU e Onudi:
Alimentos = comida, bebida, tabaco (1-3)
Produtos têxteis = tecidos, vestimentas, produtos de couro e pele, calçados (4-7)
Madeira = produtos e madeira, móveis e acessórios
Produtos químicos = produtos químicos industriais, outras substâncias químicas, refinarias de petróleo, carvão e produtos de petróleo, plástico, borracha (12-17)
Não-minerais = olaria/cerâmica/louça, produtos de vidro, outros não-minerais (18-20)
Metais = ferro/aço, metais não ferrosos, produtos metálicos (21-24)
Maquinário = maquinário elétrico, maquinário não elétrico, equipamentos de transporte, equipamento profissional e científico (25-28)
Outros = outros (29)

Fontes: ONU (vários anos) e Onudi (vários anos [b]).

A capacidade de concorrer na indústria petroquímica, em subsetores que vão das fibras sintéticas aos fertilizantes, dependeu sobretudo da construção de fábricas de escala mínima eficiente. Isso, por seu turno, dependeu do *timing* e da mobilização a jusante de investimentos que proporcionassem uma demanda de víveres a montante. Em termos das dificuldades do *timing* (como experimentadas na Coréia):

> quando países menos desenvolvidos constroem fábricas, muitas empresas internacionalmente competitivas de países avançados com freqüência incorrem em práticas de *dumping* no mercado internacional. Por exemplo, o preço competitivo do metanol era de mais de US$ 70/T antes de a Coréia construir uma fábrica de metanol. Todavia, o preço do metanol no mercado internacional caiu para US$ 40/T quando a Coréia passou a produzi-lo. (O, 1973, p. 276-7)

Além disso, conforme fábricas no "resto" estavam sendo construídas, a escala eficiente se ampliava graças a mudanças tecnológicas. No caso da indústria de fibra sintética,

> nos primeiros anos ... a quantidade da demanda doméstica era de 1,5 a 1,6 tonelada por dia. Apesar da existência de um número de competidores potenciais, apenas uma corporação (coreana) recebeu uma licença comercial. Ela conseqüentemente se expandiu para a escala de 30 toneladas por dia, que era a unidade mínima para a concorrência internacional na época. Quando a escala de 30 toneladas foi atingida, o governo transformou a indústria em um sistema competitivo aumentando o número de concorrentes. Nesse ínterim, contudo, a unidade mínima para a concorrência internacional tinha aumentado para 100 toneladas. O governo nisso deixou de aumentar o número de empresas concorrentes e procurou expandir as fábricas já existentes para uma escala acima de 100 toneladas, acompanhando as novas condições internacionais. (O, 1995, p.355)

A "escala eficiente", portanto, não era um conceito de engenharia estático, mas um problema de política dinâmico. Para aumentar a demanda doméstica por petroquímicos e permitir que escalas míni-

A importância da experiência manufatureira

mas eficientes fossem atingidas, governos e todas as partes do "resto" intervieram para criar usuários a jusante (ver Capítulo 6). Na década de 1950, apesar de uma longa experiência manufatureira, a construção de um setor petroquímico na América Latina ainda estava na infância.

No caso da indústria têxtil, a relativa força da Ásia, os vizinhos do Japão primeiro tiveram de desenvolver capacidades modernas, o que envolvia levantar capital estrangeiro com garantias do governo. Então eles tiveram de se preocupar com o aumento da produtividade e a redução de custos. No início da década de 1960 a produtividade da mão-de-obra (unidades monitoradas por trabalhador) era aproximadamente 3,3 vezes maior no Japão do que em Taiwan. Mensurada como máquinas operadas por trabalhador, a produtividade do Japão era aproximadamente 7 vezes maior (Lin, 1969). A vantagem taiwanesa de salários menores, portanto, era compensada pela produtividade mais alta do Japão, como sugerido na Figura 1.1.[12]

Tabela 5.3. Custo de produção da manta de algodão não desbotada (centavos americanos por fio linear), Estados Unidos, Japão e Hong Kong*

	Custos nos Estados Unidos (%)	Custos no Japão (%)	Custos em Hong Kong (%)
Custo total	14,6 (100)	11,4 (100)	14,0 (100)
Algodão	8,4 (57,5)	7,8 (68,6)	7,0 (50)
Mão-de-obra	3,9 (26,8)	1,7 (15,1)	2,1 (15)
Outros	2,3 (15,7)	1,9 (26,3)	4,9 (35)

* Estados Unidos e Japão, 1960; Hong Kong, 1963.

Fontes: Adaptado do Departamento de Comércio (Estados Unidos) (1961, Tabela 8, p.21) e Gatt (1966), como citado em Young (1969).

---

12 No caso da indústria têxtil tailandesa nos anos 1950, "os fios de algodão importados do Paquistão eram muito mais baratos do que os fios produzidos internamente. O algodão importado e os tecidos sintéticos do Japão eram mais populares na Tailândia. Em 1957, a produção interna de tecidos de algodão só poderia atender a 25% do total da demanda local. Os anos 1950 foram uma década de conturbação para o capital privado, que não tinha nenhum apoio dos "líderes políticos" (Suehiro, 1985, p.3-49).

Não há dados disponíveis para o início da década de 1960 sobre as desvantagens dos produtores têxteis no "resto" em comparação com o Japão, mas o fator custo pode ser inferido de dados disponíveis sobre Hong Kong, que operava com um câmbio relativamente determinado pelo mercado. Se Hong Kong, com os "preços certos", não pôde concorrer abertamente com o Japão, é duvidoso que outros países do Leste Asiático tenham-no conseguido simplesmente "acertando os preços".[13] A Tabela 5.3 apresenta uma comparação de custos no início da década de 1960 da manta de algodão não desbotada (o segmento menos especializado e mais básico do mercado) nos Estados Unidos, no Japão e em Hong Kong. Ela indica que os custos totais por fio estavam *mais baixos no Japão*. Estavam mais altos em Hong Kong do que no Japão por um fator de 1,3: US\$ 0,14 em Hong Kong contra US\$ 0,11 no Japão. Os custos da mão-de-obra no Japão e em Hong Kong representavam a mesma parcela nos custos totais, sugerindo que a vantagem do Japão na produtividade e a vantagem de Hong Kong em salários se compensavam.

A indústria têxtil norte-americana, com custos maiores do que os do Japão, sobreviveu à concorrência japonesa após a Segunda Guerra Mundial introduzindo "restrições voluntárias à exportação" (o primeiro "acordo de cavalheiros" entre os dois países fora assinado no fim dos anos 1930 para restringir as exportações do Japão para as Filipinas, uma colônia dos Estados Unidos [Peattie, 1996]). Em

---

13 Comparando Taiwan e Hong Kong, seus custos na indústria têxtil por volta de 1960 foram provavelmente similares. Os salários (e aluguéis) taiwaneses eram possivelmente um pouco mais baixos do que os de Hong Kong, mas seu capital e seus custos de distribuição foram provavelmente maiores. O custo do capital foi beneficiado por um mercado de câmbio livre denominado em dólares paralelos (Schenk, 1994), e os custos de distribuição se beneficiaram de um comércio de reexportação de longa data. A produtividade também era mais baixa em Taiwan do que em Hong Kong: em 1962 a proporção de quilos na produção de fios por fuso por hora trabalhada era de 0,0237 em Hong Kong e de apenas 0,0192 em Taiwan; a proporção de quilos na produção de tecidos por tear instalado era de 2,901 em Hong Kong, em comparação com apenas 1,593 em Taiwan (Gatt, 1966, p.203, 209).

contraste, Hong Kong sobreviveu à concorrência japonesa em virtude de sua participação na Commonwealth Britânica, que o protegeu da concorrência de países não membros, e de suas grandes cotas de exportação pelos termos de um acordo têxtil de 1962, que cartelizou o acesso aos mercados têxteis dos países avançados.[14] Taiwan e Coréia, por outro lado, fizeram um uso pesado de crédito subsidiado, proteção tarifária e restrições sobre o investimento estrangeiro para gerar capacidade para a fiação e tecelagem modernas. Dependendo de como as tarifas de Taiwan forem mensuradas, elas no mínimo dobraram durante 1949-55 (ver Tabela 5.4). Aumentaram uma vez mais ou permaneceram altas em 1955-68, um período de suposta "liberalização". Nos termos da barganha sugerida na Figura 1.1 entre o corte dos salários reais (depreciando a taxa de câmbio) e o subsídio ao aprendizado, Taiwan fez as duas coisas para concorrer.

Tabela 5.4. As tarifas de Taiwan sobre os fios e tecidos de algodão, 1949-1968

	Tarifa nominal		Tarifa real	
Ano	Fio de algodão	Tecido de algodão	Fio de algodão	Tecido de algodão
1949	5,0	20,0-30,0	8,4	26,4-38,4
1955	17,0	40,0	44,8	70,4
1959	25,0	42,5-45,0	39,6	64,8-68,4
1968	25,0	42,5-45,0	43,5	70,8-74,7

Notas: as tarifas nominais são marginalmente diferentes em Scott (1979), mas ambas as medidas mostram um pequeno aumento nas tarifas entre as décadas de 1960 e 1970. As tarifas reais incluem não apenas restrições quantitativas tanto nas manufaturas finais como nos insumos importados. Com uma taxa de marcação de 10%, os índices tarifários ajustados para um produto "controlado" com uma cota tarifária normal de 40% era estimativamente de 68,1% (Lee; Liang, 1982).

Fonte: Cronogramas de tarifas de importação da alfândega de Taiwan.

---

14 De acordo com Ho e Lin (1991, p.277), "Hong Kong possuía cotas de exportação mais altas do que Taiwan e a Coréia do Sul, e especialmente outros PITs [Países com Industrialização Tardia]", porque já tinha um alto volume de exportações de produtos têxteis em 1962, quando as cotas foram alocadas com base nas participações de mercado existentes.

O destino do investimento estrangeiro

Além do fracasso da experiência manufatureira em legar indústrias modernas prontas, capazes de concorrer a preços mundiais, um fracasso adicional envolveu a escassez de empresas profissionalmente administradas *de propriedade nacional*. Quando havia empresas de grande escala administradas profissionalmente, elas tendiam a ser *de propriedade estrangeira*. Os países latino-americanos com experiência manufatureira emigrada provavelmente receberam a maior parte de tais investimentos na época da Segunda Guerra Mundial, mas o investimento estrangeiro direto (IED) no Sudeste Asiático não foi trivial (ver Tabela 5.1), e o investimento japonês na Coréia e em Taiwan tinha sido extremamente grande, como se observou anteriormente. O que mais diferia entre os países do "resto", divididos pelas linhas da emigração e da história colonial, foi o destino dos investimentos estrangeiros no período, diga-se, de 1940 a 1960.

Os anos imediatos do pós-guerra foram tempos turbulentos para todos os países do "resto" em termos de propriedade estrangeira. Quase por toda parte o valor da propriedade estrangeira caiu (como quer que seja mensurada). Passos deliberados foram também tomados para transferir a posse e o controle de propriedades estrangeiras para proprietários nacionais (públicos e privados) por meio da nacionalização ou expropriação. Mesmo antes de a guerra começar, o México havia nacionalizado sua indústria de petróleo. Depois que as hostilidades se encerraram, o México adquiriu as instalações de propriedade britânica. Para financiar seus próprios esforços de guerra, a Grã-Bretanha havia liquidado muitos de seus investimentos na América Latina. No caso das provedoras de eletricidades, elas tenderam a se tornar propriedades mexicanas (Wionzeck, 1964). As companhias de utilidade pública britânicas passaram para mãos americanas e em seguida para mãos nacionais na Argentina, que também expropriou propriedades do Eixo (Lewis, 1990).

Ainda assim, a aquisição de propriedades estrangeiras e a obliteração de uma presença estrangeira nas principais indústrias manufatureiras foi mais longe em países que conquistaram sua independência política do regime colonial após a Segunda Guerra Mundial. A Coréia e Taiwan herdaram do Japão terras de cultivo e um sistema bancário funcional que foi mantido firmemente nas mãos do Estado até pelo menos a década de 1980 (sob a pressão dos Estados Unidas, a Coréia havia privatizado os bancos na década de 1950, mas os renacionalizara em 1961). Grandes grupos comerciais coreanos iniciaram suas atividades com base em propriedades industriais japonesas, que o governo coreano primeiro nacionalizou e então privatizou. Taiwan adquiriu um vasto complexo empresarial do Japão, que em 2000 ainda não tinha sido privatizado.[15] A Indonésia nacionalizou todas as propriedades holandesas em dezembro de 1957 e no início de 1958. As nacionalizações afetaram 489 corporações holandesas, como observado acima, inclusive 216 plantações, que serviram de base para a diversificação de grupos comerciais nacionais para o processamento de alimentos, 161 estabelecimentos industriais e de mineração, quarenta companhias de comércio e dezesseis corretoras de seguros (Lindblad, 1998; Thee, 1996). Na Tailândia, um governo militar nacionalista na década de 1930 nacionalizou as propriedades britânicas (Suehiro, 1985). Na Índia, como a maioria das empresas estrangeiras antes de 1914 se baseava na compra, no processamento e na expedição de produtos de exportação primários — juta bruta e produtos de juta, trigo, chá e couro cru, para mencionar alguns —, essas empresas estrangeiras declinaram conforme a economia indiana se voltou para a manufatura. Na época da independência, em 1947, muitas casas de agenciamento se haviam desfeito de seu patrimônio (Agarwala, 1986). As novas indústrias que se desenvolveram nas décadas de 1930 e 1940 sob a proteção tarifária, como a de engenharia elétrica, a de maquinário e manufaturas metálicas, a de alimentos, tabaco e artigos domésticos, a de fármacos e produtos químicos industriais, a de produtos de borracha e a de tintas e vernizes, haviam atraído algum capital estrangeiro

---

15 Sobre a Coréia, ver Core; Lyman (1971), Jones; Il (1980), Amsden (1989) e Fields (1995). Sobre Taiwan, ver Gold (1986), Wade (1990) e Fields (1995).

na forma de unidades fabris subsidiárias de companhias multinacionais. A continuidade era tal que "mais da metade das companhias manufatureiras proeminentes na Índia no início dos anos 1970 já haviam feito investimentos consideráveis antes da independência" (Tomlinson, 1993, p.143). Ainda assim, o investimento por empresas indianas privadas foi muito mais agressivo, proporcionando "mais de 60% do emprego total na indústria de grande escala em 1937, e mais de 80% em 1944. Tais empresas também compunham o grosso do novo investimento privado no período entre guerras, especialmente nos anos 1930" (Tomlinson, 1993, p.143). No leste da Índia, o capital estrangeiro foi expulso pelo capital indiano (Tomlinson, 1981). Assim, o que pareceu contribuir para o declínio do capital expatriado na Índia não foi a expropriação causada pela descolonização. Em vez disso, em contraste com a situação na América Latina, a incerteza política introduzida pela descolonização desestimulou a expansão estrangeira.

A aquisição ou a marginalização de propriedades manufatureiras estrangeiras limpou o terreno para a emergência de empresas de propriedade nacional. Foi uma questão de história, e não de teoria, que isso tenha ocorrido sobretudo em países com histórico colonial. Ainda assim, uma vez que o histórico emigrado criou ambigüidades sobre a identidade nacional, é uma questão de teoria que, após os anos imediatos do pós-guerra, países de emigrados na América Latina tenham natural ou propositadamente dado maior estímulo do que as ex-colônias ao investimento externo adicional, como observado no Capítulo 8.

Conclusão

A experiência manufatureira do pré-guerra revela-se uma condição necessária para a expansão industrial do pós-guerra, dado que nenhum país retardatário bem-sucedido conseguiu se industrializar sem ela. Qualquer que tenha sido a fonte da transferência tecnológica (pré-moderna, colonial ou emigrada), levou tempo desenvolver as capacidades de produção, as habilidades para a execução de projetos e as organizações comerciais necessárias para concorrer nos mercados mundiais.

Um grande déficit na experiência manufatureira do pré-guerra foi a ausência de empresas comerciais modernas de propriedade nacional. Elas podem ser vistas como um "referencial do desenvolvimento" e "um sistema social em miniatura especializado em desempenhar funções econômicas e integrado em termos de valores econômicos" (Geertz, 1963, p.137). Nem mesmo as economias mais avançadas no "resto" durante o período pré-guerra, as da América Latina, tinham criado empresas nacionais hierarquicamente administradas que fizessem investimentos em fábricas com uma escala mínima suficiente, capacidades tecnológicas e canais relacionados de distribuição. As empresas mais modernas eram de propriedade estrangeira.

Uma grande diferença que emergiu na esteira da guerra entre os países do "resto" dizia respeito à durabilidade da propriedade estrangeira. Em razão dos deslocamentos da descolonização, a durabilidade da propriedade estrangeira foi menor em países com elos coloniais rompidos explosivamente. Nesses países — especialmente China, Índia, Coréia, Taiwan e Indonésia —, o caminho esteve aberto nos anos do pós-guerra para a criação de grandes empresas de propriedade nacional. Com isso, embora todos os países do "resto" após a Segunda Guerra Mundial tenham retomado o mercado interno dos *exportadores* estrangeiros, apenas alguns retomaram o terreno das grandes empresas dos *proprietários* estrangeiros.

A jóia na coroa da experiência manufatureira do pré-guerra foi uma nova elite de administradores e engenheiros. Em conjunto com investimentos na educação terciária, um núcleo de técnicos experientes emergiu. Alguns se perderam temporariamente devido à fuga de cérebros. Outros se tornaram os líderes dos negócios e do governo que tomaram a iniciativa de promover o desenvolvimento industrial. É a seus esforços que a atenção agora se voltará.

II
Avançando furtivamente, a partir de aproximadamente 1950

6
Acelerando

O Estado desenvolvimentista predicava-se no desempenho de quatro funções: bancos de desenvolvimento; administração de conteúdo local; "exclusão seletiva" (a abertura de alguns mercados para transações seletivas enquanto outros se mantinham fechados); e a formação de empresas nacionais. Em conseqüência dessas funções (as duas primeiras são examinadas neste capítulo), o "resto" finalmente fez o necessário investimento em três frentes para entrar na indústria básica — em fábricas de grande escala, em habilidades hierárquicas administrativas e tecnológicas e em redes de distribuição e marketing (Chandler Jr., 1990). Dois princípios orientaram o desenvolvimentismo: tornar as manufaturas lucrativas o bastante para atrair a empresa privada por meio da alocação de "ativos intermediários" (subsídios) e induzir tais empresas a se concentrar nos resultados e a redistribuir seus lucros monopolistas em meio à população como um todo.

Passo a passo, os governos cambalearam rumo a um novo mecanismo de controle que substituiu a mão invisível. O novo mecanismo acabou partilhando com a iniciativa privada o crédito por uma Idade de Ouro da expansão industrial.

Os bancos de desenvolvimento

Como o Atlântico Norte, o "resto" foi assolado após a Segunda Guerra Mundial por bens de capital antigos e tecnologicamente obsoletos.[1] Diversamente da Europa, contudo, ele não teve nenhum Plano Marshall para guiá-lo e financiá-lo.[2] Diversamente do Japão, não teve nenhum Banco Financeiro da Reconstrução.[3] Dessa forma, o banco de desenvolvimento,[4] em conjunto com o plano de desen-

---

1 Na América Latina, "no início da Segunda Guerra Mundial, uma boa parte da capacidade industrial e do capital para encargos sociais da América Latina estava nas últimas e às raias da obsolescência; as escassezes da guerra agravariam essas condições" (Diaz Alejandro, 1984, p.48). As condições tendiam a ser ainda piores na Ásia (Indonésia e Malásia, por exemplo), em razão das destruições dos tempos de guerra.

2 O Banco Mundial deveria financiar o desenvolvimento do Terceiro Mundo. Diversamente do Plano Marshall, contudo, a assistência do Banco Mundial não incluía concessões, e os empréstimos tipicamente não se voltavam às manufaturas. A Turquia foi um caso especial que demonstrou a regra. Ela foi coberta pelo Plano Marshall, mas a idéia era desenvolver a agricultura turca (Pamugoklu, 1990).

3 No caso do carvão, do ferro, do aço, dos fertilizantes, da energia elétrica e do transporte oceânico, o Banco Financeiro da Reconstrução (1951) respondeu por 84% do custeio total dos investimentos em capital do Japão no pós-guerra. Seus recursos provinham do governo na forma de obrigações e capital próprio (Banco e Instituto de Desenvolvimento do Japão 1994). O primeiro banco de desenvolvimento do Japão foi o Banco de Espécie de Yokohama, que ajudou a financiar as indústrias japonesas de tecidos de seda e algodão no final do século XIX (ver Capítulo 3).

4 O banco de desenvolvimento no pós-guerra no "resto" parece ter sido *sui generis*. Gerschenkron (1962) enfatiza a importância de instituições inovadoras para a retomada, mas ao discutir seu principal exemplo, a Rússia, ele mencionou apenas uma política fiscal agressiva antes de 1890, e então a emergência de um sistema de bancos privados. Ele não menciona nenhuma instituição que se assemelhasse ao banco de desenvolvimento do pós-guerra. O banco de desenvolvimento do México, a Nacional Financiera, "não teve nenhuma contrapartida nos Estados Unidos, a menos que fosse alguma combinação entre a Reconstruction Finance Corporation (do New Deal) e a antiga J. P. Morgan

volvimento, preencheu a brecha.[5] Por um brevíssimo prazo, até que surgissem problemas com a balança de pagamentos, o "resto" ficou rico em divisas com os lucros dos tempos de guerra e com a poupança obrigatória. Quando a riqueza começou a sumir por causa das importações, os bancos de desenvolvimento entraram em ação para construir a indústria local.[6]

A infra-estrutura foi o primeiro grande alvo dos bancos de desenvolvimento do pós-guerra. Diversamente da construção de ferrovias no pré-guerra, projetos infra-estruturais como a eletrificação, a construção de rodovias, a irrigação, o saneamento e aeroportos geraram uma demanda substancial por insumos fabricados localmente (muitas das produtoras de bens de capital pesados no Brasil, por exemplo, resultaram de desdobramentos de projetos de infra-estrutura pública). Grupos comerciais foram fortalecidos pela participação em tais projetos (entre os quinze maiores grupos empresariais do Brasil, cinco têm suas principais competências em serviços de construção, como visto no Capítulo 8). Os bancos de desenvolvimento afiaram os próprios dentes em tais projetos aprendendo técnicas relacionadas à avaliação de projetos, a licitações e à compra de equipamentos e matéria-prima.

Company" (Myers, 1954, p.588). Um banco de capital societário criado em 1822 pelo rei Guilherme I da Bélgica foi dotado de propriedades estatais e deveria desenvolver projetos de investimento (Cameron, 1993). Ele faliu, e muitos bancos de investimento (*sociétés generales*) emergiram depois disso, mas eram privados e não apoiavam nem participavam do patrimônio de empresas públicas ou privadas, e tampouco impunham padrões de desempenho a seus clientes. Para o envolvimento do Estado no desenvolvimento das instituições financeiras, ver Sylla et al. (1999).

5 Sobre planejamento, ver Hanson (1966), Streeten; Lipton (1968) e Chakvararty (1991).

6 Sobre a história macroeconômica imediata do pós-guerra, ver Diaz Alejandro (1970) para a Argentina; Abreu et al. (1997), Baer (1965), Fishlow (1972) e Leff (1982 e 1982) para o Brasil; Lieu (1948) para o intervalo de três anos entre o fim da Segunda Guerra Mundial e a tomada comunista na China; Mamalakis; Reynolds (1965) e o Instituto de Economia (1956 e 1963) para o Chile; Bhagwati; Chakravarty (1969) e Vaidyanathan (1982) para a Índia; Cole; Park (1983) para a Coréia; Lee (1974) para a Malásia; e Reynolds (1970) para o México.

A Tabela 6.1 mostra uma queda das despesas com infra-estrutura como porcentagem dos empréstimos totais pelos bancos de desenvolvimento do México, Brasil, Índia e Coréia. Os tipos de infra-estrutura cobertos em cada banco diferiam, mas em todos os casos, exceto na Índia, a parcela da infra-estrutura nos empréstimos totais começou relativamente alta. Ela se afilou então com o tempo, conforme a demanda por infra-estrutura foi mais plenamente atendida. Os gastos com infra-estrutura como parcela dos empréstimos eram de longe os mais baixos na Índia, qualquer que fosse o período. Em partes, isso refletiu o fato de que outras instituições na Índia gastaram com infra-estrutura, incluindo bancos de desenvolvimento no nível dos estados. Em partes, também refletiu o fato de que a Índia subinvestiu seriamente em infra-estrutura.[7]

Com respeito às cotas de investimento *total*, em 1960-64 houve uma similaridade notável entre os países do "resto". A parcela do investimento interno bruto no PIB variou estreitamente, de uma baixa de aproximadamente 14,0% na Argentina, Chile, Indonésia e Coréia para uma alta de 21,2% na Tailândia. O coeficiente de variação nesses anos foi de meros 15,4% (ver Tabela 1.12).

Tampouco foi essa formação de capital determinada pelo investimento direto estrangeiro. O investimento estrangeiro dentro do investimento interno bruto total foi relativamente pequeno, possivelmente até menor do que no período pré-guerra, por causa de uma mudança na propriedade e nas finanças da infra-estrutura (menos propriedade estrangeira direta no período pós-guerra). O investimento estrangeiro direto após a guerra foi importante em certas indústrias manufatureiras e crítico em certos países, conforme discutido no próximo

---

7 A Corporação de Finanças Industriais da Índia, o primeiro banco de desenvolvimento indiano, foi fundada pouco depois da independência, em 1948. Suas atividades iniciais foram caóticas, e os fundos tendiam a ser oferecidos na base do "quem chegar primeiro". Como resultado, o padrão inicial de empréstimos da CFII tendeu a representar a estrutura industrial existente na Índia, em vez das necessidades de infra-estrutura, com a maior parcela dos fundos indo para as indústrias de alimentos e produtos têxteis (Saksena, 1970). Ver também Ahluwalia (1985, p.73) e Gulyani (1999).

capítulo, mas foi menor na formação total de capital (ver Tabela 1.14). Nos sete países do "resto" para os quais há dados disponíveis sobre 1960-64, o investimento estrangeiro direto representou menos de 5%. No período seguinte ele se tornou mais importante apenas no Brasil, com sua riqueza em matérias-primas e um grande mercado interno, e na Malásia, com matérias-primas excepcionalmente ricas.[8] Na década de 1990, ele se tornou mais importante em quase todos os países (discutido no Capítulo 9). Assim, desde o século XIX o investimento estrangeiro direto no "resto" tendeu a retardar em vez de motivar o desenvolvimento econômico — este floresceu tardiamente, depois que o investimento nacional entrou em alta (ver o Capítulo 3).

Em seu lugar, o grande ator nos investimentos passou a ser o setor público. O investimento público como parcela do investimento interno bruto no período 1960-64 oscilou entre uma alta de 58% no México e uma baixa de 25% no Brasil (ver Tabela 1.13). Essas parcelas eram mais altas do que no Atlântico Norte antes e depois da virada do século.[9] Com o tempo, a importância do setor público na formação de capital do "resto" tendeu a declinar (exceto em Taiwan), mas pela maior parte da era pós-guerra o estado de desenvolvimento foi de longe o mais importante ator na formação de capital.

---

8 Sobre a Malásia, ver Hoffmann; Tan Siew (1980), Peng (1983) e Rasiah (1995). Sobre o Brasil, ver Evans (1979) e Newfarmer; Mueller (1975).

9 No Canadá, os gastos do governo como parcela da formação do capital fixo bruto (G/C) foi estimada como de apenas 7% aproximadamente na virada do século, para subir, cair e subir de novo para 10% no final da década de 1920. No caso dos Estados Unidos, as estimativas de Simon Kuznets sugerem que a G/C foi inicialmente muito baixa, não passando de 16,3% em 1929-55. No caso do Reino Unido, de acordo com estimativas de Charles Feinstein, a G/C subiu de menos de 10% em 1856-75 para em torno de 28% em 1920-38. Na Suécia, a G/C não passou de 10% antes de 1900, e então ficou em torno de 20% em 1920-40. Na Alemanha, o padrão diferiu um pouco do de outros países: a parcela do setor público começou em torno de 30% nos anos 1850, atingiu um pico de 36% em 1875-79 e então caiu para uma faixa de 14% em 1885-1914. O pico coincidiu com um *incremento* das estradas de ferro (Reynolds 1971). Tanzi; e Schuknecht (1998) comparam outros tipos de gastos do governo no Atlântico Norte, distintos dos investimentos, antes e depois da guerra.

Tabela 6.1. Gastos em infra-estrutura* como porcentagem dos empréstimos totais pelos bancos de desenvolvimento, 1948-1991

Anos		Gastos em infra-estrutura (%)	Anos		Gastos em infra-estrutura (%)
México	1948-49	44,7	Índia	1949-61	1,5
	1950-59	34,1		1962-69	3,6
	1960-69	40,0		1970-79	4,2
	1970-79	33,9		1980-89	7,8
	1980-89	27,5		1990-94	7,5
	1990-91	13,8			
Brasil	1953-59	74,0	Coréia	1954-61	27,7
	1960-69	25,0		1962-71	17,9
	1970-79	27,0		1972-79	23,9
	1980-89	31,0		1980-89	11,0
	1990-91	n.d.		1990-94	12,5

* Infra-estrutura como definida pelos relatórios dos bancos de desenvolvimento. A infra-estrutura inclui as seguintes categorias nos países apresentados — México: geração de eletricidade, transportes, irrigação, comunicação; Brasil: energia elétrica, trilhos, estradas, água, outros; Índia: geração de eletricidade, sistemas hidráulicos; Coréia: geração de eletricidade, sistemas hidráulicos.

Fontes: Bancos de desenvolvimento nacional.

O ator estatal no financiamento de investimentos era o banco de desenvolvimento. Do ponto de vista da provisão de capital em longo prazo para o investimento público *e privado*, os bancos de desenvolvimento foram de suprema importância em todo o "resto". A Nacional Financiera (Nafinsa) do México respondeu por quase duas vezes o valor dos empréstimos em longo prazo de todas as instituições de crédito privadas em 1961, com 8.114 *versus* 4.706 (em milhões de pesos). Ela também respondeu por mais de 60% do total de cotas possuídas por instituições de crédito privadas (ver Tabela 6.2).[10] Tampouco era atípica a posição da Nafinsa. Na Índia, estimou-se que no final dos anos 1960 mais de um quinto dos investimentos privados totais na indústria era financiado por meio de bancos de desenvolvimento; "a parcela dos bancos de desenvolvimento em empréstimos em médio e

---

10 Ver também Nacional Financiera (1971).

longo prazo seria, é claro, muito mais alta" (Goldsmith, 1983, p.187). O Banco de Desenvolvimento Industrial da Índia financiava iniciativas tanto públicas como privadas, mas em 1985 a assistência cumulativa para iniciativas privadas ou conjuntamente públicas e privadas representou 83% da assistência total (Índia, 1984-85). No Chile, entre 1961 e 1970 projetou-se que o investimento fixo de projetos direcionados da Corfo[11] no setor industrial representaria 55% de todos os investimentos fixos na indústria, incluindo a indústria de artesanato (Corfo, 1961; Alvarez, 1993). Estima-se que a Corfo tenha controlado mais de 30% dos investimentos em maquinário e equipamento, mais de um quarto do investimento público e aproximadamente 20% do investimento interno bruto (Mamalakis, 1969). Em 1957, o Banco de Desenvolvimento da Coréia (BDC) respondeu por 45% do total de empréstimos bancários a todas as indústrias. Depois de um golpe militar em 1961, que resultou na renacionalização dos bancos comerciais,

> o passo seguinte no programa de reforma financeira do Governo Militar foi a revisão das prerrogativas do BDC de modo a aumentar seu capital, autorizá-lo a tomar fundos emprestados do exterior e dar garantia a empréstimos obtidos no estrangeiro por empresas coreanas. (Cole; Park, 1983, p.57)

Quando se consideram apenas os empréstimos de longo prazo ("fundos de capital"), já em 1969 o Banco de Desenvolvimento da Coréia respondeu por 54% do total, "ainda mantendo seu importante papel em financiar o desenvolvimento industrial da nação" (Banco de Desenvolvimento da Coréia, 1969, p.14). Na década de 1970 o Fundo de Investimento Nacional, usado para a promoção das indústrias pesada e química, foi parcialmente estreitado pelo BDC. Posteriormente, quando o grosso dos investimentos se transferiu para os bancos comerciais, o empréstimo preferencial persistiu.[12] No

---

11 Corporación de Fomento de la Producción.

12 Os empréstimos preferenciais representavam pelo menos 50% de todos os empréstimos bancários, mesmo no início dos anos 1980 (Ito, 1984).

Brasil, durante quarenta anos "nenhuma grande iniciativa envolvendo capital privado brasileiro foi implementada sem o apoio do BNDES"[13] (Banco Nacional de Desenvolvimento Econômico e Social [BNDES] 1992, p.20). Não havia nenhuma fonte real e alternativa de capital em longo prazo no Brasil além do BNDES (Monteiro Filha, 1994). Mesmo na alta tecnologia, o BNDES esteve na dianteira e criou um grupo atuante especial para explorar a possibilidade de construir uma indústria local de computadores. O "Primeiro Plano Básico de Ciência e Tecnologia" emergiu em 1973-74 do BNDES (Evans, 1995). Com respeito ao Banco de Desenvolvimento da Indonésia (Bapindo), ele foi "o único banco significativo especializado em empréstimos em longo prazo" (McLeod, 1984, p.69). Mas além do Bapindo, havia um grande setor de bancos comerciais estatais e um banco nacional, o Bank Indonesia, que também oferecia crédito concessionário direto a grandes empresas do governo, inclusive a Pertamina, a gigante do petróleo da Indonésia, e a Krakatau Steel (Nasution, 1983, p.63).

O papel do governo na alocação de crédito em longo prazo foi substancial mesmo em partes do "resto" onde os bancos de desenvolvimento foram de relativamente pouca importância (Malásia, Tailândia, Taiwan e Turquia). Quando necessário, todo o setor bancário desses países foi mobilizado para destinar crédito em longo prazo a indústrias escolhidas, agindo como um banco de desenvolvimento sub-rogado. Taiwan (como a Coréia do Sul) herdou do Japão um sistema de bancos comerciais em bom estado de funcionamento, como se observou no capítulo anterior. Excluindo-se as instituições de bolsas secundárias, essa herança era de propriedade governamental e foi responsável por mais de 90% do crédito em longo prazo (Shea; Yang, 1994; Wade, 1990). De acordo com o *Relatório Anual* de 1973 (p.10) do Banco das Comunicações (um quase banco de desenvolvimento), "o governo direcionou as diferentes instituições bancárias para proporcionar facilidades de crédito a diferentes indústrias". Ainda em 1978 até

---

13 Banco Nacional de Desenvolvimento Econômico e Social (o "Social" foi adicionado em 1982).

Tabela 6.2. Distribuição dos empréstimos para manufaturas pela Nafinsa, 1948-1989 (médias anuais em %)

Indústria	1948-59	1960-69	1970-79	1980-89
Ferro/Aço	26,1	20,4	35,7	45,0[1]
Cimento e outros materiais de construção	2,7	1,3	1,0	n.d.
Metais não-ferrosos	1,0	3,0	5,5	1,5[2]
Produtos alimentícios	14,3	13,6	6,8	4,3
Produtos têxteis	11,0	6,9	6,1	6,5
Produtos de madeira	0,4	0,2	0,7	0,7
Produtos de papel	9,7	8,5	4,5	6,5
Fertilizantes e outros produtos químicos	14,0	15,2	7,5	5,2
Produtos elét. e met./maquinário	6,6	3,0	2,3	30,5
Equipamentos de transporte	9,0	22,8	20,7	n.d.
Outros	5,2	5,5	9,1	n.d.
Mft. Total[3]	100,0	100,3	100,0	100,2
Empréstimos totais à mft. como % do FCFB[4]	n.d.	n.d.	35,5	17,5

1. Inclui outros produtos metálicos.
2. Produtos minerais não-metálicos.
3. Não inclui "petróleo e carvão". Os relatórios anuais não são claros quanto à extensão em que as manufaturas estão incluídas.
4. As cifras são respectivamente sobre 1970 e 1980, respectivamente. Formação de capital fixo bruto.

Fonte: Nafinsa.

63,4% dos bancos de empréstimo internos em Taiwan se destinavam a empresas públicas (Lee, 1990, p.60).

A insignificância dos bancos de desenvolvimento na Malásia e na Tailândia se deveu ao fato de que os principais incentivos para as empresas nesses países no início do período pós-guerra eram as deduções de impostos, e não as concessões de crédito.[14] Ainda assim, quatro bancos de desenvolvimento existiam na Malásia, dedicando-

---

14 A fraqueza dos bancos de desenvolvimento na Malásia é indicada pelo fato de que a Finanças para o Desenvolvimento Industrial Malaio Berhad respondeu em 1988 por apenas US$ 292,5 milhões em empréstimos industriais (inclusive empréstimos em curto prazo), em comparação com U$ 9.391 milhões por bancos comerciais, US$ 600,7 milhões por companhias de finanças e US$ 895 milhões por bancos mercantis (Malásia, 1989).

se ao desenvolvimento econômico da maioria malaia (Bumiputra). Houve também muito crédito concessionário a projetos apoiados pelo governo, começando na década de 1970, e tais projetos eram financiados por um sistema bancário de propriedade sobretudo estatal. Em 1980 os bancos internos representavam 62,0% do total de ativos do sistema bancário. O Banco Bumiputra da Malásia Berhad era o maior banco comercial, sendo totalmente possuído pelo governo. O governo era também um grande acionista em dois outros grandes bancos (o Banco Malaio Berhad e a Corporação de Bancos Unidos da Malaia) (Akhtar Aziz, 1984). Na Tailândia, a maioria dos bancos domésticos foi estabelecida por casas comerciais sino-tailandesas e se tornou parte de grupos comerciais diversificados. Mas o governo detinha mais de 90% de dois grandes bancos (o Banco Krung Thai e o Banco da Agricultura e das Cooperativas Agrárias) e parcelas menores em todos os outros grandes bancos (o Escritório de Propriedades da Coroa era também um grande acionista no Banco Comercial do Sião). O Banco Krung Thai, por seu turno, detinha a maior parcela na Corporação de Finanças Industriais da Tailândia, um banco de desenvolvimento. O Estado desenvolvimentista da Tailândia alocou a maior parte de suas atividades promocionais em um Conselho de Investimento (ver Capítulo 1), que serviu de banco de desenvolvimento uma vez que visou a indústrias (e empresas) especiais para seu apoio, que incluía às vezes crédito concessionário arranjado por intermédio do Ministério da Fazenda.

A Turquia teve dois importantes bancos de desenvolvimento no pré-guerra, o Sümerbank (1933) e o Etibank (1935), que investiam em mineração e aço (entre outros setores) e em várias empresas privadas. Por causa da política global, houve tentativas de privatizar esses bancos nos anos 1950 e um Banco de Desenvolvimento Industrial (BDI) foi estabelecido com custeio do Banco Mundial. Embora a privatização tenha sido impedida por falta de compradores e o BDI não tenha gerado conseqüências, empresas estatais executaram várias políticas públicas, e os bancos comerciais foram intensamente influenciados pelo Estado em seus empréstimos a indústrias específicas (Hale, 1981). Em 1968, a Organização de Planejamento Estatal começou a emitir "certificados de estímulo" ao investimento. Similares aos "certificados de promoção" do Conselho de Investimento na Tailândia, esses certificados de estímulo davam às empresas o direito a uma tributação favorável, à isenção de impostos e ao crédito subsidiado. No início da década de 1990, tais certificados ganharam importância uma vez mais (Barkey, 1990; Onudi, 1995).

Teoricamente, a importância dos bancos de desenvolvimento no financiamento da indústria manufatureira pode ser mensurada ou por sua participação nos *empréstimos* às manufaturas, como se fez acima, ou por sua participação nos *investimentos* em manufaturas. A parcela dos investimentos representada pelas manufaturas é por si só de interesse. Sendo assim, os dados disponíveis são apresentados na Tabela 6.3. Não são especialmente esclarecedores, já que não mostram nenhum padrão com contornos claros entre os retardatários. Ainda assim, eles revelam uma clara tendência em comparação com a do Atlântico Norte. A parcela das manufaturas nos investimentos totais do "resto" primeiro alcança e depois ultrapassa a do Atlântico Norte, que provavelmente caiu com a ascensão dos serviços. Dada a parcela das manufaturas nos investimentos totais, a Tabela 6.4 mostra os gastos por instituições de desenvolvimento como porcentagem dos investimentos totais em manufaturas em 1970, 1980 e 1990 (os países apresentados são aqueles com os dois conjuntos de dados necessários). Os dados sobre o Conselho de Investimento (CDI) na Tailândia representam os gastos de investimento realizados pelas empresas clientes do CDI. Os dados na Tabela 6.4 tampouco são especialmente bem comportados, já que variam dependendo da fase dos projetos de investimento em grande escala e de flutuações cíclicas nos investimentos (como uma aguda baixa econômica na Coréia em 1980). Mesmo assim, no último ano para os quais há dados disponíveis, 1990, todos os quatro países mostraram um papel substancial para os bancos de desenvolvimento, considerando-se que os investimentos em manufaturas incluíam não apenas a formação de capital em longo prazo, o pão com manteiga de tais bancos, mas também gastos de capital de giro em curto prazo e investimentos financiados por poupanças pessoais e ganhos retidos.

Tabela 6.3. Formação de capital fixo bruto nas manufaturas como parcela da formação de capital fixo bruto total 1950-1990 (%)

País	1950	1960	1970	1980	1990
Brasil	13,0	8,1	19,7	13,8	13,5
Chile	n.d.	n.d.	9,9	11,8	10,3
Hong Kong	n.d.	n.d.	14,8	15,4	8,0
Índia	11,6	27,8	27,5	12,5	10,4
Indonésia	n.d.	n.d.	8,2	4,8	6,1
Coréia	13,6	15,0	17,0	28,3	32,3
Malásia	n.d.	n.d.	26,8	n.d.	23,9
México	n.d.	n.d.	37,6	39,5	39,7
Cingapura	n.d.	n.d.	22,5	18,3	17,9
Taiwan	19,5	23,5	36,1	29,0	25,7
Tailândia	25,4	25,7	n.d.	n.d.	48,8
Turquia	n.d.	n.d.	13,2	9,9	18,0
Reino Unido	27,3	25,0	18,1	16,9	14,2
Estados Unidos	16,4	19,3	9,3	12,5	10,9
Dinamarca	13,7	16,3	9,2	10,3	12,3
Noruega	18,5	17,3	8,8	11,6	10,5
Japão	n.d.	n.d.	20,1	9,5	10,8

Fontes: FCFB das Manufaturas: ONU (1963) e Onudi (vários anos). Brasil: Brasil (vários anos [b]). Índia: Chandbok (1996). México: México (1994). FCFB Total: Fundo Monetário Internacional (1995).

Tabela 6.4. Parcela dos bancos de desenvolvimento nos investimentos totais em manufaturas, 1970-1990 (%)

País	1970	1980	1990
Tailândia (Conselho de Investimento)	n.d.	n.d.	45,9
Brasil (BNDES)	11,0	18,7	18,1
Turquia (TSKB, Banco de Des. Ind. da Turquia)	6,7	n.d.	n.d.
Índia (todos os bancos de desenvolvimento)	7,6	16,8	26,0
Coréia (Banco de Desenvolvimento da Coréia)	44,7	10,1	15,3
México (Nafinsa)	35,5	11,4	n.d.

Notas
Brasil: 1970; 1980; 1992.
Índia: média de 1969-74; 1979-80; 1984-85.
Coréia: 1970; 1980; 1990.
México: 1970; 1990.
Tailândia: 1990. Representa % dos investimentos em manufaturas representados por empresas do CDI em 1990.
Turquia: A cifra para os empréstimos do TSKB representa 1968-69. Ela é dividida pelos investimentos totais em manufaturas para 1969-70. Anos equivalentes não estavam disponíveis.

Fontes: Bancos de desenvolvimento nacional.

Podemos concluir, então, que a instituição do banco de desenvolvimento estatal transformou os arranjos financeiros do período préguerra, quando as finanças em longo prazo para a indústria vinham sobretudo na forma da propriedade privada por ações (ver Capítulo 4). O banco de desenvolvimento (ou seu equivalente) respondeu por uma alta proporção dos empréstimos em longo prazo no pós-guerra para a indústria e a infra-estrutura em todos os países no "resto", exceto a Argentina. O banco de desenvolvimento da Argentina implodiu já na década de 1940, em razão de corrupção e desgoverno (Lewis, 1990).

O fortalecimento fiscal da burocracia

Os bancos de desenvolvimento levantavam capital interna ou externamente e então o usavam ou para adquirir patrimônio em empresas privadas ou públicas ou para fazer empréstimos a tais empresas a taxas de juros abaixo do mercado.[15] Assim, em 1969, no estágio inicial do desenvolvimento industrial do pós-guerra, a participação patrimonial envolveu 86,7% da saída de capital do Banco de Desenvolvimento da Coréia (Banco de Desenvolvimento da Coréia, 1969). Similarmente, o banco de desenvolvimento do México em seus anos formativos entrou freqüentemente em parcerias com empresas locais; ele "ajudou a organizar empresas comerciais e manteve uma voz significativa em muitas daquelas em que tinha investimentos patrimoniais" (Blair, 1964, p.198). O banco de desenvolvimento do Brasil foi ativo em estabelecer um mercado de ações. As funções do banco de desenvolvimento da Índia ao longo de sua existência são indicadas pela decomposição de suas finanças diretas (acumuladas até março de 1993): ele fez empréstimos em moeda local (78%) e empréstimos em moeda estrangeira (10%); envolveu-se em subscrições e fez assinaturas diretas (7%); vendeu

---

15 A partir da década de 1980, o Fundo Monetário Internacional impediu os governos de usar empréstimos do FMI para continuar emprestando a empresas estatais; somente empresas privadas poderiam ser financiadas com o crédito do FMI. Sobre o Brasil, ver Monteiro Filha (1995).

garantias[16] para empréstimos e ofereceu facilidades para pagamentos a prazo (4%); envolveu-se com capital de risco, inclusive pela assistência com capital semente (0,5%); e realizou o arrendamento de equipamentos (0,5%) (Banco de Desenvolvimento Industrial da Índia, 1992-93).

Os termos de empréstimo dos bancos de desenvolvimento eram quase sempre concessionários. Um caso típico foi o da Corporação de Finanças Industriais da Tailândia: "juros especiais eram oferecidos a projetos patrocinados pelo governo, e possibilitados graças a um mecanismo de refinanciamento concessionário oferecido pelo Banco da Tailândia" (Skully, 1984, p.327). Além disso, a Tailândia teve taxas de juros reais negativas na maioria dos trimestres no período de 1970 a 1982 (Hanson; Neal, 1984). As taxas de juros se tornaram negativas uma vez mais em 1988. Similarmente, em Taiwan, os bancos de propriedade do governo destinaram crédito a indústrias e empresas específicas sob termos concessionários (Shea; Yang, 1994; Wade, 1990).

O grau de subvenção por toda parte dependeu não apenas da taxa de juros nominal sobre os empréstimos, mas obviamente também da inflação e da taxa de câmbio. No Brasil, a rápida inflação na década de 1970 levou à indexação (dos preços à taxa de inflação), de modo que, se os empréstimos não fossem indexados, as taxas de juros tenderiam a ficar abaixo da inflação.

> A pressão para ser isentado da indexação proveio do setor industrial. A crítica pública contra o crescimento do governo e de empresas multinacionais em detrimento do setor privado brasileiro resultou na redução da carga indexada dos empréstimos feitos pelo banco de desenvolvimento governamental (BNDE). Na prática, isso resultou em maciços subsídios mediante a isenção da indexação. (Baer, 1995, p.86)

Em vista da inflação e da supervalorização na Coréia do Sul, o custo real para obter um empréstimo estrangeiro com garantia do Banco de Desenvolvimento da Coréia foi negativo durante todo o período de 1966

---

16 Os governos do "resto" precisavam tipicamente dar garantias soberanas de pagamento para induzir os mutuantes privados estrangeiros a oferecer crédito a mutuários públicos nacionais. Eles usavam tais garantias para obter controle sobre o crédito estrangeiro e com isso alocá-lo para empresas e indústrias específicas.

a 1980, durante a construção das indústrias pesadas da Coréia (-3,1% em 1966-70, -3,0% em 1971-75 e -2,7% em 1976-80) (Park, 1985).

As fontes de custeio para os bancos de desenvolvimento abrangiam um vasto espectro. Empréstimos estrangeiros para financiar os bancos de desenvolvimento do México subiram de zero em 1941 para 57,7% dos recursos totais em 1961 (Blair, 1964). O Brasil financiou o BNDES por meio da poupança obrigatória dos trabalhadores, usando seus fundos de previdência como capital (Monteiro Filha, 1995). Em 1969 o Banco de Desenvolvimento da Coréia financiou suas atividades emitindo debêntures de finanças industriais (comprados sobretudo por outros bancos estatais), induzindo capital estrangeiro e atraindo depósitos para a poupança (Banco de Desenvolvimento da Coréia, 1969). A Finanças para o Desenvolvimento Industrial Malaio Berhad (FDIM) foi financiada inicialmente por empréstimos sem juros em longo prazo feitos pelo governo central, que financiou seus próprios investimentos com a receita tributária e empréstimos internos e externos (Malásia 1989). A Corporação de Finanças Industriais da Tailândia contraiu empréstimos em longo prazo do Banco Mundial e de outras fontes internacionais. Em 1992-93, o Banco do Desenvolvimento Industrial da Índia estava gerando 60% de seus fundos internamente (Banco de Desenvolvimento Industrial da Índia, 1992-93, p.124).

As finanças públicas por trás dos bancos de desenvolvimento do "resto" (e de outras dimensões da política industrial) corriam amiúde "por fora do orçamento" e se relacionavam a receitas não-tributárias. Elas derivavam de fontes estrangeiras, depósitos em bancos de propriedade do governo, poupanças pelo correio e fundos de pensão (como no Brasil). No leste da Ásia, especialmente, essas transações ocorriam tipicamente fora do orçamento geral do governo e do processo político parlamentar.[17] Itens "fora do orçamento" achavam-se sob o controle

---

17 Dentro dos governos latino-americanos, a distribuição dos gastos de investimento público também favorecia em muito as agências autônomas e as empresas públicas, em detrimento de governos central, estadual e municipal. Em 1966 as empresas públicas e as agências autônomas representam 69,1% do investimento governamental no Brasil, 71,4% no Chile e 55,2% no México (Cepal, 1968, citado em Baer, 1971).

da burocracia, e não do legislativo, mesmo que o legislativo fosse popularmente eleito. Isso fortalecia em muito a mão dos burocratas profissionais nos ministérios responsáveis pelo planejamento, finanças e indústria.

Essa chamada fiscalização das finanças envolveu diferentes sistemas contábeis entre os países, dificultando as comparações de retidão fiscal. O sistema do Fundo Monetário Internacional (FMI) era uniforme, mas incluía apenas transações envolvendo fundos totalmente possuídos pelo governo (Fundo Monetário Internacional, 1986). No "resto", contudo, era a área cinzenta do dinheiro público e privado e dos recursos financeiros possuídos ou controlados em conjunto pelas esferas pública e privada que criou a arena para a política industrial. As contas do Fundo Monetário Internacional, portanto, tenderam a subdeclarar a extensão dos gastos dos países nessas políticas.[18]

Isso fica evidente com um exame dos orçamentos do Japão e da Coréia (ver Tabelas 6.5 e 6.6).[19] Quando o "segundo orçamento" desses países é totalmente levado em conta, os gastos públicos mostram-se substancialmente maiores do que sugere seu orçamento no FMI. De acordo com os dados do FMI, os gastos do governo central do Japão como parcela do PIB iam de 15% a 20% nas décadas de 1970 e 1980. Quando se adota uma definição mais ampla do governo central, incluindo o governo local e os Empréstimos e Investimentos Fiscais "por fora do orçamento", a participação do governo sobe para entre 35% e mais de 45% do PIB.[20] Também no caso da Coréia os empréstimos para a política por fora do orçamento dobravam a participação dos gastos governamentais no PIB. Tais empréstimos também aumenta-

---

18 Do ponto de vista de um diretor do FMI, *"cherchez le déficit"*. [...] Se ele não estiver nas contas do governo central, estará nas contas das empresas estatais. Se não estiver lá, o banco central provavelmente estará incorrendo em um grande déficit quase fiscal, proporcionando crédito subsidiado a fazendeiros ou investidores (Fischer, 1995, p.24).

19 Compare essas estimativas da postura orçamentária com a de Sachs (1989).

20 A poupança postal (sob o Escritório de Fundos Permanentes) representou em meados da década de 1980 quase 100% das economias individuais de bancos de depósito (Suzuki, 1987, p.290).

vam substancialmente a proporção déficit/PIB, de apenas 1% para mais de 11%. Todos os países da Ásia cujos sistemas de contabilidade fiscal foram influenciados pelo Japão (inclusive a China) tendiam a gastar mais do que o sugerido pelo cálculo do FMI.

Tabela 6.5. Gastos do governo do Japão e déficit/superávit como porcentagem do PIB[1]

Anos		Governo geral (A)	Prog. emp. inv. fiscal (B)	Total: (A) + (B)	FMI[2]	Governo central
Gastos	1956-60	28,90	3,67	32,32	n.d.	21,75
	1961-65	26,53	4,59	30,90	n.d.	19,20
	1966-70	26,20	5,13	31,20	n.d.	18,85
	1971-75	29,43	6,48	35,84	13,07	19,92
	1976-80	38,25	6,98	45,21	16,97	27,04
	1981-85	41,86	7,00	48,85	18,11	30,36
	1986-90	39,34	7,63	46,95	16,48	27,91
	1991-93	40,41	9,74	50,13	22,04	27,45
Déficit/Superávit	1956-60	−0,77	−0,58	n.d.	n.d.	−0,09
	1961-65	−0,91	−0,91	n.d.	n.d.	−0,22
	1966-70	−2,08	−1,06	n.d.	n.d.	−1,25
	1971-75	−3,97	−0,48	n.d.	−1,71	−2,32
	1976-80	−8,37	−0,60	n.d.	−6,64	−6,14
	1981-85	−6,63	−0,88	n.d.	−5,99	−4,88
	1986-90	−4,07	−0,59	n.d.	−3,02	−2,53
	1991-93	−5,40	−0,43	n.d.	0,15	−3,20

1. "Governo geral" equivale ao governo central mais o governo local menos a duplicação entre a contabilidade geral dos governos central e local. "Governo central" equivale à contabilidade geral do governo central mais sua contabilidade especial menos a duplicação dessas duas contas. "Total" equivale ao governo central mais o Programa de Empréstimos ao Investimento Fiscal (Peif) menos o custeio do Peif mediante a Conta Especial de Investimento Industrial. O déficit/superávit do Peif equivale ao custeio do Peif por meio de títulos e empréstimos garantidos pelo governo. O déficit/superávit do governo central equivale ao aumento médio na dívida do governo central, excetuadas as contas (de financiamento) em curto prazo.

2. Fundo Monetário Internacional. Government Finance Statistics. Após 1991 houve uma mudança na classificação. Demais dados do Escritório de Estatísticas e do Ministério da Fazenda do Japão.

Fontes: Banco Mundial (1994b): Ministério da Fazenda, Japão (1995): Ministério da Fazenda, Japão (1978); Ministério da Fazenda, Japão (vários): Ministério da Fazenda, Japão (1975): Escritório de Estatísticas, Japão (1996) e Suzuki (1987).

Tabela 6.6. Gastos do governo da Coréia e déficit/superávit como porcentagem do PIB[1]

Anos		Governo geral (A)	Empréstimos políticos (B)	Total (aprox.): (A) + (B)	FMI[2]	Governo central
Gastos	1962-65	18,62	10,62	29,24	n.d.	16,16
	1966-70	22,09	10,97	33,05	n.d.	19,08
	1971-75	18,52	18,47	36,98	15,98	18,20
	1976-81)	22,24	20,08	42,33	18,66	19,16
	1981-85	23,77	28,97	52,74	19,61	18,67
	1986-90	20,99	25,08	46,06	16,86	17,08
	1991-92	24,59	26,42	51,00	18,70	19,28
Déficit/Superávit	1962-65	−9,80	−0,88	n.d.	n.d.	−0,66
	1966-70	−8,82	−1,89	n.d.	n.d.	−4,12
	1971-75	−1,56	−6,64	n.d.	−1,85	−2,55
	1976-80	−1,56	−6,22	n.d.	−1,70	−0,04
	1981-85	−2,06	−10,34	n.d.	−2,01	−0,29
	1986-90	1,02	−10,39	n.d.	0,29	1,07
	1991-92	−0,50	−10,85	n.d.	−1,07	−0,55

1. "Governo geral" equivale ao governo central mais o governo local menos a duplicação, quando possível. "Empréstimos políticos" são definidos como os empréstimos políticos feitos mediante bancos para depósitos em dinheiro mais empréstimos totais do Banco de Desenvolvimento da Coréia e do Banco de Exportações e Importações da Coréia. "Total" equivale ao governo geral mais os empréstimos políticos menos a duplicação, quando possível. O déficit/superávit dos empréstimos políticos equivalem aos empréstimos tomados no Banco da Coréia por parte de bancos para depósitos em dinheiro mais títulos garantidos pelo governo do Banco de Desenvolvimento da Coréia e do Banco de Exportações e Importações da Coréia.
2. Fundo Monetário Internacional. Estatísticas de Finanças do Governo.

Fontes: Banco da Coréia (1993, (1995a) e (1995b): Bahl et al. (1986): Cho; Kim (1995): Lee (1994) e Won (1995).

Os governos do "resto" também controlavam fontes relacionadas e não tributárias de custeio, como empréstimos no estrangeiro (por meio de "garantias" sobre os empréstimos), a propriedade de instituições financeiras e a utilização de poupanças privadas. Os bancos de desenvolvimento e os empréstimos no exterior estiveram, assim, proximamente ligados, embora de forma indireta. A principal fraqueza dos bancos de desenvolvimento, portanto, não foi a de gastar nas indústrias erradas, mas a de gastar *muito em termos gerais* (ver Capítulo 9).

Escolhendo vencedores

Critérios de investimento muito variados determinavam as indústrias em que os bancos de desenvolvimento alocariam seu capital, refletindo o fato de que inicialmente os empréstimos desses bancos se destinavam a uma vasta gama de indústrias; uma abordagem mais de espingarda do que de rifle prevaleceu na industrialização feita no tranco (ver o caso da Tailândia no Capítulo 1). Possivelmente o único critério de investimento óbvio que *não* figurou explicitamente na alocação de créditos foi a "vantagem comparativa" — indústrias com vantagens comparativas estáticas já tendiam a existir, enquanto indústrias com vantagens comparativas *dinâmicas* não podiam ser identificadas como tais *ex ante*. Qualquer que tenha sido o critério ou país, na América Latina ou na Ásia, a substituição das importações foi a forma dominante de investimento, como se infere das indústrias específicas que receberam a maior parcela de crédito. Mas os bancos de desenvolvimento também custearam a atividade exportadora por si, sendo que a facilidade com que as exportações eram extraídas de indústrias para a substituição de importações dependia de padrões de desempenho e da infra-estrutura de promoção de exportações em que tais padrões estavam embutidos (ver Capítulo 7).

Os critérios para os bancos de desenvolvimento do Brasil emergiram de circunstâncias históricas:

> A segunda administração do presidente Getúlio Vargas, iniciada em 1950, herdou da administração prévia uma nação ansiosa pela mudança. A balança comercial favorável estava sendo enfraquecida pela importação de pesados produtos e equipamentos industriais, pelo aumento do consumo no pós-guerra e pelos preços internacionais de combustível. Dado tal dilema, a classe média nacionalista reivindicou fundos para o desenvolvimento das indústrias básicas. (Banco Nacional de Desenvolvimento Econômico e Social [BNDES], 1992, p.9)

Nada disso impossibilitou a meta de aumentar as exportações: "Entre 1958 e 1967, toda uma metade dos fundos do BNDES foram para a siderurgia, transformando o Brasil, no primeiro estágio, em um produtor auto-suficiente de aço e, posteriormente, em um grande exportador de produtos de aço". Além disso, as políticas do BNDES mudaram com o tempo:

> A partir de 1974, com a crise do petróleo que de súbito abalou a balança de pagamentos do Brasil, o governo decidiu intensificar seu programa de substituição das importações, como declarado no segundo Plano de Desenvolvimento Nacional.

O BNDES começou a financiar

principalmente dois grandes setores: os bens de capital e a matéria-prima básica, consistindo em minerais e minério, aço e produtos de metal não ferroso, produtos químicos e petroquímicos, fertilizantes, cimento, madeira para celulose e papel. (Banco Nacional de Desenvolvimento Econômico e Social [BNDES], 1992, p.18-9)

As indústrias pesadas de Taiwan foram escolhidas já em 1961-64, durante o Terceiro Plano:

> A indústria pesada detém a chave para a industrialização, já que produz bens de capital. Precisamos desenvolvê-la para dar suporte ao crescimento contínuo de longo prazo da economia. (Ministério de Questões Econômicas, como citado por Wade, 1990, p.87)

Ao mesmo tempo, bens exportáveis como relógios e outros produtos eletrônicos foram promovidos. Depois que a maioria das indústrias pesadas tinha sido efetivamente desenvolvida (aço, construção naval, petroquímicos, maquinário) e a segunda crise de energia sobreveio (1979), as metas mudaram. Em 1982, o governo de Taiwan começou a promover "indústrias estratégicas" (maquinário, peças de automóvel, máquinas elétricas, informática e eletrônica) com base em seis critérios: grandes efeitos de vinculação; alto potencial de mercado; alta intensidade tecnológica; alto valor agregado; baixa intensidade energética; e baixa poluição (Shea; Yang, 1994).

A seleção de indústrias a serem promovidas na Tailândia, como se declarou nos anos 1950, também tinha múltiplos critérios. Primeiro, elas tinham de poupar muita moeda estrangeira. Segundo, precisavam ter fortes vínculos com outras indústrias. Terceiro, precisavam utilizar matéria-prima interna. Uma outra razão para a promoção, de acordo com o Ministério da Indústria, era ganhar conhecimento tecnológico:

> Esperamos que as indústrias a serem promovidas, como a de automóveis, produtos químicos, construção naval e assim por diante, tragam conhecimento tecnológico dos países desenvolvidos. (Patcharee, 1985)[21]

Os planos de desenvolvimento da Índia enumeravam objetivos mais amplos e mais políticos do que os de outros países: (1) uma expansão mais rápida da indústria básica do que da indústria leve, de empresas pequenas do que de empresas grandes, e do setor público do que do privado; (2) a proteção e promoção de pequenas indústrias, (3) a redução nas disparidades na localização regional da indústria, e (4) a prevenção de que o poder econômico ficasse em mãos privadas (Sandesara, 1992).

De acordo com o Segundo Plano Qüinqüenal da Turquia (1968-72), era importante promover as manufaturas por ser este o setor que "puxaria" a economia adiante no futuro. As prioridades industriais eram produtos químicos, fertilizantes comerciais, ferro, aço e metalurgia, papel, petróleo, cimento e pneus para veículos.

> Investimentos intensificados nesses setores gerarão, em grande escala, efeitos de substituição das importações e lançarão as fundações necessárias para a industrialização em longo prazo. (Türkiye Is Bankasi A.S., 1967, p.45)

---

21 Desmembramentos das despesas da indústria pelo Conselho de Investimento da Tailândia não ficam disponíveis senão na década de 1990.

Ao mesmo tempo, o Plano da Turquia definia metas para um grande aumento nas exportações, e a indústria têxtil foi intensamente promovida.

No caso do banco de desenvolvimento do México, os princípios que o orientaram no início da década de 1950 eram os de assistir aquelas empresas industriais cuja produção pudesse melhorar a balança de pagamentos, atingir maior integração industrial, estimular a poupança ou aumentar o nível de empregos. No final da década de 1980, após uma crise da dívida, os princípios eram

> promover a reestruturação, a integração e a reabilitação financeira das empresas como meio de obter maior eficiência e produção, estas últimas necessárias para aumentar as exportações e substituir permanentemente as importações, atingindo com isso um nível de competitividade internacional. (Nacional Financiera, S.A., vários anos)

De acordo com o *Relatório Anual* de 1969 do Banco de Desenvolvimento da Coréia (BDC), prioridade máxima para empréstimos foi dada às indústrias de exportação e a indústrias designadas em um Decreto Bancário como "melhorando a estrutura industrial e a balança de pagamentos". Elas incluíam as "indústrias de substituição das importações". A substituição das importações e a promoção de exportações não eram vistas como antagônicas; ambas envolviam grandes investimentos de capital a longo prazo. Em 1979, final do ímpeto da indústria pesada na Coréia, os seguintes fatores foram enfatizados nos acordos financeiros: os benefícios econômicos à nação; a factibilidade técnica e financeira do projeto; a lucratividade deste; e a qualidade administrativa da requisitante (Banco de Desenvolvimento da Coréia, 1979).

As indústrias "quentes" dos bancos de desenvolvimento — indústrias que receberam a maior e a segunda maior fatias do crédito em diversas décadas — são mostradas na Tabela 6.7. Os metais básicos (sobretudo ferro e aço), os produtos químicos (primariamente petroquímicos), o maquinário (elétrico e não elétrico), os equipamentos de transporte (navios, automóveis e peças automobilísticas) e os produtos têxteis são os mais importantes mutuários.[22] Tais indústrias são definidas em termos abrangentes e compreendem uma variedade de produtos. Embora as ramificações dessas indústrias variassem entre os países, todo o "resto" (há dados sobre sete países) enfocou mais ou menos as mesmas indústrias básicas para o crescimento no pós-guerra.

Como as indústrias leves consumiam menos capital por projeto do que as pesadas, elas receberam uma parcela relativamente pequena do total de empréstimos bancários, embora um grande número de projetos tendesse a obter apoio. Na Coréia do Sul, os produtos têxteis (inclusive roupas e calçados) foram um dos setores mais intensamente subsidiados na década de 1960.[23] Em 1974-79, contudo, eles representaram apenas 6,4% dos novos empréstimos e investimentos em manufaturas do Banco de Desenvolvimento da Coréia, sendo suplantados pelas manufaturas básicas (Banco de Desenvolvimento da Coréia, vários anos). Em 1950-62, os produtos têxteis representaram 21,1% das novas aprovações de empréstimo do Banco de Desenvolvimento Industrial da Turquia. Em 1990, a ênfase do banco passara para as roupas, que receberam 19% das novas aprovações de empréstimo (Bankasi, T.S.K., vários anos). O Banco de Desenvolvimento da Índia alocou para a indústria têxtil em média 13,5% de seu apoio anual entre 1949 e 1995; mesmo em 1994-95 os produtos têxteis representaram até

---

22 No Japão, reconhecia-se que o tipo de exportação a ser promovida deveria ter uma alta elasticidade de renda da demanda pelos padrões internacionais, e o crescimento comparativo da tecnologia tinha de ser alto. Isso levou o Japão a promover intensamente a indústria de maquinário, que acabou atingindo uma parcela sem precedentes do total de exportações pelos padrões mundiais (Shinohara, 1982).

23 Entre 1948 e 1959, os produtos têxteis receberam no México a cada ano cerca de 10,7% da alocação de crédito total da Nafinsa. No caso da Malásia, com uma extrema riqueza em matéria-prima e toda uma história de escassez de mão-de-obra, os produtos têxteis nem chegaram a ser escolhidos. No Brasil, em vez de apoiar os produtos têxteis, a promoção se destinou aos calçados, que se tornaram um bem-sucedido ganhador de moeda estrangeira (Lücke, 1990).

14,1% do total do valor em empréstimos (Banco de Desenvolvimento Industrial da Índia, vários anos).

Considerando-se que a maioria das "indústrias quentes" escolhidas pelos bancos de desenvolvimento como objetos de suporte se mostrou relativamente bem-sucedida (o que se discutirá adiante), a escolha de indústrias *no contexto da industrialização tardia* foi uma tarefa simples e direta. Por um lado, embora as indústrias escolhidas enfrentassem a incerteza do mercado, elas não enfrentaram a incógnita tecnológica, que complicara a escolha de indústrias de base científica nos países avançados. Por outro, até mesmo a incerteza de mercado foi reduzida graças aos mapas históricos proporcionados pelos países já industrializados. Em vez de apresentar problemas de escolha insuperáveis, a seleção facilitou a identificação de indústrias potencialmente lucrativas para investimento, o que na verdade *tinha* sido um problema insuperável antes da guerra.

Tabela 6.7. Indústrias quentes, países seletos por década

País	Década[1]				
	1950	1960	1970	1980	1990
Brasil (BNDES)	produtos químicos, metais básicos e prod.	metais básicos e prod., meais básicos e prod.	metais básicos e prod., produtos químicos	metais básicos e prod., produtos químicos	papel e celulose, produtos químicos
Índia (AIFIs), 1949	produtos alimentícios, produtos têxteis	Produtos químicos, produtos têxteis	produtos químicos, maquinário	produtos químicos, produtos têxteis	produtos químicos, metais básicos e prod.
Indonésia (CICB), 1952	n.d.	n.d.	produtos químicos, produtos têxteis	produtos químicos, produtos têxteis	produtos químicos, produtos têxteis
Coréia (BDC)	n.d.	produtos têxteis[3], cerâmica	maquinário, metais básicos e prod.	maquinário, metais básicos e prod.	produtos químicos, metais básicos e prod.

(continua)

Tabela 6.7. *(continuação)*

País	Década[1]				
	1950	1960	1970	1980	1990
Malásia	produtos químicos[2]	metais básicos e prod., madeira e prod. de madeira	produtos alimentícios, produtos têxteis	metais básicos e prod., produtos alimentícios	metais básicos e prod., prod. de min. não metálicos
México (Nafinsa)	metais básicos e prod., produtos alimentícios	equip. de transporte, metais básicos e prod.	equip. de transporte, metais básicos e prod.	metais básicos e prod., maquinário	metais básicos e prod., maquinário
Turquia (TSKB)	produtos têxteis, produtos alimentícios	cerâmica, produtos têxteis	equip. de produção, produtos têxteis	equip. de transporte, produtos têxteis	n.d.

1. As duas principais indústrias manufatureiras em cada década recebendo a maior parcela do crédito (a maior listada primeiro). Definições de indústria variam por país.
2. Essa é a única categoria (além de "outros") listada para esses anos pela fonte citada.
3. Somente 1969.
Produtos químicos: Esta categoria pode incluir petroquímicos, produtos químicos e fertilizantes. Para a Coréia nos anos 1990, "produtos químicos" também incluem borracha, plástico e produtos de petróleo.
Metais básicos e produtos: Por vezes esta categoria é definida em termos abrangentes e inclui a "metalurgia" ou o "trabalho em metal". Com mais freqüência, ela é definida mais estreitamente, e inclui apenas "aço" ou "ferro e aço".
Produtos têxteis: Por vezes esta categoria inclui "vestimentas e indumentária".
Maquinário: Esta categoria pode ou não incluir maquinário elétrico.
Equipamentos de transporte: Por vezes esta categoria é listada como "veículos de transporte". Ela é sempre listada à parte do "transporte", que geralmente inclui projetos de infra-estrutura.
Cerâmica: Esta categoria também pode incluir produtos de pedra, de vidro e de cerâmica.
Madeira e produtos de madeira: Esta categoria é definida em termos abrangentes, incluindo todos os tipos de madeira serrada e de produtos de madeira.
Produtos minerais não-metálicos: Esta categoria inclui todos os produtos minerais não metálicos.

Fontes: Bank Indonesia (1996); Banco de Desenvolvimento Industrial da Índia (vários anos); TSKB (vários anos); Banco Nacional de Desenvolvimento Econômico e Social (vários anos); Banco de Desenvolvimento da Coréia (vários anos); Bank Negara Malaysia (vários anos).

Fontes de eficiência

Os bancos de desenvolvimento influenciaram a eficiência de seus clientes submetendo-os a *padrões de desempenho* relacionados a práticas administrativas no nível da empresa (*padrões técnicos*) e a metas de política nacional (*padrões políticos*). Entre outras metas, os padrões políticos incluíam (1) a exportação; (2) a localização da produção de peças e componentes (tipicamente nas indústrias automobilística e eletrônica); (3) o apreçamento; (4) a formação (ou não formação) de "líderes nacionais" concentrando (difundindo) recursos em algumas (muitas) empresas; e (5) o fortalecimento das capacidades tecnológicas. A disciplina recíproca era necessária porque, dado um pequeno quinhão de habilidades e um grande suprimento de "ativos intermediários", as formas convencionais de concorrência eram ou *muito fracas* ou *muito fortes* para induzir ao bom desempenho.

Formas tardias de concorrência

Os bancos de desenvolvimento tentaram melhorar o desempenho de seus clientes por meios diferentes da concorrência convencional. Na teoria e na prática, a natureza da concorrência variou historicamente. A concorrência da Primeira Revolução Industrial se definiu por mercados perfeitamente competitivos e pelo livre comércio. Na época da Segunda Revolução Industrial, a natureza da concorrência mudara para a rivalidade entre empresas oligopolistas e de capital intensivo. No último quartel do século XX, sua posição havia mudado dos produtos para os mercados de capital, com estes últimos impondo bom comportamento às empresas de capital aberto mediante ameaças de aquisição hostil (Hikino, 1997).

Essas formas de concorrência podem ter enriquecido o Atlântico Norte, mas foram fundamentalmente disfuncionais no "resto" durante a maior parte do meio século após a Segunda Guerra Mundial. Se a forma de concorrência por livre mercado fosse deflagrada cedo demais, ela impediria o crescimento da indústria, como a história do pré-guerra amplamente demonstrou (ver Capítulos 2-5). A exportação foi possivelmente a melhor disciplinadora, mas ela levou tempo para se materializar nas novas indústrias do "resto" (ver Capítulo 7). Se a concorrência aguardasse "vendavais de destruição criativa" ou aquisições hostis, a espera podia ser interminável. Antes de 2000, os monopólios do "resto" não foram ameaçados pela inovação na fronteira tecnológica do mundo, que estava muito distante, e seus mercados de capital eram imaturos e quase irrelevantes para disciplinar as formas dominantes de operação local das grandes empresas — empresas familiares, empresas estatais e as filiais de companhias multinacionais, nenhuma das quais tinha seu patrimônio negociado publicamente nos mercados de ação locais.[24]

A falta de categorias convencionais para descrever o tipo de disciplina a que as principais empresas do "resto" *estavam* sujeitas é indicada pela

---

24 Uma vez que os grupos comerciais no "resto" tipicamente não concorriam com as empresas estatais (cada qual operando em uma esfera distinta) e não podiam concorrer de frente com as multinacionais (ver Capítulo 8), a concorrência interna no "resto" dependeu de quão vigorosamente os grupos concorriam entre si. Pode-se dizer que a concorrência intergrupal, por sua vez, dependeu (1) de quão rapidamente a indústria se expandia (quando mais rápido o crescimento, menor a necessidade de conluio) (Amsden, 1994) e (2) da estrutura proprietária dos grupos comerciais. Supondo-se uma economia fechada, quanto menos os grupos possuírem ações uns dos outros ("patrimônio cruzado") e quanto mais adentrarem as mesmas indústrias para manter a paridade em termos do porte total do grupo (oligopólio de "conjunto"), maior a concorrência, conforme exemplificado pelos *zaibatsus* japoneses e os *chaebols* coreanos (para o princípio do "conjunto", ver Miyazaki, 1980 [orig. 1965]). Se todos os grupos possuírem ações mutuamente e cada rede de grupos tiver uma filial em cada indústria, haverá menos incentivo para que eles pressionem os governos a abrir as indústrias a novos ingressantes e para que um grupo qualquer se diversifique amplamente em todas as indústrias (já que cada grupo tem interesses financeiros, ainda que pequenos, em todas elas). Os grupos também tenderão a ser pequenos. Os países em que os grupos detinham parte do patrimônio uns dos outros incluíam Argentina, Brasil, Chile, Índia, Indonésia, Malásia, México, Taiwan e Tailândia. Na prática, o conjuntismo pode levar à colusão oligopolista e ao excesso de capacidade, como no caso das indústrias japonesas e coreanas de petroquímicos e automóveis (Hikino, 1998), e o patrimônio cruzado pode existir lado a lado com a concorrência (na Índia, diz-se que havia "intensa concorrência e rivalidade não apenas entre grupos diferentes para controlar as companhias pertencentes a outros grupos, mas também entre os membros individuais de um dado grupo para controlar as companhias deste último. Com freqüência essa concorrência era tão implacável quanto aquela entre empresas dos mercados competitivos" [Sandesara, 1992, p.136-7]). Sem informações comparativas entre países sobre a estrutura dos mercados no nível da indústria, a questão da concorrência nacional no "resto" não pode ser levada muito além disso. Mas para os anos 1990, ver Singh (2000) e Tybout (2000).

tortuosa explicação do sucesso da indústria automobilística na Coréia dada pelo primeiro presidente do mais prestigioso pólo de pensamento econômico coreano, o Instituto para o Desenvolvimento da Coréia:

> É verdade que o sucesso da indústria automobilística coreana foi conquistado por iniciativas privadas. Mas também é verdade que dificilmente se poderia atribuir esse sucesso à concorrência no mercado por si. Os automóveis coreanos enfrentam uma concorrência severa nas frentes de exportação. Todavia, não foi a concorrência no mercado que estimulou a indústria a se fortalecer o bastante para se aventurar no mercado mundial. Não estou dizendo que a concorrência no mercado tenha sido inútil. Em vez disso, *eu gostaria de observar que o que se proporcionou foi um ambiente em que a criatividade e a responsabilidade do setor privado pôde ser maximizada.* (Kim, 1997, p.39-40)

O ambiente a que Mahn-Je Kim se refere é o do mecanismo de controle recíproco, com suas condições e seus padrões de desempenho. A indústria automobilística coreana não exportou durante aproximadamente vinte anos depois que começou a montar caminhões e carros. Mas a obrigação de exportar foi finalmente embutida em seus projetos de capacidade e em suas tentativas de desenvolver uma rede de fabricantes locais de peças e componentes. Os efeitos negativos imediatos do duopólio foram mantidos em xeque por ameaças de novas entradas (que começaram nos anos 1980) e pela vigilância dos preços.

É aos padrões de desempenho, e primeiro aos padrões técnicos no caso do Brasil, que a atenção se voltará agora.

Padrões técnicos: o milagre brasileiro

Os padrões técnicos do banco de desenvolvimento do Brasil, o BNDES, foram estipulados nos contratos dos clientes. Os contratos discutidos abaixo tratam da seguinte amostra:[25]

---

25 Os dados foram coletados e analisados por Joana Behr Andrade e Dulce Corrêa Monteiro Filha, ambas do BNDES.

Maquinário	23 empresas, 116 contratos, 1973-89;
Petroquímicos	28 empresas, 30 contratos, 1969-91;
Papel e celulose:	9 empresas, 56 contratos, 1970-90;
Aço:	15 empresas, 117 contratos, 1969-89.

Os padrões técnicos são classificados de acordo com finanças, administração, ambiente, matéria-prima, equipamento nacional, tecnologia e miscelânea.

Os padrões relacionados às finanças tendiam a ser os mesmos entre empresas e setores. Os clientes do BNDES tinham de atingir uma certa relação dívida-capital e uma certa proporção de liquidez. A relação dívida-capital se baseava nos padrões bancários americanos, possivelmente porque os Estados Unidos haviam sido um mutuante inicial do BNDES, e era baixa pelos padrões do Leste Asiático — *a dívida tipicamente não podia passar de 60% do capital total.* Com isso, as "grandes" empresas brasileiras tendiam a ser pequenas pelos padrões do Leste Asiático (ver Capítulo 8). Os clientes também eram proibidos de distribuir seus lucros entre os cotistas de uma empresa controladora. As empresas não tinham permissão de fazer novos investimentos próprios ou de mudar seu capital fixo sem a aprovação do BNDES. No caso de uma empresa que exigisse reestruturação financeira, ela era obrigada pelo BNDES a se despojar de parte dos ativos não relacionados à produção.

Os requisitos de matéria-prima também tendiam a ser similares entre as indústrias e empresas. No caso dos produtores de papel e celulose, o BNDES tornava imperativo que elas possuíssem uma fonte garantida de matéria-prima local para minimizar a necessidade de importações. Elas também recebiam ordens de reflorestar certo número de acres em um período de tempo específico. No setor de ferro e aço, um requisito contratual recorrente era o de que os clientes teriam de fornecer ao banco detalhes sobre projetos de reflorestamento, além de números sobre as vendas de ferro-gusa ao longo do tempo nos mercados interno e externo. Se o banco não aceitasse os padrões de venda de ferro-gusa de uma empresa, ela era obrigada a renegociar com ele seu contrato. Também havia instruções para atender aos padrões de poluição do negro de fumo.

As condições de empréstimo referentes a administração, equipamentos nacionais, tecnologia e outros quesitos tendiam a ser específicas para cada empresa. As condições eram amiúde detalhadas, intrusivas e formuladas de tal maneira que *o cliente tinha de cumpri-las antes de receber o empréstimo*. Entre as preocupações primárias do banco estavam a de que as empresas fossem administradas eficientemente; de que empresas familiares contratassem para altos cargos administrativos profissionais independentes em vez de servidores da família; de que a propriedade da empresa não mudasse durante o período de empréstimo; de que as empresas desenvolvessem sua própria tecnologia; e de que as empresas procurassem seus engenheiros e maquinário localmente sempre que possível.

Papel e celulose

1. Uma fabricante líder de papel e celulose com dezoito contratos com o BNDES, década de 1970.
   - Com respeito à tecnologia, a empresa precisa provar que contratou uma companhia de engenharia brasileira para fazer um projeto detalhado de expansão; o BNDES precisa aprovar os planos gerais da empresa para estabelecer um departamento de P&D; a empresa precisa ter seus contratos de tecnologia registrados na organização brasileira apropriada, o INPI (que avaliava os contratos de tecnologia para assegurar que as empresas brasileiras não estavam pagando excessivamente por tecnologia estrangeira). A empresa precisa contratar dois consultores (um sueco e um finlandês), e esses consultores têm de aprovar sua escolha de tecnologia. O BNDES tem de aprovar o contrato da empresa com os consultores.
   - A empresa deve fazer todo o possível para comprar equipamento nacional (embora neste caso o BNDES não fizesse nenhum requisito específico).
   - A empresa precisa construir um porto na região (atrasada) em que planeja se instalar (mais cláusulas se seguem quanto à natureza do porto).

- A empresa precisa oferecer serviços sociais aos trabalhadores (saúde, educação, refeitório), dada a ausência de serviços na região.

2. Outra grande fabricante de papel e celulose (1987)
   - Apresentar planos para investir em P&D com uma discussão detalhada dos custos projetados para sete anos. Provar ao BNDES ao final de cada ano que a empresa implementou o plano.

3. Uma terceira grande fabricante de papel e celulose (1979)
   - O BNDES pediu à empresa que se comprometesse a comprar 63% de seu equipamento localmente.
   - A empresa tinha de seguir um padrão ambiental e eliminar as cinzas de sua queima de carvão de maneira específica. Tinha de mostrar ao BNDES o plano de seu corpo de diretores para o manuseio e a eliminação de certos ácidos tóxicos que utilizava, a fim de evitar acidentes.

Bens de capital

1. Uma fabricante líder de bens de capital (1983 e 1986: dois empréstimos para o fortalecimento financeiro).
   - (1983) Em 60 dias a empresa teve de apresentar um programa administrativo de redução dos custos operacionais. Em 120 dias teve de apresentar um plano para se desfazer de uma unidade operacional.
   - (1986) A empresa tinha de mostrar ao BNDES um plano para a relocação de certas capacidades de produção, para melhorias na produtividade e para o fortalecimento de variáveis financeiras. Como parte do programa de reorganização, ela teve de contratar um controlador e implementar um sistema de informação moderno que alargasse o escopo do processamento de dados. A empresa também teve de modernizar seu sistema de custos e melhorar o planejamento e o controle da produção (dentro de tantos dias). Em 240 dias ela precisou apresentar um plano estratégico com objetivos de longo prazo. Também teve de contratar

um vice-presidente para a administração geral que participasse do conselho de diretores. E teve de convencer o BNDES de que essa pessoa tinha qualificações adequadas e de que os deveres do cargo estavam claramente especificados.

2. Uma fabricante líder de bens de capital (1975)
   - Para se qualificar para um empréstimo destinado a expandir a capacidade de produção, a empresa teve de apresentar ao BNDES planos de investimento detalhados para um mínimo de três anos.

3. Uma fabricante de bens de capital (1979)
   - Para se qualificar para um empréstimo destinado à expansão da capacidade, a empresa teve de mostrar ao BNDES no prazo de 30 dias que havia contratado um consultor para analisar sua administração. Em 120 dias, teve de apresentar ao BNDES o relatório do consultor. Em 180 dias, teve de demonstrar ao BNDES que seu plano detalhado de reorganização se baseava nas recomendações do consultor.

4. Uma fabricante de bens de capital (1975)
   - Para se qualificar para um empréstimo destinado à expansão da capacidade, a empresa teria de usar equipamentos com um índice de nacionalização de 60% ou mais.

5. Uma fabricante de bens de capital (1975)
   - Como parte de um empréstimo para a modernização, a empresa teve de reestruturar seu departamento financeiro de modo a haver mais controle executivo sobre os empréstimos e as contas a receber. Também precisou contratar um diretor financeiro.

Ferro e aço

1. Uma estatal líder no fabrico de ferro e aço, com 33 contratos com o BNDES (década de 1960 à de 1980)
   - Como parte de um empréstimo para a expansão, a empresa teve de modernizar seu sistema de administração, incluindo uma revisão de seu departamento de marketing e distribuição para

vendas internas e no exterior. Seu sistema de custos teve de ser atualizado com vistas a reduzir seu número de funcionários e seu estoque segundo marcos preestabelecidos. Os demais aspectos da administração a serem reformados diziam respeito à manutenção, à tecnologia e ao processamento de dados, com o banco oferecendo detalhes a respeito dos problemas que a reestruturação tinha de resolver.

– Quando a empresa adquiriu um novo jogo de equipamentos com maquinário de múltiplas fontes, ela teve de cuidar para que um único fornecedor aceitasse a responsabilidade pela instalação e operação dos equipamentos.

2. Uma pequena fabricante de aço com quatro contratos com o BNDES (década de 1970 à de 1980)

– A empresa teve de contratar um perito técnico profissional para um cargo da alta administração, e o nome do perito teve de ser aprovado pelo BNDES antes de ele poder ser contratado.

– A empresa teve de apresentar planos para treinar seu pessoal com o objetivo de absorver tecnologia estrangeira e difundir esse *know-how* para outras pessoas dentro da organização.

3. Um fabricante de aço com oito contratos com o BNDES (década de 1970)

– A empresa teve de introduzir um novo sistema de informações administrativas para assegurar que teria relatórios escritos adequados para cada nível da administração, com diferentes informações contidas nos relatórios financeiros e de produção.

– A empresa teve de apresentar ao BNDES um programa para o desenvolvimento tecnológico com ênfase especial em como ela pretendia desenvolver novos produtos e tornar-se independente da assistência técnica autorizada.

4. Uma siderúrgica estatal com dez contratos com o BNDES (década de 1970)

– A empresa teria de receber assistência técnica da outra siderúrgica estatal do BNDES para melhorar seu próprio sistema de contabilidade de custos (seguem-se várias condições para isso).

– A empresa precisaria apresentar um plano de desenvolvimento tecnológico detalhado indicando como desenvolveria habilidades de engenharia básicas.

Monitoramento

Conforme impunham padrões técnicos a seus clientes, os bancos de desenvolvimento também afinaram seus procedimentos e habilidades de monitoramento. O monitoramento ficava cada vez mais embutido nos arranjos para empréstimos, de tal modo que a observância em um estágio se tornava uma condição para novas concessões de empréstimo.

Com respeito ao Banco de Desenvolvimento da Coréia, em 1970 ele

reforçou a revisão das propostas de empréstimo e fez uma verificação completa nos empréstimos devidos para evitar que o capital ficasse amarrado. As análises comerciais e a assistência administrativa aos clientes eram conduzidas em uma escala mais ampla.

Quanto a clientes financiados com capital estrangeiro e, portanto, usufruindo uma garantia soberana do BDC,

medidas apropriadas foram concebidas para fortalecer sua administração pelo BDC. O Banco exigiu que tais empresas apresentassem planos financeiros e de vendas. De acordo com tais planos, os clientes tinham de depositar uma soma equivalente antes da data em que os reembolsos seriam devidos, fosse na forma de depósitos em poupança, fosse pela compra de Debêntures de Finanças Industriais. O Banco cobrava um adicional de 20% sobre a taxa de garantia regular daqueles que deixavam de cumprir o requisito.

Em 1979 o BDC introduziu um novo procedimento para estreitar o controle sobre os empréstimos.

Para garantir que os fundos emprestados fossem utilizados de acordo com o propósito prescrito, a concessão do montante de empréstimo não ocorria imediatamente após o acordo. Em vez disso, os fundos dos empréstimos eram transferidas para uma Conta de Controle de Crédito em nome do mutuário, e o dinheiro só podia ser sacado para gastos reais. O Banco, assim, pode monitorar de perto o progresso de cada projeto.

Pela maior parte de sua história, o BDC também manteve um teto para a proporção da aplicação do empréstimo, que, *em princípio*, foi definido como 65% do custo total de um projeto. A idéia de compartilhar os custos do projeto com os clientes destinava-se a tornar estes últimos mais conscientes do desempenho (Banco de Desenvolvimento da Coréia, 1969; 1970; 1971; 1979).[26]

Os bancos de desenvolvimento no "resto" empreendiam avaliações cuidadosas de clientes prospectivos, examinando seu status financeiro e administrativo, seu desempenho passado e os méritos de seu projeto proposto. Na Índia, as "Notas de Avaliação" incluíam condições. Para todo empréstimo, o Banco de Desenvolvimento Industrial da Índia (IDBI) insistia no direito de nomear um diretor para o conselho da empresa. Essa prática era comparável àquela dos grandes bancos alemães, mas o propósito do IDBI não era obter o controle das decisões estratégias de seus clientes. Era, antes, conseguir informações a seu respeito com vistas a impor disciplina sobre suas operações. Outras condições nas "Notas de Avaliação" variavam conforme o empréstimo. Por exemplo, em um empréstimo para uma grande fabricante de tubos de aço, que representava 10% do valor líquido do IDBI, uma condição para o empréstimo era que a empresa formasse um Comitê de Gestão de Projeto que satisfizesse ao banco, com o propósito de supervisionar e monitorar o progresso da implementação do proje-

---

26 O requisito de capital "próprio" de um projeto nem sempre era publicamente conhecido. Na Coréia, contudo, "empresários com pouco capital próprio conseguiam inaugurar ou expandir empresas simplesmente requerendo empréstimos comerciais e obtendo a aprovação do ministro do Conselho de Planejamento Econômico" (Hattori, 1997, p.464).

to. O Conselho de Investimento da Tailândia avaliava e monitorava totalmente seus clientes, e se uma empresa deixasse de atender a seus termos (estipulados em um certificado de promoção), o certificado era suspenso (ver Capítulo 1). Entre janeiro e dezembro de 1988, 748 empresas receberam certificados para novos projetos, dos quais 37 foram suspensos. No caso das empresas tailandesas, 25 de 312 certificados, ou 8%, foram suspensos (ver Tabela 6.8).

Quando as capacidades de mutuários — *e mutuantes* — eram fracas, a qualidade dos bancos de desenvolvimento também sofria (como tendia a ocorrer no "resquício"). No caso dos bancos de desenvolvimento da Malásia, que se destinavam a fazer empréstimos a malaios locais para melhorar sua posição econômica relativamente atrasada em relação à de empresários sino-malaios, as operações foram estorvadas pelo "mau desempenho de muitos devedores". Declarou-se um índice de fracasso nos empréstimos de aproximadamente 30%, em parte devido à escassez de projetos viáveis. Mas mesmo projetos viáveis não preparavam devidamente suas propostas comerciais (Salleh; Meyananthan, 1997). A exceção que prova a regra era o Bank Industri, que

> possui uma equipe completa de pesquisa da qual faz uso intensivo. Ele adotou uma abordagem de mercados-alvo, e o pessoal de pesquisa desempenha um papel central em identificar e avaliar novas áreas da economia para a penetração do banco. Os pesquisadores empreendem estudos altamente detalhados da indústria, avaliando todos os aspectos de um projeto potencial para ganhar familiaridade com suas forças e fraquezas.

Assim que um projeto é aprovado, o Bank Industri

> insiste em ser um parceiro ativo. Ele se mantém envolvido na administração financeira juntamente com seu parceiro, muitas vezes operando contas bancárias conjuntas com seus clientes, o que exige que contra-assine todos os cheques para a cobertura de despesas. O Bank Industri é vigilante em monitorar o progresso de seus clientes,

visitando freqüentemente pontos de negócio, e ágil em oferecer aconselhamento administrativo financeiro. (Banco de Desenvolvimento da Ásia, 1990) (citado em Salleh; Meyananthan, 1997)[27]

Tabela 6.8. O processo promocional da Tailândia

| | Janeiro-dezembro de 1998 | | |
	Fim de 1987	Certificado emitido	Certificado suspenso
Nº total de projetos	2.436	912	40
Nº total de empresas	1.992	748	37
Empresas tailandesas	1.010	312	24
Empresas estrangeiras	72	91	1
Sociedades por ações	910	345	12
Cap. total reg. (milhões de US$)	51.547,46	29.574,23	1.017,48
Tailandês (milhões de US$)	35.484,44	14.629,28	862,21
Estrangeiro (milhões de US$)	16.063,03	14.944,95	155,28
Investimento total (milhões de US$)	255.625,16	87.017,58	2.665,50

Fonte: Conselho de Investimento.

Em suma, a eficiência dos bancos de desenvolvimento dependia da disciplina e dos padrões de desempenho, e o monitoramento dos padrões de desempenho técnico dependia de capacidades burocráticas. Pode-se dizer que a extensão das capacidades burocráticas variava conforme a medida em que o país se industrializara; quanto maior a experiência industrial, maiores as capacidades tanto de mutuantes como de mutuários.

---

27 No caso da Indonésia, um dos países menos industrializados no "resto", "o fraco desempenho dos bancos estatais em canalizar crédito de médio e longo prazo para financiar investimentos fixos em projetos seletos de rápido retorno durante os dois primeiros planos de desenvolvimento revelou sua inexperiência nesse novo campo" (Nasution, 1983, p.67). Nenhuma evidência é apresentada para sustentar esse pressuposto de inexperiência tecnocrática, e tecnocratas capazes existiam, já que os responsáveis pelas políticas macroeconômicas recebiam elogios abundantes (Cole; Slade 1996; Hill 1996). Mas não surpreende que houvesse incompetência onde havia inexperiência. Sobre a história econômica da Indonésia em geral, ver Booth (1998).

Em geral, os bancos de desenvolvimento tiveram sucesso em criar uma cultura administrativa em seus clientes porque estes eram também administradores, muitas vezes representando a mais elitista burocracia dos primeiros anos do pós-guerra.

No caso do banco de desenvolvimento do México, a Nafinsa, seus técnicos se tornaram

> uma voz respeitada nos conselhos do governo. ... Sua influência se difundiu por toda a economia mexicana. Ao longo dos anos (ela foi fundada em 1934) a instituição foi o campo de treinamento de vários homens [sic] brilhantes e ativos cuja perícia técnica e política os levou a importantes posições no governo. (Blair, 1964, p.199)[28]

Quanto ao BNDES do Brasil, ele tinha "um forte senso de missão institucional, uma "ideologia administrativa" respeitada e um *esprit de corps* coeso" (Willis, 190, p.17). De acordo com dois executivos da Dow Chemical Latin America, entrevistados três anos antes do golpe militar de Pinochet, a Corporação de Fomento da Produção do Chile (Corfo) se destacou por sua

> organização e totalidade de planejamento, ... que põe o Chile à parte de alguns dos demais países que se envolveram em atividades similares. ... A administração das principais agências do governo chileno ... é composta por profissionais destacados que não mudam automaticamente com cada regime político que se sucede. (Oreffice and Baker, 1970, p.122 e 126)

A Argentina era a exceção. Seu Banco Industrial e suas instituições relacionadas, como uma companhia de comércio estatal (Instituto Argentino de Promoção do Intercâmbio, IAPI), era dirigido por um escroque, Miguel Miranda.

Não apenas Miguel Miranda vinha sofrendo ataques por sua má lida com a economia, como seu uso do IAPI para o auto-enrique-

---

28 Ver também Anderson (1963).

cimento estava ficando escandaloso. O exército tirara todas as suas compras militares da jurisdição do IAPI, depois de saber que Miranda tinha levado uma propina de dois milhões de dólares de uma empresa que ganhara um contrato para construir uma usina siderúrgica para a Fabricaciones Militares. Soube-se depois que a empresa em questão nem era a de menor preço. (Lewis, 1990, p.195)

Uma companhia aeronáutica que produzia motores e veículos tentou se tornar "uma substituta do Banco Industrial para promover novas empresas", mas com resultados muito limitados (Lewis, 1990, p.268). Em geral, a máquina política peronista "excluía" uma nova máquina desenvolvimentista (ver Sourrouille, 1967; Diaz Alejandro, 1971; e Mallon; Sourrouille, 1975, para a ausência de máquina desenvolvimentista). A Argentina, com isso, deixou de investir em indústrias de média tecnologia (e posteriormente em indústrias de alta tecnologia): "Se indústrias como o aço, a extração de petróleo, os petroquímicos e assim por diante tivessem tido prioridade sobre as indústrias de bens de consumo produzindo para o mercado interno", a Argentina poderia ter se tornado uma grande exportadora de manufaturas avançadas (Diaz Alejandro, 1967, p.23, citado por Lewis, 1990, p.185).

Padrões políticos

Os padrões de desempenho no tocante a metas políticas foram especificados nos mais altos níveis políticos; os burocratas somente os implementaram, e os bancos de desenvolvimento podem ou não ter sido os executores primários. A implementação, contudo, era uma arte, e as burocracias exerciam um poder considerável sobre a substância e o impacto de certas metas políticas. A expansão das exportações, o conteúdo local e a estabilidade de preços eram três grandes metas políticas que se vincularam a padrões de desempenho nos anos do pós-guerra (metas políticas relativas à formação de empresas e habilidades serão discutidas em capítulos posteriores).

Exportações

Os ativos intermediários que os Estados desenvolvimentistas vinculavam aos padrões de desempenho voltados às exportações iam além da mera "criação de um campo de atuação nivelado" (equalizando a lucratividade entre vender interna ou externamente).[29] As empresas que se comprometiam com a exportação não ganhavam apenas acesso a capital de giro, benefícios fiscais e reembolsos dos direitos aduaneiros sobre exportações, o típico pacote de incentivos à exportação *mensurada*. Além dessas correções às assim chamadas imperfeições de mercado, elas também recebiam algo muito mais valioso: acesso privilegiado ao *capital subsidiado a longo prazo*. Subsídios de capital a longo prazo, contudo, são excluídos das estimativas da promoção às exportações.[30] Essa omissão decorre do fato de que créditos de investimento em longo prazo não podem ser alocados unicamente para as atividades de exportação ou para a substituição de importações — uma empresa pode usar seu capital para produzir para os mercados tanto interno como externo simultaneamente. Como não podem ser alocados de modo exclusivo, os empréstimos em longo prazo são simplesmente ignorados como forma de incentivo à exportação. Ainda assim, essa omissão subestima seriamente o papel dos padrões de desempenho nas atividades de exportação. Mesmo que o capital subsidiado também seja usado por uma empresa para produzir para consumidores internos, o fato de que exportar em alguma data acertada é considerado um condição de longo prazo para receber capital de investimento subsidiado faz do mecanismo de controle recíproco uma instituição mais importante para planejar e promover exportações do que sugerem os índices mensurados de promoção das exportações.

---

29 Uma discussão mais completa sobre as exportações figura no Capítulo 7.

30 Ver, por exemplo, Krueger (1995), Nam (1995) e Rodrik (1995; 1996). A metodologia padrão para calcular os incentivos à exportação foi desenvolvida por Bhagwati (1972), como meio de determinar se as empresas enfrentavam diferenças de lucratividade ao venderem em casa ou para fora.

O mais geral padrão de desempenho voltado às exportações depois da Segunda Guerra Mundial operava no contexto de zonas de processamento das exportações, ou enclaves de livre comércio que permitiam às empresas participantes adquirir seus insumos importados sem impostos, em troca da obrigação de exportar *toda* a sua produção (ver Capítulo 1). Tais enclaves podem ter criado poucos elos retroativos ou circulação tecnológica, mas geraram empregos, o que foi de crítica importância sociopolítica e econômica em países densamente povoados com uma oferta ilimitada de mão-de-obra após a Segunda Guerra Mundial.[31] O aumento dos empregos, por sua vez, ajudou a criar um mercado interno muito necessário para outras manufaturas. Os salários crescentes do emprego mais pleno também proporcionaram um incentivo de longo prazo para investir em P&D (ver Capítulo 8). Assim, considerando-se os efeitos tanto diretos como indiretos, o padrão de desempenho que definia tais zonas — importações livres de impostos em troca de *100%* de exportações — podem ter tido um impacto positivo em uma vasta gama de manufaturas internas. As zonas de processamento de informações se difundiram rapidamente da Coréia e Taiwan para a Malásia, a Indonésia, a Tailândia e a China.[32]

A Coréia do Sul, com o mais alto índice de crescimento das exportações no "resto" (ver Tabela 6.9), induziu as empresas a se concentrarem mais em exportar fazendo que seus subsídios dependessem da concretização das metas de exportação, que eram negociadas conjuntamente pelas empresas e pelo governo e divulgadas em reuniões mensais de alto escalão. Essas reuniões contavam com a freqüente presença do presidente da Coréia, Park Chung Hee, e eram concebidas para permitir que os burocratas aprendessem e reduzissem os proble-

---

31 De acordo com uma avaliação latino-americana: "Os efeitos sobre o emprego também são insignificantes — *limitam-se em geral à mão-de-obra feminina desqualificada*" (Fritsch e Franco 1991, p.78, ênfase adicionada). Alguns países, contudo, sabiamente atribuíram importância ao emprego de tal mão-de-obra.

32 Em 1996, a Ásia tinha 225 zonas de processamento de exportações, enquanto a América Latina tinha apenas 41 (UNCTAD, 1998a, p.59).

mas que impediam as empresas de exportar mais, com informações que provavelmente contribuíam ainda mais para a atividade exportadora (Rhee et al., 1984). A reciprocidade envolveu empréstimos em longo prazo pelo Banco de Desenvolvimento da Coréia. Começando em 1971, no início do intenso impulso pela industrialização da Coréia, o BDC começou a oferecer crédito "a empresas exportadoras recomendadas pelo Ministério do Comércio e da Indústria" (Banco de Desenvolvimento da Coréia, 1971). Quanto mais uma empresa exportava, mais provável seria que recebesse empréstimos baratos em longo prazo (bem como proteção tarifária para suas vendas no mercado interno). Após 1975 o governo criou uma lucrativa licença para formar uma companhia geral de comércio, dependendo de as grandes empresas atingirem um certo nível e diversidade de exportações. Essas qualificações deflagraram a livre concorrência entre os grandes grupos empresariais da Coréia em uma época em que a emergência das indústrias pesadas vinha sufocando a concorrência no nível das indústrias (Amsden, 1997a). Se uma empresa selecionada na Coréia mostrasse mau desempenho, ela deixava de ser subsidiada — como se evidenciou pela grande alternação entre as dez maiores companhias da Coréia entre 1965 e 1985 (Kim, 1993).[33]

O princípio da reciprocidade na Coréia operou em quase todas as indústrias. Na de eletrônicos, por exemplo,

> poder-se-ia perguntar por que as empresas filiadas ao *chaebol* não confinaram seus negócios ao mercado interno, onde poderiam obter grandes lucros sem dificuldade. A razão primária foi que o governo não o permitia. Uma importante política industrial coreana para os produtos eletrônicos era a de proteger o mercado interno. Em troca da proteção para esse mercado, o governo exigia que as empresas exportassem uma parte de sua produção. (Sato, 1997, p.413)

---

33 A mesma rotatividade entre grupos comerciais era evidente na Índia. "Embora os Tatas e Birlas permanecessem no topo, havia um considerável embaralhamento na ordem dos demais grupos no contexto dos maiores 20, maiores 75 ou maiores qualquer outro número. Alguns grupos novos se uniram a esses números, e alguns grupos antigos os deixaram" (Sandesara, 1992, p.136).

Acelerando

Tabela 6.9. Exportações totais: índice de crescimento e estrutura, países selecionados, 1970-1995

País	Índice de crescimento anual médio das exportações 1950-95	Principais categorias de exportação (Total = 100%)		
		Manufaturas	Produtos químicos	Maquinário
Coréia	26,3			
1970		76,5	1,4	7,2
1995		93,3	7,3	5L6
Taiwan	20,3			
1970		75,8	2,4	16,7
1995		92,7	65	47,7
Tailândia	12,9			
1970		4,7	0,2	0,1
1995		73,1	3,8	31,5
China	11,8			
1970*		41,8	4,6	1,5
1995		84,0	6,1	19,5
México	12,8			
1970		32,5	8,1	10,6
1995		77,7	4,9	51,4
Indonésia	11,5			
1970		1,2	0,5	0,3
1995		50,6	3,3	6,8
Turquia	11,4			
1970		8,9	1,6	0,4
1995		74,4	4,1	11,0
Malásia	11,0			
1970		6,5	0,7	1,6
1995	74,7	3,0	50,0	
Brasil	10,2			
1970		13,2	1,6	3,5
1995		53,5	6,7	19,1
Chile	8,9			
1970		4,3	1,3	0,8
1995		13,5	3,5	1,8

(continua)

Tabela 6.9. *(continuação)*

País	Índice de crescimento anual médio das exportações 1950-95	Principais categorias de exportação (Total = 100%)		
		Manufaturas	Produtos químicos	Maquinário
Índia	7,9			
1970		51,7	3,3	4,7
1995		76,2	8,5	7,1
Argentina	7,5			
1970		13,9	3,1	3,8
1995		33,9	6,3	10,8
Japão	15,8			
1971		92,5	6,4	40,5
1995		95,2	6,6	67,3
Itália	13,3			
1970		82,9	6,9	36,8
1995		89,2	7,6	37,5
Estados Unidos	10,0			
1970		66,7	9	42
1995		77,3	11,2	47,9
Reino Unido	9,2			
1970		80,1	9,7	40,9
1995		81,6	13,6	42,7

Nota: Dólares norte-americanos nominais.

* Os dados são de 1975.

Taiwan, com o segundo maior índice de crescimento das exportações (ver Tabela 6.9) também atrelou os subsídios às exportações. As indústrias de tecidos de algodão, produtos de aço, papel e celulose, produtos de borracha, cimento e tecidos de lã formaram todas associações e acordos industriais para restringir a concorrência interna e subsidiar as exportações (Wade, 1990). A permissão para vender no mercado altamente protegido de Taiwan dependia de uma certa parcela da produção ser vendida no exterior (Chu, 1997; Lin, 1973). No "Período de Promoção Estratégica" da indústria automobilística de Taiwan, 1977-84, o Ministério das Questões Econômicas exigia que os recém-ingressos na indústria exportassem pelo menos 50% de sua produção (Wang, 1989).

Outros países do "resto" também vincularam os subsídios à exportação, salvo que de maneiras diversas e com graus diversos de sucesso (ver Capítulo 7). O Conselho de Investimento da Tailândia mudou sua política para a indústria têxtil depois da primeira crise de energia em 1973. Da noite para o dia ele exigiu que as empresas têxteis (fossem estrangeiras, locais ou de ações) exportassem pelo menos metade de sua produção para se qualificarem para seu apoio contínuo (ver Capítulo 1).

Na Indonésia, "regulamentos contra compras" estipularam que companhias estrangeiras que recebessem contratos do governo e importassem seus bens de capital e insumos intermediários teriam de exportar produtos indonésios para mercados não tradicionais, em valor igual ao das importações que trouxessem à Indonésia. No caso da madeira, as concessionárias tinham de exportar madeira processada em vez de madeira bruta; em meados da década de 1980, a madeira compensada representou cerca de metade das exportações manufaturadas da Indonésia (Poot et al., 1990). Além disso, bancos de propriedade acionária e filiais de bancos estrangeiros tinham de alocar pelo menos 50% de seus empréstimos totais e 80% de seus fundos no exterior à atividade exportadora (Cole; Slade, 1996).

A Turquia tentou promover as exportações a partir dos anos 1960 tornando-as uma condição para a expansão da capacidade de empresas estrangeiras. No caso de uma sociedade por ações entre um banco de desenvolvimento turco, o Sümerbank, e uma multinacional alemã, a Mannesmann, "tanto o diretor turco como o alemão eram de opinião que o governo turco estava constantemente disposto a ajudar a empresa em suas operações". Ainda assim, um ponto irritava os investidores estrangeiros. Qualquer aumento de capital exigia o consentimento do governo turco. Também se tornou uma política desse governo

> só concordar com um aumento de capital obrigando as empresas a assumir compromissos com a exportação. O governo ditava que, em geral, quaisquer transferências de lucros para o exterior teriam

de ser cobertas pela troca de moeda por intermédio das exportações. Como a indústria turca (tubos de aço no caso da sociedade por ações Sümmerbank-Mannesmann) ainda não podiam concorrer aos preços do mercado mundial, as vendas de exportação não cobriam os custos, de modo que exportar gerava prejuízos. (Friedmann; Béguin, 1971, p.209-10)

Gradualmente, a Turquia estabeleceu um sistema funcional de promoção das exportações que dava às empresas incentivos para cortar custos e era generoso o bastante para que elas exportassem com lucros (Baysan; Blitzer, 1990; Senses, 1990).

No caso da companhia de petróleo do México, no final dos anos 1970, ela garantiu aos produtores privados de petroquímicos um desconto nos preços de sua matéria-prima durante dez anos, em troca da disposição deles de exportar pelo menos 25% de sua capacidade instalada e manter o emprego permanente (a crise da dívida de 1981-82, contudo, levou ao cancelamento desse plano) (Mattar, 1994).

No Brasil, o programa Befiex autorizou importações livres de impostos em troca de compromissos com a exportação. O governo brasileiro estabeleceu o programa Befiex no início da década de 1970, após negociações para a introdução, pela Ford Motor Company, do modelo Maverick. Esse programa permitia aumentos no conteúdo importado e isenção fiscal em troca de compromissos com o desempenho nas exportações, e "estava afinado com as políticas de promoção às exportações do Brasil desde os anos 1960". O ponto crítico sobreveio durante a primeira crise da energia, quando o governo brasileiro "forçou uma reviravolta na balança negativa da indústria automobilística" retirando todos os subsídios exceto os cobertos pelo Befiex. "Isso levou a uma saudável alta não apenas nas exportações de veículos, mas também nas exportações de motores e peças feitos nos terminais ou em empresas associadas" (Fritsch; Franco, 1991, p.115). No caso de outras indústrias, os incentivos do Brasil à exportação incluíam um pacote padrão de benefícios fiscais e outros abatimentos de impostos. Além disso, as empresas podiam negociar seu próprio pacote customizado de incentivos em troca do compromisso específico de exortar uma certa proporção de sua produção (Baumann; Moreira, 1987). A indústria dos equipamentos de transporte foi especificamente ajudada por esse arranjo recíproco (Lucke, 1990). Em 1990 estima-se que 50% do total de exportações do Brasil foi coberto por incentivos do Befiex (Shapiro, 1997).

A Índia fez das exportações uma condição para subsídios e privilégios de vários tipos, mas os termos dos acordos eram usualmente impraticáveis. Na indústria têxtil, por exemplo, o governo acedeu, nos anos 1960, em suspender as restrições à reestruturação das empresas caso elas concordassem em exportar 50% de sua produção — mas poucas o fizeram, já que careciam do capital para se reestruturar (Nayyar, 1973). Em 1970 exportações obrigatórias foram introduzidas em várias indústrias; requeria-se que as indústrias ou empresas exportassem até 10% de sua produção. Mas "o governo raramente conseguia impor os requisitos de exportação", salvo possivelmente em indústrias (a de software, por exemplo) que já eram voltadas às exportações (Verma, 1996, p.24). Conforme a Índia se liberalizou na década de 1990, contudo, as condições para balancear o comércio parecem ter se tornado *mais* praticáveis. Mesmo investimentos estrangeiros que recebiam "autorização automática" tinham de se sujeitar à avaliação do banco central para os detalhes da troca de moeda. A avaliação "geralmente exigirá que a companhia investidora não leve mais moeda forte do que traz" (Gardner, 2000, p.9).

À guisa de conclusão, os padrões de desempenho relativos à exportação, a começar pelas zonas de processamento de exportações, tornaram-se onipresentes no "resto" e provavelmente mais fortes na Coréia e em Taiwan. Esses países eram exceções extremas no desempenho das exportações, mesmo em comparação com outros países do Leste Asiático. Sua condicionalidade se distinguia pela estreita relação que gerava entre exportar e acessar capital de investimento em longo prazo. Com um vínculo estreito, a exportação ficava interligada aos planos estratégicos de longo prazo da empresa (ver Capítulo 7). Isso era um ideal, mas mais cedo ou mais tarde os padrões de desempenho por toda parte se tornaram no mínimo favoráveis à exportação.

Conteúdo local

Os padrões de desempenho na forma de requisitos de "conteúdo local" se concentraram na indústria automobilística. Eles se destinavam a induzir as montadoras de automóveis (estrangeiras ou nacionais) a comprar suas peças e componentes de fornecedores internos em troca da concessão de proteção tarifária de veículos finalizados, de limites à entrada de novas montadoras e de subsídios financeiros.[34] O objetivo da política do governo era criar empresas nacionais, enriquecer as capacidades tecnológicas e poupar ou ganhar moeda estrangeira. A premissa era a de que as regras para o conteúdo local espremeriam as margens de lucro das montadoras, o que lhes daria um incentivo para treinar seus fornecedores de peças locais, cuja maior eficiência reduziria os custos totais.

Os requisitos de localização estavam entre os padrões de desempenho mais difíceis de executar e avaliar. Um alto nível de perícia por parte dos burocratas do governo era necessário para escolher corretamente peças e componentes específicos para a localização seqüencial. A indústria automobilística se caracterizava pela diferenciação dos produtos, pelas economias de escala (tanto na montagem como na manufatura de peças) e por requisitos de alta especialização. Ela era, portanto, vulnerável ao controle por empresas multinacionais política e economicamente poderosas. Todavia, o *laissez-faire* estava fora de questão. Conforme a industrialização se expandiu e as rendas *per capita* cresceram, a demanda por automóveis disparou e as importações de veículos desestabilizaram a balança comercial dos países. A reação instintiva foi reforçar as tarifas sobre os automóveis montados, mas as tarifas só conseguiram aumentar as importações de "kits" de peças

---

34 Em vez de proteger a produção nacional de peças e componentes com uma única tarifa ou cota geral, que permitiria às montadoras escolher que peças e componentes específicos comprar localmente, os requisitos de conteúdo local tipicamente especificavam os insumos exatos que as montadoras deveriam produzir nacionalmente para cumprir os critérios de desenvolvimento, como a maximização das habilidades nacionais.

e componentes desmembrados ou semidesmembrados. As primeiras regras de conteúdo local foram uma tentativa de induzir as montadoras a fabricar localmente peças e componentes selecionados, com o Brasil desbravando o caminho:

> as montadoras tinham de seguir um cronograma de conteúdo interno extremamente ambicioso para serem elegíveis para a plena gama de subsídios financeiros. A cada ano seus veículos tinham de conter uma porcentagem maior de componentes comprados internamente. Em 1º de julho de 1960, os caminhões e veículos utilitários precisavam ter 90% de conteúdo nacional, e os jipes e carros, 95%. ... Ao oferecer os incentivos financeiros somente por um período limitado, o plano punha as iniciantes retardatárias em desvantagem competitiva. (Shapiro, 1994, p.81-3)

As empresas que deixassem de atender ao cronograma de conteúdo local do Brasil eram ameaçadas com a recusa de moeda estrangeira e a retirada de subsídios. (Quanto maior o porte do mercado doméstico, mais crível a ameaça do governo. De sua parte, montadoras estrangeiras, e por vezes fornecedores nacionais de peças da "primeira camada", pressionavam os governos retardatários por requisitos mais baixos, valendo-se de ameaças de "saída". Quanto maior o emprego e mais obsoleta a capacidade de produção existente da montadora, mais crível sua ameaça.)

As metas da regras de conteúdo local — facilitar restrições à balança de pagamento, fortalecer as empresas locais e aprimorar habilidades tecnológicas — foram diferentemente atendidas. Com o tempo, a localização aumentou quase por toda parte (ver Veloso et al., 1998, para o México, Taiwan e a Tailândia). Pelo menos três países também conseguiram transformar sua indústria automobilística em um "setor líder" em termos de moeda estrangeira. A Tabela 6.10 mostra que no início de 1990 uma balança de comércio positiva em peças e veículos montados fora atingida pelo Brasil, pela Coréia e pelo México. As importações e exportações eram mais ou menos balanceadas na Índia, enquanto a indústria de automóveis na China estava ainda muito imatura para se avaliar.

Os objetivos políticos de fortalecer as empresas de propriedade nacional e aprofundar as capacidades locais eram mais árduos de atingir e mais difíceis de mensurar. Baste dizer aqui que, na ausência de dados robustos, os requisitos de conteúdo local se tornaram um pára-raios de críticas sob a nova lei da OMC no fim da década de 1990. As montadoras estrangeiras descobriram ser de seu crescente interesse adquirir suas peças e componentes globalmente. Portanto, em países onde a propriedade das operações de montagem dos automóveis era sobretudo estrangeira (Argentina, Brasil e México), a propriedade dos fornecedores de peças-chave também tendia a se desnacionalizar (para o Brasil, ver Mesquita Moreira, 1999). Todavia, mesmo nesses países os efeitos das leis de conteúdo local sobre o aprendizado parecem ter sido grandes, e certamente pedem maiores estudos.[35] Ao passo que empresas de pequeno e médio porte eficientes e tecnologicamente avançadas estiveram em grande medida ausentes do "resto" antes da Segunda Guerra Mundial, elas pareceram ascender nos anos do pósguerra, na esteira das regras de conteúdo local.

Controles de preço

Do ponto de vista de um formulador de políticas industriais, os controles de preço em geral eram impostos exogenamente por um formulador de políticas macroeconômicas, cujo objetivo era a estabilidade de preços e a paz social, e não a industrialização. Os controles de preço não tinham nenhuma justificativa desenvolvimentista de longo prazo. Tampouco eram por natureza recíprocos. Seu resultado, portanto, foi como o previsto: ora ajudavam a indústria, ora a prejudicavam.

---

35 O arcabouço teórico usado para avaliar as regras de conteúdo local tendiam a presumir que padrões de desempenho, por sua própria natureza, não levariam a resultado algum que não a distorção. Os efeitos sobre o aprendizado foram ignorados (ver, por exemplo, Grossman, 1981).

Acelerando

Tabela 6.10. Déficits comerciais em automóveis e peças, totais qüinqüenais, 1970-1994

País	Déficit ou superávit (milhões de US$ de 1990)				
	1970-74	1975-79	1980-84	1985-89	1990-94
Argentina	−480	−212	−2.384	−853	−6.541
Brasil	−959	2.495	7.209	11.089	4.383
Chile	−1.325	−1.583	−2.023	−2.086	−4.904
China	n.d.	n.d.	−1.191	7.952	−13.225
Índia	−322	222	743	−455	1.588
Indonésia	−2506	−5.143	−6.436	−5.133	−8.668
Coréia	−1.019	−1.915	584	11.273	10.011
Malásia	2.737	−3.824	−4.780	−3.021	−6.773
México	−4.291	−7.305	−4.966	9.075	4.494
Taiwan	−1.246	−1.606	698	1.128	−6.358
Tailândia	−2.561	−4.309	−3.746	−5.480	−14.372
Turquia	−1.851	−2.965	−1.563	−2.361	−5.930
França	22.219	40.060	24.987	20.721	30.095
Japão	59.911	136.171	206.155	325.403	369.070
Reino Unido	24.735	12.170	−8.302	−41.480	27.224
Estados Unidos	−45.029	−47.921	−107.909	−280.487	−229.257

Notas:
Os números negativos indicam déficits.
Dados ajustados para dólares reais utilizando-se o WPI [Índice dos Preços por Atacado] dos Estados Unidos. Os dados de Taiwan para automóveis e peças incluem todos os equipamentos de transporte. Todos os dados sobre a China são de 1983 ou posteriores. O Chile não declarou as cifras da exportação para 1982-1989.
A Classificação Padrão da ONU para as indústrias foi ajustada ao longo dos anos. A antiga classificação padrão (Rev. 1) listava as seguintes categorias para automóveis e peças: 713 — motores de combustão interna por pistão (em versão impressa, os motores por pistão aéreos e marítimos eram subtraídos), 7132 — motores por pistão automotivos, 7139 — peças para motores por pistão, 7783 — itens eletrônicos para automóveis e 732 — veículos de estrada (inclui peças para veículos automotivos). Os dados não são estritamente comparáveis de ano a ano ou entre países, já que estes últimos passaram da Rev. 1 para a Rev. 2 em momentos diferentes.

Fontes: Onudi (1997 e vários anos [a]); UNCTAD (vários anos [b]); Fundo Monetário Internacional (1997); República da China (1997).

Seus efeitos pareceram ser mais daninhos na indústria siderúrgica, cuja movimentação de preços permeava o restante do setor manufatureiro. No México, houve um congelamento nos preços do aço de março de 1957 ao final de 1974 para conter a inflação. "Ao longo de todo esse período a maioria das empresas no mercado de aço mexicano enfrentou dificuldades financeiras que impediram sua modernização e expansão" (Pérez; José de Jesús Pérez y Peniche, 1987, p.185).[36] A indústria siderúrgica indiana do pós-guerra, composta por usinas de propriedade pública e privada, era coberta por um sistema de "preços de retenção" recomendados pela prestigiosa Comissão de Tarifas da Índia. O preço de venda do aço era maior do que o preço de retenção pago aos produtores, e a diferença era usada pelo governo para subscrever projetos de desenvolvimento (não necessariamente na indústria do aço). Não obstante, os custos de produção nas novas usinas do setor público eram necessariamente maiores do que nas velhas usinas privadas, pois os custos de capital eram relativamente menores antes da guerra, quando as usinas privadas foram construídas, e no período pós-guerra "o Banco Mundial se negou a financiar unidades industriais de propriedade governamental por uma questão de política" (Johnson, 1966, p.38). Com isso, os investimentos privados tendiam a custar menos do que os públicos. Como as usinas do governo recebiam os mesmos preços de retenção que as usinas privadas, elas sofriam prejuízos substanciais e não podiam financiar sua própria modernização. Os custos desse sistema de apreçamento foram descritos como "incalculáveis", como também os custos dos controles de preço governando a indústria de cimento indiana (Lall, 1987).

Na Coréia, o governo continuou interferindo nos preços do aço até 1996, mas sem nenhuma razão obviamente desenvolvimentista:

> Os exportadores estrangeiros normalmente tinham dificuldades para concorrer no mercado coreano com a POSCO (uma das mais eficientes fabricantes de aço do mundo), pois os custos de transporte e as tarifas de importação tornavam seus produtos mais caros. ... Os preços internos não avançavam necessariamente junto com os preços internacionais ou a oferta e demanda internas, em razão dos

---

36 Para os controles de preços do açúcar mexicano (para manter baixos os custos de vida), ver Bennett e Sharpe (1982).

controles do governo". (*Financial Times*, 15 de março de 1996, como citado em Nolan, 1996, p.22)[37]

No Brasil, em contraste, o governo

aprovou um decreto em 1965 dando às empresas certas vantagens fiscais caso elas não aumentassem seus preços em mais de 10% ao ano. Empresas siderúrgicas controladas pelo governo eram forçadas a assumir esse compromisso, como também as empresas privadas, já que a maioria delas dependia de créditos do governo para seus programas de expansão, *mas o benefício fiscal dava a elas um incentivo para manter baixos seus custos e preços.* (Baer, 1969, p.131-2, grifo nosso)

Até em um mesmo país os controles de preço falhavam em uma indústria, mas protegiam os consumidores e eram altamente desenvolvimentistas em outra, quase que aleatoriamente. Na Índia, os controles de preço prejudicaram a indústria do aço mas ajudaram a indústria farmacêutica. "O sistema indiano de teto normativo de preços ... obrigava as empresas farmacêuticas (em número de aproximadamente 28 mil) a envolver-se na inovação processual ... e a tornar as exportações mais lucrativas do que as vendas internas, obrigando com isso as empresas de medicamentos locais a se tornarem exportadoras" (os controles de preço, contudo, agiam como um desestímulo para melhorar a qualidade e produzir os mais baratos entre os remédios controlados). As exportações farmacêuticas da Índia subiram de 46 em 1980-81 para 2.337 em 1995-96 (em dezenas de milhões de rupias), um aumento de 50 vezes. A inovação foi estimulada porque as empresas locais que fabricassem medicamentos novos (usando tecnologias nativas) eram

---

37 De acordo com um estudo, "a agressividade dos preços dos sul-coreanos nos mercados internacionais é atribuível em grande parte à estratégia competitiva da Coréia. As instalações siderúrgicas são operadas com altos índices de utilização, reduzindo substancialmente os custos unitários, enquanto os excedentes são exportados a preços baixos com a assistência de medidas governamentais de promoção das exportações" (Howell et al., 1988).

isentas do controle de preços por cinco anos. Empresas pequenas de áreas rurais foram isentas totalmente do controle de preços, com o que as multinacionais começaram a terceirizar seus serviços para elas, difundindo assim a tecnologia e facilitando o fornecimento de remédios em regiões remotas (Mourshed, 1999, p.107). Tudo isso, contudo, foi fortuito:

> Assim como o governo indiano não impôs conscientemente controles de preço para estimular a inovação processual, ele tampouco concebeu esse controle como um mecanismo para motivar as empresas de remédios locais a se tornarem exportadoras de classe mundial. (Mourshed, 1999, p. 110)

No caso da indústria automobilística da Coréia, os preços eram supervisionados pelo Ministério das Finanças para promover a estabilidade.[38] Como as montadoras não podiam a princípio concorrer internacionalmente a preços do mercado mundial (por causa de sua pequena escala de produção), elas tinham permissão para definir preços internos suficientemente altos para compensar os prejuízos no mercado de exportação.[39] Se as montadoras exportassem, o governo lhes permitia produzir carros de luxo de alta margem equipados com motores de seis cilindros para o mercado interno. Quando um novo modelo era originalmente introduzido, as montadoras coreanas também tinham permissão para cobrar a mais dos clientes (pelos padrões mundiais), sendo porém pressionadas a reduzir os preços com o passar do tempo. Essa política ajudou inadvertidamente as montadoras a cobrir seus custos de investimento inicial, e também as obrigou a aumentar a

---

38 Até 1987, o governo coreano inspecionava os preços de até 110 mercadorias para coibir a inflação (Amsden, 1989).

39 De acordo com a lei antitruste coreana, monopolistas e oligopolistas tinham de revelar ao governo os dados de seus custos. Então o governo determinaria o preço. Os automóveis estavam sujeitos a esse regulamento. Um consultor do governo coreano, que lecionou Engenharia Mecânica no Massachusetts Institute of Technology, aconselhou assim o governo em 1980: "Até que haja uma concorrência razoável, o preço dos veículos deve ser regulado por meio de incentivos fiscais e outras medidas apropriadas, permitindo uma margem de lucro suficiente para o reinvestimento e um retorno adequado sobre os investimentos" (Suh, 1980, p.13).

produtividade para permanecerem lucrativas (Amsden; Kang, 1995). Em Taiwan, o preço de um carro feito nacionalmente podia exceder o preço de um carro estrangeiro comparável. Mas "se o preço nacional de um carro excedesse em mais de 15% seu preço no mercado internacional, carros estrangeiros recebiam permissão automática para ser importados". Era difícil para o governo de Taiwan decidir exatamente qual deveria ser a diferença entre os preços internos e os preços internacionais, mas o conceito foi útil para empurrar os produtores internos "rumo à administração e produção eficientes" (Min, 1982, p.105).

O comportamento dos controles de preço no "resto" ilustra um princípio geral sobre os padrões de desempenho. Um padrão de desempenho relacionado à política funciona "melhor" — promove uma meta desenvolvimentista — quando a meta *é* desenvolvimentista e bem definida. Quando o desenvolvimentismo de uma meta é confuso, como no caso dos controles de preço, o resultado tende a ser fortuito.

Na Índia, com o segundo pior desempenho do "resto" depois da Argentina em termos de crescimento da produção manufatureira, os padrões de desempenho tenderam a ter múltiplas metas conflitantes. Diversamente de outros países no "resto", os critérios que a Índia usava para selecionar indústrias incluíam objetivos sociopolíticos: a empresa pública em preferência à privada e empresas pequenas em preferência a grandes. Na verdade, empresas grandes cresciam mais rápido do que empresas pequenas, e a expansão do setor público (de 4% das manufaturas em 1960-61 para 18% em 1984-85) era compensada por restrições sobre o investimento estrangeiro, que escorava as grandes empresas nacionais privadas (Sandesara, 1992). Mas objetivos distribucionais interferiam na eficiência, como fica evidente em dois dos mais canhestros instrumentos de política da Índia, o controle dos preços e a reserva de segmentos de mercado para empresas de pequena escala (ver Capítulo 9 sobre as reservas de mercado). Conflitos entre objetivos abundam na história de quase todas as indústrias estratégicas em que a Índia perdeu terreno. A indústria dos tecidos de algodão na Índia padeceu com fábricas e equipamentos obsoletos nos anos 1950, mas o governo indiano relutava em promover uma mecanização em grande escala por causa da escassez de moeda estrangeira e pelo fato de que "em uma economia com mão-de-obra abundante que já possui um altíssimo nível de desemprego, qualquer política voltada a esse tipo de modernização exige considerações cuidadosas em vista de suas implicações para o bem-estar social" (Nayyar, 1973, p.9). A expansão da indústria de roupas na Índia, que era bastante intensiva em mão-de-obra, poderia ter reduzido a inquietação do governo indiano quanto aos efeitos da modernização da tecelagem no desemprego. Mas a indústria de roupas indiana também se estagnou na década de 1970:

> O fracasso do governo em assegurar a existência de um suprimento adequado de insumos, especialmente de tecidos, para essa indústria foi o efeito mais importante da política governamental nesse setor. O governo tencionava expandir o setor dos teares manuais *desestimulando o crescimento das usinas têxteis maiores*. A expansão da capacidade de tecelagem nas usinas não era permitida *a menos que os produtores têxteis procurassem vender uma grande parcela de sua produção a preços controlados, os quais eram baixíssimos*. (Kumar, 1988, p.122, grifo nosso)

Como se afirmou no Capítulo 8, uma distribuição de renda igualitária é um ativo muito valioso para a industrialização. Ainda assim, a busca de metas distribucionais por meio de políticas de industrialização pode não promover nenhuma das duas.

Desempenho

O desempenho das indústrias "quentes" pode agora ser avaliado pelos critérios de sua variável parcela do mercado na produção e exportação totais de manufaturas. A parcela das indústrias "quentes" no setor manufatureiro do pré-guerra no "resto" era geralmente pequena, de modo que um aumento nesta parcela pode ser aceito como evidência de que o planejamento desenvolvimentista atingiu sua maior meta.

Produtos químicos, maquinário ou metais básicos tendem a aparecer como o alvo de todos os bancos de desenvolvimento representados na Tabela 6.7. Esses são também os setores que tiveram o melhor desempenho nos anos do pós-guerra. Os produtos químicos ganharam importância como parcela do total da produção manufatureira em todos os países, tipicamente por uma grande margem (ver Figura 6.1.). O mesmo se aplica ao maquinário (exceto por Argentina e Chile) (ver Figura 6.2.). Entre o começo e o fim da década de 1970, a produção de ferro e aço aumentou 17,1 vezes na Coréia, 11,3 vezes em Taiwan e 2,1 vezes na China (Onudi, 1986). A indústria pesada progrediu sobretudo em países populosos onde a experiência manufatureira do pré-guerra tendia a ser mais longa e onde a política do pós-guerra conferia à indústria pesada seu maior impulso — Brasil, Índia, Coréia, México e China. As estruturas industriais desses países começaram a se assemelhar àquelas do Atlântico Norte e do Japão (ver Tabela 5.2).

A parcela das manufaturas nas exportações totais do "resto" também disparou (ver Tabela 6.8). O aumento foi espetacular no Brasil, na Indonésia, na Tailândia, na Malásia e na Turquia. Entre 1970 e 1995, a parcela das manufaturas nas exportações totais subiu de 1,2 para 50,6% na Indonésia, de 4,7 para 73,1% na Tailândia, de 8,9 para 74,4% na Turquia, de 6,5 para 74,4% na Malásia e de 13,2 para 53,5% no Brasil. As exportações de maquinário incluíam manufaturas leves (como eletrodomésticos), mas também maquinário não-elétrico e equipamentos de transporte. As indústrias químicas produziam insumos intermediários para produtos finalizados para exportação, participando com isso das exportações, mas apenas indiretamente. A estratégia industrial de Taiwan, por exemplo, predicava-se em empresas estatais "a montante" produzindo insumos intermediários para exportadores privados de pequena escala "a jusante" (Chu; Tsai, 1992; Chu, 1994; 1996). No Japão e na Itália, que podem ser tidos como referenciais, a participação dos produtos químicos em 1992 nas exportações totais montou a 5,5 e 7,1% respectivamente. Uma parcela aproximadamente igual dos produtos químicos nas exportações existiu em 1992 na Coréia, na China, no México, no Brasil, na Índia e na Argentina. Quanto ao ferro e ao aço, no início dos anos 1990 eles se tornaram uma das dez maiores exportações da Argentina, do Brasil, da Coréia e da Turquia (Conferência sobre Comércio e Desenvolvimento da ONU, 1993).

Uma nova era surgira.

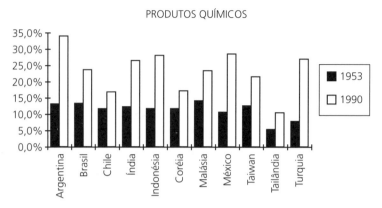

Figura 6.1. Parcela dos produtos químicos no valor agregado das manufaturas, 1953-90. A expressão "produtos químicos" abrange as seguintes classificações industriais: produtos químicos industriais, outros produtos químicos, produtos de petróleo e carvão, plástico e produtos de plástico, e borracha e produtos de borracha. Os dados sobre os seguintes países se referem aos seguintes anos, e não a 1953: Índia, 1958; Coréia, 1958; Malásia, 1959; Taiwan, 1954; Tailândia, 1963; Indonésia, 1958; México, 1960. Fontes: ONU (vários anos), Onudi (vários anos [b]).

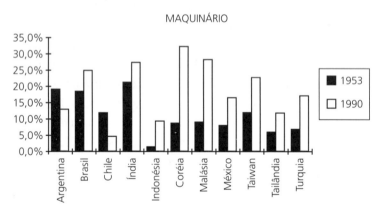

Figura 6.2. Parcela do maquinário no valor agregado das manufaturas, 1953-90. O termo "maquinário" abrange as seguintes classificações industriais: maquinário elétrico, maquinário não-elétrico, equipamentos de transporte e equipamento científico e profissional. Os dados dos seguintes países se referem aos seguintes anos, e não a 1953: Índia, 1958; Coréia, 1958; Malásia, 1959; Taiwan, 1954; Tailândia, 1963; Indonésia, 1958; México, 1960. Fontes: ONU (vários anos), Onudi (vários anos [b]).

Conclusão

Após um século sem conseguir se industrializar, o "resto" teve sucesso em diversificar sua base manufatureira e gerar exportações manufaturadas sob um mecanismo de controle recíproco. Os subsídios dependiam do cumprimento dos padrões de desempenho, que eram generalizados tanto por indústria como por país. Padrões técnicos transformaram a empresa familiar profissionalizando suas principais funções administrativas, como sugerido no caso do Brasil. Padrões políticos aumentaram o conteúdo local das indústrias de fabricação e montagem, especialmente a automobilística, promovendo com isso empresas nacionais de pequena escala. Padrões orientados pelo comércio, como discutidos no próximo capítulo, tornaram-se favoráveis à exportação e viraram uma parte integral da formação de capital a longo prazo nos melhores casos, a Coréia e Taiwan.

A despeito dos desafios relacionados a economias de grande escala e a grandes requisitos de capital, os bancos de desenvolvimento supervisionaram a ascensão das indústrias básicas do "resto". As "indústrias quentes" escolhidas para subsídio em geral aumentaram sua parcela da produção manufatureira e do total de exportações, e os índices de crescimento das manufaturas dispararam.

A industrialização tardia tornou-se assim um processo de crescimento de base institucional. Os piores desempenhos, mensurados segundo o crescimento da produção das manufaturas, pode ser entendido em termos dessas instituições: a Argentina jamais as desenvolveu e a Índia as desenvolveu em excesso.

7
Segregação seletiva[1]

Todos os países do "resto" alocaram ativos intermediários para o mesmo conjunto de indústrias de média tecnologia, e em quase todos os casos essas indústrias começaram como substitutas de importações. O que diferia entre os países era quão vigorosa e rapidamente os artigos exportáveis eram extraídos de um número seqüencialmente crescente de setores de substituição de importações. A grande variação entre países no coeficiente de exportações — a parcela das exportações (manufaturadas ou não) no PIB — dependeu de características estruturais (tamanho e densidade da população), dos índices de investimento e de distorções nos preços. Mesmo levando em conta essas variáveis, contudo, alguns países se tornaram superexportadores ao passo que outros permaneceram subexportadores. As razões por trás dessa disparidade — e não sua importância para o crescimento — são exploradas a seguir.

O papel da história foi tamanho que o que importava não era apenas a experiência manufatureira, e tampouco a experiência ma-

---

1 Este capítulo parte de um exame anterior das exportações feito no Capítulo 6.

nufatureira do tipo colonial (para a propriedade nacional) — o que importou para o rápido crescimento no comércio exterior foi a experiência manufatureira vinda do Japão.

Desvios dos níveis de exportação previstos podem ser atribuídos a instituições comerciais. Por seu turno, as instituições comerciais dos retardatários foram influenciadas pelas de industrializadores anteriores, por vezes fortuita e por vezes deliberadamente. Os padrões comerciais das Américas do Sul e do Norte se tornaram similares. O regime comercial do Japão foi um objeto de emulação consciente por parte de seus vizinhos no Leste Asiático: criou-se um regime comercial de base institucional e popularmente promovido para mobilizar as exportações, no cerne do qual estava a política de alocar capital de investimento de longo prazo para aquelas indústrias de substituição das importações que prometessem e tivessem sido equipadas com os insumos necessários para exportar em alguma data futura. Com isso, a atividade exportadora se tornou uma parte integral da maioria das atividades de substituição das importações.

Essa conexão escapou às mensurações convencionais de promoção de exportações porque o crédito subsidiado em longo prazo pode ser usado para produzir para qualquer mercado, seja interno ou externo. Portanto, os créditos de investimento não podem ser alocados unicamente para a exportação ou a substituição de importações, como se observou no Capítulo 6, e tampouco ser considerados um incentivo às exportações por si só. A dinâmica de extrair exportações de indústrias de substituição de importações e as "distorções" (desvios de preço dos custos marginais) envolviam *ambas* as atividades, e com isso escaparam até mesmo aos mais perspicazes críticos da política industrial (ver, por exemplo, Rodrik, 1995).

Diferenças em "abertura econômica"

O crescimento das exportações foi rápido *em todos os países* do "resto" durante quase cinqüenta anos, de 1950 a 1995; esteve ligeiramente acima da média mundial (ver Tabela 7.1, que mensura o total de exportações, manufaturadas *e não manufaturadas*, em dólares nominais). Mesmo na Argentina, onde o índice foi mínimo, ele foi em média de 7,5%. Isso estava bem abaixo da média mundial, mas não foi irrelevante em termos absolutos. As exportações cresceram anualmente em índices de dois dígitos quase idênticos na China, na Indonésia, na Malásia, na Tailândia, no México e na Turquia, apesar dos diferentes graus de proteção. A parcela das manufaturas nas exportações também disparou (em menor grau na Argentina e no Chile) (ver Tabela 6.9). Com isso, a história comercial do "resto" no pós-guerra é uma história de crescimento quase por toda parte e de crescimento espetacularmente rápido em dois casos, Coréia e Taiwan. Seu crescimento médio anual das exportações em dólares nominais excedeu os 20% durante quase meio século (ver Tabela 7.1).

O que diferiu drasticamente entre os países do "resto" foi a *participação das exportações no PIB*, um coeficiente que mede por cima quão exposta uma economia está à concorrência internacional, quão prontamente ela pode gerar emprego para sua "oferta ilimitada de mão-de-obra" e quão rapidamente pode superar recessões no mercado interno.[2] Em alguns países, esse coeficiente começou baixo e continuou baixo. Em outros, ele subiu rapidamente após a Segunda Guerra Mundial, de um ponto de partida alto ou baixo para um nível possivelmente sem precedentes na história do comércio mundial. Em 1990 as exportações no PIB variaram de cifras de um dígito em alguns países grandes, como o Brasil e a Índia, para quase 50% em Taiwan e quase 80% na Malásia (ver Tabela 7.2).

---

2 Identificar a "abertura" como o coeficiente de exportações (participação das exportações no PIB) é adotar uma abordagem *ex post*: mensura-se a incursão real das importações estrangeiras no PNB. Identificar a "abertura" como o grau de distorção dos preços é adotar uma abordagem *ex ante*: mensura-se o potencial comercial caso as barreiras venham abaixo. Esse potencial pode não se cumprir, como em um exemplo oferecido por Edwards (1993) e Taylor (1998) demonstrando que, se as barreiras comerciais entre duas economias idênticas caírem, o comércio não aumentará, a despeito da maior liberalização. Ironicamente, Taylor (1998) usa esse curioso exemplo para criticar a abordagem *ex post*.

Tabela 7.1. Índice de crescimento das exportações, 1950-1995 (%)

País	1950-60	1960-70	1970-80	1980-90	1990-95	1950-95
Argentina	0,3	4,8	18,0	2,1	11,9	7,5
Brasil	2,1	7,2	21,8	5,1	5,3	10,2
Chile	3,7	10,0	15,9	8,1	15,0	8,9
China	18,8	1,3	20,0	12,9	110,4	11,8
Índia	0,4	3,7	17,3	7,3	11,7	7,9
Indonésia	-1,1	1,6	35,3	-0,3	12,1	11,5
Coréia	1,3	310,8	37,2	15,0	14,3	26,3
Malásia	0,6	4,2	24,2	8,6	20,3	11,0
México	3,1	6,1	24,8	8,2	14,6	12,8
Taiwan	6,5	23,2	28,6	14,8	10,8	20,3
Tailândia	1,7	5,9	24,7	14,0	110,7	12,9
Turquia	0,0	6,0	16,2	14,0	11,0	11,4
Desvio padrão	5,3	11,1	7,1	5,1	4,4	5,4
Média	3,1	10,5	23,7	10,2	13,8	12,7
Coeficiente de variação	171,2	117,3	210,9	56,0	31,6	42,5
Itália	10,5	13,9	20,0	8,7	6,7	73,3
Japão	15,9	17,5	20,8	8,9	10,1	15,8
Reino Unido	4,7	5,9	18,5	5,8	4,4	10,2
Estados Unidos	5,5	8,1	18,5	5,7	8,3	10,0
União Soviética	10,8	8,3	20,6	4,2	n.d.	11,9
Mundo	6,4	10,2	20,4	6,1	8,1	11, 1
Desenvolvido	7,0	10,0	110,0	7,6	7,2	11,3
Em desenvolvimento	3,6	6,7	25,8	3,2	11,4	11,0
Norte da África	1,9	13,9	23,7	-3,8	-1,4	10,8
Resto da África	4,8	7,3	110,9	-1,3	-0,5	7,9
Ásia	4,1	6,5	210,8	4,5	13,4	12,5
América Latina	2,4	5,0	20,8	1,1	10,1	8,7

Notas: Dólares norte-americanos nominais. Os dados da URSS são para 1950-1980.

Fontes: UNCTAD (196), exceto URSS; URSS, UNCTAD (1990).

À guisa de explicação, se uma firma operar em um mercado interno grande, ela estará mais propensa a desenvolver seus produtos com vistas a vendê-los internamente, e, dadas as grandes diferenças internacionais de renda *per capita*, é de esperar que os gostos estrangeiros e nacionais difiram. Um grande mercado interno é um ativo valioso, e pode-se esperar que um país maior seja mais protecionista do que um menor (*cet. par.*). Dados os custos reduzidos de desenvolvimento dos produtos e presumindo-se que as tarifas nacionais desestimulem as exportações (ignorando-se outras intervenções), então quanto maior o país (mensurado pela população), menor o coeficiente de exportação, em virtude tanto de tamanho como do protecionismo.

A densidade populacional (pessoas por unidade de terra) também tende a afetar as exportações porque a escassez de recursos (a essência da "densidade") limita a renda interna e o poder aquisitivo. A densidade populacional afeta a oferta de mão-de-obra e com ela os salários reais — quanto maior a densidade populacional, maior a oferta de mão-de-obra relativamente aos recursos, e maior a pressão descendente sobre os salários. Ambas as pressões, quando grandes, tornam a produção de artigos para exportação relativamente barata.[3] Com isso, em termos de características estruturais involuntárias (aquelas sobre as quais o país não tem controle), quanto maior o tamanho da população, menor o coeficiente de exportação, e quanto maior a densidade populacional, maior a tendência de exportar.

Os investimentos em novas fábricas e equipamentos podem ser considerados um determinador do comércio porque influenciam a oferta de produtos tecnologicamente modernos para a venda no exterior. Portanto, quanto maior o índice de investimento de um país, maior tende a ser sua parcela de exportações. Se o acesso ao crédito de investimento preferencial em longo prazo depender das exportações, então pode-se esperar que a relação entre investir e exportar seja ainda mais forte. Ainda assim, como os altos índices de investimento em infra-estrutura podem ser orientados pelo mercado *interno*, o efeito dos investimentos na parcela das exportações é imprevisível.

---

3 Em vez da densidade populacional, Kuznets (1966) usa a renda *per capita* para captar os efeitos no nível dos salários.

Alice H. Amsden

Tabela 7.2. Parcela das exportações no PIB, países selecionados

País	Ano	Exportações no PIB (%)	País	Ano	Exportações no PIB (%)
Argentina	1910	24	Coréia	1910	7
	1970	6		1938	33
	1980	5		1961	5
	1990	10		1970	14
	1995	7		1980	i4
Brasil	1910	16		1990	30
	1970	7		1995	36
	1980	9	Malásia	1960	56
	1990	8		1970	42
	1995	8		1980	57
Chile	1910	30		1990	77
	1970	15		1995	90
	1980	23	México	1910	12
	1990	34		1960	5
	1995	28		1970	6
China	1910	6		1980	11
	1932	5		1990	16
	1955	6		1995	13
	1970	3	Taiwan	1910	32
	1980	10		1938	34
	1990	19		1960	12
	1994	24		1970	30
Índia	1910	11		1980	53
	1960	5		1990	48
	1970	4		1995	44
	1981	7	Tailândia	1960	17
	1990	8		1970	15
	1995	12		1980	24
Indonésia	1964	14		1990	34
	1970	13		1995	39

(continua)

Segregação seletiva

Tabela 7.2. *(continuação)*

País	Ano	Exportações no PIB (%)	País	Ano	Exportações no PIB (%)
Indonésia	1980	33	Turquia	1910	14
	1990	27		1963	9
	1995	25		1970	6
Estados Unidos	1879-88	7		1980	6
	1904-13	6		1990	II
	1924-28	5		1995	2l
	1960	5	Rússia	1910	8
	1970	6		1959	3
	1980	6		1965	3
	1990	10		1970	4
	1995	11		1980	5
Japão	1878-87	5		1989	5
	1908-13	15		1994	4
	1918-27	18			
	1965	11			
	1970	11			
	1980	14			
	1990	11			
	1995	9			

Fontes: Exceto por anotação em contrário, todos os dados são tirados de UNCTAD (vários anos [b]). Os dados de 1960 representam exportações/PIB e são tirados do Fundo Monetário Internacional (vários anos). Os dados da URSS representam exportações/PIB e são tirados de Steinberg (1990). As estimativas do PIB são de Steinberg. Os dados de 1994 também representam exportações/PIB, dizem respeito somente à federação russa e provêm do Banco Mundial (1996). Os dados sobre os Estados Unidos para 1879-1928 provêm dos Estados Unidos (vários anos). Os dados sobre o Japão para 1878-1927 provêm dos Estados Unidos (vários anos). A menos que haja anotação em contrário abaixo, os dados de 1930 são tirados de Hori (1994). Estados Unidos (1819-1913) de Kravis (1972), e Estados Unidos (década de 1920) de Kuznets (1967). Pressupõe-se que as exportações e as importações sejam iguais. Para 1970-1990, UNCTAD (1995). Dados sobre o "resto" em 1910, Hanson (1986). "Dados" baseiam-se em opiniões especializadas. A cifra russa de 1910 se baseia em estatísticas do país. China (1955) de Eckstein (1964). Rússia (1959) de Kindleberger (1962). México (1960) de Reynolds (1970). Turquia (1963-64) de Pamugoklu (1990). Coréia e Taiwan (1938) e China (1932) de Hori (1994).

Finalmente, pode-se esperar que os preços, especialmente da moeda estrangeira, influenciem as exportações à medida que tornam as vendas internas mais lucrativas do que as externas. Se os preços forem neutros (não distorcidos), então eles não devem ter nenhuma influência sobre as exportações.

Para testar essas hipóteses, estimamos duas equações de regressão usando dados de 1990 para os países do "resto", o Atlântico Norte e o Japão (ver Tabela 7.3).[4] Em geral, a porcentagem da variabilidade nas parcelas de exportação entre países explicada nesses testes é grande — a estatística R^2 de todas as variáveis independentes chega a até 0,68 em uma equação em corte (regressão 2). Mesmo quando o tamanho da população e a densidade populacional são considerados (regressão 1), a estatística R^2 é alta — -59. Como esperado, o sinal no coeficiente do tamanho da população é negativo (quanto maior a população, menor a parcela das exportações) enquanto a densidade populacional é positiva (quanto maior a densidade, maior a parcela das exportações). Com isso, quase 60% da variabilidade nas parcelas da exportação entre economias industrializadas e semi-industrializadas pode ser atribuída a *características estruturais involuntárias*. O residual não explicado da regressão 1 é em certa medida reduzido em se adicionando as variáveis "investimento" e "distorção na taxa de câmbio" (vista na regressão 2). Como esperado, o sinal dos investimentos é positivo e o da taxa de câmbio é negativo. Mas nenhuma variável sozinha, ou tampouco as duas juntas, acrescenta muito em termos de poder explicativo.[5]

Considerando-se o tamanho e a população do país, com seu índice de investimentos e as distorções comerciais, a diferença entre sua parcela *real* de exportações em 1990 e sua parcela de exportações

---

4 Para aumentar o tamanho da amostra dos países industrializados, também incluímos dados da Austrália, da Nova Zelândia, da África do Sul e de Israel em nossas regressões.

5 As distorções, sozinhas, representaram apenas 28% da variabilidade no crescimento das exportações em uma estimativa de Dollar (1992). Em contraste, elas eram de importância absoluta em uma estimativa de Taylor (1998).

Tabela 7.3. Regressão para o Coeficiente de Exportações (participação das exportações no PIB), 1990

	Coeficiente de Exportação como Função da...				
Regressão	Constante	Log. da população	Log. da densidade pop.	Log. da contribuição dos inv. para o crescimento	Log. da distorção
1. Involuntária (R-quadrado = 0,59)	0,77	−0,28 (−6,67)	0,17 (3,60)	—	—
2. Geral (R-quadrado = 0,68)	6,40	−0,32 (−7,73)	0,15 (3,24)	0,14 (1,85)	−1,00 (2,43)

Notas: Variável dependente: coeficiente das exportações, 1990. Os números entre parênteses são estatísticas-t. A contribuição dos investimentos para o crescimento é a média para 1981-1990. O número para cada ano é calculado dividindo-se o crescimento absoluto dos investimentos ao longo do curso de um ano pelo nível geral do PIB no mesmo ano. A medida da distorção se baseia em um índice derivado por David Dollar incluindo distorções introduzidas por barreiras comerciais e movimentos da taxa de câmbio. Os países incluem o "resto", o Japão, o Atlântico Norte, a Austrália, a Nova Zelândia, a África do Sul e Israel.

Fontes: Dados sobre a distorção de Dollar (1992); dados sobre os investimentos do Banco Mundial (1994); todos os outros dados da UNCTAD (1995).

prevista (utilizando-se estimativas da regressão [2]) é vista na Tabela 7.4. Os subexportadores foram Brasil, Índia e especialmente Argentina e Turquia. Os superexportadores foram Chile, Indonésia, Taiwan e Tailândia.[6] Dada nossa análise prévia de ativos baseados no conhecimento, podemos esperar que os países de desempenho superior exibam as seguintes características: (1) experiência relativamente alta no pré-guerra em *manufaturas para exportação* e (2) reciprocidade entre o acesso ao capital de longo prazo e as metas de exportação. Quanto mais a exportação estiver entrelaçada com a formação de capital, mais fácil será para a empresa investir nas habilidades e na capacidade de produção necessárias para exportar, e maior será a disciplina sobre o uso de empréstimos preferenciais por ela.

---

6   Como as reexportações inflavam a parcela de exportações da Malásia, não discutiremos o país mais abaixo.

Tabela 7.4. Diferenças entre o Coeficiente de Exportação Real e o Coeficiente de Exportação Previsto, 1990 (%)*

	Rc (real 1990)	Rc (real (1995)	Rc (previsto)	Residual
Argentina	10,0	7,0	17,4	–7,4
Brasil	8,0	8,0	12,1	–4,1
Chile	34,0	28,0	24,0	10,0
China	n.d.	24,0	n.d.	n.d.
Índia	8,0	12,0	11,8	–3,8
Indonésia	27,0	25,0	15,3	11,7
Coréia	30,0	36,0	30,1	–0,1
Malásia	77,0	90,0	26,7	50,3
México	16,0	13,0	16,6	–0,6
Taiwan	48,0	44,0	38,8	10,2
Tailândia	34,0	31,0	22,0	12,0
Turquia	13,0	21,0	20,3	–7,3
Japão	11,0	10,0	21,3	–10,3
Rússia	n.d.	27,0	n.d.	n.d.
Estados Unidos	10,0	11,0	11,2	–1,2
Austrália	18,0	18,0	15,6	2,4
Canadá	25,0	34,0	14,2	10,8
Israel	31,0	31,0	49,6	–18,6
Nova Zelândia	27,0	31,0	33,4	-6,4
África do Sul	26,0	24,0	19,7	6,3
Média da Europa	38,6	28,0	37,4	1,2

* Previsto pela Regressão 2 na Tabela 7.3.

Como exemplo, a promoção das exportações pela Argentina, país com subdesempenho, foi enfaticamente recomendada em um relatório de Raul Prebisch, o principal economista da Comissão Econômica para a América Latina da ONU (Cepal), ao Governo Provisório da Argentina *já em 1956*.[7] A doutrina Prebisch, promulgada imediatamente após a Segunda Guerra Mundial, foi considerada responsável, em Washington, pelo pessimismo nas exportações e pela posição

---

7 Antes de a promoção das exportações ser introduzida na Argentina, seu setor manufatureiro mal exportava — menos de 5% da produção, excluindo as casas de empacotamento de carne, os moinhos de açúcar e farinha e os produtores de óleos vegetais (Katz e Kosacoff, 1996).

"ensimesmada" da América Latina, sendo duramente criticada.[8] Não obstante, a ortodoxia "da posição ensimesmada" da Cepal só durou uma década, como é indicado pela data do veemente conselho dado por Prebisch à Argentina em favor da promoção das exportações. A Argentina logo adotou medidas para a promoção das exportações, incluindo créditos à exportação, isenções para os exportadores do pagamento de impostos sobre vendas, restituições de impostos pagos sobre insumos importados (reembolsos) e abatimentos *ad valorem* sobre as exportações (nos anos 1970 um conjunto ainda maior de instrumentos foi empregado). "A julgar pelo [...] rápido crescimento das exportações (manufaturadas não tradicionais), parece que o sistema de incentivos foi bastante eficaz" (Mallon e Sourrouille, 1975, p. 81). De acordo com a análise de regressão da época, a taxa de câmbio efetiva real (considerados os subsídios à exportação) não teve um impacto estatisticamente significativo sobre o comportamento exportador da Argentina. Em vez disso, as variáveis explicativas importantes acabaram sendo a capacidade produtiva interna (quanto menor a capacidade de utilização, maiores as exportações) e as concessões comerciais ligadas à recém-formada Associação Latino-Americana de Livre Comércio (Alalc). Do aumento de mais de sete vezes nas exportações não tradicionais da Argentina entre 1962 e 1968, mais da metade se deveu ao comércio pela Alalc (Felix, 1971). Não sem importância é o fato de que o crescimento das exportações manufaturadas não tradicionais da Argentina se mostrou responsivo à modernização tecnológica das indústrias de substituição das importações. Ainda assim, não ocorreu muita coisa em termos de exportação depois disso; não houve tentativas, por parte do governo argentino, de coordenar os investimentos e as exportações, e não surgiram indústrias dinâmicas (ver Capítulo 6). Em longo prazo, portanto, o mau desempenho da Argentina nas exportações parece ter sido bastante influenciado por seu fracasso em

---

8 "O crescente 'pragmatismo' no nível operacional (do Banco Mundial) coexistiu com uma certa ideologia contínua e implícita de pró-abertura. Isso se fazia, em parte, *caricaturando-se e satirizando-se Prebisch e a Cepal*" (Webb, 2000). Para críticas acadêmicas das idéias de Prebisch, ver Baer (1962), Di Marco (1972) e Flanders (1964).

estabelecer as indústrias intensivas em capital e habilidades necessárias para que um país de altos salários concorra nos mercados mundiais de manufaturas. O mesmo se pode dizer do mau desempenho da Turquia (ver a discussão sobre a indústria de alta tecnologia no Capítulo 8).

Tabela 7.5. Importações (%) de bens de capital por país de origem, 1970 e 1990

		Estados Unidos	Japão	Europa	Mundo
1970	Argentina	31,7	2,8	56,7	100
	Brasil	32,2	7,5	53,6	100
	Chile	45,1	4,0	44,5	100
	China	n.d.	n.d.	n.d.	n.d.
	Índia	17,5	6,0	42,9	100
	Indonésia	15,8	30,0	39,6	100
	Coréia	24,4	43,6	30,8	100
	Malásia	18,1	27,7	43,1	100
	México	59,1	4,5	33,6	100
	Taiwan	19,2	59,8	19,3	100
	Tailândia	15,7	43,0	35,1	100
	Turquia	15,3	6,6	62,5	100
1990	Argentina	22,9	8,7	35,5	100
	Brasil	30,6	19,9	33,0	100
	Chile	25,7	9,1	28,7	100
	China	10,2	18,3	27,4	100
	Índia	15,9	17,5	40,9	100
	Indonésia	11,5	33,1	27,0	100
	Coréia	25,2	46,4	17,2	100
	Malásia	22,2	31,2	13,7	100
	México	63,6	6,6	17,7	100
	Taiwan	n.d.	n.d.	n.d.	n.d.
	Tailândia	14,0	43,5	17,1	100
	Turquia	7,7	9,9	61,6	100

Notas: 1970 inclui as categorias 7.1 (maquinário não-elétrico) e 7.2 (maquinário elétrico). 1990 inclui as categorias 7.1 (máquinas de geração de energia), 7.2 (maquinário industrial), 7.3 (máquinas de metalurgia), 7.4 (maquinário industrial geral), 7.5 (máquinas para escritório e para processamento automático de dados), 7.6 (equipamento de som e telecomunicações), e 7.7 (maquinário elétrico, aparatos, peças).

Fonte: UNCTAD (vários anos [a]).

Falando de superdesempenhos, a maioria era do Leste Asiático, com fortes elos históricos com o Japão. Fortes elos no pós-guerra em geral são sugeridos pelos fluxos dos bens de capital. Um bem de capital é um potencial transmissor de *know-how* porque incorpora tecnologia. O vendedor de um bem de capital também pode oferecer ao comprador assistência técnica em longo prazo. Como indicado na Tabela 7.5, em 1970, 1990 ou ambos os anos, o Japão foi o maior fornecedor de bens de capital para a Indonésia, a Coréia, a Malásia, Taiwan e a Tailândia.[9]

O próprio Japão passara a ter subdesempenho na década de 1990 — seu coeficiente de exportação previsto esteve acima de seu coeficiente de exportação real (ver Tabela 7.4). Apesar disso, o coeficiente de exportação do Japão esteve historicamente alto em comparação com o de seu maior mercado e posteriormente seu rival, os Estados Unidos.[10] Por volta de 1927, o coeficiente japonês era mais do que o triplo do coeficiente americano (ver Tabela 7.2). A parcela do Japão no pós-guerra, além disso, tendeu a ser subdeclarada.[11] Nas principais indústrias de média tecnologia, o coeficiente de exportação do Japão foi extremamente alto.

Examinaremos agora os efeitos sobre a exportação da história comercial do pré-guerra e as instituições que governaram a extração de exportações dos substitutos de importações.

---

9 Em 1987, por exemplo, 50% das importações de manufaturas com tecnologia intensiva na Coréia e em Taiwan provieram do Japão, em comparação com 40,% em 1980 (Park e Park, 1991).

10 Em 1913, a proporção do comércio de mercadorias no PIB era de 12,5% no Japão e de 6,1% nos Estados Unidos (Feenstra, 1998).

11 O Japão teve a mais alta porcentagem das manufaturas nas exportações totais entre os países do Atlântico Norte. Manufaturas intermediárias usadas para produzir exportações finais, contudo, não são incluídas no total de exportações do país. Admitindo-se que o uso de manufaturas intermediárias tende a ser maior em manufaturas finais do que em produtos primários, quanto mais alta a porcentagem das manufaturas nas exportações totais, mais subdeclarado será o total de exportações (Hollerman, 1975). Ainda em 1990, a participação das manufaturas no total de exportações foi de 95% no Japão e de apenas 77% nos Estados Unidos (ver Tabela 6.9).

História comercial do pré-guerra

O Japão e seus vizinhos já estavam envolvidos no intercâmbio de *manufaturas* mesmo antes da Segunda Guerra Mundial (Hori 1994). Uma divisão "colonial" do trabalho, em contraste, caracterizou a América Latina e o Atlântico Norte (O'Brien 1997).

No início dos anos 1880 o comércio intra-asiático cresceu mais rapidamente do que o comércio mundial, e foi possivelmente único:

> O comércio intra-regional ... certamente não se desenvolveu em outras regiões não ocidentais, pelo menos não em um grau tão significativo. Por exemplo, o comércio da Argentina com o Ocidente cresceu tão rápido como o do Japão com o Ocidente, e o comércio do Brasil com o Ocidente também cresceu bastante rápido, mas não houve grande desenvolvimento do comércio entre a Argentina e o Brasil.[12] Isso tampouco ocorreu na África, por exemplo, entre a África do Sul e a África Ocidental". (Sugihara, 1986, p. 710)[13]

Os fluxos de comércio intra-asiático assumiram muitas formas, dependendo do ano. Em 1813, a Índia exportou juta bruta, sementes oleaginosas, algodão bruto, tecido de juta, chá, trigo, couro cru e peles; o Sudeste Asiático exportou arroz e estanho; e a China e o Japão exportaram seda bruta. Além disso, o Japão exportou fios de algodão para a China e a Índia, e a Índia os exportou para a China. Embora exportasse sobretudo matéria-prima, o Sudeste Asiático também exportou uma vasta gama de alimentos processados: algas marinhas, peixes e mariscos secos, cozidos ou salgados, gelatina de peixe, mandarins, legumes e frutas secas, ovos, feijões vermelhos e

---

12 Nos anos 1920, "como um elemento de uma rede de transações econômicas internacionais, a República Argentina estava posicionada no Atlântico a meio caminho entre os Estados Unidos e a Grã-Bretanha, *mais do que no continente sul-americano*" (Fodor e A. O'Connell, 1997, grifo nosso, p.9).

13 Ver também Latham e Kawakatsu (1994), Miller et al. (1998) e Sugiyama e Guerrero (1994).

brancos, sementes de soja, farinha de trigo, farelo de trigo, sagu, sorgo e painço, sal, manteiga clarificada, temperos como avelã-da-índia, cravo, gengibre, noz-de-areca, pimentão e pimenta pretos e brancos, tabaco, charutos e cigarros, chá e saquê. O montante desse comércio era maior do que o total de importações asiáticas de alimentos processados do Ocidente, muito embora em 1913 os alimentos processados tenham representado 21% das exportações dos Estados Unidos para a Ásia (Sugihara, 1986; Eysenback, 1976).

Como o militarismo do Japão nos anos 1930 engolfasse a Coréia e Taiwan, que se tornaram pontos de produção manufatureira japonesa (ver Capítulo 5), seu comércio de manufaturas também se expandiu. Em 1938 a relação exportações/PIB na Coréia é estimada em 32,5%, em comparação com 8,3% em 1912. A relação em Taiwan é estimada em 34,4%, em comparação com 27,7% (ver Tabela 7.2). Essas parcelas comerciais são comparáveis aos níveis do pós-guerra e são muito altas, como se observou anteriormente. Além disso, em 1939 as manufaturas representaram 58,3% das exportações totais da Coréia e 60-90% das exportações totais de Taiwan (Hori, 1994).[14] Esse conteúdo manufatureiro no comércio é também extremamente alto para a época. As exportações manufaturadas de Taiwan eram sobretudo (mas não exclusivamente) alimentos processados (como nos anos 1950), mas as da Coréia eram diversificadas. Em 1935, a Coréia esteve entre os cinco maiores exportadores de seda bruta do mundo (Escritório Internacional do Trabalho, 1937, p.65). A Coréia tinha mais teares para a manufatura de tecidos de algodão em 1936 do que a Argentina ou a Manchúria. Como se observou no Capítulo 5, ela fabricou mais cigarros em 1939 do que a Espanha ou do que os países escandinavos em conjunto (Noruega, Suécia e Dinamarca) (Woytinsky e Woytinsky, 1953). Com isso, "o padrão das relações exteriores (da Coréia e de Taiwan) configurado entre as duas Guerras Mundiais foi similar ao configurado após a Segunda Guerra Mundial" (Hori 1994).

---

14   Sobre Taiwan, ver também Hsiao e Hsiao (1995).

O ímpeto para comerciar também foi difundido indiretamente pelo Japão por toda a Ásia, como foi o caso da Indonésia nos anos 1930: "A penetração econômica japonesa e o protecionismo estrangeiro forçaram o governo (holandês) a adotar uma política comercial ativa". Por um lado, a substituição das importações aumentou para uma vasta gama de produtos. Por outro, as exportações aumentaram, primariamente de Java para as Ilhas Exteriores, envolvendo produtos como cerveja, sabão, pneus de carros, bicicletas e produtos têxteis tecidos (Segers, 1987, p. 67).

Na época da Segunda Guerra Mundial, o comércio já havia englobado tanto países asiáticos com longas histórias de comércio exterior (Taiwan) como países asiáticos quase sem história comercial nenhuma (Coréia). Novos padrões tinham sido estabelecidos e antigos padrões do século XIX foram deixados para trás (como o comércio do ópio). Em parte, portanto, poder-se-ia afirmar que *as exportações manufaturadas do Leste Asiático cresceram rapidamente após a guerra porque deram seguimento a uma tendência anterior de rápida expansão antes da guerra.*

Embora as exportações de produtos primários da Argentina, do Brasil e do México também possam ter crescido rapidamente antes da guerra, esses países latinos tinham pouca experiência em exportar manufaturas. Do total das exportações mundiais manufaturadas em 1937, a América Latina respondeu por 0,5% e a Ásia por 11,8%. No mesmo ano, as manufaturas representaram apenas 1,7% do total de exportações da América Latina, ao passo que representaram 27,2% do total de exportações da Ásia (Yates, 1959). A inclusão do Japão e da Índia na "Ásia" gera a impressão do maior desenvolvimento na Ásia do que na América Latina. De qualquer modo, porém, o nexo comercial que incluía o Japão e a Índia também incluía as exportações manufaturadas de outros países asiáticos, mesmo que estas assumissem a forma de alimentos processados. Pressupondo o aprendizado entre gerações, a história comercial favoreceu uma expansão mais rápida das exportações manufaturadas no pós-guerra dentro do nexo comercial asiático do que do nexo comercial entre a América Latina e o Atlântico Norte.

Substituição de importações

A industrialização para a substituição de importações precedeu as exportações em quase todas as indústrias, qualquer que tenha sido a tendência média no nível agregado entre exportar e vender nacionalmente. Fábricas em indústrias de processo contínuo foram inicialmente escaladas para o mercado interno; os mínimos da escala internacionalmente eficiente influenciaram o número de usinas internas que teriam licença para operar. A exportação em indústrias de fabricação/montagem (tipicamente montagem de maquinário ou fabrico de automóveis) aguardava uma formação maior de habilidades.

O precedente remoto da substituição das importações

No Japão, "os custos unitários foram reduzidos pelo aumento na demanda interna e pela produção em massa antes que a relação exportações-produção em indústrias crescentes começasse a aumentar" (Shinohara, 1982, p.144; Krugman, 1984).[15] Similarmente, no Brasil, no período 1960-1980,

> as exportações resultaram não apenas do maior processamento de recursos naturais, ... que ... levavam uma vantagem comparativa, mas também de manufaturas que as firmas aprenderam a produzir durante a fase de substituição das importações. (Edwards e Taitel, 1986, p.425; Teitel e Thuomi, 1986)[16]

---

15 O progresso da substituição de importações para a atividade exportadora foi descrito como a formação de "gansos voadores" (Akamatsu 1961 [1938]; Shinohara, 1982).

16 Afirmou-se que "a proteção oferecida ao longo dos anos 1950 e 1960 às indústrias de metal e metalurgia que produziam bens de consumo duráveis, bens de capital e equipamentos de transporte foi reduzida e a eficiência aumentou, resultando — por vezes a despeito de uma considerável inclinação antiexportadora na política — em um volume substancial de exportações na década de 1970" (Teitel e Thuomi, 1986, p.486).

Na verdade,

o desempenho das exportações após os anos 1960 não teria sido possível sem os esforços de industrialização que a precederam, já que o crescimento das exportações baseou-se em grande medida em setores estabelecidos pela ISI ["industrialização para a substituição de importações"] nos anos 1950. (Abreu et al., 1997, p.21)

Posteriormente,

as políticas de substituição de importações geraram a capacidade de exportar; os setores dominantes nas exportações nas décadas de 1980 e 1990 foram a indústria automobilística e aquelas indústrias intermediárias e pesadas que se voltaram à substituição de importações na esteira do choque do petróleo em 1973. (Shapiro, 1997, p.8)

No México, as indústrias química, automobilística e metalúrgica foram escolhidas para a substituição de importações nos anos 1970 e começaram a exportar 10-15% de sua produção nos anos 1980 (Casar, 1994).[17] "Grande parte do aumento nas exportações não petrolíferas durante 1983-88 adveio de algumas das indústrias mais protegidas" (Lustig e Ros, 1993, p.124). No que toca à economia chilena e a sua habilidade de se ajustar à mudança abrupta de política em 1973, "uma parte dessa capacidade de resposta, especialmente no setor exportador, baseou-se no desenvolvimento industrial que fora conseguido antes por meio de políticas de substituição de importações" (French-Davies et al., 1992, p.97). Na Coréia,

---

17 Para um exemplo, no nível da indústria, da substituição de importações gerando exportações — por vezes indiretamente, na forma da incorporação em produtos acabados para a exportação (discutido no Capítulo 8) —, ver a indústria química na Argentina (Chudnovsky, 1994); no Brasil (Clemente de Oliveira, 1994); na Coréia (Enos, 1988); e em Taiwan (Chu, 1996).

a mudança para uma política voltada às exportações em meados da década de 1960 não significou a renúncia à substituição de importações. Na verdade, a última persistiu juntamente com a estratégia voltada a exportações. A expansão das exportações e a substituição das importações não eram atividades contraditórias, mas se autocompletavam. (Lim, 1999)

Nos eletrodomésticos,

a fase inicial da ISI dos anos 1960 foi crítica para o desenvolvimento das habilidades manufatureiras que permitiram (que os *chaebols*) se tornassem os mais eficientes fabricantes de componentes elétricos e eletrodomésticos dos anos 1970. De fato, a ISI em componentes e peças para eletrodomésticos continuou nos anos 1970 depois que a demanda interna pela produção voltada à exportação a justificou. (Sridharan, 1996, p.50)

Em 1984, a indústria pesada tinha se tornado o novo setor líder em exportações da Coréia, ultrapassando em valor a indústria leve; e praticamente todas as indústrias pesadas da Coréia decorreram da substituição de importações, assim como os produtos têxteis haviam feito nos anos 1950 e 1960 (Amsden, 1989). Em Taiwan "na primeira metade da década de 1960, a maioria das exportações proveio de indústrias de substituição das importações. A proteção da concorrência estrangeira NÃO foi suspensa. Obter subsídios para exportar era um extra" (Chu, 1997). Na indústria de produtos eletrônicos de Taiwan

não há distinção clara entre a fase de substituição das importações e a fase de promoção das exportações. Muito embora a exportação de produtos eletrônicos tenha se acelerado a partir do início da década de 1970, o mercado interno para produtos eletrônicos ainda era intensamente protegido por altas tarifas de importação. Se a proteção era necessária para o desenvolvimento de empresas de produtos eletrônicos locais é um assunto controverso. Todavia, nós observamos que a proteção de produtos eletrônicos obrigou as empresas japonesas do ramo a criar sociedades por ações com empresários locais e a transferir tecnologias para gente local, o que ajudou a expandir suas capacidades de exportação. (Gee e Kuo, s.d., p.23)

O mercado interno de Taiwan para o *consumo* de produtos eletrônicos era o maior da Ásia fora do Japão (cerca de 38% do total asiático). O Grupo Acer, o mais bem-sucedido líder nacional de produtos eletrônicos no Japão (discutido no próximo capítulo) começou em casa funcionando "como um distribuidor de produtos eletrônicos dentro de Taiwan" (Harvard Business School, 1993, p.2).[18] Na Tailândia, aproximadamente 50% das exportações (excluindo os alimentos processados) em 1985 emergiram da substituição de importações (Instituto de Pesquisa e Desenvolvimento da Tailândia, 1987, p.4-23; Wiboonchutikula et al., 1989, p.61). No caso da Turquia nos anos 1908,

> é importante reconhecer que o crescimento das exportações manufatureiras não decorreu do estabelecimento de novas indústrias de exportação, e sim de capacidades existentes em indústrias que antes produziam sobretudo para o mercado interno (ou seja, indústrias que se haviam estabelecido originalmente com a substituição de importações). (Baysan e Blitzer, 1990, p.25)

Algumas exportações não se originaram diretamente do processo de substituição de importações, sendo antes produzidas por *empresas* emergidas dele. A perícia administrativa e tecnológica das empresas de substituição de importações na Ásia granjeou para elas uma reputação comercial e acordos com contratantes americanos de fabricantes de equipamentos originais (FEO) em busca de um salário local inferior ao do Japão para produzir suas peças e componentes.

---

18 Sobre a substituição de importações como alicerce para a exportação na indústria de computadores pessoais de Taiwan, ver Chang (1992).

Ainda falta escrever sobre os detalhes desse legado do Japão para a Coréia e Taiwan, em indústrias tão diversas como a das bicicletas e dos eletrodomésticos. Claramente, contudo, as companhias americanas que haviam originalmente terceirizado suas operações no Japão foram atraídas para a Coréia e Taiwan por seus baixos salários e sua experiência manufatureira, conquistada por meio da substituição de importações (ver Capítulo 5).[19]

Políticas para promover a substituição de importações

A diversificação industrial bem-sucedida mediante a substituição de importações aguardava a formação de um mecanismo de controle recíproco para estabelecer bancos de desenvolvimento (discutidos no Capítulo 6) e *racionalizar as barreiras comerciais tarifárias e não tarifárias*. Além da reciprocidade, um conjunto variegado de políticas comerciais havia surgido, em uma resposta instintiva às crises na balança de pagamento (Bruton, 1998). A racionalização do protecionismo pelo "resto" ocorreu primeiro *pari passu* com sua mobilização de planos

---

19 Conforme a relocação para fora de países com altos salários atingiu o sudeste da Ásia, as interconexões entre a substituição de importações e as exportações dentro de uma mesma empresas se tornaram cada vez mais complexas. No caso do Grupo Astra, da Indonésia, por exemplo, após um agudo declínio nos preços do petróleo em 1983, o governo indonésio mudou sua política econômica da substituição de importações para a exportação, e o "segmento de maquinário do Grupo Astra, que tinha sido uma típica indústria de substituição de importações, deu início à exportação de certas peças, como baterias e velas de ignição, bem como de motores (Toyota) e chassis para empilhadeiras (Komatsu) em 1988-89". Apesar disso, "a seleção de artigos para exportação, o volume das exportações e o destino dependiam geralmente das estratégias globais das mandantes japonesas, que eram matrizes da *joint venture*". Como conseqüência, "à parte as exportações feitas pelas *joint ventures* existentes, o Grupo Astra estabeleceu novas *joint ventures* para fins de exportação com companhias estrangeiras recém-chegadas à Indonésia, como parte de sua relocação da base de produção". As relocações envolveram peças forjadas para maquinário pesado do Japão, a montagem de televisores da Coréia e a montagem de semicondutores de Cingapura (Sato, 1996, p.260).

qüinqüenais e com o maquinário desenvolvimentista — por volta do final dos anos 1950 e início dos anos 1960. A reforma comercial, contudo, mostrou-se um processo recorrente.[20]

Por vezes as reformas eram *mais* liberais — desvalorizações da moeda, por exemplo, ocorreram por volta do final dos anos 1950 e início dos 1960 em países que iam desde a Coréia, Taiwan e a Tailândia até a Índia, o Brasil e o México. As reformas por vezes eram *menos* liberais — a proteção aumentou para os setores de ponta, como no caso das indústrias têxteis coreana e taiwanesa (ver Tabela 5.4). As indústrias de média tecnologia em geral tornaram-se e permaneceram altamente protegidas pelo menos durante toda a década de 1980, fossem as de processo contínuo (aço, borracha, petroquímicos e papel e celulose) ou de fabricação e montagem (maquinário e equipamentos de transporte) (Balassa Bela and Associates, 1982). Com isso, conforme novas indústrias emergiam, novos regimes comerciais surgiam para dar-lhes sustentação. A industrialização para a substituição de importações proporcionou, com isso, o ímpeto para a reforma comercial, bem como os produtos a serem fornecidos aos mercados mundiais.

A promoção das exportações era tão velha como o mercantilismo, mas tornou-se uma peça central das políticas comerciais do "resto", operando lado a lado com medidas para promover a substituição de importações. Propensões antiexportadoras ainda existiam em muitos países na década de 1970, mas foram reduzidas "muito mais pelos subsídios à exportação ... do que por mudanças (periódicas) no regime geral de importações" (Helleiner, 1995, p.16). Em alguns países, exportar tornou-se o núcleo de uma estratégia de crescimento em longo prazo. É às variações nos regimes de promoção das importações que a atenção se voltará agora.

---

20 Para visões gerais das reformas do comércio em vários períodos, ver, entre muitos outros, Agosin e Tussie (1993), Bhagwati e Srinivasan (1975), Cardoso (1987), Edwards (1993), Helleiner (1995), *Journal of Developing Economies* (1994), Krueger (1995), Ocampo e Taylor (1997), Papageorgiou et al. (1991), Rodrik (1997), Banco Mundial (1992) e Taylor (1993).

O Japão e seus emuladores

O elo entre a substituição de importações e a atividade exportadora no Japão começou a ser forjado logo depois da restauração Meiji. Todas as indústrias modernas começaram como substitutas de importações, mas a exportação se concentrou em um pequeno número de produtos e começou quase imediatamente. Chá, seda bruta, tecidos de seda e fios e tecidos de algodão representaram até 63% das exportações totais em 1873-77 e 59% das exportações totais em 1928-32.[21] Em 1913, a *relação produção-exportação* era de 77% para a seda bruta, 25% para os tecidos de algodão e 30% para os fios de algodão (Shinohara, 1964). Relações produção-exportação persistentemente altas indicam a atitude, por parte dos produtores, de que o comércio exterior não é apenas um "respiro para o excedente" ou um meio de dispor do estoque que não pôde ser vendido no mercado interno. Em vez disso, *as exportações são embutidas nas substituições de importações mediante o planejamento de capacidade de grande alcance*. Mesmo depois da Segunda Guerra Mundial, as exportações do Japão permaneceram concentradas, e por volta de 1970 as relações produção-exportação de produtos selecionados permanecia alta: 25% para o ferro, o aço e a borracha sintética, 3% para os veículos motorizados, 39% para as fibras sintéticas e 60% para os navios (Hollerman, 1975).

Entrar nos mercados de exportação já no início da evolução de uma indústria, usar um setor líder em massa-volume como a seda ou os tecidos de algodão e cultivar indústrias de substituição de importações com altas relações produção-exportação foi um padrão que se mostrou relativamente fácil emular. Em termos da concentração em exportações, os países do "resto" com experiência em fiação de seda também tiveram uma alta especialização em produtos têxteis em suas

---

21 A concentração também caracterizou as exportações manufaturadas de alguns países do Atlântico Norte antes da Primeira Guerra Mundial. Em 1913, os produtos têxteis representaram até 48% das exportações do Reino Unido, 40% das da França e 49% das da Itália (Yates, 1959).

primeiras exportações:[22] China, 28,8%; Coréia, 41,1%; Taiwan, 21,0%; e Turquia, 25,4% (UNCTAD, 1995). Não obstante o fato de que os produtos têxteis são heterogêneos e o marketing internacional requer uma compreensão sofisticada dos gostos dos consumidores e dos padrões de qualidade, essa alta concentração em uma única família de produtos tornava as exportações mais fáceis, especialmente uma vez que o marketing era amiúde feito por companhias comerciais japonesas.[23] Mesmo em países asiáticos que não tinham os produtos têxteis como setor líder, a concentração no primeiro estágio da exportação de manufaturas mostrou-se alta. As três maiores manufaturas da Indonésia representaram 68% de suas exportações totais em 1982 (Hill, 1996).

A tarifa (e sua variação) no Japão aumentou entre 1893 e 1938, mas em geral permaneceu "moderada" — sendo de apenas 24% em seu pico em 1931, comparada com um pico de 50%-60% nos Estados Unidos (Minami, 1994, p.193-4) (ver também Tabela 7.6).

Mais que isso, a taxa de câmbio do Japão tendeu a ser estável ou deliberadamente subvalorizada, o que também ajudou as exportações. Em 1874-95 o Japão usava o padrão-prata, e, como o preço da prata declinou relativamente ao preço do ouro, as moedas baseadas em prata (incluindo muitas no "resto") se depreciaram (Nugent, 1973). Quando entrou no padrão-ouro, o Japão adotou a menor faixa de preço, mantendo sua moeda barata. Ele abandonou o padrão-ouro em 1931, e o iene uma vez mais se depreciou (Minami, 1994).

---

22 Os dado são de 1970, exceto pela China, cujos dados são de 1990.

23 Nenhum país do "resto" chegou perto de criar companhias gerais de comércio à altura do *sogo shosha* do Japão. A Coréia foi o que chegou mais perto, mas mesmo as companhias gerais de comércio coreanas lidavam sobretudo com os negócios de exportação de seu próprio grupo. Elas não ofereciam os serviços diversificados oferecidos pelas companhias de comércio do Japão (Amsden, 1997). O "resto" continuava a ter problemas nos anos 1990 com outros aspectos do sistema comercial: a honestidade administrativa nos portos e nas burocracias responsáveis pelos descontos tarifários (reembolsos de direitos aduaneiros) e pela mercadização no caso de firmas de pequena escala. Sobre a Indonésia, ver Poot et al (1990). Sobre o papel das companhias gerais de comércio japonesas em Taiwan, ver Chu (1989).

Tabela 7.6. Indicadores dos níveis tarifários em 1913, países selecionados

Países	Tarifas 1908-12 (%)[1]	Tarifas[2] em Manufaturas (%)
Estados Unidos	0,21	44
Argentina	0,22	284
Brasil	0,37	50-70[4]
México	0,34	40-50[4]
Japão	0,09	25-30
China	0,03	4-5
Tailândia[3]	0,03	3-4
Austrália	0,12	—
Canadá	0,19	—
Nova Zelândia	0,17	15-20

1. Impostos sobre as importações como porcentagem das importações especiais totais.
2. Nível médio aproximado dos impostos de importação sobre os produtos manufaturados.
3. Sião.
4. Cobrado sobretudo sobre os produtos têxteis.

Fonte: Adaptado de Bairoch (1989, p.139).

Não obstante um regime comercial em tudo o mais liberal, o suporte às exportações do governo Meiji incluiu o auxílio em momentos cruciais às indústrias de tecidos de algodão e seda, incluindo o estabelecimento de fábricas "modelo" (ver Capítulo 4). A promoção também incluía a resolução de problemas:

Conforme a concorrência européia se reavivou no mercado mundial após a Primeira Guerra Mundial, as exportações do Japão fraquejaram e sua promoção ganhou importância em sua política comercial. Vários modelos de promoçao das exportaçoes foram seguidos nos anos 1920 e 1930. Um deles consistia em estabelecer um sistema de controle de qualidade para as indústrias tradicionais. (...) Outro, em estimular a penetração de novos mercados, como o da América Latina, do Oriente Médio e da Austrália, oferecendo garantias governamentais de aceitação bancária de títulos de exportação para esses mercados,

para não mencionar a criação de mercados "para as emergentes exportações de manufaturas pesadas (metais, produtos químicos e maquinário) em colônias como a Manchúria e a Província de Kwantung" (Yamazawa, 1975, p.58).

O compromisso do governo japonês com a exportação tornou-se mais sério após a Segunda Guerra Mundial. A substituição das importações e as exportações estiveram deliberadamente ligadas de maneira muito visível para o olho nu dos estudiosos do Japão: a idéia era que "o MCEI promovesse *tanto* as exportações como as vendas internas" (Johnson, 1982, p.229-30).[24] Para isso, ele formou um Supremo Conselho de Exportações composto pelo primeiro-ministro; os ministros do MCEI, da Fazenda e da Agricultura; o governador do Banco do Japão; o presidente do Banco de Exportações-Importações; e vários empresários proeminentes. "Sua função, altamente pública, era definir metas de exportação para o ano seguinte e divulgar, no mais alto escalão do governo, a necessidade de promover as exportações por todos os meios possíveis". Para implementar as decisões do Supremo Conselho Comercial, "o governo japonês ofereceu políticas específicas para cobrir necessidades específicas, fazendo assim com que a escala de cada medida fosse pequena" e difícil de mensurar (Okita, 1975, p.228). Como seria típico entre os incentivos que o "resto" acabaria introduzindo, o Japão também ofereceu aos exportadores benefícios fiscais generosos, pois os Estados Unidos faziam objeções ao subsídio direto (Okita, 1975, p.223). Nos anos 1960, *a Coréia estabeleceu uma organização quase idêntica ao Supremo Conselho Comercial do Japão,* com as mesmas funções e o mesmo compromisso urgente com a expansão da atividade exportadora (Rhee et al., 1984). Nos anos 1980 a China fez o mesmo (discutido a seguir).

Durante o processo inicial de desenvolvimento econômico, o Japão, mais do que os Estados Unidos, contou com mercados meridionais para suas exportações. Entre 1899 e 1929, cerca de metade das exportações totais do Japão se destinaram a países em desenvolvimento (a média comparável nos Estados Unidos ficava em meros 25%, aproximadamente). Entre 1937 e 1957, cerca de dois terços

---

24 O MCEI é o Ministério do Comércio Exterior e da Indústria.

das exportações do Japão foram para o "Sul" (em comparação com cerca de 50% dos Estados Unidos). Se considerarmos somente as exportações *manufaturadas*, tanto o Japão como os Estados Unidos tiveram porcentagens mais altas com destino ao Sul do que no caso das exportações totais, mas isso valeu ainda mais para o Japão do que para os Estados Unidos (Maizels, 1963).

O perfil do superdesempenho

As principais características da história comercial do Japão incluíram assim uma propensão relativamente alta à exportação baseada na entrada precoce em mercados exportadores, a concentração em uns poucos produtos de exportação, um setor de ponta que gerou empregos e oportunidades empresariais (tecidos de algodão e seda), tarifas relativamente baixas, desvalorizações agressivas da taxa de câmbio, um regime altamente diretivo de promoção das exportações (especialmente depois da Segunda Guerra Mundial) e uma diversificação comercial que explorou mercados regionais (a infame "Esfera de Co-Prosperidade do Grande Leste Asiático" do pré-guerra). Os superexportadores, como definidos anteriormente, desviaram-se desse padrão em sentidos cruciais. Tipicamente eles não chegaram ao ponto de arquitetar desvalorizações agressivas da taxa de câmbio. Também foram mais longe do que o Japão em associar o direito de importar ou vender internamente à obrigação de exportar. Em geral, contudo, uma abordagem similar à do Japão é evidente em todos os cinco países cujas parcelas reais de exportação no PIB ultrapassaram as parcelas previstas, e até mesmo no Chile (!), cujo caso, juntamente com o da Indonésia e o da China, é examinado a seguir.

As exportações tradicionais do Chile

Depois de um golpe de Estado em 1973 que desmantelou o Estado desenvolvimentista, o Chile continuou a contar com a indústria estatal do cobre para suas exportações. Também tropegou dolorosamente rumo a um novo modelo comercial. Esse modelo se assemelhava ao do Japão em dois sentidos. Contava com novas técnicas para produzir artigos tradicionais, e esses poucos artigos abrangiam uma grande parte das exportações totais. Aproximadamente 90% das exportações do Chile no final do século XX provinham direta ou indiretamente de quatro setores: silvicultura, mineração, pesca e hortifrutigranjeiros. A mineração estava sujeita a significativas melhorias tecnológicas por parte de concessionárias estrangeiras, embora a propriedade das minas permanecesse pública (Duhart, 1993). Nos outros setores, produtos de alta qualidade foram desenvolvidos para o mercado do Atlântico Norte por meio de métodos científicos de cultivo e processamento de alimentos (Pérez-Alemán, 1997; Gwynne, 1993). Essas exportações se beneficiaram de investimentos *em longo prazo* patrocinados pelo Estado na agroindústria antes do início da ditadura de Pinochet em 1973: "o crescimento das exportações de frutas frescas do Chile requer uma explicação que leve em conta o longo processo histórico para aumentar tanto os acres de plantio como a capacidade técnica" (Pietrobelli, 1993, p.303). As exportações agrárias do Chile se beneficiaram da promoção de exportações, que, mesmo depois que Pinochet tomou o poder, foram desde incentivos fiscais até serviços agressivos ligados ao comércio (French-Davis et al., 1992; French-Davis et al., 1997).

Indonésia

A indústria de madeira compensada da Indonésia, um setor líder, tinha apenas duas fábricas em operação em 1973, mas em menos de duas décadas a Indonésia passou a controlar 43,3% das exportações mundiais de madeira compensada, e esta passou a representar cerca de um quinto das exportações totais da Indonésia. A base para o aumento foi um padrão de desempenho imposto às concessionárias florestais pelo governo indonésio, determinando que em troca do direito de explorar as ricas reservas florestais da Indonésia, as exportações de madeira teriam de ser processadas no mínimo até o estágio da madeira compensada, com o objetivo de gerar emprego e experiência manufatureira. Os detentores de concessões florestais eram obrigados a desenvolver suas próprias instalações de processamento. A princípio proibiu-se a exportação de madeira bruta. Depois de objeções do Gatt,[25] impostos proibitivos substituíram a proibição. As críticas ao programa por parte de economistas foram inúmeras, indo desde alegações de corrupção à ineficiência das fábricas de madeira compensada da Indonésia (ver, por exemplo, Hill, 1996 e Repetto e Gillis, 1998). Na década de 1960, contudo, madeira bruta *da Indonésia* era processada na Coréia e em Taiwan e então exportada como madeira compensada, de modo que havia um respeitável modelo de processamento a seguir.

As políticas de marketing para a exportação de madeira compensada do governo indonésio se assemelharam àquelas de Taiwan, que, por seu turno, tinham muito em comum com as do Japão (dependendo da indústria).[26] Para apoiar a entrada da Indonésia nos mercados internacionais, o governo estimulou os silvicultores e os fabricantes de madeira compensada a formar uma associação de produção e exportação, a Apkindo. Quando os preços da madeira compensada começaram a cair em 1986, a Apkindo agiu como um cartel e adotou uma política para controlar os suprimentos e as cotas de exportação. As firmas também foram estimuladas a formar clubes de exportação com o fito de coordenar vendas para uma mesma região ultramarina. Para evitar a concorrência implacável entre vendedores indonésios, as exportadoras tinham de receber aprovação para vendas no estrangeiro

---

25 Acordo Geral sobre Tarifas e Comércio.

26 Quando a Coréia e Taiwan ainda estavam protegendo suas indústrias de tecidos de algodão nos anos 1960, elas começaram a promover as exportações desses tecidos (ver Capítulo 6). *O direito de vender no protegido mercado interno, cuja lucratividade era inflada pelas barreiras à exportação, dependia das exportações.* Taiwan se valeu de cartéis privados regulados publicamente para impor essa regra, não apenas sobre os tecidos de algodão, mas também sobre produtos de aço, papel e celulose, produtos de borracha, cimento e tecidos de lã, e mais tarde furadeiras e telefones (Wade, 1990). A Coréia utilizou metas de exportação negociadas entre as empresas e o governo, no contexto do Supremo Conselho de Exportações mencionado acima (Rhee et al., 1984).

por meio de um Conselho Conjunto de Marketing, sob controle governamental. Como esperado, o sucesso da Indonésia nas exportações de madeira compensada estimulou novos ingressantes da Malásia e das Filipinas, o que acirrou a concorrência. A questão de usar tecnologia mais avançada para sustentar a posição da Indonésia na indústria da madeira compensada, portanto, figurava na agenda da Apkindo (Messi e Basri, 1997).

China

Depois da introdução de medidas de promoção à exportação ao estilo japonês, o coeficiente de exportação da China passou de 10% em 1980 para 24% em 1994 (ver Tabela 7.2).

A política comercial da China após 1978 incluiu desvalorizações da taxa de câmbio bem como a retenção de tarifas de importação, além de outras barreiras ao comércio. O governo chinês tratou sua base industrial como uma gigantesca indústria na infância, e restrições quantitativas e tarifas altas foram mantidas para estimular a substituição de importações.[27] As exportações foram substancialmente promovidas:

> uma grande variedade de medidas mercantilistas foi introduzida para estimular as exportações. Os setores de exportação prioritários retiveram uma grande parte dos ganhos em moeda estrangeira, que eram altamente valorizados por sua importância na expansão de capital e aquisição de tecnologia. As firmas exportadoras ganharam abatimentos nos impostos industriais e comerciais, além de recompensas diretas. Indústrias escolhidas para a exportação receberam crédito barato para a modernização tecnológica e acesso prioritário a energia e matéria-prima de baixo custo. Os exportadores chineses tiveram acesso à terra a preços desprezíveis pelos padrões mundiais. (Nolan, 1996)

---

27 "Em muitos setores, as tarifas, cotas e outras barreiras ainda proporcionavam uma proteção significativa para as indústrias competitivas em importações" (Lardy, 1992, p.710, nota 46).

Os produtos têxteis e os tecidos se tornaram o setor líder da China, representando quase um terço de suas exportações totais em 1990, como se observou anteriormente. A província cujas exportações cresceram mais rapidamente foi Guangdong [ou Kwantung/Cantão]. "Embora seja tentador atribuir o sucesso de Guangdong inteiramente a sua proximidade com Hong Kong e a sua grande parcela de empresas com investimento no exterior na China", na verdade "metade do crescimento entre 1985 e 1990 se deveu a vendas internacionais expandidas por firmas nativas da região" (Lardy, 1992, p.711). Um estudo cuidadoso das reformas de Guangdong observou: "empresas estatais lideraram o crescimento das exportações, respondendo por 83% das exportações provinciais em 1987" (Vogel, 1989, p.374-5). Com isso, as reformas comerciais foram sobrepostas a uma estrutura empresarial existente, embora nem todas as firmas ou estruturas sobrevivessem; as organizações de comércio exterior, por exemplo, foram gradualmente destituídas de seus poderes monopolistas.

Na prática, uma estratégia sino-japonesa significava

1. Selecionar indústrias específicas para a exportação no mais alto nível político possível (equivalente ao Supremo Conselho Comercial do Japão) e então implementar decisões-chave burocraticamente para assegurar que nenhuma barreira, inclusive as finanças para investimentos em longo prazo, obstruísse o caminho da expansão das exportações;
2. Continuar protegendo as indústrias de substituição de importações enquanto as exportações eram promovidas (incluindo desvalorizações repetidas do iuane), de modo que assegurasse o fluxo de novos produtos de exportação chegando ao mercado;
3. Definir metas de exportação em troca da permissão aos exportadores para acessar ativos valiosos (especialmente moeda estrangeira); e
4. Estabelecer zonas de processamento de exportações com infra-estrutura subsidiada, para dar às firmas estrangeiras o acesso a importações livres de impostos em troca do compromisso de exportarem 100% de sua produção (ou para negociar padrões

alternativos de desempenho em troca do direito de venderem no mercado interno chinês). Em 1996, das 225 zonas de processamento de exportação da Ásia, 124 ficavam na China (UNCTAD, 1998a).

Em suma, "a estratégia da China lembra a do Japão nos anos 1950 e 1960" (Nolan, 1996, p.9).

Os Estados Unidos e seus emuladores

Como retardatários na exportação de manufaturas, os padrões comerciais do "resto" se assemelhavam tipicamente aos padrões de um ou outro industrializador precoce, como acabamos de ver no caso do Japão. Dadas as características estruturais similares (especialmente as baixas densidades populacionais e a riqueza em matérias-primas), os padrões comerciais do pós-guerra na Argentina e no Brasil, ambos subexportadores, tenderam a se assemelhar aos padrões comerciais do pré-guerra nos Estados Unidos. Os coeficientes de exportação dos três países eram baixos (ver Tabela 7.2). Por várias razões, contudo, seguir o caminho americano rumo à riqueza parece ter sido mais difícil do que seguir o caminho japonês.

Primeiro, o padrão dos Estados Unidos não possuía um "setor líder" comparável aos tecidos de algodão. Os Estados Unidos entraram no comércio mundial tardiamente em sua história industrial. Em 1883 eles respondiam por apenas 3,4% do comércio mundial total, não muito mais do que os 2,4% que a Índia representava na década de 1940 (Verma, 1996). De início, as exportações americanas eram sobretudo agrícolas, e mesmo as manufaturas tendiam a se basear em matérias-primas.[28] As exportações de manufaturas leves eram irrisórias. Apesar do caráter inovador da indústria têxtil americana, os tecidos de algo-

---

28 Em 1879-81, os artigos manufaturados e semimanufaturados (excluindo-se itens alimentícios) representaram apenas 16,2% das exportações dos Estados Unidos (Bairoch, 1989).

dão representaram menos de 1% do total de exportações dos Estados Unidos em 1872 e apenas 1,8% em 1900 (Eysenback, 1976). Como os Estados Unidos, as economias mais industrializadas da América Latina não eram internacionalmente competitivas em produtos têxteis antes ou depois da Segunda Guerra Mundial (ver Capítulo 2).[29] A Argentina, o Brasil e o México, portanto, estavam em grande desvantagem em comparação com a Ásia, por carecerem de um setor exportador líder com grandes oportunidades para expandir os empregos nas manufaturas e promover o empreendedorismo entre firmas de pequena escala.

Segundo, os Estados Unidos tiveram um papel difícil a desempenhar, pois foram pioneiros na exploração das indústrias de recursos naturais não reprodutíveis. Se incluirmos o petróleo, as exportações relacionadas a recursos representaram quase metade de todas as exportações manufaturadas americanas antes da Primeira Guerra Mundial (Wright, 1990). Nas décadas de 1960-70, o Brasil (e o México) estavam investindo intensamente nas mesmas indústrias baseadas em recursos em que as exportações dos Estados Unidos se haviam concentrado anteriormente, como a de ferro e aço e a de papel e celulose. Mas mesmo que os recursos naturais da América Latina fossem tão ricos como os dos Estados Unidos um século antes, ela enfrentava maior concorrência global (Wright, 1990). Os países já não precisavam de um suprimento próprio de matéria-prima para se tornarem internacionalmente competitivos nas indústrias baseadas em matéria-prima, como demonstravam as siderúrgicas japonesas e coreanas.

Em terceiro lugar, os Estados Unidos não tinham um número reduzido de exportações de alto volume que pudessem ser facilmente "selecionadas" para a promoção. "Ferro e aço" passaram a representar 37% do total de exportações em 1929, mas essa categoria na verdade abrangia produtos heterogêneos com diversos conteúdos de aço: a cifra de 37% dividia-se entre produtos de ferro e aço (5,4%), maquinário (16,4%) e automóveis e peças (15,7%) (Wright, 1990). A América

---

29 Somente durante a guerra o México e o Brasil exportaram um valor pequeno em produtos têxteis para outros países latino-americanos (Wythe, 1949).

Latina não teria como replicar a composição de produtos dos Estados Unidos nem em termos aproximados, e precisou assim improvisar sua própria cesta de exportações. Isso era mais difícil do que seguir uma trilha já aberta, como a que o Japão deixou para seus sucessores.

Quarto, as exportações intensivas em recursos, bem como outras exportações manufaturadas dos Estados Unidos, haviam sido *impelidas por capacidades tecnológicas avançadas* nas mãos de "líderes nacionais": "entre as firmas industriais de ponta, como as que fabricavam câmeras Kodak ou máquinas de costura Singer, uma atenção constante a novos produtos e tecnologia aprimorada assegurou mais mercados para os fabricantes americanos e manteve os produtores americanos adiante de seus potenciais concorrentes estrangeiros nas indústrias-chave" (Becker, 1982, p.50).[30] A América Latina, contudo, carecia das habilidades tecnológicas que tornavam as exportações americanas dinâmicas. Sem tais habilidades, a ela se via prejudicada por custos de capital e mão-de-obra relativamente altos e pela ausência de produtos óbvios para promover.

Quinto, a promoção das exportações na história americana se restringiu em grande parte à coleta de informações por cônsules diplomáticos, pela extensiva assistência técnica à agricultura e por gastos militares para desenvolver produtos relativos à defesa. As aeronaves se tornaram a mais importante exportação manufaturada dos Estados Unidos no pós-guerra. O auxílio militar vinculou-se quase que inteiramente à compra de bens fabricados pelos Estados Unidos. À parte tal apoio, a promoção americana às exportações foi praticamente nula: "As vendas no estrangeiro (1893-1921) foram feitas em maior parte sem assistência do governo dos Estados Unidos" (Becker, 1982, p.50).

---

30 Comparando-se as exportações nos Estados Unidos e no Brasil, "os Estados Unidos, um grande exportador, como o Brasil, de produtos primários com um quinhão favorável de recursos naturais, não teve uma grande descontinuidade em sua vantagem comparativa marginal em diferentes atividades exportadoras. No último quartel do século XIX, os Estados Unidos se haviam tornado um grande exportador de manufaturas. A principal diferença com o Brasil parece ter sido o grande estoque de capital humano dos Estados Unidos, que estava incorporado em suas exportações industriais" (Leff 1982, nota 73, p.193).

Isso ocorreu sobretudo porque as exportações americanas começaram a ser realizadas primariamente por grandes empresas com base em tecnologias inovadoras. Portanto, os exportadores dos Estados Unidos exigiram pouca ajuda do governo, e os Estados Unidos se tornaram um modelo ruim de promoção das exportações.

Em um sentido crítico — e irônico — o padrão norte-americano *foi* muito fácil de seguir: *ele tinha altas tarifas.* Em seu estágio inicial de desenvolvimento, os Estados Unidos adotaram tarifas que se achavam entre as mais altas do mundo. Em 1913, a média americana era quase duas vezes a do Japão (ver Tabela 7.6).[31]

Em 1913, o nível tarifário da Argentina (impostos de importação como porcentagem das importações especiais totais) foi quase idêntico ao dos Estados Unidos — 21,6% e 21,4%, respectivamente (Tabela 7.6).[32] O sistema em vigor na Argentina antes da Segunda Guerra Mundial "podia ser descrito como uma forma de protecionismo a meio caminho entre o protecionismo moderado dos países do Oeste Europeu e o protecionismo estrito dos Estados Unidos" (Bairoch, 1989, p.152). O nível tarifário (nominal) médio da Argentina alcançou 148,8 em 1960-65. Depois disso, contudo, as tarifas nominais na Argentina se assentaram em pouco menos de 40%, o nível "McKinley" americano.

O Brasil emulou o comportamento tarifário americano a partir do século XIX.[33] Depois que o Congresso Americano aprovou o

---

31 Diferentes medidas das tarifas aparecem em Little et al. (1970, p.162), mas as ordens de magnitude são as mesmas. Ver também Minami (1994, p.193-4). Qualquer que seja a medida, os Estados Unidos tendem a ter um dos índices tarifários mais altos do mundo.

32 Nos anos 1920, "há motivos para crer que o nível de proteção efetiva das atividades manufatureiras na Argentina era na verdade muito inferior ao de outros países 'novos' com um nível tarifário comparável" (O'Connell, 1984, p.39).

33 No México, em contraste, entre 1939 e 1961, direitos como porcentagem das exportações (11,1%) excederam direitos como porcentagem das importações (9,6%), mostrando a falta de entusiasmo do México para a substituição de importações ou a promoção de exportações (Reynolds, 1970). O México não se uniu ao Gatt senão em 1986 e, assim, usou barreiras não-tarifárias, bem como tarifas, para proteger a indústrias nacional e a balança de pagamentos. Estima-se que até 80% das importações após a guerra tenham sido cobertas por barreiras não-tarifárias (Reynolds, 1970).

Projeto de Lei McKinley em 1890, que pedia um regime com uma grande tarifa protetora de 40%, os brasileiros aprovaram um projeto similar. Posteriormente, "a ultraprotecionista tarifa brasileira de 1897 ... *estimulou a imitação do modelo dos Estados Unidos*" (Teixeira Vieira, 1951, p.248, grifo nosso).[34] Em 1913, o nível médio dos impostos de importação sobre as manufaturas no Brasil oscilou entre 50% e 70% (Tabela 7.6). Mensurado em termos dos níveis tarifários médios, ele foi de 42%. Na verdade, as tarifas se restringiam em grande medida aos produtos têxteis (Versiani, 1980). Passada a guerra, contudo, o nível médio das tarifas no Brasil disparou para até 85% em 1960-65 e passou a abranger uma vasta gama de produtos. Ele rapidamente se assentou, em termos nominais, em torno de 40%, precisamente a taxa "McKinley" (ver Tabela 2.4).[35]

Mesmo antes da primeira crise de energia em 1973, o Brasil, juntamente com outros países do "resto", tornou-se muito mais agressivo na promoção das exportações. As indústrias de substituição das importações, como o aço, os produtos químicos e posteriormente automóveis e maquinário, começaram a fornecer produtos a mercados no estrangeiro. O crescimento das exportações nos anos 1980 teve mais a ver com a crescente competitividade da indústria brasileira do que com mudanças na demanda mundial (Bonelli, 1992). A indicação de interesse do governo em aumentar as exportações nacionais gerou confiança comercial na sustentabilidade de políticas favoráveis à exportação e tornou-as menos dependentes das condições da demanda interna.[36]

---

34 Na época, o Brasil também imitava o modelo político americano de estados frouxamente federados (Callaghan, 1981).

35 A taxa McKinley também continha uma cláusula de reciprocidade limitada segundo a qual acordos de reciprocidade bilateral seriam negociados com uma série de governos latino-americanos. Embora tal reciprocidade tenha lançado as fundações para a redução mútua das tarifas, esse experimento durou pouco, pois os democratas no Congresso americano se negaram a estender a cláusula de reciprocidade poucos anos mais tarde. O equivalente médio *ad valorem* das taxas do Projeto de Lei McKinley "eram elevados 49%" (Dobson, 1976, p.19).

36 Também no México se descobriu que as exportações eram altamente responsivas ao apoio perceptível do governo às exportações (Maloney e Azevedo, 1995).

Ao promover uma série de medidas para estimular as exportações manufaturadas, o governo reduziu o risco que, pela ótica dos exportadores potenciais, acompanhava as atividades de exportação. ... Cada vez mais o governo brasileiro se comprometeu com a expansão das exportações, e esse compromisso, por si só, teve um efeito benéfico sobre as exportações. (Tyler, 1976, p.269)[37]

Além de minidesvalorizações regulares que impediam a supervalorização do cruzeiro, vários abatimentos fiscais, reembolsos de impostos e financiamentos para a exportação foram implementados. O mais agressivo incentivo brasileiro às exportações, como discutido no Capítulo 6, foi o "Befiex", um programa pelo qual firmas em maioria grandes podiam negociar um pacote de incentivos com o governo, incluindo a possibilidade de importar bens de capital sob condições de livre comércio, em troca do compromisso de exportar durante um período de usualmente dez anos (Fritsch e Franco, 1991).

Em geral, os efeitos dos incentivos brasileiros à exportação foram positivos. "As estimativas disponíveis de eficiência estática indicam que essas exportações não foram formas excessivamente custosas de obter moeda estrangeira" (Edwards e Teitel, 1986, p.426). Em termos de eficiência dinâmica, estimou-se que "um subsídio às exportações no Brasil provavelmente terá efeitos positivos sobre o bem-estar nacional por meio de externalidades e benefícios dinâmicos" (Arantes Savasini, 1978, p.51). Não obstante, o Brasil esboçou suas políticas de promoção das exportações sob pressão dos Estados Unidos no final dos anos 1980. Embora as exportações no início da década de 1990 tenham crescido rapidamente em cruzeiros constantes, seu crescimento em dólares americanos foi modesto (ver Tabela 7.1). O crescimento das exportações também se associou a uma demanda interna estagnante — as exportações, com isso, permaneceram uma espécie de "respiro para o excedente" (Shapiro, 1991). Com isso, por mais enérgico

---

37 Ver também Fasano-Filho et al. (1987). Para as políticas de promoção das exportações, ver Arantes Savasini (1978) e Shapiro (1997).

que tenha sido o ímpeto de exportação do Brasil e por mais benéficas que fossem suas minidesvalorizações, não foi senão com grande dificuldade e moderado sucesso que o Brasil escapou ao molde do país grande, rico em recursos naturais mas pobre em produtos manufaturados com altos coeficientes de exportação-produção (excluindo-se as indústrias de papel e sapatos). O Brasil pode ou não ter levado mais tempo do que os Estados Unidos para criar uma mentalidade exportadora entre suas firmas de ponta, mas a proteção do mercado nacional, sem a mestria tecnológica americana, sem um setor de ponta que gerasse empregos, sem um número reduzido de produtos manufaturados para exportação a ser escolhido, sem a vantagem do "primeiro lance" na exploração de matéria-prima não reprodutível e sem um efeito demonstrativo de como promover as exportações, não constituía necessariamente uma receita para a expansão dinâmica.

Comerciantes tardios e modelos

Os Estados Unidos e o Japão não esgotaram os padrões comerciais históricos. A Europa foi uma grande parceira comercial da América Latina e exibiu seu próprio padrão único — um padrão de produtos de alto nível, especializados e com engenharia de precisão. O "livre comércio" foi outro modelo, e o mais atraente de todos na teoria.

Analisando primeiro o padrão europeu, uma característica notável do comércio da Europa foi sua *densa rede de intercâmbio intra-regional* (e seus coeficientes de exportação relativamente altos) (Conferência da Nações Unidas sobre Comércio e Desenvolvimento, vários anos). Em 1830, estima-se que 67,6% do comércio da Europa tenha sido interno (Bairoch, 1989; Woodruff, 1966). Em 1990, o número subira para 79,5%.[38] Entre 1970 e 1995, o padrão europeu se tornou mais evidente no "resto". Quase todos os países começaram a exportar mais

---

38 Inclui o comércio interno da União Européia (quinze países) e da Associação Européia de Livre Comércio (seis países) (UNCTAD, 1995).

para vizinhos regionais (ver Tabelas 7.7-7.9).[39] Em 1970, a Indonésia, a Malásia, Taiwan e a Tailândia exportaram 20-30% de seu total de exportações para outros países asiáticos. Nos anos 1990, embora nada similar aos níveis europeus de intracomércio fosse atingido, a média do Leste Asiático subiu para 30-40%. Depois das reformas econômicas, entre 40% e 50% do total de exportações da China foi para outros países asiáticos (o comércio intra-asiático da Índia também aumentou) (UNCTAD, 1995). As razões por trás dessa explosão do comércio intra-asiático foram diversas. Em parte, altos índices de crescimento da produção manufatureira foram a força motriz. Em parte, o comércio exterior e o investimento no exterior se complementaram mutuamente (ver, por exemplo, Van Hoesel, 1997).

Tabela 7.7. Direção do comércio, América Latina

	Ano	Exportações para			Importações de		
		Estados Unidos	Europa	Local*	Estados Unidos	Europa	Local*
Argentina	1970	10,3	55,5	21,1	27,6	39,2	22,9
	1980	10,5	31,9	24,55	23,6	34,5	21,4
	1995	9,0	22,5	47,2	22,3	31,4	21,3
Brasil	1971	26,2	43,5	11,7	34,7	35,6	12
	1980	18,6	32,2	18,1	22,5	11,3	12,5
	1995	11,8	27,9	23,3	26,0	30,4	21,2
Chile	1970	14,4	30,9	11,5	38,2	31,7	21,6
	1980	11,5	41,7	24,7	27,1	20,4	28,6
	1995	1 3,2	27,0	19,9	27,6	21,2	27,8
México	1970	71,2	11,1	10,5	65,7	22,1	3,7
	1980	66,0	16,2	6,9	68,0	17,1	5,8
	1995	86,2	5,0	6,1	76,2	10,5	2,8

* "Local" é definido (de acordo com as classificações da UNCTAD) como "a América em desenvolvimento" para Argentina, Brasil, Chile e México.

Fonte: UNCTAD (1996).

---

39 Para o comércio Sul-Sul, ver Amsden (1976 e 1986) e Beers (1991).

Tabela 7.8. Direção do comércio, Índia e Turquia

	Ano	Exportações para			Importações de		
		Europa Oriental	Europa	Local*	Europa Oriental	Europa	Local*
Índia	1970	20,4	20,1	10,0	14,9	110,8	10,8
	1980	20,3	25,3	10,7	5,8	20,7	32,9
	1995	0,5	21,1	20,9	0,6	28,3	21,2
Turquia	1970	14,2	60,3	10,4	13	53,8	11,1
	1980	16,9	51,7	31,8	10	37,7	66,0
	1995	4,9	52,7	17,7	3,0	41,7	16,1

* "Local" é definido (de acordo com as classificações da UNCTAD) como a Ásia para a Índia e a Opep mais o Oeste Asiático para a Turquia.

Fonte: UNCTAD (1996).

Tabela 7.9. Direção do comércio, Leste Asiático

	Ano	Exportações para			Importações de		
		Japão	Estados Unidos	Local*	Japão	Estados Unidos	Local*
Indonésia	1970	33,3	14,1	210,4	210,5	18,1	20,1
	1980	41,3	11,8	16,7	31,5	13,9	22,7
	1995	27,1	14,7	33,5	22,7	13,7	26,8
Coréia	1970	27,7	41,4	7,0	40,8	30,6	10,1
	1980	17,3	28,4	14,7	26,2	23,6	8,9
	1995	13,7	21,5	34,3	24,6	24,7	16,7
Malásia	1970	18,3	20,9	33,1	175	10,7	34,9
	1980	22,8	18,0	33,3	23,0	16,1	25,7
	1995	12,7	14,2	44,4	28,1	17,1	32,1
Taiwan	1970	15,1	46,4	20,3	42,8	25	10,4
	1980	11,0	36,6	17,7	27,2	25,0	10,2
	1995	11,8	25,0	40,7	210,5	21,4	11,9
Tailândia	1970	26,3	33,6	30,7	37,6	15,7	8,4
	7980	15,3	13,2	26,9	20,7	18,0	22,2
	1995	16,8	19,0	35,5	30,7	12,7	26,8

* "Local" é definido (de acordo com as classificações da UNCTAD) como "o restante da Ásia" para Indonésia, Coréia, Malásia, Taiwan e Tailândia.

Fonte: UNCTAD (1996).

Com a exceção do México, que era e continuou bastante voltado ao comércio com os Estados Unidos, os países latino-americanos começaram também a comerciar mais entre si, estimulados pela formação do Mercosul, uma área de livre comércio no Cone Sul. O comércio intra-regional latino-americano tornou-se de importância crítica em pelo menos duas indústrias, os automóveis e o aço, mas o comércio intra-regional foi tipicamente maior entre os países asiáticos do que entre os latino-americanos.

Livre comércio

Como estratégia para tirar a diferença, o livre comércio parece ter se limitado à Suíça e a Hong Kong. Isto é, qualquer que tenha sido o período de tempo histórico, esses são os únicos "países" óbvios que conseguiram atingir altas rendas *per capita* sem proteção tarifária ou promoção das exportações. Portanto, apesar do apelo do livre comércio em termos da simplicidade administrativa, e apesar de sua pretensão teórica ao "ótimo de Pareto" (pressupondo-se o conhecimento perfeito), sua relevância prática para os retardatários foi relativamente pequena. A questão passa a ser, então: *se o livre comércio tem tanto para recomendá-lo, por que seus adeptos são tão poucos?*

À medida que interesses instituídos são considerados responsáveis pelo protecionismo, a ausência de tais interesses deveria militar em favor do livre comércio (ver, por exemplo, Bhagwati, 1988). Mas não se enxerga nenhuma evidência convincente de que a Suíça e Hong Kong estiveram livres de interesses instituídos. Provavelmente ambos *tinham* interesses instituídos como qualquer outra economia, mas tais interesses favoreciam o livre comércio. Dado o tamanho diminuto da Suíça e de Hong Kong, concorrer com base no mercado interno estava fora de questão. Ambas as economias, portanto, tiveram simplesmente de abraçar a plena força do livre mercado para se desenvolver.

A riqueza da Suíça estava em seus ricos recursos humanos combinados com sua mão-de-obra excepcionalmente barata. "A Suíça é um exemplo interessante de progresso industrial sob condições de livre comércio, mas ao custo de adaptações sucessivas e por vezes dolorosas e de salários extremamente baixos para a mão-de-obra" (Crouzet 1972, p.103). Por trás de seu sucesso econômico no início do século XIX estava a

> liberdade de uma nobreza fundiária parasítica (um "interesse instituído") e do poder desta última para legislar em favor dos interesses agrários; a mobilidade social e a autonomia urbana; a religião protestante calvinista e o alto nível educacional atingido; e, associada a tudo isso, uma classe ativa e inovadora de empresários, administradores e engenheiros. (Pollard, 1990, p.27)

Assim, "em comparação com o restante da Europa, o grau de alfabetização na Suíça era notavelmente alto: *dificilmente haverá dúvida de que o capital humano foi o pilar e o mais importante fator de estímulo do crescimento econômico*" (Fritzsche, 996, p.137-8, grifo nosso).

Por mais notáveis que tenham sido os padrões educacionais da Suíça, suas habilidades de engenharia aplicada foram igualmente impressionantes.

> *A engenhosidade da engenharia suíça era o mais notável.* É possível que o trabalho de precisão necessário para fabricar relógios tenha contribuído para isso. A energia a vapor chegou tardiamente, mas foi no maquinário têxtil que os primeiros engenheiros mostraram sua técnica e suas habilidades inovadoras. (Pollard, 1990, p.28, grifo nosso)

Em princípios do século XIX, o gênio da engenharia esteve concentrado no indivíduo:

> Uma razão para que os empresários de inclinação tecnológica na Suíça estivessem ultrapassando os britânicos era Johann George Bodmer, um gênio mecânico de nascimento suíço. ... Ele não apenas deu a seus compatriotas suíços livre acesso a suas invenções, que

estes por vezes podiam usar antes de obterem uma patente britânica, como também treinou mecânicos suíços em suas oficinas. (Fischer 1991, p.145)

Na década de 1950, as exportações de maquinário excederam em muito as importações, e *as tarifas dos países vizinhos eram evitadas ao se exportar para a América do Norte, a América Latina, o Levante e o Extremo Oriente.* Durante a Segunda Revolução Industrial, a Suíça conseguiu permanecer na vanguarda do desenvolvimento tecnológico e institucional, e deu origem a algumas das maiores empresas do mundo (Daems, 1986).[40] As líderes nacionais suíças incluíam a Ciba, a Geigy (as duas posteriormente se fundiram), a Roche e a Sandoz em fármacos; a Nestlé, a Maggi e a Suchard em alimentos processados; e a Escher-Wyss, a Sulzer (as duas posteriormente se fundiram), a Oerlikon-Buhrle e a Schindler em maquinário (Schroter, 1997).

Depois da Segunda Guerra Mundial, a Suíça continuou a manter sua reputação internacional como fabricante, mesmo enquanto seu setor financeiro se expandia. A parcela das manufaturas no PIB, embora em declínio, ainda montava a 26% em meados dos anos 1990 (Onudi, vários anos [b], em dólares de 1990). A competitividade internacional de muitas especialidades suíças persistiu. Conforme relógios eletrônicos confiáveis e baratos surgiram nos mercados mundiais, fabricados muitas vezes em Hong Kong, os relojoeiros suíços revidaram com o relógio Swatch, um modelo de fabricação suíça que também se vale do movimento eletrônico. Em 1990-91, os relógios de pulso e de parede ainda eram o maior artigo de exportação da Suíça, representando 7,6% das exportações totais. Logo depois em importância vinham as sofisticadas exportações de fármacos, ferramentas mecânicas e maquinário para as indústrias têxteis e de especialidades (UNCTAD, 1995).

---

40 O *laissez-faire* na Suíça nem sempre significou concorrência. "A Suíça pertencia certamente ao conjunto dos Estados mais cartelizados da Europa. Em 1939, cerca de quinhentos cartéis operavam na Suíça" (Schroter, 1997, p.195).

As especialidades de Hong Kong a partir da década de 1950 foram praticamente as mesmas da Suíça (desconsiderando-se o transporte marítimo e os produtos químicos): produtos têxteis, relógios e serviços bancários (!). Mas *os ativos baseados no conhecimento* de Hong Kong não eram nem de longe tão ricos como os da Suíça, particularmente em suas capacidades de engenharia. No final do século XX, quando os fabricantes de Hong Kong já não podiam concorrer com base em salários baixos, Hong Kong quase se desindustrializou. Ao passo que outrora as manufaturas representavam por volta de um terço do PIB de Hong Kong, no fim do século elas mal perfaziam um décimo, e as reexportações tinham maior importância do que as exportações (Amsden, 1997b).

Hong Kong se transformou em uma economia de serviços, transferindo praticamente toda a atividade manufatureira para a China, onde os salários mal chegavam a um décimo dos seus (Amsden, 1997b). Hong Kong pôde prosperar como prestador de serviços graças a ativos extraordinários: sua excelente localização e uma atividade comercial desde há muito estabelecida. Líderes nacionais comparáveis às multinacionais da Suíça existiam em Hong Kong na forma de companhias comerciais como a Jardine Matheson. Poucos, se é que algum, entre os países de industrialização tardia tinham ativos comparáveis para sustentar a perda do setor manufatureiro e sustentar-se com base em finanças, turismo e o "comércio da China".

Na verdade, com menos ativos do que a Suíça, Hong Kong não era um mercado tão puramente livre. A terra era seu recurso mais escasso, e o governo a possuía e controlava integralmente (Hong, 1995). Ele arrendava a terra não utilizada em pequenas quantidades a cada ano, em parte para os propósitos de auferir receita pública. Graças à propriedade de terras, o governo nunca teve um déficit orçamentário real, e construiu a infra-estrutura altamente competitiva de Hong Kong, inclusive na habitação. As moradias dos trabalhadores recebiam tipicamente um subsídio estatal de 50% (Banco Mundial, 1993). Além disso, quando o mercado de ações de Hong Kong chegou às raias do colapso em 1997 após uma quebra financeira na região toda, o governo interveio em peso para sustentar os preços.

A economia manufatureira de Hong Kong do início do período pós-guerra também se desviou do livre comércio. Ela se erigiu com base em tecidos e roupas de algodão, sendo o *know-how* em fiação e tecelagem transferido por empresários têxteis chineses da Xangai do pré-guerra. Apesar dos custos mais elevados da manta de algodão em Hong Kong do que no Japão em 1960 (ver Tabela 5.4), a indústria têxtil de Hong Kong, diversamente da de Taiwan e da Coréia, pôde sobreviver sem tarifas, já que contava com a preferência da Commonwealth, e os membros da Commowealth possuíam uma tarifa comum contra as exportações de outros países, inclusive o Japão (ver Capítulo 5). Posteriormente, Hong Kong passou a exportar seus artigos de algodão quase exclusivamente na forma de roupas, e beneficiou-se de casas de moda americanas de nível relativamente alto, que o escolheram como local de produção graças a seu governo colonial estável e a sua excelente infra-estrutura de comunicações, que permitia às modas chegar rapidamente ao mercado. Entre os países em desenvolvimento, Hong Kong usufruiu a *vantagem do primeiro lance em indumentária*. Com isso, no mercado global administrado da indústria têxtil, Hong Kong teve maiores cotas de exportação do que qualquer outro país em desenvolvimento.[41] Em 1975, 51% das exportações de Hong Kong consistiram em produtos têxteis (dos quais as roupas representavam 42,5%). Outros importantes produtos de exportação eram brinquedos, equipamentos de telecomunicações (sobretudo gabinetes de plástico para telefones) e relógios de pulso e de parede (usando mecanismos importados do Japão) (UNCTAD, 1979).

Pode-se afirmar, portanto, que o livre comércio como estratégia para "tirar a diferença" se restringiu a apenas dois países, a Suíça e Hong Kong, já que apenas esses dois tinham os ativos necessários para construir suas indústrias sem serem avassalados por importações ou impedidos de exportar. Na ausência de ativos comparáveis, outros retardatários precisaram adotar, e adotaram, instituições diversas do livre mercado para crescerem.

---

41 Como se observou anteriormente, "Hong Kong possuía cotas de exportação maiores do que Taiwan e a Coréia do Sul, e especialmente outros PITs" (Ho e Lin, 1991, p.227).

Conclusão

Países que tardaram a se industrializar também tardaram a exportar manufaturas. Sendo assim, quando tais países finalmente conseguiram entrar nos mercados mundiais de manufaturas, suas exportações tenderam a seguir uma ou outra norma comercial estabelecida. Um desses padrões foi definido pelos Estados Unidos, país grande com baixa densidade populacional, com riqueza em matérias-primas e um baixo coeficiente de exportações. Outro padrão foi definido pelo Japão, país consideravelmente menor com alta densidade populacional, escassez de matéria-prima e um coeficiente de exportações relativamente alto. O padrão americano envolveu a entrada tardia nos mercados de exportação, uma vasta gama de especializações de alta tecnologia (que seus seguidores não puderam emular facilmente), a proteção do mercado interno e a formação mínima de instituições. O padrão japonês envolveu a entrada precoce nos mercados de exportação, a concentração em uns poucos produtos com alta relação produção-exportação, tarifas relativamente baixas (ignorando "impedimentos estruturais") e um conjunto de instituições que tornou a exportação uma parte integral da formação de capital.

Qualquer que seja o país, a formação de capital e a exportação foram intermediadas pela substituição das importações. Praticamente todas as exportações manufaturadas, salvo as mais intensivas em mão-de-obra (indumentária e *software*), emergiram de uma indústria de substituição de importações. Os superlucros obtidos por meio da venda em um mercado doméstico protegido ajudavam a financiar o aprendizado e as economias de escala necessários para exportar. Em algum momento no tempo, o regime comercial de um país inteiro podia estar voltado para a exportação ou a substituição de importações (dependendo do agregado de preços). As indústrias individuais, contudo, mudavam com o tempo de um modo para o outro, tornando problemática qualquer caracterização geral delas.

Não obstante a onipresença da substituição de importações, o momento e o escopo das exportações diferiu entre os retardatários, dependendo de seu modelo — americano, japonês, europeu ou russo. O modelo europeu, de especializações sofisticadas altamente especializadas, era possivelmente o mais difícil de reproduzir. O modelo russo — de quase autarquia (dependendo da política) — foi influente na Turquia (nos anos 1930) e na Índia e na China (nos anos 1950). A espetacular entrada do Leste Asiático nos mercados mundiais tinha a liderança do Japão, já que as exportações foram convertidas em um padrão de desempenho para que as indústrias de substituição de importações recebessem capital subsidiado em longo prazo.

A influência das economias industrializadas nos padrões comerciais do "resto" sugere assim que um "modelo" é um ativo baseado no conhecimento, do tipo que pode ter um impacto positivo ou negativo nos lucros. Qualquer que tenha sido a história de cooperação e conflito entre um professor e um aluno, qualquer que tenha sido a mistura de amor e ódio, o modelo pode proporcionar vislumbres de como uma economia de classe mundial funciona. Idéias e práticas estrangeiras são intensivamente filtradas, e a *seletividade* da segregação de um país (a expressão é de Henry Rosovsky), em lugar da simples abertura, torna-se a chave para o sucesso.

8
Empresas líderes nacionais

Depois de se arrastar durante um século, o "resto" conseguiu desenvolver empresas nacionais de grande escala administradas profissionalmente. A importância destas, porém, variou de país para país. A composição das estruturas comerciais do país, segundo o porte e a propriedade (privada ou pública, estrangeira ou nacional), influenciou o nível de seus investimentos em habilidades. A escolha tecnológica de longo prazo entre "fazer" e "comprar" foi uma função da composição empresarial.

O processo pelo qual um retardatário consegue ou não criar um corpo de "líderes nacionais" é o assunto deste capítulo. Uma líder nacional pode ser entendida como uma empresa nacionalmente possuída e controlada que é "escolhida" pelo governo (ela recebe um quinhão desproporcional de "ativos intermediários" que lhe permite tornar-se um ator dominante em sua "base competitiva" — o mercado interno), em troca do que é obrigada a investir intensivamente em ativos próprios baseados no conhecimento. Esses ativos, por seu turno, permitem-lhe globalizar-se por meio da exportação ou do investimento no exterior. Apesar da má fama no setor privado, a empresa de propriedade estatal (EPE) emergiu no "resto" depois da Segunda Guerra Mundial como líder nacional nas indústrias siderúrgica e petroquímica. No setor privado, as líderes nacionais de pequena escala encontraram-se sobretudo na indústria indiana de *software* e na precoce indústria de *hardware* para tecnologia da informação em Taiwan. Líderes nacionais privadas em grande escala assumiram a forma onipresente do "grupo comercial diversificado". Sem ativos especializados com base no conhecimento, as grandes empresas do "resto" se diversificaram amplamente em indústrias tecnologicamente não relacionadas (Hikino; Amsden, 1994).

Apesar da estrutura grupal similar, a empresa nacional privada em grande escala diferiu de país para país em três sentidos: participação no mercado (dependendo da presença de empresas de propriedade estrangeira); porte absoluto (dependendo de a política do governo concentrar ou difundir ativos intermediários entre um pequeno número de grandes empresas ou um grande número de pequenas empresas); e competência central (dependendo da distribuição de renda no setor primário e, por conseguinte, da importância dos produtos primários na carteira de investimentos da empresa). Em países aos quais a empresa de propriedade estrangeira chegou cedo, obteve a vantagem do "primeiro lance" em indústrias sujeitas a economias de escala e não experimentou grande descontinuidade em controle, ela tendeu a "excluir" a empresa nacional de grande escala e propriedade privada, como na América Latina.

Em teoria, as vantagens que um país anfitrião tira da presença de uma empresa multinacional experiente (em comparação com uma empresa nacional inexperiente) são as eficiências de curto prazo e os potenciais "derramamentos" de longo prazo. As principais desvantagens estão na raiz da acumulação: a incapacidade de adquirir um conjunto completo de habilidades empresariais e por conseguinte um conjunto completo de rendas empresariais, presumindo-se que a empresa estrangeira investirá menos em ativos baseados no conhecimento no estrangeiro do que em casa. Na prática, por volta do ano 2000 as empresas estrangeiras operando no "resto" não haviam investido *quase nada* em inovação, já que seus gastos locais em P&D foram praticamente nulos.[1] Portanto, se um retardatário quisesse desenvolver ativos próprios e de estado da arte baseados no conhecimento, ele teria de formar suas próprias empresas nacionais, grandes ou pequenas.

Na história do Atlântico Norte, o nacionalismo se identificava pelo mercantilismo e a autarquia. Na história do pós-guerra do "resto", ele se identifica pela propriedade e o controle: se as empresas líderes eram possuídas por nativos ou estrangeiros e se as habilidades eram "feitas" pelos nativos ou compradas de fontes no exterior. Apesar da grande dependência inicial da transferência tecnológica do estrangeiro, em 2000 somente a China, a Índia, a Coréia e Taiwan haviam investido substancialmente em seus próprios ativos baseados no conhecimento. A China e a Índia eram os dois países mais populosos do mundo. A relação exportações/PIB na China, na Coréia e em Taiwan estava entre as mais altas do mundo. *Todos* os quatro países, entretanto, compartilham dois traços fundamentais: *todos* tinham experiência manufatureira colonial e, com isso, uma ruptura no padrão da propriedade estrangeira após a descolonização (ver Capítulo 5); e *todos* tinham uma distribuição de renda igualitária. A distribuição de renda (por classe, raça, região e etnia) influenciou a alocação de ativos intermediários e, com isso, a natureza da empresa. Quanto menos dividida por desigualdades fosse a economia, maior seria o esforço concertado para criar líderes nacionais e habilidades exclusivas, como se argüirá a seguir.

Para começar a compreender o processo de formação de empresas do "resto" no pós-guerra, apresentamos primeiro algumas informações sobre sua administração assalariada e sua propriedade familiar, sobre a base competitiva e sobre as seleções do governo. Isso proporcionará os blocos de construção para análises subseqüentes.

---

1 "Longe de ser irrelevante, o que ocorre nos países de origem é ainda muito importante para a criação da vantagem tecnológica global mesmo para essas empresas mais internacionalizadas. Pouca P&D ocorre em ultramar" (Patel; ver, 1999, p.145-55, esp. 154). A discussão reaparece em uma seção posterior.

A empresa na industrialização tardia

A dificuldade de longa data do "resto" para desenvolver empresas nas quais profissionais (funcionários assalariados) administrem e coordenem unidades operacionais complexas e de grande escala decorreu parcialmente das dificuldades de justapor uma administração assalariada à propriedade familiar, a forma predominante de empresa comercial no "resto" ainda em 2000 (para a Argentina e a Coréia, ver Chandler Jr. et al., 1997). A administração profissional permite que as vantagens da propriedade familiar superem as desvantagens. Em geral, as forças da propriedade familiar incluem a lealdade baseada em elos sanguíneos, a liberdade de interferências externas na tomada de decisões e a habilidade de criar a geração seguinte de altos administradores cedo e sistematicamente. As fraquezas incluem o acesso limitado a fundos de capital, por causa da evitação de capital externo à família; a política conservadora de evitar novas iniciativas arriscadas, no intuito de cumprir a máxima obrigação da empresa, que é a preservação da fortuna familiar; a tendência da família fundadora de perder a habilidade e o desejo de se envolver na administração estratégica; a perda de motivação, por parte dos gerentes assalariados, graças à monopolização de cargos na alta administração pelos membros da família; e — especialmente importante no "resto" — a tendência de os interesses privados da família entrarem no caminho da administração racional.

> O *zaibatsu* japonês esteve entre os primeiros a minimizar essas fraquezas adotando uma visão abrangente dos lucros, sendo flexível e progressista e *oferecendo cargos de alta administração a gerentes assalariados não pertencentes à família.* (Morikawa, 1992, p.246)

Não há evidência direta de que a profissionalização da administração tenha enfrentado resistência no "resto" após a Segunda Guerra Mundial. Ainda assim, é fato que mesmo em 2000 os cargos administrativos *de topo* em grandes empresas de propriedade familiar tendiam a permanecer nas mãos de membros da família; a oferta se tornara grande o bastante para permitir às famílias recrutar gerentes assalariados sem precisar dar-lhes cargos administrativos de topo. Mesmo empresas cujas ações eram negociadas publicamente tendiam a permanecer sob controle familiar. No caso típico dos 43 maiores grupos da Argentina, dezessete tinham pelo menos uma filial listada na bolsa de valores de Buenos Aires. Em todos os dezessete casos, havia uma família mantendo um interesse controlador de não menos de 50% do capital total até 1995 (Schvarzer, 1995). A situação na Coréia (Amsden, 1997a) e na Índia (Agarwala, 1986) era similar. No período pós-guerra, contudo, todos os países no "resto" tinham no mínimo conseguido estabelecer empresas de propriedade familiar com gerentes assalariados chegando *quase* até o topo da hierarquia administrativa, especialmente no nível das fábricas, onde tecnologia estrangeira teve de ser absorvida, adaptada e aprimorada.

A base competitiva

A história industrial dos retardatários girava primeiro em torno de sua base competitiva: como vimos no Capítulo 7, a maioria das indústrias começou como substituta de importações e a base nacional facilitou o aprendizado e a concretização de economias de escala.[2] A intenção do Estado desenvolvimentista seria cortejar empresas nacionais com ativos intermediários para obter a *vantagem do "primeiro lance"*[3] nas indústrias de substituição de importações sujeitas a economias de escala. A retomada do mercado interno no Leste Asiático se beneficiou da desintegração do Japão durante a guerra (ver Capítulo 5). A Coréia e Taiwan perderam temporariamente seu mais forte concorrente es-

---

2 Para as vantagens locacionais do mercado nacional do ponto de vista dos negócios e da competitividade, ver Porter (1990).

3 Essa expressão foi usada pela primeira vez por Chandler Jr. (1990) no contexto da Segunda Revolução Industrial. Ele se refere ao primeiro ingressante, em uma indústria, capaz de explorar economias de escala e escopo.

trangeiro e também herdaram as propriedades bancárias e fabris do Japão, embora danificadas. A Indonésia expropriou os ativos holandeses nos anos 1950. A Malásia começou a homogeneizar as agências britânicas logo depois (como discutido a seguir). Muitas agências na Índia haviam-se desfeito de seu patrimônio após a independência em 1947, e investidores indianos triunfaram sobre investidores estrangeiros assustados pela mudança política. A retomada do mercado interno na América Latina se beneficiou dos deslocamentos da Grã-Bretanha durante a guerra, mas a América Latina também confrontou um poderoso vizinho ao norte, fortalecido política e economicamente pela guerra. Não apenas ela não experimentou a mesma ruptura na propriedade estrangeira experimentada pela Ásia, como ocorreu na América Latina uma efetiva desnacionalização, à medida que as empresas nacionais existentes foram adquiridas por novas empresas estrangeiras. No México, por exemplo, estima-se que cerca de 50% dos investimentos nos primeiros anos do pós-guerra assumiram a forma de retomada de empresas nacionais (Whiting, 1992; Bennett; Sharpe, 1985). Com isso, ao passo que outros países do "resto" tiveram em maior parte sucesso para retomar o mercado nacional dos *exportadores* estrangeiros, o histórico da retomada do mercado nacional dos *investidores* estrangeiros foi misto. Como conseqüência, a latitude para o surgimento de líderes nacionais também variou.

A seleção

As líderes nacionais no "resto", fossem públicas ou privadas, compartilhavam uma característica: *elas tendiam a ser um produto da promoção do governo (a "seleção" [targeting]).* No caso da líder privada, ela tendeu a ser ou uma filial de um *grupo comercial diversificado* com uma história de patronato governamental,[4] ou um *"spin-off estatal".*

---

4 O apoio, no pré-guerra, a empresas de propriedade nacional foi inexpressivo, mas mesmo a filial do grupo Tata na indústria indiana do aço foi salva da falência nos anos 1920 pelo Raj (ver Capítulo 4).

O *spin-off* estatal podia assumir uma entre várias formas, envolvendo um grau maior ou menor de suporte do governo: uma *joint venture* entre o governo e uma líder estrangeira em tecnologia (como a Maruti Motors na indústria automobilística da Índia e a Usiminas na indústria siderúrgica do Brasil); uma "fábrica modelo" com uma mistura de propriedade estatal e propriedade privada nacional e estrangeira (como a Corporação de Maquinário Semicondutor de Taiwan, a maior produtora mundial de chips fundidos); um empreiteiro da área de defesa que se beneficie de transferência de tecnologias de duplo uso (como a divisão de engenharia de sistemas na Wipro Infotech Ltd. da Índia); uma empresa de propriedade privada "trancafiada" por uma EPE (como se observou por todo o "resto" em indústrias de petroquímicos a jusante, como as fibras sintéticas); ou uma "pequena" empresa incubada e gerida por um instituto de pesquisa público (como a aluna premiada do Parque Científico Hsinchu, a Acer Computers de Taiwan, com vendas de mais de US$ 8 bilhões em 1999).

A seleção de indústrias e a seleção de empresas envolveram os mesmos mecanismos de controle — ativos intermediários dependentes de padrões de desempenho. Entretanto, os padrões de desempenho relacionados com a seleção de empresas diferiam dos padrões relacionados com a seleção de indústrias. No nível das empresas, padrões de desempenho estipulando tetos para a relação dívida-capital influenciavam o *porte das empresas.* Padrões envolvendo condições relativas à repatriação do patrimônio e dos lucros afetavam a *propriedade estrangeira.* Padrões relacionados à distribuição interna dos lucros influenciavam a *estrutura das empresas.* De resto, a seleção de empresas envolveu *licenças industriais* restritivas — todas as grandes expansões e adições de capacidade no "resto" normalmente exigiam a aprovação do governo, sob a justificativa de evitar duplicações custosas e capacidade excessiva. Com isso, as licenças capacitavam o governo a determinar a estrutura de mercado da empresa, enquanto os padrões de desempenho lhe permitiam influenciar seu porte, sua organização e sua nacionalidade.

Nas indústrias de alta tecnologia, a seleção no nível das empresas era tipicamente realizada por meio de institutos públicos de pesquisa ou "parques científicos". Mesmo quando a admissão em tais parques dependia de um processo de concorrência, "escolher os vencedores" era algo inerente ao processo. De outro modo, dados os benefícios da residência no parque, todas as empresas desejariam atuar em um ambiente desse tipo. Para se qualificar para os benefícios de um parque científico, a empresa precisa atender a critérios de pré-seleção.[5] A admissão ao Parque Científico Hsinchu, em Taiwan, dependia da avaliação de um comitê consistindo em representantes do governo, da indústria e da academia. O principal critério de admissão era a natureza da tecnologia que a empresa desenvolvia. O Parque Industrial Científico de Tainan (TSIP), aprovado pela legislação taiwanesa em 1995, destinou-se a atrair empresas nas indústrias de microeletrônicos, maquinário de precisão, semicondutores e biotecnologia agrária. Os benefícios para as empresas do parque incluíam concessões de até 50% dos fundos necessários mediante programas governamentais, isenção de impostos, empréstimos a baixos juros e instalações para educação especial. Em troca, as empresas em busca de admissão no TSIP tinham de atender a critérios relativos a objetivos operacionais, tecnologia de produto, estratégia de marketing, prevenção da poluição e administração (Parque Industrial Científico de Tainan, 1996).

Os princípios dos parques científicos em todo o "resto" eram similares aos de Taiwan. Com isso, ainda em 2000 o apoio governamental à ciência e à tecnologia não era apenas genérico (específico por especialização); era também seletivo (específico por empresa).

---

5 "Em razão das atraentes políticas de investimento do Parque Industrial Científico Hsinchu, o PCIH poderia ser facilmente preenchido com empresas de vários tipos de indústrias. ... Se isso ocorresse, contudo, ele se tornaria simplesmente um outro parque industrial ou zona de processamento de exportações. Não seria capaz de atingir seu principal objetivo, o de desenvolver uma indústria de alta tecnologia. Para impedir que isso ocorresse, a administração do parque (sob os auspícios do Conselho Nacional de Ciência) desempenhou um papel ativo como 'porteira', para garantir que apenas empresas que se encaixassem na lista de indústrias-alvo seriam consideradas" (XUE, 1997, p.750).

O porte das empresas

Todas as líderes nacionais no "resto" tenderam a ser pequenas pelos padrões japoneses ou do Atlântico Norte. Entre as quinhentas maiores empresas industriais globais da *Fortune*, o número delas em países com industrialização tardia aumentou com o tempo (exceto na década de 1990), mas continuou modesto: 4 em 1962, 33 em 1992 e 25 em 1999.[6] Entre as cem maiores corporações transnacionais do mundo, nenhuma ficava fora do Atlântico Norte ou do Japão (UNCTAD, 1998). Pelos padrões do "resto", contudo, algumas líderes nacionais começaram pequenas, ao passo que outras começaram grandes em termos de capitalização. O porte definitivo de ambos os tipos de empresa dependeu da natureza do mercado — se ele era *de produção em massa* ou de *nicho*, e se se sujeitava sobretudo a economias de escala na produção ou a economias de escala no desenvolvimento de produtos (ignorando a produção). Dada a importância das economias de escala no desenvolvimento de produtos (*design*), líderes nacionais pequenas não eram empresas de porte "pequeno" ou mesmo "médio", como tipicamente definido nos países em desenvolvimento (por volta de 2000) — ou seja, empresas com, digamos, vendas anuais de menos de cem mil dólares (ou mesmo um milhão de dólares). As líderes nacionais "pequenas" tinham, antes, vendas na casa das centenas de milhões de dólares.

Os exemplos de empresas "pequenas" em Taiwan no ano 1998 incluíam: a Lite-On Technology, membro do Lite-On Group e quarta maior fabricante de computadores do mundo, com vendas anuais de US$ 820 milhões; a Winbond, a décima maior produtora mundial de circuitos integrados de memória, com vendas de US$ 457 milhões; a Delta Electronics, o carro de frente do Delta Group e maior produtora

---

6 Os dados de 1962, 1992 e 1999 não são comparáveis por causa de mudanças na abrangência das "indústrias". Os números para 1992 e 1999 incluem empresas nas indústrias de linhas aéreas, bancos, seguros e outras não incluídas nos anos anteriores. Os dados são de várias edições da *Fortune Magazine* (abril). Para a metodologia usada para compilar os dados de 1962 e 1992, ver Hikino; Amsden (1994, Tabela 1).

mundial de fontes chaveadas (SPS), com vendas de US$ 399 milhões; a Macronix, sétima maior fabricante de produtos de memória não volátil, com vendas de US$ 370 milhões; a Primax Electronics, a maior produtora do mundo de scanners manuais, com vendas de US$ 337 milhões; e a Siliconware Precision Industries, terceira maior produtora independente de circuitos integrados do mundo (depois da Anam Industrial, da Coréia do Sul), com vendas de US$ 268 milhões.[7]

As líderes nacionais grandes, com grandes dispêndios iniciais de capital, tenderam a preceder as líderes nacionais pequenas graças à *seqüência de diversificação* do "resto". A seleção destinou-se primeiro a estabelecer empresas em indústrias "quentes" com grandes requisitos de capital fixo (ver Capítulo 6). Como as indústrias "quentes" tinham grandes economias de escala na produção, os primeiros ingressantes estavam estrategicamente posicionados para obter vantagens de "primeiro lance". Quando possível, portanto, a abertura de tais indústrias e a organização de grandes empresas de propriedade nacional seguiram de mãos dadas.

O caminho de diversificação do "resto" após a Segunda Guerra Mundial é visto na Figura 8.1. A figura é construída pressupondo-se que o "resto" adotou a composição média dos setores manufatureiros do Atlântico Norte e do Japão — indexado em zero — como referencial; sua estrutura manufatureira, em média, tornou-se o ideal do "resto". No período de tempo em questão (1980-95), indústrias intensivas em mão-de-obra, como a dos produtos têxteis, a dos calçados e a dos alimentos, bem como indústrias de substituição de importações com grandes economias de escala na produção, como a refinação de petróleo, o aço e os produtos químicos industriais, representaram parcelas maiores da produção manufatureira interna total no "resto" do que no Atlântico Norte e no Japão. O contrário ocorreu em outras indústrias intensivas em capital e habilidades. A participação na produ-

---

7 A taxa de câmbio de 32,13 do novo dólar de Taiwan foi usada para converter as cifras de vendas em dólares americanos (Bankers Trust, 1998). A Acer Computers ficou em décimo entre as vendedoras de computadores de mesa em 1996, com vendas de US$ 4,5 bilhões (Chandler JR., 2000).

ção manufatureira total da cerâmica, dos produtos químicos finos, do maquinário elétrico e não elétrico e dos equipamentos de transporte foi menor, em média, no "resto" do que no Atlântico Norte e no Japão, seja em 1980, seja em 1995. O objetivo do "resto" era entrar e expandir-se nessas indústrias, criando líderes nacionais para atingir uma escala mínima eficiente e obter a vantagem do "primeiro lance".[8]

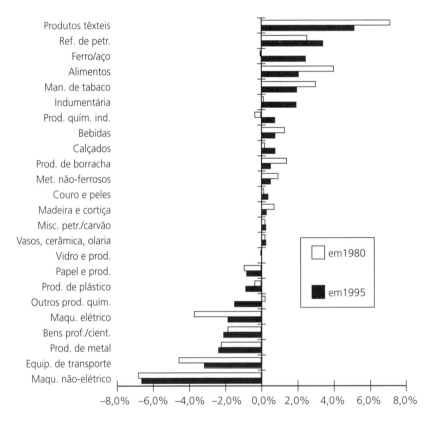

Figura 8.1. Distribuição do valor agregado em manufaturas: diferença entre a média do "resto" e a média do Atlântico Norte, 1980 e 1995. As parcelas do Atlântico Norte foram indexadas em zero. Fonte: Onudi (1997).

---

8 Para as indústrias em que grandes empresas dos países do Atlântico Norte tendem a se agrupar, ver Chandler Jr. (1990). Para dados comparáveis sobre a Coréia, ver Amsden (1989).

O *grupo comercial diversificado* tendeu a ser o agente inicial da diversificação na industrialização tardia e o incubador de grandes líderes nacionais. As empresas líderes se diversificaram amplamente porque careciam de uma competência central própria em qualquer família tecnológica. A diversificação criava oportunidades para que elas se expandissem sem o alto risco de atingir um teto tecnológico. A ausência inicial de *know-how* próprio e a forma grupal das empresas seguiram assim de mãos dadas (Hikino, 1994). Entre as cinqüenta maiores empresas do "resto", os grupos representavam 31. As empresas nacionais especializadas montavam a apenas quatro, com as quinze empresas restantes sendo representadas por empresas de propriedade estatal (EPEs) e empresas multinacionais (ver Tabelas 8.1 e 8.2). Por meio de entradas múltiplas em indústrias não relacionadas, os grupos comerciais puderam adquirir *habilidades genéricas de execução de projetos.* A habilidade de se diversificarem rapidamente e com um custo mínimo tornou-se um ativo sujeito a *economias de escopo.* As habilidades genéricas envolvidas na diversificação incluíam estudos de viabilidade, arranjos financeiros, a identificação de fontes de tecnologia, a supervisão de construções, a compra de maquinário, operações de iniciação e a resolução de problemas (ver Tabela 1.2). À luz de seus ativos, os grupos comerciais diversificados logo se tornaram a mais importante organização do "resto" para desenvolver as indústrias básicas e o cadinho de líderes nacionais (ver Tabela 8.1, bem como os sumários de dados apresentados na Tabela 8.2a-b).

A ascensão à proeminência mundial de pequenas empresas em mercados globais de nicho foi relativamente lenta porque passar de uma "fabricante de equipamento original" (FEO) para uma "fabricante de modelos originais" (FMO) e para uma "fabricante de marca original" (FMO) com eficiência em custo requer investimentos pesados em distribuição e desenvolvimento de produtos. Para reaver o que se gasta em protótipos, ferramentas e desenvolvimento, as empresas precisam fabricar um grande volume do produto. Com isso, mesmo os pequenos fabricantes do nicho de alta tecnologia estavam sujeitos a economias de escala. Economias de escala na inovação são evidentes se

Empresas líderes nacionais

Tabela 8.1. As 50 maiores empresas manufatureiras,[1] classificadas por vendas, 1993, países selecionados

Nome	Vendas (milhões de US$)[2]	Tipo	Atividades	País
1. Hyundai	74.142	grupo	diversificadas	Coréia
2. Samsung	66.845	grupo	diversificadas	Coréia
3. LG	51.679	grupo	diversificadas	Coréia
4. Daewoo	37.303	grupo	diversificadas	Coréia
5. Samsung Co. Ltd.	24.819	filial/g	eletrônicos	Coréia
6. Sunkyoung	22.210	grupo	diversificadas	Coréia
7. Petróleo Brasileiro	21.023	pública	petróleo	Brasil
8. Samsung Eletrônicos	20.869	filial/g	eletrônicos	Coréia
9. Petróleos Mexicanos	20.270	pública	petróleo	México
10. Daewoo	19.367	filial/g	eletrônicos	Coréia
11. Ssangyong	19.155	grupo	diversificadas	Coréia
12. Hyundai Corporation	14.238	filial/g	diversificadas	Coréia
13. LG International	13.467	filial/g	produtos têxteis	Coréia
14. Hyundai Motor Co. Ltd.	13.328	filial/g	autos	Coréia
15. Kia[3]	12.096	grupo	indústria autom.	Coréia
16. Chinese Petroleum	11.836	pública	petróleo	Taiwan
17. Ifanjin	10.053	grupo	diversificadas	Coréia
18. Autolatina Brasil S.A.[4]	9.660	mn	autos	Brasil
19. Hanwha	9.440	grupo	diversificadas	Coréia
20. Salim	8.531	grupo	diversificadas	Indonésia
21. Yukong Ltd.	8.499	filial/g	petróleo	Coréia
22. LC Eletrônicos	8.497	grupo	empresa gestora	Coréia
23. Lotte	8.272	grupo	diversificadas	Coréia
24. Índian Oil Corporation	8.077	pública	petróleo	Índia
25. Petrobras Distrib.	6.821	pública	petróleo	Brasil
26. Hyosung	6.424	grupo	diversificadas	Coréia
27. Tata	6.415	grupo	diversificadas	Índia
28. Fiat Automóveis S.A.	6.100	mn	autos	Brasil
29. Hyundai Motor Service	6.072	grupo	autos	Coréia
30. Pertamina	5.924	pública	petróleo	Indonésia

(continua)

Alice H. Amsden

Tabela 8.1. *(continuação)*

Nome	Vendas (milhões de US$)[2]	Tipo	Atividades	País
31. General Motors do Brasil	5.873	mn	autos	Brasil
32. Goldstar Co. Ltd.	5.572	filial/g	eletrônicos	Coréia
33. Comp. Plást. de Formosa	5.346	grupo	diversificadas	Taiwan
34. Halla[5]	5.323	grupo	diversificadas	Coréia
35. Lucky Goldstar Int.	5.292	grupo	diversificadas	Coréia
36. Shell Brasil S.A.	5.261	mn	petróleo	Brasil
37. Doosan	5.202	grupo	diversificadas	Coréia
38. Kumho	4.993	grupo	diversificadas	Coréia
39. Kolon	4.811	grupo	congl. têxtil	Coréia
40. Siam Cement Group	4.470	grupo	diversificadas	Tailândia
41. Comp. de Cigarros SC	4.290	priv. esp.	tabaco	Brasil
42. Vitro S.A.	4.195	grupo	diversificadas	México
43. Yacimientos Petrolíferos	4.192	priv. esp.	petróleo	Argentina
44. Steel Authority Limited	4.021	pública	ferro e aço	Índia
45. Shinkon Fibras Sint.	4.021	priv. esp.	fibras sint.	Taiwan
46. Chrysler de México	4.002	mn	automóveis	México
47. Wei-Chuan Food Co.	3.872	priv. esp.	proc. de alim.	Taiwan
48. Ford Motor Company	3.870	mn	automóveis	México
49. Taiwan Motor Company	3.865	pública	tabaco	Taiwan
50. General Motors	3.772	mn	automóveis	México

1. Inclui todos os tipos de empresas manufatureiras: públicas, multinacionais (mn), privadas especializadas (priv. esp.) e grupos comerciais privados. Por vezes os grupos são consolidados e por vezes grandes filiais são listadas separadamente, um reflexo dos procedimentos contábeis seguidos em cada grupo. Filiais grupais listadas separadamente são indicadas como "filial/g". Empresas exclusivamente envolvidas em construção, mineração, agricultura, finanças ou serviços de utilidade pública (como companhias de energia elétrica ou telefonia) foram excluídas. Todas as companhias de "petróleo" são incluídas, na premissa de que elas se envolviam no fabrico de produtos de petróleo. Grupos comerciais com operações em campos não manufatureiros só foram incluídos se tivessem operações significativas em algum campo manufatureiro.
2. Todos os números de vendas são de 1993, exceto os seguintes: grupos argentinos, 1992; grupos coreanos, 1995; grupos taiwaneses, 1994; grupos brasileiros, 1992; e todas as companhias especializadas públicas e privadas da Argentina, do Brasil e do México, 1994.
3. Absorvida pelo grupo Hyundai.
4. Desde então desmembrada.
5. Falida.

Fontes: Moody's (1996), Kyang-Hoe (1996), PT. Kompass Indonésia (1995), Business Standard (1995), Khanna (1997), Arokiasamy (1996), CCIS (vários anos), Gallegos (1997), Jomo (1993), Bank Indonesia (1996), Hill (1996).

observarmos a indústria de hardware para tecnologia da informação (TI) em Taiwan no final da década de 1990, que é uma das maiores exportadoras de Taiwan (*a* maior em 1996), o terceiro maior sítio de produção de hardware de TI depois dos Estados Unidos e do Japão, e uma indústria que cresceu em Taiwan entre 1988 e 1998 a um índice anual composto de 20,3%.[9] A reputação da indústria taiwanesa de hardware para TI era de concorrência intensa.[10] Todavia, *a concentração da produção interna era alta.* Era especialmente alta nos segmentos de mercado mais tecnologicamente complexos da indústria de TI, o que sugere economias de aprendizado: em linhas de produtos em que os custos de desenvolvimento eram os mais altos, a produção de volume era a mais crítica e a concentração de mercado tendia a ser a mais alta.

Os produtos mais tecnologicamente complexos da indústria de TI de Taiwan em 1998 foram o notebook PC, placas de som, placas de vídeo e o PC de mesa (que já estava relativamente maduro). Esses foram os artigos que tenderam a ter as mais altas proporções de concentração (ver Tabela 8.3). Apenas três empresas, por exemplo, representaram 84% da produção total de PCs de mesa em Taiwan. Para reduzir os custos de fabricação das placas de vídeo e de som para computadores pessoais (bem como dos próprios computadores pessoais), os fabricantes projetaram circuitos integrados (CI) customizados. Os chips customizados eram como fazer impressão — o dinheiro ia todo para o projeto e os custos de iniciação. Uma vez que a produção começasse, era barato produzir em grandes quantidades, o que militava a favor da escala. Em contraste, os produtos menos tecnologicamente complexos — o gabinete, o monitor e a placa-mãe, por exemplo — tinham proporções de concentração muito menores; qualquer pessoa com uma oficina para trabalho em plástico ou metal de grande volume poderia

---

9 As informações sobre a indústria de TI de Taiwan são de Wang (1999).

10 De acordo com um estudo, "todas as empresas de PCs (computadores pessoais) do mundo enfrentam uma concorrência intensa nos mercados internacionais, *mas as de Taiwan têm desafios adicionais decorrentes de acirradas rivalidades locais*" (Chang, 1992, p.210, grifo nosso).

fabricar um gabinete para computadores, de modo que havia poucas barreiras à entrada (as duas maiores empresas fabricando gabinetes em Taiwan, contudo, ainda detinham uma parcela de 40% do mercado). Desse modo, a concentração de mercado e os altos investimentos no aprendizado tenderam a seguir de mãos dadas, e disso pode-se inferir a importância das economias de escala para o aprendizado e a base de concorrência da empresa.

Tabela 8.2a. Distribuição dos 50 maiores grupos manufatureiros e das 50 maiores empresas manufatureiras, por país

	Número de grupos manufatureiros	(Número de outros grupos)*	Empresas totais
Argentina	1	***	1
Brasil	0	(13)	7
Índia	2	***	3
Indonésia	4	***	2
Coréia	21	(1)	26
Malásia	2	***	0
México	7	(1)	5
Taiwan	10	(1)	5
Tailândia	3	***	1
Total	50	16	50

* Estes incluem aqueles grupos que foram originalmente incluídos nos 50 maiores mas subseqüentemente eliminados, porque suas atividades eram não-manufatureiras (construção, finanças etc.).

Os dezesseis grupos a seguir são os eliminados:

	Vendas	Atividades	País
1. Bradesco	19.351	Finanças	Brasil
2. Itaúsa	18.418	Finanças	Brasil
3. Bamerindus	11.494	Finanças	Brasil
4. Real	9.092	Finanças	Brasil
5. Econômico	8.183	Finanças	Brasil
6. Lin Yuan	6.119	Construção	Taiwan
7. Odebrecht	5.007	Construção	Brasil
8. Fenícia	4.798	Finanças	Brasil
9. Grupo Cifra	4.582	Comercial	México
10. Dong-Ah	4.260	Construção	Coréia
11. Camargo Corrêa	4.158	Construção	Brasil
12. Andrade Gutierrez	3.706	Construção	Brasil
13. Multiplic	2.918	Finanças	Brasil
14. Bandeirantes	2.591	Finanças	Brasil
15. Mercantil Finasa	2.544	Finanças	Brasil
16. CR Almeida	2.456	Finanças	Brasil

Empresas líderes nacionais

Tabela 8.2b. Distribuição das 50 maiores empresas, por tipo

Tipo	Número de empresas
Grupos e filiais	31
Privadas especializadas	4
Públicas	8
Multinacionais	7

Nota: A Tabela 8.2b representa um sumário das Tabelas 8.1 e 8.5. Fontes e notas adicionais são oferecidas nestas últimas.

Tabela 8.3. Poder de mercado na indústria de produtos de hardware para TI em Taiwan, 1998

Produto	Concentração da produção da indústria[1] (%)	Participação no mercado global	Produção de Taiwan no exterior (%)	Proporção de FEOs (%)
Placa de vídeo	95 (4)	40	18	48
Placa de som	87 (2)	49	67	62
PC de mesa	84 (3)	n.d.	89	65
SPS[2]	83 (5)	65	91	98
Notebook PC	74 (5)	39	0	85
CD Rom	72 (5)	33	59	30
Teclado	64 (3)	65	91	75
Mouse	62 (3)	60	90	75
Scanner	57 (5)	85	38	48
Placa-mãe	55 (5)	66	37	28
Monitor	45 (5)	58	71	65
Placa de gráficos	40 (5)	n.d.	65	28
Gabinete	40 (2)	75	75	63
UPS[3]	33 (5)	40	25	75

1. Os números entre parênteses dizem respeito às empresas de topo, referindo-se a sua parcela da produção. Os dados são da segunda metade de 1998.
2. SPS designa as fontes chaveadas.
3. UPS designa as fontes de alimentação ininterrupta (*no breaks*).

Fontes: Centro de Informações Mercadológicas, Instituto para a Indústria da Informação, Taiwan, e Wang (1999).

Distribuição de renda

Se por um momento equipararmos líderes nacionais a maiores empresas — o que implica que (a) as maiores empresas chegaram ao topo por mérito e (b) as líderes pequenas conseguiram tornar-se grandes —, o que se mostra notável entre as maiores empresas do "resto" é quão irregularmente distribuídas pelos países elas são (ver Tabela 8.4). *Alguns países tinham muitas líderes nacionais, e outros tinham poucas.* Em 1985, Taiwan tinha mais representantes entre as duzentas maiores empresas do "resto" (o último ponto de dados confiável para essa comparação) do que os mais populosos Argentina ou México. Tinha tanto representantes entre as duzentas maiores quanto o Brasil, com uma população dezessete vezes maior. (A Coréia tinha duas vezes a população de Taiwan e duas vezes mais líderes nacionais.) A representação fraca da Argentina e do México é especialmente notável na alta tecnologia: ambos não tinham *nenhuma* empresa entre as maiores nessa categoria.

O país de origem das líderes nacionais de nicho não é conhecido de nenhuma maneira sistemática — a população de tais líderes é difícil de identificar de forma não ambígua. As aparências, contudo, sugerem que muitas líderes nacionais pequenas se originaram de Taiwan. Mas, como já foi sugerido, *Taiwan também tinha boa classificação em sua parcela de grandes empresas.* Entre os cinqüenta maiores grupos comerciais do "resto", a Coréia tinha 21, Taiwan tinha dez, a Argentina tinha um e o Brasil não tinha nenhum (ver Tabela 8.5). O México tinha sete, mas nem todas eram tão focadas em manufaturas como os grupos da Coréia e de Taiwan.[11] Entre as cinqüenta maiores *empresas* manufatureiras do "resto" de *todos os tipos* — empresas privadas, grupos privados, empresas estatais e multinacionais —, um total de 26 eram da Coréia. As poucas representantes da América Latina na lista incluem ou empresas de propriedade estrangeira ou estatais (ver Tabelas 8.1 e 8.2). Outras fontes de dados, para manufaturas e não-manufaturas, contam aproximadamente a mesma história. Das quinhentas maiores

---

11 A Tabela 8.5 inclui grupos com um enfoque primário, mas não exclusivo, nas manufaturas.

companhias globais do *Financial Times* em 2000 (classificadas segundo a capitalização de mercado), 24 eram da Ásia (excluindo-se o Japão, a Austrália e a China) e apenas três da América Latina (*Financial Times*, 2000). A representação fraca da América Latina entre as empresas de grande escala contrasta com sua industrialização mais avançada do que a do Leste Asiático no final da Segunda Guerra Mundial (mensurada pela parcela das manufaturas no PIB, como visto na Tabela 5.2).

Tabela 8.4. Distribuição das 200 maiores empresas industriais[1] em países de industrialização tardia, 1985, por país e indústria[2]

País	Alta tecnologia	Média tecnologia	Baixa tecnologia	Petróleo	Total
Argentina	0	4	6	2	12
Brasil	3	5	7	3	18
Chile	0	3	1	1	5
Índia	7	15	10	7	39
Coréia	11	13	11	0	35
Malásia	0	2	3	1	6
México	0	2	3	1	6
Taiwan	5	7	5	1	18
Turquia	1	2	2	1	6
Ásia	23	40	36	19	118
América Latina	4	15	20	12	51
Oriente Médio e África	2	5	12	12	31
Total	29	60	68	43	200

1. As empresas incluídas são aquelas possuídas e controladas (pública ou privadamente) por nativos de países com industrialização tardia. As classificações são por vendas. Empresas são unidades operacionais. Não foram incluídos os dados da China.

2. Dada a qualidade usualmente baixa dos dados, a classificação das indústrias é por vezes arbitrária. "Alta" tecnologia pode ser um exagero e dizer respeito sobretudo a operações de montagem de produtos eletrônicos e produção em massa de fármacos.

Alta tecnologia: produtos químicos, fármacos, computadores, produtos elétricos e eletrônicos, produtos aeronáuticos e aeroespaciais, e equipamento científico.

Média tecnologia: produtos de borracha; produtos de pedra, argila e vidro; metais primários e fabricados; maquinário geral; e automóveis e equipamentos de transporte, exceto os aeroespaciais.

Baixa tecnologia: comida, tecidos e roupas, madeira e papel, e manufaturas variadas.

Fontes: Compilado e reclassificado de "South 600", South, agosto de 1987, p.14-24, e comparado com outras fontes disponíveis como a Moody's International. Como citado e adaptado de Hikino; Amsden, (1994, p.302).

Alice H. Amsden

Tabela 8.5. 50 maiores grupos comerciais privados em manufaturas,[1] classificados por vendas, 1993,[2] países selecionados

Grupo	Vendas (milhões de US$)	Atividades	Filiais	Estabelecida em	País
1. Hyundai	74.142	Diversificadas	26	1947	Coréia
2. Samsung	66.845	Diversificadas	28	1938	Coréia
3. LG	5I.679	Diversificadas	43	1947	Coréia
4. Daewoo	37.303	Diversificadas	14	1967	Coréia
5. Sunkyoung	22.210	Diversificadas	14	1953	Coréia
6. Ssangyong	19.155	Diversificadas	23	1939	Coréia
7. Kia[3]	12.096	Automóveis	7	1944	Coréia
8. Hanjin	10.053	Diversificadas	12	1945	Coréia
9. Hanwhu	9.440	Diversificadas	22	1952	Coréia
10. Salim	8.531	Diversificadas	429	n.d.	Indonésia
11. Lotte	8.272	Diversificadas	24	1967	Coréia
12. Hyosung	6.424	Diversificadas	21	1957	Coréia
13. TATA	6.415	Diversificadas	37	1907	Índia
14. Comp. Plást. de Formosa	5.346	Diversificadas	n.d.	n.d.	Taiwan
15. Doosan	5.202	Diversificadas	21	1896	Coréia
16. Kumho	4.993	Diversificadas	14	1948	Coréia
17. Kolon	4.811	Diversificadas	16	1953	Coréia
18. Siam Cement Group	4.470	Diversificadas	21	1913	Tailândia
19. Daelim	4.345	Diversificadas	13	1939	Coréia
20. Shinkon Syn. Fibers	4.021	Fibras sint.	n.d.	n.d.	Taiwan
21. Wei-Chuan Food Corp.	3.872	Proc. de alim.	n.d.	n.d.	Taiwan
22. Dong Kuk Steel	3.823	Diversificadas	13	1949	Coréia
23. Dongbu	3.822	Diversificadas	13	1969	Coréia
24. Hanbo[2]	3.774	Diversificadas	n.d.	n.d.	Coréia
25. Siam Darby Bhd	3.700	Diversificadas	60	1910	Malásia
26. Vitro, S.A.	3518	Diversificadas	106	1909	México
27. Haitai	3.338	Diversificadas	16	1945	Coréia
28. Grupo Carso	3.169	Diversificadas	16	1980	México
29. Yuelong Motor Corp	3.036	Diversificadas	n.d.	n.d.	Taiwan

(continua)

354

Empresas líderes nacionais

Tabela 8.5. *(continuação)*

Grupo	Vendas (milhões de US$)	Atividades	Filiais	Estabelecida em	País
30. Siam Motors Group	3.017	Automóveis	34	1956	Tailândia
31. Ching Feng	2.982	Diversificadas	n.d.	n.d.	Taiwan
32. Grupo Cemex	2.975	Cimento	410	1920	México
33. Kohap	2.973	Diversificadas	6	1966	Coréia
34. President Enterprises	2.859	Diversificadas	n.d.	n.d.	Taiwan
35. Astra	2.791	Diversificadas	149	1957	Indonésia
36. Grupo Gigante S.A.	2.531	Diversificadas	9	1983	México
37. Grupe Industrial Alfa	2.495	Diversificadas	26	1974	México
38. Grupo Femsa	2.426	Des. industrial	12	1986	México
39. Perlis Plantations Bhd	2.405	Diversificadas	n.d.	1974	Malásia
40. BK/AV/Kumar Birla	2. 344	Diversificadas	13	1947	Índia
41. Far Eastern Textile	2.332	Diversificadas	n.d.	n.d.	Taiwan
42. Lippe	2.251	Diversificadas	84	1967	Indonésia
43. Sinar Mas	2.251	Diversificadas	121	1962	Indonésia
44. Sammi	1201	Diversificadas	10	1954	Coréia
45. Her Hsing Group	2.090	Diversificadas	n.d.	n.d.	Taiwan
46. Tatung Co.	1.983	Diversificadas	n.d.	n.d.	Taiwan
47. Grupo ICA	1.949	Diversificadas	89	1979	México
48. Evergreen Group	1.900	Diversificadas	n.d.	n.d.	Taiwan
49. Boon Rawd Group	1.861	Agronegócio	9	1934	Tailândia
50. Socma	1.853	Diversificadas	n.d.	n.d.	Argentina

1. Por vezes os grupos são consolidados e por vezes grandes filiais são listadas separadamente, um reflexo dos procedimentos contábeis seguidos por grupo. Empresas exclusivamente envolvidas em construção, mineração, agricultura, finanças ou serviços de utilidade pública (como companhias de energia elétrica ou telefonia) foram excluídas. Todas as companhias de "petróleo" são incluídas, na premissa de que elas se envolviam no fabrico de produtos de petróleo. Grupos comerciais com operações em campos não manufatureiros só foram incluídos quando tinham operações significativas em algum campo manufatureiro.
2. Todos os números de vendas são de 1993, exceto os seguintes: grupos argentinos, 1992; grupos coreanos, 1995; grupos taiwaneses, 1994; grupos brasileiros, 1992; e todas as companhias especializadas públicas e privadas da Argentina e do México, 1994.
3. Desde então desmembrada.

Fontes: Moody's (1996), Kyang-Hoe (1996), PT. Kompass Indonésia (1995), Business Standard (1995), Khanna (1997), Arokiasamy (1996), CCIS (vários anos), Gallegos (1997), Jomo (1993), Bank Indonésia (1996), Hill (1996).

A exportação permitiu que Taiwan e a Coréia superassem seu mercado relativamente pequeno e sustentassem grandes empresas. Mas países com mercados internos grandes também deviam ter conseguido sustentá-las. Ademais, mesmo em indústrias altamente voltadas à exportação, o porte das empresas foi relativamente pequeno em alguns países grandes. O papel e a celulose, por exemplo, têm uma indústria brasileira intensamente seleta, cujas vantagens comparativas dependiam de reservas florestais excepcionalmente ricas. E também se voltavam à exportação. Em 1990, porém, a maior companhia brasileira de papel e celulose, a Klabin, tinha apenas um quarto das vendas da décima sétima companhia do ramo no mundo, a Jefferson Smurfit dos Estados Unidos (Onudi, 1992). A indústria petroquímica por toda parte do "resto" também esteve voltada à exportação (direta ou indiretamente) e teve em seu ápice uma empresa estatal produzindo os insumos que os produtores privados de petroquímicos a jusante requeriam. Os produtores privados a jusante, contudo, tenderam a ser maiores no Leste Asiático do que na América Latina (Cortes; Bocock, 1984), como se discutirá em breve.

Além de exportar, o investimento no exterior também permitiu que empresas de propriedade nacional aumentassem seu porte, e, se a taxa de juros do país fosse adversa à exportação, ela seria por definição favorável ao investimento no exterior. Todavia, as empresas latino-americanas, mesmo que não exportassem, não aumentaram seu porte relativo globalizando suas operações no mesmo grau em que as do Leste Asiático.[12] Em termos relativos, seu investimento no exterior foi pequeno (ver Tabela 8.6). Em 1997, os investimentos no exterior da Coréia, de Taiwan, da Malásia e da Indonésia foram aproximadamente duas ou três vezes maior que os do Brasil, do Chile e do México. Os da Argentina (bem como da Turquia e da Índia) foram minúsculos. De resto, muitas das 50 companhias transnacionais latino-americanas mais voltadas

---

12 A Fundação Nacional de Ciência dos Estados Unidos estimou que em março de 1992 o número de empresas dos campos de alta tecnologia em operação nos Estados Unidos incluía 35 de Taiwan, 22 da Coréia, seis da Índia e seiscentas do Japão. Não se mencionam empresas da América Latina (United States National Science Foundation, 1995). Para investimentos no exterior por parte da Coréia e de Taiwan, e para a alta incidência de grupos comerciais nessa internacionalização, ver Van Hoesel (1997).

para o exterior não eram especializadas em manufaturas: estavam no ramo de construção ou comércio (UNCTAD, 1998a, Tabela 2.9). Os investimentos diretos das empresas latino-americanas especializadas em manufaturas tendiam a não ocorrer em campos de alta tecnologia, e se limitavam a países vizinhos. De 21 exemplos de investimento no exterior por grupos chilenos em 1993, dezessete se deram na Argentina, um na Colômbia e um no Peru (Sánchez e Paredes, 1994). Dos 105 investimentos estrangeiros cumulativos em manufaturas (começando em 1928) feitos por onze dos maiores grupos da Argentina, apenas 21 ocorreram fora da América Latina (ignorando-se terminais de venda) (Bisang, 1996). Nove casos registrados de investimento no exterior em manufaturas por parte do México, apenas dois ocorreram fora das Américas do Norte ou do Sul (Valdes Ugalde, 1997). Pelo menos 60% dos investimentos no exterior do Brasil em 1996 ocorreram na América Latina ou no Caribe; seus maiores investimentos no exterior se deram na Argentina (Lopes, 1999).[13]

Tabela 8.6. Investimento no exterior (milhões de US$) 1986-1997, todos os setores

País	Média, 1986-91	1995	1996	1997
Argentina	18	155	206	28
Brasil	443	1.559	(-)77	1.569
Chile	27	696	1079	1.949
México	146	(-)482	(-)319	1.037
Turquia	3	113	110	116
Índia	3	117	239	100
China	745	2.000	2.114	2.500
Coréia	923	3.552	4.670	4.287
Taiwan	3.191	2.983	3.843	5.222
Malásia	311	2.575	3.700	3.100
Indonésia	7	3.552	4.670	4.287
Tailândia	923	886	931	500

Fonte: Adaptado de UNCTAD (1998b).

---

13 Para os investimentos no exterior de Argentina, Brasil, Chile e México no fim da década de 1990, ver Chudnovsky et al. (1999).

Para dizer de forma simples, a América Latina tinha empresas de escala relativamente pequena antes da Segunda Guerra Mundial e continuou a operar depois dela com relativamente poucas empresas nacionais privadas de grande escala dedicadas à manufatura. As razões para essa relativa escassez de empresas nacionais de grande escala são duas. Primeiro, por razões históricas, inércia, interesses seccionais e pressões de Washington, líderes nacionais privadas foram "excluídas" por empresas multinacionais. Segundo, por razões relacionadas diretamente com a distribuição de renda, *os padrões de desempenho inibiram o crescimento das líderes nacionais*. As líderes nacionais da América Latina se encontrariam sobretudo nas indústrias metalúrgica e petroquímica, casos em que eram estatais.

Podemos agora determinar a relação entre a distribuição de renda e a incidência de líderes nacionais de modo geral. Pressupomos três coisas. Primeiro, uma distribuição de renda desigual exacerba a inquietação e a incerteza políticas (reais ou imaginárias), o que inclina as empresas e os membros do governo a um "horizonte de curto prazo" no que toca a decisões sobre "fazer" ou "comprar". Segundo, uma distribuição de renda desigual gera receios, por parte do governo, de agravar ainda mais a distribuição de renda; uma concentração de ativos menor é preferida a uma concentração maior. Terceiro, se a desigualdade de renda tiver raízes fora do setor manufatureiro, e se a concentração predominante de ativos nas não-manufaturas gerar ou quase-rendas ou uma capacidade maior do que a normal de absorver produtivamente membros da família, a competência central das empresas líderes nacionais também estará fora do setor manufatureiro.

Pode-se tecer a hipótese de que o curto-prazismo favorece o "comprar" em detrimento do "vender" em todas as decisões desse tipo — o licenciamento industrial favorecerá empresas multinacionais em preferência às nacionais, e as próprias empresas optarão por expandir-se mais por meio da aquisição de empresas existentes do que pelo desenvolvimento orgânico de novas unidades comerciais. Assim, a preferência por "comprar" a "fazer" limita a construção de organizações e a formação de habilidades nacionais. Pode-se tecer a hipótese de que os receios de agravar a distribuição de renda fazem com que os formuladores de políticas se oponham à "seleção" no nível das empresas — que concentraria recursos em poucas mãos. Em vez disso, há uma preferência por um número maior, e não menor, de ingressantes nas indústrias; uma preferência por empresas estatais em detrimento de privadas em indústrias com grandes economias de escala; uma preferência por empresas especializadas em detrimento das não-especializadas; e uma preferência por empresas grandes em detrimento das pequenas. A diversificação é desestimulada por padrões de desempenho que se opõem à empresa gestora de ativos e ao modelo de negócios grupal. O grande porte das empresas é desestimulado por padrões de desempenho que determinam um teto para a relação dívida-capital. As políticas de industrialização, com isso, tendem a *difundir* ao invés de *concentrar* os recursos.

Do outro lado da moeda, pode-se tecer a hipótese de que uma distribuição de renda igualitária já existente favorece o longo-prazismo e, paradoxalmente, maior tolerância à concentração crescente. Para compensar os custos sociais da concentração crescente, as empresas escolhidas são submetidas a padrões de desempenho. Com o tempo, o padrão mais importante envolve altos gastos em P&D e outras formas de aprendizado.

Vamos nos voltar agora à evidência empírica contra ou a favor dessas hipóteses para explicar os dois modelos divergentes de desenvolvimento que emergiram no "resto". Em um dos modelos, o da *independência*, as empresas líderes são de propriedade nacional (ou *joint ventures* majoritárias), a decisão de "fazer" tecnologia prevalece e as relações com empresas estrangeiras envolvem concorrência. No outro modelo, o da *integração*, as empresas líderes são de propriedade estrangeira (ou *joint ventures* minoritárias), a decisão de "comprar" tecnologia prevalece e as relações com empresas estrangeiras envolvem integração. Há muito terreno comum entre os dois modelos, e a globalização aumentou em todos os países. Mesmo assim, a igualdade de renda no setor não manufatureiro tende a caracterizar os países retardatários que seguiam o primeiro modelo, ao passo que a desigualdade de renda no setor não manufatureiro tende a caracterizar os países que seguiam o segundo.

A multinacional: excluindo ou incluindo?

Como outras empresas de grande escala, a multinacional ajudou a difundir práticas administrativas modernas no "resto" após a Segunda Guerra Mundial. Grupos comerciais indianos, por exemplo, emularam companhias multinacionais como a Imperial Tobacco, a Imperial Chemicals, a Dunlop, a Lever, a Union Carbide e a Firestone, "que começaram a contratar gerentes profissionalmente qualificados quando a substituição de importações em escala maciça levou à expansão e à diversificação" (Agarwala, 1986). As multinacionais foram também um referencial em termos de habilidades de produção, especialmente as companhias americanas químicas e de petróleo na década de 1960 e os fabricantes japoneses de automóveis e artigos eletrônicos na década de 1980.[14] As operações das multinacionais em eletrodomésticos (Malásia), *software* (Índia) e outros ramos da informática (Taiwan) também serviram como uma importante fonte de dinamismo tecnológico local.[15] Apesar disso, as multinacionais não acumularam nem difundiram *know-how* de execução de projetos em termos de diversificação, pois eram especializadas e não se diversificavam amplamente. Tampouco parece, na ausência de incentivos governamentais e coordenação sistemática, que as empresas multinacionais tenham investido localmente, sobretudo fora do Atlântico Norte, nos mesmos tipos de habilidades avançadas em que investiam em casa. Com o tempo, pode ter ficado mais barato para a multinacional contratar a mesma qualidade de pesquisadores no "resto" do que em casa, mas *a evidência limitada sugere que por volta dos anos 1990 o local para atividades de P&D ainda era predominantemente o país de origem.*[16]

A P&D empreendida por empresas multinacionais no "resto" parece ter sido minúscula, muito embora a definição de "P&D" nes-

---

14 Para a influência das práticas administrativas japonesas sobre o "resto", ver Kaplinsky (1994; 1997). Para sua influência sobre a Índia, ver Venkataramani (1990). Para sua influência sobre a indústria automobilística chinesa, ver Lee (1995).

15 Para uma visão geral, ver Lall (1993).

16 Ver Prasada Reddy (1993), Patel; Pavitt (1995), Doremius et al. (1998), Patel (1999), Archibugi; Michie (1997), Amsden et al. (2000) e OCDE (1999).

ses países possa ser mais abrangente do que nos países avançados. A participação de empresas estrangeiras nos gastos totais com P&D em Taiwan em 1995, por exemplo, é estimada como de apenas *0,0009%* (República da China, 1996, p.22). Na Coréia ela foi de aproximadamente 0,1% em 1991 e 1997 (Ministério da Ciência e Tecnologia [Coréia], 1998). No Brasil, no Chile e no México estima-se que tenha sido nula, enquanto na Argentina (em 1992) chegou perto de 2% (Alcorta; Peres, 1998). Na Malásia, onde as multinacionais dominavam o setor de artigos eletrônicos (a grande indústria de exportação malaia), elas empreenderam "pouca ou nenhuma P&D de longo prazo a respeito de novos materiais, novos modelos de produto, tecnologias de produção ou *software* avançado" (embora "a maioria das empresas desenvolvesse atividades inovadoras substanciais relacionadas a melhorias de curto prazo nos processos de produção") (Hobday, 1999). Na indústria brasileira de artigos eletrônicos, "o que é significativo é o fato de que todos os esforços de P&D vieram de empresas estatais, instituições e empresas nacionais, e só posteriormente de corporações multinacionais sob pressão política" (Sridharan, 1996, p.89). Mesmo que as multinacionais investissem em aprendizado local para adaptar os produtos que vendiam internamente ao gosto dos consumidores (como na customização, pela Procter & Gamble, da Pampers para climas quentes e de baixa renda), e mesmo que transferissem habilidades avançadas de produção, como na indústria automobilística mexicana, a pesquisa de produtos ou processos inteiramente novos ou que estivessem na fronteira mundial era rara.

Os coeficientes de correlação simples no "resto", nos anos 1990, entre (a) o investimento estrangeiro direto (IED) no país (a participação de empresas estrangeiras na formação de capital) e (b) a parcela dos investimentos do país em ciência e tecnologia foram em geral *negativos*.[17] O IED se correlacionava negativamente com:

---

17 Não havia dados disponíveis sobre a China e a Malásia. Assim, apenas dez países entraram na amostra. A Coréia ficou de fora, mas com ou sem ela nas estimativas de correlação, os resultados seriam similares.

P&D (-0,45)

Patentes (-0,45)

Publicações científicas (-0,42)

Cientistas e engenheiros envolvidos em P&D (por milhões da população) (-0,22).

Essas correlações se referem a um número limitado de países ao longo de um período limitado de tempo; elas são por natureza essencialmente seccionais, e não exploram as possibilidades de transbordamentos dos investimentos estrangeiros ao longo do tempo (ver Capítulo 9). Como esperado, contudo, elas sugerem que países com investimentos estrangeiros relativamente *limitados* tendem a investir mais em suas próprias habilidades nacionais.

O que se deve inferir de tudo isso é que a contribuição da empresa multinacional para o aprendizado do "resto" dependeu do *timing* de sua chegada e de ela ter *excluído* ou *incluído* as empresas de propriedade nacional. Em segmentos de indústria com baixos custos de entrada, como o processamento de insumos importados na indústria farmacêutica ou certas formas de montagem de equipamentos eletrônicos, a chegada precoce das multinacionais não constituiu uma barreira à entrada de empresas de propriedade nacional, e provavelmente envolveu transferências de conhecimento, como na indústria de artigos eletrônicos de Taiwan, onde a princípio as empresas estrangeiras, incluindo chineses em ultramar, representaram cerca de 65% da produção (os dados são de 1974) (Schive, 1978). A maioria das indústrias de média tecnologia, contudo, tinha altos custos de entrada em capital, e, portanto, *grandes vantagens de primeiro lance.* Nesse caso, quanto *mais tardia* a chegada da empresa multinacional, menor o efeito de exclusão e melhores as perspectivas para que uma líder nacional germinasse.

Além de políticas governamentais referentes ao IED, discutidas mais adiante, e dos efeitos da descolonização sobre os investimentos estrangeiros (ver Capítulo 5), o *timing* da chegada das empresas multinacionais ao "resto" dependeu da geografia e da história. Como os investimentos das multinacionais em manufaturas em países menos desenvolvidos tendiam a ser influenciados pela distância — os Estados

Unidos investiram sobretudo na América Latina, e o Japão sobretudo na Ásia —, e como as empresas manufatureiras americanas em geral investiam no exterior muito mais do que os fabricantes japoneses (Wilkins, 1970; Hikino, 1994), *a chegada de investimento estrangeiro nas manufaturas começou antes na América Latina do que na Ásia.*[18] Provavelmente a forma de aprendizado emigrada característica da América Latina, ela própria estrangeira por natureza, também foi mais acolhedora para o investimento estrangeiro do que tipos prémodernos ou coloniais de aprendizado, embora faltem evidências sólidas para esta asserção. Em todo caso, a parcela do investimento dos Estados Unidos na produção manufatureira total da América Latina foi de aproximadamente 20% em 1977 (ver Tabela 8.7). Ela foi de 65% nos equipamentos de transporte e 31% em maquinário elétrico. Em contraste, em 1982 (o mais próximo ano comparável) os investimentos japoneses na Ásia não responderam por mais do que 5,8% do total da produção manufatureira e 19% da produção de equipamentos de transporte. Além disso, ao passo que com o tempo a parcela de investimento estrangeiro dos Estados Unidos na produção manufatureira da América Latina caiu, a do investimento americano e japonês na produção subiu com o passar do tempo na Ásia, o modelo desejável para países anfitriões extraírem o máximo de *know-how* tecnológico com o mínimo de exclusão. Como a definição de investimento estrangeiro usada na Tabela 8.7 é menos restritiva nos Estados Unidos do que no Japão, a parcela americana da produção também é relativamente *subdeclarada*, o que significa que a dominação precoce das manufaturas latino-americanas por multinacionais dos Estados Unidos foi provavelmente maior do que o indicado (e provavelmente ainda maior nas indústrias-chave dos grandes países latino-americanos).

---

18 As multinacionais dos Estados Unidos começaram a investir na América Latina já nos anos 1910 (ver Capítulo 3). O Japão também investiu cedo na Ásia, especialmente nos anos 1930 em suas colônias Coréia e Taiwan (ver Capítulo 5), mas perdeu esses investimentos em conseqüência da guerra, como discutido anteriormente.

Alice H. Amsden

Tabela 8.7. *Timing* do investimento estrangeiro direto (IED)* na América Latina e na Ásia, 1977-1989 (porcentual das filiais estrangeiras na produção local)

		1977	1982	1989
IED dos Estados Unidos na América Latina	Maquinário não-elétrico	22,6	13,5	31,4
	Maquinário elétrico	31,4	22,6	15,6
	Equipamentos de transporte	64,5	52,2	38,9
	Todas as manufaturas	20,0	18,2	15,3
IED dos Estados Unidos na Ásia em desenvolvimento	Maquinário não-elétrico	3,0	n.d.	n.d.
	Maquinário elétrico	n.d.	6,2	9,8
	Equipamentos de transporte	n.d.	n.d.	8,5
	Todas as manufaturas	3,6	2,2	4,5
IED do Japão na América Latina	Maquinário não-elétrico	n.d.	0,6	1,8
	Maquinário elétrico	n.d.	2,2	5,4
	Equipamentos de transporte	n.d.	4,1	1,1
	Todas as manufaturas	n.d.	0,8	0,9
IED do Japão na Ásia em desenvolvimento	Maquinário não-elétrico	n.d.	4,5	6,0
	Maquinário elétrico	n.d.	8,4	12,9
	Equipamentos de transporte	n.d.	18,7	29,1
	Todas as manufaturas	n.d.	5,8	7,8

* Os investimentos europeus na OCDE eram desprezíveis, e por isso foram ignorados. Os dados sobre as filiais japonesas no exterior incluem filiais de todas as empresas em que a propriedade japonesa era de 10% ou mais. Os dados sobre as filiais americanas no exterior incluem apenas aquelas empresas em que a propriedade americana era de no mínimo 50%. As cifras para os Estados Unidos, o Japão e a OCDE não foram agregadas, em razão da falta de observações nos Estados Unidos.

Fontes: Adaptado de Estados Unidos, Departamento do Comércio (vários anos), Mortimore (1993), OCDE (1996c).

O investimento multinacional tendeu a incluir investimentos nacionais sob condições de produção complementar (por exemplo a terceirização) e a excluir investimentos sob condições substitutivas (a concorrência no mesmo segmento de mercado).[19] *Ex post*, os produtores estrangeiros e nacionais no "resto" usualmente atuavam em diferen-

---

19 Em teoria, as multinacionais tiveram a *des*vantagem, em comparação com os produtores locais, de sua distância da sede, mas as vantagens de ativos maiores para o fortalecimento do mercado (Hymer, 1976) e do aprendizado em múltiplos locais (Lessard; Amsden, 1998).

tes segmentos de mercado. Na Argentina, por exemplo, das cinqüenta maiores empresas industriais em 1975, as estrangeiras se agruparam em equipamentos de transporte, maquinário e tabaco, enquanto as nacionais se agruparam no processamento de alimentos e em metais primários (aço) (Inés Barbero, 1997). O mesmo agrupamento díspar ocorreu na Índia, com, por exemplo, empresas estrangeiras se especializando em tecidos de juta e empresas nacionais se especializando em tecidos de algodão (Bagchi, 1972). Também na Indonésia "o investimento estrangeiro e o investimento nacional foram complementares, em vez de concorrentes" (Hill, 1989, p.40).[20] Na Malásia, as empresas locais eram usualmente subcontratadas de empresas estrangeiras, em vez de contratadas diretas (Rasiah, 1995).

Uma razão para tal exclusivismo é que as multinacionais não tinham o menor interesse em investir em certos setores. Em outros casos, o exclusivismo era idiossincrático. A Union Carbide, por exemplo, recuou por razões estratégicas de um segmento de mercado na Índia e vendeu uma usina química para a Ambani, um dos grupos de mais rápido crescimento da Índia no pós-guerra, com competência central nos produtos químicos (Herdeck; Piramal, 1985). Por vezes *joint ventures* vinham abaixo e o campo ficava livre para investidores locais, como quando a Bechtel Corporation (nos Estados Unidos) se retirou de uma *joint venture* com a Engineers Indian Ltd. após descobrir que o mercado para serviços de engenharia em produtos petroquímicos e refinamento de petróleo era menor do que o previsto (Lall, 1987). Ou então as multinacionais chegavam tarde demais, depois que uma empresa local já se havia estabelecido, como no caso da montagem de automóveis na Coréia do Sul e do negócio petroquímico de segunda camada em Taiwan. No último caso:

---

20 A propriedade estrangeira agregada na Indonésia permaneceu bastante modesta mesmo após 1987, o início de uma corrida de investidores estrangeiros, mas os dados agregados podem ser enganosos, já que "a maioria das empresas no setor manufatureiro tem algum tipo de envolvimento comercial com estrangeiros" (Hill, 1996, p.165).

Ainda não estão claras as verdadeiras razões por que a Companhia de Plásticos de Formosa geralmente não utiliza investimento estrangeiro direto e em geral só aceita contratos de assistência tecnológica de curto prazo. ... Pode-se presumir que durante os anos que precederam a ousada expansão comercial e estratégica de investimentos (do chairman), não houve provavelmente nenhum investidor estrangeiro em cena disposto a assumir os riscos envolvidos na época; e quando capitalistas estrangeiros se mostraram mais do que dispostos a mergulhar nas empresas de Formosa, a Companhia de Plásticos de Formosa já estava forte o bastante para depender apenas de sua própria força administrativa. (Taniura, 1989, p.78)

Outra razão pela qual a produção local e a estrangeira tenderam a ser complementares *ex post* era que *as empresas locais não poderiam sobreviver à concorrência direta* ex ante. À parte aquisições estrangeiras de empresas nacionais (o caso mexicano já foi mencionado), alguns setores passaram por uma desnacionalização geral em conseqüência do investimento estrangeiro, como na indústria automobilística da América Latina (Evans, 1971; Kronish, Mericle, 1984; e Newfarmer, 1985). Para maximizar a concorrência na indústria automobilística sob condições de alta proteção tarifária (a média aritmética simples das tarifas sobre equipamentos de transporte em 1960 foi de 167 na Argentina, 40 no Brasil e 50 no Chile), a Argentina, o Brasil, o México e o Chile licenciaram o máximo possível de ingressantes para estimular a concorrência (Macário, 1964). No caso do Grupo Executivo da Indústria Automobilística (Geia) do Brasil,

uma das justificativas do Geia para permitir que tantas empresas ingressassem no mercado foi a expectativa de que algumas não sobreviveriam e de que a indústria se consolidaria. Houve na verdade um abalo em meados dos anos 1960, mas ele não ocorreu da maneira que o GEIA predissera.

As empresas nacionais mais fracas não sobreviveram aos anos difíceis. No fim das contas, apenas aquelas empresas controladas por capital transnacional permaneceram (Shapiro, 1991, p.933-4). Na Argentina, a GM e a Ford começaram a montar carros após a Primeira Guerra Mundial, e em 1954 a Henry Kaiser Corporation fundou uma *joint venture* com uma empresa argentina. Então, em 1958 a SIAM Di Tella, a maior metalúrgica argentina, decidiu entrar na fabricação de automóveis, gerando esperanças de que a Argentina conseguiria desenvolver sua própria montadora de classe mundial. Todavia, a entrada da SIAM coincidiu com uma "nova política oficial para atrair capital estrangeiro". Em 1960 a SIAM era apenas uma de 24 companhias automobilísticas concorrendo por um mercado interno pequeno. Quando uma grave recessão ocorreu em 1962-63, a SIAM deixou o negócio automobilístico e por fim todo o grupo SIAM acabou falindo (Lewis, 1990, p.337). A custosa indústria automobilística do Chile foi ridicularizada por economistas em razão da improbabilidade de que se tornasse eficiente considerando-se o minúsculo mercado interno do Chile. Cerca de vinte montadoras de automóveis se instalaram no Chile no início da década de 1960, cada uma montando um "punhado" de carros.

> O governo pensou em restringir a entrada a umas poucas empresas, de modo que cada uma pudesse atuar em níveis maiores e mais econômicos de produção. Mas o governo não conseguiu formular critérios aceitáveis pelos quais as empresas pudessem ser inicialmente escolhidas. Decidiu-se, portanto, deixar que qualquer empresa entrasse, desde que estivesse disposta e capacitada a atender às condições gerais de operação. Alguns observadores esperavam que na luta pela sobrevivência muitas empresas acabassem obrigadas a fechar, deixando o campo para umas poucas entre as mais fortes. (Johnson, 1967)

Esse processo de poda, contudo, não ocorreu rapidamente, e a indústria inteira acabou por vir abaixo. No México, depois que uma série de montadoras nacionais foi à falência, o governo propôs uma fusão entre as empresas nacionais existentes. A Ford Motor Company, contudo, temeu a criação de uma "superempresa mexicana", e as discussões sobre a fusão ruíram, deixando as multinacionais em total controle da montagem de automóveis (Whiting, 1992, p.215).

Em contraste, uma montadora local na indústria de automóveis coreana, a Hyundai Motors, triunfou sobre uma *joint venture* envolvendo o grupo Daewoo e a General Motors (Hattori, 1989; Kim, 1997). No ano 2000 a Hyundai controlava cerca de 85% do mercado de automóveis coreano, em comparação com os 15% da Daewoo, e superou de longe a Daewoo em exportações. Em Taiwan, também, apesar de um mercado interno não muito maior do que o do Chile, a montagem de automóveis foi dominada por *joint ventures*, que compravam suas peças e componentes de fornecedores locais (Lai, 1992; Veloso et al., 1998).

O sucesso ou fracasso em criar líderes nacionais na montagem de automóveis[21] e outras indústrias de média tecnologia dependeu não apenas da geografia e do *timing* histórico. Entre outros determinantes, destacavam-se a natureza dos subsídios do governo e os padrões de desempenho. Na Índia,[22] na Indonésia,[23] na Coréia,[24] na

---

21 Em contraste com as operações de montagem, a produção de peças quase por toda parte no "resto" foi promovida por meio de requisitos de conteúdo local (ver Capítulo 6).

22 A Lei de Regulação da Moeda Estrangeira da Índia, de 1973, definia as empresas estrangeiras como aquelas que possuíam mais de 40% de patrimônio estrangeiro. Sua entrada (ou expansão) na maioria das indústrias foi restringida, exceto no caso de operações 100% voltadas à exportação e nos casos em que tecnologias avançadas foram transferidas (Encarnation, 1989). Na indústria automobilística da Índia, os requisitos de localização impostos pelo governo indiano levaram a General Motors e a Ford a deixar a Índia nos anos 1950 (Makoto Kojima, como citado por Okada, 1999).

23 Na Indonésia, investidores estrangeiros tanto antes como depois da liberalização em 1986 enfrentaram rigorosos padrões de desempenho no tocante à propriedade patrimonial (a formação de *joint ventures* era necessária para obter licenças do governo), à exportação e ao conteúdo local.

24 Na Coréia, as leis sobre o investimento estrangeiro se amalgamaram em uma nova Lei de Indução ao Investimento Estrangeiro em 1966, mas como as metas básicas das leis anteriores eram a expansão quantitativa da indução ao capital estrangeiro e a introdução de tecnologia avançada, elas continham um grande número de regulamentos restritivos. ... O princípio da política governamental

Turquia[25] e em Taiwan,[26] *os padrões de desempenho eram delibera-*
damente estabelecidos como rigorosos o bastante para impedir que
investidores estrangeiros se tornassem atores dominantes em quaisquer
setores que não os especiais (aqueles que não poderiam obter tecnologia
de outro modo, ou que haviam sido escolhidos para ganhar moeda
estrangeira). As multinacionais tinham de se conformar a condições
relacionadas à repatriação de lucros, à balança de pagamentos, aos
tetos de propriedade estrangeira e ao nível do poder monopolista,
e isso desestimulava sua entrada. Nos casos em que não eram efetivamente proibidas, elas tinham de formar *joint ventures* como condição para a entrada, como na Indonésia. Estrangeiros na Malásia
podiam possuir de 30 a 100% de seus investimentos, dependendo
de sua conformidade com metas de desenvolvimento. Na América
Latina, em contraste, os controles do pós-guerra sobre as empresas
multinacionais eram fracos ou erráticos. O Brasil promoveu "alianças
triplas" entre empresas estatais, privadas e multinacionais em certas
indústrias pesadas, mas não impôs tetos aos investimentos estrangeiros individuais (ver Evans, 1979).[27]

---

nos anos 1970 era gerar maior capital estrangeiro mas restringir o IED, exceto
por aquele necessário para a introdução de tecnologia e *know-how*. Além disso,
mesmo quando tecnologias avançadas eram introduzidas, o que se estimulava
eram *joint ventures,* a cooperação técnica ou o pagamento de *royalties*, em vez
do investimento estrangeiro direto. Isso ocorria porque *o controle administra-*
tivo nas indústrias-chave seria vulnerável a aquisições por estrangeiros, dado o
porte da economia coreana (Le, 1998, p.141, grifo nosso).

25 Na Turquia, em princípio, praticamente todos os setores econômicos desde
1954 estavam abertos ao investimento estrangeiro. "Todavia, uma aplicação
restritiva dos estatutos relevantes, inclusive de controles sobre a transferibi-
lidade dos lucros, combinada com a instabilidade econômica e política geral
do fim da década de 1970, converteu os fluxos de investimento direto em um
gotejo" (Kopits, 1987, p.11).

26 Taiwan foi especialmente hábil em utilizar padrões de desempenho não apenas
para obstruir o investimento estrangeiro indesejado, mas também para extrair
as melhores condições do investimento multinacional desejado em termos de
vínculos e treinamento nacionais (Schive, 1978); a indústria de semicondutores é discutida mais adiante neste capítulo.

27 Para estatísticas do início da década de 1980 sobre os elos entre o capital interno e o estrangeiro, ver Dunning; Cantwell (1987). Sobre a colaboração entre o

Antes da década de 1990, nenhum país do "resto" havia perdido tanto controle sobre seu setor manufatureiro para empresas não nacionais como o Canadá, onde até 51% da produção manufatureira estava sob controle estrangeiro (em comparação com 25% na França; 7% nos Estados Unidos; e 5% no Japão). Embora as definições de propriedade estrangeira variassem por país (a Coréia, por exemplo, usava uma definição frouxa que inflava a importância aparente do capital estrangeiro), elas não variavam o bastante para invalidar a descoberta de que a participação de estrangeiros na produção manufatureira do "resto" no período 1976-84 esteve abaixo da do Canadá: 38,9% na Malásia; 32% no Brasil; 29,4% na Argentina; 27% no México; 27% na Indonésia; 19,3% na Coréia; 18% na Tailândia; 8% na Turquia; e 7% na Índia (Dunning; Cantwell, 1987).

Não obstante, os países latinos do "resto" tinham um quinhão relativamente grande de investimento estrangeiro em manufaturas, com uma data de chegada precoce e a tendência de excluir empresas locais nos setores de média e alta tecnologia, com destaque para a montagem automobilística. Entre as cinqüenta maiores empresas manufatureiras do "resto" de todos os tipos em 1993 (ver Tabela 8.1), apenas sete eram multinacionais (definidas como tendo pelo menos 50% de propriedade patrimonial estrangeira). Mas todas essas sete operavam na América Latina. A montagem de automóveis foi uma plataforma para a formação de empresas nacionais em Taiwan (Yuelong); na Tailândia (Siam Motors); na Malásia (Proton Motors); na Indonésia (uma iniciativa de carros nacionais que sofreu a oposição da OMC e foi descarrilada pela crise financeira em 1997); na China (a First Auto Works e as duas maiores joint ventures com a Volkswagen); na Índia

---

capital local e estrangeiro no Brasil, ver também Fritsch; Franco (1991). Sobre o México, ver Whiting (1992). O governo brasileiro reservou a produção de mini e microcomputadores para as empresas nacionais; nos demais casos, empresas estrangeiras eram bem-vindas à indústria de artigos eletrônicos (Sridharan, 1996; Evans, 1995). Sobre a indústria de artigos eletrônicos no México, que era quase completamente dominada por empresas estrangeiras, ver Warman (1994).

(Telco, Maruti Motors); na Coréia (Hyundai Motors e Daewoo Motors, uma *joint venture* em um e outro momento com a General Motors); e na Turquia (sete *joint ventures*). Na América Latina, em contraste, as multinacionais dominaram o estágio de montagem da produção e mesmo a primeira camada da manufatura de peças. O Brasil teve um total de sete representantes nas cinqüenta maiores empresas do "resto", mas dessas duas eram empresas estatais e um total de cinco eram multinacionais, entre as quais contavam-se quatro montadoras de automóveis. Três montadoras estrangeiras figuravam entre as quatro representantes do México nas cinqüenta maiores empresas. Empresas nacionais privadas na América Latina, além disso, ainda estavam perdendo terreno para as multinacionais na década de 1990. Entre 1990 e 1996, a parcela de empresas nacionais nas vendas das 100 maiores empresas industriais da América Latina caiu de 46 para 40%, enquanto a parcela de multinacionais subiu de 46 para 57% (Garrido; Peres, 1998).

Para resumir, a prevalência do investimento estrangeiro na América Latina se deveu a circunstâncias históricas, à proximidade com os Estados Unidos (um dos primeiros, maiores e mais politicamente poderosos investidores estrangeiros do mundo), a uma forma emigrada de experiência manufatureira que era quintessencialmente estrangeira, e a padrões de desempenho que não obstruíam o investimento estrangeiro na mesma medida que os do Leste Asiático, da Índia e mesmo da Turquia. Como se argumentará adiante, a natureza desses padrões foi influenciada por desigualdades difusas de renda.[28]

Capitalismo de risco estatal

A empresa de propriedade estatal (EPE), tão mal afamada nas décadas de 1980 e 1990 por sua "restrição orçamentária fraca" em comparação com a empresa de propriedade privada, atuou no "resto"

---

28 A desigualdade de renda pode ter criado um mercado interno relativamente grande para artigos de luxo produzidos no exterior.

sobretudo fora do setor manufatureiro — em comunicações, transporte e outras indústrias de serviços que geravam despesas sociais.[29] Qualquer que seja a validade de sua reputação maculada nos serviços sociais, seu desempenho nas manufaturas não pode ser generalizado.[30] Nas manufaturas, as EPEs se concentraram na indústria pesada. Entre as quinze maiores empresas industriais públicas do "resto" em 1993, treze estavam ou no petróleo ou na metalurgia, sobretudo de ferro e aço (ver Tabela 8.8).[31] Embora a politização das EPEs fosse um problema de proporções desconhecidas em todos os setores, as EPEs em petroquímicos e aço tornavam-se freqüentemente "líderes nacionais" de vitrine, e promoviam a inclusão de empresas nacionais. EPEs em petroquímicos e aço criaram as organizações necessárias para coordenar e racionalizar o crescimento da indústria como um todo. Elas realizaram transferências tecnológicas exemplares, fortaleceram a administração profissional, investiram em P&D e se tornaram um campo de treino para o pessoal técnico e os empresários que posteriormente ingressaram na indústria privada.[32] Por mais limitado que

---

29 A "restrição orçamentária fraca" se refere à possibilidade de a EPE receber receita pública a despeito de seu desempenho (Kornai, 1992).

30 Uma vez que as empresas de propriedade estatal não procuram necessariamente maximizar os lucros, e como seus custos usualmente não são determinados pelo mercado, é difícil mensurar seu desempenho. Uma avaliação balanceada das EPEs foi dificultada ainda pela hostilidade ideológica contra elas, que atingiu um clímax nos anos 1990 (Banco Mundial, 1994a) mas havia surgido imediatamente após a guerra. Na década de 1950, Washington utilizou a alavanca da ajuda estrangeira para pressionar a Coréia e Taiwan a privatizar as empresas de propriedade estatal que haviam herdado do Japão. A Coréia privatizou seu sistema bancário por um breve período, mas reprivatizou-o em 1961 sob o presidente Park Chung Hee (Cole; Lyman, 1971). Taiwan privatizou ainda menos empresas nos anos 1950 do que a Coréia, em especial uma companhia de cimento (Amsden, 1985).

31 O setor metalúrgico no Brasil respondeu por cerca de dois terços da receita e do valor líquido e quase 90% dos ativos fixos líquidos de todas as EPEs manufatureiras em 1990 (Pinheiro; Giambiagi, 1994). Ver também Goldstein (1999).

32 Mesmo fora da indústria pesada, o mentoreamento por empresas estatais era evidente, como no caso da indústria farmacêutica da Índia (Felker et al., 1997).

fosse o número de indústrias e por menos generalizáveis que fossem as condições, a liderança nacional nos principais setores do "resto" após a guerra foi assumida pela empresa de propriedade estatal.

As indústrias básicas em que as EPEs se especializaram eram caracterizadas por altos requisitos de capital fixo e altos custos para erros. Para ter sucesso, tais indústrias dependiam inicialmente de finanças e tecnologia estrangeiras; de costume, a primeira fábrica a ser construída era totalmente projetada por uma empresa estrangeira (a chamada "transferência para pronto uso"). Portanto, o sucesso inicial das EPEs nesses setores dependeu sobretudo da qualidade da administração nacional *e estrangeira* e das relações entre as duas. Com respeito à administração na Índia, quando empresas públicas estavam sendo estabelecidas na década de 1950, o governo tentou preencher as altas posições com administradores profissionais, "mas a fortíssima oposição de burocratas e funcionários públicos entrincheirados conseguiu estrangular essa iniciativa já no nascimento" (a dependência de gerentes escolhidos a dedo, contudo, pode ter levado ao compadrio) (Agarwala, 1986, p.252). No Brasil, o desempenho diferiu radicalmente entre as três usinas siderúrgicas de propriedade estatal, todas operando com aproximadamente a mesma capacidade de produção, 3,5 milhões de toneladas por ano. No melhor caso (Usiminas), os empregados eram 14.700. No caso mais politizado (CSN), eles eram 22.200, um reflexo do "*featherbedding* [aumento forçado de contratações] resultante da pressão política" (Baer; Villila, 1994, p.6). Assim, dada a dependência de habilidades organizacionais, era de esperar que o desempenho diferisse entre EPEs que atuassem dentro de uma mesma indústria no mesmo país.[33]

Uma patologia de fracassos organizacionais é ilustrada pela usina siderúrgica Bokaro, da Índia. Como em outras partes, a fonte de tecnologia da Índia foi ditada por sua fonte de finanças. No caso da Coréia, ambas vinham felizmente do Japão, o supremo fabricante de

---

33 Para comparações cuidadosas de desempenho entre as EPEs em indústrias de alta tecnologia, ver Ramamurti (1987).

Tabela 8.8. As 15 maiores empresas públicas em manufaturas, classificadas por vendas, 1993,[1] países selecionados

Nome	Vendas milhões de US$)	País	Atividades
1. Petróleo Brasileiro S/A	21.023	Brasil	Petróleo
2. Petróleos Mexicanos	20.270	México	Petróleo
3. Companhia de Petróleo da China	11.836	Taiwan	Petróleo
4. Pohang Iron & Steel	9.900	Coréia	Ferro e aço
5. Indian Oil Corp.	8.077	Índia	Petróleo
6. Vale do Rio Doce	6.833	Brasil	Minerais, metal, papel
7. Petrobras Distribuidora	6.821	Brasil	Petróleo
8. Pertamina	5.924	Indonésia	Petróleo
9. Steel Authority Ltd.	4.021	Índia	Ferro e aço
10. Taiwan Tabaco & Vinho	3.865	Taiwan	Tabaco e bebidas
11. Oil and Natural Gas Corp.	3.207	Índia	Petróleo
12. Hindustan Petroleum	3.002	Índia	Petróleo
13. Petronas Bhd	2.490	Malásia	Petróleo
14. Bharat Petroleum	2.126	Índia	Petróleo
15. Bharat Heavy Elec. Ltd.	1.201	Índia	Diversificados

1. Algumas entradas são para anos diferentes.

Fontes: Moody's (1996), Kyang-Hoe (1996), PT. Kompass Indonésia (1995), Business Standard (1995), Khanna (1997), Arokiasamy (1966), CCIS (vários anos), Gallegos (1997), Jomo (1993), Bank Indonésia (1996), Hill (1996).

aço do mundo na década de 1970. No caso da Índia, ambas vinham da União Soviética. Fábricas com projeto russo chegavam prontas para o uso, a princípio "praticamente sem nenhum projeto ou equipamento nacional", a despeito do fato de que no final dos anos 1960 duas empresas de consultoria indianas, a Dastur (privada) e a Mecon (pública), tivessem capacidade para projetar uma usina siderúrgica integrada completa. "Em 1971, os russos insistiram em que sua nova usina em Bokaro, financiada com auxílio, seria completamente projetada por eles." Eles rejeitaram um relatório detalhado do projeto feito anteriormente pela Dastur, uma avaliação da Dastur sugerindo economias de US$ 150 milhões e recomendações para tecnologias mais modernas na seção siderúrgica e nas operações de acabamento. "O projeto da Bokaro esteve fadado desde o início", com atrasos e excessos de custo. Uma proporção altíssima do equipamento acabou sendo encomendada na HEC, uma fabricante de maquinário estatal da Índia estabelecida com tecnologia russa; entretanto, apesar da maciça capacidade subutilizada, a HEC entregou o equipamento com *anos* de atraso (compare-se isso com uma outra fabricante estatal indiana de equipamentos pesados, a Bharat Heavy Electricals, que se tornou uma líder nacional após uma reorganização administrativa).[34] Com isso, a Bokaro soçobrou graças a parceiras estrangeiras incompetentes, à ausência de participação local no processo de transferência tecnológica, a atrasos burocráticos por parte dos indianos, à dependência excessiva da HEC e "a uma frouxidão geral na administração da SAIL" (Lall, 1987, p.81-4; ver também Desai, 1972).

No México, sua companhia siderúrgica estatal, a Altos Hornos, enfrentou dilemas técnicos já no início das operações. Tecnologia de segunda mão foi transferida para a Altos Hornos pela americana Rolling Mill Co. já em 1942, mas a instalação da maioria dos equipamentos sofreu atrasos, e comentou-se que

> o projeto em sua totalidade foi erigido sobre bases frágeis. ... A Altos Hornos tornou-se uma fonte de embaraço para o governo e especialmente para o banco de investimentos públicos, a Nacional Financiera. (Mosk. 1950, p.143-4)

Na década de 1980, a Altos Hornos ainda não estava funcionando devidamente. O fundador e diretor da empresa costumava dizer que "se o sol não aparecesse através das chapas de aço, elas até que poderiam ser vendidas". Não havia relatórios de engenharia, e o pessoal de operação e manutenção da fábrica tinha pouca informação sobre o

---

34 O papel crucial da boa liderança na Índia "é ilustrado pelas empresas do setor público, especialmente a Bharat Heavy Electricals Limited, que foi 'virada do avesso', de um triste estado de incompetência e confusão para o crescimento dinâmico, graças à reorganização e a uma mudança na administração" (Lall, 1987, p.190).

provável impacto de seus esforços de engenharia sobre a produtividade, a lucratividade ou o desempenho (Pérez e José de Jesús Pérez y Peniche, 1987, p.191).

Em contraste, o desempenho tendeu a ser notável nas usinas siderúrgicas que envolviam a Shin Nippon Steel, uma das mais eficientes produtoras do mundo e ex-estatal japonesa. As relações entre a Shin Nippon e seus sócios (majoritários) em *joint ventures* (ou suas parceiras em assistência técnica, como a Corporação Siderúrgica da China, de Taiwan) eram em geral boas, e altos padrões de eficiência e qualidade eram estabelecidos.

A Usiminas, a segunda usina siderúrgica integrada do Brasil (depois da CSN em Volta Redonda, discutida no Capítulo 4), foi criada como uma *joint venture* entre um consórcio japonês liderado pela Shin Nippon, que detinha inicialmente 40% do capital, e o banco de desenvolvimento do Brasil, o BNDE (posteriormente BNDES), que detinha 25% (além de outros investidores estatais). A parcela do BNDE posteriormente subiu para quase 40%, e a do Japão caiu para 20%, por causa de excessos de custos imprevistos durante a construção. A Usiminas era administrada competentemente por Amaro Lanari Jr., que tinha dezenove anos de experiência prévia atuando em uma das usinas siderúrgicas privadas de pequeno porte do Brasil (a Belgo-Mineira, uma *joint venture* belgo-brasileira). De acordo com Lanari,[35] embora o BNDE fosse um grande acionista e seu presidente fosse primo de Lanari, e embora o BNDE insistisse em ver todos os documentos que passassem pela mesa do controlador, a real influência na Usiminas era o grupo do Japão. Ele instilava um senso de propósito e trabalho duro e mantinha o governo militar a distância, ao passo que os militares interferiam nas outras duas usinas públicas, a CSN e a Cosipa.[36] O grupo do Japão, contudo, também gerava um problema de subemprego. Nos anos 1950, a Shin Nippon via a Usiminas como

---

35 Entrevista em Belo Horizonte, outubro de 1995.

36 Além disso, a Usiminas beneficiou-se de uma transferência tecnológica de primeira categoria do Japão, ao passo que a Cosipa sofreu com uma transferência problemática da Kaiser Steel Corporation (Estados Unidos) (Taniura, 1986).

uma vitrine internacional para seus equipamentos. Portanto, para assegurar que um equipamento funcionasse bem, ela injetava mão-de-obra. Lanari, com isso, recorreu à Booz Allen (Estados Unidos) e desenvolveu um sistema de controle administrativo que diferia do sistema empregado pela Shin Nippon. Ele obteve quase uma duplicação da produtividade. E também ajudou na formação de uma hierarquia administrativa eficiente, responsável por ganhos de produtividade futuros e, tardiamente (graças ao rápido crescimento da demanda interna), exportações.[37]

Como a Usiminas, a primeira usina siderúrgica integrada da Coréia, a Posco, teve a Shin Nippon como professora e fez uma brilhante transferência tecnológica (os custos de produção estiveram acima do previsto na Usiminas, mas abaixo na Posco). A Pisco também tinha um líder muito forte e inspirador, Park Taejun, um ex-general militar. Na raiz da independência da Posco esteve a decisão estratégica — similar à tomada pela Shin Nippon no início de seu próprio desenvolvimento — de exportar aproximadamente 30% de sua produção *a despeito da excessiva demanda interna*, de modo que obtivesse moeda estrangeira e, com isso, preservar uma independência maior do governo (Amsden, 1989).

Outra filha da Shin Nippon foi a Companhia Siderúrgica Bao da China. A Bao se mostrou lucrativa em todos os anos desde que iniciou suas operações em 1985, e a produtividade (em toneladas de aço cru por pessoa) subiu de 15 em 1985 para 438 em 1994. Além disso, "todo ano a Bao Steel vendia 10% de sua produção no exterior, especialmente para o Japão, o mais seletivo dos países, para testar a qualidade de seus produtos" (Zhou, 1996, p.10).

Ao passo que antes da guerra a transferência de tecnologia costumava assumir a forma de peritos estrangeiros vindo ao "resto" para ensinar (ver Capítulo 3), após a guerra um êxodo em massa de administradores viajou para o exterior para estudar. Na Usiminas,

---

37 Sobre o desempenho econômico da Usiminas e os baixíssimos custos da proteção da indústria de ferro e aço no Brasil, ver Taniura (1986).

entre 1966 e 1976, 380 especialistas (243 de nível superior, 137 de nível médio) foram enviados ao exterior para treinamentos ou cursos que duravam entre três e 24 meses. Além disso, muitas visitas técnicas eram feitas e vários congressos eram freqüentados. Isso representou 6,5% dos investimentos totais em tecnologia (Dahlman; Fonseca, 1987). Na Posco, "dois anos antes que a construção começasse (1971), os primeiros *trainees*, armados com uma lista de diretrizes para tirar o maior proveito de sua estada, foram enviados para ganhar experiência na indústria siderúrgica japonesa. Os relatórios de treinamento eram feitos na forma de diários, cujos conteúdos eram posteriormente distribuídos aos funcionários na Coréia. Dava-se ênfase ao acúmulo de experiência prática e familiarização com o maquinário" (Juhn, 1991, p.281; ver também Amsden, 1989). Na China, a Siderúrgica Bao também enviou um grande número de funcionários para treinamento no exterior; entre eles, 1.477 pessoas foram aprender planejamento de engenharia; 749 foram aprender construção, instalação e iniciação; e 1.899 foram aprender operações, manutenção, supervisão e administração (Zhou, 1996).[38]

Nos petroquímicos, os governos do "resto" criavam tipicamente uma nova entidade estatal para supervisionar o desenvolvimento setorial: a Pemex no México, a Petrobras no Brasil, a Companhia de Petróleo da China em Taiwan, a Compañía de Petróleos no Chile, a Sinopec na China, a Pertamina na Indonésia, a Indian Petrochemicals Corporation na Índia, a Petronas na Malásia e a Autoridade do Petróleo da Tailândia (PTT).[39] Essas organizações superiores eram

---

38 Em contraste, quando a Wuhan Iron and Steel Company (Wushin) comprou máquinas modernas de fusão contínua da Alemanha em 1972, as operações de teste transcorreram normalmente, mas as máquinas não atingiram a capacidade estabelecida senão em 1985. Isso se deveu em parte ao fato de não haver nenhuma usina siderúrgica nacional com equipamentos de fusão contínua com a qual a Wushin pudesse aprender, e de não ser fácil, naquela época, enviar engenheiros e técnicos para estudar no exterior (Zhou, 1996, p.19).

39 Um caso de "*des*vantagem do primeiro lance" foi a companhia petrolífera argentina, a YPL. Ela foi fundada na década de 1920 e, com o tempo, se tornou uma vítima do patronato político (Lewis, 1990).

responsáveis pelo refinamento de petróleo e por investimentos em centrais de nafta destinadas a produzir insumos na forma de etileno e propileno para o processamento em uma segunda camada por parte de companhias químicas privadas. Os produtores da segunda camada forneciam produtos como plástico e fibras sintéticas para produtores de terceira camada a jusante, cuja produção incluía plásticos de relativamente pouco valor, produtos de borracha e tecidos sintéticos para a venda direta ao consumidor. Dada essa hierarquia, as organizações do topo exerciam um poder considerável sobre todos os níveis de transformação industrial e facilitavam a transferência tecnológica entre eles.[40] No Brasil, a Petrobras "era conhecida na indústria como uma 'escola para a administração em petroquímicos'" (Evans, 1979, p.237). Em Taiwan, "o Estado desempenhava o papel de empresário, investidor e organizador no estágio inicial de desenvolvimento", por isso não surpreende que a Companhia de Petróleo da China, uma estatal que produzia etileno e propileno (entre outros produtos), também desempenhasse um grande papel na escolha de tecnologia estrangeira e na supervisão do processo de transferência ao longo da cadeia de produção (Chu, 1994, p.785). Tampouco surpreende que a Companhia de Petróleo da China difundisse ela própria *know-how*.

> A gigante governamental de petroquímicos, embora produzisse sobretudo produtos à base de óleo diversos dos materiais petroquímicos, revelou-se um campo de treino para o capital humano necessário para administrar as operações da segunda camada. (Chu, 1994, p.785)

A mais antiga empresa do "resto" em petroquímicos era a Pemex, formada em 1938 após a nacionalização do petróleo no México. Depois de adquirir experiência extensiva em refinamento de petróleo, a Pemex começou a produzir petroquímicos no final da década de 1950. Ela usou sua posição para promover capacidades locais nos campos

---

40 Para uma análise de como a escolha das empresas de segunda camada foi feita na Índia, ver Kapur (1994); sobre o Brasil, ver Clemente de Oliveira (1994) e Evans (1979).

da engenharia básica e detalhada e do fabrico de equipamentos para fábricas petroquímicas. Em 1973 os equipamentos locais representavam cerca de 75% das compras da Pemex (embora a porcentagem variasse segundo o tipo de projeto). Por necessidade, a Pemex desenvolveu suas próprias capacidades de gestão de projeto quando as "sete irmãs" petrolíferas a boicotaram após sua nacionalização. Ela contratou então o Instituto Mexicano de Petróleos (IMP), de propriedade estatal, para desenvolver seu projeto. No início da década de 1970, o IMP tinha capacidade para fazer projetos básicos; em 1974 ele chegou até a estabelecer duas refinarias da Pemex nos Estados Unidos (Cortes; Bocock, 1984).

No caso da Coréia do Sul, sua primeira refinaria de petróleo (a Corporação Coreana do Petróleo) foi estabelecida em 1964 como uma *joint venture* 50:50 entre o governo da Coréia e a Gulf Oil (Estados Unidos). A *joint venture* foi uma grande fornecedora de recursos humanos para instalações petroquímicas posteriores. Em função da escassez de capital, *todas* as usinas petroquímicas coreanas foram *joint ventures* 50:50, com investidores estrangeiros fornecendo a tecnologia (amarrada) e retendo muitos dos processos como conhecimento de sua propriedade. Todavia, os sócios coreanos eram proativos em absorver *know-how* — o processo de aquisição de tecnologia nas primeiras *joint ventures* estatais tornou-se um modelo para o setor privado, como nas fibras sintéticas.[41] O ativismo do governo coreano influenciou não apenas o fluxo de fundos, mas também o fluxo de informação: "Levando-se tudo em conta, o papel do governo coreano foi crucial e benéfico" (Enos, 1988, p.74-4, 100).[42]

---

41 Ver também Tran (1988).

42 Sobre a indústria de petroquímicos na China, ver Wang; Nolan (1996). O envolvimento do Estado na indústria de petroquímicos no Atlântico Norte se limitou tipicamente à proteção tarifária. A proteção tarifária dos petroquímicos foi importante no Japão (Hikini et al., 1998), bem como no mais precoce aprendiz do século XIX, os Estados Unidos, e no mais atrasado, a Rússia. "Em ambos os países (os Estados Unidos e a Rússia), ações para proporcionar uma proteção tarifária efetiva foram uma pré-condição essencial para uma indústria química grande; sem tais impostos, a Europa ocidental continuaria a atender a seus requisitos." A diferença entre os dois países era simplesmente que "a Rússia era acima de tudo uma filha da tarifa", enquanto a indústria química americana era uma filha da "demanda crescente e dos efeitos de uma mudança técnica em um

Uma vantagem da propriedade estatal era o *poder do Estado.* Ele podia ser usado para disciplinar um sócio estrangeiro ou em geral para promover metas nacionais. No Brasil, a participação da Petroquisa (uma subsidiária da Petrobras) em um projeto "dava aos sócios a confiança de que os outros sócios privados não desistiriam diante de dificuldades, deixando-os sem fábricas complementares e companhia para partilhar as despesas. *O Estado era visto como um disciplinador potencial.* Nas palavras de um participante: "Se você tiver um policial como sócio, ele pode possuir só 3% do patrimônio, mas tem um revólver" (Evans, 1979, p.237, 240; ver também Clemente de Oliveira, 1994). O governo da Coréia convidou a Fluor Corporation e a A. D. Little para fazer um estudo de viabilidade para sua primeira instalação petroquímica (a escolha de empresas americanas foi ditada pelo auxílio atrelado dos Estados Unidos). Os relatórios indicaram que o mercado local era "pequeno demais para sustentar fábricas capazes de produzir a baixos custos unitários". Entretanto, o governo coreano fez seu próprio estudo de viabilidade, e este projetou um índice maior de crescimento da demanda e mostrou que um complexo petroquímico para 66 mil toneladas métricas de etileno seria eficiente. Ele insistiu então em que um programa petroquímico ainda mais ambicioso fosse incluído em seu plano qüinqüenal seguinte, que foi sustentado pelo futuro comportamento da demanda (Enos, 1988, p.47-8). A Posco, a primeira usina siderúrgica integrada da Coréia e hoje uma das mais eficientes e lucrativas fabricantes de aço do mundo, conseguiu finanças melhores por meio de canais políticos do que poderia ter conseguido no mercado aberto (ou por meio do Banco Mundial, que recusou recursos financeiros, sob pressão dos Estados Unidos, alegando que o mercado de aço mundial já sofria de excesso de capacidade). O governo coreano obteve reparações de guerra do governo japonês para financiar uma

---

ambiente de empresas livres animadamente confiantes, estimuladas ademais pela imposição de direitos" (Warren, 1991, p.158). O envolvimento do Estado na indústria de petroquímicos no "resto" incluiu igualmente a proteção tarifária. Mas incluiu também outros incentivos e, como se acaba de indicar, um grande papel organizacional, graças à posse de centrais de nafta pelo governo.

usina siderúrgica maior do que os mercados financeiros privados teriam considerado (Amsden, 1989). No caso de um fabricante de fertilizantes na Índia que assumiu a forma de uma *joint venture* entre o governo indiano, uma companhia estrangeira petrolífera e outra química (a Chevron e a International Materials and Chemical Corporation, respectivamente) e a Parry's (uma empresa privada indiana), o conselho de diretores tinha um interesse ativo nas operações da empresa.

> Os acionistas indianos, que detinham a maior parte do capital, não são mais passivos do que os acionistas de qualquer grande corporação americana ou européia. Na verdade, o Banco do Desenvolvimento Industrial da Índia ... (e outros bancos) são muito ativos, mediante seus representantes no conselho. (Friedmann; Béguin, 1971, p.190-1)

As EPEs na indústria de petroquímicos tendiam a provocar a inclusão de investidores privados da segunda camada (examinaremos a exclusão provocadas pelas EPEs, com os desbalanços raciais e econômicos, na próxima seção). A parcela das petroquímicas na produção manufatureira total do "resto" tipicamente subiu de 1975 a 1990, e variou de um mínimo de aproximadamente 15% a até 30%, dependendo do país (ver Tabela 5.2). Mesmo em Taiwan, onde a empresa de propriedade estatal era relativamente onipresente e, por conseguinte, os grandes grupos empresariais privados eram pequenos em comparação com os da Coréia, a Companhia de Petróleo da China e a Companhia de Plásticos de Formosa — o maior grupo comercial taiwanês, com um foco em petroquímicos — evoluíram lado a lado.[43] Na Coréia, o terceiro maior *chaebol*, o grupo LG (antigo Lucky-Goldstar), tinha nos petroquímicos uma de suas competências-chave (Taniura, 1993). A privatização das primeiras iniciativas petroquímicas destinou-se deliberadamente a criar uma líder nacional que, após adquirir uma propriedade estatal (a Yukong Oil), tornou-se o grupo Sunkyung (ver

---

43 A Companhia de Plásticos de Formosa começou com ajuda governamental. Mas ela teve dificuldades posteriormente para obter uma licença do governo para desenvolver seus próprios insumos (produção a montante). Ver Taniura (1989).

Tabela 8.5), dono do quinto lugar. Na Indonésia, com a companhia de petróleo estatal, a Pertamina, o grupo comercial Salim, o maior do país, especializou-se em petroquímicos; ele se globalizou a jusante investindo em Cingapura (etoxilato de álcool), nas Filipinas (alquil benzeno), no Vietnã (detergente sintético), na Austrália (surfactantes, fosfatos), na ex-União Soviética (refinamento de óleo de palmeira), nas antigas Alemanha Oriental e Ocidental (álcool graxo, sorbitol, alquil benzeno, lauril sulfato de sódio, sulfato de éter) e na China (refinamento de óleo de palmeira) (Sato, 1993). No Brasil, o grupo Ipiranga havia se especializado em petroquímicos e figurava entre os dez maiores grupos do país em 1997 (Lopes, 1999). As fibras sintéticas, um derivado dos petroquímicos, também se tornou o núcleo de grandes negócios: a Kolon Nylon na Coréia, a Fibras Sintéticas Shinkon em Taiwan e o grupo Alfa no México, por exemplo.

Em todos esses casos, os fabricantes privados nacionais que haviam sido incluídos pelas EPEs figuraram entre as cinqüenta maiores empresas do "resto" (ver Tabela 8.1). Apesar disso, além dos grupos Alfa e Ipiranga, somente uma outra companhia petroquímica da América Latina figurava no topo, e era uma multinacional (a Shell Brasil S.A.). A Pemex, a Petrobras e a YPL provocavam a inclusão de companhias petroquímicas a jusante (entre os dez maiores grupos do Brasil, cinco produziam petroquímicos), mas tais empresas tendiam a ser relativamente pequenas.

Em resposta a pressões pela privatização nos anos 1980 e 1990, as líderes nacionais públicas em petroquímicos e aço se reestruturaram em linhas similares: de uma forma ou de outra, elas retiveram sua identidade nacional.[44] A menos nacionalista (e distinta) era a companhia de petróleo da Malásia, a Petronas, que se tornou uma *joint venture* minoritária (40%) com a Basf, da Alemanha, em 1997. As mais nacionalistas (e distintas), como a Posco, a Usiminas e a Vale do Rio Doce (a maior companhia metalúrgica do Brasil), foram privatizadas de um modo que nenhum proprietário único emergisse e o governo

---

44 A exceção foi a YPL, mas se considerarmos seu desempenho relativamente fraco (para os anos do pré-guerra, ver Lewis, 1990), ela nunca foi uma líder. Em 2000 ela foi comprada por uma companhia energética espanhola, a Repos, SA.

preservasse algum interesse.[45] As ações ordinárias da Usiminas foram distribuídas entre fundos de pensão (26,8%); organizações financeiras (23%); a Companhia Vale do Rio Doce, ela própria vendida a múltiplos proprietários (15%); a Nippon Usiminas (13,8%), uma proprietária original da Usiminas possuída pela Shin Nippon Steel; funcionários e fundos de pensão de funcionários (11,1%); e distribuidoras de aço (4,4%) (Usiminas, 1993). De 24 grandes propriedades brasileiras leiloadas em 1991-93, apenas doze tiveram um único grande comprador (Banco Nacional de Desenvolvimento Econômico e Social [BNDES], 1993). A Posco também foi vendida publicamente, a pequenos acionistas. Para evitar uma aquisição hostil, ela fez um acordo patrimonial com sua antiga mestra, a Shin Nippon do Japão.

Com isso, o desempenho no nível das empresas variou na mesma indústria nos setores tanto público como privado, mas provavelmente mais no setor público, devido a diferentes respostas a restrições políticas. Nos melhores casos, encontrados nas indústrias tanto siderúrgica como petroquímica, empresas estatais criaram organizações novas, acumularam altos níveis de capacidade tanto administrativa como tecnológica e difundiram essas capacidades para a empresa privada.

O modelo *spin-off*: artigos eletrônicos

Assim como nas indústrias pesadas iniciais, como a de petroquímicos e a de aço, também em indústrias de alta tecnologia, como a de informática (computadores), semicondutores e telecomunicações, o Estado, nos melhores casos, agiu como capitalista de risco.[46] Quando possível, ele promovia a inclusão de empresas privadas nacionais. Em alguns países, uma empresa estatal cumpria a função de pioneira.

---

45 Os investidores estrangeiros compraram apenas 3,4% da ações de treze das 24 companhias brasileiras privatizadas em 1991-93 (Banco Nacional de Desenvolvimento Econômico e Social [BNDES], 1993). Posteriormente esse número subiu para cerca de 30% (ver Capítulo 9). Ver também Goldstein (1999).

46 Para uma análise original da forma em tripé das empresas (privadas, estatais e estrangeiras), ver Evans (1979).

Em outras, o papel empresarial do governo era assumido por seus institutos de pesquisa, ministérios ou parques científicos.[47] O princípio da incubação, entretanto, era o mesmo, ainda que o modelo exato diferisse (como na China). Apesar disso, como veremos, o desempenho entre os países diferiu nas indústrias de alta tecnologia.

Na indústria brasileira de telecomunicações, um recém-formado ministério das comunicações estabeleceu a Telebrás, uma empresa gestora de ativos que adotou políticas nacionalistas a partir de 1974, aumentou o controle brasileiro com o tempo e redirecionou o comportamento de empresas multinacionais para se ajustarem a metas nacionais. A Telebrás estimulou a progressiva produção local de transações eletrônicas e o aumento da P&D local. No setor de computadores, a Cobra, uma empresa estatal, ditou o ritmo com uma política de "reserva" de mercado que favoreceu as empresas nacionais (e que acabou fracassando).[48] Na Índia,

> uma das mais importantes iniciativas políticas do governo foi desde o início a criação de empresas de eletrônica no setor público ao estilo de "campeãs nacionais" — a Electronics Corporation of India para computadores pequenos e grandes, televisores e instrumentação; a ITI em equipamentos de telecomunicação; a BEL em equipamentos eletrônicos para defesa; a CMC em engenharia de sistemas e software; e a Semiconductor Complex Ltd. em projeto e lâminas de CI. Em 1987, a parcela do setor privado na produção de artigos eletrônicos tinha atingido 68%, e subiu ainda mais após a liberalização nos anos 1990. (Sridharan, 1996, p.113)[49]

---

47 Em uma análise empírica dos principais fatores de sucesso na indústria de semicondutores de Taiwan, "os resultados empíricos mostram que o planejamento industrial estratégico e o estabelecimento de parques industriais de base científica são as mais importantes políticas governamentais a influenciar o desenvolvimento da indústria de DRAM" (Yuan; Wang 1999, p.107). Sobre as indústrias de semicondutores no Leste Asiático, ver Mathews; Cho (2000).

48 Sobre a indústria de artigos eletrônicos no Brasil, ver Tigre (1983), Erber (1985), Adler (1987), Hobday (1990), Evans (1995) e Sridharan (1996). Para a oposição estrangeira à política brasileira, ver Bastos (1994).

49 Ver também Evans (1995).

Lado a lado com o investimento público seguia o investimento privado.

Em Taiwan, o Instituto Industrial de Pesquisas Tecnológicas (ITRI, na sigla inglesa) formulou objetivos para aumentar a escala do setor de artigos eletrônicos e concordou em assumir o risco financeiro envolvido. No início dos anos 1970, ele fundou uma Organização de Serviços e Pesquisa em Artigos Eletrônicos (Erso) com a estratégia de desenvolver a indústria taiwanesa de circuitos integrados (CI) emprestando tecnologia estrangeira (da RCA), fundando uma fábrica de demonstração e então difundindo *know-how* para o setor privado (1976-77). Para se tornar tecnologicamente auto-suficiente e levar a vantagem de primeiro lance sobre empresas estrangeiras em termos de escala e do melhor pessoal, a Erso fundou a Corporação Eletrônica Unida para fabricar CIs. Então, com vistas a aumentar as projetistas de CI de Taiwan, ela investiu 400 milhões de dólares americanos, juntamente com a Philips da Holanda, na construção de uma unidade de fabrico de CI de alta precisão, a Corporação Taiwanesa para o Fabrico de Semicondutores. Em computadores pessoais (PCs), "a Erso de costume assume a frente no desenvolvimento de tecnologias cruciais, e então as transfere para os fabricantes de PCs" (Chang, 1992, p.208). No setor de produtos eletrônicos para a defesa, o partido Guomindang do governo tinha suas próprias pesquisas, bem como sua base de produção.[50]

A Coréia foi a exceção que provou a regra. Sua ascensão pela escada da complexidade tecnológica na indústria de artigos eletrônicos foi liderada não pelo Estado, mas por grupos comerciais diversificados; nos casos em que estes últimos existissem, a liderança do Estado era menos crítica. Ainda assim, o governo coreano foi útil para promover a indústria das telecomunicações. Ele também estimulou a P&D muito cedo (o que se discutirá adiante) por meio de seus institutos de pesquisa sobre produtos eletrônicos, um para as telecomunicações, outro para os semicondutores e computadores, e outro para pesquisas básicas. Os

---

50 Sobre a indústria de artigos eletrônicos de Taiwan, ver Wu (1992), Gee; Kuo (s.d.), LI (1988), Mathews (1997), Sato (1997), Schive (1995) e Wang (1999).

primeiros dois institutos se fundiram em 1984[51] e se mostraram úteis para desenvolver tecnologia juntamente com o *chaebol*.

Portanto, em termos de lançar os alicerces tanto para a *formação de organizações* como para a *formação de capacidades*, o Estado desempenhou grande papel na mais importante indústria de alta tecnologia do "resto", a de artigos eletrônicos. Isso valeu para todos os países exceto para a Argentina e o Chile, onde a promoção da alta tecnologia pelo Estado foi mínima (Adler, 1987), e para a Malásia, Indonésia e Tailândia, as economias menos industrializadas, onde as políticas para promover líderes nacionais em artigos eletrônicos não foram tão abrangentes em 2000 como em outras partes.[52] Em países onde as empresas multinacionais haviam dominado inicialmente a indústria de artigos eletrônicos — Índia, Taiwan, Coréia, México e especialmente Brasil, em todos eles o fabrico de tais artigos fora iniciado pela IBM ou outros líderes de eletrônica —, o governo iniciou a corrida para recuperar o mercado nacional e então globalizar-se (com grandes lapsos entre ambos na Índia e no Brasil).

Contudo, a despeito desse terreno comum, na década de 1990 era óbvio que o desempenho entre os países do "resto" na indústria de artigos eletrônicos diferia radicalmente. Podia-se esperar que um país se especializasse em alguns segmentos de mercado de alta tecnologia e ao mesmo tempo satisfizesse a demanda com importações em outros segmentos. Mas na verdade alguns países retardatários não chegaram a se especializar em *nenhum* dos setores de alta tecnologia que vinham

---

51 A nova organização foi chamada de Instituto de Pesquisa sobre Telecomunicações (Etri). Sobre a indústria de artigos eletrônicos da Coréia, ver Lim (1999), Kim (1997), Ungson et al. (1997), OCDE (1996a), Sridharan (1996) e Evans (1995).

52 A estratégia malaia para se recuperar nos artigos eletrônicos lançou mão de *joint ventures*. Em 1997, por exemplo, três grandes aquisições transfronteiriças ocorreram, com companhias americanas formando *joint ventures* com companhias malaias, algumas das quais já eram *joint ventures* com participação do Bank Industri da Malásia. No maior dos acordos, na casa dos US$ 600 milhões, a companhia americana VLSI Technologies Inc. formou uma *joint venture* com a Khazanah Nasional BHD, o Bank Industri e a BI Walden International, outra companhia americana (UNCTAD, 1998b).

crescendo rápido pelos padrões mundiais. Como indicado na Tabela 8.4, a Argentina, o Chile, a Malásia e o México não tinham nenhum representante de alta tecnologia entre as duzentas maiores empresas nacionais do "resto". A negligência da indústria de alta tecnologia também fica evidente em se comparando as parcelas da indústria de alta tecnologia no valor agregado das manufaturas (Tabela 8.9) e a balança comercial da indústria de artigos eletrônicos (Tabela 8.10). Por esses critérios, o desempenho foi o *pior* na Argentina, no Chile e no México. A participação de mercado no setor de maquinário (tanto elétrico como não-elétrico) foi muito baixa, quer em 1980, quer em 1995. O déficit comercial nos artigos eletrônicos de Argentina, Chile e México também foi grande, e cresceu com o tempo. Em parte, o grande déficit comercial da Argentina em artigos eletrônicos em 1990-94 se deveu à recuperação econômica, mas com o tempo ele se tornou persistente e a participação dos artigos eletrônicos no valor agregado caiu de 1980 a 1995. Também o México era fraco nos artigos eletrônicos e outros tipos de maquinário; suas parcelas de alta tecnologia só alcançavam a do "resto" em "outras" indústrias de equipamentos de transporte e produtos químicos (não industriais) dominadas em grande parte por empresas estrangeiras, como se notou anteriormente. O México, portanto, também tinha um déficit grande e crescente em artigos eletrônicos.

Tabela 8.9. Porcentagem de valor agregado das manufaturas nas indústrias de alta tecnologia, 1980 e 1995

	País	Outros produtos químicos	Maquinário não-elétrico	Maquinário elétrico	Equip. de transporte	Bens prof./ cient.	Total
1995	Argentina	3,5	3,1	3,0	7,4	0,4	17,4
	Brasil	10,1	7,5	8,0	10,4	0,8	36,8
	Chile	8,0	1,8	1,5	2,0	0,2	13,3
	China	1,9	11,1	9,9	6,3	1,1	30,2
	Índia	7,9	8,3	8,4	8,5	0,7	33,7
	Indonésia	3,6	1,0	3,1	8,9	0,1	16,6

(continua)

Empresas líderes nacionais

Tabela 8.9. *(continuação)*

	País	Outros produtos químicos	Maquinário não-elétrico	Maquinário elétrico	Equip. de transporte	Bens prof./cient.	Total
1995	Coréia	4,7	8,4	14,4	10,7	0,8	39,1
	Malásia	2,2	5,0	27,4	4,7	1,2	40,5
	México	7,2	3,3	3,2	10,1	1,7	25,6
	Taiwan	2,7	5,2	17,3	7,4	1,0	33,6
	Tailândia	2,5	3,3	5,5	5,2	0,9	17,3
	Turquia	4,7	4,5	6,0	6,7	0,3	22,3
	Média do "resto"	4,9	5,2	9,0	7,4	0,8	27,2
	Japão	5,8	12,1	14,7	10,6	1,3	44,4
	França	6,1	7,0	10,0	10,9	1,5	35,6
	Reino Unido	7,0	11,3	8,4	10,4	1,6	38,8
	Estados Unidos	6,8	10,5	9,6	11,6	5,8	44,3
1980	Argentina	4,9	5,5	3,7	9,3	0,4	23,8
	Brasil	4,9	10,0	6,3	7,8	0,6	29,8
	Chile	6,5	1,9	1,8	2,5	0,1	12,9
	China	3,3	15,1	3,6	3,4	9,2	34,6
	Índia	8,1	8,6	8,1	8,3	0,7	33,9
	Indonésia	7,1	1,6	5,3	6,4	0,1	20,4
	Coréia	5,2	3,4	8,1	5,9	1,1	23,8
	Malásia	3,2	3,2	12,3	4,2	0,7	23,6
	México	5,2	4,8	4,4	6,9	0,7	22,1
	Taiwan	1,0	1,9	7,0	2,5	0,9	13,4
	Tailândia	2,7	1,9	3,8	3,7	0,3	12,4
	Turquia	3,6	4,7	4,3	5,0	0,1	17,6
	Média do "resto"	4,7	5,2	5,7	5,5	1,2	22,3
	Japão	4,6	11,6	11,5	9,5	1,7	38,7
	França	3,9	10,1	8,9	11,0	1,4	35,2
	Reino Unido	4,6	13,0	9,3	10,7	1,3	38,9
	Estados Unidos	4,6	13,3	9,7	10,6	3,6	41,9

Fonte: Adaptado de Onudi (1997).

Tabela 8.10. Balança comercial em artigos eletrônicos, totais qüinqüenais para países selecionados, 1970-1994

Déficit ou excedente (milhões de US$ de 1990)

País	Déficit ou excedente (milhões de US$ de 1990)				
	1970-74	1975-79	1980-84	1985-89	1990-94
Argentina	−1.558	−1.769	−4.793	−2.789	−10.281
Brasil	−5.102	−7.368	−3.876	−2.782	−9.131
Chile	−1.021	−1.510	−2.332	−2.071	−5.004
China	n.d.	n.d.	−2.846	−17.633	−6.253
Índia	−1.474	−1.206	−1.630	−4.394	−3579
Indonésia	−1.692	−4.964	−763	−4.906	−5.885
Coréia	−1.046	−1.386	2.154	23.953	46.413
Malásia	−1.424	−1.728	−2.743	5.837	18.406
México	−3.539	−3.712	−3.676	−6.187	−10.254
Taiwan	987	5.805	13.325	35.738	52.168
Tailândia	−1.567	−1.887	−2.755	−4.108	−2.941
Turquia	−1.610	−2.519	−2.043	5.225	− 8.136
França	3.236	9.881	−3.512	−18.629	−21.924
Japão	43.427	95.776	172.362	320.664	405.530
Reino Unido	5.169	9.273	−11.391	−30.617	−30.336
Estados Unidos	10.441	16.638	−8.172	−114.728	−131.121

Notas: Os números negativos representam déficits. Esta tabela se refere aos artigos eletrônicos como parcela do total de importações manufaturadas.

Todos os dados sobre a China são de 1983 e posteriores.

Dados ajustados em dólares reais utilizando-se o WPI [Índice dos Preços por Atacado] dos Estados Unidos.

O Chile não declarou as cifras de exportação para 1982-1989.

A Classificação Padrão da ONU para as indústrias foi ajustada ao longo dos anos. A antiga classificação padrão (Rev. 1) listava apenas uma categoria para maquinário elétrico (72, maquinário elétrico). A nova classificação padrão (Rev. 2) lista as seguintes categorias: 75 — máquinas para escritório, equipamento para processamento automático de dados; 76 — telecomunicações e equipamento de som; e 77 — maquinário elétrico, NES etc. Os dados não são estritamente comparáveis entre os anos ou entre os países, já que estes passaram da Rev. 1 para a Rev. 2 em momentos diversos.

Fontes: Adaptado de Onudi (1997 e vários anos [a]); UNCTAD (vários anos [b]); Fundo Monetário Internacional (1997); República da China (1997).

As estrelas na indústria de artigos eletrônicos eram Taiwan, Coréia e Malásia, todas com altas parcelas de maquinário elétrico no valor agregado das manufaturas (MVA) e excedentes comerciais em artigos eletrônicos crescendo com o passar do tempo. Parte da produção de artigos eletrônicos, particularmente na Malásia, não era realmente de alta tecnologia; sua natureza era antes de operações de montagem (Rasiah, 1995). O exagero da atividade de alta tecnologia é sugerido em se comparando, por um lado, as participações do maquinário elétrico *e* não-elétrico nas economias avançadas (Japão, França, Reino Unido e Estados Unidos) e, por outro, no "resto", (Malásia, Coréia e Taiwan). Se as indústrias de maquinário tanto elétrico como não elétrico no "resto" fossem de alta tecnologia, então seria de esperar que suas participações no valor agregado das manufaturas se assemelhassem às do Atlântico Norte. Mas o Leste Asiático tinha parcelas mais altas de maquinário elétrico e parcelas mais baixas de maquinário não-elétrico, o que sugere que o primeiro incluía mais do que produtos de alta tecnologia. Todavia, a tendência ascendente na construção de maquinário elétrico na Coréia e em Taiwan era impressionante.

O desempenho do Brasil, da China, da Índia e da Turquia fica em algum ponto entre os melhores e os piores casos. No Brasil, a parcela do maquinário elétrico no valor agregado em manufaturas quase atingiu o nível do Atlântico Norte, mas ela estava caindo e o déficit comercial brasileiro em artigos eletrônicos vinha subindo. O contrário se aplicava à China: a parcela dos artigos eletrônicos estava subindo e o déficit comercial, caindo. Na Índia, tanto a parcela (alta) como o déficit comercial (baixo) eram estáveis.

Para começar a compreender essas discrepâncias entre países, analisaremos as políticas dos governos no que diz respeito às líderes nacionais.

Seleção governamental e distribuição de renda

Por meio do licenciamento industrial, da alocação de subsídios e de padrões de desempenho, os governos do "resto" influenciaram a estrutura das empresas — e com isso o desempenho industrial. As políticas dos governos eram constrangidas principalmente pela política de distribuição de renda. Durante períodos em que conflitos raciais ou étnicos eram pronunciados na Malásia, na Indonésia, na Tailândia e em Taiwan, os governos foram politicamente motivados a evitar a concentração de recursos nas mãos de companhias de propriedade chinesa (ou companhias de propriedade taiwanesa no caso de Taiwan). EPEs, em vez de empresas privadas, foram formadas para estimular a harmonia social. Na Argentina, no Brasil, no Chile, no México e na Índia, onde os conflitos de classe eram latentes ou severos (a Índia experimentava um antagonismo entre empresas de pequeno e grande porte), os governos eram politicamente motivados a evitar a concentração de recursos nas mãos de umas poucas empresas nacionais privadas. Grandes líderes nacionais privadas voltadas às manufaturas foram, assim, constrangidas em seu crescimento (como no México) ou nem chegaram a se desenvolver (como na Argentina, no Brasil e no Chile). Com o tempo, a exclusão em países com divisões raciais ou étnicas tendeu a se enfraquecer, conforme as próprias divisões se enfraqueciam. Mas as divisões de classe não se enfraqueceram, e em países com distribuições de renda desiguais, a exclusão de líderes nacionais persistiu, com efeitos negativos sobre a formação de indústrias de alta tecnologia e o aprofundamento de habilidades.

Divisões de classe

O Brasil representou um extremo em que o porte dos grupos comerciais foi restringido no intuito de não agravar a distribuição de renda, dado que sua distribuição era historicamente muito desigual (ver Tabela 1.9). O banco de desenvolvimento do Brasil, o BNDES, vinculava condições a seus empréstimos na forma de *tetos baixos para a relação dívida-capital*, e estes constrangiam o porte das empresas nacionais.[53] Esses tetos podem ter surgido no interesse da prudência

---

53 Informações sobre o Brasil nesta seção são de Monteiro Filha (1994), a menos que haja indicação em contrário.

financeira, mas constituíam uma abordagem difusora à alocação de recursos. O BNDES requeria que seus clientes operassem com relações dívida-capital menores que 1:1. Em média, elas não excediam em muito os 60%, um nível típico para empresas norte-americanas mas muito abaixo do que caracterizava as grandes companhias japonesas e coreanas (tanto o Brasil como a Coréia sucumbiram a crises da dívida). Entre 1973 e 1982, a relação dívida-capital média anual dos clientes do BNDES nas grandes indústrias selecionadas era (em porcentuais):

Aço	53,2
Petroquímicos[54]	64,3
Papel e celulose	72,3
Equipamento mecânico	53,6
Equipamento elétrico	70,4
Equipamento de transporte	62,3

Isso contrasta com a relação dívida-capital média em todas as manufaturas coreanas no mesmo período de dez anos, que foi de 373% — cerca de seis vezes maior que a do Brasil (Banco da Coréia, vários anos).

Tetos baixos para a relação dívida-capital constrangiam a expansão de empresas familiares, a forma típica de propriedade privada nacional no "resto" após a Segunda Guerra Mundial. Para financiar os gastos com equipamentos e maquinário sem o recurso extensivo a empréstimos, uma empresa familiar precisa diluir seu patrimônio em um grau que pode desestimular o empreendedorismo ou estimular *joint ventures* com empresas estrangeiras. Aqueles grupos comerciais brasileiros que se tornaram grandes, portanto, tenderam a crescer sobretudo *fora das manufaturas* e fora da esfera do BNDES; os cinco maiores grupos (Bradesco, Itaúsa, Bamerindus, Real e Econômico) tinham todos as *finanças* como sua principal atividade econômica, e

---

54 Somente o Complexo de Camaçari.

os bancos localizados em seu núcleo tendiam a preceder o BNDES (ver Tabela 8.2a-b).[55]

Na indústria de informática brasileira, seis das dez maiores empresas nacionais pertenciam a grupos econômicos com raízes sobretudo nos serviços bancários. A vantagem da propriedade por bancos no setor de computação era que o usuário e o produtor de equipamentos para processamento de dados eletrônicos eram um só, e podiam portanto coordenar melhor (Sridharan, 1996). A desvantagem era que os grupos bancários sabiam menos sobre manufaturas do que os industriais, e tinham menos economias de escopo entre suas filiais no tocante à execução de projetos manufatureiros. Além disso, como os bancos haviam ingressado na indústria de computadores graças a sua conexão pelo lado da demanda, eles estavam menos inclinados a ser agentes da diversificação em outras indústrias de alta tecnologia. A cada vez que o governo brasileiro abria uma nova indústria para a expansão, ele tinha de buscar novos ingressantes no mercado, em vez de contar com grupos diversificados experientes.

As limitações sobre o ritmo de crescimento das empresas que eram inerentes aos baixos tetos de dívida-capital foram em certa medida compensadas pela participação patrimonial do BNDES nos ativos de seus clientes. Não obstante, empréstimos e garantias de empréstimo eram a principal forma de apoio financeiro do BNDES, e sua participação no patrimônio de seus clientes era pequena, ficando em média, em 1978-82, abaixo de 10% nas indústrias de aço, petroquímicos e equipamento elétrico; abaixo de 15% na de equipamentos mecânicos e de transporte; e abaixo de 20% na de papel e celulose.

Tampouco o Brasil impôs padrões de desempenho proibitivos a empresas estrangeiras para desestimular suas operações (a exemplo do que fizeram a Índia, a Indonésia, a Coréia, Taiwan e a Turquia, como já se observou). Dos sete representantes brasileiros entre as cinqüenta maiores empresas do "resto", um total de quatro eram multinacionais (ver Tabela 8.1). A mobilização brasileira de empresas de propriedade

---

55 Ver também Lopes (1999).

estatal também era intensa: três das cinqüenta maiores EPEs do "resto" em 1993 eram brasileiras (ver tabela 8.8).[56] Tal exclusão, juntamente com os baixos tetos para a relação dívida-capital, contribuiu para o fato de que as empresas nacionais privadas em indústrias selecionadas tenderam a ser relativamente pequenas, a despeito do grande mercado interno do Brasil.

Uma meta declarada do BNDES era evitar que a concentração econômica crescesse. Entre 1973 e 1989, somente na indústria do aço houve um aumento na *concentração de capital*. O índice Gini para ativos de capital dos produtores nas áreas de petroquímicos, papel e celulose e equipamentos mecânicos, elétricos e de transporte ou não subiu ou efetivamente caiu (Monteiro Filha, 1995).[57] O Brasil, com isso, atingiu sua meta de não agravar a distribuição de renda, mas ao custo de não criar líderes nacionais em manufaturas.[58]

Superando o Brasil na falta de apoio a grandes grupos industriais esteve a Argentina, com um coeficiente Gini na distribuição de terras de 0,86 em 1960, o que indica uma desigualdade ligeiramente maior que a do Brasil (ver Tabela 1.9). Dado o fracasso da Argentina em

---

56 A privatização foi um meio de fortalecer os grupos comerciais, e foi o que ela fez na indústria siderúrgica brasileira. Quatro usinas siderúrgicas de propriedade estatal (Cimetal, Usiba, Cosinor e Piratini) foram vendidas ao grupo Gerdau, o que permitiu a este último monopolizar o mercado de aço não plano no norte e no nordeste do Brasil. Outras usinas foram compradas por seus con correntes, o que criou um duopólio, como na Argentina (Baer; Villila, 1994). Apesar disso, a maioria da empresas privatizadas do Brasil depois de outubro de 1991 não caiu nas mãos de um comprador único com enfoque manufatureiro, como se observou anteriormente (ver também Goldstein, 1999).

57 Não há dados disponíveis sobre a concentração de capital por indústria em outros países para fazemos uma comparação. Ainda assim, a evidência coreana para o mesmo período, 1973-89, embora não seja estritamente comparável, sugere que com o tempo a concentração no nível da indústria ou não subiu ou caiu (mensurada segundo a parcela da produção representada pelas quatro maiores empresas) (Lee, 1998). A concentração com maiores diferenças entre o Brasil e a Coréia se deu no nível *agregado*. A concentração econômica agregada quase certamente caiu na Coréia, mas não necessariamente no Brasil.

58 Em termos de reconhecimento do nome da marca.

estabelecer um banco de desenvolvimento eficiente ou um mecanismo de controle recíproco funcional, o fomento e a disciplina de empresas de *quaisquer* tipos foram mornos, mas o fomento de grandes empresas nacionais foi especialmente débil. Na década de 1940 e no início da de 1950, a política governamental favoreceu empresas estatais e empresas de pequeno e médio porte.[59] Então, sob a administração Frondizi, de armação americana, a política favoreceu companhias multinacionais.[60] Só depois de 1976 "as políticas estatais favoreceram grupos econômicos" (Inés Barbero, 1997, p.387). Nessa época, contudo, a crise da energia havia paralisado totalmente os gastos do governo e a economia argentina estava se desindustrializando,[61] de modo que o período de apoio governamental a grandes empresas privadas foi extremamente curto e a expansão dos grupos argentinos foi relativamente pequena (Schvarzer, 1978).[62] Apenas um grupo da Argentina, o Socma, figurava em meio aos cinqüenta maiores grupos do "resto" (ficava em qüinquagésimo lugar e estava envolvido em grande medida na produção de peças para automóveis, em gás e energia e em serviços de construção). Outros grupos da Argentina se concentravam no processamento de

---

59 "... as restrições à importação favoreceram a ascensão de empresas de capital nacional de pequeno e médio porte. Uma pesquisa baseada em censos industriais indica que entre 1935 e 1954 houve um processo de dispersão na indústria argentina, especialmente nos setores em expansão, como os de produtos têxteis, metalurgia, maquinário e dispositivos elétricos (Goetz, 1976). Dados dos censos industriais também mostram uma parcela decrescente de empresas de capital aberto: em 1935 tais empresas representavam 5,6% de todas as empresas, mas controlavam 53,8% da produção total; em 1947 sua parcela caíra para 3,3% de todas as empresas e 45,2% da produção total" (Inés Barbero, 1997, p.380).

60 O período 1953-68 foi chamado de "eufórica abertura ao capital estrangeiro" (Schvarzer, 1996, p.221).

61 Entre 1975 e 1982, a produção industrial caiu mais de 20% e 20% das maiores unidades industriais fecharam (Azpiazu; Kossacoff, 1989, como citado em Inés Barbero, 1997).

62 Sobre a história das relações entre as empresas e o governo na Argentina, ver Sabato (1988) e Lewis (1990). Para uma análise da história comercial da América Latina na Argentina e no Brasil, ver Lewis (1995).

alimentos e no aço (ver Tabela 8.11).[63] Mesmo na indústria do aço, antes da consolidação, nenhuma empresa argentina em 1990 classificou-se entre as cinqüenta maiores produtoras de aço mundial. A Posco (Coréia) estava em terceiro, a SAIL (Índia) em décimo primeiro, a Corporação Siderúrgica China (Taiwan) em décimo sétimo e a Usiminas e a CSN (Brasil) em vigésimo terceiro e trigésimo quarto respectivamente (Onudi, 1992). A Argentina tinha uma das mais antigas indústrias de ferramentas mecânicas do "resto", e todavia nenhuma empresa argentina figurava entre os 25 maiores produtores do mundo (para 1989, ver Onudi, 1992).[64] A indústria farmacêutica argentina teve a distinção de incluir sete empresas nacionais entre suas dez maiores produtoras, mas as vendas das duas maiores empresas (a Roemmers e a Bago), ambas líderes de "fortes conglomerados farmacêuticos locais", eram de apenas 8% das da décima quinta maior companhia farmacêutica do mundo, a Upjohn, com vendas de US$ 1,6 bilhão em 1989 (Katz, 1995; Onudi, 1991). Além disso, a parcela *estrangeira* no consumo interno de medicamentos era mais alta na Argentina do que na Índia, com apenas metade do tamanho do mercado argentino.[65] De resto, por mais destacada que fosse a indústria farmacêutica argentina, a parcela de "outros" produtos químicos (incluindo fármacos) no valor agregado das manufaturas na Argentina caiu com o passar do tempo, de 4,9% em 1980 para apenas 3,5% em 1995 (ver Tabela 8.9).

---

63 Entre um número seleto de grupos comerciais argentinos em 1992, descobriu-se que as maiores indústrias eram as de energia e gás, processamento de alimentos, aço e peças para automóveis.

64 Em uma comparação do porte das fábricas de 26 grupos argentinos selecionados com os de outros países, em apenas três casos o porte argentino foi igual ou maior do que o estrangeiro (Bisang, 1996).

65 Em 1996, a participação estrangeira (as importações mais a produção local por parte de subsidiárias e filiais multinacionais) nas vendas nacionais de medicamentos foi de 45% na Argentina, 57% no Brasil, 62% no México, 49% na Coréia (que iniciou a produção de medicamentos muito depois da Argentina) e de apenas 32% na Índia. Todavia, as vendas internas de medicamentos na Argentina em 1996 foram mais que o dobro das vendas na Índia (US$ 4,9 bilhões *versus* US$ 2,2 bilhões) (Mourshed, 1999).

Tabela 8.11. Dez maiores grupos,[1] 1993,[2] por país

	Grupo	Vendas (milhões de US$)	Atividades principais	Filiais	Fundado em
Argentina	1. SOCMA	1.852,8	Automóveis, constr.	n.d.	n.d.
	2. Techint	1.802,7	Aço, constr., com.	n.d.	n.d.
	3. Bunge y Born	1.752,6	Prod. de alim., com.	n.d.	n.d.
	4. Cofal	1.285,6	Automóveis	n.d.	n.d.
	5. Perez Compano	918,9	Energia, com., agro.	22	1947
	6. Comercial del Plata	738,6	Energia, com.	n.d.	n.d.
	7. Bamberg	651,3	Bebidas, prod. de alim.	n.d.	n.d.
	8. Mastellone Hnos. S.A.	639,5	Laticínio	n.d.	n.d.
	9. Aral	619,0	Prod. de alim., agro.	n.d.	n.d.
	10. Acindar	540,0	Aço, serviços	4	1940
Brasil	1. Bradesco	19.350,9	Semoventes, papel	n.d.	n.d.
	2. Itaúsa	18.418,0	Papel, telecom., prod. quím.	13	1965
	3. Bamerindus	11.493,9	Papel, semoventes, madeira	14	1964
	4. Real	9.091,5	Metais, prod. de alim., transp.	n.d.	n.d.
	5. Econômico	8.182,7	Agro., prod. quím., prod. de alim.	n.d.	n.d.
	6. Odebrecht	5.006,8	Constr., prod. quím., minerais	10	n.d.
	7. Fenícia	4.797,9	Finanças, prod. de alim.	n.d.	n.d.
	S. Camargo Corrêa	4.157,5	Metais, prod. têxteis, eletr.	n.d.	n.d.
	9. Andrade Gutierrez	3.705,6	Constr., minerais, prod. quím.	n.d.	n.d.
	10. Multiplic	2.918,1	Finanças, prod. quím.	n.d.	n.d.

(continua)

Tabela 8.11. *(continuação)*

	Grupo	Vendas (milhões de US$)	Atividades principais	Filiais	Fundado em
Índia	1. TATA	6.415,2	Diversificadas	37	1907
	2. BK/AV/Kumar Birla	2.343,5	Diversificadas	13	1947
	3. Ambani	1.799,2	Diversificadas	2	1973
	4. Unilever	1.727,2	Diversificadas	6	1933
	5. R P Goenka	1.193,8	Ger. de en., borracha	16	n.d.
	6. ITC/BAT	1.026,8	Tabaco, impressão	5	1910
	7. Larsen & Toubro	968,8	Engenharia, equip. de constr.	1	1946
	8. Bajaj-Mukand	968,8	Automóveis. metais	5	1945
	9. Thapar	893,6	Diversificadas	4	1985
	10. Mahindra	646,9	Automóveis	4	1945
Indonésia	1. Salim	8.530,8	Diversificadas	429	n.d.
	2. Astra	2.791,5	Diversificadas	149	1957
	3. Lippo	2.251,2	Diversificadas	84	1967
	4. Sinar Mas	2.251,2	Diversificadas	121	1962
	5. Gudang Garam	1.706,2	Cigarros	3	1958
	6. Barito Pacific	1.445,5	Diversificadas	141	1979
	7. Bimantra	1.421,8	Diversificadas	49	n.d.
	8. Argo Manunggal	1.393,4	Prod. têxteis, aço	35	n.d.
	9. Dharmala	1.199,1	Agro., imóveis, eletr.	43	1971
	10. Dlarum	1.118,5	Cigarros	11	n.d.

(continua)

Tabela 8.11. (continuação)

Grupo	Vendas (milhões de US$)	Atividades principais	Filiais	Fundado em
Coréia				
1. Hyundai	74.142,2	Diversificadas	26	1947
2. Samsung	66.845,2	Diversificadas	28	1938
3. LG	51.679,4	Diversificadas	43	1947
4. Daewoo	37.303,5	Diversificadas	14	1967
5. Sunkyoung	22.209,9	Diversificadas	14	1953
6. Ssangyong	19.154,5	Diversificadas	23	1939
7. Kia[3]	12.096,3	Automóveis	7	1944
8. Hanjin	10.052,9	Diversificadas	12	1945
9. Hanwha	9.439,8	Diversificadas	22	1952
10. Lotte	8.271,6	Diversificadas	24	1967
Malásia				
1. Sime Darby Bhd	3.700	Diversificadas	60	1910
2. Plantações Perlis	2.405	Diversificadas	n.d.	1974
3. Amaço Corp. Bhd.	1.622	Diversificadas	n.d.	1920
4. Grupo Berjaya Bhd.	1.298	Diversificadas	118	1967
5. UMW Holdings Bhd.	1.152	Diversificadas	n.d.	1976
6. Multi-Purp. Hold.	1.132	Diversificadas	125	1975
7. Tanjong	426.5	n.d.	65	n.d.
8. Hong Leong Ind.	379.1	Diversificadas	62	n.d.
9. Antah Holdings	261.6	Diversificadas	46	1976
10. Technology Res. Ind.	249.0	Telecom.	3	1966

(continua)

Tabela 8.11. *(continuação)*

Grupo		Vendas (milhões de US$)	Atividades principais	Filiais	Fundado em
México	1. Grupo Cifra	4.581.8	Commercial	7	1965
	2. Vitro S.A.	3.518.0	Industrial/vidro	106	1909
	3. Grupo Carso	3.169.1	Diversificadas	16	1980
	4. Grupo Cemex	2.975.1	Cimento	410	1920
	5. Grupo Gigante S.A.	2.530.9	Comercial	9	1983
	6. Grupo Ind. Alfa	2.495.2	Diversificadas	26	1974
	7. Grupo FEMSA	2.425.6	Desenvolvimento	12	1986
	8. Grupo ICA	1.948.5	Diversificadas	89	1979
	9. Grupo Televis S.A.	1.925.8	Estações de TV	13	1972
	10. Grupo Desc	1.706.4	Prod. quím., plásticos	116	1973
Taiwan	1. Companhia de Plásticos de Formosa	5.346	Plásticos	n.d.	n.d.
	2. Shinkon Syn. Fibers	4.021	Prod. têxteis	n.d.	n.d.
	3. Wei-Chuan	3.872	Prod. de alim.	n.d.	n.d.
	4. Yuelong Motor Corp.	3.036	Automóveis	n.d.	n.d.
	5. Ching Deng	2.982	Diversificadas	n.d.	n.d.
	6. President Enterp.	2.859	Diversificadas	n.d.	n.d.
	7. Far Eastern Textile	2.332	Text.	n.d.	n.d.
	8. Kao Using Group	2.090	Diversificadas	n.d.	n.d.
	9. Tatung Co.	1.983	Diversificadas	n.d.	n.d.
	10. Evergreen Group	1.900	Diversificadas	n.d.	n.d.

(continua)

Tabela 8.11. (continuação)

	Grupo	Vendas (milhões de US$)	Atividades principais	Filiais	Fundado em
Tailândia	1. Suam Cement Motors	4.470	Cimento, aço, maqu.	21	1913
	2. Siam Motors Group	3.017	Automóveis	34	1956
	3. Boon Rawd Group	1.861	Agro	9	1934
	4. CP Group	1.808	Agro	49	1951
	5. SPI Group	875	Diversificadas	31	1942
	6. Osothsapha Group	838	Fármacos	28	1899
	7. Saha Union Group	748	Prod. Têxteis,, calçados	33	1968
	8. Hong Yiah Seng	704	Agro.	21	1947
	9. Central Department	618	Varejo, roupas	27	1952
	10. Soon Hua Seng Group	544	Agro	18	1945

1. Por vezes os grupos são consolidados e por vezes grandes filiais são listadas separadamente, um reflexo dos procedimentos contábeis seguidos em cada grupo. Empresas exclusivamente envolvidas em companhias de construção, mineração, agricultura, finanças ou serviços de utilidade pública (como companhias de energia elétrica ou telefonia) foram excluídas. Todas as companhias de "petróleo" são excluídas, na premissa de que elas se envolviam no fabrico de produtos de petróleo. Grupos comerciais com operações em campos não manufatureiros só foram incluídos se tivessem operações significativas em algum campo manufatureiro.

2. Todos os números de vendas são de 1993, exceto os seguintes: grupos argentinos, 1992; grupos brasileiros, 1992; grupos coreanos, 1995; grupos taiwaneses, 1994; e todas as companhias especializadas públicas e privadas da Argentina, do Brasil e do México, 1994.

3. Adquirida pelo grupo Hyunday.

Fontes: Moody's (1996), Kyang-Hoe (1996), PT. Kompass Indonésia (1995), Business Standard (1995), Khanna (1997), Arokiasamy (1996), CCIS (vários anos), Gallegos (1997), Jomo (1993), Bank Indonésia (1996), Hill (1996).

No México, o governo também restringiu o porte e o perfil manufatureiro das grandes empresas nacionais. É sabido que o regime Echeverría (1970-76) esteve em intenso conflito com o capital privado quanto ao problema da distribuição de renda (em resposta a um encontro sangrento entre estudantes e a polícia durante as Olimpíadas da Cidade do México em 1969), mas ele era também nacionalista. Políticas de promoção industrial, exigidas pelos velhos grupos econômicos centrados em Monterrey,

> puseram um freio às atividades das companhias estrangeiras enquanto estimulavam o crescimento dos grupos nativos do México, e como resultado os últimos cresceram mais rapidamente do que as companhias estrangeiras. (Hoshino, 1990, p.30)

A administração Salinas (1987-91) deixou as portas ao investimento estrangeiro mais abertas do que nunca. Mas ela também fortaleceu os grupos nacionais por meio da privatização. Embora o capital estrangeiro desempenhasse um papel na privatização, 93% das empresas públicas privatizadas foram absorvidas por grandes empresas mexicanas (Rogozinski, 1993).[66] Essa reestruturação "causou maior concentração industrial dentro do setor privado do México" (Hoshino, 1996, p.59).[67] Os 59 maiores grupos do México aumentaram sua parcela do PIB, de 11,9 para 14,7% (Garrido, 1994).

Essa parcela do PIB, contudo, foi extremamente pequena pelos padrões de outros países. Em 1996, os cem maiores grupos comerciais

---

66 A participação estrangeira (baseada no valor de vendas) nas privatizações de 1988 a 1993 foi de aproximadamente 10% no Leste Asiático, 18% na América Latina e nula no sul da Ásia (Sader, 1995).

67 Um estudo cuidadoso do desempenho pós-privatização no México atribui um aumento de 24 pontos porcentuais na proporção entre a renda operacional e as vendas a: preços mais altos (10%); trabalhadores demitidos (33%); e produtividade residual (57%) (La Porta; Lopez-De-Silanes, 1997). Partes do resíduo podem incluir os ganhos auferidos pela empresa privada dentro do grupo graças ao acesso a capital e a outros ativos do grupo, incluindo terminais de distribuição, habilidades compartilhadas e assim por diante.

de Taiwan representavam um total de 44,2% do PIB (ver Tabela 8.12). No mesmo ano, os trinta maiores grupos da Coréia representaram sozinhos quase 40% das remessas de *manufaturas* (Lee, 1998). Em vez da alta concentração, o princípio orientador do partido político dinástico do México (como o partido peronista da Argentina) era o de difundir recursos entre o maior número possível de empresas mexicanas (para as relações entre as empresas e o governo no México, ver Valdes Ugalde, 1997).

Tabela 8.12. Taiwan: os 100 maiores grupos comerciais, 1970-1996

Ano	Vendas (% do PIB)
1973	32,3
1986*	28,7
1990	38,3
1996	44,2

* Dados disponíveis para apenas 97 grupos.

Fontes: Adaptado de C.C.I.S. (vários anos), como citado em Amsden; CHU (em processo).

Os padrões de desempenho que o banco de desenvolvimento do México, a Nafinsa, vinculou a seus empréstimos militavam contra a rápida expansão de grandes fabricantes nacionais por meio do endividamento, assim como no Brasil. Em razão do teto baixo, as relações dívida-capital dos clientes da Nafinsa ficavam pouco acima das do BNDES. De 1947 a 1997, *a média nunca caiu abaixo de 85% e nunca excedeu os 95%*.[68] As líderes nacionais no México, portanto, tenderam a se limitar a velhos grupos que se haviam estabelecido na virada do século *XIX* (ver Capítulo 3). A Vitro (a segunda colocada entre os grupos do México), fundada em 1909 com uma competência central no fabrico de vidro, e a Cemex (a quarta colocada), fundada

---

68 Dados da Nafinsa foram gentilmente fornecidos por Jorge Mario de Soto, para 1935-97.

em 1920 com uma especialização em cimento, remontam à primeira onda de industrialização moderna nos anos 1890 a 1930 (Haber, 1989; Cordero et al., 1985). O grupo Alfa, que ficou em sexto, se estabeleceu em 1974 ao herdar uma série de companhias de ferro e papel quando um outro grupo (agora extinto), o Cuauhtemoc-HYLSA, se dividiu em dois (Hoshino, 1990). Esses três grupos tinham acesso a finanças resultantes de lucros retidos e da Bolsa de Valores do México. Portanto, estavam menos constrangidos em sua expansão do que os novos grupos. Em contraste, com a exceção do Grupo Desc, que tinha sua competência central em manufaturas e tornou-se um líder na P&D mexicana, nenhum dos novos grupos que figuravam na lista das dez mais do México no início da década de 1990 era especializado em manufaturas (ver Tabela 8.11). Os Grupos Cifra, Carso, Gigante, Femsa, ICA e Televis tinham todos suas competências centrais fora das manufaturas (Garrido, 1999). Alguns, como o grupo Carso, haviam crescido por meio de aquisições na Bolsa de Valores do México. O proprietário da Carso era conhecido no México como o "gênio das aquisições" (e não o gênio das habilidades manufatureiras) (Hoshino, 1990).

Como os grupos brasileiros, os mexicanos haviam sido excluídos tanto por padrões de desempenho vinculados ao crédito preferencial como pelo investimento estrangeiro. Dada a proximidade física do México com os Estados Unidos, e dada sua história de aquisição de experiência manufatureira por intermédio de emigrados do Atlântico Norte, os investidores estrangeiros eram vistos com ambivalência. Dos cinco representantes do México entre as cinqüenta maiores empresas do "resto" de todos os tipos, um era a Pemex, outro era o grupo Vitro e os três outros eram multinacionais — Chrysler, Ford e General Motors, como observado acima (ver Tabela 8.1). No caso dos artigos eletrônicos, cuja participação no valor agregado das manufaturas no México era extremamente pequena (ver Tabela 8.9), "analisar as grandes empresas no setor dos artigos eletrônicos equivale a analisar as transnacionais que [ali] se instalaram" (Warman, 1994, p.415).

Conflito sobre o porte das empresas

Dada a experiência manufatureira pré-moderna da Índia e sua tradicional empresa artesã (visível sobretudo no caso dos tecelões manuais), o governo indiano adotou políticas contra as grandes empresas em favor das empresas de pequena escala. Essa inclinação, contudo, foi parcialmente contrabalançada por fortes políticas contra investidores estrangeiros. Mais do que na América Latina, o nacionalismo proporcionou ampla latitude para que os grupos nacionais se expandissem, um processo que se acelerou durante a Segunda Guerra Mundial:

> As maiores casas industriais da Índia, que haviam criado as indústrias de açúcar, papel e cimento na esteira da proteção tarifária, colheram uma rica bonança durante a Segunda Guerra Mundial e nos anos imediatos do pós-guerra. Os lucros dos tempos de guerra e o fenomenal *boom* da bolsa de valores em 1943-46 as ajudou a consolidar a posse de suas associações e pavimentou o caminho rumo a sua mastodôntica expansão e diversificação nos anos após a independência. Isso foi possibilitado em grande medida pelo fácil acesso ao crédito bancário e aos fundos de seguro de vida controlados pelos grupos. (Agarwala, 1986, p.242)

Uma lei restritiva sobre as práticas comerciais em 1969, contudo, atravancou o crescimento de grandes empresas industriais. Os bancos foram nacionalizados e solicitados a emprestar pelo menos 40% de seu crédito a empresas abaixo de um patamar mínimo (na década de 1980, a Coréia teve uma política similar, com um patamar de 30%). Segmentos inteiros da indústria foram reservados para empresas de pequena escala. Em alguns casos, como o dos fármacos, políticas de reserva de mercado funcionaram bem; empresas pequenas e não tão pequenas coexistiam em redes estreitas de subcontratação e aumentavam conjuntamente sua participação no mercado em comparação com as multinacionais (ver Capítulo 6). A Alembic, a sétima maior empresa farmacêutica da Índia em 1996, era parte de um grande grupo indiano (a Amin). Uma das maiores produtoras mundiais de vitamina B_{12} era uma empresa indiana possuída parcialmente pelo grupo Tata. Dado um sistema de incentivo eficaz introduzido pelo governo, empresas farmacêuticas nacionais de todos os portes agiram energicamente para cortar custos e introduzir "novos" produtos no mercado indiano (Mourshed, 1999). Em outras indústrias, contudo, as políticas de reserva de mercado do governo indiano foram "um desastre". Na de artigos eletrônicos, grandes grupos indianos foram marginalizados porque a produção de equipamentos eletrônicos e de telecomunicações estava reservada para empresas de propriedade estatal (como observado anteriormente), e a produção de eletrodomésticos e componentes estava reservada para empresas de pequeno porte. Essas empresas eram tidas como "em geral ineficientes", com operações em "escalas abaixo do ideal" (Sridharan, 1996, p.142).

Apesar disso, grandes grupos diversificados em geral eram promovidos pelo governo. Casas comerciais indianas precisavam de licenças do governo para importar tecnologia estrangeira e bens de capital.

> Em 1956, às vésperas do Segundo Plano e da primeira década indiana de crescimento industrial sustentado, as casas comerciais indianas açambarcaram dois quintos de todas as licenças para tecnologia estrangeira concedidas pelo governo.

Os dois maiores grupos, Tata e Birla (antes da divisão), receberam mais de um décimo de todas as novas aprovações do governo para colaborar com multinacionais. Os 73 maiores grupos receberam três quintos de todas as permissões para importar maquinário entre 1956 e 1966 (Encarnation, 1989, p.86). Mesmo mais tarde, um novo grupo, a Reliance, com um enfoque em produtos químicos e outro em produtos têxteis, tirou vantagem dos incentivos governamentais para a promoção das exportações, bem como do "acesso a políticos e burocratas centrais", para passar da miséria à riqueza (Harvard Business School, 1992, p.12).

Assim, a despeito das políticas de reserva de mercado do governo indiano, ao longo de grande parte do período pós-guerra a grande indústria cresceu em um ritmo mais rápido do que a pequena indústria, as pequenas indústrias modernas cresceram mais rapidamente do que as pequenas indústrias tradicionais, e as grandes fábricas modernas cresceram mais rápido do que as pequenas fábricas modernas (Sandesara, 1992). Embora apenas dois grupos indianos (Tata e Birla) figurassem entre os cinqüenta mais do "resto" (ver Tabela 8.5), essa representação pequena decorreu em parte do fato de a Lei de Monopólios e Práticas Comerciais Restritivas (MRTPA) de 1969 ter imposto um teto ao porte dos grupos, e esse teto levou os grupos a se subdividirem para disfarçar suas reais proporções. Por exemplo, no caso da Goenkas (o quinto maior grupo indiano na Tabela 8.11), que

> emergiu como o maior de todos os grupos de aquisição, os reais poderes decisórios cabiam conjuntamente a R. P. Goenka — que ... adquiriu o controle das operações da Ceat, da Dunlop Tyre e da Bayer na Índia, como também de vinte outras filiais estrangeiras — e a seus irmãos, K. P. e J. P., os quais, como os Mafatlals ..., [tornaram-se] entidades independentes para escapar à regulação do governo. (Agarwala, 1986)

Desde a data inicial de fundação até o início da década de 1990, os grupos da Índia não só eram relativamente grandes, como tinham raízes firmes nas manufaturas (ver Tabela 8.11). Excluindo-se o setor de eletrodomésticos, em que as políticas de reserva do governo eram fortes, os grupos tinham uma grande presença em quase todas as indústrias básicas, inclusive as de automóveis e semicondutores.

A liberalização, iniciada em 1991, enfraqueceu as políticas de reserva de mercado e aumentou a entrada de empresas estrangeiras. Naquela época, contudo, os grupos indianos já estavam suficientemente fortes para se apresentarem como parceiros desejáveis em *joint ventures*. Simbólico da mudança foi o retorno à Índia da IBM, a líder americana em computadores, que havia partido em 1978 depois que o governo se negara a permitir-lhe 100% de propriedade patrimonial. No fim dos anos 1990, ela voltou para formar uma *joint venture* com o grupo Tata. A participação da IBM era minoritária.

Conflito racial e étnico

Em países onde uma maioria racial ou étnica sofre de privações econômicas em comparação com uma minoria mais rica, os governos procuram corrigir esse desequilíbrio estabelecendo empresas de propriedade estatal. As empresas estrangeiras também passaram a ser vistas como um contrapeso a uma minoria privilegiada. Por isso elas se tornaram bem-vindas. Os conselhos de investimento da Malásia, da Indonésia e da Tailândia (o conselho tailandês é examinado no Capítulo 1) deram todos um apoio preferencial equânime a empresas nacionais *e estrangeiras* (para a Malásia, ver Capenelli, 1997).[69] Taiwan recrutou ativamente investimentos estrangeiros por razões geopolíticas depois que os Estados Unidos deram reconhecimento diplomático à China continental em 1972, na crença de que a presença de empresas estrangeiras melhoraria as relações diplomáticas com o exterior (Gold, 1988).

Para desalienar a economia tailandesa (da influência chinesa) na década de 1950, o governo criou mais de cem empresas de propriedade estatal, 37 das quais estavam nas manufaturas (Choonhavan, 1984). Os levantes raciais que irromperam na Malásia em maio de 1969 levaram a uma reestruturação radical das políticas do governo, passando do combate à pobreza de uma população majoritária malaia para a promoção de empresas malaias (Jomo, 1988). Para esse fim, o setor estatal da Malásia se expandiu dramaticamente. Entre 1969 e 1972, 67 novas empresas públicas foram criadas, um número que subiu para mais de cem nos poucos anos seguintes (Ling, 1993). Na Indonésia, para promover os interesses econômicos de uma maioria bumiputra relativamente empobrecida, empresas de propriedade estatal desempenharam "um papel mais significativo do que em qualquer outra economia de mercado em desenvolvimento no Leste e no Sudeste

---

69 O CDI da Tailândia restringiu o crescimento das empresas de grande escala negando ativos intermediários na forma de abatimentos fiscais a empresas que aumentassem sua capacidade mediante a aquisição de empresas existentes ou o aumento da capacidade de fábricas existentes (ver Capítulo 1).

Asiático" (Hill, 1989, p.22). Na verdade, o escopo da empresa estatal e do envolvimento do Estado na economia em Taiwan provavelmente superou o da Indonésia. A ocupação de Taiwan em 1947 pelo exército continental do Guomindang e sua repressão sangrenta de uma rebelião por nacionalistas taiwaneses geraram antagonismo entre esses dois grupos étnicos chineses. Presumia-se que esse antagonismo estivesse por trás do grande aumento de empresas estatais possuídas e administradas diretamente pelo Guomindang, e da manutenção e fortalecimento da grande herança, por Taiwan, de empresas estatais do Japão. Taiwan era provavelmente única por possuir quatro camadas de empresas estatais:

1. As que o governo herdou dos japoneses derrotados, como os grandes bancos comerciais e as Corporações de Fertilizantes, de Açúcar, de Alumínio, de Maquinário, de Cimento e de Papel de Taiwan (a Corporação de Cimento de Taiwan foi privatizada nos anos 1950 sob pressão da ajuda externa dos Estados unidos).
2. As que vieram do continente acompanhando a debandada de Chiang Kai-shek para Taiwan, como bancos, a Corporação Têxtil da China e a Corporação de Engenharia Química da China.
3. As que compreendiam uma vasta rede de unidades de produção sob os militares.
4. As que tinham sido empresas mal administradas e foram reestruturadas como propriedade do Estado, como a Corporação Petroquímica da China, a Corporação Siderúrgica da China e a Corporação de Construção Naval da China (Numazaki, 1997; Fields, 1995).

Na Malásia, os conflitos raciais aceleraram a nacionalização de agências britânicas. Até 1965, cinco empresas de ponta britânicas, a Harrisons & Crosfield, a Guthrie, a Boustead-Buttery, a Companhia de Bornéu (posteriormente Inchcape) e a REA-Cumberbatch, controlavam sozinhas 220 empresas manufatureiras malaias. A corporação de capital nacional da Malásia, a Permodalan Nasional Berhad (PNB), obteve então um interesse controlador em vários grupos. Uma *joint venture* foi estabelecida entre a Harrisons & Crosfield e o Estado da Malásia (Lindblad, 1998). O maior grupo privado da Malásia, o Sime Darby, foi fundado em 1910 como uma companhia britânica para explorar os recursos de borracha do país. Quando a demanda por borracha caiu na década de 1960, a Sime desbravou a formação de plantações nos setores de óleo de palmeira e cacau. A empresa se tornou um alvo de aquisição do governo malaio para aumentar o bem-estar dos *bumiputras* malaios, que teriam permissão para possuir ações em empresas de capital aberto. O governo comprou ações suficientes na Bolsa de Valores de Londres para tornar-se o maior proprietário da Sime, substituiu por asiáticos a maioria inglesa no corpo de diretores e levou a sede da companhia de volta para Kuala Lumpur (Harvard Business School, 1996).

A oposição entre grupos raciais e étnicos se abrandou com o tempo tanto na Tailândia como em Taiwan. Tailandeses e chineses se casavam entre si, e chineses continentais e taiwaneses se uniram contra a reincorporação à China. Sincronicamente, a exclusão do grande capital nacional declinou e a concentração econômica aumentou. Na Tailândia, grupos comerciais chineses ganharam força, sustentados por suas atividades bancárias comerciais: na década de 1990, das cem maiores empresas manufatureiras da Tailândia, alega-se que cinqüenta pertenciam aos dezesseis grupos que coletivamente controlavam 90% dos ativos totais de todas as empresas tailandesas (Rock, 1995). Esses grupos se tornaram suficientemente fortes para responder por

> uma parte significativa do investimento corporativo interno na indústria moderna, e foram um dos principais canais para o desenvolvimento de *joint ventures* com empresas estrangeiras. (Falkus, 1995, p.28)

Em Taiwan, não está claro se o porte e a participação de mercado relativamente pequenos dos grupos comerciais (*guanxigiye*) no início do período pós-guerra se deveu à cultura chinesa (Redding, 1990) ou à discriminação pelo governo. As instituições financeiras de Taiwan, bancárias ou não, estavam totalmente nas mãos do governo (Wade, 1990; Shea, 1994). Tendo poder sobre a bolsa e controle sobre o licenciamento industrial, o governo podia influenciar o porte e a participação de mercado das empresas privadas tanto quanto (e provavelmente muito mais do que) os bancos de desenvolvimento do Brasil e do México podiam mediante o controle sobre os empréstimos de longo prazo e os tetos para a relação dívida-capital. O que fica claro é que conforme o antagonismo entre taiwaneses e continentais se abateu, a concentração de mercado subiu (ver Tabela 8.12).

Mesmo na Malásia e na Indonésia, onde os conflitos raciais entre *bumiputras* e uma minoria chinesa não desapareceram, é questionável se as empresas nacionais privadas chegaram a ser excluídas pela política governamental (em contraste com a exclusão pela concorrência multinacional). Na Malásia, grupos comerciais de propriedade chinesa floresceram. Sua principal competência era em grande medida o processamento de produtos primários. Dois grandes grupos erigidos em torno de açúcar e farinha (Perlis Plantations e Federal Flour Mills), por exemplo, eram parte do império de Robert Kuok, um aristocrata malaio-chinês que também possuía uma cadeia regional de hotéis, uma companhia de desenvolvimento imobiliário, uma agência comercial e *joint ventures* no exterior em parceria com indonésio-chineses (Heng, 1994). A concentração de grupos de propriedade chinesa no processamento de produtos primários pode ter sido uma escolha, dados os ricos recursos naturais da Malásia, em vez de um efeito da discriminação do governo. Os grandes grupos em outras partes do "resto" se concentraram inicialmente na indústria pesada, mas tal indústria na Malásia era pequena.[70] Fora dos alimentos processados,

---

70 De acordo com um relato da indústria pesada na Malásia:
O modelo para este segundo estágio experimental de industrialização pela substituição de importações foi a Coréia do Sul. ... A emulação da Coréia do Sul foi consistente com a estratégia de "Olhar para o Leste", que o goveno malaio adotara sob a liderança do primeiro-ministro Mahathir Mohamad desde o início da década de 1980. Os objetivos do goveno, *inter alia*, incluíam o

o setor manufatureiro da Malásia era composto primariamente por indústrias com mão-de-obra intensiva, como a montagem de artigos eletrônicos, que, por sua vez, eram dominadas por empresas multinacionais. De todos os países do "resto", a Malásia tinha historicamente a mais alta porcentagem de capital estrangeiro na formação de capital interno bruto (ver Tabela 1.11).

Na Indonésia, igualmente, grupos chineses floresceram apesar da "exclusão" por empresas de propriedade estatal. Dos cinqüenta maiores grupos do "resto", a Indonésia possuía quatro, incluindo o maior grupo não coreano, a Salim (ver Tabela 8.5). Os grupos comerciais indonésios sob propriedade familiar chinesa desempenharam "um papel integral na economia da Indonésia, responsável talvez por até 70% de toda a atividade econômica privada. Suas empresas contribuíram intensamente para o rejuvenescimento da economia da Indonésia nos últimos anos" (Schwarz, 1994, p.99). As desigualdades raciais na Indonésia em geral levaram para o subterrâneo a promoção dos grupos comerciais chineses.

Com isso, ao passo que as desigualdades por classe social na América Latina excluíram severamente a empresa privada nacional, as desigualdades por raça e etnia no Leste Asiático parecem ter tido um impacto muito menos excludente.

Homogeneidade e grandes negócios

O país com o menor número de divisões econômicas, fosse por classe, raça ou etnia, era a Coréia. Ela era também o país com os maiores grupos comerciais privados e o maior número de líderes

---

desenvolvimento de um setor de bens de capital. ... No contexto malaio, a "industrialização pesada" significou o estabelecimento de uma fábrica de vergalhões de aço e ferro esponja, de duas fábricas adicionais de cimento, do projeto do Próton (o carro nacional estatal), de três fábricas de motores para motocicletas, de um projeto petroquímico e de refinamento de petróleo e de uma usina de papel e celulose (Jomo, 1997, p.101).

nacionais.[71] Entre as cinqüenta maiores empresas do "resto", as da Coréia totalizavam 26, todas elas privadas e de propriedade nacional (ver Tabela 8.1). Entre os maiores grupos manufatureiros do "resto", os da Coréia perfaziam 21 (ver Tabela 8.5).

A inclinação pelo grande porte foi deliberada por parte do governo coreano, que tinha o *zaibatsu* japonês como modelo e acreditava na importância de economias de escala e escopo.[72] O presidente coreano que fora útil para promover as líderes nacionais e que fora o mentor

---

71 O *chaebol* da Coréia se originou do *rent-seeking* e de oportunidades de negócios envolvendo a alocação de ajuda americana e a distribuição de fábricas de propriedade japonesa nos anos 1950 (Jones; Sakong, 1980; Hattori, 1997; Amsden, 1997). O histórico de muitos grupos em Taiwan foi similar e envolveu "capitalistas refugiados" do continente, ex-proprietários de terras taiwaneses e mercadores taiwaneses (Numazaki, 1986). Na Malásia, os primeiros grupos emergiram das operações de plantação e mineração das "casas de agenciamento" britânicas ou de bancos mercantis, como o Sime Daby (Hui, 1981; Puthucheary, 1979). Na Indonésia, os grupos tinham origens *pribumi* (indígenas), militar-burocráticas e especialmente chinesas, nascendo do comércio, das finanças e da distribuição (Kano, 1989; Schwarz, 1994). Na Tailândia, os grupos comerciais tradicionais se originaram do comércio, da moenda de arroz e dos bancos comerciais, enquanto uma nova elite emergiu nos anos 1960 em conjunto com a substituição das importações (Suehiro, 1985). Similarmente, na Turquia, grandes grupos industriais (como o Koc e o Sabanci) emergiram da substituição de importações (Onis, 1993). Na Índia, o sistema britânico de agências administrativas (ver Capítulo 4) mostrou-se "idealmente adequado para o sistema familiar conjunto dos hindus na Índia", e serviu de base para a formação de modernos grupos comerciais diversificados em meados do século XIX, como os Tatas e Birlas (Herdeck; Piramal 1985, p.6; Yonekawa, 1986). Na América Latina o grupo do pré-guerra assumiu amiúde a forma de emigrados mercantes sem parentesco reunindo-se e diversificando-se em muitas atividades para reduzir riscos, como no Brasil, no Chile e no México. Com o tempo, tais associações comerciais caíram com freqüência nas mãos de uma única família (ver Capítulo 4). Os grupos da Argentina se desenvolveram em dois períodos distintos, o primeiro (1860-1930) associado com a agroexportação (como a Bunge y Born) e o segundo (1930-60) associado com a substituição de importações (como o Siam di Tella) (Inés Barbero, 1997). No Brasil, os grupos passaram à indústria por via do comércio (Evans, 1979, p.108). Os grupos começaram a emergir na China após o advento das reformas econômicas em 1978, sendo estabelecidos pelos governos locais (Walder, 1995), pelos militares (Nolan, 1996) e por EPEs (sobre a Companhia Capital de Ferro e Aço de Shougang, ver Steinfeld [1998]). Para um tratado sobre os grupos em geral, ver Granovetter (1995). Sobre o "resto", ver Hikino; Amsden (1994).

72 Para a visão de um arquiteto do movimento da industrialização pesada na Coréia, ver (O, 1995).

Empresas líderes nacionais

da industrialização coreana, Park Chung Hee (1961-79), mostrou eloqüência ao expressar a importância, para o desenvolvimento econômico, tanto das grandes empresas como de sua disciplina:[73]

> Empresas mastodônticas — consideradas indispensáveis, neste momento, para o nosso país — não apenas desempenham papel decisivo no desenvolvimento econômico e na elevação dos padrões de vida, como também promovem mudanças na estrutura da sociedade e da economia. ... Quando o assombroso poder das empresas mastodônticas entra em campo ... não há livre concorrência. ... Portanto, os principais problemas que se apresentam a uma política econômica livre são a coordenação e a orientação supervisória, por parte do Estado, da força econômica mastodôntica. (Park, 1962, p.228-9)

Ao longo da maior parte do período pós-guerra, o governo coreano não impôs um teto às relações dívida-capital dos grupos nem impediu o subsídio cruzado de subsidiárias. Na década de 1970 a alocação de licenças lucrativas para as companhias de comércio geral em troca do cumprimento de difíceis metas de exportação reforçou simultaneamente os grupos e o ímpeto exportador da Coréia (Amsden, 1997). Nos anos 1980, a promoção de empresas nacionais privadas passou a depender de investimentos pesados em P&D (discutidos a seguir). Na década de 1990, quando a euforia e a liberalização do mercado financeiro levaram à superexpansão e à quebra financeira, o governo coreano respondeu ao aumento da concorrência internacional tentando obrigar as maiores empresas a se fundirem e adquirir as subsidiárias umas das outras, e o efeito disso foi aumentar ainda mais a concentração econômica (ver Capítulo 9).

O *chaebol* ficou sob fogo cerrado por não se especializar e não ser transparente em suas transações financeiras. Todavia, nenhum dos outros principais modelos de negócios no "resto" — grandes ou pequenos — exibia transparência financeira: as multinacionais não publicavam relatórios financeiros para cada uma das subsidiárias; os custos das empresas de propriedade estatal eram indiretos e a lucratividade

---

73 Park (1963) escolheu os patriarcas Meiji como seu modelo, em preferência a Sun Yat Sen, Kemal Pasha e Gamel Abdul Nasser.

era difícil de averiguar; e as empresas nacionais privadas, fossem ou não de capital aberto, tendiam a permanecer sob o controle de famílias e eram seletivas em suas declarações financeiras. O problema com as grandes empresas coreanas era menos econômico do que social: elas infringiam os princípios coreanos de igualitarismo. Somente a Coréia, que começou com uma base altamente igualitária após a reforma agrária e a guerra civil, poderia incorrer em tais políticas antiigualitárias.[74]

De "comprar" a "fazer" tecnologia: P&D

Todos os países do "resto" a princípio "compravam" em vez de "fazerem" tecnologia. Ao contrário das práticas do pré-guerra, eles também investiam intensamente em educação superior. Ainda assim, mesmo antes de a crise da dívida restringir severamente a formação de habilidades na América Latina, os países latino-americanos com uma abordagem "difusionista" à alocação de recursos tenderam a investir apenas modestamente em suas próprias capacidades tecnológicas, especialmente P&D. Da pouca P&D que ocorria, quase nenhuma era empreendida por empresas privadas.

Os fluxos de tecnologia que prorromperam depois da Segunda Guerra Mundial possibilitaram a industrialização tardia; antes dos anos 1990, no mínimo, era difícil identificar qualquer grande indústria desenvolvida no "resto" sem *know-how* estrangeiro. Mensuradas como (1) os recebimentos totais mundiais de honorários e *royalties* (sobretudo

---

74 Sobre a tensão entre o igualitarismo e o autoritarismo na cultura coreana, ver Brandt (1986). Para estudos da distribuição de renda na Coréia, ver Leipziger (1992) e Banco Mundial (1993). No meio século que se seguiu à Segunda Guerra Mundial, presume-se que a distribuição de renda coreana não se tenha tornado substancialmente mais desigual. A concentração econômica agregada, contudo, certamente aumentou. Os coreanos também viam grandes desigualdades regionais: a região Taegu era vista como politicamente privilegiada e a região Cholla era reconhecida como relativamente pobre. Na verdade, as desigualdades regionais de renda na Coréia eram muito baixas se comparadas com as de Argentina, Brasil, China, México e Índia (os dados, de estimativas dos censos nacionais, são para as décadas de 1980 e 1990 e podem variar segundo o modo como as regiões são definidas).

Empresas líderes nacionais

para licenças estrangeiras) mais (2) as exportações de bens de capital pelos países desenvolvidos mais (3) a assistência tecnológica a países em desenvolvimento, as transações de tecnologia subiram de aproximadamente US$ 27 bilhões em 1962 para US$ 365 bilhões em 1982. Foi um aumento de treze vezes, comparado com o de apenas três vezes no índice de valor unitário de todas as manufaturas exportadas pelos países desenvolvidos ao longo do mesmo período de tempo. Só os honorários e *royalties* triplicaram em valor na década entre 1972 e 1982, o auge dos investimentos do "resto" na indústria pesada (UNCTAD, 1987, p.88).

Pequenas e grandes empresas "compravam" sua tecnologia a um "preço zero" por meio da cópia ("engenharia reversa"). Grandes empresas nacionais obtinham sua tecnologia por meio da "*aprendizagem*": comparavam licenças de (ou pagavam *royalties* a) fornecedores estrangeiros líderes em tecnologia (Kim, 1997). Assim que as empresas de grande escala adquiriam *know-how* estrangeiro, elas o difundiam para empresas pequenas.[75] Grupos comerciais diversificados difundiam técnicas estrangeiras de melhores práticas entre suas filiais e contratadas em diferentes indústrias, sem as barreiras legais existentes em *joint ventures*.[76]

O papel do governo na formação de habilidades durante esse período inicial foi sobretudo o de obter as melhores condições para transferências tecnológicas, gastando muito em educação formal e aumentando lentamente os investimentos em P&D.[77] Na esteira do Japão, tanto a Coréia como Taiwan (além do Brasil) reforçaram o poder de barganha das empresas individuais impondo limites nacionais às taxas de licenciamento e *royalties* aceitáveis (para o Japão, ver Ozawa

---

75 Para Taiwan, ver Amsden (1991).

76 O grupo Samsung da Coréia, por exemplo, estruturou-se de modo que maximizasse o fluxo de informações entre as filiais. O recrutamento de gerentes ocorria no nível do grupo, a exemplo do treinamento intensivo. Em seguida, os novos gerentes eram enviados a diferentes filiais, garantindo-se assim que nenhuma filial ficasse abaixo de um padrão administrativo mínimo e que vínculos firmes fossem forjados entre os gerentes de uma certa faixa etária, que haviam passado todos juntos pelo treinamento (Amsden, 1989; Kang, 1997).

77 Para estudos gerais da educação no "resto", ver Ashton; Green (1996), Birdsall; Sabot (1993), Koike; Inoki (1990), Mcmahon (1999), Ranis et al. (2000) e Psacharopoulos (1994). Para comparações com industrializações anteriores, ver Tortella (1990).

[1974]). A Índia foi mais longe em limitar o influxo de tecnologia, mas provavelmente com efeitos negativos sobre o aprendizado (Lall, 1987).

As populações mais instruídas encontravam-se na Argentina, no Chile, na Coréia e em Taiwan. Em 1950 esses países tinham os mais altos anos médios de escolaridade (ver Tabela 3.2). Em 1960 suas populações incluíam as mais altas porcentagens de pessoas com nível colegial (ver Tabela 1.9). Trinta anos mais tarde, esses mesmos quatro países tinham os mais altos índices de matrículas terciárias e de matrículas em engenharia entre estudantes terciários (ver Figuras 8.2 e 8.3). Nem a China nem a Índia classificavam-se no topo em termos de feitos educacionais, mas tinham ainda assim grandes números absolutos de pessoas altamente instruídas. Em outras partes do "resto", especialmente no México, na Indonésia e na Tailândia, os aumentos na educação superior foram imensos. Em média, o fator de crescimento do "resto" em termos de matrículas nas escolas entre 1960 e 1990 foi de 1,9 para o primário, 9,1 para o secundário, 15,1 para o terciário e 16,3 para os estudantes terciários de engenharia (ver Tabela 8.13). A parcela de alunos terciários matriculados em engenharia tendeu a ser alta, especialmente em Taiwan e na China (ver Tabela 8.14). A industrialização tardia não foi apenas um processo de aprendizado em geral, mas um processo de concentração para desenvolver habilidades em engenharia.

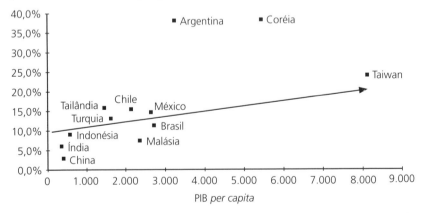

Figura 8.2. O PIB *per capita* e as matrículas terciárias. A proporção de matrículas terciárias representa a porcentagem da população em idade escolar (do nível terciário) matriculada em instituições desse nível.

Fontes: Unesco (vários anos), Banco Mundial (1976; 1994).

Tabela 8.13. Fatores de crescimento na educação primária, secundária, terciária e em engenharia,[1] 1960-1990

	População	Primária	Secundária	Terciária	Engenharia
Argentina	1,6	1,2	4,0	6,0	5,5
Brasil	2,1	7,3	11,5	16,1	12,8
Chile	1,8	2,5	4,1	12,9	16,1
Índia	2,0	0,8	10,2	3,9	2,8
Indonésia	1,9	3,0	5,8	40,1	111,4
Coréia	1,8	0,7	13,7	17,1	19,6
Malásia	1,8	2,8	5,3	9,7	12,4
México	2,5	4,1	23,2	17,0	14,4
Tailândia	2,2	2,4	3,7	25,2	57,7
Turquia	2,0	2,4	3,7	12,4	15,3
Média	2,0	1,9	9,1	15,1	16,3
"Resquício"	2,4	2,5	3,5	9,0	9,1
Atlântico Norte	1,3	0,6	2,5	4,7	3,4
Japão	1,3	1,0	3,0	4,1	5,0

1. A educação primária e secundária se refere à população total com 15 anos ou mais (exceto se houver anotação em contrário) com alguma educação de nível primário ou secundário. A educação terciária refere-se ao número total de estudantes matriculados no nível terciário. A educação em engenharia refere-se aos estudantes terciários matriculados em programas de engenharia.

Primária e secundária: Argentina 1960-91, Brasil 1950-89 (a população de 1950 é 10+), Índia 1961-81, Indonésia 1961-80, Malásia 1957-80 (a população de 1957 é somente para o oeste da Malásia, e a de 1980 é 25+), Tailândia 1960-80, Turquia 1950-80, Tailândia 1950-80, a população do Japão é 25+. O "resquício" e o Atlântico Norte só incluem aqueles países para os quais havia dados consistentes de 15+ disponíveis.

Fonte: Unesco (vários anos).

O que começou a diferir drasticamente *entre* os países do "resto" foi a decisão, relacionada à P&D, de "fazer" tecnologia. Embora todos os países continuassem a adquirir tecnologia estrangeira e a investir em capacidades de produção e possivelmente em habilidades de execução de projetos, as empresas de ponta em alguns países — os "independentes" — também começaram a desenvolver novas tecnologias, uma condição necessária para a empresa nacional sustentável.

As diferenças nos gastos com P&D, que podem no momento servir como sucedâneas dos gastos gerais em ciência e tecnologia (C&T),

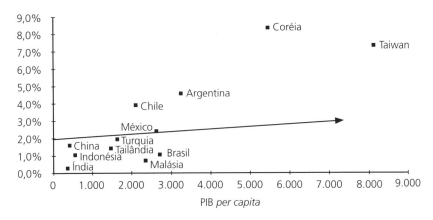

Figura 8.3. O PIB *per capita* e as matrículas em engenharia, 1990. A proporção de matrículas em engenharia representa a porcentagem da população em idade escolar (de nível terciário) matriculada como estudantes de engenharia. Ela é calculada em se multiplicando a proporção de matrículas terciárias pela porcentagem de estudantes terciários em engenharia.

Fontes: Unesco (vários anos), Banco Mundial (1976; 1994).

são indicadas na Tabela 8.15.[78] A Coréia e Taiwan tinham os maiores gastos com P&D. Sua parcela de P&D no PIB tornou-se comparável, nos anos 1990, às dos países no Atlântico Norte e no Japão. Em seguida vinham Índia, Chile (cujos gastos em P&D voltavam-se quase totalmente a recursos naturais), Brasil, Turquia e China. Os gastos com P&D na Índia e na China foram modestos, mas ainda assim impressionantes à luz do vasto porte de seu setor agrário (um grande componente do PIB, mas uma pequena fonte de gastos com P&D). A Malásia, a Indonésia e a Tailândia pertenciam a uma classe à parte; sua atividade manufatureira ainda estava relativamente subdesenvolvida, e com isso seus gastos em P&D eram pequenos. Os menos gastadores desse rol eram a Argentina e o México. Apesar de seus setores ma-

---

78 Como a P&D no nível das empresas e do governo no "resto" procurou inicialmente resolver problemas de produção, a composição inicial da P&D tendia a ser mais ampla do que no Atlântico Norte. Daí a legitimidade de extrapolar da P&D para toda a C&T. Sobre o foco inicial na produção por parte da P&D no Japão, ver Ozawa (1974).

nufatureiros relativamente avançados na época da Segunda Guerra Mundial, quase cinqüenta anos depois seus investimentos em P&D eram praticamente nulos.

Mesmo antes da década de 1980, quando uma crise da dívida se instaurou e a política macroeconômica se tornou contracionista, a Argentina e o México não gastaram quase nada em ciência e tecnologia. Uma lei mexicana para promover e desenvolver um sistema nacional de ciência e tecnologia só foi aprovada em 1984 (*Ley para Coordinar y Promover el Desarrollo Científico y Tecnológico*), dois anos *depois* do início da crise da dívida no México. A Conacyt, a maior agência pública de ciência e tecnologia do México, só teve seu orçamento ampliado substancialmente a partir de 1989 (uma seção específica para ciência e tecnologia só foi incluída no orçamento federal em 1990). Quanto à formação de habilidades no setor privado, a participação deste último na P&D (incluindo a das empresas estrangeiras) foi insignificante: a primeira estimativa, para 1984, situou a participação dos gastos industriais privados nos gastos nacionais totais com ciência em tecnologia em 15%, sendo que os gastos nacionais totais representavam menos de meio por cento do PIB (0,42%). Em 1991, a indústria privada mexicana ainda representava apenas 23,1% dos gastos totais em C&T (OCDE, 1994, p.58 e 61), e a participação da P&D na renda nacional se havia tornado nula (ver Tabela 8.15). Embora umas poucas empresas privadas fossem dinâmicas,[79] de todos os engenheiros e cientistas mexicanos dedicados à P&D em 1991, *estima-se que apenas 4% estavam em empresas comerciais, públicas ou privadas* (Parra Moreno, 1992). Alguns críticos argumentaram que nem mesmo a tecnologia importada passava por melhorias pequenas e incrementais (Jaime, 1995).

---

79 Houve "gastos em P&D" tidos como "importantes" em uma série de empresas mexicanas de áreas como petroquímicos, produtos químicos, itens de consumo, aço e comunicações (a Telmex). Muitas dessas empresas eram "parte de uma empresa gestora ou grupo industrial maior". O Grupo Desc, por exemplo, que ficou em décimo na Tabela 8.11 e era um dos poucos grupos mexicanos com uma competência central em manufaturas, investia supostamente 4,1% de suas vendas líquidas em P&D (OCDE, 1994b, p.117).

Tabela 8.14. Engenheiros: parcela no total de estudantes terciários (%)

País		Parcela em 1960	Parcela em 1990
"Resto" (sem China ou Índia)		13,8	14,7
Países decrescentes	México	20,0	16,9
	Brasil	12,0	9,6
	Índia	7,0	5,0
	Argentina	13,0	12,0
Países crescentes	Malásia	8,0	10,2
	Coréia	19,0	21,7
	Turquia	12,0	14,8
	Tailândia	4,0	9,2
	Indonésia	4,0	10,4
	Taiwan	19,8	30,2
	Chile	20,0	25,0
	China	40,9	53,9
Regiões	"Resquício"	12,1	12,3
	Atlântico Norte	13,7	10,0
	URSS, Europa Oriental, Cuba	40,6	29,7
	Japão	14,0	16,9

Fonte: Unesco (vários anos).

Na Argentina, os gastos com P&D como parcela do PIB foram de apenas 0,4% e estagnaram entre 1985 e 1995 (ver Tabela 8.15). Isso ocorreu a despeito das matrículas no nível terciário e do treinamento em engenharia impressionantes da Argentina (ver Figuras 8.2 e 8.3). Dados remotos sobre a P&D realizada na Argentina pelo setor privado são escassos, mas a insignificância dos gastos com P&D antes (e depois) da década de 1980 é sugerida pelos dados sobre patentes. Em 1995, o número cumulativo de patentes de projeto e utilidades registradas nos Estados Unidos era menor na Argentina do que em qualquer outro país do "resto", exceto o México (Amsden; Mourshed, 1997).

Dados os altos custos da P&D e os desafios que uma empresa enfrenta para comercializar novas tecnologias, o custo-eficiência da

Tabela 8.15. Gastos com Pesquisa e Desenvolvimento (P&D), países selecionados, 1985[1] e 1995[2]

País	Gastos em P&D (% do PIB)	
	1985	1995
Coréia	1,8	2,8
Taiwan	1,2	1,8
Índia	0,9	0,8
Chile	0,5	0,7
Brasil	0,7	0,6
Turquia	0,6	0,6
China	n.d.	0,5
Argentina	0,4	0,4
Malásia	n.d.	0,4
Indonésia	0,3	0,1
Tailândia	0,3	0,1
México	0,2	0,0

1. Índia, Coréia, 1994; Malásia, 1992; México, 1993.
2. Brasil, Coréia, México, Turquia, 1987; Chile, Taiwan, 1988; Índia, Indonésia, 1986.

Fontes: Todos os países, exceto Taiwan: Unesco (vários anos); Taiwan, Conselho Nacional de Ciência da República da China (1996).

P&D depende, no mínimo, de capacidades administrativas. A Argentina, contudo, esteve possivelmente atrás de todos os outros países do "resto" na formação de habilidades administrativas. Antes da guerra, mesmo o destacado grupo Siam

> era mantido seguro por Di Tella (o proprietário) em pessoa. Ele caminhava pela fábrica pelo menos duas ou três vezes por semana, conversando com os chefes e encarregados e resolvendo problemas na hora. ... Esse controle altamente personalizado era mais condizente com uma pequena oficina do que com uma grande fábrica.

Di Tella foi persuadido por um executivo da Westinghouse a contratar um engenheiro industrial e projetar uma organização mais eficiente. Um engenheiro veio da Westinghouse e projetou uma organização hierárquica. Passados meses, ele admitiu que "os resultados só foram parcialmente obtidos" (Cochran, 1962, p.186-7). Esse destacado grupo comercial argentino foi à falência em conseqüência de suas fatídicas operações com automóveis, como se observou anteriormente. Estudos de produtividade mostraram que a Siam levava duas vezes mais tempo do que a concorrência (sobretudo empresas estrangeiras) para produzir veículos (Lewis, 1990). Mesmo depois da guerra, muitos grupos na Argentina ainda operavam nas mesmas linhas que o defunto grupo Siam. Em uma pesquisa feita no início da década de 1990 com 271 grandes empresas, descobriu-se que 117 grupos não tinham nenhum gráfico organizacional tecnicamente aceitável; apenas 79 tinham um manual contendo procedimentos organizacionais (Schvarzer, 1995, p.147). Sem perícia administrativa, investir em P&D era um desperdício de dinheiro.

Embora os gastos do Brasil com P&D constituíssem uma parcela maior do PIB do que os da Argentina ou do México, as empresas privadas estavam pouco envolvidas. Estima-se que 25 dos maiores grupos comerciais tenham realizado apenas 17,4% de toda a P&D no início da década de 1980, com até 62,6% dela sendo feita pelo Estado. Na década de 1990, a parcela do setor privado havia mirrado até a insignificância — menos de 10% do total, e um núcleo de apenas 366 empresas consideradas ativas em P&D (Dahlman; Frischtak, 1993). Na indústria de computadores do Brasil, cuja substituição de importações se baseava no princípio controverso da integração retroativa, tal política requeria, entre outras coisas, "um investimento correspondente em pesquisa e desenvolvimento, *que no caso brasileiro não existia. A fraqueza dos esforços de pesquisa é uma razão para que a política brasileira para a indústria de computação tenha sofrido duras críticas*" (Schwartzman, 1994, p.188, grifo nosso).

Quanto aos países com altos gastos em P&D, os esforço da Coréia e de Taiwan começaram cedo e ganharam impulso rápido. *A forma inicial foi bastante coerciva.* Já em 1973, o governo coreano introduziu um sistema de fundo de reservas que "exige[ia] que as empresas guardassem uma certa proporção da renda para o investimento em P&D"

(o escopo incluía empresas dos setores de manufaturas, construção, mineração, processamento computacional, suprimentos militares e engenharia mecânica). Se a quantia reservada fosse gasta em P&D (definida em termos amplos) em um dado período de tempo, os prejuízos poderiam ser deduzidos da renda corporativa tributável. Se não fosse usada, essa quantia tinha de ser declarada como lucro e sujeita à tributação (OCDE, 1996, p.99). O governo de Taiwan, receando o esforço limitado de tais empresas para investir em P&D, exigiu que *todas as empresas* gastassem em P&D uma parte estipulada de sua receita com vendas (a porcentagem exata dependeria do porte e da indústria da empresa), ou remetesse uma soma equivalente para financiar a P&D pelo governo (OCDE, 1990).

Logo, contudo, tanto a Coréia como Taiwan renunciaram aos requisitos generalizados de P&D para adotar uma *abordagem seletiva*. Em 1979 o governo coreano definiu padrões de desempenho de tal natureza que o crédito a longo prazo e as isenções de imposto dependeriam de as empresas estabelecerem laboratórios centrais de P&D, o que muitos grupos começaram a fazer de maneira automática (Amsden, 1989). Simultaneamente, ele introduziu uma série de Projetos Nacionais de P&D por cujo intermédio agências do governo colaboravam com as empresas nacionais mais avançadas em uma dada indústria para desenvolver mestria tecnológica, com vistas à expansão no mercado global. Que a iniciativa para se envolver com P&D tenha sido do governo coreano é indicado pelo cronograma dos gastos na área. No primeiro período, o governo respondeu por aproximadamente 80% do total, com a indústria privada nacional respondendo pelo restante. Na década de 1990 essas proporções tinham sido revertidas. Mesmo assim, até 65% dos gastos privados com P&D foram financiados em um momento ou outro pelo crédito subsidiado pelo Estado (Kim, 1997; Lim, 1999).

Em Taiwan, o governo tornou-se mais discriminativo em seu apoio à P&D, mediante o estabelecimento de parques científicos e institutos governamentais de P&D, nos quais empresas e empresas privadas escolhidas a dedo se envolviam em pesquisas conjuntas ou independentes. Em 1995, as empresas do Parque Científico Hsinchu responderam por apenas 4,2% da produção manufatureira, mas por 17,5% do total de P&D.[80] Além disso, a participação direta do governo nos gastos com P&D continuou alta, em torno de 40% (Conselho Nacional de Ciência da República da China, 1996). A dimensão dos esforços contínuos de P&D pelo governo é sugerida por seu segundo maior parque científico, o Parque Industrial Científico de Tainan (TSIP). Como já se observou, o TSIP foi fundado em 1996 para desenvolver capacidades tecnológicas nas indústrias de microeletrônica, maquinário de precisão, semicondutores e indústrias de biotecnologia agrária. O parque fora concebido para proporcionar instalações residenciais e recreativas para até 110 mil pessoas. Em 2005, previa-se que os empregos seriam de aproximadamente 21 mil, e vendas de 16 bilhões (em dólares norte-americanos) eram esperadas (provavelmente com excessivo otimismo) (Parque Industrial Científico de Tainan, 1996).

Incentivos do custo de mão-de-obra

Os primeiros incentivos que levaram a Coréia e Taiwan a iniciar a construção de instituições e o levantamento de finanças para P&D foram os temores de que as empresas estrangeiras se negassem a vender-lhes tecnologia avançada e de que os rápidos aumentos dos salários internos excluíssem dos mercados mundiais as indústrias não especializadas, por razões de preço. Os índices de crescimento anual dos ganhos com manufaturas entre 1969 e 1990 são apresentados na Tabela 8.16. As acentuadas diferenças entre o comportamento dos salários na Coréia e em Taiwan, por um lado, e na Argentina e no México, por outro, são impressionantes. Os salários no primeiro caso subiram na ordem de 8% ao ano, ao passo que no segundo caso *caíram* ligeiramente.

---

80 Para uma discussão dos efeitos (positivos) dos incentivos à P&D sobre os gastos com P&D em Taiwan, ver Wang; Tsai (1995) e Ge (1995).

Empresas líderes nacionais

Tabela 8.16. Índices de crescimento anual dos ganhos reais com manufaturas por empregado, países selecionados, 1969-1990

País	Médias qüinqüenais (%)				
	1969-74	1975-79	1980-84	1985-90	1969-90
Argentina	7,3	−5,1	8,3	−9,3	−0,1
Brasil	13,8	3,2	−1,7	7,0	5,6
Chile	−1,8	11,8	3,8	0,2	4,2
China	n.d.	1,3	3,7	3,2	3,1
Índia	−0,3	3,6	3,1	2,4	2,2
Indonésia	−1,8	4,7	6,6	6,6	5,1
Coréia	7,2	13,0	2,7	8,2	7,8
Malásia	−1,9	4,5	5,6	0,4	2,1
México	0,9	1,4	−6,0	0,6	−0,8
Taiwan*	_	11,5	5,4	8,7	8,5
Tailândia	−6,3	2,4	2,7	5,1	2,4
Turquia	4,5	8,4	−5,8	2,5	2,4
Japão	7,5	1,3	1,0	2,1	3,0
Estados Unidos	0,3	0,2	0,0	0,6	0,3
Reino Unido	3,1	1,2	2,0	2,4	2,2
Itália	7,0	4,0	1,2	1,3	3,4

* Média somente de 1975-90. Os dados de Taiwan podem não ser estritamente comparáveis com os de outros países.

Fontes: Banco Mundial (vários anos [b]), exceto por Taiwan, CPDE (vários anos).

No início da década de 1970, os planos de desenvolvimento qüinqüenais tanto da Coréia como de Taiwan tinham começado a notar as implicações de longo prazo, para a competitividade, do rápido crescimento dos salários reais. A resposta, primeiro por parte do governo e em seguida das grandes empresas privadas, foi aumentar a atividade interna de P&D e *globalizar-se*. Uma das mais importantes formas de globalização foi trazer de volta coreo-americanos e sino-americanos experientes. As dimensões exatas dessa "fuga reversa de cérebros" tecnicamente qualificados não estão claras, mas a oferta potencial era enorme. Os índices de não-regresso de estudantes do "resto" não eram tão altos na Coréia e em Taiwan como na Argentina e no México (ver Tabela 1.10), mas os números absolutos de nativos coreanos e taiwaneses estudando no exterior era maior, e as proporções eram maiores em relação ao tamanho das populações da Coréia e de Taiwan. Manifestações da fuga reversa de cérebros na inovação nacional estavam por toda parte.[81] Muitos laboratórios de P&D na Coréia e em Taiwan foram abertos por ásio-americanos. No segundo ano de operação do Parque Científico de Hsinchu, 1988, 7% do capital integralizado proveio de chineses no exterior (Taiwan, 1996). Medidas do governo para acelerar a fuga reversa de cérebros incluíam o recrutamento no exterior, a provisão de subsídios financeiros e a oferta de empregos desafiadores e prestigiosos. A atenção aos detalhes é indicada pelos serviços prestados aos repatriados pelos parques científicos. Os alojamentos eram planejados para se aproximarem das condições no exterior e o treinamento em línguas incluía o ensino do chinês.

A Argentina e o México não tinham o incentivo do crescimento sustentado nos salários reais para aumentar os investimentos em P&D; pelo contrário, os salários declinantes contribuíam para manter o *status quo*. Sem investimentos em ciência e tecnologia, a demanda pela fuga reversa de cérebros não se aprofundou. Sem a fuga reversa de cérebros, as chances de uma diversificação bem-sucedida nas indústrias de alta tecnologia com base no capital "nacional" tornavam-se ainda mais remotas. Todavia, dada a desaceleração na demanda global pelo setor líder da Argentina e do México (os petroquímicos), as indústrias de alta tecnologia eram a melhor esperança de que um novo setor líder emergisse, e um setor com mão-de-obra relativamente intensiva. Apesar disso, conforme os salários se estagnavam, conforme

---

81 Para estimular a fuga reversa de cérebros, tanto a Coréia como Taiwan introduziram políticas governamentais agressivas nos anos 1980 no intuito de atrair de volta cientistas e engenheiros bem-educados para atuarem nos setores tanto público como privado. Sobre a Coréia, ver Hentges (1975), Yoon (1992) e Kim (1997).

Empresas líderes nacionais

a diversificação para a alta tecnologia esmorecia, conforme as pressões norte-americanas pela liberalização do mercado aumentavam e conforme a coesão social se fragilizava, as chances de criar líderes nacionais diminuíam.

Em 1975, o valor agregado das manufaturas na América Latina, sobretudo na Argentina, no Brasil e no México, representou 55% do valor agregado total das manufaturas dos países em desenvolvimento, tanto no "resto" como no "resquício". Em 1994, a participação da América Latina caíra para 35,9%. Nesse ínterim, a parcela da produção manufatureira representada pelo sul e pelo leste da Ásia havia ido às alturas, de meros 26,4 em 1975 para 47,9% apenas vinte anos depois (ver Tabela 8.17). Se o Leste Asiático havia começado a segunda metade do século XX atrás da América Latina, em 2000 ele estava abrindo diferença.

Tabela 8.17. Distribuição do Valor Agregado em Manufaturas (VAM) e da população, grupos selecionados de países em desenvolvimento, anos selecionados (%)

		1975	1980	1985	1990	1994
	África	6,5	6,1	6,7	6,2	5,6
	América Latina	55,1	51,2	43,5	37,2	35,9
	Sul e leste da Ásia	26,4	29,0	34,9	43,3	47,9
VAM	Oeste da Ásia e Europa	12,0	13,7	14,9	13,3	10,6
	Mundo em desenvolvimento	100	100	100	100	100
	África	19,2	19,6	20,1	20,8	21,4
	América Latina	16,3	16,2	16,0	15,7	15,5
	Sul e leste da Ásia	59,3	58,9	58,6	58,1	57,7
População	Oeste da Ásia e Europa	5,2	5,3	5,3	5,4	5,4
	Mundo em desenvolvimento	100	100	100	100	100

Fontes: Adaptado de Onudi (1995a; 1997).

Conclusão

Empresas novas em indústrias recém-estabelecidas devem ser capazes de fabricar produtos, trazê-los ao mercado e administrar empresas de complexidade e escala crescentes. Dado o apoio estatal, todos os países "do resto" conseguiram estabelecer tais empresas empreendendo um investimento em três frentes. Depois desse passo, contudo, a heterogeneidade surgiu. A parcela de empresas estrangeiras na produção manufatureira diferiu acentuadamente de um país para outro. O grau em que empresas nacionais pequenas e grandes foram selecionadas para o apoio do governo diferiu. Juntamente com essas distinções, esforços nacionais para investir em ativos proprietários baseados no conhecimento seguiram caminhos diferentes.

No próximo capítulo, continuamos nosso exame da divergência sob a tensão das crises da dívida e os alvores de uma ordem econômica global mais liberal. Ambas puseram o Estado desenvolvimentista na defensiva. Ambas, contudo, tenderam a reforçar as tendências existentes em termos de propriedade das empresas e formação de habilidades.

III
Preparando-se para o confronto, a partir de aproximadamente 1980

9
De mecanismos de controle
a mecanismos de resistência

As tendências expansionistas inerentes às políticas de desenvolvimento se tornaram superexpansionistas quando, em virtude do sucesso mesmo, o acesso ao capital estrangeiro foi facilitado. Duas crises da dívida externa se seguiram, uma na América Latina a partir de 1982 e outra no leste da Ásia em 1997. Os custos econômico e político dos desequilíbrios financeiros foram enormes, envolvendo quedas prolongadas na produção e nos salários na América Latina (ver Tabelas 1.5 e 8.16) e maior intervenção política estrangeira por todo o mundo em desenvolvimento. Este capítulo examina como as instituições reunidas em torno do Estado desenvolvimentista absorveram choques externos e se adaptaram internamente a um estágio mais avançado de desenvolvimento.

O comércio mais livre confirmou a saúde geral das indústrias de substituição de importações no "resto", como se argüirá a seguir. Mas a concorrência estrangeira agressiva expôs a fragilidade de suas firmas de propriedade nacional. No Brasil, estima-se que entre 1980 e 1995 as firmas estrangeiras (com no mínimo 10% de patrimônio estrangeiro) aumentaram sua parcela da produção total de 33 para 72% na indústria de informática, de 41 para 64% na indústria de maquinário não-elétrico, e de 46 para 68% na indústria química (Mesquita Moreira, 1999). A continuidade foi tamanha que quanto mais/menos um país houvesse amealhado habilidades e concentrado recursos em líderes nacionais *antes* de cambalear em razão de empréstimos excessivos, mais/menos suas indústrias de alta tecnologia estariam propensas a se expandir e as de média tecnologia a evitar a aquisição estrangeira. Um Estado "neodesenvolvimentista" vivia ou morria nesta nova ordem mundial mais liberal de acordo com seu sucesso em desenvolver ativos baseados no conhecimento.

Todas as economias do "resto" tatearam rumo a "mecanismos de resistência": elas introduziram políticas que seguiam a letra, mas não o espírito da nova lei da OMC. Todas se tornaram mais globais: elas se interligaram com o Atlântico Norte e o Japão, formaram *joint ventures* e alianças com firmas multinacionais e desenvolveram iniciativas manufatureiras em ultramar. Mas apenas um punhado de países, os "independentes", ousou nutrir ambições de unir-se às fileiras dos inovadores de classe mundial e basear a expansão de seus setores de alta tecnologia em firmas nacionais e investimentos em P&D.[1] Os "integracionistas", em contraste, dependeram, para o crescimento de longo prazo, de licenças técnicas e colaboração econômica com firmas estrangeiras. Ambas as estratégias de longo prazo eram racionais, ambas tinham diferentes implicações para a mudança institucional, e ambas enfrentaram enormes desafios.

---

1 Os investimentos da Tailândia e da Indonésia na educação terciária e em engenharia aumentaram rapidamente nos anos 1980 (ver Tabela 8.13). Na década de 1990, contudo, os investimentos educacionais da Tailândia foram considerados inadequados para uma estratégia de "fazer" a longo prazo (ver Lall, 1998). A Malásia havia começado a construir um "corredor de multimídia", uma grande iniciativa de P&D do governo para promover o enriquecimento dos ativos baseados no conhecimento da Malásia. Ela fora projetada nas mesmas linhas que o Parque Científico de Hsinchu, de Taiwan, mas também continha uma Universidade de Multimídia. Simultaneamente, o setor privado começou a considerar a fundação de um colégio de engenharia com assistência do Massachusetts Institute of Technology.

A superexpansão

A dinâmica entre a expansão e a superexpansão existe sob condições de livre mercado, mas ela é particularmente intensa sob as condições especiais da *industrialização tardia* e sob a condições extra-especiais da industrialização tardia por meio *de um Estado desenvolvimentista.* A superexpansão é definida como um excesso da oferta sobre a demanda causada por projeções errôneas de oferta ou demanda.

Que as condições "tardias" sejam inerentemente conducentes à superexpansão é sugerido pelo fato de que as crises da dívida, quando ocorrem, acontecem quase sempre em países retardatários. Isso porque, em primeiro lugar, a diversificação na presença de indústrias globais já bem estabelecidas envolve a transição de setores com mão-de-obra intensiva para setores com capital intensivo, caracterizados por economias de escala. Para atingir uma escala mínima eficiente, os novos ingressantes em indústrias de capital intensivo a princípio maximizam os lucros maximizando as vendas. As companhias coreanas na década de 1990, por exemplo, foram criticadas por sua estratégia de maximizar a participação no mercado global em vez dos lucros, mas, dadas as grandes economias de escala em suas especialidades (automóveis, semicondutores e eletrodomésticos, por exemplo), essa estratégia era racional. E também tendia a ser expansionista.

Em segundo lugar, conforme os retardatários se expandem, a divisão internacional da mão-de-obra muda. Os membros de economias altamente industrializadas se especializam na prestação de serviços. Isso gera pressão sobre os retardatários para que eles liberalizem seus mercados para tais serviços, especialmente os financeiros. Os mercados financeiros em países retardatários tendem a estar fechados quando as pressões pela liberalização são aplicadas, e a tomada de decisões depois que os mercados são abertos recai sobre ombros inexperientes, públicos e privados. O *lobby* em Washington por parte de prestadores de serviços financeiros em busca de um acesso mais fácil aos mercados financeiros do exterior se intensificou na década de 1980, conforme os serviços financeiros atingiram uma parcela maior do PIB norte-americano e exigiram escalas operacionais globais para minimizar custos.[2] A suspensão, pelo "resto", dos controles sobre o capital por causa da pressão americana alimentou a superexpansão.[3]

Em terceiro lugar, graças à rápida mudança estrutural, em concomitância com a maior abertura do mercado financeiro, as informações sobre os países com industrialização tardia se tornam mais imperfeitas. Isso dificulta as previsões acuradas de oferta e demanda. Na ausência de previsões acuradas, as tendências de superexpansão aumentam. Isso se evidencia quando surge excesso de capacidade e crescem as chances de pânico financeiro. As condições voláteis que a informação imperfeita cria tendem a induzir à especulação (o "dinheiro quente"). A especulação tem um efeito particularmente desestabilizador em indústrias pequenas com mercados financeiros rasos (Minsky, 1986). O pequeno porte e as informações imperfeitas prejudicam as tentativas

---

2 O "resto" tornou-se um alvo direto do mercado financeiro a partir dos anos 1990, ao passo que os mercados financeiros do Japão haviam sido abertos sob pressão muito antes, nos anos 1970 (Suzuki, 1987).

3 A mudança de ênfase na política econômica externa americana, do livre comércio em manufaturas para o livre comércio em serviços, é sugerida pelos "Colóquios de Política Financeira" ocorridos entre os Estados Unidos e a Coréia do final dos anos 1980 até 1997, quando os mercados financeiros da Coréia quebraram (outono de 1995). Os colóquios começaram pelo grande superávit comercial em mercadorias da Coréia com os Estados Unidos. O Tesouro dos Estados Unidos acabou envolvido porque os negociantes americanos acreditavam que a moeda coreana, o won, estava desvalorizada. Em resposta a pressões por valorizar o won, o governo coreano abriu as portas à liberalização do mercado financeiro, na crença de que mercados financeiros mais abertos poderiam impedir que o won ficasse forte demais, o que era visto como uma ameaça às exportações da Coréia. Conforme as negociações mudaram para os mercados financeiros, as exigências dos Estados Unidos pela abertura do mercado foram além do intuito original do governo coreano. Os Estados Unidos também realizaram colóquios bilaterais sobre política financeira com Taiwan e a China, e, pela lei, supervisionaram regularmente a abertura de mercados financeiros no exterior a instituições financeiras americanas (ver Estados Unidos, Departamento do Tesouro, 1994).

de prever e precaver-se contra choques macroeconômicos exógenos, o que complica ainda mais a demanda e as projeções de oferta. Por exemplo, de acordo com Walter Wriston, um ativista no drama da dívida da América Latina, CEO da Citicorp e membro do Conselho de Consultoria do Federal Reserve, os empréstimos à América Latina se desencaminharam causados por uma súbita mudança de política em 1979 no Federal Reserve: "o dinheiro restrito do Fed causou o problema da dívida" (Neikirk, 1987, p.176).

A industrialização tardia sob o Estado desenvolvimentista, com seu objetivo singular de crescimento, implica um número ainda maior de tendências expansionistas. A dinâmica da expansão envolve o uso de ativos intermediários para tornar a atividade manufatureira mais lucrativa do que ela seria sob as forças de mercado, segundo analisadas anteriormente. Uma vez que os lucros inflados ativam "saldos ociosos" ou dirigem recursos para atividades com retornos crescentes, as tendências expansionistas viram uma bola de neve. A emergência de oportunidades maiores de lucros nas manufaturas conduz a índices de investimento maiores e a maior demanda por divisas poupadas, tanto nacionais como estrangeiras. Padrões de desempenho distributivos e voltados aos resultados geram uma reação em cadeia que exerce uma pressão ascendente adicional sobre os investimentos.

As crises da dívida na América Latina em 1982 e no leste da Ásia em 1997 foram ambas precedidas de *uma alta nos investimentos* (ver Tabela 1.12). Em 1975-79, o investimento interno bruto como parcela do PIB atingiu um pico na Argentina, no Brasil e no México. Na Ásia, a parcela dos investimentos no PIB em 1990-95 em comparação com os cinco anos anteriores experimentou uma alta, em termos absolutos, de aproximadamente 4 pontos porcentuais na Indonésia, 7 pontos porcentuais na Coréia, 8 pontos porcentuais na Malásia e 10 pontos porcentuais na Tailândia, onde a crise financeira asiática começou.

As contratendências ao expansionismo em um regime político desenvolvimentista são relativamente fracas. Elas assumem a forma de controles sobre a expansão da capacidade (o licenciamento industrial) e de controles sobre empréstimos no estrangeiro (a repressão financeira). A política da "industrialização tardia", contudo, torna-se cada vez mais hostil a ambos os controles.[4] Os membros do Atlântico Norte querem ter acesso aos mercados do "resto". Os industrialistas do "resto" querem estar livres das restrições do licenciamento e ter acesso ao crédito barato do Atlântico Norte. Em geral, os padrões de desempenho são um custo. Conforme a industrialização prossegue e os benefícios que o Estado desenvolvimentista consegue oferecer aos industrialistas diminuem em comparação com os custos dos padrões de desempenho, tais padrões se tornam um objeto de oposição política.

Mesmo na ausência de oposição política aos controles, o "controlador" de último recurso é o governo, e não há maneira de impedir os empréstimos no exterior contraídos pelo próprio governo. Tais empréstimos, no caso do México, foram desenfreados e se estenderam excessivamente.[5] Em contraste, os três países do "resto" que evitaram o colapso financeiro no ano 2000 eram todos estatistas: a China, a Índia e Taiwan. A participação do governo na formação de capital interno bruto nesses países esteve entre as mais altas (para a Índia e Taiwan, ver Tabela 1.13), e os mercados financeiros foram liberalizados apenas cuidadosa e parcialmente. O único freio seguro para os empréstimos no exterior contraídos por um Estado retardatário é a restrição por parte dos *mutuantes*. Mas quando as oportunidades de lucros no país retardatário se expandem, essa restrição por parte dos mutuantes tende a ruir. O acesso facilitado ao crédito estrangeiro disponível, graças à liberalização do mercado financeiro e à maior disposição dos bancos estrangeiros a emprestar, torna-se a condição necessária para uma quebra financeira.

Uma alta nos empréstimos estrangeiros após a liberalização, como também uma alta nos investimentos, ficou visível nos dois piores fias-

---

4 Há uma rica literatura sobre a política da liberalização e o ajuste estrutural. Ver, por exemplo, Haggard; Webb (1994), Kahler (1995) e Stallings (1992).

5 Ver, por exemplo, Fishlow (1991), Ros (1994), Sachs (1989) e Taylor (1988).

cos do pós-guerra no "resto".[6] Em um espaço de tempo muito curto, do fim de 1978 ao fim de 1982, a dívida externa total no México, o epicentro da crise latina, aumentou por um fator de 2,4, excedido apenas pelo aumento do endividamento exterior da Argentina (ver Tabela 9.1). Entre o final de 1993 e o final de 1997, a dívida externa total na Coréia, epicentro da crise asiática, aumentou por um fator de 3,3, o maior aumento no Leste Asiático, cujo índice médio de crescimento foi ainda assim alto (ver Tabela 9.2).

Dadas as tendências expansionistas, pode-se argüir que no sentido mais imediato as piores crises da dívida no "resto" foram *provocadas pelo "Estado imperial"* que representava seu setor de serviços financeiros, e *não impedidas pelo Estado desenvolvimentista* que representava seu setor manufatureiro. Além das causas imediatas, houve "fundamentos" responsáveis pela *duração* da crise. Apenas três anos depois que o desastre se abateu sobre o Leste Asiático, o rápido crescimento econômico retornou.[7] As economias da América Latina, contudo, *ainda* pareciam estar sofrendo dos distúrbios financeiros de duas décadas atrás. Pode-se aventar que as diferenças em eficiência de alocação influenciaram os diferentes ritmos de recuperação. A alocação de recursos, ademais, esteve totalmente sob o controle do Estado desenvolvimentista durante a maior parte dos anos do pós-guerra. Assim, ao analisarmos a eficiência da alocação de recursos, estamos também analisando o desempenho do Estado desenvolvimentista, cujo prestígio sofreu um terrível golpe por conta das duas crises da dívida.[8]

---

6 Sobre a liberalização na América Latina, ver Diaz Alejandro (1985); sobre a liberalização no Leste Asiático, ver Fry; Murinde (1998), UNCTAD (1998), Rodelet e Sachs (1998), Wade (1998), Chang (1998) e Patrick; Park (1994). Para a defesa dos controles de capital, ver Eatwell; Taylor (2000).

7 Já em 21-27 de agosto de 1999, a capa da revista *The Economist* trouxe a manchete "A Surpreendente Recuperação da Ásia".

8 Para um dos mais ríspidos ataques ao desenvolvimentismo, ver Banco Mundial (1991). Para uma tolerância maior ao desenvolvimentismo por parte do Banco Mundial em um período anterior, ver Kim (1997) sobre a Coréia e Urzua (1997) sobre o México.

Tabela 9.1. Dívida externa: total e de curto prazo, América Latina, 1978 e 1982

Dívida externa		Argentina	Brasil	Chile	México
Fim de 1978	Total (bil. de US$)	13,3	53,4	7,3	35,7
	Curto prazo (bil. de US$)	3,4	7,1	1,1	4,9
Fim de 1982	Total (bil. de US$)	43,6	91,0	17,4	86,8
	Curto prazo (bil. de US$)	16,5	17,5	3,3	3,3
Mudança, 1978-82	Total (bil. de US$)	(+3,3)	(+1,7)	(+2,4)	(+2,4)
	Curto prazo (bil. de US$)	(+4,8)	(+2,5)	(+3,0)	(+5,4)

Fonte: Adaptado do Banco Mundial (vários anos [a]).

Tabela 9.2. Dívida externa: total e de curto prazo, Leste Asiático, 1993 e 1997

Dívida externa		Coréia	China	Indonésia	Malásia	Taiwan	Tailândia
Fim de 1993	Total (bil. de US$)	47,2	84,2	89,5	23,3	15,2	45,8
	Curto prazo (bil. de US$)	12,2	13,6	18,0	6,9	2,3	19,7
Fim de 1997	Total (bil. de US$)	154,0	138,0	137,9	39,81	26,2	90,81
	Curto prazo (bil. de US$)	68,4	31,7	16,3	11,1	21,4	37,6
Mudança, 1993-97	Total (bil. de US$)	(+3,3)	(+1,6)	(+1,5)	(+1,7)	(+1,7)	(+2,0)
	Curto prazo (bil. de US$)	(+5,6)	(+2,3)	(+0,9)	(+9,3)	(+9,3)	(+1,9)

1. Fim de 1996. Em 1992, a dívida total da Malásia era de US$ 20 bilhões, e sua dívida de curto prazo era de US$ 3,6 bilhões. Os dados comparáveis para 1992 na Tailândia eram de US$ 39,6 bilhões e US$ 3,6 bilhões.

Fontes: Adaptado do Banco Mundial (vários anos [a]), exceto por Taiwan. Para Taiwan: dados do Banco de Compensações Internacionais.

Um teste de má alocação consiste em examinar se aquelas indústrias escolhidas pelo Estado desenvolvimentista sobreviveram ao comércio mais livre. Se o fizeram, há motivos para argüir que o menoscabo do Estado desenvolvimentista foi exagerado e que a estagnação econômica prolongada da América Latina se deveu a causas diversas da ineficiência em alocação. É à alocação de recursos no contexto da liberalização do mercado que a atenção agora se volta.

O "imperialismo do livre comércio"

Após a negligência benigna,[9] os Estados Unidos adotaram nos anos 1980 um regime internacional de política econômica similar ao da Grã-Bretanha mais de um século antes, um regime que fora acusado de perpetrar "o imperialismo do livre comércio" (Gallagher e Robinson, 1953). O conselho de uma comissão britânica ao investigar o problema da dívida na Turquia *na década de 1860* foi quase idêntico ao conselho do Fundo Monetário Internacional ao investigar o problema da dívida na Turquia *na década de 1980.* "Todos os programas (para todos os retardatários) recomendam ao governo reduzir os déficits do orçamento, restringir o crescimento monetário e assegurar a desvalorização real para a estabilidade a curto prazo; e desregulamentar os mercados, diminuir o papel do Estado e liberalizar o comércio estrangeiro e a entrada de capital estrangeiro para o crescimento a longo prazo" (Kiray, 1990, p.254-5). Tanto o Reino Unido como os Estados Unidos, países que então tinham os maiores ativos baseados no conhecimento, promoveram suas próprias indústrias adotando uma estratégia antes ofensiva do que defensiva. Em vez da simples proteção interna — o recurso dos aprendizes —, eles também abriam os mercados de economias mais fracas:

---

9 As potências do Atlântico Norte abriram os mercados do Japão nos anos 1850 e 1860, mas um período de negligência benigna deu ao Japão "espaço para respirar" (Norman, 1940, p.46). A negligência benigna usufruída pelo "resto" (exceto a China) imediatamente após a Segunda Guerra Mundial decorreu da preocupação das potências do Atlântico Norte com a liberalização, antes de tudo, dos mercados umas das outras. Assim, "na Conferência Interamericana sobre os Problemas da Guerra e da Paz, realizada no México em 1945 (e conhecida como Conferência de Chapultepec), os Estados Unidos propuseram uma abordagem geral aos problemas do comércio internacional, *acolhendo o livre comércio no sentido mais amplo*". Entretanto, a opinião mundial era tal que os países em desenvolvimento puderam resistir a esse chamado, mesmo aqueles intimamente ligados aos Estados Unidos no âmbito econômico. O México e outros países latino-americanos mantiveram uma "firme oposição" ao projeto de Chapultepec (Izquierdo, 1964, p. 264, grifo nosso). Sobre o apoio inicial do Banco Mundial ao desenvolvimentismo, ver Gwin (1997).

É vital para a prosperidade e o prestígio dos Estados Unidos em longo prazo ... tirar plena vantagem de nossa forte posição global e *continuar a pressionar nossos parceiros de negócios por mercados ainda mais abertos e pela liberalização econômica.* Se abdicarmos de nossa força, correremos o risco de perder uma grande oportunidade de promover tais políticas e valores, que foram tão úteis para fazer de nossa economia a mais forte e a mais eficiente do mundo. (United States Trade Representative, 1998, p.11, grifo nosso)

Em vez do "resto", o Japão foi originalmente o maior desafio para a hegemonia econômica americana. Por isso ele se tornou o alvo principal da abertura de mercado (Bhagwati; Patrick, 1990). A participação do Japão no Valor Agregado das Manufaturas (VAM) mundial mais do que dobrou entre 1975 e 1993, indo de 10,5 para 22% (ver Tabela 9.3). O Leste Asiático (excluindo o Japão) também viu sua parcela do VAM subir acentuadamente, de 1,8 para 6,1%. Mas a participação do Japão era maior em termos absolutos e muito maior em relação a sua parcela da população mundial. Além disso, o Japão foi o principal responsável na década de 1980 pela balança comercial deteriorante dos Estados Unidos. As alegadas "barreiras comerciais administrativas não tarifárias" do Japão (também chamadas de "impedimentos estruturais") eram vistas em Washington como a raiz do problema (Krugman, 1991). A balança comercial americana foi positiva em 1980 e 1981. E então ficou negativa, conforme o superávit comercial do Japão com os Estados Unidos inflou (ver Tabela 9.4).

A princípio o "resto" era mais um empecilho político para os Estados Unidos do que um desafio econômico sério, com conhecimento e habilidades próprios. Ele representava uma ameaça aos empregos americanos. A participação do mundo em desenvolvimento no emprego global (Tabela 9.5) e nas exportações globais (Tabela 9.6) subiu acentuadamente, a princípio com base na experiência manufatureira somada aos baixos salários e à economia de escala. A participação nas exportações e no emprego cresceu, entre a década de 1970 e a de 1990, pelo menos dez pontos porcentuais. O "resto" ganhou terreno

De mecanismos de controle a mecanismos de resistência

em quase todas as indústrias, inclusive nas de produtos químicos, equipamentos de transporte e maquinário, tanto elétrico como não-elétrico (ver Tabela 9.7). Mas seus ganhos em termos de participação no mercado global foram maiores em indústrias de mão-de-obra intensiva, como a de calçados e produtos têxteis, e em indústrias de capital intensivo com grandes requisitos de mão-de-obra, como o ferro e o aço. Em 1989, *todos* os países asiáticos no "resto" — Índia, Indonésia, Coréia, Malásia, Taiwan e Tailândia — tiveram superávit comercial com os Estados Unidos, como também o Brasil (ver Tabela 9.4). Além disso, o expansionismo do "resto" era muito visível. Entre os dez maiores fornecedores de importações aos Estados Unidos, o número de países *fora* do Atlântico Norte subiu de quatro em 1980 para seis em 1996 (ver Tabela 9.8).

Tabela 9.3. Participações mundiais por região* no valor agregado das manufaturas (VAM), 1975-1993

Região	VAM (%)				
	1975	1980	1985	1990	1993
Desenvolvido	89,3	87,2	85,9	86,6	84,7
América do Norte	35,2	32,4	39,3	30,5	30,4
Japão	10,5	13,3	15,1	18,9	22,0
Europa O. (industrializada)	39,6	38,8	29,3	34,7	29,9
Europa O. (sul)	0,7	0,7	0,6	0,7	0,7
Outros desenvolvidos	2,2	2,0	1,6	1,8	1,6
Em desenvolvimento	10,7	12,8	14,1	13,4	15,3
Leste Asiático (exportadores de mft.)	1,8	2,6	3,3	4,9	6,1
África	0,9	0,8	0,9	0,7	0,7
Oeste Asiático	1,0	1,1	1,4	2,1	1,2
Subcontinente indiano	0,8	0,7	0,8	0,7	0,6
América Latina	6,2	7,5	7,5	5,0	6,7

Nota: Dólares norte-americanos atuais.
*As classificações regionais são as usadas pela Onudi. As regiões contêm dados de todos os países disponíveis. Excluem-se a China, a ex-União Soviética e a Europa Oriental.

Fontes: Adaptado de Onudi (1986a; 1995a).

Tabela 9.4. Déficits comerciais líquidos* das manufaturas dos Estados Unidos (bil. de US$), por país, 1980-1989

País/Região	1980	1981	1982	1983	1984	1985	1986	1987	1988	1989
Mundo	21,9	15,4	(2,8)	(30,0)	(78,2)	(101,7)	(128,9)	(137,7)	(119,1)	(92,4)
Desenvolvido	(6,0)	(12,6)	(25,1)	(31,4)	(64,1)	(84,7)	(100,6)	(97,9)	(83,3)	(60,8)
Em desenvolvimento	(2,2)	28,4	22,7	1,9	13,0	(16,9)	(26,4)	(36,4)	(30,9)	(22,8)
América do Sul	10,6	10,0	8,2	2,1	0,5	1,2	2,3	2,8	2,9	3,2
Ásia	(5,9)	(10,5)	(10,5)	(17,1)	(27,3)	(30,6)	(37,1)	(46,8)	(43,5)	(38,2)
Canadá	6,9	7,2	0,7	2,0	(2,6)	(2,2)	(2,0)	0,2	1,9	3,6
Japão	(23,6)	(29,4)	(29,5)	(32,3)	(47,6)	(59,3)	(67,9)	(71,0)	(70,5)	(65,9)
Europa Ocidental	7,9	4,2	(0,7)	2,0	(2,6)	(2,2)	(2,0)	0,2	1,9	3,6
Argentina	2,1	1,6	0,6	0,4	0,3	0,2	0,4	0,3	0,0	0,2
Brasil	1,8	0,8	0,6	(1,0)	(2,8)	(2,4)	(1,7)	(1,9)	(2,6)	(1,4)
Chile	0,6	0,7	0,2	(0,2)	0,1	0,1	0,3	0,2	0,3	0,5
Índia	0,4	0,2	0,2	(0,1)	(0,3)	(0,2)	(0,4)	(0,8)	(0,7)	(0,6)
Indonésia	0,9	0,6	1,2	0,5	0,1	(0,1)	(0,1)	(0,6)	(0,4)	(0,4)
Coréia	(2,1)	(2,9)	(2,8)	(4,2)	(6,4)	(6,9)	(9,2)	(12,6)	(13,6)	(10,6)
Malásia	(0,2)	0,0	0,0	(0,2)	(0,6)	(0,5)	(0,4)	(0,8)	(1,2)	(1,4)
México	7,3	9,2	3,9	0,2	0,8	1,7	(0,2)	(1,6)	(0,4)	0,9
Taiwan	(4,3)	(5,7)	(6,4)	(8,9)	(42,8)	(14,4)	(17,1)	(20,6)	(16,6)	(15,7)
Tailândia	0,5	0,3	0,1	0,2	(0,1)	(0,3)	(0,4)	(0,3)	(0,8)	(1,3)
Turquia	0,4	0,5	0,6	0,5	0,6	0,8	0,4	0,5	0,8	0,5
China	0,4	(0,1)	(0,5)	(0,4)	(0,2)	0,6	(1,1)	(2,6)	(3,9)	(6,8)

* Os superávits são líquidos de déficits, e os déficits são líquidos de superávits. Portanto, as colunas podem não proporcionar a soma exata do déficit (superávit) dos Estados Unidos.

Fonte: Adaptado de Estados Unidos, Departamento de Comércio (vários anos).

De mecanismos de controle a mecanismos de resistência

Tabela 9.5. Participações mundiais por região* em emprego em manufaturas

Região	Emprego em manufaturas (%)				
	1975	1980	1985	1990	1993
Desenvolvido	72,6	67,3	62,0	64,4	61,2
América do Norte	20,3	20,6	18,9	19,6	19,0
Japão	10,4	10,0	10,9	10,9	10,0
Europa O. (industrializada)	36,6	32,5	28,3	29,8	27,4
Europa O. (sul)	1,4	1,3	1,2	1,3	1,3
Outros desenvolvidos	3,0	2,8	2,7	2,8	2,6
Em desenvolvimento	7,4	32,7	38,0	35,6	38,8
Leste Asiático (exportadores de mft.)	7,2	8,3	12,0	10,2	10,0
África	1,9	2,7	3,5	3,1	3,7
Oeste Asiático	1,6	1,7	2,0	2,0	2,1
Subcontinente indiano	7,2	7,9	9,0	8,1	10,1
América Latina	9,5	12,2	10,5	12,3	12,0

Nota: Dólares norte-americanos atuais.

*As classificações regionais são as usadas pela Onudi. As regiões contêm dados de todos os países disponíveis. Excluem-se a China, a ex-União Soviética e a Europa Oriental.

Fontes: Adaptado de Onudi (1986a; 1995a).

Seguiram-se esforços intensos, unilaterais[10] e multilaterais, de abrir os mercados do "resto" mediante a liberalização das importações.

Tabela 9.6. Distribuição das exportações manufaturadas no mundo,* 1975-1990 (%)

Ano	Europa Ocidental	América do Norte	Japão	Em desenvolvimento
1975	55,2	16,9	10,5	7,5
1980	54,0	15,7	10,3	10,5
1985	46,8	16,4	14,3	14,4
1990	52,1	14,5	10,4	17,9

* Excluindo a China.

Fonte: Adaptado de ONUDI (1992, p.43).

---

10 Sob a cláusula comercial "Super 301", o sistema judiciário americano processou os países suspeitos de infrações comerciais. De 95 casos de "Super 301" julgados entre 1975 e 1995, a Coréia respondeu por nove; Taiwan, Argentina e Brasil responderam cada um por cinco (Low, 1993).

Tabela 9.7. Participações na indústria e ganhos (perdas) dos países desenvolvidos, 1975-1995

10% ou mais de ganho	0-9% de ganho	Perda
Calçados (43,8)	Olaria/cerâmica/louça (25,7)	Produtos plásticos n.c.a. (12,8)
Ferro e aço (28,3)	Prod. de borracha (21,5)	Impressões e publicações (7,6)
Produtos têxteis (36,4)	Prod. químicos ind. (16,7)	Fabrico de tabaco (30,2)
Metais não-ferrosos (20,8)	Vidro e prod. de vidro (17,8)	
Indumentária (29,2)	Bebidas (27,3)	
Prod. de couro/pele (34,0)	Maquinário elétrico (14,1)	
Refinarias de petróleo (36,7)	Equip. de transp. (12,6)	
Prod. misc. de carvão/petr. (24,)	Prod. de metal, exceto maquinário (15,0)	
Outros prod. não-metálicos, minerais (26,2)	Maquinário não-elétrico (9,6)	
	Papel e prod. de papel (13,5)	
	Móveis e acessórios (13,6)	
	Alimentos (18,6)	
	Bens prof. e cient. (6,2)	
	Prod. de madeira/cortiça (15,5)	
	Outros prod. quím. (19)	

Notas: Os parênteses indicam a parcela (%) do mundo em desenvolvimento na produção mundial total na categoria em 1995, excluindo a China.
As indústrias dentro das categorias são classificadas em ordem decrescente, dos maiores ganhos (ou prejuízos) para os menores.
n.c.a. = não classificado alhures

Fonte: Adaptado de Onudi (1995a, p.6).

Tabela 9.8. Os 25 maiores fornecedores de importações aos Estados Unidos, 1980 e 1996

	Fornecedor	Valor das importações (milhões de US$)		Fornecedor	Valor das importações (milhões de US$)
1980	1. Japão	35.257	1996	1. Canadá	120.444
	2. Canadá	27.652		2. Japão	114.503
	3. Alemanha Ocidental	11.857		3. México	60.966
	4. Reino Unido	7.358		4. China	49.928
	5. Taiwan	7.106		5. Alemanha	37.901
	6. Hong Kong	4.944		6. Taiwan	29.517
	7. França	4.772		7. Reino Unido	24.862
	8. México	4.407		8. Coréia	22.275
	9. Coréia	4.294		9. Cingapura	20.093
	10. Itália	4.045		10. Malásia	17.265

Fonte: Adaptado de Estados Unidos, Departamento de Comércio (vários anos).

Liberalização do comércio

O assim chamado Consenso de Washington (envolvendo os Estados Unidos, o Banco Mundial e o FMI) afirmou veementemente que "'*errar*' os preços" havia causado uma alocação má de recursos na forma de indústrias ineficazes de substituição de importações que só sobreviviam por trás de altas muralhas tarifárias.[11] A liberalização se destinou a derrubar essas muralhas, a redireccionar recursos das indústrias que eram menores para as mais eficientes ("ajuste estrutural") e com isso a estimular o crescimento econômico.[12]

---

11 Ver, por exemplo, Corbo e Fischer (1995), Fischer (1995), Khan (1993), Krueger (1995), Little (1982), Thomas et al. (1991) e Banco Mundial (1991). Williamson (1990) leva o crédito pela expressão "Consenso de Washington". Singh (1994) avalia a abordagem "favorável ao mercado" do Banco Mundial.

12 Os empréstimos para o ajuste estrutural feitos pelo Banco Mundial (com condições liberais) destinavam-se a sustentar a balança de pagamentos dos países depois que suas indústrias haviam sido abertas à concorrência estrangeira.

Como teste, se uma contração maciça das indústrias de substituição de importações e uma realocação de recursos para outros setores resultassem de tarifas mais baixas, então isso proporcionaria alguma evidência de má alocação de recursos sob o Estado desenvolvimentista. Para estimar quanta estruturação industrial realmente ocorreu, usamos um *índice de mudança estrutural*, S, que é calculado como a seguir:

$$P = \frac{\{|pi(t) - pi(t-5)|\}}{i} , \frac{}{2}$$

em que pi(t) é a parcela do ramo i no valor agregado total das manufaturas no ano t.[13] O lado direito da equação é a soma dos valores absolutos das mudanças setoriais na participação das manufaturas totais em todos os setores em intervalos de cinco anos (divididos por 2). Um valor de 100 significa uma transformação completa da estrutura industrial. Um valor de 50 significa que exatamente metade de todas as indústrias mudou de posição em termos do valor agregado que produzem. Por causa das limitações de dados, o índice só pôde ser estimado para o período 1980-94, antes da crise da dívida no Leste Asiático. Mas é precisamente nesse período preliminar que os mercados estavam sendo liberalizados e alegadas ineficiências vinham sendo expostas.

Os resultados das estimativas desse índice são vistos na Tabela 9.9. *Em geral, a mudança estrutural no nível da indústria é extremamente baixa.* Sendo 100 o valor máximo do índice, e não havendo senão uma mudança modesta no valor estimado do índice entre o início e o fim do período mensurado de reestruturação (1980-94), a média do "resto" — 11,6 em 1980 e 11,2 em 1994 — não indica uma grande contração de indústrias ineficazes em resposta a forças do mercado.

Apenas uma pequena parcela dos empréstimos se destinava a ajudar o país a realmente reestruturar suas indústrias e torná-las mais competitivas reduzindo o excesso de capacidade e modernizando fábricas e equipamentos (Mosley et al., 1991; Toye, 1995). Essa reestruturação seria deixada para as forças de mercado.

13 O índice foi desenvolvido pela Organização pelo Desenvolvimento Industrial das Nações Unidas. O uso aqui segue o de Moreno-Brid (1998).

Na verdade, as economias supostamente menos eficientes, Argentina e México, tinham alguns dos mais baixos índices de reestruturação; os índices de reestruturação mais altos foram constatados nos países *menos* industrializados, que ainda estavam em processo de diversificação (Indonésia, Malásia e Tailândia). A reestruturação, portanto, pelo menos durante esse período de tempo, emergiu em grande medida como um fenômeno expansionista, e não contracionista.

O indicador de mudança estrutural usado acima não é uma medida perfeita de mudanças interindustriais. Ele pode não ser suficientemente sensível a mudanças *dentro* de uma indústria, definida em termos amplos; em qualquer indústria específica, alguns *segmentos de mercado* podem estar se contraindo enquanto outros se expandem devido ao comércio mais livre. Não obstante, os dados usados para estimar o indicador de mudança estrutural acima são razoavelmente desagregados (no nível dos quatro dígitos). O indicador de mudanças estruturais tampouco chega a lidar com a questão da desindustrialização: um declínio na participação da indústria manufatureira total no PIB. A má alocação de recursos pode ter contribuído para tal declínio. Entre 1980 e 1995, a parcela das manufaturas totais no PIB caiu na Argentina, no Brasil, na China, na Coréia, no México, em Taiwan e na Tailândia, como mostrado a seguir. Na Argentina, a desindustrialização foi tamanha que a participação da indústria no PIB caiu de 29,5% em 1980 para 21,2% em 1995 (ver Tabela 9.11). Não obstante, um declínio nessa parcela não indica necessariamente má alocação de recursos; ele pode indicar simplesmente o aumento de importância dos serviços, uma função da maturidade econômica. De fato, o aumento do investimento estrangeiro por todo o "resto" incluiu uma grande participação dos serviços. Com base no indicador da mudança estrutural, portanto, não se pode descartar a hipótese de que o setor industrial estabelecido pelo Estado desenvolvimentista era eficiente. Ele passou toleravelmente no teste do comércio mais livre.[14]

---

14 Para outros estudos que analisam o aspecto eficiência do setor manufatureiro dos retardatários, ver Singh (2000) e Tybout (2000).

Tabela 9.9. Indicadores de mudança estrutural e índice de crescimento do Valor Agregado das Manufaturas (VAM) por mudança estrutural, 1980 e 1994

País	Indicador de mudança estrutural (máx. = 100)		Índice de crescimento do VAM por mudança estrutural[1] (%)	
	1980[2]	1994[3]	1980	1994
Argentina	5,8	7,7	2,2	−0,5
Brasil	8,0	10,9	9,9	−0,1
Chile	17,6	10,7	4,1	3,7
China	5,0	10,6	4,1	5,0
Índia	6,5	8,4	2,5	4,3
Indonésia	20,7	17,1	4,3	6,0
Coréia	12,6	10,2	7,3	7,9
Malásia	14,0	14,6	6,2	5,5
México	5,1	6,8	7,3	1,2
Taiwan	12,5	8,5	4,1	3,5
Tailândia	9,3	16,0	5,6	4,7
Turquia	10,3	10,7	3,9	4,9
Média[4]	10,6	10,2	4,8	3,8
França	4,7	5,3	2,2	1,0
Japão	6,0	5,3	3,1	2,6
Reino Unido	5,1	5,0	0,3	1,1
Estados Unidos	4,6	6,4	3,2	2,0

1. O "índice de crescimento do VAM por mudança estrutural" é o índice de crescimento do valor agregado real para cada ponto porcentual da mudança estrutural no período de cinco anos.
2. A medida de 1980 é sobre os cinco anos anteriores.
3. A medida de 1994 é sobre os catorze anos anteriores, uma média ponderada das medidas da Onudi para 1985, 1990 e 1994.
4. "Média" significa uma média dos índices, não uma medida da distribuição média. O índice de mudança estrutural, S, é mensurado como

$$P = \frac{\{|pi(t) - pi(t-5)|\}}{i \quad 2},$$

em que pi(t) é a parcela do ramo i no valor agregado total das manufaturas no ano t. P é a soma dos valores absolutos das mudanças setoriais na participação das manufaturas totais em todos os setores em intervalos de cinco anos (divididos por 2). Um valor de 100 significa uma reversão completa dessa estrutura. Um valor de 50 significa que exatamente metade de todas as indústrias trocou de posição em termos de VAM.

Fonte: Adaptado de Onudi (vários anos [a]).

De mecanismos de controle a mecanismos de resistência

Para ter uma visão ainda melhor do efeito da liberalização do comércio sobre a alocação de recursos do Estado desenvolvimentista, é interessante seguir uma trilha um pouco diversa e examinar precisamente que indústrias mostraram participações de mercado expansivas ou contracionistas. Se as indústrias cuja parcela do mercado esteve aumentando forem as que o Estado desenvolvimentista selecionou, e se tais indústrias forem dinâmicas (em termos de formação de habilidades), então pode-se inferir que o Estado desenvolvimentista conseguiu criar setores líderes para a expansão futura. Averiguamos primeiro o desempenho médio de uma indústria em todos os países do "resto". Em seguida verificamos como as diferentes indústrias se saíram em cada um dos países. Chegamos a um padrão para saber se uma dada indústria crescia lenta ou rapidamente em termos mundiais; tudo o mais constante, não se pode esperar que uma indústria com crescimento global lento cresça excepcionalmente rápido no "resto". Fazemos isso comparando a parcela dessa indústria no valor agregado das manufaturas no "resto" e no Atlântico Norte e no Japão. Com isso, usamos o Atlântico Norte e o Japão como referenciais da estrutura industrial ideal na fronteira tecnológica do mundo (como fizemos na Figura 8.1).[15] Também agregamos indústrias similares em setores relativamente amplos para os propósitos da discussão.

Os resultados são vistos na Tabela 9.10, que classifica os setores em uma de quatro categorias: vantagem (*des*vantagem) dinâmica e vantagem (*des*vantagem) estática. Se a parcela de um setor no "resto" começa em 1980 atrás da parcela do Atlântico Norte e do Japão e então sobe (cai) com o passar do tempo, o setor é definido como experimen-

---

15 O referencial é uma média das estruturas industriais no Atlântico Norte e no Japão. Esperamos que essa média (de aproximadamente trinta países) elimine as diferenças entre os países em recursos naturais e outras dotações que podem influenciar a composições da indústria manufatureira. Concentramo-nos apenas em indústrias com grandes diferenças de participação no Atlântico Norte e no "resto", e então verificamos que tipo de mudança ocorreu entre 1980 e 1995. O critério de seleção foi uma diferença de um ponto percentual ou mais entre o "resto" e o Atlântico Norte em 1980 ou 1995.

tando uma vantagem (desvantagem) comparativa *dinâmica*. Se, por outro lado, a parcela do setor começa em 1980 à frente da parcela do Atlântico Norte e do Japão e então sobe (cai) com o passar do tempo, o setor é definido como experimentando uma vantagem (desvantagem) comparativa *estática*. Os resultados são bastante positivos. *Setores no "resto" que exibem vantagens comparativas dinâmicas são os de maquinário elétrico e não-elétrico e os equipamentos de transporte.* Eles estão entre os setores mais difíceis de desenvolver, pois neles a concorrência depende de escala, habilidades, reconhecimento da marca e reputação.[16] Tais setores também foram selecionados em peso pelo Estado desenvolvimentista. Assim, em média, as indústrias baseadas em habilidades que o Estado desenvolvimentista selecionava eram precisamente aquelas que, pelas normas mundiais, se expandiam mais rápido.

Nos países individuais, em contraste, o mesmo procedimento estimativo revela uma variação substancial nas indústrias que exibiam vantagem comparativa dinâmica. As indústrias mais intensivas em habilidades — maquinário e equipamentos de transporte — não registram necessariamente aumentos de participação em certos países (ver Tabela 9.11). Nesses países, as indústrias que mostram crescimento não são necessariamente intensivas em habilidades. Somente a Coréia, a Malásia, a Tailândia e a Turquia tiveram vantagem comparativa dinâmica em *todos os três* setores intensivos em habilidades (ou seja, a parcela de maquinário elétrico, maquinário não-elétrico e equipamentos de transporte em seu VAM estava convergindo, com o passar do tempo, com a do Atlântico Norte e a do Japão). Somente dois setores em Taiwan estavam convergindo com o referencial, mas apenas porque a terceira (maquinário elétrico) já tinha uma parcela mais alta em 1980 do que a norma; ela exibia, portanto, uma vantagem estática. Outros países onde *dois* dos três setores em questão exibiam

---

16 "Maquinário elétrico", entretanto, é uma categoria altamente heterogênea e inclui muitas operações de montagem de baixa tecnologia, bem como segmentos de mercado de alta tecnologia na fronteira tecnológica do mundo.

De mecanismos de controle a mecanismos de resistência

vantagem comparativa dinâmica eram o Brasil, a China e a Indonésia. Apenas *um* setor exibiu vantagem comparativa dinâmica no Chile (o maquinário não-elétrico) e no México (equipamentos de transporte). *Nenhum* dos três setores em questão exibia vantagem comparativa dinâmica na Argentina (o fraco desempenho da Argentina condiz com as evidências apresentadas anteriormente sobre a desindustrialização e a mudança do alto para o baixo valor agregado das manufaturas) ou na Índia (cujas exportações também se alega terem baixo valor agregado [Lall, 1999]).

Tabela 9.10. Mudança na composição do Valor Agregado das Manufaturas (VAM), a média do "resto" contra a média do Atlântico Norte e do Japão, 1980-1995

Vantagem Comparativa Dinâmica (VCD)	Desvantagem Comparativa Dinâmica (DCD)
	Artigos profissionais/científicos
Maquinário não-elétrico	Produtos metálicos
Equipamentos de transporte	Outros produtos químicos
Maquinário elétrico	**Desvantagem Comparativa Estática (DCE)**
Vantagem Comparativa Estática (VCE)	Borracha
	Alimentos
Ferro e aço	Bebidas
Refinamento de petróleo	Tabaco
Indumentária	Produtos têxteis

Notas: As classificações são organizadas de acordo com a diferença entre a média do "resto" e a média dos países do Atlântico Norte e do Japão. A diferença, D, é definida como a seguir:

$$D_{94} = \{X_{m,i}/VAM_m\}_{94} - \{X_{p,i}/VAM_c\}_{94}$$
$$D_{80} = \{X_{m,i}/VAM_m\}_{80} - \{X_{p,i}/VAM_c\}_{80}$$

Em que:

$X_{m,i}$ = VAM média na indústria i no mundo
$X_{p,i}$ = VAM média na indústria i em um país
VAM_m = VAM média mundial, e
VAM_c = VAM média de um país

Vantagem Comparativa Dinâmica: a parcela de uma indústria do "resto" começa atrás da parcela média do Atlântico Norte e do Japão e, com o tempo, ganha terreno.

Desvantagem Comparativa Dinâmica: a parcela de uma indústria começa atrás da parcela média do Atlântico Norte e do Japão e, com o tempo, perde terreno. No caso estático, as parcelas iniciais das indústrias começam à frente da parcela do Atlântico Norte e do Japão. Note que somente foram selecionadas as indústrias em que D_{94} = 1% ou D_{80} = 1%.

Fonte: Onudi (1997).

Tabela 9.11. Mudança na composição do Valor Agregado das Manufaturas, comparações dos países com a média do Atlântico Norte, 1980-1995

	1995			1980
	VCD	**VCE**	**DCD**	**DCE**
Argentina (mft./PIB: 21,2% [1995], 29,5% [1980])	prod. quím. industriais; ferro/aço; tabaco	petróleo	maqu. não-elétrico; equip. de transp.; bens prof./cient.; maqu. elétrico; plásticos; madeira/cortiça	bebidas; alimento; prod. têxteis
Brasil (mft./PIB: 23,3% [1995], 31,3% [1980])	equip. de transp.; maqu. elétrico.; ferro/aço	prod. quím. industriais; calçados; alimentos	maqu. não-elétrico; madeira/cortiça; bens prof./cient.; prod. de plástico; outros prod. quím.; prod. de metal	refin. de petróleo; prod. têxteis
Chile (mft./PIB: 22,4% [1995], 21,4% [1980])	maqu. não-elétrico; prod. de metal; prod. quím. industriais; ferro/aço; prod. de plástico	prod. de papel; madeira/cortiça; calçados; petróleo; prod. alimentícios	equip. de transp.; bens prof./cient.; maqu. elétrico	outros prod. quím.; metais não-ferrosos; bebidas; tabaco; prod. têxteis

(continua)

Tabela 9.11. *(continuação)*

	1995		1980	
	VCD	**VCE**	**DCD**	**DCE**
China (mft./PIB: 37,6% [1995], 41,6% [1980])	equip. de transp.	couro/pele	bens prof./cient.	prod. têxteis
	indumentária	ferro/aço	outros prod. quím.	refin. de petróleo
	maqu. elétrico	tabaco	borracha	prod. quím. industriais
	madeira/cortiça		maqu. não-elétr.	
	alimentos		prod. de metal	
			prod. de plástico	
			papel	
Índia (mft./PIB: 18,5% [1995], 17,7% [1980])	prod. de mad./cortiça	prod. quím.	equip. de transp.	outros prod. quím.
	metais não-ferrosos	industriais	bens prof./cient.	ferro/aço
	bebidas		maqu. elétrico	prod. têxteis
	alimentos		prod. de metal	
	indumentária		prod. de plástico	
	petróleo		prod. de papel	
			maqu. não-elétrico	
Indonésia (mft./PIB: 24,3% [1995], 13,0% [1980])	maqu. não-elétrico	madeira/cortiça	bens prof./cient.	prod. de borracha
	equip. de transp.	calçados	maqu. elétrico	prod. de tabaco
	prod. de metal	prod. têxteis	outros prod. quím.	prod. de petróleo

(continua)

Tabela 9.11. *(continuação)*

	1995		1980	
	VCD	**VCE**	**DCD**	**DCE**
Indonésia (mft./PIB: 24,3% [1995], 13,0% [1980])	prod. de papel indumentária ferro/aço metais não-ferrosos prod. quím. Industriais		bebidas prod. de alimentos prod. de plástico	
Coréia (mft./PIB: 26,1% [1995], 28,6% [1980])	maqu. não-elétrico equip. de transp. maqu. elétrico prod. de metal prod. de plástico prod. de papel	ferro/aço	bens prof./cient. outros prod. quím. prod. quím. industriais alimentos prod. de borracha bebidas	prod. de tabaco indumentária prod. têxteis
Malásia (mft./PIB: 32,5% [1995], 21,2% [1980])	maqu. não-elétrico prod. de metal papel prod. quím. industriais indumentária	maqu. elétrico	outros prod. quím. bebidas alimentos tabaco	madeira/cortiça prod. têxteis prod. de borracha

(continua)

Tabela 9.11. *(continuação)*

	1995		1980	
	VCD	**VCE**	**DCD**	**DCE**
Malásia (mft./PIB: 32,5% [1995], 21,2% [1980])	ferro/aço			
	equip. de transp.			
	bens prof./cient.			
México (mft./PIB: 18,3% [1995], 21,9% [1980])	equip. de transp.	prod. quím. industriais	maqu. não-elétrico	calçados
	bens prof./cient.	bebidas	maqu. elétrico	alimentos
	ferro/aço	petróleo	prod. de metal	prod. têxteis
			prod. de plástico	
Taiwan (mft./PIB: 27,3% [1995], 36,2% [1980])	maqu. não-elétrico	maqu. elétrico	bens prof./cient.	prod. de plástico
	equip. de transp.	ferro/aço	outros prod. quím.	tabaco
	prod. de metal	petróleo	prod. de papel	prod. têxteis
		indumentária	alimentos	prod. quím. industriais
			prod. de madeira/cortiça	
Tailândia (mft./PIB: 27,3% [1995], 36,2% [1980])	maqu. não-elétrico	borracha	prod. quím. industriais	bebidas
	equip. de transp.	indumentária	outros prod. quím.	alimentos
	bens prof./cient.	prod. têxteis	prod. de plástico	tabaco
	prod. de metal	petróleo	prod. de papel	
	ferro/aço			
	maqu. elétrico			

(continua)

Tabela 9.11. *(continuação)*

	1995		1980	
	VCD	**VCE**	**DCD**	**DCE**
	maqu. não-elétrico	olaria, louça	bens prof./cient.	prod. têxteis
	equip. de transp.	ferro/aço	prod. de metal	alimentos
Turquia (mft./PIB: 18,9% [1995], 17,2% [1980])	maqu. elétrico	petróleo	plásticos	bebidas
	indumentária		prod. de papel	tabaco
			prod. quím. industriais	
			madeira/cortiça	

Notas: VCD = Vantagem Comparativa Dinâmica; VCE = Vantagem Comparativa Estática; DCD = Desvantagem Comparativa Dinâmica; DCE = Desvantagem Comparativa Estática.

Vantagem Comparativa Dinâmica: a parcela de uma indústria do "resto" começa atrás da parcela média do Atlântico Norte e do Japão e, com o tempo, ganha terreno.

Desvantagem Comparativa Dinâmica: a parcela de uma indústria começa atrás da parcela média do Atlântico Norte e do Japão e, com o tempo, perde terreno. No caso estático, as parcelas iniciais das indústrias começam à frente da parcela do Atlântico Norte e do Japão. Note que somente foram selecionadas as indústrias em que $D_{94} = 1\%$ ou $D_{80} = 1\%$.

Fonte: Onudi (1997).

O esquema classificatório nas Tabelas 9.11 e 9.12 é desvantajoso para os países que começaram em 1980 com grandes setores de maquinário e equipamentos de transportes (ver Tabela 8.9). O fato de que essas indústrias começaram na frente significa que seu índice de crescimento tenderá a ser relativamente lento. Foi esse o caso na Índia. À parte tais ambigüidades, fica claro que de maneira geral alguns países tiveram mais sucesso do que outros em estabelecer "setores líderes dinâmicos".

À guisa de conclusão, com base na evidência seletiva que se acaba de expor, a alocação de recursos pelo Estado desenvolvimentista parece ter sido eficiente o bastante para passar no teste do mercado. Em geral, o comércio mais livre não conduziu à reestruturação maciça na forma de uma contração ou expansão aguda de diferentes indústrias no valor agregado total das manufaturas.[17] As forças de mercado tenderam a deixar inalterada a estrutura existente das indústrias. Em geral, o Estado desenvolvimentista também conseguiu criar "setores líderes" dinâmicos para a expansão futura. As indústrias de maquinário (elétrico e não-elétrico) e a indústria de equipamentos de transporte (sobretudo automóveis e navios) aumentaram sua parcela do mercado em comparação com o Atlântico Norte e o Japão. Apesar disso, o desempenho variou de país para país. A Argentina e o Chile

---

17 Utilizamos medidas da mudança estrutural em vez de medidas do crescimento da produtividade total dos fatores, na crença de que é muito difícil estimar precisamente as mudanças em capital, produtividade e mesmo mão-de-obra no nível agregado em países nos quais a composição e as técnicas de produção dos produtos no nível das firmas e mesmo das fábricas estão em rápida mudança. É possivelmente por isso que até mesmo as mais cuidadosas estimativas da produtividade total dos fatores (PTF) por vezes se contradizem ou são contra-intuitivas. Para resultados contraditórios (baseados nos mesmos dados), ver, por exemplo, Banco Mundial (1993) e Kwon (1994). Em uma amostra de 66 países, o crescimento anual da produtividade total dos fatores entre 1970 e 1985 foi mais alto nos casos improváveis do Egito, do Paquistão, de Botswana, do Congo e de Malta. Os países com o menor crescimento da produtividade, partindo da base, foram Suíça, Fiji, Sri Lanka, Cingapura e Índia (Young, 1994). Para uma visão geral dos estudos de PTF no Leste Asiático, ver Felipe (1999).

tiveram os mais fracos desempenhos em termos de estabelecer setores líderes envolvendo um alto grau de habilidades. A indústria mexicana também sofreu nesse sentido, até que sua indústria automobilística se modernizou na década de 1990. Assim, é muito possível que uma das razões para que esses países tenham padecido por tanto tempo em razão de um choque financeiro é que eles *careciam de um setor dinâmico o bastante para servir como motor de crescimento*.

Até aqui presumimos que entre 1980 e 1994 o comércio estava liberalizado. A premissa do comércio mais livre (embora não livre) parece justificar-se. As tarifas (e as barreiras não-tarifárias) caíram

Tabela 9.12. Tarifas antes e depois da liberalização (antes e depois da Rodada do Uruguai)

País	Médias tarifárias ponderadas pelo comércio (%)	
	Pré-Uruguai	Pós-Uruguai
Argentina	38,2	30,9
Brasil	40,7	27,0
Chile	34,9	24,9
Índia	71,4	32,4
Indonésia	20,4	36,9
Coréia	18,0	8,3
Malásia	10,0	10,1
México	46,1	33,7
Tailândia	37,3	28,0
Turquia	25,1	22,3
União Européia	5,7	3,6
Japão	3,9	1,7
Estados Unidos	5,4	3,5

Notas: Os impostos pré-Uruguai referem-se a direitos consolidados de 1994 ou, no caso de linhas tarifárias não consolidadas, a impostos aplicáveis em setembro de 1986. Os impostos pós-Uruguai referem-se às concessões constantes nos cronogramas anexados ao Protocolo da Rodada do Uruguai ao Gatt em 1994. As estatísticas das importações se referem em geral a 1988, de modo que os impostos ponderados mediante dados de importações pós-Uruguai podem ser ligeiramente diversos. Os dados são preliminares e podem ser revisados para refletir os cronogramas finais anexados ao Decreto Final da Rodada do Uruguai, embora até abril de 1999 não se tenham registrado mudanças, exceto na Tailândia. As mudanças na Tailândia figuram acima.

Fonte: Secretariado do Gatt, citado em Hoda (1994).

nesse período, por vezes unilateralmente.[18] A Tabela 9.12 compara as tarifas médias ponderadas pelo comércio antes e depois da formação da OMC ("pré-Uruguai" e "pós-Uruguai").[19] Essas são tarifas *máximas* que os membros do Acordo Geral sobre Tarifas e Comércio (Gatt) e da Organização Mundial do Comércio (OMC) se comprometeram a observar (o Gatt foi o predecessor da OMC). As tarifas reais *eram quase certamente menores*. Como se observou, as tarifas máximas caíram com o tempo em todos os países exceto a Indonésia e a Malásia, embora as barreiras comerciais na forma de tarifas, exceto na Índia e no México, não fossem *tão* altas mesmo antes da liberalização.

Mecanismos de resistência

Na década de 1990 os Estados desenvolvimentistas estavam desacreditados e desmoralizados, fosse na América Latina, com seu crescimento lento, fosse no Leste Asiático, com seu crescimento rápido, mas foram enredados ainda assim em um novo conjunto de problemas. A grande ameaça, em vez da desindustrialização no nível das indústrias, passou a ser a *desnacionalização* no nível das empresas. Essa ameaça originou-se do aumento no investimento estrangeiro direto, real ou previsto. Um novo elemento foram as fusões e aquisições (F&As) transfronteiriças, o que aumentou a possibilidade da

---

18 Índices efetivos de proteção são necessários para fazer estimativas acuradas das barreiras comerciais, mas sua mensuração exige muito tempo. A reputação do "resto" de altas *tarifas nominais* antes de meados da década de 1980, de qualquer modo, é provavelmente exagerada, baseando-se em um conjunto de estimativas feitas em um só momento e publicadas em um estudo que marcou época (Little et al., 1970), imediatamente após o qual as tarifas nominais parecem ter caído vertiginosamente. Na Argentina e no Brasil, por exemplo, as tarifas nominais médias em 1960-65 foram estimadas em 148,8% e 85%, respectivamente. Em 1967-70 elas haviam caído para 36% e 37%, respectivamente (Ground, 1988) (ver Tabela 3.3). Mesmo as tarifas efetivas, que incluíam presumivelmente barreiras não-tarifárias, eram baixas tanto em Taiwan como no México: 27% no México (1960) e 33% em Taiwan (1966) (Little et al., 1970).

19 A Rodada do "Uruguai" designa as negociações comerciais que deram origem à Organização Mundial do Comércio (OMC) em 1994.

aquisição estrangeira de empresas nacionais.[20] As questões políticas passaram a ser as de *se* e *como* fortalecer as companhias nacionais e as indústrias de alta tecnologia e *se era ou não* necessário equilibrar o poder econômico de firmas estrangeiras e nacionais.

Para enfrentar essa ameaça em um ambiente mundial mais liberal, velhos mecanismos de controle foram substituídos por novos *mecanismos de resistência.* Um mecanismo de resistência pode ser definido como uma política que cumpre a letra da lei mas não necessariamente seu espírito. A letra, como escrita por uma nova Organização Mundial do Comércio, supostamente abolia os subsídios, o comércio liberado e a concorrência desregrada. Na verdade, as novas regras da OMC não eram rígidas e absolutas. Eram tão flexíveis como as velhas regras do Gatt (embora mais transparentes), à medida que deixavam muito espaço para a proteção contingente e o subsídio seletivo; de outro modo, o recrutamento de membros pela OMC teria provavelmente estagnado (OCDE, 1994). Foi na área relativamente cinzenta das salvaguardas e dos subsídios seletivos que o Estado neodesenvolvimentista aninhou seu novo regime político.

A ilusão do livre comércio

A OMC, como o Gatt, permitia aos membros proteger-se de dois tipos de concorrência estrangeira nas importações: a concorrência de importações agregadas, que desestabilizava sua balança de pagamentos (art. XVIII), e a concorrência ameaçando suas indústrias individuais, em virtude ou de altas nas importações (art. XIX sobre salvaguardas

---

20 As reformas no "resto" na década de 1990 eram cada vez mais equiparadas, pelo Atlântico Norte, com o investimento estrangeiro. Uma avaliação das reformas coreanas no *New York Times*, por exemplo, observou: "Há também sinais de que as reformas estão se afirmando. Tanto o Commerzbank da Alemanha como a Goldman Sachs investiram com sucesso em bancos sul-coreanos. A Koninklijke Philips Electronics, da Holanda, anunciou recentemente um investimento equivalente a US$ 1,6 bilhão, o maior jamais feito por uma companhia estrangeira na Coréia do Sul" (Strom, 1999, p.C6).

temporárias) ou de práticas comerciais injustas (art. VI sobre direitos compensatórios e antidumping). Mas o Gatt não impunha limites formais à duração de uma salvaguarda, ao passo que a OMC limitou sua duração a oito anos e aumentou sua transparência.

Sob o Gatt, as "restrições voluntárias à exportação" constituíram a principal salvaguarda. Embora tenham sido usadas predominantemente pelos países do Atlântico Norte, também foram adotadas pelo "resto" para proteger indústrias estratégicas. A Coréia, por exemplo, utilizou uma forma de RVE para proibir as importações de automóveis e artigos eletrônicos do Japão, seu concorrente mais sério. Esse "acordo" (de que o Japão não fora parte concorde) começou a valer nos anos 1980 e permaneceu em vigor até 1999, tempo o suficiente para permitir que essas indústrias desenvolvessem seus ativos baseados no conhecimento (Taiwan e a China não eram membros do Gatt nem signatários da OMC, e por isso podiam proteger — e protegiam — estas e outras indústrias de forma mais aberta, sendo a indústria de artigos eletrônicos em Taiwan um exemplo). As RVEs foram proibidas sob a nova OMC por serem discriminatórias: seus efeitos variavam de acordo com o país. A vantagem de eliminá-las era que elas não eram transparentes. A desvantagem era que serviam a um propósito útil, e "a menos que se proporcionasse uma forma melhor de cumprir esse propósito, os países encontrariam meios próprios de cumpri-lo, e tais meios propenderiam a ser piores" (Deardorff, 1994, p.57).

Como previsto, os países no "resto" elevaram as tarifas em vez de utilizar RVEs ou outras salvaguardas incômodas. Embora o nível das tarifas tenha caído depois da rodada de negociações sobre o comércio no Uruguai, os países em desenvolvimento haviam "consolidado" muitas de suas tarifas em níveis bastante altos (ou as tinham deixado totalmente desconsolidadas), como ponto de partida para sua entrada na OMC. No caso de uma ameaça das importações, eles podiam elevar as tarifas até esses altos níveis e mantê-las assim por no mínimo oito anos:

> Embora os países em desenvolvimento tenham se comprometido com um aumento significativo em suas consolidações tarifárias na Rodada do Uruguai (embora em níveis geralmente muito acima

dos índices atualmente aplicados), ainda é improvável que eles invoquem o Artigo XIX (sobre salvaguardas), já que possuem tanto o direito irrestrito de aumentar as tarifas até seus níveis consolidados como uma virtual carta branca para impor novas tarifas ou cotas por motivos referentes à balança de pagamentos. (Schott, 1994, p.113)

Elevar as tarifas durante emergências passou a ser o recurso até mesmo de países cujo regime político se tornara confessadamente neoliberal. Por exemplo, quando o México com "livre comércio" enfrentou uma acirrada concorrência estrangeira em 1995,

> as tarifas foram aumentadas dos índices prevalecentes de 20% ou menos para 35% em roupas, calçados e produtos manufaturados de couro, no caso de importações de fontes não preferenciais. *Esses setores já eram protegidos em certa medida por meio de direitos antidumping e de um uso relativamente restritivo de requisitos de marcação e origem.* (OCDE, 1996, p.106, grifo nosso)

Os requisitos de marcação e origem são formas de medidas não-tarifárias (MNTs) para restringir o comércio. Na rodada de negociações no Uruguai, ademais, "as realizações na área de MNTs estiveram abaixo do esperado" (Raby, 1994). A filiação do México ao Nafta, um acordo de livre comércio, era em si mesma uma forma de comércio gerido que violava os princípios ortodoxos do livre mercado. Os membros de acordos de livre comércio podem se proteger de todos os países exceto de si mesmos, e, diversamente dos membros de uma união alfandegária, eles não precisam ter tarifas externas comuns. De aproximadamente cem acordos regionais notificados à OMC, apenas um tinha sido aprovado até 2000 (entre a República Tcheca e a Eslováquia). Mas os outros, como o Nafta, não foram proibidos; ocorreu apenas que os membros da OMC concordaram em não tomar atitudes a respeito.

Os direitos antidumping surgiram como uma outra forma de proteger o comércio durante emergências, supostamente quando concorrentes praticam o *dumping*, ou a venda abaixo do custo. No final dos anos 1980, os Estados Unidos, a União Européia, a Austrália e o Canadá apresentavam cerca de quatro quintos de todos os casos antidumping. Em 1998 eles mal chegaram a apresentar um terço dos 225 casos abertos durante o ano. Em contrapartida, os países em desenvolvimento eram líderes em iniciativas antidumping, especialmente a Índia (que também mantinha sobretaxas de importação quase permanentes para proteger sua balança de pagamentos), o Brasil e o México. Conforme outros tipos de barreira decresciam, os processos por *dumping* ganhavam importância. Com isso, a indústria siderúrgica da Argentina, uma vitrine da reestruturação, cortou tarifas unilateralmente para um "mero" 0 a 24%. Mas quando o aço brasileiro começou a inundar o mercado argentino em 1992, uma taxa sobre as importações foi temporariamente aumentada em quase quatro vezes, como já se observou (Toulan; Guillen, 1996).[21]

Em resposta à pressão dos Estados Unidos, a rodada de negociações do Uruguai foi estendida para o comércio em serviços, o qual incluía investimento estrangeiro. Os resultados da Rodada do Uruguai sobre as medidas de investimento relacionadas com o comércio (Trims), contudo, foram "relativamente modestos" (Startup, 1994, p.189).[22] Como conseqüência do limitado consenso na área de Trims, os países em desenvolvimento conseguiram temporariamente manter os requisitos de conteúdo local. Também puderam reter estipulações de equilíbrio comercial *ad infinitum* e o requisito de 100% de exportações para as zonas de processamento das exportações — formas de promover a atividade exportadora (ver Capítulo 7). Em 1995, por

---

21 A indústria do aço representou aproximadamente 40% de todos os casos antidumping em 1998. Os dados do antidumping foram coletados pela advocacia londrina Row and Maw.

22 Os aspectos dos direitos à propriedade intelectual relacionados ao comércio (Trips) foram uma novíssima área de regulamentação, destinada antes a proteger do que a liberalizar o acesso ao *know-how* exclusivo. Os Estados Unidos incluíram os Trips na agenda da OMC: "Pouco antes da Rodada do Uruguai uma enquete americana com as indústrias citou os direitos à propriedade intelectual como o maior de todos os problemas para investir em outros países" (Knutrud, 1994, p.193). Em 2000 o efeito dos DPIs ainda eram desconhecidos, mas muito temidos pelos países em desenvolvimento, em especial os que tinham grandes indústrias farmacêuticas, que contornavam patentes para produzir e vender medicamentos localmente abaixo dos preços mundiais (ver Mourshed, 1999). Houve também um movimento para regulamentar as práticas comerciais internacionais (Malaguti, 1998).

exemplo, o Brasil assinou um acordo com os países que representavam suas maiores montadoras de automóveis. Todos consentiram em exportar veículos em um valor equivalente ao da importação das peças e componentes que as montadoras traziam ao Brasil.[23]

Assim, salvaguardas de vários tipos permitiram que os países protegessem sua balança de pagamentos e sustentassem uma indústria sitiada. Salvaguardas também podem ser usadas para proteger uma indústria na infância; oito anos de proteção eram virtualmente garantidos. O maior risco era deflagrar sanções comerciais unilaterais segundo a Seção 301 da Lei Abrangente de Comércio dos Estados Unidos, mas tais sanções não tendiam a ser invocadas senão quando uma indústria americana era realmente ameaçada pela concorrência estrangeira (Low, 1993).

Subsídios também recebiam um tratamento relativamente permissivo sob a lei da OMC. Eles se enquadravam em três categorias. Alguns eram proibidos (para exportações e para insumos nacionais ao invés de importados); outros eram "processáveis" (podiam ser punidos caso a infração fosse provada); e três eram permissíveis (todos eram utilizados em peso no Atlântico Norte). Subsídios permissíveis incluíam aqueles para promover *P&D, desenvolvimento regional* e *ambientalismo*. Qualquer indústria de alta tecnologia, portanto, podia receber subsídios ilimitados para os fins de fortalecer a C&T.

De maneira geral, o latido liberal da OMC pareceu pior do que sua mordida.

Ainda assim, na década de 1990 não estava claro com que freqüência mecanismos de resistência relacionados ao comércio eram invocados. Eles decerto já não estavam sendo usados como parte de uma estratégia para atrair investidores tímidos para as manufaturas; tal estratégia era coisa do passado. Em contrapartida, além do recurso comum ao protecionismo quando necessário, os países "integracionistas" abriram ainda mais as portas ao investimento estrangeiro. Eles buscaram disciplinar a atividade econômica interna obedecendo a

---

23 Após demonstrações em Seattle em dezembro de 1999 contra um encontro da OMC, a maior liberalização do investimento estrangeiro e do comércio foi impedida, ainda que temporariamente.

normas comportamentais estrangeiras, como exemplifica a adesão do México ao Nafta.[24] Os países "independentes", em contraste, utilizavam agressivamente mecanismos de resistência para promover a ciência e a tecnologia e proteger o poder de mercado de seus líderes nacionais, como se discutirá a seguir.

A decisão de "comprar" e o investimento estrangeiro direto

O investimento estrangeiro direto na década de 1990 aumentou rapidamente por toda parte no "resto" (ver Tabela 1.14).[25] Não obstante, naqueles países em que o influxo de investimento estrangeiro direto permaneceu especialmente alto, a formação interna de habilidades continuou baixa. Os dados empíricos dessa associação são vistos na Tabela 9.13. Eles incluem dados sobre a P&D, por um lado, e sobre o investimento estrangeiro, por outro, incluindo *fusões e aquisições* (F&As) transfronteiriças.[26] As fusões e aquisições eram um fenômeno global relativamente novo nos anos 1990, e uma nova ameaça aparente para a propriedade nacional no "resto".

---

24 A disciplina das regras de conduta exógenas começaram a se difundir. A Argentina (e em seguida o Equador) adotaram um conselho monetário que fez do peso e do dólar moedas intercambiáveis. O Chile procurou unir-se ao Nafta e estabelecer acordos de livre comércio com o Leste Asiático.

25 O montante de IED nos países em desenvolvimento no fim dos anos 1990 concentrava-se em peso em China, México, Malásia, Brasil, Argentina, Indonésia, Tailândia e Chile, em ordem decrescente de importância (OCDE, 1998). Numa base *per capita* (os dados populacionais são os de 1995 na Tabela 1.6), esse montante de IED correspondia a US$ 1.630 na Malásia (população de 19,615 milhões), US$ 710 no Chile, US$ 648 na Argentina, US$ 429 no México, US$ 237 na Tailândia, US$ 145 no Brasil, US$ 130 na China e US$ 105 na Indonésia.

26 Um investimento estrangeiro direto pode assumir a forma de uma fusão ou aquisição, por um lado, ou de um investimento em áreas novas. No caso de uma F&A, o controle estrangeiro pode ser majoritário ou minoritário. No último caso, ele é considerado um "investimento de carteira" por parte do comprador (UNCTAD, 1998b).

É de esperar que países que dependem intensamente de "comprar" tecnologia exibam níveis relativamente altos de vendas de ativos produtivos aos compradores estrangeiros; decorre daí um alto valor absoluto de F&As transfronteiriças (coluna A). Dado qualquer nível de F&As, "comprar" também tende a se associar com uma parcela relativamente grande de propriedade estrangeira *majoritária* (coluna B). Ou seja, se uma venda transfronteiriça de F&A ocorrer em um país que não está tentando fortalecer seus próprios recursos inovadores, pode-se presumir que esse país prefere o patrimônio estrangeiro majoritário ao minoritário.[27] Além disso, a estratégia de "comprar" tende a seguir de mãos dadas com um alto nível de investimento estrangeiro direto na formação de capital fixo bruto (colunas C e D). O pressuposto é que o investimento direto é cobiçado por seu fornecimento tanto de capital como de tecnologia.

A maioria dessas hipóteses é sustentada pelos dados, com a ressalva de que os dados são relativamente fracos.[28] Está claro que o valor absoluto das fusões e aquisições e a extensão da propriedade estrangeira majoritária tendem a ser muito mais altos nos países que "compram" do que nos que "fazem": Na Argentina, Brasil, Chile, México e Turquia, a parcela majoritária em F&As equivale a no mínimo 30%, ao passo que em Taiwan, China e Índia ela equivale a 15% ou menos (as F&As não tiveram a menor importância na Coréia antes de 1997). A China é a exceção, mas seu tamanho absoluto permite um valor maior de F&As.[29] De outro modo, como esperado, as F&As e a propriedade ma-

---

27 Não parece haver dados coletivos disponíveis para a porcentagem de *joint ventures* nos investimentos em novas áreas durante a década de 1990, mas os dados de países específicos sugerem enfaticamente que as *joint ventures* estavam crescendo em geral.

28 Os dados existentes se referem a um período muito curto e carecem de consistência entre países. Tais dados não estão disponíveis para todos os países em todas as categorias. Tampouco eram os países igualmente diversificados em 1990. Por isso, sua capacidade para se diversificar diferiu.

29 Em 1990, a população da China era de quase oito vezes a do Brasil, seu PNB (presumindo-se que tenha sido mensurado corretamente) era maior por um fator de 0,66 e o valor de suas F&As era 3,5 vezes maior. O baixo valor das F&As na Turquia pode refletir o início tardio de tais transações.

joritária são maiores entre os países cuja tecnologia provém sobretudo do exterior. Os dados sobre a parcela de investimento estrangeiro na formação total de capital fixo (colunas C e D) são menos nítidos. No todo, contudo, o comportamento dessa parcela é bastante similar ao das fusões e aquisições. Em geral os países interessados em formar seu próprio acervo de ativos baseados no conhecimento, como sugerido por seus altos gastos em P&D, têm relativamente pouca participação estrangeira em suas economias, seja na forma de fusões e aquisições (e especialmente da propriedade patrimonial estrangeira majoritária), seja na formação de capital fixo.

Tabela 9.13. Características vinculadas a "fazer" ou "comprar", década de 1990

País		F&A		IED/FCFB		E. P&D (% do PIB), 1995
		A. total, 1990-97 (bil. de US$)	B. maioria/ média total, 1990-97 (%)	C. média (%) 1986-91	D. média (%) 1992-96	
"Fazer"	Coréia	3,40	n.d.	1,30	0,80	2,8
	Taiwan	6,20	15	3,60	2,40	1,8
	China	82,20	4	2,90	13,80	0,5
	Índia	15,20	8	0,30	1,60	0,8
"Comprar"	Argentina	21,50	59	5,60	8,10	0,4
	Brasil	22,90	73	1,60	3,50	0,6
	Chile	10,10	44	14,10	12,80	0,7
	México	21,90	36	8,30	12,10	0,0
	Turquia	3,50	30	1,80	1,70	0,6
	Indonésia	22,40	8	2,30	5,40	0,1
	Malásia	11,60	13	14,70	16,70	0,4
	Tailândia	10,20	8	5,50	3,30	0,1

Notas:
F&As = fusões e aquisições transfronteiriças por parte do país vendedor
IED = investimento estrangeiro direto entrando no país
FCFB = formação de capital fixo bruto
P&D = pesquisa e desenvolvimento (ver Tabela 8.15)
Maioria se refere ao controle estrangeiro.

Fonte: Para F&A, IED, FCFB, UNCTAD (1998b).

A corrida pela escala e escopo

Nos anos do pós-guerra, uma grande vantagem das empresas estrangeiras em termos de custos decorria meramente de seu porte total. Sua vantagem em escala pode ser imaginada em se comparando o porte de seus mercados nacionais com os do "resto" (ver Tabela 9.14). Em 1990 o PIB da Coréia era de US$ 32 bilhões (em dólares americanos constantes de 1995), enquanto o da Holanda era *maior*, de US$ 36 bilhões. O PIB da Holanda era três vezes maior que o da Indonésia, embora a população e a massa terrestre da Holanda fossem uma mera fração das de sua ex-colônia. Os países do "resto" — e as empresas do "resto" — ainda eram extremamente pequenos se comparados com os concorrentes estrangeiros: como se observou no Capítulo 8, apenas 33 representantes do "resto" em 1992 figuraram entre as quinhentas firmas líderes internacionais da *Fortune*.

Para concorrer com as firmas estrangeiras em mercados mais abertos, as firmas do "resto" adotaram várias medidas para ampliar sua própria escala. No caso dos integracionistas, fusões e aquisições transfronteiriças se tornaram relativamente importantes, como já vimos. No caso dos independentes, juntamente com a globalização, fusões e aquisições locais ganharam impulso. A integração vertical, a integração horizontal e a diversificação em indústrias não relacionadas parecem ter se acelerado no "resto" a partir da década de 1980. Com isso, além de reorganizar e investir mais em P&D, os independentes tentaram criar mercados internos mais "ordenados".

A reestruturação em Taiwan envolveu um movimento rumo à maior diversificação por parte dos grupos comerciais. Um exemplo de diversificação é proporcionado pelo Pacific Electric Wire and Cable Group (PEWC), estabelecido em 1950. O PEWC fez um acordo de colaboração técnica com a Sumitomo Indústrias Elétricas Ltda. do Japão em 1960, investiu em uma companhia de cabos de Cingapura em 1967 e em uma companhia de cabos tailandesa em 1971, estabeleceu um Laboratório de P&D e começou a fabricar fios e cabos de alumínio em 1977, e foi o primeiro a fabricar cabos de fibra óptica em

De mecanismos de controle a mecanismos de resistência

Table 9.14. Produto Interno Bruto, 1990 Mercado de preços (Constante 1995 US$)

País	1990 GDP (bil. de US$)
Argentina	21,1
Brasil	60,3
Chile	3,9
China	39,8
Índia	25,9
Indonésia	13,9
Coréia	31,8
Malásia	5,8
México	26,5
Tailândia	11,1
Turquia	14,5
França	145,4
Alemanha*	228,6
Japão	478,2
Países Baixos	35,8
Noruega	12,2
Estados Unidos	634,3
Reino Unido	103,8

* 1991

Fonte: Nações Unidas (1998).

1983 (ano em que fundou a Pacific Laser Electric Optics Company). Depois de 1986, a internacionalização e a diversificação foram ainda mais longe, com a nomeação de um presidente assalariado (Pacific Electric Wire and Cable, 1995). O PEWC fundou uma *joint venture* com a Sumitomo Electric (Sumi-Pac Electro-Chemical Corporation) em 1987; fundou a Companhia Yoshida de Engenharia do Pacífico em 1988, uma *joint venture* com companhias japonesas de engenharia para fabricar maquinário e cabos; fundou a Pacific Securities com outras companhias locais, bem como a Greenbay Entertainment Company e o Pacific Southeast Bank no Texas, tudo isso em 1998; estabeleceu uma construtora com a Sumitomo Electric em 1989; fundou o Hotel Conrad Hong Kong com a Swire Properties e o Hilton Hotel em 1989; transferiu uma antiga fábrica de Taiwan para outra localidade, para construir uma comunidade industrial "inteligente" de alta tecnologia em 1989; estabeleceu *joint ventures* para produzir fios e cabos elétricos na Tailândia e em Hong Kong; reinvestiu na Corporação Eletrônica Winbond em 1990 (a 67ª maior companhia taiwanesa em 1997); fundou a Corporação Aeroespacial de Taiwan com outras empresas locais e investiu na Corporação de Co-geração de Taiwan, juntamente com a Companhia Energética e o Banco de Comunicação de Taiwan, em 1991; estabeleceu a Fubon Seguros de Vida com o grupo Fubon e a Corporação de Telecomunicações Chung-Tai com a Walsin, a Hua Eng e o grupo Tatung, em 1992; estabeleceu a Open Systems Software como uma *joint venture* com a Hewlett Packard Delaware Corporation, também em 1992; estabeleceu uma companhia de investimento com a Sumitomo Electric e assinou um acordo com a Motorola americana e a Iridium para unir-se ao "Projeto Iridium para um Sistema Global", em 1993 (projeto que não deu certo); fundou a subsidiária Pacific Iridium um ano depois; formou uma *joint venture* com a Raychem International Manufacturing dos Estados Unidos para fabricar cabos elétricos, especialmente para o uso nos setores aeroespacial, de transporte marítimo, de telecomunicações e de sistemas de transmissão rápida, em 1994; e no mesmo ano investiu na Mosel Vitelic, produtora taiwanesa com base nos Estados Unidos especializada em semicondutores.

Ao longo de todo esse período posterior, tanto os ativos como os índices de retorno sobre a as vendas do PEWC subiram, graças à diversificação nos serviços de telecomunicações, que são uma indústria "estratégica" (Pacific Electric Wire and Cable, 1994). De resto, mesmo com todas essas diversificações, o PEWC não estava nem perto do topo em termos de porte. A diversificação por parte dos grupos comerciais de Taiwan aumentou sua participação total no PIB. A participação no PIB dos cem maiores grupos industriais subiu entre 1986 e 1996 de 28,7 para quase 44,2% (ver Tabela 8.12).

Na China, o grupo comercial diversificado tornou-se um modelo deliberado para a emulação.[30] O Décimo Quinto Congresso do Partido Comunista Chinês em 1997 adotou a política de propelir entre três e cinco firmas chinesas rumo às fileiras das quinhentas maiores empresas da *Fortune* até o ano 2000 e de promover grupos ao estilo *zaibatsu* em setores estratégicos. O Conselho de Estado começou imediatamente a dar apoio a 57 grupos, enquanto, no nível provincial, 54 grupos em Xangai foram selecionados para suporte e setenta grandes EPEs passaram a ser reestruturadas como grupos comerciais em Guangdong (Smythe, 2000).

Uma concentração maior ocorreria por meio da fusão e reorganização *internas*. Só em 1997 3 mil empresas se fundiram, e 15,5 bilhões de iuanes em ativos estatais foram relocados. As maiores fusões ocorreram nas indústrias de petroquímicos, aço e automóveis. A China havia estabelecido mais de 120 montadoras de veículos motorizados em meados e no final da década de 1980. Na década de 1990 essas fábricas se haviam amalgamado em quatro grupos automobilísticos (além de quatro grupos no nível provincial). Outras grandes empresas foram estabelecidas nos setores aeroespacial e de artigos elétricos para o lar. Em março de 1998 quatro companhias comerciais se fundiram para formar o Grupo Geral de Tecnologia da China, com a idéia de sistematizar a aquisição de tecnologia estrangeira (Smythe, 2000).

A tendência rumo à maior concentração era aparente até mesmo em indústrias de bens de consumo, que no fim da década de 1970

---

30 Um jornal chinês, *Economic Theory and Business Management*, afirmou em 1989 (28 de janeiro, p.44-9):
O estudo e a discussão do desenvolvimento e da presente situação dos grupos empresariais japoneses recebeu, do início ao fim, assistência e apoio político e econômico do governo japonês. ... Agora a China vem passando por um período crucial de decolagem econômica e reforma do sistema econômico, e os grupos empresariais também devem desempenhar um enorme papel no desenvolvimento da economia chinesa. ... Vale a pena usar a experiência do Japão nessa área como referência. Também deve haver departamentos governamentais especializados para planejar e formular a política industrial, para aplicar persuasão e para determinar a direção industrial das empresas (especialmente dos grupos empresariais), bem como para supervisionar e promover a implementação, pelas empresas, da política econômica do Estado (citado em Johnson, 1996).

foram escolhidas, em preferência às indústrias pesadas, para satisfazer a demanda dos consumidores.[31] O acesso a recursos e a conversão de certas capacidades da indústria pesada em capacidades da indústria leve inflaram a oferta. No início da década de 1980 um problema de supercapacidade se havia manifestado, como na indústria das bicicletas. Os governos locais tinham-se mostrado "extremamente ansiosos" para promover a produção local de bicicletas, em razão de escassezes anteriores e a técnicas de produção intensivas em mão-de-obra. Em maior parte o investimento financiava novas fábricas em vez da expansão da capacidade existente, a despeito das evidentes economias de escala. As quatro fábricas com uma produção anual de mais de 100 mil bicicletas tinham custos unitários (em iuanes) de 66-87, em contraste com as setenta fábricas com produção anual de 2 mil a 5 mil bicicletas, que tinham custos unitários de 116-179. Os custos unitários caíram conforme a produção subiu ao longo de todo o espectro do porte de firmas; a superexpansão se deveu em parte aos esforços das pequenas firmas de produzir mais para reduzir os custos unitários (Zhang, 1991). Em 1984 o governo central chinês pôs todas as 116 fábricas de bicicletas existentes sob a égide do Ministério da Indústria Leve, em uma tentativa (nem sempre bem-sucedida em outras indústrias) de reimpor o controle central sobre a oferta total. Vinte e cinco entre as menores fábricas foram obrigadas a fechar (com certo desperdício dos ativos fixos) e um sistema de licenciamento da produção foi reintroduzido. Medidas também foram tomadas para aumentar a oferta das três mais importantes marcas de bicicleta na China. Os três produtores dessa marca foram estimulados a formar *joint ventures* e associações com outros fabricantes de bicicleta, que então fabricavam sob o nome da marca por uma taxa. O número total de fábricas de bicicleta envolvidas no fabrico das três marcas subiu para vinte em 1987, e representou cerca de 40% da produção nacional. Simultaneamente, as empresas líderes melhoraram suas habilidades de marketing e a qualidade de seus produtos (Zhang, 1993).

---

31 Para algumas fusões nas indústrias de malhas e ferramentas mecânicas, ver Yatsko (1996).

Na Índia, a liberalização em 1991 envolveu a abolição do licenciamento industrial e o afrouxamento dos controles sobre as importações e o investimento estrangeiro. Em teoria, a combinação entre importações mais livres e maior investimento estrangeiro deveria despertar os dormentes oligopólios da Índia, especialmente na montagem de automóveis, que não introduzira nenhum modelo novo nos anos 1960 e 1970 (o governo considerava os automóveis um luxo indigno de seleção). Ao importarem peças e componentes de seus fornecedores estrangeiros estabelecidos, as novas montadoras da Índia deveriam supostamente superar a escala inadequada enquanto exploravam sua perícia e sua marca reconhecida. E, com efeito, montadoras dos Estados Unidos, da Europa, do Japão e da Coréia investiram na Índia, mas foram forçadas pela concorrência interna e por novos controles a atender à demanda limitada por carros de médio porte (D'Costa, 1995; Narayanan, 1998). O grosso do mercado de veículos de passageiros continuou a ser dominado pela Maruti Udyog Limited, uma *joint venture* estabelecida em 1982 entre o governo indiano (com 60% do patrimônio) e uma montadora de automóveis japonesa minoritária, a Suzuki Motors. O nível de localização da Maruti tinha atingido 96% na década de 1990, e sua parcela de mercado após a liberalização *subiu* para 75%. O sucesso da Maruti (a empresa fora pessoalmente promovida por Indira Gandhi) se deveu a um iene forte, que levara a Suzuki a comprar componentes localmente, e à insistência do governo na década de 1980 em um alto conteúdo local (em troca de proteção e crédito barato) (ver Capítulo 6). Os novos ingressantes nos anos 1990 "dificilmente poderiam concorrer com os preços do pequeno carro da Maruti, dados seus níveis inferiores de localização e os custos superiores de componentes importados" (Okada, 1999).[32] Carros e jipes, bem como peças e componentes, também continuaram sujeitos a altos direitos de importação, que só eram suspensos em troca de

---

32 Em meados dos anos 1950, a General Motors e a Ford encerraram suas operações na Índia (que tinham sido estabelecidas no final dos anos 1920 e início dos 1930, respectivamente) em resposta à insistência do governo na localização gradual da produção (Makoto Kojima, citado por Okada, 1999).

no mínimo 50% de conteúdo local.[33] A única ameaça considerável à Maruti veio da Telco, filial do grupo Tata e fabricante de longa data de veículos comerciais na Índia. Para reduzir custos, as novas montadoras estimulavam fusões, aquisições e *joint ventures* entre seus fornecedores (Okada, 1999). Com isso, a abertura do mercado no caso da indústria automobilística seguiu de mãos dadas com a maior concentração.

Depois que os mercados financeiros quebraram em 1997, o governo coreano coagiu o *chaebol* a se fundir, numa estratégia que se tornou conhecida como "grande acordo".[34] Em troca da participação em "grandes acordos", o *chaebol* recebia benefícios fiscais e apoio financeiro extensivos, como permutas da relação dívida-capital, reestruturação da dívida e taxas de juros mais baixas, a exemplo dos ativos intermediários que haviam recebido em troca de outros padrões de desempenho. A importância política dos "grandes acordos" é indicada pelo caso do ministro da Informação e das Telecomunicações, que foi demitido em razão de seus "comentários pessimistas sobre os grandes acordos que o governo liderava no setor de serviços de comunicação pessoal" (SCP). De acordo com o *chairman* da Comissão de Supervisão Financeira, "o governo não pode deixar intocados por mais tempo os investimentos sobrepostos em SCP". Como explicou um político do partido do governo: "para evitar os efeitos colaterais que podem ser causados pela concorrência excessiva entre companhias locais de SCP, é desejável que apenas três dos cinco atores sobrevivam" (Business Korea, 1999, p.32). Os maiores acordos previstos envolveram os quatro maiores *chaebols*

---

33 Embora os investimentos estrangeiros (até 51% de propriedade) passassem a receber aprovação automática em 34 indústrias a partir de 1991, em 1994 o governo indiano anunciou que daria preferência a *joint ventures*. Em 1995, contudo, o Conselho de Promoção do Investimento Estrangeiro aprovou um investimento de 100% da Hyundai em troca da promessa de localização de 98% até 2000.

34 Dez indústrias foram identificadas como tendo excesso de capacidade ou investimentos duplicados. Dessas dez, sete indústrias prioritárias foram escolhidas para a redução de porte: semicondutores, automóveis, aeroespacial, vagões de trem, equipamentos para usinas de força/motores de barcos e refinamento de petróleo. Algumas dessas indústrias, como a de automóveis e a de equipamentos para usinas de força, também foram escolhidas para a redução de porte em 1980.

da Coréia. Três deles (Hyundai, Daewoo e Samsung) foram obrigados a se fundir para fortalecer a nascente indústria aeroespacial coreana. O governo também ordenou uma fusão no setor de semicondutores entre as filiais dos grupos Hyundai e LG, com o propósito de criar um grande ator que se opusesse ao grupo Samsung. Este último também recebeu ordens de transferir seus negócios automobilísticos para a filial eletrônica do grupo Daewoo, no intuito de criar dois grandes atores na indústrias automobilística, a Hyundai Motors e a Daewoo Motors, e dois grandes atores nos artigos eletrônicos, os grupos Samsung e LG. No setor automobilístico, a Daewoo Motors já tinha adquirido a falida Sangyong Motors e o grupo Hyundai já havia comprado a extinta KIA Motors. A Hyundai, com isso, aumentou sua capacidade de produção de 1,8 para 2,85 milhões de carros ao ano e sua participação no mercado interno de 39,8 para 60,7%, o que fez dela (apenas) a 11ª maior produtora de carros do mundo (Associação de Fabricantes de Automóveis da Coréia, 1999).[35]

Os "grandes acordos" propostos no fim do século espelharam as tentativas do governo coreano de alinhar as maiores indústrias após a aguda contração econômica em 1980. Os maiores opositores na época tinham sido as companhias a serem fundidas e os parceiros estrangeiros. Eram os mesmos que se oporiam aos "grandes acordos" quase vinte anos depois.[36] Por mais que os acordos fossem *grandes*, a tendência rumo à maior concentração era evidente.

---

35 Ironicamente, os bancos foram o primeiro setor a se tornar mais concentrado, em parte como conseqüência de condições do FMI requerendo a liquidação dos bancos mais fracos. Fusões entre sete grandes bancos comerciais criaram quatro megabancos e causaram uma onda de fusões também entre instituições financeiras não-bancárias. Quase imediatamente após o colapso do won coreano, cinco a cada 33 bancos tiveram as licenças suspensas e dezesseis a cada trinta bancos comerciais tiveram as licenças revogadas.

36 A Federação das Indústrias Coreanas (FIC), a associação das grandes empresas, se "opôs energicamente" às políticas de reforma do governo no final dos anos 1990. Ela fez "comentários duros" sobre a proibição governamental das práticas de garantias mútuas a empréstimos do *chaebol* e sobre a escolha, pelo governo, de uma relação dívida-capital de 200%. O relatório da FIC alertou que um grande desemprego e outra redução do crédito resultariam (Yoo, 1998).

Cultivando ativos baseados no conhecimento

Na década de 1990, a diferença dos gastos em ativos baseados no conhecimento entre países que "faziam" e países que "compravam" se alargara ainda mais no "resto". Mesmo se usarmos uma definição mais ampla de aprendizado do que "P&D", Argentina, Brasil, Chile e México haviam ficado em geral muito atrás de Coréia, Taiwan, China e Índia em termos de patentes e publicações em periódicos acadêmicos (Amsden; Mourshed, 197), da parcela do PIB representada por ciência e tecnologia, da parcela dos gastos com P&D por parte do setor manufatureiro e da participação do setor privado nas atividades de P&D (ver Tabela 9.15).[37] A parcela privada dos gastos com P&D geralmente ficava abaixo de 30% na América Latina (uma estimativa para a Argentina em 1992 era de apenas 8% ([Alcorta; Peres, 1998]), ao passo que a parcela na Ásia, incluindo a Índia, era de mais de 40%. O consenso avassalador era que os sistemas de inovação da América Latina

> se converteram em entidades fracas. ... [Seu] desempenho inovador em produtos de alta tecnologia não apenas não está melhorando, como parece estar piorando. ... [A]s causas para a baixa competitividade internacional da região ... não resultaram exclusivamente de moléstias macroeconômicas ou baixo investimento. (Alcorta; Peres, 1998, p.878)

Tabela 9.15. Gastos com ciência e tecnologia e pesquisa e desenvolvimento (P&D), 1995 ou fim da década de 1990[1]

	País	% do PIB	Parcela privada do total (%)
C&T	Argentina	0,5	30
	Brasil	1,2	31
	Chile	0,6	15
	México	0,4	18

(continua)

---

37 Sobre a Argentina, ver Katz; Bercovich (1993), Corrêa (1998) e República Argentina (1998); sobre o Brasil, ver Dahlman; Frischtak (1993) e Etzkowitz; Brisolla (1999); sobre a América Latina em geral, ver Alcorta; Péres (1998).

Tabela 9.15. *(continuação)*

País		% do PIB	Parcela privada do total (%)
P&D	Coréia	2,8	74
	Taiwan	1,8	55
	Índia	0,8	41[2]
	China	0,5	n.d.
	Estados Unidos	2,5	73
	Japão	2,8	70
	Alemanha	2,3	66
	França	2,3	62

1. A definição de ciência e tecnologia (C&T) para Argentina, Brasil, Chile e México é mais abrangente do que a de pesquisa e desenvolvimento (P&D) em outros países.
2. Parcela do setor privado de Mani (1999).

Fontes: Argentina, Brasil, Chile e México adaptados de República Argentina (1998); Estados Unidos, Japão, Alemanha e França adaptados de OCDE (vários anos); Coréia adaptado do Ministério da Ciência e Tecnologia da Coréia (1998); Taiwan adaptado de Taiwan, Conselho de Ciência Nacional da República da China (1996).

Mesmo a Índia, cujo sistema nacionalista de inovação ficava atrás do da China, da Coréia e de Taiwan em termos de orientação industrial, se distanciou de Argentina, Brasil, Chile e México nesse sentido. "Centros de excelência" na Índia ajudaram a sustentar líderes nacionais em setores estratégicos, como o laboratório de P&D da Telco na indústria automobilística (Bowonder, 1998). As leis do governo na década de 1990 procuraram melhorar os incentivos privados à P&D, a comercialização pública dos resultados da P&D e as parcerias entre institutos públicos e privados (Sikka, 1998; Katrak, 1998). O transbordamento industrial de laboratórios governamentais de P&D ligados a defesa e saúde era alto, proporcionando a base para a perícia, no nível das firmas, na manufatura de equipamentos elétricos pesados e fármacos (Mani, 1999; Ramamurti, 1987; Sridharan, 1996). Em 1990, apenas um quarto dos gastos com P&D na Índia concentrou-se na indústria, em comparação com três quartos na Coréia. Não obstante, *o enfoque industrial da América Latina era ainda menor.* "Em meados da década de 1980, apenas 12% dos gastos totais do Brasil com P&D se deram no setor manufatureiro, enquanto 55% se deram em recursos naturais e agricultura, e 33% em serviços. Na Argentina no fim da década de 1980, os gastos com P&D em manufaturas foram de apenas 4%, ao passo que em serviços e em recursos naturais e agricultura eles montaram respectivamente a 33 e 64%" (Alcorta; Peres, 1998, p.866-87). Grande parte da P&D não-manufatureira era de natureza mais acadêmica do que comercial.

Além de aumentar a concentração, a década de 1990 foi um período em que os "independentes" antes racionalizaram do que reduziram a promoção da alta tecnologia pelo governo. Na Índia, institutos privados de P&D escolhidos a dedo pelo Departamento de Ciência e Tecnologia receberam permissão para assumir posições acionárias nas empresas que utilizavam sua tecnologia, algo análogo às "empresas de ciência e tecnologia" na China (discutidas a seguir) (Katrak, 1998). Na Coréia, a concorrência interministerial e a duplicação dos esforços de P&D foram alinhadas em um plano mestre nacional de P&D. Em Taiwan, parques científicos foram expandidos e as condições impostas a seus residentes foram enrijecidas. De acordo com a Administração do Parque Hsinchu,

> uma empresa existente seria convidada a retirar-se caso mudasse para operações com mão-de-obra intensiva ou deixasse de atender aos critérios de avaliação (que a Administração do Parque especificava). (Xue, 1997, p.750-1)

A pesquisa e desenvolvimento se expandiu na Coréia com um plano de Projetos Nacionais Altamente Avançados (HAN) — ou de "projetos G7", como os coreanos os chamam —, admitindo a meta de incluir a Coréia no grupo dos sete maiores países do mundo.[38] A

---

38 Quatro projetos Han caíram na categoria de tecnologia de produtos: novos agroquímicos, redes digitais de serviços integrados de banda larga, televisores de alta definição e tecnologia para veículos de próxima geração. Sete projetos caíram na categoria de tecnologia fundamental: semicondutores de próxima geração, sistemas avançados de manufatura, novos biomateriais funcionais, tecnologia ambiental, nova tecnologia energética, reatores nucleares de próxima geração e materiais avançados para informática, produtos eletrônicos e

exemplo das administrações dos parques científicos de Taiwan, o Comitê de Planejamento do G7 na Coréia selecionava projetos segundo o critério de quão bem eles promoviam "indústrias estratégicas", que eram elas próprias selecionadas no mais alto nível político da tomada de decisões. Ao envolver projetos de grande escala, contudo, a abordagem coreana também tendia a envolver a participação de firmas de grande escala.

Os projetos nacionais na década de 1990 eram especificamente concebidos para aumentar a competitividade de líderes nacionais no mercado global. No Atlântico Norte, em contraste, a meta imediata de projetos nacionais envolvia tipicamente a defesa, a saúde ou o bem-estar, com a melhoria da competitividade do setor privado assumindo a forma de um transbordamento.[39] Essa diferença fica evidente em se comparando um projeto HAN relacionado à tecnologia de veículos de próxima geração com um projeto "histórico" dos Estados Unidos, a Parceria por uma Nova Geração de Veículos (PNGV). A PNGV foi promovida pela administração Clinton com um orçamento proposto de US$ 263 milhões durante dez anos, partindo do ano fiscal de 2000 (o projeto de veículos coreano tinha um orçamento proposto de cerca de US$ 50 milhões de 1992 a 2001 — dependendo da taxa de câmbio). O projeto de veículos coreano foi concebido para ajudar as grandes montadoras de automóveis da Coréia a acompanhar a fronteira tecnológica mundial; uma vez que acompanhar a fronteira significava criar veículos mais compatíveis com o meio ambiente (segundo definido pelo projeto PNGV), seria necessário desenvolver tecnologias

---

energia. Além desses projetos, a C&T na Coréia nos anos 1990 envolveu uma coordenação mais centralizada (para evitar duplicações por ministérios concorrentes), uma lei em 1997 ("Lei Especial para a Promoção da Inovação em C&T") para acelerar a P&D em um período de cinco anos e a internacionalização da atividade de P&D (ver Cho; Amsden, 1999; Cho; Kim, 1997; Kim; YI 1997; Lim, 1999; e OCDE, 1996a).

39 Para a política de C&T dos Estados Unidos, ver Center for Science and International Affairs (s/d) e Mowery; Rosenberg (1993); sobre o Reino Unido, ver Cunningham (1998); sobre a Europa, ver as entradas em Lundvall (1992) e Nelson (1993).

para atingir essa meta (baixa poluição, segurança máxima e energia elétrica). O projeto PNGV, em contraste, tinha a meta preponderante da defesa nacional. De acordo com a Casa Branca, "a pesquisa e as aplicações comerciais resultantes da PNGV trarão benefícios de longo prazo para a nação em termos de maior seguridade energética, de um meio ambiente mais limpo e de maior bem-estar econômico" (Casa Branca, 1999). É de esperar que a P&D em países de ponta cujo objetivo explícito seja a segurança nacional e a P&D em países retardatários cujo objetivo explícito seja a competitividade no nível das firmas difiram com o tempo no que tange ao papel do governo.

Na década de 1990, a China também se havia afastado dos sistemas de inovação nacional dos Estados Unidos e da União Soviética, que se concentravam na defesa, e se voltado para um sistema focado nas firmas, enfatizando a competitividade industrial.[40] A transição ocorreu em 1985, quando o Comitê Central do Partido Comunista Chinês e o Conselho de Estado nacional haviam decretado que "a construção econômica deveria se basear em ciência e tecnologia", que eram muito mais ricas na China do que em países em desenvolvimento igualmente pobres, e "as pesquisas em ciência e tecnologia deveriam atender às necessidades do desenvolvimento econômico" (Lu, 1997, p.17). Para modernizar a C&T, a China combinou parques científicos com projetos nacionais de P&D, sendo que os abatimentos fiscais e o crédito subsidiado desempenharam grande papel em ambos. O governo municipal de Pequim, por exemplo, estabeleceu uma zona experimental de P&D de ponta, apelidada de "Vale do Silício de Pequim", com exportações em 1998 de US$ 267 milhões (e expectativas de atingir-se um bilhão de dólares em 2000).

Na zona empresarial, o governo adotou mecanismos institucionais assentes no processo de taxação e em processos de investimento que redistribuíam recursos para setores estratégicos.

---

40 Sobre o velho sistema, ver Wang (1993) e Saich (1989), que também discutem reformas na década de 1980.

As indústrias escolhidas recebiam abatimentos fiscais, empréstimos especiais de bancos estatais com taxas de juros abaixo do mercado e permissão para exceder os tetos normais da relação dívida-capital (Lu, 1997, p.234).

Por outro lado, o governo chinês também enfatizou projetos nacionais de P&D e a formação de "empresas de ciência e tecnologia" que não fossem nem estatais nem privadas. A Comissão de Planejamento Estatal anunciou uma política para construir aproximadamente cem laboratórios-chave nacionais (similares aos laboratórios centrais de P&D de propriedade privada) em campos seletos de ciências básicas em que as capacidades chinesas já se destacavam. As "empresas de C&T" surgiam como *spin-offs* dos governos municipais, provinciais ou nacionais para comercializar o conhecimento de laboratórios públicos (ver, por exemplo, o relatório anual da Stone Electronic Technology, uma das mais bem-sucedidas empresas de C&T da China). Embora essas empresas fossem nominalmente independentes,

> o governo, ao conceder às empresas de C&T um estatuto legal especial, as obrigava a atender a certos requisitos (algo análogo aos padrões de desempenho sob um mecanismo de controle recíproco). Esses requisitos incluíam a porcentagem de profissionais de tecnologia empregados, a porcentagem das vendas representada por novos produtos, a porcentagem de produtos exportados, a alocação de ganhos retidos etc. (Lu, 1997, p.235)

Assim, em maior ou menor medida, o Estado neodesenvolvimentista reteve sua forma condicional de alocação de subsídios na fase de alta tecnologia da transformação industrial. Em comparação com os "sistemas de inovação nacional" do Atlântico Norte, os dos "independentes" eram "sistemas de inovação nacional*istas*". Seu propósito primário era enfocar a formação de ativos baseados no conhecimento em firmas de propriedade nacional.

Conclusão

Em 2000 dois conjuntos distintos de países no "resto" estavam concorrendo entre si por recursos e por participação no mercado global, bem como pela liderança em servir de modelo para industrializadores ainda mais tardios. Em um conjunto, abrangendo China, Índia, Coréia e Taiwan, a que chamaremos "independentes" (tendo em mente que todos os retardatários tinham ficado mais globais desde a Segunda Guerra Mundial), o crescimento a longo prazo se predicava na decisão de "fazer" tecnologia, que era sinônimo do fortalecimento das capacidades de firmas nacionais. Em outro conjunto, abrangendo Argentina, Brasil, Chile, México e Turquia, a que chamaremos "integracionistas" (tendo em mente que nenhum país do "resto" se havia despojado totalmente de sua autonomia), o crescimento em longo prazo se predicava na decisão de "comprar" tecnologia e na dependência tanto de regras de conduta estrangeiras para disciplinar os negócios (proporcionadas pela filiação ao Nafta e à União Européia) como de transbordamentos de investimentos estrangeiros e transferências tecnológicas para gerar riqueza.[41]

Dada essa divergência, a questão de como o modelo da industrialização tardia reagiu a choques exógenos, a um ambiente global mais hostil e à maturação interna (política e econômica) recebe uma clara resposta. A mudança foi radical, uma vez que um modelo único se metamorfoseou em duas espécies diferentes.

Nos estágios iniciais da industrialização tardia no pós-guerra, aproximadamente da década de 1950 até meados dos anos 1980, todos os países do "resto" compartilhavam, em um grau extraordinário, o mesmo conjunto de instituições desenvolvimentistas, definidas por um mecanismo de controle recíproco. No mesmo momento da história, com o mesmo conjunto de grandes atores, operando com o mesmo pré-requisito de experiência manufatureira, perante a mesma permuta

---

41 Para os transbordamentos, ver Aitken et al. (1997), Blomstron; Kokko (1998), Borensztein et al. (1998), Chan (1998), Chuang; Lin (1999), Cohen; Levinthal (1989) e Love; Lago-Hidalgo (1999).

De mecanismos de controle a mecanismos de resistência

entre reduzir salários ou aumentar a produtividade e enfrentando o mesmo ambiente macroeconômico e político externo, um conjunto em outros sentidos altamente diverso de aprendizes recorreu uniformemente a ativos intermediários sustentados por padrões de desempenho aplicados a resultados, no fito de estabelecer um mesmo conjunto de indústrias básicas. Como na Segunda Revolução Industrial do Atlântico Norte, a industrialização tardia do "resto" consistiu em uma germinação da mesma semente (desenvolvida pela primeira vez no Japão) em diferentes vasos de argila (Pollard, 1973). Algumas flores se tornaram menos belas e viçosas, dependendo da qualidade da argila. A Argentina, por si, nem chegou a plantar a mesma semente que os demais retardatários. Ela fracassou totalmente em introduzir um mecanismo de controle recíproco. A Índia, que ficou mais viçosa com o passar do tempo, regou demais a semente a princípio, usando seu mecanismo de controle recíproco para atingir metas conflitantes.

Apenas em um estágio posterior de desenvolvimento econômico, começando em meados da década de 1980, a semente responsável pela ascensão do "resto" se dividiu em duas espécies distintas, uma delas retendo um número menor de características da planta original do que a outra. A causa da divisão girou em torno das habilidades competitivas, das capacidades e dos ativos baseados no conhecimento que, segundo argüimos, estão na raiz do retardo ou da retomada. Antes da década de 1980, quando as capacidades requeridas para a industrialização se limitavam simplesmente a tomar emprestado tecnologia estrangeira e dominar a engenharia de produção e habilidades de execução de projetos, as instituições que sustentavam um mecanismo de controle recíproco eram robustas o bastante para se desincumbirem da tarefa, sem embargo das diferenças entre países. Quando, entretanto, as capacidades necessárias para uma expansão ainda maior passaram a exigir tecnologia mais implícita e exclusiva, uma escolha profunda teve de ser feita — ou aprofundar as relações com firmas estrangeiras ou investir mais na formação de firmas nacionais e P&D. Então as diferenças entre os países predominaram. As mais críticas diferenças entre países influindo nessa escolha ligavam-se à distribuição de renda e à história. Quanto mais igualitária a distribuição de renda e mais descontínuo o investimento estrangeiro direto antes e depois da Segunda Guerra Mundial, mais provável seria que um retardatário construísse suas próprias firmas nacionais e ativos exclusivos baseados no conhecimento.

Seguem-se, para o "resquício", duas implicações do fato de o "resto" ter tido inicialmente um único modelo de desenvolvimento, que apenas mais tarde sofreu mitose.

Primeiro, o efeito manada ou multidão, com um grande número de retardatários se industrializando ao mesmo tempo, provavelmente facilitou que cada um deles confrontasse o poder político e econômico do Atlântico Norte. O desenvolvimento sincrônico gerou condições mais permissivas para desvios do modelo mercante do Atlântico Norte. As regras comerciais do Gatt reconheciam implicitamente o direito dos países pobres de serem mais protecionistas do que os ricos. Além disso, a industrialização sincrônica permitiu que os retardatários aprendessem uns com os outros, e não apenas com o Atlântico Norte e o Japão. Isso implica que será mais fácil para novos retardatários acelerar o desenvolvimento caso eles consigam se expandir juntos, presumindo-se que o aparato institucional que adotarão para isso também se desvie das normas do livre mercado.

Segundo, os países do "resto" adotaram o mesmo modelo para se industrializar porque nenhum deles tinha ativos baseados no conhecimento em quantidade suficiente para concorrer com a indústria moderna a preços mundiais. A intervenção do governo aumentou por toda parte, mais como resposta a essa falta de competitividade do que por mero compadrio, pela necessidade de "coordenar" as decisões de investimento, pelo desejo de capturar "economias externas" ou por qualquer outra típica explicação de cartilha para a intervenção governamental. A exceção prova a regra: o governo de Hong Kong (como o da Suíça, no caso da Europa) interveio menos do que seus vizinhos porque Hong Kong tinha maiores ativos competitivos, em razão do que sua intervenção não era necessária. A menos que os industrializadores mais tardios possuam ativos suficientes para concorrer na indústria moderna a preços mundiais, seus governos também tenderão a intervir. Se devemos esperar que suas intervenções excedam as do "resto" é algo que consideraremos em um capítulo final.

10
O "resto" ascenderá uma vez mais

Um dos aspectos mais polêmicos da ascensão do "resto" foi o papel desempenhado pelo governo. Como vimos, todos os governos do "resto" intervieram de maneira deliberada e profunda no mercado porque suas economias tinham muito poucos ativos baseados no conhecimento para concorrer a preços mundiais de mercado, mesmo em indústrias modernas com mão-de-obra intensiva. Mas os fracassos do governo foram limitados institucionalmente. O conjunto de instituições que enquadrou todo o processo de industrialização tardia foi especificamente concebido para minimizar os efeitos nocivos das políticas intervencionistas.

Neste capítulo ligaremos a controvérsia sobre o papel do Estado à ascensão do "resto". Primeiro examinaremos a teoria de Alexander Gerschenkron, então, exporemos as premissas subjacentes de nossa própria "abordagem dos ativos". Em seguida resumiremos o que a renúncia à premissa do conhecimento perfeito significa para a teoria do mercado e para sua prescrição de política de *laissez-faire*. Por fim,

Gerschenkron revisitado

De acordo com Alexander Gerschenkron, o mais eminente perito no processo de recuperação, quanto mais tardiamente um país se industrializa na história cronológica, tanto maiores as intervenções econômicas de seu governo. As intervenções aumentam porque os métodos de produção se tornam supostamente mais intensivos em capital ("por toda a volta"). Maiores requisitos absolutos de capital ocasionam com o tempo novos arranjos institucionais envolvendo um papel maior por parte do Estado (Gerschenkron, 1962).

Como previsto, o "resto" desenvolveu uma inovadora instituição centrada no Estado para mobilizar o capital: o banco de desenvolvimento, que se tornou o carro-chefe do Estado desenvolvimentista. Apesar disso, não está claro se a intervenção do governo em industrializações anteriores foi tão mínima como sugere Gerschenkron. Tampouco é óbvio se a intervenção do governo, conforme novas tentativas de industrialização forem feitas, continuará ou não a aumentar.

Do ponto de vista de um retardatário, os primeiros industrializadores intervieram em peso para promover seus interesses próprios. Em qualquer estágio de seu desenvolvimento, quer no início, quer no fim, as economias mais fortes abriram os mercados de economias mais fracas e decretaram regras econômicas globais:

> Ao longo de mais de um século, quando a economia britânica estava a caminho da maturidade como oficina do mundo, seus governos não foram particularmente liberais, nem estavam comprometidos ideologicamente com o *laissez-faire*. Como o proverbial porco-espinho de Ésquilo, os governos hanoverianos [1714-1815] sabiam umas poucas coisas de peso, como o fato de que a segurança, o comércio, o império e o poderio militar realmente importavam. Em

parceria frutífera (embora instável) com industrialistas e mercadores burgueses, eles destinaram milhões a objetivos estratégicos que, como podemos (retrospectivamente) ver, constituíram precondições para a economia de mercado e o Estado vigilante da Inglaterra vitoriana, bem como para a ordem mundial britânica que floresceu sob a hegemonia da Grã-Bretanha de 1846 a 1914. *Por aquela época os homens da pena, especialmente a pena da economia política, tinham esquecido, e não queriam que lhes lembrassem, o que a primeira nação industrial devia aos homens da espada.* (grifo nosso)[1]

Ao contrário do que diz Gerschenkron, portanto, a intervenção do governo talvez não seja maior quando a industrialização é mais tardia. Ela pode ser apenas *diferente.*

E talvez nem seja diferente, uma vez que as intervenções dos "homens da espada" geram distorções de mercado similares às geradas por "homens da pena". As duas intervenções se tornam comparáveis — ambas geram distorções de mercado — sob certas condições plausíveis: a definição usual de distorção é aplicável (ela gera desigualdade entre o custo marginal e o preço); é possível haver um estado de *desequilíbrio* em que a empresa esteja operando no topo, e não na base, de sua curva de aprendizagem; e a intervenção pela espada na forma da abertura forçada do mercado sujeita o aprendiz prematuramente a forças competitivas que o conduzem à falência. Sob tais condições, a intervenção pela espada reduz a concorrência global. Por tudo isso, ela é distorcedora no mesmo sentido que a utilização de ativos intermediários por parte do Estado desenvolvimentista para manipular preços. Ambas reduzem a concorrência no mercado.

É também improvável que a intervenção do governo aumente *ad infinitum* em industrializações seqüencialmente mais tardias *se* um ator alternativo para promover a industrialização se apresentar. A alternativa será desejável se os custos do subsídio aumentarem conforme a fronteira tecnológica do mundo avançar (ou conforme as técnicas de

---

1 O'Brien (1991, p.33), em sua palestra inaugural na Universidade de Londres. Ele se refere à obra de Silbner (1972).

produção se tornarem mais intensivas em capital, como Gerschrenkon imaginava). Os custos provavelmente subirão, presumindo-se que um avanço da fronteira signifique maiores ativos baseados no conhecimento por parte das empresas estabelecidas e, com isso, maiores barreiras à entrada de novatos. Conforme os custos do subsídio sobem diante de uma concorrência estrangeira mais acirrada, e conforme as próprias empresas nacionais sentem o efeito da maior concorrência estrangeira em seus lucros, os benefícios percebidos de um aumento no investimento estrangeiro direto crescem em comparação com os da intervenção governamental interna. Quer no caso da América Latina nos anos 1990 (Brasil e, especialmente, Argentina, Chile e México), quer no caso da Europa Oriental após as reformas de 1989, o aumento da concorrência estrangeira tornou mais atraente a alternativa de um investimento estrangeiro direto maior.

A distância da fronteira tecnológica mundial e o grau de intervenção governamental, portanto, não se movem necessariamente em uníssono no país retardatário. Em vez disso, conforme a distância da fronteira aumenta, o que provavelmente cresce é *o papel da empresa estrangeira*.

O aforismo de Alexander Gerschenkron, portanto, pode ser reformulado como a seguir, tomando-se como certa sua grande e original constatação de que a ordem cronológica da industrialização importa: *quanto mais tarde um país se industrializa na história cronológica, maior a probabilidade de que suas grandes empresas manufatureiras sejam de propriedade estrangeira.*

A abordagem dos ativos ao desenvolvimento industrial

A abordagem dos ativos à industrialização desenvolvida nos capítulos anteriores adota dois fortes pressupostos, mas não um terceiro. Primeiro, direitos proprietários seguros são tidos por certos; eles são uma condição necessária mas insuficiente para a industrialização tardia. De acordo com as "novas" teorias institucionalistas do desenvolvimento (ver a pioneira obra de North em 1990), os direitos proprietários seguros e a informação perfeita geram "custos de transação" zero, e, conforme os custos de transação caem, as economias se desenvolvem. Direitos proprietários seguros e informação perfeita mostram-se assim uma condição suficiente para o crescimento. Mas eles talvez não o sejam, porque mesmo que a "informação" (fatos publicamente acessíveis) seja perfeita, o "conhecimento" (conceitos exclusivos) imperfeito pode gerar nos aprendizes custos de produção que excedem os das empresas estabelecidas.

Assim, tanto a abordagem das transações como a abordagem dos ativos à industrialização têm fundamentos institucionais. Mas elas são analiticamente distintas. Na primeira, *dada a divisão da mão-de-obra*, o que mais importa para recuperar terreno são direitos proprietários e baixos custos de transação (como quer que estes sejam mensurados). Na última, *dados os direitos proprietários seguros*, o que mais importa são os ativos baseados no conhecimento e os baixos custos de produção (que incluem os custos de distribuição). Duas trajetórias distintas caracterizam assim o desenvolvimento econômico. Uma delas vai de mercados incompletos para mercados cada vez mais perfeitos, em que os custos de transação se aproximam de zero. Nos estágios iniciais de desenvolvimento, as instituições na forma de mercados são rudimentares, e a formação de direitos proprietários seguros é parte da evolução rumo a estruturas de mercado mais profundas e mais perfeitas. Uma outra trajetória vai da conquista da competitividade em mercados caracterizados pela concorrência perfeita à conquista da competitividade em mercados globais oligopolistas defendidos por empresas estabelecidas com habilidades exclusivas. O desenvolvimento econômico, com isso, é também um processo de criação de habilidades próprias específicas de cada empresa, as quais são distorcedoras (os preços excedem os custos marginais), porque conferem poder de mercado. *A industrialização envolve passar de um conjunto de distorções relacionado às rigidezes do subdesenvolvimento e da produção de artigos primários a um outro conjunto de distorções baseado no conhecimento.*

A criação de instituições de mercado em países retardatários se acelerou antes da Primeira Guerra Mundial sob o regime colonial direto ou indireto. Em geral, era do interesse dos Estados do Atlântico Norte estender as instituições de mercado para novos territórios, e com isso a criação de mercados, incluindo direitos proprietários seguros, parece ter envolvido menos dificuldades no "resto" do que no Atlântico Norte. Os direitos proprietários não tinham necessariamente de ser privados para ser seguros, e a segurança era relativa — adequada para sustentar investimentos a longo prazo. Em contraste, a aquisição de habilidades exclusivas por novos concorrentes tipicamente *conflita* com os interesses de empresas estrangeiras estabelecidas. No caso dos "retardatários" (que, por definição, se industrializam na presença de países já estabelecidos e na ausência de habilidades de ponta), houve maior resistência para concorrer em indústrias globais oligopolistas mediante ativos baseados no conhecimento do que para criar mercados viáveis.

Segundo, ao passo que a maioria das teorias desenvolvimentistas presume que o porte e a estrutura das empresas não importam, procuramos argüir teórica e empiricamente que para a diversificação industrial eles importam. A industrialização tardia esperou pela formação de *"empresas de grande escala"*, ou de empresas profissionalmente administradas com fábricas de escala mínima eficiente. As empresas de pequena escala no "resto" nem foram inovadoras nem serviram como agentes da diversificação industrial, quer antes da Segunda Guerra Mundial, quer ao longo da maior parte do período pós-guerra. Elas dominaram a indústria do pré-guerra, mas em geral eram notórias pela ineficiência. No famoso caso dos tecelões manuais, eles só puderam persistir ao reduzirem seu nível de ganhos (ver Capítulo 2). Empresas de escala relativamente grande na forma de companhias nacionais administradas hierarquicamente fizeram os "primeiros lances" em indústrias do pós-guerra que iam desde a fiação e tecelagem integradas de algodão (o setor líder da Ásia) e petroquímicos (o setor líder da América Latina) até ferro e aço, navios e automóveis. O princípio da produção em massa, em vez da produção artesanal, caracterizou tipicamente as indústrias modernas do "resto"; o modelo da produção em massa foi o que os retardatários imitaram.

As empresas dinâmicas de pequena escala no "resto" foram centrais em certos segmentos dos setores heterogêneos de maquinário e equipamentos de transporte, como já vimos. Indústrias de bens de capital baseadas em empresas de pequena escala haviam emergido na década de 1930 no Brasil, na China, na Índia e na Coréia. Por causa da migração em massa dos empresários continentais após a Revolução Comunista na China em 1948, um setor dinâmico de bens de capital também emergiu rapidamente em Taiwan. Na década de 1960, a indústria de bicicletas de Taiwan havia atraído "fabricantes de equipamentos originais" norte-americanos em busca de custos de mão-de-obra menores do que os prevalecentes no Japão (Chu, 1997). Outras indústrias metalúrgicas floresceram em conexão com a produção de bicicletas e ferramentas mecânicas, e Taiwan se tornou um modelo de industrialização baseado inicialmente em empresas de pequeno e médio porte.

Apesar disso, o "modelo" de Taiwan estava estreitamente integrado por meio de instituições com o Estado desenvolvimentista, cujo escopo operacional era concebivelmente maior em Taiwan do que em qualquer outra parte do "resto". Até a década de 1990 a participação do governo na formação total de capital fixo bruto era maior em Taiwan (cerca de 50%) (ver Tabela 1.13). Taiwan tinha o maior complexo de empresas de propriedade estatal; as herdadas do Japão colonial não foram privatizadas na década de 1950, como as da Coréia. Os parques científicos de propriedade estatal foram incubadores de líderes nacionais privadas de pequena escala, as quais se mostraram pioneiras em estabelecer indústrias de artigos eletrônicos de alta tecnologia. Com isso, o modelo de capital de risco estatal de Taiwan se desviou do convencional modelo mercante das empresas de pequena escala.

Terceiro, a abordagem dos ativos presume que políticas macroeconômicas referentes à poupança, à taxa de câmbio, ao orçamento e à oferta de moeda não importam *no longuíssimo prazo* — o horizonte de tempo que emoldura os capítulos precedentes. O desempenho econômico relativamente fraco da Argentina e do México, por exemplo, foi determinado antes por ativos baseados no conhecimento do que por políticas macroeconômicas. Ainda assim, a instabilidade macroeconômica pode retardar seriamente o processo de desenvolvimento. A negligência da política macroeconômica também tende a inflar o impacto positivo do Estado desenvolvimentista sobre a industrialização, com um braço na indústria e outro na macroeconomia.

Ignorar os fatores que determinam a poupança pública é assumir implicitamente que as oportunidades de investimento determinam o índice de poupança — que projetos de investimento estimulantes asseguram a poupança necessária para financiá-los, o que não pode ser senão parcialmente verdade, se é que tanto (ver Capítulo 4). A causalidade também pode agir na direção oposta: o índice de poupança pode ser a variável decisiva na industrialização, à medida que concede ao Estado desenvolvimentista uma certa margem de erro para administrar suas políticas de industrialização. O crescimento mais lento da Índia em comparação com a China nas décadas de 1980 e 1990, por exemplo, pode decorrer do fato de que o índice de poupança indiano era de apenas metade do chinês. Se o comportamento da poupança pública é determinado fora da esfera industrial, a influência das políticas de industrialização nos índices de crescimento relativo pode ser menor do que é subentendido.

Os padrões de desempenho, peças centrais do mecanismo de controle recíproco do "resto", também podem enfraquecer ou reforçar os efeitos dos preços relativos sobre o comportamento econômico, em especial o efeito da taxa de câmbio sobre as exportações. Se uma empresa tiver de exportar para receber crédito subsidiado em longo prazo, e este não for calculado como parte dos subsídios à exportação, então tal barganha pode superar os incentivos dos preços em sua influência sobre a expansão das exportações. Acredita-se em geral que uma taxa de câmbio sensata acelerou e suavizou o ritmo de crescimento econômico do "resto". Dada qualquer taxa de câmbio, os padrões de desempenho aumentaram os incentivos para exportar, uma vez que tornaram as exportações uma condição para o recebimento de ativos intermediários. Do ponto de vista das políticas de industrialização, o Estado desenvolvimentista se mostrou favorável às exportações. Do ponto de vista das políticas macroeconômicas, ele pode ter "'errado' a taxa de câmbio".

Em geral, por ter ignorado o lado macroeconômico do desenvolvimentismo, o comportamento do Estado desenvolvimentista pode parecer mais glorioso do que realmente foi. Ainda assim, dado um conjunto de preços determinado por forças de mercado, por tecnocratas ou por políticos, os gerentes industriais do Estado desenvolvimentista conseguiram construir uma economia industrializada em torno dos preços prevalecentes, quaisquer que fossem estes. Preços errados demais tornavam o trabalho deles mais difícil. Mas preços "certos" não eram uma precondição para a industrialização; ironicamente, eram um obstáculo.

O ótimo de Pareto e o conhecimento perfeito

As implicações para a teoria do desenvolvimento econômico da renúncia à premissa do conhecimento perfeito são radicais, mas mal começaram a ser exploradas.

Se o conhecimento não é perfeito, então a produtividade e a qualidade podem variar entre empresas de uma mesma indústria em diferentes países. Por conseguinte, simplesmente permitir que o mecanismo de mercado determine o nível dos preços ("'acertar' os preços") pode não bastar para permitir que os países concorram internacionalmente em indústrias em que precisem desfrutar uma vantagem competitiva (indústrias que utilizem mão-de-obra, no caso de países com mão-de-obra abundante, indústrias que utilizem matéria-prima, no caso de países com matéria-prima abundante, e assim por diante). O preço da mão-de-obra, por exemplo, pode ter de ficar negativo antes que um país com mão-de-obra abundante se torne internacionalmente competitivo na indústria que mais utiliza mão-de-obra (mantendo-se constantes a produtividade e a qualidade), já que os ativos exclusivos baseados no conhecimento de um concorrente com salários maiores pode proporcionar a este último custos unitários mais baixos — como vimos no caso da indústria têxtil japonesa em comparação com as indústrias têxteis indiana e chinesa no pré-guerra e com as indústrias têxteis taiwanesa e coreana no pós-guerra.

Além disso, sob condições de conhecimento imperfeito, mesmo que "'acertar' os preços *positivos*" gere competitividade internacional (mediante, digamos, a desvalorização da taxa de câmbio ou, o que dá no mesmo, a redução dos salários), esta não é uma solução "ótima segundo Pareto", definida como a *melhor* de todas as políticas, em que nenhum ator econômico pode melhorar a própria situação sem piorar a de um outro ator econômico. Nem a abordagem mercadológica nem a institucional ocupam uma posição moral ou teórica mais elevada. Como vimos no "resto", pode ser mais proveitoso para o crescimento (e mais rápido — e sobre isso a teoria não nos pode dizer nada) elevar a produtividade por meio da engenharia institucional do que reduzir custos cortando salários.

Portanto, na ausência do conhecimento perfeito, a resolução do problema dos altos custos de produção torna-se uma questão antes empírica do que teórica.

Renunciar à premissa do conhecimento perfeito também significa abrir ainda mais as portas à possibilidade de elaborar teorias indutivas de desenvolvimento econômico. Modelos indutivos utilizam casos concretos de expansão industrial, em vez de hipóteses abstratas, para explicar o crescimento e orientar a formulação de políticas. Duas inferências da experiência do "resto" são relevantes nesse sentido.

Primeiro, os modelos indutivos podem influenciar a formulação de políticas econômicas mais do que (ou tanto quanto) teorias abstratas dedutivas. A influência de um modelo foi notável no caso das políticas tão bem-sucedidas de promoção às exportações no Leste Asiático, que extraíram exportações das indústrias de substituição de importações, tendo como base o antigo regime comercial (polícias e instituições) do Japão. Com um número maior de industrializadores tardios bem-sucedidos (e malsucedidos), os modelos indutivos proporcionam um recurso de aprendizado tão rico para o "resquício" como as teorias dedutivas.

Segundo, as "falhas do governo" já não poderão ser tidas como certas se os governos utilizarem mecanismos institucionais para elevar a produtividade e ligar no tranco o crescimento industrial. As falhas do governo podem ser inevitáveis na ausência de um maquinário sistemático que as impeça, mas não necessariamente na presença de tal maquinário, como vimos no caso do "resto". O mecanismo de controle recíproco do "resto" dificilmente era perfeito. Mas ele ilustra as possibilidades de minimizar as falhas do governo mesmo em economias assoladas pelo "risco moral" e a corrupção (mas com experiência manufatureira).

Até o momento não houve grande reconhecimento do maquinário sistemático que os países do "resto" instalaram, implementaram e monitoraram para evitar as falhas do governo e seguir metas desenvolvimentistas. Todavia, "'acertar' o mecanismo de controle", a despeito de os preços prevalecentes estarem ou não "certos", foi fundamental para o processo de retomada no pós-guerra.

Recaídas

A formação de instituições necessárias para criar um mecanismo de controle funcional é o ponto de partida para identificar os vencedores e explicar os perdedores. Entre os últimos, a Argentina se destaca como um país que recaiu. No "resto", ela teve o mais baixo índice de crescimento para o valor agregado das manufaturas, para os salários reais e para as exportações durante quase cinqüenta anos, tendo começado o período pós-guerra com o mais alto nível de escolaridade e a mais alta renda *per capita*, e quase a maior experiência manufatureira.

No que se refere a "'acertar' ou 'errar' o mecanismo de controle", nenhum dos dois se aplica à Argentina. A Argentina simplesmente não chegou a desenvolver *nenhum* mecanismo de controle funcional, como já vimos. Ela não teve um banco de desenvolvimento comparável em elitismo e espírito de equipe ao BNDES no Brasil ou à Nafinsa no México; um banco de desenvolvimento peronista na década de 1940 se mostrou disfuncionalmente corrupto. A Argentina não tinha uma burocracia responsável pela promoção industrial comparável, digamos, ao Conselho de Investimento da Tailândia. Em vez disso, um velho maquinário peronista "excluiu" o novo maquinário desenvolvimentista. Por conseguinte, e apesar de uma população bem educada, de uma economia de altos salários e de uma longa história manufatureira, a indústria argentina jamais chegou a fazer um investimento em três frentes. Ainda em 1990, muitas empresas ainda não haviam profissionalizado suas administrações; poucas tinham cadeias de comando ou gráficos organizacionais bem definidos. Os investimentos em P&D eram desprezíveis, de modo que trabalhadores bem pagos não eram empregados em iniciativas de alta tecnologia. Mesmo as fábricas com uma escala mínima eficiente eram poucas e difusas. Com notáveis exceções (as indústrias farmacêutica e siderúrgica, por exemplo), o centro de gravidade na economia argentina tornou-se uma vez mais o interior, que era caracterizado por uma das distribuições de renda mais desiguais do mundo. Em 1960 a terra era distribuída mais desigualmente na Argentina do que em qualquer grande país do Atlântico Norte ou do que em qualquer outro país do "resto" (para os quais há dados disponíveis). Dadas as oportunidades oferecidas pela concentração de recursos para conquistar quase-rendas, os custos de oportunidade do investimento em manufaturas eram altos. A economia argentina, portanto, enfrentava uma escolha: ela poderia ou enrijecer as regras ou tentar outra coisa. Na prática, sua opção na década de 1990 foi voltar à terra.

O Chile também abandonou uma estratégia de crescimento baseada nas manufaturas, e fez isso já em 1973. Como alternativa, ele disciplinou sua força de trabalho com uma lei marcial, continuou a explorar as reservas de cobre estatais e mostrou-se um pioneiro da "agricultura gourmet", exportando frutas de alto valor para mercados do Norte fora de estação. Em termos históricos, o reenfoque da produção de produtos primários pela Argentina e pelo Chile foi racional. Ambos os países eram ricos em recursos naturais e, como outras regiões de assentamento recente, haviam usufruído uma Idade do Ouro da prosperidade baseada em produtos primários antes da Primeira Guerra Mundial.

Ainda assim, se comparamos o desempenho econômico pós-1973 no Chile e em Taiwan, outro país pequeno com agricultura próspera, o Chile se sai muito mal. Como fica evidente pela Tabela 1.4, em 1995 a renda *per capita* do Chile era apenas uma fração da de Taiwan (68%), ao passo que em 1973, a renda *per capita* de Taiwan havia sido uma fração da do Chile (73%) — e o crescimento populacional nesse período foi relativamente rápido em Taiwan. A estratégia de Taiwan fora a de se especializar em manufaturas, enquanto a do Chile fora a de se especializar na mineração e na agroindústria. A parcela das manufaturas nas exportações totais em 1995 foi de 93% em Taiwan e de apenas 14% no Chile.

No século XIX, o enfoque em produtos primários gerava índices de crescimento da renda *per capita* tão altos como os gerados pelo enfoque nas manufaturas. No século XXI, em que mais do que nunca é provável que a riqueza se origine antes de ativos baseados no conhecimento do que de ativos baseados em produtos primários, ainda resta ver se a maior parte dos chilenos pode se enriquecer com base na exploração de produtos primários.

O resquício

Os países do "resquício" com maior probabilidade de seguir imediatamente os passos do "resto" são aqueles com (1) experiência manufatureira e (2) a habilidade de construir um mecanismo de controle recíproco que subsidie o aprendizado (se os custos de produção prevalecentes estiverem acima dos custos mundiais), sem entregar nada de graça. À luz das restrições impostas pela OMC, os padrões de desempenho precisarão ter um enfoque menor nas exportações e maior em P&D do que tiveram nos primeiros anos do pós-guerra. A proteção tarifária de até oito anos continua permissível em indústrias que ainda não são capazes de concorrer internacionalmente, e outros tipos de restrição comercial são igualmente legais (ver Capítulo 9). Dado o refreamento da promoção de importações e os perigos da proteção de importações na ausência dessa promoção, e sendo legal promover o desenvolvimento regional e a ciência e tecnologia, qualquer estratégia desenvolvimentista terá de revolver em torno do regionalismo e da P&D, definida em termos amplos.

Ao equiparar a experiência manufatureira aos índices reais de crescimento médio anual no passado, a Tabela 10.1 apresenta os países do "resquício" com os setores manufatureiros de crescimento mais rápido nos últimos 45 anos (1950-95). A tabela é enganosa à medida que exclui países sem os dados requisitados; o Vietnã, por exemplo, *pode* ter experimentado um rápido crescimento manufatureiro, mas não aparece. Utilizar o índice de crescimento da produção manufatureira também distorce os resultados a favor de países com os setores manufatureiros menos desenvolvidos em 1950 (teria sido melhor examinar a produção manufatureira por trabalhador, mas em geral não havia disponibilidade de dados sobre o emprego entre países). Tendo em mente essas limitações, a tabela inclui tanto os países que obviamente "decaíram" (as Filipinas e a Venezuela) como os que "avançaram furtivamente" (Egito e Tunísia). Entre todos esses países, os mais propensos a estabelecer empresas nacionais sustentáveis com base em habilidades exclusivas são aqueles com distribuições de renda mais igualitárias, momentos tardios de chegada das empresas estrangeiras e modelos sensatos a seguir, sendo os últimos de importância crítica para ajudar o país a se posicionar na economia mundial.

Vale notar que, entre os dez países listados na Tabela 10.1, apenas um fica na Ásia. Quatro estão na África, incluindo dois na África Setentrional, cujo modelo lógico é a Europa, uma mestra negligenciada no caso do "resto". O "resquício", além disso, teve a vantagem de poder escolher um mentor em meio ao "resto". Aqui dois submodelos prometem concorrer pela participação e pelo mentoreamento no mercado global ao longo dos próximos dez a vinte anos: a abordagem "independente" de China, Índia, Coréia e Taiwan e a abordagem "integracionista" de Argentina, Chile e especialmente México (e Turquia, à medida que ela vem se unindo à União Européia).

Tabela 10.1. Índices reais de crescimento médio anual do PIB no setor manufatureiro, o "resto" *versus* os dez países de topo no "resquício", 1950-1995

País		1950-60	1960-70	1970-80	1980-90	1990-95	1950-95 (média)
Resto	Egito	8,90	4,80	9,70	n.d.	8,30	7,90
	Tunísia	4,70	7,80	11,90	6,80	5,60	7,60
	Paquistão	6,90	9,40	8,40	2,20	6,40	6,70
	Filipinas	10,20	6,70	7,00	1,10	9,50	6,60
	Nigéria	6,10	9,10	14,80	(−)8,80	14,80	6,40
	Venezuela	9,70	6,40	5,20	1,10	7,10	5,80
	Colômbia	6,50	5,70	5,70	3,00	9,10	5,70
	Equador	4,70	4,90	9,60	0,50	11,70	5,70
	Quênia	n.d.	6,50	5,70	4,80	2,40	5,20
	Honduras	7,00	4,50	5,70	3,00	3,40	4,90
	Média	8,20	9,40	8,40	6,10	10,90	8,40
Resquício (dez mais)	Média	7,20	6,60	8,40	1,40	7,80	6,20

Notas: As estatísticas de cada coluna representam os índices médios de crescimento anual em todos os anos disponíveis. Uma entrada é marcada como não disponível (n.d.) quando os índices de crescimento estiverem indisponíveis para sete dos dez anos possíveis. Os índices de crescimento foram calculados utilizando-se preços de mercado atuais ajustados pela inflação. A comparabilidade não é garantida, já que por vezes as "manufaturas" incluem alguma combinação entre mineração, construção e/ou serviços de utilidade pública. A definição de "manufaturas" também pode variar por país, dependendo da inclusão de empresas abaixo de um nível mínimo de emprego.

Fontes: Os dados de 1950-60 são adaptados da ONU (1965 e 1967). Os dados de 1990-95 são adaptados da Onudi (1997) e de anos anteriores da Onudi (vários anos [b]). Todos os outros dados são adaptados do Banco Mundial (vários anos [b]).

Essas duas abordagens não são mutuamente excludentes; todos os países no "resto" ficaram mais globais desde os primeiros anos do pós-guerra, como sugerido pela crescente participação das *joint ventures* no investimento estrangeiro. Além disso, mesmo o sucesso da abordagem "integracionista" depende muito do nível das capacidades locais; quanto mais fracas as capacidades, menores os "transbordamentos" de empresas estrangeiras. Apesar disso, o modelo independente enfatiza "'acertar' as instituições" e desenvolver habilidades, enquanto o modelo integracionista enfatiza "'acertar' os preços" e comprar habilidades. Do ponto de vista dos ativos baseados no conhecimento, as duas abordagens se mostram muito distintas e, como sugerido nos capítulos anteriores, não são por necessidade igualmente promissoras.

Referências bibliográficas

ABE, M.; KAWAKAMI, M. A Distributive Comparison of Enterprise Size in Korea and Taiwan. *The Developing Economies* 25(4), p.382-400, 1997.

ABREU, M. et al. *Import Substitution and Growth in Brazil, 1890s-1970s.* Rio de Janeiro: Pontifícia Universidade Católica do Rio de Janeiro, 1997.

ADES, A.; DI TELLA, R. Rents, Competition, and Corruption. *American Economic Review* 89 (4), p.982-93, 1999.

ADLER, E. *The Power of Ideology*: The Quest for Technological Autonomy in Argentina and Brazil. Berkeley: University of California Press, 1987.

AGARWALA, P. N. The Development of Managerial Enterprises in India. In: *Development of Managerial Enterprise.* (Ed.) K. Kobayashi; H. Morikawa. Tóquio: University of Tokyo Press. 12, p.235-57, 1986.

AGOSIN, M.; TUSSIE, D. (Eds.). Trade Policy for Development in a Globalizing World. Aldershot: Macmillan, 1993.

AHLSTROM, G. *Technical Competence and Industrial Performance*: Sweden in the nineteenth and Early Twentieth Centuries. In: *Education and Training in the Development of Modern Corporations.* (Ed.) N. Kawabe; E. Daito. Tóquio: University of Tokyo Press. 19, p.196-218, 1993.

AHLUWALIA, I. J. *Industrial Growth in India*: Stagnation since the Mid-Sixties. Delhi: Oxford University Press, 1985.

AITKEN, B. et al. Spillovers, Foreign Investment and Export Behavior. *Journal of International Economics* 43, p.103-32, 1997.

AKAMATSU, K. A Theory of Unbalanced Growth in the World Economy. *Weltwirtschaftliches Archiv* 2, (1961 [1938]).

AKHTAR, Aziz, Z. Financial Institutions and Markets in Malaysia. In: *Financial Institutions and Markets in Southeast Asia*. (Ed.) M. T. Skully. Londres: Macmillan, p.110-66, 1984.

ALCORTA, L.; PÉRES, W. Innovation Systems and Technological Specialization in Latin America and the Caribbean. *Research Policy* 26, p.857-81, 1998.

ALLEN, G. C.; DONNITHORNE, A. G. *Western Enterprise in Far Eastern Economic Development*: China and India. Nova York: Macmillan, 1954.

_____. *Western Enterprise in Indonesia and Malaya*. Londres: George Allen and Unwin, 1957.

ÁLVAREZ, C. La Corporación de Fomento de la Producción y la Transformación de la Industria Manufacturera Chilena. In: *La Transformación de la Producción en Chile*: Cuatro Ensayos de Interpretación. (Ed.) Cepal. Santiago, Chile: Naciones Unidas Comisión Económica Para América Latina y el Caribe, p.63-148, 1993.

AMSDEN, A. H. Trade in Manufactures between Developing Countries. *Economic Journal* 86, p.778-90, 1976.

_____. *The Division of Labor Is Limited by the 'Type' of Market*: The Taiwanese Machine Tool Industry. *World Development* (5), p.217-34, 1977.

_____. Taiwan's State and Economic Development. *Bringing the State Back*. In: (Ed.) EVANS, P.; RUESCHEMEYER, D.; SKOCPOL, T. Cambridge: Cambridge University Press, 1985.

_____. The Direction of Trade-Past and Present-and the 'Learning Effects' of Exports to Different Directions. *Journal of Development Economics* 24, p.282-6, 1986.

_____. *Asia's Next Giant*: South Korea and Late Industrialization. Oxford: Oxford University Press, 1989.

_____. *Big Business and Urban Congestion in Taiwan*: The Origins of Small Enterprise and Regionally-Decentralized Industry (Respectively). *World Development* 19 (9), p.1121-35, 1991.

_____. The Spectre of Anglo-Saxonization Is Haunting South Korea. In: *Korea's Political Economy*: An Institutional Perspective. (Ed.) L.-J. Cho; Y. H. Kim. Boulder, Colo: Westview, p.87-125, 1994.

_____. *Korea*: Enterprising Groups and Entrepreneurial Government. In: *Big Business and the Wealth of Nations*. (Ed.) Alfred D. Chandler Jr.; F. Amatori; T. Hikino. Nova York: Cambridge University Press, p.336-67, 1997a.

Referências bibliográficas

_____. *Manufacturing Capabilities*: Hong Kong's New Engine of Growth. In: *Made by Hong Kong*. (Ed.) S. Berger; R. Lester. Hong Kong: Oxford University Press, 1997b.

AMSDEN, A. H.; CHU, W. -W. (no prelo). *The Maturation of an Emerging Economy*: Taiwan's Transition. Taipei: Academia Sinica.

AMSDEN, A. H.; EUH, Y.-D. A Study on the Business Restructuring of Korean Firms. Seul: Korea Economic Research Center, 1995.

AMSDEN, A. H.; HIKINO, T. Project Execution Capability, Organizational Know-how and Conglomerate Corporate Growth in Late Industrialization. *Industrial and Corporate Change* 3 (1), p.111-147, 1994.

AMSDEN, A. H.; VAN DER HOEVEN, R. *Manufacturing Output, Employment and Real Wages in the 1980s*: Labour's Loss until the Century's End. *Journal of Development Studies* 32 (4), p.506-523, 1996.

AMSDEN, A. H.; KANG, J.-Y. *Learning to Be Lean in an Emerging Economy*: The Case of South Korea. Cambridge: Massachusetts Institute of Technology, International Motor Vehicle Program, 1995.

AMSDEN, A. H.; KIM, L. A Comparative Analysis of Local and Transnational Corporations in the Korean Automobile Industry. In: *Management behind Industrialization*: Readings in Korean Business. (Ed.) D.-K. Kim; L. Kim. Seul: Korea University Press, p.579-96, 1985.

AMSDEN, A. H.; MOURSHED, M. Scientific Publications, Patents and Technological Capabilities in Late-Industrializing Countries. *Technology Analysis and Strategic Management* 9 (3), p.343-59, 1997.

AMSDEN, A. H.; SINGH, A. The Optimal Degree of Competition and Dynamic Efficiency in Japan and Korea. *European Economic Review* 38 (3/4), p.941-51, 1994.

AMSDEN, A. H. et al. *The Measurable Properties of R&D*: Classification of Activity for International Comparisons. Tóquio: Asian Development Bank Institute, 2000.

ANDERSON, C. W. Bankers As Revolutionaries. In: *The Political Economy of Mexico*. (Ed.) W. P. J. Glade; C. W. Anderson. Madison: University of Wisconsin Press, 1963.

ANTHONY, R. N.; GOVINDARAJAN, V. Management Control Systems. Chicago: Irwin, 1995.

AOKI, M. et al. (Eds.). The Role of Government in East Asian Economic Development. Oxford: Clarendon Press, 1997.

ARANTES SAVASINI, J. A. *Export Promotion*: The Case of Brazil. Nova York: Praeger, 1978.

ARCHIBUGI, D.; MICHIE, J. (Eds.). Technology, Globalisation and Economic Performance. Cambridge: Cambridge University Press, 1997.

ASIAN DEVELOPMENT BANK. Malaysia: *Study on Small and Medium Enterprises with Special Reference to Technology Development.* Manila: Asian Development Bank, 1990.

ASHTON, D.; GREEN, F. *Education, Training and the Global Economy.* Cheltenham, U.K., Edward Elgar, 1996.

ASSOCIAÇÃO COREANA DE FABRICANTES DE AUTOMÓVEIS. Output Data. Seul: Associação Coreana de Fabricantes de Automóveis, 1999.

AZPIAZU, D.; KOSSACOFF, B. *La industria argentina. Desarrollo y cambios estructurales.* Buenos Aires: Centro Editor de América Latina, 1989.

BAER, W. The Economics of Prebisch and ECLA. *Economic Development and Cultural Change* 10, p.169-82, 1962.

_____. *Industrialization and Economic Development in Brazil.* Homewood, Ill.: R. D. Irwin, 1965.

_____. *The Development of the Brazilian Steel Industry.* Nashville, Tenn.: Vanderbilt University Press, 1969.

_____. The Role of Government Enterprises in Latin America's Industrialization. In: *Fiscal Policy for Industrializaton and Development in Latin America.* D. T. Geithman. Gainesville, Fla.: University of Florida Book, p.263-92, 1971.

_____. *The Brazilian Economy*: Growth and Development. Westport: Praeger Publishers, 1995.

BAER, W.; VILLILA, A. V. Privatization and the Changing Role of the State in Brazil. In: *Privatization in Latin America*: New Roles for the Public and Private Sectors. (Ed.) W. Baer; M. H. Birch. Westport, Conn.: Praeger, p.1-19, 1994.

BAGCHI, A. K. Private Investment in India, 1900-1939. Cambridge: Cambridge University Press, 1972.

_____. De-industrialisation in Gangetic Bihar, 1809-1901. In: *Essays in Honour of Professor Susobhan Chandra Sarkar.* (Ed.) B. De. Nova Délhi: People's Publishing House, p.499-522, 1976.

BAHL, R. et al. Public Finance during the Korean Modernization Process. Cambridge, Mass.: Harvard University Press, 1986.

BAIROCH, P. European Trade Policy, 1815-1914. In: *The Cambridge History of Modern Europe.* (Ed.) P. Mathias; S. Pollard. Nova York: Cambridge University Press. 8, p.1-160, 1989.

_____. Economics and World History: *Myths and Paradoxes.* Chicago: University of Chicago Press, 1993.

BALASSA Bela and Associates. The Structure of Protection in Developing Countries. Baltimore, M.: Johns Hopkins University Press, 1982.

BANCO DE DESENVOLVIMENTO DA CORÉIA. Annual Report. Seul: Banco de Desenvolvimento da Coréia, 1969.

_____. *Annual Report*. Seul: Banco de Desenvolvimento da Coréia, 1969.

_____. *Annual Report*. Seul: Banco de Desenvolvimento da Coréia, 1970.

_____. *Annual Report*. Seul: Banco de Desenvolvimento da Coréia, 1971.

_____. *Annual Report*. Seul: Banco de Desenvolvimento da Coréia, 1979.

_____. *Annual Report*. Seul: Banco de Desenvolvimento da Coréia, 1993.

_____. *Annual Report*. Seul: Banco de Desenvolvimento da Coréia, 1995.

_____. *Annual Report*. Seul: Banco de Desenvolvimento da Coréia, (vários anos).

BANCO DE DESENVOLVIMENTO INDUSTRIAL DA ÍNDIA. *Report on Industrial Development* Banking in India. Bombaim: Banco de Desenvolvimento Industrial da Índia (1984-85).

_____. *Report on Industrial Development Banking in India*. Bombaim: Banco de Desenvolvimento Industrial da Índia (vários anos).

_____. *Report on Industrial Development Banking in India*. Bombaim: Banco de Desenvolvimento Industrial da Índia, (1992-93).

BANCO DE DESENVOLVIMENTO DO JAPÃO E INSTITUTO DE PESQUISA ECONÔMICA DO JAPÃO. Policy-Based Finance: The Experience of Postwar Japan. Washington, D.C.: Banco Mundial, 1994.

BANCO MUNDIAL. World Tables. Washington, D.C., 1976, 1994.

_____. World Development Report. Washington, D.C.: Banco Mundial, 1982.

_____. World Development Report. Washington, D.C.: Banco Mundial, 1985.

_____. World Development Report: The Challenge of Development. Washington, D.C.: Banco Mundial, 1991.

_____. Trade Policy Reforms under Adjustment Programs. Washington, D.C.: Banco Mundial, 1992.

_____. East Asian Miracle: Economic Growth and Public Policy. Nova York: Oxford University Press, 1993.

_____. Bureaucrats in Business. Washington, D.C.: Banco Mundial, 1994a.

_____. World Tables. Washington, D.C.: Banco Mundial, 1994b.

_____. World Development Report. Washington, D.C.: Banco Mundial, 1995.

_____. Statistical Handbook of the States of the Former USSR. Washington, D.C.: Banco Mundial, 1996.

_____. World Development Report: *Knowledge for Development*. Washington, D.C.: Banco Mundial, 1998-99.

_____. World Debt Tables. Washington D.C.: Banco Mundial (vários anos [a]).

_____. World Tables. Washington, D.C.: Banco Mundial (vários anos [b]).

_____. World Development Report. Washington, D.C.: Banco Mundial (vários anos [c]).

BANCO NACIONAL DE DESENVOLVIMENTO ECONÔMICO E SOCIAL (BNDES). BNDES, 40 anos. An Agent of Change. Rio de Janeiro: BNDES, 1992.

_____. Brazilian Privatization Program. Rio de Janeiro: BNDES, 1993.

_____. Estatísticas. Rio de Janeiro: Banco Nacional de Desenvolvimento Econômico e Social (vários anos).

BANERJEE, A. K. *India's Balance of Payments*: Estimates of Current and Capital Accounts from 1921–22 to 1938-39. Bombaim: Asia Publishing House, 1963.

BANK Indonesia. Report for the Financial Year 1995/96. Jacarta: Bank Indonesia, 1996.

BANK Negara Malaysia Annual Report. Kuala Lampur. Bank of Korea (1993). The Financial System of Korea. Seul (vários anos).

_____. Economic Statistics Yearbook. Seul (1995a).

_____. Statistics of the Bank of Korea. (Diskette). Seul (1995b).

_____. Financial Statement Analysis. Seul (vários anos).

BANKASI, T. S. K. *Annual report*. Ancara, Turquia: Turkiye Sinai Kalkinma Bankasi (vários anos).

BANKERS Trust. *Taiwan Electronics Companies*: Built to Withstand Adversity. Asia Window (out.), p.22-6, 1998.

BARDHAN, P. et al. Relationship between Economic Inequality and Economic Performance. In: *Handbook of Income Distribution*. A. B. Atkinson; F. Bourguignon. Roterdã: Holanda do Norte, 2000.

BARKEY, H. J. The State and the Industrialization Crisis in Turkey. Boulder, Colo.: Westview, 1990.

BASTOS, M. I. *How International Sanctions Worked*: Domestic and Foreign Political Constrains on the Brazilian Informatics Policy. *Journal of Development Studies* 30 (2), p.380-404, 1994.

BAUMANN, R.; MOREIRA, H. C. *Os incentivos às exportações brasileiras de produtos manufaturados — 1969/85*. Pesquisa e Planejamento Econômico 17, p.471-90, 1987.

BAYSAN, T.; BLITZER, C. Turkey's Trade Liberalization in the 1980s and Prospects for Its Sustainability. In: *The Political Economy of Turkey*. (Ed.) ARICANLI, T.; RODRIK, D. Basingstoke. Reino Unido: Macmillan, p.9-36, 1990.

BECKER, W. H. *The Dynamics of Business-Government Relations*: Industry and Exports, 1893-1921. Chicago: University of Chicago, 1982.

BEERS, C. V. *Exports of Developing Countries*: Differences between South-South and South-North Trade and Their Implications for Economic Development. Amsterdam: Tinbergen Institute, 1991.

BENNETT, D.; SHARPE, K. *The State as Banker and Entrepreneur*: The Last Resort Character of the Mexican State's Economic Intervention, 1917-1970. In: *Brazil and Mexico:* Patterns in Late Development. (Ed.) S. A. Hewlett; R. S. Weinert. Filadélfia: Institute for the Study of Human Issues, p.169-211, 1982.

_____. *Transnational Corporations versus the State*: The Political Economy of the Mexican Auto Industry. Princeton, N.J., Princeton University Press, 1985.

BERGERE, M.-C. The Chinese Bourgeoisie, 1911-37. In: *The Cambridge History of China*. J. K. Fairbank. Cambridge: Cambridge University Press. v.12, Republican China 1912-1949, parte 1, 1983.

BETHELL, L. (Ed.). The Cambridge History of Latin America. Cambridge: Cambridge University Press, 1995.

BHAGWATI, J. Trade Policies for Development. In: *The Gap Between Rich and Poor Nations*: Proceedings of a Conference Held by the International Economic Association at Bled, Yugoslavia. (Ed.) Gustav Ranis. Londres: Macmillan, 1972.

_____. Protectionism. Cambridge, Mass.: MIT Press, 1988.

BHAGWATI, J.; CHAKRAVARTY, S. *Contribution to Indian Economic Analysis*: A Survey. *American Economic Review* 59 (suplemento) (4, parte 2), p.1-73, 1969.

BHAGWATI, J.; PATRICK, H. T. *Aggressive Unilateralism*: America's 301 Trade Policy and the World Trading System. Nova York: Harvester Wheatsheaf, 1990.

BHAGWATI, J. N.; SRINIVASAN, T. N. Foreign Trade Regimes and Economic Development: India. Nova York: National Bureau of Economic Research, 1975.

BILS, M. Tariff Protection and Production in the Early U.S. Cotton Textile Industry. *Journal of Economic History* 44 (4), p.1033-45, 1984.

BIRCHAL, S. de Oliveira. Entrepreneurship in Nineteenth Century Brazil. Nova York: St. Martin's, 1999.

BIRDSALL, N.; SABOT, R. H. *Virtuous Circles*: Human Capital Growth and Equity in East Asia: Background Paper for the East Asian Miracle. Washington, D.C.: World Bank, Policy Research Department, 1993.

BISANG, R. Perfil Tecno-Productivo de los Grupos Económicos en la Industrial Argentina. In: *Estabilización Macroeconómica, Reforma Estructural y Comportamiento Industrial.* (Ed.) J. M. Katz. Buenos Aires: Alianza Editorial da Cepal/IDRC, p.377-478, 1996.

BLAIR, C. P. *Nacional Financiera*: Entrepreneurship in a Mixed Economy. In: *Public Policy and Private Enterprise in Mexico.* (Ed.) R. Vernon. Cambridge, Mass.: Harvard University Press, p.191-240, 1964.

BLOMSTROM, M.; KOKKO, A. Foreign Investment As a Vehicle for International Technology Transfer. In: *Creation and Transfer of Knowledge: Institutions and Incentives.* (Ed.) G. Barba Navaretti; P. Dasgupta; K.-G. Maler; D. Siniscalco. Berlim: primavera, p.279-311, 1998.

BONELLI, R. Fontes de Crescimento e Competitividade das Exportações Brasileiras na Década de 80. *Revista Brasileira de Comércio Exterior* (abr.-jun.), 1992.

BOOTH, A. *The Indonesian Economy in the Nineteenth and Twentieth Centuries*: A History of Missed Opportunities. Nova York: St. Martin's, 1998.

BORATAV, K. et al. Ottoman Wages and the World-Economy, 1839-1913. *Review* 8 (3), p.379-406, 1985.

BORENSZTEIN, E. et al. How Does Foreign Direct Investment Affect Economic Growth? *Journal of International Economics* 45, p.115-35, 1998.

BOWONDER, B. *Competitive and Technology Management Strategy*: A Case Study of TELCO. *International Journal of Technology Management* 15 (6/7), p.646-80, 1998.

BOWRING, S. J. The Kingdom and People of Siam. Londres, s.n., 1857.

BRANDT, V. Korea. *Ideology and Competitiveness*: An Analysis of Nine Countries. (Ed.) G. C. Lodge; E. F. Vogel. Boston: Harvard Business School Press, 1986.

BRASIL, Governo do. *Anuário Estatístico do Brasil.* Rio de Janeiro: Ministério do Planejamento e Coordenação Geral (vários anos).

BRULAND, K. *British Technology and European Industrialisation*: The Norwegian Textile Industry in the Mid-Nineteenth Century. Cambridge: Cambridge University Press, 1989.

BRUTON, H. J. (1998). A Reconsideration of Import Substitution. *Journal of Economic Literature* 36(2), p.903-36, 1998.

BULMER-THOMAS, V. The Economic History of Latin America Since Independence. Cambridge: Cambridge University Press, 1994.

BUSINESS Korea. Industry Refuses to Be Fixed. *Business Korea* (janeiro), p.32-3, 1999.

BUSINESS Standard. BS 1000. In: *Business Standard.* Calcutá, 1995.

CAIRNCROSS, A. K. Factors in Economic Development. Nova York: Frederick A. Praeger, 1962.

CALLAGHAN, W. *Obstacles to Industrialization*: The Iron and Steel Industry in Brazil during the Old Republic. Tese (Doutorado) — University of Texas, Austin, 1981.

CAMERON, R. A Concise Economic History of the World. Oxford: Oxford University Press, 1993.

CAPANELLI, G. *Industry-Wide Relocation and Technology Transfer by Japanese Electronic Firms*: A Study on Buyer-Supplier Relations in Malaysia. Tese (Doutorado) — Graduate School of Economics. Tóquio: Hitotsubashi University, 1997.

CARDENAS, E. et al. (Eds.). *The Export Age*: The Latin American Economies in the Late Nineteenth and Early Twentieth Centuries. Londres: Macmillan, 2000.

CARDOSO, E. A. *Inflation, Growth, and the Real Exchange Rate. Essays on Economic History in Brazil and Latin America*. Nova York: Garland Publishing, 1987.

CASAR, J. I. *Un Balance de la Transformación Industrial en Mexico*. Santiago: Cepal (Comisión Economica para América Latina), 1994.

C.C.I.S. (China Credit Information Service) *The Largest Corporations in the Republic of China*. Taipei: CCIS (vários anos).

CENTER FOR SCIENCE AND INTERNATIONAL AFFAIRS. *Core Policy Documents*: Bibliography. Cambridge, Mass.: John F. Kennedy School of Government Harvard University, s.d.

CEPAL (Comisión Económica para America Latina). El empresario industrial en América Latina (*Documento preparado por la Secretaria Ejecutiva*). Santiago, Chile: CEPAL, 1963.

———. Estudio de America Latina 1968. Nova York: United Nations, 1968.

CEPD (Conselho de Planejamento e Desenvolvimento Econômico). Taiwan Statistical Data Book. República da China (vários anos).

CHAKRAVARTY, S. Development Planning: A Reappraisal. *Cambridge Journal of Economics* 15 (1), p.5-20, 1991.

CHALMIN, P. *The Making of a Sugar Giant*: Tate and Lyle, 1859-1989. Chur, França: Harwood Academic Publishers, 1990.

CHAN, V.-L. Economic Growth and Foreign Direct Investment in Taiwan's Manufacturing Industries. Taipei: Academia Sinica, 1998.

CHAN, W. K. K. Merchants, Mandarins and Modern Enterprise in Late Ch'ing China. Cambridge, Mass.: Harvard University Press for the East Asian Research Center, 1977.

CHAND, M. A Note on the Cotton Textile Industry in India. *Indian Journal of Economics* 30 (116), 1949.

CHANDAVARKAR, R. *Industrialization in India before 1947*: Conventional Approaches and Alternative Perspectives. *Modern Asian Studies* 19 (3), p.623-68, 1985.

_____. *The Bombay Cotton Textile Industry, 1900-1940*. Cambridge: Cambridge University Press, 1994.

CHANDHOK, H. L. India Database — The Economy — Annual Time Series Data. Nova Délhi: Living Media India, 1966.

CHANDLER Jr., A. D. *The Visible Hand*: The Managerial Revolution in American Business. Cambridge, Mass.: Harvard University Press, 1977.

_____. *Scale and Scope*: The Dynamics of Industrial Capitalism. Cambridge, Mass.: Harvard University Press, 1990.

_____. *Paths of Learning*: The Evolution of High-Technology Industries. Nova York: Free Press, 2000.

CHANDLER Jr., A. D.; AMATORI, F.; HIKINO, T. (Eds.) Big Business and the Wealth of Nations. Cambridge: Cambridge University Press, 1997.

CHANDRA, B. Reinterpretation of Nineteenth Century Indian Economic History. *Indian Economic and Social History Review* 5 (1), p.35-75, 1968.

CHANG, C.-C. The Development of Taiwan's Personal Computer Industry. In: *Taiwan's Enterprises* in *Global Perspective*. (Ed.) N. T. Wang. Armonk, N.Y.: M. E. Sharpe, p.193-214, 1992.

CHANG, H. J. *Korea*: The Misunderstood Crisis. *World Development 26*, n. 8, 1998.

CHANG, J. K. Industrial Development of Mainland China, 1912-1949. *Journal of Economic History* 27 (1), p.56-81, 1967.

CHANG, K.-N. China's Struggle for Railroad Development. Nova York: John Day, 1943.

CHAO, K. The Growth of a Modern Textile Industry and the Competition with Handicrafts. In: *China's Modern Economy in Historical Perspective*. (Ed.) D. H. Perkins. Stanford: Stanford University Press, p.167-202, 1975.

_____. The Development of Cotton Textile Production in China. Cambridge: Harvard University, East Asian Research Center, 1977.

CHAUDHURI, M. R. The Iron and Steel Industry of India. Calcutá, 1964.

CHO, H.-D.; AMSDEN, A. H. Government Husbandry and Control Mechanisms for the Promotion of High-Tech Development. Cambridge, Mass.: MIT, Materials Science Laboratory, 1999.

CHO, H. H.; KIM, J. S. *Transition of the Government Role in Research and Development in Developing Countries*: R&D and Human Capital. *International*

Journal of Technology Management, Special Issue on R&D Management 13(7/8), p.729-43, 1997.

CHO, Y. J.; KIM, J.-K. Credit Policies and the Industrialization of Korea. Washington, D.C., Banco Mundial, 1995.

CHOI, J. T. Business Climate and Industrialization in the Korean Fiber Industry. In: *The Textile Industry and Its Business Climate*. (Ed.) A. Okochi; S.-I. Yonekawa. Tóquio: University of Tokyo Press, 8, p.249-69, 1982.

CHOKKI, T. Labor Management in the Cotton Spinning Industry. In. *Labor and Management*. (Ed.) K. Nakagawa. Tóquio: University of Tokyo Press 4, p.143-67, 1979.

CHOMCHAI, P. Thailand's Industrial Development: Rationale, Strategy and Prospects. *Studies in Contemporary Thailand*. (Ed.) R. Ho; E. C. Chapman. Canberra: Australian National University, p.67-85, 1973.

CHOONHAVAN, K. The Growth of Domestic Capital and Thai Industrialisation. *Journal of Contemporary Asia* 14 (2), p.135-46, 1984.

CHU, D. The Great Depression and Industrialization in Latin America. In: *Economics*. New Haven: Yale University Press.

_____. Japanese General Trading Companies in Taiwan. Taipei: ISSP, 1972.

CHU, W.-W. *Import Substitution and Export-led Growth*: A Study of Taiwan's Petrochemical Industry. *World Development* 22(5), p.781-94, 1994.

_____. *Demonstration Effects and Industrial Policy*: The Birth of Taiwan's Petrochemical Industry. Taipei: Academia Sinica, 1996.

_____. The OEM Model of Industrial Development. Taipei: Academia Sinica, 1997.

_____. *Causes of Growth*: A Study of Taiwan's Bicycle Industry. *Cambridge Journal of Economics* 21 (1), p.55-72, 1997.

CHU, W.-W.; TSAI, M. C. *Linkage and Uneven Growth*: A Study of Taiwan's Man-Made Fiber Industry. Taipei: Academia Sinica, 1992.

CHUANG, Y.-C.; LIN, C.-M. *Foreign Direct Investment, R&D and Spill-over Efficiency*: Evidence from Taiwan's Manufacturing Firms. *Journal of Development Studies* 35 (4), p.117-37, 1999.

CHUDNOVSKY, D. *Del Capitalismo Asistido al Capitalismo Incierto*: El Caso de la Industrial Petroquímica Argentina. Santiago de Chile: Cepal (Comisión Económica para América Latina), 1994.

CHUDNOVSKY, D. et al. Las multinacionales latinoamericanas: sus estrategias en un mundo globalizado. México: Fondo de Cultura Económica, 1999.

CHURCH, R. Enterprise and Management. In: *The European Economy: 1750-1914*. (Ed.) D. H. Aldcroft; S. P. Ville. Manchester: Manchester University Press, p.110-55, 1994.

CIPOLLA, C. Literacy and Development in the West. Baltimore: Penguin Books, 1969.

CLARK, E. C. *The Emergence of Textile Manufacturing Entrepreneurs in Turkey, 1804-1968.* Tese (Doutorado) — Princeton University, Princeton, 1969.

_____. The Ottoman Industrial Revolution. *International Journal of Middle East Studies* 5, p.65-76, 1974.

CLARK, G. Why Isn't the Whole World Developed? Lessons from the Cotton Mills. *Journal Of Economic History* 47 (1) (março de 1987), p.141-73.

_____. (1973). *The Development of China's Steel Industry and Soviet Technical Aid.* Ithaca, N.Y.: Cornell University Press, 1987.

CLARK, W. A. G. *Cotton Goods in Latin America.* Washington, D.C.: U.S. Government Printing Office, 1909.

_____. *Cotton Goods in Japan.* Washington, D.C.: U.S. Government Printing Office, 1914.

CLEMENTE DE OLIVEIRA, J. *Firma e quase-firma no setor industrial: o caso da petroquímica brasileira.* Tese (Doutorado) — UFRJ, Rio de Janeiro, 1994.

COATSWORTH, J. H. Obstacles to Economic Growth in Nineteenth Century Mexico. *American History Review* 83, p.80-100, 1978.

_____. *Growth Against Development:* The Economic Impact of Railroads in Porfirian Mexico. DeKalb: Northern Illinois University Press, 1981.

_____. *Economic Retardation and Growth in Latin America and Southern Europe since 1700.* Cambridge, Mass.: Harvard University, 1995.

_____. A. M. Taylor (Eds.). Latin America and the World Economy Since 1800. Cambridge, Mass.: Harvard University Press, 1998.

COCHRAN, S. *Big Business in China:* Sino-Foreign Rivalry in the Cigarette Industry, 1890-1930. Cambridge, Mass.: Harvard University Press, 1980.

COCHRAN, T.; RUBEN, R. *Entrepreneurship in Argentine Culture.* Filadélfia: University of Pennsylvania Press, 1962.

COCHRAN, T. C. (1972). *Business in American Life:* A History. Nova York: McGraw-Hill, 1972.

COHEN, W. M.; LEVINTHAL, D. A. *Innovation and Learning:* The Two Faces of R&D. *Economic Journal* 99 (397), p.569-96, 1989.

COLE, D. C.; LYMAN, P. N. *Korean Development:* The Interplay of Politics and Economics. Cambridge, Mass.: Harvard University Press, 1971.

COLE, D. C.; PARK, Y. C. *Financial Development in Korea, 1945-1978.* Cambridge, Mass.: Harvard University Press for the Council on East Asian Studies, 1983.

COLE, D. C.; SLADE, B. F. *Building a Modern Financial System.* Nova York: Cambridge University Press, 1996.

CORBO, V.; FISCHER, S. *Structural Adjustment, Stabilization and Policy Reform*: Domestic and International Finance. In: *Handbook of Development Economics.* (Ed.) J. R. Behrman; T. N. Srinivasan. Amsterdā: Holanda do Norte. 3, p.2846-924, 1995.

CORDERO, H. et al. *El Poder Empresarial en México.* Mexico: Editorial Terra Nova, 1985.

CORFO (Corporaction de Fomento de la Producción). *Programa Nacional de Desarrollo Económico,* 1961-1970. Santiago, Chile: Corfo, 1961.

CORREA, C. M. Argentina's National Innovation System. *International Journal of Technology Management* 15(6/7), p.721-60, 1998.

CORTES Conde, R. *Export-Led Growth in Latin America*: 1870-1930. *Journal of Latin American Studies* 24, p.163-9, 1992.

CORTES, M.; BOCOCK, P. *North-South Technology Transfer:* A Case Study of Petrochemicals'in Latin America. Baltimore, Md.: Johns Hopkins University Press for the World Bank, 1984.

CRAFTS, N. F. R. Macroinventions, Economic Growth, and 'Industrial Revolution' in Britain and France. *Economic History Review* 48(3), p.591-8, 1995.

CREUTZBERG, P. *Changing Economy in Indonesia.* Haia: Nijhoff, 1977.

CROSSLEY, J. C.; GREENHILL, R. The River Plate Beef Trade. In: *Business Imperialism,* 1840-1930. (Ed.) D. C. M. Platt. Oxford: Clarendon, p.284-334, 1977.

CROUZET, F. *Western Europe and Great Britain*: 'Catching Up' in the First Half of the Nineteenth Century. In: *Economic Development in the Long Run.* (Ed.) A. J. Youngson. Londres: George Allen; Unwin, p.98-125, 1972.

CUNNINGHAM, P. *Science and Technology in the United Kingdom*. Londres: Cartermill, 1998.

CYPHER, J. M.; DIETZ, J. L. *Process of Economic Development.* Londres: Routledge, 1997.

D'COSTA, A. P. *The Restructuring of the Indian Automobile Industry*: Indian State and Japanese Capital. *World Development* 23 (3), p.1-18, 1995.

DAEMS, H. *Large Firms in Small Countries*: Reflections on the Rise of Manerial Capitalism. In: *Development of Managerial Capitalism.* (Ed.) K. Kobayashi; H. Morikawa. Tóquio: University of Tokyo Press. 12, p.261-76, 1986.

DAHLMAN, C. J.; FONSECA, F. V. *From Technological Dependence to Technological Development*: The Case of Usiminas Steel Plant in Brazil. In: *Technology Generation in Latin American Manufacturing Industries.* (Ed.) J. M. Katz. Nova York: St. Martin's, p.154-82, 1987.

DAHLMAN, C. J.; FRISCHTAK, C. R. *National Systems Supporting Technical Advance in Industry*: The Brazilian Experience. In. *National Systems of Innovation.* (Ed.) R. R. Nelson. Nova York: Oxford University Press, p.414-50, 1993.

DAITO, E. Recruitment and Training of Middle Managers in Japan, 1900-1930. In: *Development of Managerial Enterprise.* (Ed.) K. Kobayashi; H. Morikawa. Tóquio: University of Tokyo Press, p.151-79, 1986.

DAS, N. *Industrial Enterprise in India.* Bombaim: Orient Longmans, 1962.

DAVID, P. A. *Learning By Doing and Tariff Protection:* A Reconsideration of the Case of the Ante-Bellum United States Cotton Textile Industry. *Journal of Economic History* 30 (3), p.521-601, 1970.

_____. *Rethinking Technology Transfers:* Incentives, Institutions and Knowledge-based Industrial Development. In: *Chinese Technology Transfer in the 1990s:* Current Experience, Historical Problems and International Perspectives. (Ed.) C. Feinstein; C. Howe. Cheltenham: Edward Elgar, p.13–37, 1997.

DAVIS, L.; HUTTENBACK, R. *The Political Economy of British Imperialism:* Measures of Benefits and Support. *Journal of Economic History* 42 (1) (março 1982), p.56-81, 1982.

_____. *Mammon and the Pursuit of Empire:* The Political Economy of British Imperialism, 1860-1912. Cambridge: Cambridge University Press, 1986.

DAVIS, L.; STETTLER, H. L. *The New England Textile Industry, 1825-60: Trends and Fluctuations. Output, Employment and Productivity in the United States after 1800.* Princeton University Press, 1966.

DAVIS, M. (Ed.). *Innovation in an Industrial Latecomer:* Italy in the Late Nineteenth Century. In: *Innovation and Technology in Europe. From the Eighteenth Century to the Present Day.* (Ed.) P. Mathias; J. A. Davis. Cambridge, Mass.: Blackwell, 1991.

DEAN, W. *The Industrialization of São Paulo, 1880-1945.* Austin, Tex.: University of Texas Press, 1969.

DEARDORFF, A. V. Market Access. In: *The New World Trading System: Readings.* (Ed.) Organização para a Cooperação e o Desenvolvimento Econômico. Paris: OCDE, p.57-63, 1994.

DERNBERGER, R. F. The Role of the Foreigner in China's Economic Development. In: *The Growth of a Modern Textile Industry and the Competition with Handicrafts.* (Ed.) D. H. Perkins. Stanford, Calif.: Stanford University Press, p.19-48, 1975.

DESAI, P. *The Bokaro Steel Plant:* A Study of Soviet Economic Assistance. Amsterdam: Holanda do Norte, 1972.

DI MARCO, L. E. The Evolution of Prebisch's Economic Thought. In: *International Economics and Development:* Essays in Honor of Raul Prebisch. (Ed.) L. E. Di Marco. Nova York: Academic Press, p.3-13, 1972.

DIAZ Alejandro, C. An Interpretation of Argentine Economic Growth since 1930, Part I. *Journal of Development Studies* (outubro), p.14-41, 1967.

_____. Essays on the Economic History of the Argentine Republic. New Haven: Yale University Press, 1970.

_____. *The Argentine State and Economic Growth*: A Historical Review. In: *Government and Economic Development*. (Ed.) G. Ranis. New Haven: Yale University Press, p.216-49, 1971.

_____. Latin America in the 1930s. In: *Latin America in the* 1930s: The Role of the Periphery in the World Crisis. (Ed.) R. Thorp. Nova York: St. Martin's, p.17-49, 1984a.

_____. No Less Than One Hundred Years of Argentine Economic History Plus Some Comparisons. In: *Comparative Development Perspectives*. (Ed.) G. Ranis; R. L. West; M. W. Leiserson; C. T. Morris. Boulder, Colo.: Westview Press, p.328-361, 1984b.

_____. Good-Bye Financial Repression, Hello Financial Crash. *Journal of Development Economics* 19 (1-2), 1985.

DOBSON, J. M. *Two Centuries of Tariffs*: The Background and Emergence of the U.S. International Trade Commission. Washington, D.C., U.S. International Trade Commission, U.S. Government Printing Office, 1976.

DOLLAR, D. *Outward-Oriented Developing Economies Really Do Grow More Rapidly*: Evidence from 95 LDCs, 1976-1985. *Economic Development and Cultural Change* 40 (3), p.523-44, 1992.

DONER, R. F. *Driving a Bargain*: Automobile Industrialization and Japanese Firms in Southeast Asia. Berkeley: University of California Press, 1991.

DONER, R. F.; RAMSAY, A. Postimperialism and Development in Thailand. *World Development* 21 (5), p.691-704, 1993.

DOREMIUS, P. N. et al. The Myth of the Global Corporation. Princeton, N.J.: Princeton University Press, 1998.

DORFMAN, A. Historia de la Industria Argentina. Buenos Aires: Solar/ Hachette, 1970.

DUHART, J.-J. Impacto Tecnológico y Productivo de la Mineria del Cobre en la Industria Chilena, 1955-1988. Santiago de Chile: Naciones Unidas, Comisión Económica para America Latina y el Caribe, 1993.

DUNNING, J.; CANTWELL, J. The Directory of Statistics of International Investment and Production. Nova York: Nova York University Press, 1987.

EAKIN, M. C. *British Enterprise in Brazil*: The St. John del Rey Mining Company and the Morro Velho Gold Mine, 1830-1960. Durham: Duke University Press, 1989.

EATWELL, J.; TAYLOR, L. (Eds.). Global Finance at Risk: *The Case for International Regulation*. Nova York: New Press, 2000.

EATWELL, J. et al. (Eds.). Allocation, Information and Markets. The New Palgrave. Londres: Macmillan, 1989.

ECKERT, C. *The South Korean Bourgeoisie*: A Class in Search of Hegemony. *Journal of Korean Studies* 7, p.115-48, 1990.

_____. *Offspring of Empire*: The Koch'ang Kims and the Colonial Origins of Korean Capitalism. Seattle: University of Washington Press, 1991.

_____. Total War, Industrialization, and Social Change in Late Colonial Korea. In: *The Japanese Wartime Empire, 1931-1945*. (Ed.) P. Duus; R. H. Myers; M. R. Peattie. Princeton, N.J.: Princeton University Press, p.3-39, 1996.

ECKSTEIN, A. *Sino-Soviet Economic Relations*: A Re-Appraisal. In: *The Economic Development of South-East Asia*. (Ed.) C. D. Cowan. Londres: George, Allen, and Unwin, p.128-59, 1964.

EDWARDS, S. Openness, Trade Liberalization, and Growth in Developing Countries. *Journal of Economic Literature* 31, p.1358-93, 1993.

EDWARDS, S.; TEITEL, S. *Introduction to Growth, Reform, and Adjustment*: Latin America's Trade and Macroeconomic Policies in the 1970s and 1980s. *Economic Development and Cultural Change* 34 (3), p.423-31, 1986.

ENCARNATION, D. J. *Dislodging Multinationals*: India's Strategy in Comparative Perspective. Ithaca: Cornell University Press, 1989.

ENG, R. Y. *Chinese Entrepreneurs, the Government, and the Foreign Sector*: The Canton and Shanghai Silk-Reeling Enterprises, 1861-1932. *Modern Asian Studies* 18 (3), p.353-70, 1984.

ENOS, J. L.; PARK, W. H. The Adoption and Diffusion of Imported Technology. The Case of Korea. Londres: Croom Helm, 1988.

ERBER, F. S. The Development of the Electronics Complex and Government Policies in Brazil. *World Development* 13 (3), p.293-309, 1985.

ESCRITÓRIO DE ESTATÍSTICAS DO JAPÃO. Japan Statistical Yearbook. Tóquio: Escritório de Estatísticas, 1996.

ESHERICK, J. The Apologetics of Imperialism. *Bulletin of Concerned Asian Scholars* 4 (4), 1972.

ESTADOS UNIDOS, Departamento do Comércio. Comparative Fabric Production Costs in the United States and Four Other Countries. Washington, D.C.: U.S. Government Printing Office, 1961.

_____. *U.S. Foreign Affiliates*: Direct Investment Abroad. Washington, D.C.: U.S. Government Printing Office (vários anos).

_____. Departamento do Tesouro. National Treatment Study 1994. Washington, D.C.: Departamento do Tesouro, 1994.

_____. Fundação Nacional de Ciência (Lawrence M. Rausch). Asia's New High-Tech Competitors. Washington, D.C.: USGPO, 1995.

_____. Escritório de Representação do Comércio. 1998 Trade Policy Agenda and 1997 Annual Report of the President of the United States on the Trade Agreements Program. Washington, D.C.: U.S. Government Printer, 1998.

ETZKOWITZ, H.; BRISOLLA, S. N. *Failure and Success*: The Fate of Industrial Policy in Latin America and South East Asia. *Research Policy 28*, p.337-50, 1999.

EVANS, P. *Denationalization and Development*: A Study of Industrialization in Brazil. Cambridge, Mass.: Harvard University, 1971.

_____. *Embedded Autonomy*: States and Industrial Transformation. Princeton, N.J.: Princeton University Press, 1995.

_____. *Dependent Development*: The Alliance of Multinational, State, and Local Capital in Brazil. Princeton, N.J.: Princeton University Press, 1979.

EVERS, H. D.; SILCOCK, T. H. Elites and Selection. In: *Thailand*: Social and Economic Studies in Development. (Ed.) T. H. Silcock. Durham, N.C.: Australian National University Press em associação com Duke University Press, p.84-104, 1967.

EYSENBACK, M. L. American Manufactured Exports, 1879-1914. Nova York: Arno, 1976.

FALKUS, M. *Thai Industrialization*: An Overview. In: *Thailand's Industrialization and its Consequences*. (Ed.) M. Krongkaew. Basingstoke, Reino Unido: Macmillan, p.13-32, 1995.

FALL, J. H. I. The US-Korea Financial Dialogue. In: *The US-Korea Economic Partnership*. (Ed.) Y.-S. Kim; K.-S. Oh. Aldershot, Reino Unido: Avebury, p.179-85, 1995.

FAR EASTERN ECONOMIC REVIEW. Asian Textile Annual. Hong Kong, s.n., 1962.

FARNIE, D. A. The Textile Machine-Making Industry and the World Market, 1870-1960. In: *International Competition and Strategic Response in the Textile Industries since 1870*. (Ed.) M. B. Rose. Londres: Frank Cass, p.150-70, 1991.

FAROQHI, A. Labor Recruitment and Control in the Ottoman Empire (Sixteenth and Seventeenth Centuries). In: *Manufacturing in the Ottoman Empire and Turkey, 1500-1950*. (Ed.) D. Quataert. Albany, N.Y.: State University of Nova York Press, p.13-57, 1994.

FASANO-FILHO, U. et al. *On the Determinants of Brazil's Manufactured Exports*: An Empirical Analysis. Tubingen: J. C. B. Mohr, 1987.

FEDERICO, G. *Il filo d'oro*: L'industria mondiale della seta dalla restaurazione alla grande crisi. Venice: Marsilio, 1994.

FEENSTRA, R. Integration of Trade and Disintegration of Production in the Global Economy. *Journal of Economic Perspectives* 12 (4), p.31-50, 1998.

FELIPE, J. *Total Factor Productivity Growth in East Asia*: A Critical Survey. *Journal of Development Studies* 35 (4), p.1-41, 1999.

FELIX, D. *Industrial Structure, Industrial Exporting, and Economic Policy*: An *Analysis of Recent Argentine Experience*. In: *Fiscal Policy for Industrializaton and Development in Latin America*. (Ed.) D. T. Geithman. Gainesville, Fla.: University of Florida, p.293-339, 1971.

FELKER, G. et al. The Pharmaceutical Industry in India and Hungary. Washington, D.C.: Banco Mundial, 1997.

FEUERWERKER, A. *China's Early Industrialization*: Sheng Hsuan-Huai (1844-1916) and Mandarin Enterprise. Cambridge, Mass.: Harvard University Press, 1958.

_____. *China's Nineteenth Century Industrialization*: The Case of the Hanyeping Coal and Iron Company Ltd. In: *The Economic Development of China and Japan*: Studies in Economic History and Political Economy. (Ed.) C. D. Cowan. Londres: George Allen; Unwin, 1964.

_____. *Industrial Enterprise in Twentieth-Century China*: The Chee Hsin Cement Co. In: *Approaches to Modern Chinese History*. (Ed.) A. Feuerwerker; R. Murphey; M. C. Wright. Berkeley, Calif.: University of California Press, p.304-41, 1967.

_____. *The Chinese Economy, ca. 1870-1911*. Ann Arbor: Center for Chinese Studies, University of Michigan, 1969.

_____. Handicraft and Manufactured Cotton Textiles in China, 1871-1910. *Journal of Economic History* 30 (2), p.338-78, 1970.

_____. Economic Trends in the Republic of China, 1912-1949. Ann Arbor, Mich.: Center for Chinese Studies, University of Michigan, 1977.

FICKER, S. K. *Empresa Extranjera y Mercado Interno*: El Ferrocarril Central Mexicano, 1880-1907. México: El Colegio de México, 1995.

FIELDS, K. J. *Enterprise and the State in Korea and Taiwan*. Ithaca: Cornell University Press, 1995.

FINANCIAL TIMES FT500 [The Financial Times' annual list of the world's 500 largest companies]. *Financial Times* (Londres), 4/5/2000.

FISCHER, S. Structural Adjustment Lessons from the 1980s. *Structural Adjustment: Retrospect* and *Prospect*. (Ed.) D. M. Schydlowsky. Westport, Conn.: Praeger, p.21-31, 1995.

Referências bibliográficas

FISCHER, W. *The Choice of Technique*: Entrepreneurial Decisions in the Nineteenth-Century European Cotton and Steel Industries. In: *Favorites of Fortune:* Technology, Growth, and Economic Development Since the Industrial Revolution. (Ed.) P. Higonnet; D. S. Landes; H. Rosovsky. Cambridge, Mass.: Harvard University Press, p.142-58, 1991.

FISHLOW, A. Origins and Consequences of Import Substitution in Brazil. In: *International Economics and Development:* Essays in Honor of Raul Prebisch. (Ed.) L. E. Di Marco. Nova York: Academic Press, p.311-65, 1972.

_____. Liberalization in Latin America. In: *Economic Liberalization:* No Panacea. (Ed.) T. Banuri. Oxford: Oxford University Press, 1991.

FLANDERS, J. M. *Prebisch on Protectionism:* An Evaluation. *Economic Journal* 74, p.305-26, 1964.

FODOR, J. G.; O'CONNELL, A. Argentina and the Atlantic Economy in the First Half of the 20th Century. Buenos Aires: Instituto Torcuato Di Tella, Centro de Investigaciones Económicas, 1997.

FRANK, A. G. *Capitalism and Underdevelopment in Latin America.* Nova York: Monthly Review Press, 1967.

_____. *ReOrient:* Global Economy in the Asian Age. Berkeley, University of California Press, 1998.

FRANKO, L. G. The Origins of Multinational Manufacturing by Continental European Firms. *Business History Review* 48(3), p.277-302, 1974.

FRASER, L. Iron and Steel in India. Bombaim: s.n., 1919.

FREMDLING, R. Germany. In: *Railways and the Economic Development of Western Europe, 1830-1914.* (Ed.) P. O'Brien. Nova York: St. Martin's Press, p.121-47, 1983.

_____.The German Iron and Steel Industry in the 19th Century. In: *Changing Patterns of International Rivalry.* (Ed.) E. Abe; Y. Suzuki. Tóquio: University of Tokyo Press, 17, p.113-36, 1991.

FRENCH-DAVIS, R. et al. Trade Liberalization in Chile. Genebra: Conferência das Nações Unidas sobre o Comércio e o Desenvolvimento, 1992

_____. La Industrialización Chilena Durante el Proteccionismo y Después (1940-95). Washington, D.C.: Inter-American Development Bank, 1997.

FRIDENSON, P. The Relatively Slow Development of Big Business in 20th Century France. In: *Big Business and the Wealth of Nations.* (Ed.) A. D. J. Chandler, Jr.; F. Amatori; T. Hikino. Cambridge: Cambridge University Press, p.207-45, 1997.

FRIEDMANN, W. G.; BEGUIN, J.-P. *Joint International Business Ventures in Developing Countries:* Case Studies and Analysis of Recent Trends. Nova York: Columbia University Press, 1971.

FRITSCH, W.; FRANCO, G. *Foreign Direct Investment in Brazil*: Its Impact on Industrial Restructuring. Paris: Centro de Desenvolvimento da Organização para a Cooperação e o Desenvolvimento Econômico, 1991.

FRITZSCHE, B. Switzerland. In: *The Industrial Revolution in National Context*. (Ed.) M. Teich; R. Porter. Cambridge: Cambridge University Press, p.126-48, 1996.

FRY, M. J.; MURINDE, V. (Eds.). International Financial Flows and Development: Special Issue. *World Development* 26 (7), p.1165-368, 1998.

FUNDO MONETÁRIO INTERNACIONAL. A Manual on Government Finance Statistics. Washington, D.C.: Fundo Monetário Internacional, 1986.

_____. International Financial Statistics Yearbook. Washington, D.C.: Fundo Monetário Internacional, 1995.

_____. International Financial Statistics Yearbook. Washington, D.C.: Fundo Monetário Internacional, 1997.

_____. International Financial Statistics Yearbook. Washington, D.C.: Fundo Monetário Internacional (vários anos).

FURTADO, C. *The Economic Growth of Brazil*: A Survey from Colonial to ModernTimes. Berkeley: University of California Press, 1963.

GADGIL, D. R. The Industrial Evolution of India in Recent Times. Londres: Oxford University Press, 1959.

GALLAGHER, J.; ROBINSON, R. The Imperialism of Free Trade. *Economic History* Review 6 (1), p.1-15, 1953.

GALLO, E. Agrarian Expansion and Industrial Development. Buenos Aires: Instituto Di Tella, 1970.

GARDNER, D. India Liberalizes Inward Investment Regulations. *Financial Times* (Londres), 3/2/2000.

GARRIDO, C. National Private Groups in Mexico, 1987-1993. *CEPAL Review* 5 (3) (ago.), p.159-75, 1994.

_____. El Caso Mexicano. In: *Las Multinacionales Latinoamericanas: Sus Estrategias en Un Mundo Globalizado*. (Ed.) D. Chudnovsky; B. Kosacoff; A. López. México: Fondo de Cultura Económica, p.166-300, 1999.

GARRIDO, C.; PÉRES, W. Las Grandes Empresas y Grupos Industriales Latinoamericanos en los Anos Noventa. In: *Grandes Empresas y Grupos Industria:* los Latinoamericanos. Mexico: Siglo XXI-CEPAL, 1998.

GATT. *A Study on Cotton Textiles*. Genebra: Acordo Geral sobre Tarifas e Comércio, 1966.

GEE, S. *An Overview of Policy*: Priorities for Industrial Development in Taiwan. *Journal of Industry Studies 2 (1)*, p.27-55, 1995.

GEE, S.; KUO, W.-J. *Export Success and Technological Capabilities*: The Case of Textiles and Electronics in Taiwan Province of China. Genebra: Conferência das Nações Unidas sobre o Comércio e o Desenvolvimento, s.d.

GEERTZ, C. *Peddlers and Princes*: Social Development and Economic Change in Two Indonesian Towns. Chicago: University of Chicago Press, 1963.

GELB, A. et al. (Eds.). *Oil Windfalls*: Blessing or Curse? Washington, D.C.: Banco Mundial, 1988.

GENC, M. *Ottoman Industry in the Eighteenth Century*: General Framework, Characteristics, and Main Trends. In: *Manufacturing in the Ottoman Empire and Turkey, 1500-1950*. (Ed.) D. Quataert. Albany: State University of Nova York, p.59-86, 1994.

GERSCHENKRON, A. *Economic Backwardness in Historical Perspective*: A Book of Essays. Cambridge, Mass.: Harvard University Press, 1962.

GIBB, G. S. The Saco Lowell Shops. Cambridge, Mass.: Harvard University Press, 1950.

GLADE, W. P. Obrajes and the Industrialisation of Colonial Latin America. In: *Economics in the Long View*: Essays in Honour of W. W. Rostow. (Ed.) C. P. Kindleberger; G. Di Tella. Nova York: Nova York University Press, 2, p.25-43, 1982.

GLEN, J. D.; SUMKINSKI, M. A. Trends in Private Investment in Developing Countries. Washington, D.C.: World Bank, International Finance Corporation, 1998.

GOETZ, A. Concentracion y desconcentracion en la industria argentina desde la decada de 1930 a la de 1960. *Desarrollo Economico* 15 (60), p.510-21, 1976.

GOLD, T. B. *State and Society in the Taiwan Miracle*. Armonk, N.Y.: M. E. Sharpe, 1986.

_____. Entrepreneurs, Multinationals, and the State. In: *Contending Approaches to the Political Economy of Taiwan*. (Ed.) E. A. Winckler; S. Greenhalgh. Armonk, N.Y.: M. E. Sharpe, p.175-205, 1988.

GOLDSMITH, R. W. *The Financial Development of India, 1860-1977*. New Haven: Yale University Press, 1983.

GOLDSTEIN, A. *Brazilian Privatization in International Perspective*: The Rocky Road from State Capitalism to Regulatory Capitalism. *Industrial and Corporate Change 8*, n.4, p.673–709, 1999.

GRAHAM, R. *Britain and the Onset of Modernization in Brazil 1850-1914*. Cambridge: Cambridge University Press, 1968.

GRANOVETTER, M. *Coase Revisited*: Business Groups in the Modern Economy. *Industrial and Corporate Change* 4, n.1, p.93-130, 1995.

GREAT EXHIBITION OF THE WORKS OF ALL NATIONS, v. (Londres, 1851), III, p.1168-69. *Documents of European Economic History. S.* Pollard; C. Holmes. Nova York, St. Martin's Press. V.1, *The Process of Industrialization, 1750-1870*, p.347-50, 1968.

GROSSMAN, G. M. The Theory of Domestic Content Protection and Content Preference. *Quarterly Journal of Economics 96(4)*, p.583-603, 1981.

GROUND, R. L. The Great Depression and the Genesis of Import Substitution. *CEPAL Review* (34-6), p.179-203, 1988.

GULYANI, S. *Innovating with Infrastructure*: How India's Largest Carmaker Copes with Poor Electricity Supply. *World Development* 27 (10), p.1749-1768, 1999.

GWIN, C. U.S. Relations with the World Bank, 1945–1992. In: *The World Bank:* Its First Half Century. (Ed.) D. Kapur; J. P. Lewis; R. Webb. Washington, D.C.: Brookings Institution, 195-274, 1997.

GWYNNE, R. N. *Non-Traditional Export Growth and Economic Development*: The Chilean Forestry Sector Since 1974. *Bulletin of Latin American Research* 12 (2), 1993.

HABER, S. H. *Industry and Underdevelopment*: The Industrialization of Mexico, 1890-1940. Stanford, Calif.: Stanford University Press, 1989.

_____. *Industrial Concentration and the Capital Markets*: A Comparative Study of Brazil, Mexico, and the United States, 1830-1930. *Journal of Economic History* 51, n.3 (set. 1991): p.559-80.

HAGGARD, S.; WEBB, S. B. (Eds.) *Voting for Reform*: Democracy, Political Liberalization, and Economic Adjustment. Washington, D.C.: Oxford University Press for the World Bank, 1994.

HALE, W. The Political and Economic Development of Modern Turkey. Londres: Croom Helm, 1981.

HANSON, A. H. *The Process of Planning:* A Study of India's Five Year Plans, 1950-1964. Oxford: Oxford University Press, 1966.

HANSON, J.; C. Neal. *A Review of Interest Rate Policies in Selected Developing Countries.* Washington, D.C.: Unidade Financeira do Banco Mundial, Departamento Industrial, 1984.

HANSON, J. R. II. *Export Shares in the European Periphery and the Third World Before World War I*: Questionable Data, Facile Analogies. *Explorations in Economic History* 23, n.1 (jan.), p.85-99, 1986.

HAO, Y.-P. *The Comprador in Nineteenth Century China:* Bridge between East And West. Cambridge, Mass.: Harvard University Press, 1970.

HARLEY, C. K. International Competitiveness of the Antebellum American Cotton Textile Industry. *Journal of Economic History* 52(3), p.559-84, 1992.

HARVARD BUSINESS SCHOOL. *The House of Tata.* Boston: Harvard Business School, 1992.

_____. *Acer Incorporated.* Boston: Harvard Business School, 1993.

_____. *Sime Darby Berhad, 1995.* Boston: Harvard Business School, 1996.

HATTORI, T. *Hyundai Motor Company:* The New Standard-Bearer of Korean Industrialization. *East Asian Cultural Studies* 28 (1-4), p.45-61, 1989.

_____. Chaebol-Style Enterprise Development in Korea. *Developing Economies* 35 (4), p.458-77, 1997.

HELLEINER, G. K. *Trade, Trade Policy and Industrialization Reconsidered.* Helsinki: United Nations University, WIDER, 1995.

HEMMI, K. *Primary Product Exports and Economic Development:* The Case of Silk. In: *Agriculture and Economic Growth; Japan's Experience.* (Ed.) K. Ohkawa et al. Princeton: Princeton University Press, p.303-23. 1970.

HENG, P. K. *Malaysia's Sino-Capitalist for All Seasons.* Toronto: University of Toronto-York University, Joint Centre for Asia Pacific Studies, 1994.

HENTGES, H. A. *The Repatriation and Utilization of High-Level Manpower:* A Case of the Korea Institute of Science and Technology. Baltimore, Md.: John Hopkins University, 1975.

HERDECK, M.; G. *Piramal.* India's Industrialists. Washington, D.C.: Three Continents Press, 1985.

HERRERA CANALES, I. *El comercio exterior de Mexico, 1821-1875.* Cidade do México El Colegio de Mexico, 1977.

HERSHLAG, Z. Y. *Turkey:* The Challenge of Growth. Leiden: E. J. Brill, 1968.

HEYWOOD, C. *The Cotton Industry in France, 1750–1850.* Loughborough, Reino Unido: Loughborough University, Department of Economics, 1977.

_____. The Launching of an Infant Industry? The Cotton Industry of Troyes under Protectionism, 1792-1860. *Journal of European Economic History* 10, p.553-81, 1981.

HIKINO, T. Managerial Control, Capital Markets, and the Wealth of Nations. In: *Big Business and the Wealth of Nations.* (Ed.) A. D. Chandler Jr.; F. Amatori; T. Hikino. Nova York: Cambridge University Press, p.480-96, 1997.

HIKINO, T. et al. *The Japanese Puzzle:* Rapid Catch-Up and Long Struggle. In: *The Engines of Growth:* The Chemical Industry. (Ed.) A. Arora, R. Landau, and N. Rosenberg. Nova York: John Wiley, p.415-57, 1998.

HIKINO, T.; AMSDEN, A. H. *Staying Behind, Stumbling Back, Sneaking Up, Soaring Ahead*: Late Industrialization in Historical Perspective. In: *Convergence of Productivity:* Cross-National Studies and Historical Evidence. (Ed.) R. R. Nelson; William J. Baumol; Edward N. Wolff. Nova York: Oxford University Press, p.285-315, 1994.

HILL, H. Foreign Investment and Industrialization in Indonesia. Cingapura: Oxford University Press, 1989.

_____. *The Indonesian Economy Since 1966.* Cambridge: Cambridge University Press, 1996.

HO, S. P.-S. Economic Development of Taiwan, 1860-1970. New Haven: Yale University Press, 1978.

_____. *Colonialism and Development*: Korea, Taiwan, and Kwantung. In: *The Japanese Colonial Empire, 1895-1945.* (Ed.) R. H. Myers; M. R. Peattie. Princeton: Princeton University Press, p.347-98, 1984.

HO, Y.-P.; LIN, T.-B. Structural Adjustment in a Free-Trade, Free Market Economy. In: *Pacific Basin Industries in Distress:* Structural Adjustment and Trade Policy in the Nine Industrialized Economies. (Ed.) H. Patrick. Nova York: Columbia University Press, p.257-310, 1991.

HOBDAY, M. *Telecommunications in Developing Countries*: The Challenge from Brazil. Londres: Routledge, 1990.

_____. *Innovation in East Asia*: The Challenge to Japan. Aldershot, Reino Unido: Edward Elgar, 1995.

_____. *East vs South East Asian Innovation Systems*: Comparing OEM and TNC-led Growth in Electronics. In: *Technological Learning* and *Economic Development.* (Ed.) L. Kim; R. R. Nelson. Nova York: Oxford University Press, 1999.

HODA, A. Trade Liberalisation. In: *The New World Trading System:* Readings. (Ed.) Organization for Economic Co-operation and Development. Paris: OCDE, 1994.

HOFFMANN, L.; TAN, Slew. Industrial Growth, Employment, and Foreign Investment in Peninsular Malaysia. Kuala Lumpur: Oxford University Press, 1980.

HOFMAN, A. Economic Development in Latin America in the 20th Century — A Comparative Perspective. In: *Explaining Economic Growth:* Essays in Honour of Angus Maddison. (Ed.) A. Szirmai; B. V. Ark; D. Pilat. Amsterdam: Holanda do Norte, p.241-67, 1993.

HOLLERMAN, L. Foreign Trade in Japan's Economic Transition. In: *The Japanese Economy in International Perspective.* (Ed.) I. Frank. Baltimore: Johns Hopkins University Press, p.168-206, 1975.

HONG, Y.-H. *Public Land Leasing in Hong Kong*: Flexibility and Rigidity in Allocating the Surplus Land Value. Tese (Doutorado) — Massachusetts Institute of Technology, Cambridge, Mass, 1995.

HORI, K. East Asia between the Two World Wars — Industrialization of Japan and Its Ex-Colonies. *Kyoto University Economic Review* 64 (137), p.1-22, 1994.

HOSHINO, T. *Indigenous Corporate Groups in Mexico*: High Growth and Qualitative Change in the 1970s to the Early 1980s. *The Developing Econo-mies* 28 (3), p.302-28, 1990.

_____. Privatization of Mexico's Public Enterprises and the Restructuring of the Private Sector. *Developing Economies* 34 (1), p.34-60, 1996.

HOU, C.-M. Foreign Investment and Economic Development in China. Cambridge, Mass.: Harvard University Press, 1965.

HOWELL, T. R. et al. *Steel and the State*: Government Intervention and Steel's Structural Crisis. Boulder, Colo.: Westview, 1988.

HSIAO, F. S. T.; HSIAO, M.-C. W. *Taiwanese Economic Development and Foreign Trade*. Cambridge, Mass.: Harvard University Fairbank Center Studies on Taiwan. Papers of the Taiwan Studies Workshop, 1995.

HSIAO, L.-l. *China's Foreign Trade Statistics, 1864-1949*. Cambridge, Mass.: Harvard University Press for the East Asian Research Center, 1974.

HSU, M. C. Railway *Problems in China*. Nova York: Ams Press, (1915 [reimp. 1968]).

HUBERMAN, M. How did Labor Markets Work in Lancashire? More Evidence on Prices and Quantities in Cotton Spinning, 1822-1852. *Explorations in Economic History* 28(Janeiro), p.87-120, 1991.

HUENEMANN, R. W. *The Dragon and the Iron Horse*: The Economics of Railroads in China, 1876-1937. Cambridge, Mass.: Harvard University Press for the Council on East Asian Studies, 1984.

HUGHLETT, L. J. (Ed.). Industrialization of Latin America. Nova York: McGraw Hill, 1946.

HUI, L. M. *Ownership and Control of the One Hundred Largest Corporations in Malaysia*. Kuala Lumpur: Oxford University Press, 1981.

HYDE, C. K. Iron and Steel Technologies Moving between Europe and the United States, before 1914. In: *International Technology Transfer*: Europe, Japan, and the LISA, 1700-1914. (Ed.) D. J. Jeremy. Aldershot: Edward Elgar, p.51-73, 1991.

HYMER, S. *The International Operations of National Firms*: A Study of Direct Foreign Investment. Cambridge, Mass.: MIT Press, 1976.

ILO (International Labour Organization). *Yearbook of Labour Statistics*. Genebra: International Labour Organization. IMF. *Veja* Fundo Monetário Internacional, 1970.

INALCIK, H. When and How British Cotton Goods Invaded the Levant Markets. In: *The Ottoman Empire and the World-Economy.* (Ed.) H. Islamoglu-Inan. Cambridge: Cambridge University Press, 1987.

INES BARBARO, M. *Grupos Empresarios, Intercambio Comercial e Inversiones Italianas en la Argentina*: El Caso de Pirelli (1910-1920). *Estudios Migratorios Latinoamericanos* 5 (15-6), p.311–41, 1990.

_____. *Argentina*: Industrial Growth and Enterprise Organization, 1880s-1980s. In: *Big Business and the Wealth of Nations.* (Ed.) A. D. Chandler Jr.; F. Amatori; T. Hikino. Cambridge: ambridge University Press, p.368-93, 1997.

INGRAM, J. C. *Economic Change in Thailand Since 1850.* Stanford, Calif.: Stanford University Press, 1955.

_____. *Economic Change in Thailand, 1850-1970.* Stanford, Cal.: Stanford University Press, 1971.

INSTITUTO DE PESQUISA PARA O DESENVOLVIMENTO DA TAILÂNDIA. Productivity Changes and International Competitiveness of Thai Industries. Bangkok: Instituto de Pesquisa para o Desenvolvimento da Tailândia, 1987.

INTERNATIONAL LABOUR OFFICE. *The World Textile Industry.* Genebra: International Labour Office, 1937.

ISSAWI, C. *The Economic History of the Middle East, 1800-1914*: A Book of Readings. Chicago: University of Chicago Press, 1966.

_____. De-Industrialization and Re-Industrialization in the Middle East Since 1800. *International Journal of Middle East Studies* 12 (4), p.469-79, 1980a.

_____. The Economic History of Turkey 1800-1914. Chicago: University of Chicago Press, 1980b.

ITAMI, H. Mobilizing Invisible Assets. Cambridge, Mass.: Harvard University Press, 1987.

ITO, K. Development Finance and Commercial Banks in Korea. *The Developing Economies* 22 (4), p.453-75, 1984.

IZQUIERDO, R. Protectionism in Mexico. In: *Public Policy and Private Enterprise in Mexico.* (Ed.) R. Vernon. Cambridge, Mass.: Harvard University Press, p.241-89, 1964.

IZUMI, T. The Cotton Industry. *Developing Economies* 17 (4), p.398-420, 1979.

JAIME, E. Technologia e Industria en el Futuro de Mexico. In: *Mexico a la Hora del Cambio.* (Ed.) RUBIO, L. et al. Distrito Federal, Mexico: Cal y Arena, p.193-222, 1995.

JAMES, W. E. et al. *Asian Development*: Economic Success and Policy Lessons. Madison, Wis.: University of Wisconsin for the International Center for Economic Growth, 1987.

JOHNSON, C. *MITI and the Japanese Miracle*: The Growth of Industrial Policy, 1925-1975. Stanford, Calif.: Stanford University Press, 1982.

_____. *Nationalism and the Market*: China as a Superpower. *Japan Policy Research Unit* (n.22), 1996.

JOHNSON, L. L. *Problems of Import Substitution*: The Chilean Automobile Industry. *Economic Development* and *Cultural Change* 15, p.202-16, 1967.

JOHNSON, W. A. *The Steel Industry of India*. Cambridge, Mass.: Harvard University Press, 1966.

JOMO, K. S. *A Question of Class*. Cingapura: Oxford University Press, 1988.

_____ (Ed.). *Industrialising Malaysia*: Policy, Performance, Prospects. Londres: Routledge, 1993.

_____. *Southeast Asia's Misunderstood Miracle*: Industrial Policy and Economic Development in Thailand, Malaysia and Indonesia. Boulder, Colo.: West-View, 1997.

JONES, L.; SAKONG, I. *Government, Business, and Entrepreneurship in Economic Development*: The Korean Case. Cambridge, Mass.: Harvard University Press for the Council on East Asian Studies, 1980.

JORBERG, L. *Structural Change and Economic Growth*: Sweden in the Nineteenth Century. In: *Essays in European Economic History 1789-1914*. (Ed.) F. Crouzet; W. H. Chaloner; W. M. Stern. Londres: Edward Arnold, 1969.

JOURNAL OF DEVELOPING ECONOMIES. Trade Liberalization and Productivity Growth in Asia. *Journal of Developing Economies* 32 (4), p.363-524, 1994.

JUHN, S.-I. *Challenge of a Latecomer*: The Case of the Korean Steel Industry with Specific Reference to POSCO. In: *Changing Patterns of International Rivalry*: Some Lessons from the Steel Industry. (Ed.) E. Abe; Y. Suzuki. Tóquio: Tokyo University Press. 17, p.269-93, 1991.

KAHLER, M. *International Institutions and the Political Economy of Integration*. Washington, D.C.: Brookings, 1995.

KANG, C.-K. Diversification Process and the Ownership Structure of Samsung Chaebol. In: *Beyond the Firm: Business Groups in International and Historical Perspective*. (Ed.) T. Shiba; M. Simotani. Oxford: Oxford University Press, p.31-58, 1997.

KANO, H. Indonesia Business Groups and Their Leaders. *East Asian Cultural Studies* 28 (março), p.145-72, 1989.

KAPLINSKY, R. *Easternisation*: The Spread of Japanese Management Techniques to Developing Countries. Essex: Frank Cass, 1994.

_____. *Technique and System*: The Spread of Japanese Management Techniques to Developing Countries. *World Development* 25 (5), p.681-94, 1997.

KAPUR, D. *On Industrial Performance*: Technology, Policies and Institutions in the Indian Petrochemical Industry. Tese (Doutorado) — Woodrow Wilson School. Princeton, N.J.: Princeton University, 1994.

KAROL, J. C.; HILDA, S. *Incomplete Industrialization*: An Argentine Obsession. *Latin American Research Review* 25 (1), p.7-30, 1990.

KATRAK, H. *Economic Analyses of Industrial Research Institutes in Developing Countries*: The Indian Experience. *Research Policy 27*, p.337-47, 1998.

KATZ, J. *Technology Generation in Latin American Manufacturing Industries*. Nova York: St. Martin's, 1987.

_____. El Escenario Farmacéutico y Farmoquímico Latinamericano e Internacional de la Década de los Anos Noventa. Santiago, Chile: Cepal, 1995.

KATZ, J.; BERCOVICH, N. A. *National Systems of Innovation Supporting Technical Advance in Industry*: The Case of Argentina. In: *National Innovation Systems*: A Comparative Analysis. (Ed.) R. R. Nelson. Nova York: Oxford University Press, 1993.

KATZ, J.; KOSACOFF, B. *Import Substitution Industrialization in Argentina in the Period 1940-1980*: Its Achievements and Shortcomings. Santiago de Chile: Comissão Econômica da ONU para a América Latina, 1996.

KAWABE, N.; DAITO, E. (Eds.). Education and Training in the Development of Modern Corporations. International Conference on Business History. Tóquio: University of Tokyo Press, 1993.

KENWOOD, A. G.; LOUGHEED, A. L. *Technological Diffusion and Industrialisation Before 1914*. Londres: Croom Helm, 1982.

KEREMITSIS, D. *La Industria Textil Mexicana en el Siglo Xix*. Cidade do México: Secretaria de Educación Pública, 1973.

_____. *The Cotton Textile Industry in Porfiriato, Mexico, 1870-1910*. Nova York: Garland Publishing, 1987.

KERR, I. J. *Building the Railways of the Raj, 1850-1900*. Délhi: Oxford University Press, 1995.

KEYDER, C. *State and Class in Turkey*: A Study in Capitalist Development. Londres: Verso, 1987.

_____. Manufacturing in the Ottoman Empire and in Republican Turkey, ca. 1900-1950. In: *Ottoman Industry in the Eighteenth Century*: General Framework, Characteristics, and Main Trends. (Ed.) D. Quataert. Albany, N.Y.: State University of Nova York, p.123-64, 1994.

KHAN, A. R. *Structural Adjustment and Income Distribution*: Issues and Experience. Genebra: Organização Internacional do Trabalho, 1993.

KHANNA, T. Sime Darby Berhad, 1995. Cambridge, Mass.: Harvard Business School, 1997.

KIM, L. South Korea. In: *National Systems of Innovation*. (Ed.) R. R. Nelson. Nova York: Oxford University Press, 1993.

_____. *Imitation to Innovation*: The Dynamics of Korea's Technological Learning. Boston: Harvard Business School Press, 1997.

KIM, L.; YI, G. *The Dynamics of R&D in Industrial Development*: Lessons from the Korean Experience. *Industry and Innovation 4(2)*, p.167-82, 1997.

KIM, M.-J. The Republic of Korea's Successful Economic Development and the World Bank. In: *The World Bank*: Its First Half Century. (Ed.) D. Kapur; J. P. Lewis; R. Webb. Washington, D.C.: Brookings, p.17-47, 1997.

KINDLEBERGER, C. P. *Foreign Trade and the National Economy*. New Haven: Yale University Press, 1962.

KING, S. T.; LIEU, D. K. China's Cotton Industry. Xangai: Chinese Mill Owners Association, 1929.

KIRAY, E. *Turkish Debt and Conditionality in Historical Perspective*: A Comparison of the 1980s with the 1860s. In: *The Political Economy of Turkey*: Debt, Adjustment and Sustainability. (Ed.) T. Aricanli; D. Rodrik. Londres: Macmillan, p.254-68, 1990.

KIYOKAWA, Y. *Technical Adaptation and Managerial Resources in India*: A Study of the Experience of the Cotton Textile Industry from a Comparative Viewpoint. *Developing Economies* 21, p.97-133, 1983.

KNUTRUD, L.-H. TRIPs in the Uruguay Round. In: *The New World Trading System*: Readings. (Ed.) OCDE. Paris: OCDE, p.193-95, 1994.

KOBAYASHI, H. The Postwar Economic Legacy of Japan's Wartime Empire. In: *The Japanese Wartime Empire, 1931-1945*. (Ed.) P. Duus; R. H. Mycrs; M. R. Peattie. Princeton: Princeton University Press, p.324-34, 1996.

KOBAYASHI, K.; MORIKAWA, H. (Eds.). *Development of Managerial Enterprise*. Procedimentos da Conferência Fuji sobre História dos Negócios Internacionais. Tóquio: University of Tokyo Press, 1986.

KOCKA, J. Entrepreneurs and Managers in German Industrializationi. In: *The Cambridge Economic History of Europe*. (Ed.) P. Mathias; M. M. Postan. Cambridge: Cambridge University Press, v. 7, parte 1, 1978.

KOH, S. J. *Stages of Industrial Development in Asia*: A Comparative History of the Cotton Industry in Japan, India, China, and Korea. Filadélfia: University of Pennsylvania Press, 1966.

KOHLI, A. Where Do High Growth Political Economies Come From? The Japanese Lineage of Korea's 'Developmental State'. *World Development 22*, p.1269-93, 1994.

KOIKE, K.; INOKI, T. (Eds.). Skill Formation in Japan and Southeast Asia. Tóquio: University of Tokyo Press, 1990.

KOPITS, G. *Structural Reform, Stabilization, and Growth in Turkey.* Washington, D.C.: Fundo Monetário Internacional, 1987.

KORNAI, J. *The Socialist System*: The Political Economy of Communism. Princeton: Princeton University Press, 1992.

KRAVIS, I. B. The Role of Exports in Nineteenth-Century United States Growth. *Economic Development and Cultural Change* 20 (3), p.387-405, 1972.

KRONISH, R.; MERICLE, K. S. (Eds.). The Political Economy of the Latin American Motor Vehicle Industry. Cambridge, Mass.: MIT Press, 1984.

KRUEGER, A. O. East Asian Experience and Endogenous Growth Theory. In: *Growth Theories in Light of the East Asian Experience.* (Ed.) T. Ito; A. O. Krueger. Chicago: University of Chicago Press, p.9-36, 1995.

_____. *Trade Policies and Developing Nations.* Washington, D.C.: Brookings Institution, 1995.

KRUGMAN, P. *Import Protection as Export Promotion*: International Competition in the Presence of Oligopoly and Economies of Scale. In: *Monopolistic Competition and International Trade.* (Ed.) H. Keirzkowski. Oxford: Oxford University Press, 1984.

KRUGMAN, P. (Ed.). *Trade with Japan*: Has the Door Opened Wider? Chicago: University of Chicago Press for the National Bureau of Economic Research. Krugman, P.; e L. Taylor (1978). Contractionary Effects of Devaluation. *Journal of International Economics* 8, p.445-56, 1991.

KUMAR, A. *India's Manufactured Exports, 1957-1980.* Délhi: Oxford University Press, 1988.

KUWAHARA, T. *The Establishment of Oligopoly in the Japanese Cotton-Spinning Industry and the Business Strategies of Latecomers*: The Case of Naigaiwata; Co., Ltd. *Japanese Yearbook on Business History*: 1986 3, p.103-34, 1986.

_____.The Local Competitiveness and Management of Japanese Cotton Spinning Mills in China in the Inter-war Years. In: *The Transfer of International Technology*: Europe, Japan and the USA in the Twentieth Century. (Ed.) D. J. Jeremy. Aldershot, Reino Unido: Edward Elgar, p.147-66, 1991.

KUZNETS, S. Economic Growth and Income Inequality. *American Economic Review 45*, n.1 (março), p.1-28, 1955.

_____. *Modern Economic Growth*: Rate, Structure, and Spread. New Haven: Yale University Press, 1966.

_____. Quantitative Aspects of the Economic Growth of Nations: X. Level and Structure of Foreign Trade: Long-term Trends. *Economic Development and Cultural Change* 15, n.2 (part II), p.1-232, 1967.

_____. *The Gap*: Concept, Measurement, Trends. In: *The Gap Between Rich and Poor Nations*: Proceedings of a Conference Held by the International Economic Association at Bled, Yugoslavia. (Ed.) Gustav Ranis. Londres: Macmillan, 1972.

KUZNETS, S. et al. (Eds.). *Economic Growth*: Brazil, India, Japan. Durham, N.C.: Duke University Press, 1955.

KWON, J. The East Asia Challenge to Neoclassical Orthodoxy. *World Development* 22 (4), p.635-44, 1994.

LA PORTA, R.; LOPEZ-DE-SILANES, F. *The Benefits of Privatization:* Evidence from Mexico. Cambridge, Mass.: National Bureau of Economic Research, 1997.

LAI, S.-B. *Strategy for Technology Development of Taiwan's Automobile Industry*: A Case Study of Yeu-Tyan Machinery Company. In: *Taiwan's Enterprises in Global perspective*. (Ed.) N. T. Wang. Armonk, N.Y.: M. E. Sharpe, p.235-68, 1992.

LAL, D. *Hindu Equilibrium*: Cultural Stability and Economic Stagnation, India, c[irca] 1500 BC-AD 1980. Oxford: Clarendon Press, 1988.

LALL, S. *Learning to Industrialize*: The Acquisition of Technological Capability by India. Basingstoke: Macmillans, 1987.

_____. Multinationals and Technology Development in Host Countries. In: *Transnational Corporations and Economic Development*. (Ed.) S. Lall. Londres: Routledge. 3, p.237-50, 1993.

_____. *Thailand's Manufacturing Competitiveness*: An Overview. In: *Competitiveness* and *Sustainable Economic Recovery in Thailand*. (Ed.) J. Witte; S. Koeberle. Bangkok: Escritório Tailandês do Banco Mundial e Conselho Nacional de Desenvolvimento Social e Econômico, p.211-34, 1998.

_____. *India's Manufactured Exports*: Comparative Structure and Prospects. *World Development* 27 (10), p.1769-86, 1999.

LAMB, H. B. The "State" and Economic Development in India. In: *Economic Growth: Brazil, India,* Japan. (Ed.) S. Kuznets, W. E. Moore; J. J. Spengler. Durham, N.C.: Duke University Press, 1955.

LANDES, D. *The Unbound Prometheus*: Technological Change and Industrial Development in Western Europe from 1750 to the Present. Cambridge: Cambridge University Press, 1969.

_____. *Some Further Thoughts on Accident in History*: A Reply to Professor Crafts. *Economic History Review* 48 (3), p.599-601, 1995.

_____. *The Wealth and Poverty of Nations*: Why Some Are So Rich and Some So Poor. Nova York: Norton, 1998.

LARDY, N. R. Chinese Foreign Trade. *China Quarterly*, p.691-720, 1992.

LATHAM, A. J. H. The International Economy and the Undeveloped World, 1865-1914. Londres: Croom Helm, 1978.

_____. The Depression and the Developing World, 1914-1939. Londres: Croom Helm, 1981.

LATHAM, A. J. H.; KAWAKATSU, H. (Eds.). Japanese Industrialisation and the Asian Economy. Londres: Routledge, 1994.

LEE, C. Adoption of the Ford System and Evolution of the Production System in the Chinese Automobile Industry, 1953-93. In: *Fordism Transformed: The Development of Production Methods in the Automobile Industry.* (Ed.) H. Shiomi; K. Wada. Nova York: Oxford University Press, p.298-314, 1995.

LEE, K. U. *Competition Policy, Desregulation and Economic Development*: The Korean Experience. Seul: Instituto de Comércio e Economia Industrial da Coréia, 1998.

LEE, K. Y. *Policy Loans System — Performance, Effect, and Improvement Measure*. Instituto Fiscal da Coréia em Seul, 1994.

LEE, S.-Y. *Money and Finance in the Economic Development of Taiwan*. Houndmills: Macmillan, 1990.

LEE, S. A. Economic Growth and the Public Sector in Malaya and Singapore, 1948-1960. Cingapura: Oxford University Press, 1974.

LEE, T. H.; LIANG, K.-S. Taiwan. In: *Development Strategies in Semi-Industrial Economies.* (Ed.) Bela Balassa and associates. Baltimore: Johns Hopkins University Press for the World Bank, p.310-50, 1982.

LEFF, N. The Brazilian Capital Goods Industry, 1929-1964. Cambridge, Mass.: Harvard University Press, 1968a.

_____. *Economic Policy-Making and Development in Brazil, 1947-1964.* Nova York: John Wiley, 1968b.

_____. *Underdevelopment and Development in Brazil.* Londres: George, Allen, and Unwin, 1982.

LEIPZIGER, D. *The Distribution of Income and Wealth in Kore*a. Washington, D.C.: Banco Mundial, 1992.

LESSARD, D.; AMSDEN, A. H. The Multinational Enterprise as a Learning Organization. In: *Proceedings of the International Economic Association.* Nova York: Macmillan, 1998.

LEVY-LEBOYER, M.; BOURGUIGNON, F. *L'économie française au XIXe siècle*: analyse macro-économique. Paris: Economica, 1986.

LEWIS, C. M. *Latin American Business History, c. 1870-1930*: Recent Trends in the Argentinian and Brazilian Literature. *América Latina en la Historia Económica. Boletin de Fuentes* 4 (Julio-Diciembre), p.89-109, 1995.

LEWIS, P. H. *The Crisis of Argentine Capitalism*. Chapel Hill: University of North Carolina Press, 1990.

LEWIS, W. A. Economic Survey, 1919-1939. Londres: Allen; Unwin, 1949.

_____. Economic Development with Unlimited Supplies of Labour. *Manchester School of Economics and Social Studies* 22 (maio), p.139-91, 1954.

_____. Tropical Development, *1880-1913*. Evanston, Ill.: Northwestern University Press, 1970.

LI, K. T. The Evolution of Policy behind Taiwan's Development Success. New Haven: Yale University Press, 1988.

LI, L. M. *China's Silk Trade*: Traditional Industry in the Modern World, 1842-1937. Cambridge, Mass.: Harvard University Press for the Council on East Asian Studies, 1981.

LIAO, K. The Development of Small and Medium Sized Enterprises in the Republic of China, 1994.

LIEU, D. K. *China's Industries and Finance*. Pequim: Escritório de Informações Econômicas do Governo Chinês, 1928.

_____. *The Growth and Industrialization of Shanghai*. Xangai: Instituto de Relações Pacíficas da China, 1936.

_____. *China's Economic Stabilization and Reconstruction*. New Brunswick, N.J.: Rutgers University Press, 1948.

LIM, Y. *Public Policy for Upgrading Industrial Technology in Korea*. Boston: MIT Press, 1999.

LIN, B.-C. The Study of Taiwan's Textile Industry Development. In: *On Taiwan Industrial Development* (In Chinese), 1969.

LIN, C.-Y. *Industrialization in Taiwan, 1946-72*. Nova York: Praeger, 1973.

LINDBLAD, J. T. (Ed.). Historical Foundations of a National Economy in Indonesia, 1890s-1990s. Amsterdam: Holanda do Norte, 1996.

_____. *Foreign Investment in Southeast Asia in the Twentieth Century*. Canberra: Macmillan in Association with the Australian National University, 1998.

LING, S. L. M. The Transformation of Malaysian Business Groups. In: *Southeast Asian Capitalists*. (Ed.) R. McVey. Ithaca, N.Y.: SEAP, Cornell University, p.103-26, 1993.

LITTLE, I. et al. *Industry and Trade in Some Developing Countries*: A Comparative Study. Paris: Oxford University Press for the OCDE, 1970.

LITTLE, I. M. D. *Economic Development*: Theory, Policy, and International Relations. Nova York: Basic Books, 1982.

LOPES, A. El Caso Brasileno. In: *Las Multinacionales Latinoamericanas:* Sus Estrategias en Un Mundo Globalizado. (Ed.) D. Chudnovsky; B. Kosacoff; A. Lopez. Mexico: Fondo de Cultura Económica p.301-46, 1999.

LOVE, J. H.; LAGO-HIDALGO, F. *The Ownership Advantage in Latin American FDI*: A Sectoral Study of U.S. Direct Investment in Mexico. *Journal of Development Studies* 35(5), p.76-95, 1999.

LOW, P. *The GATT and U.S. Trade Policy.* Nova York: Twentieth Century Fund Press, 1993.

LU, Q. *Industrial Organization and Underdevelopment*: The Case of Chinese Textile Industry, 1890-1936. Cambridge, Mass.: Harvard University, 1993.

_____. *Innovation and Organization*: The Rise of New Science and Technology Enterprises in China. Tese (Doutorado) — Cambridge, Mass: Harvard University, 1997.

LUCKE, M. *Traditional Labour-Intensive Industries in Newly Industrializing Countries*: The Case of Brazil. Tubingen: J. C. B. Mohr, 1990.

LUNDVALL, B.-A. (Ed.). *National Systems of Innovation*: Towards a Theory of Innovation and Interactive Learning. Londres: Pinter, 1992.

LUSTIG, N.; ROS, J. Mexico. In: *The Rocky Road to Reform*: Adjustment, Income Distribution and Growth in the Developing World. (Ed.) L. Taylor. Cambridge, Mass.: MIT Press, p.267-320, 1993.

MACARIO, S. Protectionism and Industrialization in Latin America. *Economic Bulletin for Latin America 9(1)*, p.61-101, 1964.

MACPHERSON, W. J. Investment in Indian Railways, 1845-1875. *Economic History Review,* 2. series, v.8, n.: 1, 2 e 3, p.177-86, 1955-1966.

_____. Economic Development in India under the British Crown, 1858-1947. In: *Economic Development in the Long Run*. Ed. A. J. Youngson. Londres: George Allen; Unwin, p.126-91, 1972.

MADDISON, A. *Class Structure and Economic Growth*: India and Pakistan Since the Moghuls. Nova York: W. W. Norton, 1971.

_____. A Long Run Perspective on Saving. Groningen: Institute of Research, Faculty of Economics, University of Grongingen, 1991.

_____. Monitoring the World Economy 1820-1992. Paris: OCDE, 1995.

MAIZELS, A. Industrial Growth and World Trade. Cambridge: Cambridge University Press for the National Institute of Economic and Social Research. Malaguti, M.-C. (1998). "Restrictive Business Practices in International Trade and the Role of the World Trade Organization." *Journal of World Trade* 32 (3), p.117-52, 1963.

MALÁSIA, Bank Negara. Money and Banking in Malaysia, 30th Anniversary Edition, 1959-1989. Kuala Lumpur: Bank Negara Malaysia, 1989.

MALÁSIA, Governo da. *Economic Report*. Kuala Lumpur: Ministry of Finance (vários anos).

MALLON, R. D.; SOURROUILLE, W. J. V. *Economic Policymaking in a Conflict Society*: The Argentine Case. Cambridge, Mass.: Harvard University Press, 1975.

MALONEY, W. F.; AZEVEDO, R. R. *Trade Reform, Uncertainty and Export Promotion*: Mexico 1982-88. *Journal of Developoment* Economics 48, p.67-89, 1995.

MAMALAKIS, M. *An Analysis of the Financial and Investment Activities of the Chilean Development Corporation*: 1939-1964. *Journal of Development Studies 5 (2)*, p.118-37, 1969.

_____. *The Growth and Structure of the Chilean Economy*: From Independence to Allende. New Haven: Yale University Press, 1976.

MAMALAKIS, M. J.; REYNOLDS, C. W. *Essays on the Chilean Economy*. New Haven: Yale University Press, 1965.

MANDEVILLE, B. *The Fable of the Bees*: or, Private Vices, Publick Benefits. Londres: Oxford University Press, (1714 [reimp. 1924]).

MANI, S. Government and the Organisation of Industrial Research and Development, An Examination of the Japanese, Korean and Indian Experiences. Maastricht: Universidade/Instituto para Novas Tecnologias das Nações Unidas, 1999.

MARKOVITCH, T. J. L'Industrie française de 1789 à 1964 — Analyse des faits (suire). In: *Histoire quantitative de l'économie française*. Paris. 5: tables, section 16, 1966.

MATHEWS, J. A.; CHO, D.-S. Tiger Technology: *The Creation of a Semicon* (1997b), s.l., 2000.

MATHEWS, J. K. *The Development and Upgrading of Manufacturing Industries in Taiwan*: Industrial Development Bureau, Ministry of Economic Affairs. *Industry and Innovation* 4(2), p.277-302, 1997a.

_____. *A Silicon Valley of the East*: Creating Taiwan's Semiconductor Industry. *California Management Review* 39 (4), p.26-53, 1997b.

MATHIAS, P. Capital, Credit, and Enterprise in the Industrial Revolution. *Journal of European Economic History* 2, p.121-43, 1973.

MATSUI, T. On the Nineteenth-Century Indian Economic History — A Review of a 'Reinterpretation'. *Indian Economic and Social History Review* 5, n.1 (mar. 1968), p.17-33, 1968.

MATTAR, J. M. La Competitividad de la Industria Química. In: *La industrial mexicana en el mercado mondial*: Elementos para una política industrial. (Ed.) F. Clavijo; J. I. Casar. México: Fondo de Cultura Económica, p.159-312, 1994.

MATTOON, R. H. Railroads, Coffee, and the Growth of Big Business in São Paulo, Brazil. *Hispanic American Historical Review* 57 (2), p.273-95, 1977.

MCCALLION, S. W. *Trial and Error*: The Model Filature at Tomioka. In: *Managing Industrial Enterprise*: Cases from Japan's Prewar Experience. (Ed.) W. D. Wray. Cambridge, Mass.: Harvard University Press, p.87-120, 1989.

MCKAY, J. *Foreign Enterprise in Russia and Soviet Industry*: A Long Term Perspective. *Business History Review* 48 (3), p.336-56, 1974.

MCLEOD, R. Financial Institutions and Markets in Indonesia. In: *Financial Institutions and Markets in Southeast Asia*. (Ed.) M. T. Skully. Londres: Macmillan, p.49-109, 1984.

MCMAHON, W. W. *Education and Development*: Measuring the Social Benefits. Nova York: Oxford University Press, 1999.

MEHTA, D. S. *The Indian Cotton Textile Industry*: An Economic Analysis. Bombaim: G. K. Ved for the Textile Association, 1953.

MERCHANT, K. Control in Business Organizations. Marshfield, Mass.: Pitman, 1985.

MESQUITA Moreira, M. *Industrialization, Trade and Market Failures*: The Role of Government Intervention in Brazil and South Korea. Londres: Macmillan, 1995.

_____. *Estrangeiros em uma Economia Aberta*: Impactos Recentes Sobre Produtividade, Concentração e Comércio Exterior. Rio de Janeiro: Banco Nacional de Desenvolvimento Econômico e Social (BNDES), 1999.

MESSI, M. N.; BASRI, F. H. The Development of Plywood Industry in Indonesia. Tóquio: Fundação para Estudos Avançados sobre o Desenvolvimento Industrial, 1997.

MEXICO, Government of Anuario Estadístico de los Estados Unidos Mexicanos. Cidade do México: Instituto Nacional de Estadística, 1994.

MILLER, R. Latin American Manufacturing and the First World War. *World Development* 9 (8), p.707-16, 1981.

MILLER, S. M. et al. (Eds.). *Studies in the Economic History of the Pacific Rim*. Londres: Routledge, 1998.

MIN, S. A *Study of the Internationalization of the Korean Automobile Industry*. Dissertação (Mestrado) — Cambridge, Mass, Massachusetts Institute of Technology, Sloan School of Management, 1982.

MINAMI, R. *The Economic Development of Japan*: A Quantitative Study. Nova York: St. Martin's Press, 1994.

MINISTÉRIO da Fazenda do Japão. History of Public Finance in Showa Years. Tóquio: Ministério da Fazenda, 1975.

_____. *Fiscal and Monetary Statistics Monthly*: Fiscal Investments and Loan Program, Special Edition. Tóquio: Ministério da Fazenda, 1978.

_____. Annual Report on National Accounts of 1995. Tóquio, 1995.

_____. Fiscal Statistics Yearbook. Tóquio: Ministério da Fazenda (vários anos).

MINISTÉRIO de Ciência e Tecnologia, Coréia. *Science and Technology Annual.* Seul: Ministério de Ciência e Tecnologia, 1998.

MINSKY, H. P. *Stabilizing an Unstable Economy.* New Haven, Conn.: Yale University Press, 1986.

MIYAMOTO, M. *The Products and Market Strategies of the Osaka Cotton Spinning company*: 1883-1914. In: *Japan Yearbook On Business History,* p.117-59, 1988.

MIYAZAKI, Y. Excessive Competition and the Formation of Keiretsu. In: *Industry and Business in Japan.* (Ed.) K. Sato. White Plains, N.Y.: M. E. Sharpe, p.53-73 (1980 [orig. 1965]).

MONTEIRO FILHA, D. C. *A aplicação de fundos compulsórios pelo BNDES na formação da estrutura setorial da indústria brasileira:* 1952-1989. Tese (Doutorado) — Instituto de Economia Industrial, UFRJ, 1994.

_____. A contribuição do BNDES para a formação da estrutura setorial da indústria brasileira no período 1952/89. *Revista do BNDES 2 (3),* p.151-66, 1995.

MOODY'S. *Moody's International.* Nova York, 1996.

MORENO-BRID, J. C. Reformas Macroeconómicas e Inversion Manufacturera en México. Santiago, Chile: Cepal, 1998.

MORIKAWA, I I. *Prerequisites for the Development of Managerial Capitalism*: Cases in Prewar Japan. In: *Development of Managerial Enterprise.* (Ed.) K. Kobayashi; H. Morikawa. Tóquio: University of Tokyo Press, 12, p.1-33, 1986.

_____. *Zaibatsu:* The Rise and Fall of Family Enterprise Groups in Japan. Tóquio: University of Tokyo Press, 1992.

MORRIS, M. D. *The Emergence of an Industrial Labour Force in India*: A Study of the Bombay Cotton Mills, 1854-1947. Berkeley: University of California Press, 1965.

_____. Towards a Reinterpretation of Nineteenth Century Indian Economic History. *Indian Economic and Social History Review* 5, p.1-15, 1968.

_____.The Growth of Large-Scale Industry to 1947. In: *The Cambridge Economic History of India.* (Ed.) D. Kumar; M. Desai. Cambridge: Cambridge University Press. v.2, 1983.

MORTIMORE, M. Flying Geese or Sitting Ducks? Transnationals and Industry in Developing Countries. *CEPAL Review* 51 (dez.), p.15-34, 1993.

MOSER, C. K. *The Cotton Textile Industry of Far Eastern Countries.* Boston: Pepperell Manufacturing Company, 1930.

MOSK, S. A. *Industrial Revolution in Mexico.* Berkeley: University of California Press, 1950.

MOSKOWITZ, K. *Current Assets*: The Employees of Japanese Banks in Colonial Korea. Cambridge, Mass.: Harvard University, 1979.

MOSLEY, P. et al. *Aid and Power*: The World Bank and Policy-Based Lending in the 1980s. Londres: Routledge, 1991.

MOURSHED, M. *Technology Transfer Dynamics*: Lessons from the Egyptian and Indian Pharmaceutical Industries. Tese (Doutorado) — Massachusetts Institute of Technology, Cambridge, Mass, 1999.

MOWERY, D.; ROSENBERG, N. The U.S. National Innovation System. In: *National Innovation Systems:* A Comparative Analysis. (Ed.) R. R. Nelson. Nova York: Oxford University Press, p.29-75, 1993.

MULLER, W. El financiamiento de la industrializacion, el caso de la industrial textil poblana. Comunicaciones 15, 1978.

MURPHEY, R. *The Outsiders*: The Western Experience in India and China. Ann Arbor: University of Michigan Press, 1977.

MYERS, M. G. México. In: *Banking Systems.* (Ed.) B. H. Beckhart. Nova York: Columbia University Press, p.573-607, 1954.

MYERS, R. G. *Education and Emigration*: Study Abroad and the Migration of Human Resources. Nova York: David McKay Company, 1972.

NACIONAL FINANCIERA, S. A. La política industrial en el desarrollo económico de México. México: Nacional Financiera, S. A., 1971.

_____. Informe Anual. México: Nacional Financiera, S. A. (vários anos).

NAÇÕES UNIDAS, Organização das. *The Growth of World Industry, 1938-1961*: National Tables. Nova York: Nações Unidas, 1963.

_____. *The Growth of World Industry, 1938-1961*: International Analyses and Tables. Nova York: Nações Unidas, 1965.

_____. National Accounts Statistics. Nova York: Nações Unidas, 1998.

_____. Departamento Internacional de Questões Econômicas e Sociais. *Special Study, National Accounts Statistics*: Compendium of Income Distribution Statistics. Nova York: Nações Unidas, 1985.

_____. Growth of World Industry. Genebra: Nações Unidas. United States (vários anos). *Historical Statistics of the United States.* Washington, D.C.: Government Printing Office (vários anos).

NAKAOKA, T. The Transfer of Cotton Manufacturing Technology from Britain to Japan. In: *International Technology Transfer, Europe, Japan and the USA, 1700-1914.* (Ed.) D. J. Jeremy. Aldershot: Edward Elgar, p.181-98, 1991.

NAM, C.-H. The Role of Trade and Exchange Rate Policy in Korea's Growth. In: *Growth Theories in Light of the East Asian Experience.* (Ed.) T. Ito; A. O. Krueger. Chicago: s.n., p.153-80, 1995.

NARAYANAN, K. *Technology Acquisition, Deregulation and Competitiveness*: A Study of Indian Automobile Industry. *Research Policy 27*, p.215-28, 1998.

NARDINELLI, C. *Productivity in Nineteenth Century France and Britain*: A Note on the Comparisons. *Journal of European Economic History* 17 (2), p.427-34, 1988.

NARONGCHAI, A.; AJANANT, J. *Manufacturing Protection in Thailand*: Issue and Empirical Studies. Canberra: ASEAN-Australia Joint Research Project, 1983.

NASUTION, A. *Financial Institutions and Policies in Indonesia.* Cingapura: Institute of Southeast Asian Studies, 1983.

NATHAN, A. Imperialism's Effects on China. *Bulletin of Concerned Asian Scholars* 4, n.4 (dez.), 1972.

NAYYAR, D. An Analysis of the Stagnation in India's Cotton Textile Exports during the 1960s. *Oxford Bulletin of Economics and Statistics* 35 (1), p.1-19, 1973.

NEIKIRK, W. R. *Volcker*: Portrait of the Money Man. Nova York: Congdon; Weed, 1987.

NELSON, R. R. *Innovation and Economic Development*: Theoretical Retrospect and Prospect. In: *Technology Generation in Latin American Manufacturing Industries.* (Ed.) J. M. Katz. Nova York: St. Martin's, p.78-93, 1987.

_____ (Ed.). National Innovation Systems: *A Comparative Analysis.* Nova York: Oxford University Press, 1993.

NEWFARMER, R. (Ed.) *Profits, Progress and Poverty*: Case Studies of International Industries in Latin America. Notre Dame, Ind.: University of Notre Dame, 1985.

NEWFARMER, R.; MUELLER, W. *MNCs in Brazil and Mexico*: Structural Sources of Economic and Non-Economic Power. Washington, D.C.: U.S. Senate, 1975.

NOLAN, P. *From State Factory to Modern Corporation? China's Shougang Iron and Steel Corporation Under Economic Reform.* Cambridge: University of Cambridge, Department of Applied Economics, 1996a.

_____. *Large Firms and Industrial Reform in Former Planned Economies:* The Case of China. *Cambridge Journal of Economics* 20, p.1-29, 1996b.

NOLAN, P.; XIAOQIANG, A. W. *The Chinese Army's Firm in Business:* The Sanjiu Group. Cambridge: University of Cambridge, Department of Applied Economics, 1996.

NORMAN, E. H. *Japan's Emergence as a Modern State.* Nova York: Institute of Pacific Relations, 1940.

NORTH, D. C. Industrialization in the United States. In: *The Cambridge Economic History of Europe.* (Ed.) H. J. Habakkuk e M. Postan. Cambridge: Cambridge University Press. v.6. *The Industrial Revolution and After:* Incomes, Population and Technological Change (2), p.673-705, 1965.

_____. Institutions, Institutional Change and Economic Performance. Cambridge: Cambridge University Press, 1990.

NUGENT, J. B. Exchange Rate Movements and Economic Development in the Late Nineteenth Century. *Journal of Political Economy* 81, n.5 (set./out.), p.1110-35, 1973.

NUMAZAKI, I. Networks of Taiwanese Big Business. *Modern China* 12(4), p.487-534, 1986.

_____. *The Laoban-Led Development of Business Enterprises in Taiwan:* An Analysis of the Chinese Entrepreneurship. *Developing Economies* 34 (4), p.485-508, 1997.

NYE, J. V. *Firm Size and Economic Backwardness:* A New Look at the French Industrialization Debate. *Journal of Economic History* 47, p.649-69, 1987.

_____. The Myth of Free Trade Britain and Fortress France in the Nineteenth Century. *Journal of Economic History* 51 (1), p.23-46, 1991.

WON CHUL, O. *Korean-Type Economic Construction:* An Analysis of the Engineering Approach. *The Pacific* Review 8 (2), p.345-57, 1995.

O'BRIEN, P. K. *Power with Profit:* The State and the Economy, 1688-1815: An Inaugural Lecture Delivered in the University of London. Londres: University of Londres, 1991.

_____. Intercontinental Trade and the Development of the Third World Since the Industrial Revolution. *Journal of World History* 8 (1), p.75-133, 1997.

O'CONNELL, A. *Free Trade in One (Primary Producing) Country:* The Case of Argentina in the 1920's. Buenos Aires: Instituto Torcuato Di Tella, 1984.

OCAMPO, J. A.; TAYLOR, L. *Trade Liberalization in Developing Economies:* Modest Benefits but Problems with Productivity Growth, Macro Prices, and Income Distribution. *Economic Journal* 108 (450), p.1523-46, 1997.

ODELL, R. M. Cotton Goods in China. Washington, D.C.: U.S. Department of Commerce, 1916.

OCDE (Organização para a Cooperação e o Desenvolvimento Econômico). Industrial Policy in OECD Countries. *Annual Review, 1990.* Paris: OCDE, 1990.

_____ (Ed.). *The New World Trading System*: Readings. OECD Documents. Paris: OCDE, 1994a.

_____. Reviews of National Science and Technology Policy Mexico. Paris: OCDE, 1994b.

_____. Reviews of National Science and Technology Policy Korea. Paris: OCDE, 1996a.

_____. Trade Liberalization Policies in Mexico. Paris: OCDE, 1996b.

_____. International Direct Investment Statistics Yearbook. Paris: OCDE, 1996c.

_____. *Foreign Direct Investment and Economic Development*: Lessons from Six Emerging Economies. Paris: OCDE, 1998.

_____. The Globalization of R&D Expenditures. Paris: OCDE.

OKADA, A. *Skill Formation and Foreign Investment in India's Automobile Industry.* Tese (Doutorado) — Cambridge, Mass.: Massachusetts Institute of Technology, 1999.

OKITA, S.; MILD, T. The Treatment of Foreign Capital — A Case Study for Japan. In: *Capital Movements and Economic Development.* (Ed.) J. H. Adler. Londres: Macmillan, p.139-74, 1967.

OKITA, Y. Foreign Trade in Japan's Economic Transition. In: *The Japanese Economy in International Perspective.* (Ed.) I. Frank. Baltimore: Johns Hopkins University Press, p.207-30, 1975.

ONIS, Z. *Organization of Export-Oriented Industrialization*: The Turkish foreign Trade Companies in a Comparative Perspective. In: *Politics and Economics of Turkish Liberalization.* (Ed.) T. Nas; M. Odeken. Londres: Associated University Press, p.73-100, 1993.

ONO, A. *Technical Progress in Silk Industry in Prewar Japan*: The Types of Borrowed Technology. *Hitotsubashi Journal of Economics 27*, p.1-10, 1986.

ONUDI (Organização para o Desenvolvimento Industrial das Nações Unidas). Industry and Development Global Report, 1985-1986. Viena: Onudi, 1986a.

_____. *Prelminary Analysis of the Iron and Steel Industry in the Developing ESCAP Region.* Bangkok: Unido, 1986b.

_____. *Industry and Development Global Report, 1991-1992.* Viena: Onudi, 1991.

_____. *Industry and Development Global Report, 1992-1993.* Viena: Onudi, 1992.

_____. *Industrial Development Global Report, 1995.* Oxford: Oxford University Press, 1995a.

_____. *International Yearbook of Industrial Statistics.* Viena: Edward Elgar Publishing, 1995b.

_____. *Policies for Competition and Competitiveness*: The Case of Industrialization in Turkey. Viena: Nações Unidas, 1995c.

_____. *International Yearbook of Industrial Statistics.* Viena: Edward Elgar Publishing Limited, 1997.

_____. *Industrial Development Global Report.* Viena: Unido (vários anos).

_____. *International Yearbook of Industrial Statistics.* Genebra: Nações Unidas (vários anos).

OREFFICE, P. F.; BAKER, G. R. The Development of a Joint Petrochemical Venture in Chile — The Petrodow Project. In: *Problems and Prospects of the Chemical Industries in the Less Developed Countries:* Case Histories. (Ed.) N. Beredjick. Nova York: American Chemical Society, p.122-29, 1970.

OZAWA, T. *Japan's Technological Challenge to the West, 1950-1974*: Motivation and Accomplishment. Cambridge, Mass.: MIT Press, 1974.

PACIFIC ELECTRIC WIRE AND CABLE. Annual Report 1994. Taipei: Pacific Electric Wire and Cable, 1994.

_____. *Annual Report 1995.* Taipei: Pacific Electric Wire and Cable, 1995.

PAMUGOKLU, G. *Import Substitution and Industrialization in Turkey.* Tese (Doutorado) — Cambridge, Mass.: Massachusetts Institute of Technology, 1990.

PAMUK, S. The Decline and Resistance of Ottoman Cotton Textiles 1820-1913. *Explorations in Economic History* 23, 1986.

PAPAGEORGIOU, D. et al. (Eds.). Liberalizing Foreign Trade. Lessons of Experience in the Developing World. Cambridge, Mass.: Basil Blackwell, 1991.

PARK, C. H. *Our Nations Path*: Ideology for Social Reconstruction. Seul: Dong-A, 1962.

_____. *The Country, the Revolution and I.* Seul, 1963.

PARK, S. W. *The Emergence of a Factory Labor Force in Colonial Korea*: A Case Study of the Onoda Cement Factory. Cambridge, Mass.: Harvard University Press, 1985.

_____. *The First Generation of Korean Skilled Workers*: The Onoda Cement Sunghori Factory. *Journal of Korean Studies* 7, p.55-96, 1990.

_____. Colonial Industrialization and Labor in Korea: *The Onoda Cement Factory*. Cambridge, Mass.: Harvard University Press, 1999.

PARK, Y. C. Korea's Experience with External Debt Management. In: *International Debt and the Developing Countries*. (Ed.) G. Smith; J. Cuddington. Baltimore: John Hopkins University, 1985.

PARK, Y. C.; PARK, W.-A. Changing Japanese Trade Patterns and the East Asian NICs. In: *Trade With Japan:* Has the Door Opened Wider? (Ed.) P. Krugman. Chicago: University of Chicago Press for the National Bureau of Economic Research, p.85-120, 1991.

PARQUE CIENTÍFICO INDUSTRIAL DE TAINAN. Prospectus. Tainan: Parque Científico Industrial de Tainan, 1996.

PARRA MORENO, J. Mexico. In: *Los Sistemas de Ciencia y Tecnologia en Iberoamerica.* (Ed.) L. A. Oro; J. Sebastian. Madri: Secretaria General del Plan Nacional, p.243-68, 1992.

PATCHAREE, T. *Patterns of Industrial Policymaking in Thailand*: Japanese Multinationials and Domestic Actors in the Automobile and Electrical Industries. Madison: University of Wisconsin, 1985.

PATEL, P.; PAVITT, K. The Localized Creation of Global Technological Advantage. In: *Technological Innovation, Multinational Corporations and New International Competitiveness*: The Case of Intermediate Countries. (Ed.) J. Molero. Amsterdam: Harwood Academic Publishers, p.59-74, 1995a.

_____. *Patterns of Technological Activity*: Their Measurement and Interpretation. In: *Handbook of the Economics of Innovation and Technological Change.* (Ed.) P. Stoneman. Oxford: Blackwell, 1995b.

PATEL, P.; VEGA, M. *Patterns of Internationalisation of Corporate Technology*: Location vs. Home Country Advantages. *Research Policy* 28, p.145-55, 1999.

PATRICK, H. T.; PARK, Y. C. (Eds.). *The Financial Development of Japan, Korea, and Taiwan*: Growth, Repression and Liberalization. Nova York: Oxford University Press, 1994.

PEARSE, A. S. *Brazilian Cotton. Manchester*: International Federation of Cotton and Allied Textile Industries, 1921.

_____. *The Cotton Industry of Japan and China.* Manchester: International Federation of Cotton and Allied Textile Industries, 1929.

PEATTIE, M. R. *Nanshin*: The 'Southward Advance', 1931-1941, as a Prelude to the Japanese Occupation of Southeast Asia. In: *The Japanese War-time Empire,* 1931-1945. (Ed.) P. Duus; R. H. Myers; M. R. Peattie. Princeton: Princeton University Press, 1996.

PENG, K. K. *The Malaysian Economy*. Kuala Lumpur: Marican for the Institut Masyarakat, 1983.

PÉREZ, L. A.; PENICHE, J. J. P. A Summary of the Principal Findings of the Case-Study on the Technological Behavior of the Mexican Steel Firm Altos Hornos de Mexico. In: *Technology Generation in Latin American Manufacturing Industries*. (Ed.) J. M, Katz. Nova York: St. Martin's, p.183-91, 1987.

PÉREZ-ALEMÁN, P. *Learning and Economic Development in Chile*: The State and Transformations in Inter-Firm Relations. Tese (Doutorado) — Cambridge, Mass.: Massachusetts Institute of Technology, 1997.

PERKINS, D. H. *Government as an Obstacle to Industrialization*: The Case of Nineteenth-Century China. *Journal of Economic History* 27 (4), p.478-92, 1967.

PHELPS, D. M. *Migration of Industry to South America*. Nova York: Little Brown, 1936.

PIETROBELLI, C. El Proceso de Diversificacion de Exportaciones en Chile. In: *La Transformación de la Producción en Chile*: Cuatro Ensayos de Interpretation. Comisión Económica para América Latina y el Caribe. Santiago de Chile: Comisión Económica para América Latina y el Caribe, 1993.

PINHEIRO, A. C.; GIAMBIAGI, F. Brazilian Privatization in the 1990s. *World Development* 22 (5), p.737-53, 1994.

PIORE, M.; SABEL, C. The Second Industrial Divide. Nova York: Basic Books. Platt, D. C. M. (1973). *Latin America and British Trade, 1806-1914*. Nova York: Harper and Row, 1984.

PLETCHER, D. M. *Rails, Mines, and Progress*: Seven American Promoters in Mexico, 1867-1911. Port Washington, N.Y.: Kennikat Press, 1972.

POLLARD, S. Industrialisation and the European Economy. *Economic History Review* (2d. series) 26 (4), p.636-48, 1973.

————. *Peaceful Conquest*: The Industrialization of Europe, 1760-1970. Oxford: Oxford University Press, 1981.

————. Typology of Industrialisation Processes in the Nineteenth Century. Chur, Switzerland: Harwood Academic Publishers, 1990.

POMERANZ, K. *Re-thinking 18th Century China*: A High Standard of Living and Its Implications. New Brunswick, N.J.: Economic History Association Meetings, 1997.

PONI, C.; MORI, G. *Italy in the longue duree*: The Return of an Old First-Corner. In: *The Industrial Revolution in National Context*. (Ed.) M. Teich; R. Porter. Cambridge: Cambridge University Press, p.149-83, 1996.

POOT, H. et al. *Industrialisation and Trade in Indonesia*. Yogyakarta: Gadjah Mada University Press, 1990.

PORTER, M. *The Competitive Advantage of Nations*. Londres: Macmillan, 1990.

POTASH, R. *Mexican Government and Industrial Development in the Early Republic*: Banco de Avio. Amherst, Mass: University of Massachusetts Press, 1983.

PRASADA REDDY, A. S. *Emerging Patterns of Internationalization of Corporate R&D*: Opportunities for Developing Countries? In: *New Technologies and Global Restructuring*: The Third World at a Crossroads. (Ed.) C. Brundenius; B. Goransson. Londres: Taylor Graham, p.78-101, 1993.

PSACHAROPOULOS, G. *Returns to Investment in Education*: A Global Update. *World Development* 22 (9), p.1325-44, 1994.

PT. Kompass Indonesia. Top Companies and Big Groups in Indonesia. Jacarta: s.n., 1995.

PUTHUCHEARY, J. J. Ownership and Control in the Malayan Economy. Kuala Lumpur: University of Malaya Co-Operative Bookshop, 1979.

QUATAERT, D. The Silk Industry of Bursa, 1880-1914. *Collection Turcica* 1, p.481-505, 1983.

_____. Manufacturing and Technology Transfer in the Ottoman Empire, 1800-1914. Istanbul-Strasbourg: The Isis Press, 1992.

_____ (Ed.). Manufacturing in the Ottoman Empire and Turkey, 1500-1950. Nova York: State University of Nova York Press, 1994a.

_____. Ottoman Manufacturing in the Nineteenth Century. In: *Manufacturing in the Ottoman Empire and Turkey, 1500-1950*. (Ed.) D. Quataert. Albany: State University of Nova York, p.87-122, 1994b.

RABY, G. *Introduction to The New World Trading System*: Readings. Paris: Organização para a Cooperação e o Desenvolvimento Econômico, p.13-25, 1994.

RADELET, S.; SACHS, J. *The East Asian Financial Crisis*: Diagnosis, Remedies and Prosepcts. *Brookings Papers on Economic Activity*, n.1, p.1-90, 1998.

RADY, D. E. *Volta Redonda*: A Steel Mill Comes to a Brazilian Coffee Plantation. Albuquerque, N.M.: University of Arizona Press, 1973.

RAMAMURTI, R. *State-Owned Enterprises in High Technology Industries*: Studies in India and Brazil. Nova York: Praeger, 1987.

RAMSEYER, J. M.; ROSENBLUTH, F. M. *The Politics of Oligarchy*: Institutional Choice in Imperial Japan. Nova York: Cambridge University Press, 1995.

RANDALL, L. (Ed.) An Economic History of Latin America in the Twentieth Century. Nova York: Columbia University Press, 1977.

RANIS, G. et al. Economic Growth and Human Development. *World Development* 28 (2), p.197-220, 2000.

RASIAH, R. Foreign Capital and Industrialization in Malaysia. Londres: MacMillan, 1995.

RAUMOLIN, J. *The Diffusion of Technology in the Forest and Mining Sector in Finalnd*: The Shift From the Object to the Subject of Transfer of Technology. In: *Mastering Technology Diffusion — the Finnish Experience.* (Ed.) S. Vuori; P. Yla-Anttila. Helsinki: Research Institute of the Finnish Economy. Series B. 82, p.321-78, 1992.

RAWSKI, E. S. *Competetive Markets As an Obstacle to Economic Development.* The Second Conference on Modern Chinese Economic History. Taipei: Institute of Economics, Academia Sinica, 1989.

RAWSKI, T. Chinese Dominance of Treaty Port Commerce and Its Implications, 1860-1875. *Explorations in Economic History* 7(4), p.451-73, 1970.

_____. The Growth of Producer Industries, 1900-1971. In: *China's Modern Economy in Historical Perspective.* (Ed.) D. H. Perkins. Stanford, Calif.: Stanford University Press, 1975.

_____. *China's Transition to Industrialism:* Producer Goods and Economic Development in the Twentieth Century. Ann Arbor: University of Michigan Press, 1980.

_____. *Economic Growth in China before World War II. Second Conference on Modern Chinese Economic History.* Taipei: Institute of Economics, Academia Sinica, 1989a.

_____. *Economic Growth in Prewar China.* Berkeley, Calif.: University of California Press, 1989b.

RAYCHAUDHURI, T. A Re-Interpretation of Nineteenth Century Indian Economic History? *Indian Economic and Social History Review* 68 (1), p.77-99, 1968.

REDDING, S. G. *The Spirit of Chinese Capitalism.* Berlim: Walter de Gruyter, 1990.

REMER, C. F. *Foreign Investments in China.* Nova York: Macmillan, 1933.

REPETTO, R.; GILLIS, M. (Eds.). Public Policy and the Misuse of Forest Resources. Cambridge: Cambridge University Press, 1988.

REPÚBLICA DA CHINA. *Indicators of Science and Technology, República da China.* Taipei: República da China, 1996.

_____. *Taiwan Statistical Data Book 1996.* Taipei: Conselho de Planejamento e Desenvolvimento Econômico (vários anos). Taipei: Taiwan Statistical Data Book, 1997.

REPÚBLICA ARGENTINA. *Argentine Multiannual National Plan on Science and Technology, 1999-2001.* Buenos Aires: Presidencia de la Nación, Gabinete Científico Tecnológico, 1998.

REUBENS, E. P. Foreign Capital and Domestic Development in Japan. In: *Economic Growth*: Brazil, India, Japan. (Ed.) S. Kuznets; W. E. Moore; J. J. Spengler. Durham, N.C. Duke University Press, p.179-228, 1955.

REYNOLDS, B. L. *The Impact of Trade and Foreign Investment of Indus-trializtion*: Chinese Textiles, 1875-1931. Tese (Doutorado) — Ann Arbor: University of Michigan, 1975.

REYNOLDS, C. W. *The Mexican Economy:* Twentieth Century Structure and Growth. New Haven: Yale University Press, 1970.

REYNOLDS, L. G. Public Sector Saving and Capital Formation. In. *Government and Economic Development.* (Ed.) G. Ranis. New Haven: Yale University Press, p.516-51, 1971.

_____. *Economic Growth in the Third World, 1850-1980.* New Haven: Yale University Press, 1985.

RHEE, Y. W. et al. *Korea's Competitive Edge*: Managing the Entry into World Markets. Baltimore: Published for the World Bank by the Johns Hopkins University Press, 1984.

RIPPY, J. F. *Latin America and the Industrial Age.* Westport, Conn.: Greenwood, 1947.

RISKIN, C. Surplus and Stagnation in Modern China. In: *China's Modern Economy in Historical Perspective.* (Ed.) D. H. Perkins. Stanford: Stanford University Press, p.49-84, 1975.

ROBB, P. British Rule and Indian 'Improvement'. *The Economic History Review* 34, n.4 (nov. 1981), p.507-23, 1981.

ROBINSON, E. *The Transference of British Technology to Russia, 1760-1820*: A Preliminary Survey. In: *Great Britain and Her World 1750-1914.* (Ed.) B. M. Ratcliffe. Manchester: University of Manchester Press, 1975.

ROBISON, R. *The Rise of Capital.* Sydney: Allen; Unwin, 1986.

ROCK, M. T. *Thai Industrial Policy*: How Irrelevant Was It to Export Success? *Journal of International Development* 7, n.5, p.745-59, 1995.

RODERICK, G. W.; STEPHENS, M. D. *Education and Industry in the Nineteenth Century.* Londres: Longman, 1978.

RODRIK, D. Trade and Industrial Policy Reform. In: *Handbook of Development Economics.* (Ed.) J. R. Behrman; T. N. Srinivasan. Amsterdã: Holanda do Norte. 3B, p.2925-2982, 1995.

_____. Understanding Economic Policy Reform. *Journal of Economic Literature* 34(1), p.9-41, 1996.

_____.*Trade Strategy, Investment and Exports*: Another Look at East Asia. *Pacific Economic Review 2(1)*, p.1-24, 1997.

ROGOZINSKI, J. La privatización de empresas paraestatales. Cidade do México: Fondo de Cultura Económica, 1993.

ROS, J. Mexico's Trade and Industrialization Experience Since 1960. In: *Trade Policy and Industrialization in Turbulent Times*. (Ed.) G. K. Helleiner. Nova York: Routledge, 1994.

ROSENBERG, N. *Perspectives on Technology*. Cambridge: Cambridge University Press, 1976.

_____. *Inside the Black Box*: Technology and Economics. Cambridge: Cambridge University Press, 1982.

ROSS SCHNEIDER, B. *Elusive Synergy*: Business-Government Relations and Development. *Comparative Politics* (outubro), p.101-122, 1998.

ROY, T. Traditional Industry in the Economy of Colonial India. Cambridge: Cambridge University Press, 1999.

ROYLE, J. F. *Arts and Manufactures of India*: Lectures on the Result of the Great Exhibition of 1851. In: *Documents of European Economic History*: The Process of Industrialization, 1750-1870. (Ed.) S. Pollard; C. H. Holmes. Nova York: St. Martin's. 1, p.347-50, 1851.

RUNGTA, R. S. *The Rise of Corporations in India, 1851-1900*. Cambridge: Cambridge University Press, 1970.

RUTNAGUR, S. M. *Bombay Industries*: The Cotton Mills. Bombaim: Indian Textile Journal, 1927.

SABATO, J. F. *La Clase Dominante en la Argentina Moderna*: Formación y Caracteristicas. Buenos Aires: CISEA, 1988.

SACHS, J. D. (Ed.). Developing Country Debt and the World Economy. Chicago: University of Chicago Press for the National Bureau of Economic Research, 1989.

SADER, F. Privatizing Public Enterprises and Foreign Investment in Developing Countries, 1988-93. Washington, D.C.: International Finance Corporation, Banco Mundial, 1995.

SAICH, T. Reforms of China's Science and Technology Organizational System. In: *Science and Technology in Post-Mao China*. (Ed.) D. Simon and M. Goldman. Cambridge: Cambridge University Press, p.69-88, 1989.

SAKSENA, R. M. Development Banking in India. Bombaim: Vora; Co, 1970.

SALLEH, I. M.; MEYANANTHAN, S. D. *Malaysia*: Growth, Equity, and Structural Transformation. In: *Lessons from East Asia*. (Ed.) D. M. Leipziger. Ann Arbor: University of Michigan Press, p.279-343, 1997.

SANCHEZ, J. M.; PAREDES, R. M. *Grupos Economicos Y Desarrollo*: El Caso de Chile. Santiago, Chile: Cepal, 1994.

SANDESARA, J. C. *Industrial Policy and Planning, 1947-91*. Nova Délhi: Sage Publications, 1992.

SATO, Y. *The Salim Group in Indonesia*: The Development and Behavior of the Largest Conglomerate in Southeast Asia. *The Developing Economies* 31(4), p.408-41, 1993.

_____. *The Astra Group*: A Pioneer of Management Modernization in Indonesia. *Developing Economies* 34(3): p.247-80, 1996.

_____. Diverging Development Paths of the Electronics Industry in Korea and Taiwan. *The Developing Economies* 35(4), p.401-21, 1997.

SAUL, S. B. The Nature and Diffusion of Technology. In: *Economic Development in the Long Run*. A. J. Youngson. Londres: George Allen; Unwin, p.36-61, 1972.

_____. *The Economic Development of Small Nations*: The Experience of North West Europe in the Nineteenth Century. In: *Economics in the Long View*. (Ed.) C. P. Kindleberger; G. di Tella. Nova York: Nova York University Press. 2, Parte 1, p.111-31, 1982.

SAXONHOUSE, G.; WRIGHT, G. *Rings and Mules Around the World*: A Comparative Study in Technological Choice. In: *Technique, Spirit and Form in the Making of the Modern Economies*: Essays in Honor of William N. Parker. (Ed.) G. Saxonhouse; G. Wright. Greenwich, Conn.: Research in Economic History, Supplement 3, 1984.

SCHENK, C. R. *Closing the Hong Kong Gap*: The Hong Kong Free Dollar Market in the 1950s. *Economic History Review* 47, n.2 (maio), p.335-53, 1994.

SCHIVE, C. *Direct Foreign Investment, Technology Transfer and Linkage Effects*: A Case Study of Taiwan. Tese (Doutorado) — Cleveland: Case Western Reserve University, 1978.

_____. Industrial Policies in a Maturing Taiwan Economy. *Journal of Industry Studies* 2, n.1 (agosto), p.5-26, 1995.

SCHOTT, J. J. Safeguards. In: *The New World Trading System*: Readings. (Ed.) OCDE Paris: OCDE, p.113-6, 1994.

SCHROTER, H. G. *Small European Nations*: Cooperative Capitalism in the Twentieth Century. In: *Big Business and the Wealth of Nations*. (Ed.) Alfred D. Chandler Jr., F. Amatori; T. Hikino. Nova York: Cambridge University Press, p.176-204, 1997.

SCHUMPETER, J. A. Capitalism, Socialism and Democracy. Nova York: Harper (1947). The Creative Response in Economic History. *Journal of Economic History* 7(2), p.149-159, 1942.

SCHVARZER, J. *Estrategia Industrial Y Grandes Empresas*: El Caso Argentino. *Desarrollo Economico* 18(71), p.307-51, 1978.

_____. Los industriales. Buenos Aires: Colección La vida de nuestro pueblo-CEAL, 1981.

_____. Bunge Y Born, Crecimiento y Diversificacion de un Grupo Economico. Buenos Aires: Grupo Editor Latinoamericano, 1989.

_____. *Grandes Grupos Economicos en la Argentina*: Formas de Propiedad y Logicas de Expansion. In: *Mas Alla de la Estabilidad*. (Ed.) P. Bustos. Buenos Aires: R. Ebert, p.133-157, 1995.

_____. La industria que supimos conseguir. Buenos Aires: Planeta, 1996.

SCHWARTZMAN, S. *Brazil*: Scientists and the State — Evolving Models and the 'Great Leap Forward'. In: *Scientists and the State*: Domestic Structures and the International Context. (Ed.) E. Solingen. Ann Arbor: University of Michigan Press, p.171-188, 1994.

SCHWARZ, A. *A Nation in Waiting*: Indonesia in the 1990s. Boulder, Colo.: Westview Press, 1994.

SCOTT, M. Foreign Trade. *Economic Growth and Structural Change in Taiwan*. (Ed.) W. Galenson. Ithaca: Cornell University Press, 1979.

SEGAL, A. *An Atlas of International Migration*. Londres: Hans Zell Publishers, 1993.

SEGERS, W. A. I. M. *Volume 8*: Manufacturing Industry 1870-1942. Amsterdam: Royal Tropical Institute, 1987.

SENSES, F. An Assessment of the Pattern of Turkish Manufactured Export Growth in the 1980s and Its Prospects. In: *The Political Economy of Turkey:* Debt, Adjustment and Sustainability. (Ed.) T. Aricanli; D. Rodrik. Basingstoke: Macmillan, p.60-77, 1990.

SHAPIRO, H. Determinants of Firm Entry into the Brazilian Automobile Manufacturing Industry, 1956-1968. *Business History Review* 65(Winter), p.876-947, 1991.

_____. *Engines of Growth*: The State and Transnational Auto Companies in Brazil. Cambridge: Cambridge University Press, 1994.

_____. *Review of Export Promotion Policies in Brazil. Washington, D.C.*: Inter-American Development Bank, Integration, Trade; Hemispheric Issues Division, 1997.

SHEA, J.-D. *Taiwan*: Development and Structural Change of the Financial System. In: *The Financial Development of Japan, Korea, and Taiwan*: Growth, Repression and Liberalization. (Ed.) H. T. Patrick; Y. C. Park. Nova York: Oxford University Press, p.222-287, 1994.

SHEA, J.-D.; YANG, Y.-H. Taiwan's Financial System and the Allocation of Investment Funds. In: *The Role of the State in Taiwan's Development*. (Ed.) J. D. Aberbach, D. Dollar; K. L. Sokoloff. Armonk, N.Y.: M. E. Sharpe, p.193-230, 1994.

SHEPHERD, P. Transnational Corporations and the Denationalisation of the Latin American Cigarette Industry. In: *Historical Studies in International Corporate Business*. (Ed.) A. Teichova; M. Levy-Leboyer; H. Nussbaum. Cambridge: Cambridge University Press, p.201-28, 1989.

SHINOHARA, M. Economic Development and Foreign Trade in Pre-War Japan. In: *The Economic Development of China and Japan: Studies in Eco-*

nomic History and Political Economy. (Ed.) C. D. Cowan. Londres: George Allen; Unwin, p.220-248, 1964.

_____. Industrial Growth, Trade, and Dynamic Patterns in the Japanese Economy. Tóquio: University of Tokyo Press, 1982.

SHOWERS, V. World Facts and Figures. Nova York: John Wiley and Sons, 1979.

SHRIVASTAVA, P. *Bhopal*: Anatomy of a Crisis. Londres: Paul Chapman, 1992.

SIAMWALLA, A. *Stability, Growth and Distribution in the Thai Economy*: Essays in Honour of Khunying Suparb Yossundara. In: *Finance, Trade and Economic Development in Thailand*. (Ed.) P. Sondysuvan. Bangkok: Sompong Press, p.21-48, 1975.

SIKKA, P. Analysis In-House R&D Centres of Innovative Firms in India. *Research Policy* 27, p.429-33, 1998.

SILBERNER, E. The Problem of War in Nineteenth Century Economic Thought. Princeton: Princeton University Press, 1972.

SINGER, M. *The Economic Advance of Turkey, 1938-1960*. Ankara: Ayyildiz Matbaasi, 1977.

SINGH, A. *Openness and the Market Friendly Approach to Development*: Learning the Right Lessons from the Development Experience. *World Development* 22, no. 12, p.1811–1823, 1994.

_____. *Competition, Corporate Governance, and Corporate Finance in Emerging Markets*: Empirical Studies in the Light of the Asian Crisis. Cambridge: Faculty of Economics, University of Cambridge, 2000.

SKULLY, M. T. Financial Institutions and Markets in Thailand. In: *Financial Institutions and Markets in Southeast Asia*. (Ed.) M. T. Skully. Londres: Macmillan, p.296-378, 1984.

SMITH, M. S. *The Beginnings of Big Business in France, 1880-1920*: A Chandlerian Perspective. *Essays in Economic and Business History* 11, p.1-24, 1993.

SMYTHE, R. Should China Be Promoting Large-Scale Enterprise and Enterprise Groups? *World Development* 28 (4), p.721-737, 2000.

SODERLUND, E. F. The Impact of the British Industrial Revolution on the Swedish Iron Industry. In: *Studies in the Industrial Revolution*. (Ed.) L. S. Pressnell. Londres: Athlone Press, p.52-62, 1960.

SOURROUILLE, J. Los Instrumentos de Promocion Industrial en la Postguerra. *Desarrollo Economico* 6(24), 1967.

SRIDHARAN, E. *The Political Economy of Industrial Promotion*: Indian, Brazilian, and Korean Electronics in Comparative Perspective, 1969-1994. Westport, Conn.: Praeger, 1996.

STALLINGS, B. *International Influence on Economic Policy*: Debt, Stabilization, and Structural Reform. In: *The Politics of Economic Adjustment*: International Constraints, Distributive Conflicts, and the State. (Ed.) S. Haggard; R. R. Kaufman. Princeton: Princeton University Press, 1992.

STANFORD University Graduate School of Business. *Tata Consultancy Services*: Globalization of Software Services. Stanford: Stanford University, Graduate School of Business, 1995.

STARTUP, J. An Agenda for International Investment. In: *The New World Trading System:* Readings. (Ed.) OCDE. Paris: OCDE, p.189-92, 1994.

STEIN, S. J. Brazilian Cotton textile Industry, 1850–1950. In: *Economic Growth:* Brazil, India, Japan. (Ed.) S. Kuznets; W. E. Moore; J. J. Spengler. Durham, I.C.: Doke University Press, p.430-47, 1955.

_____. *The Brazilian Cotton Manufacture; Textile Enterprise in an Under-Developed Area, 1850-1950.* Cambridge, Mass.: Harvard University Press, 1957.

STEINBERG, D. *The Soviet Economy, 1970-1990. A Statistical Analysis.* San Francisco, Calif.: International Trade Press, 1990.

STEINFELD, E. S. *Forging Reform in China:* The Fate of State-Owned Industry. Cambridge: Cambridge University Press, 1998.

STIGLITZ, J. E. Markets, Market Failures, and Development. *American Economic Review* 79(2), p.196-203, 1989.

STREETEN, P.; LIPTON, M. (Eds.). *The Crisis of Indian Planning*: Economic Policy in the 1960s. Oxford: Oxford University Press, 1968.

STROM, S. Skepticism over Korean Reform. *New York Times,* 30 Jul. Cl, C6, 1999.

SUEHIRO, A. *Capital Accumulation and Industrial Development in Thailand.* Bangkok: Chulalongkorn University Social Research Institute, 1985.

_____. *Capitalist Development in Postwar Thailand*: Commercial Bankers, Industrial Elite, and Agribusiness Groups. In: *Southeast Asian Capitalists.* (Ed.) R. McVey. Ithaca: Cornell University, Southeast Asia Program, p.35-63, 1993.

SUGIHARA, K. Patterns of Asia's Integration into the World Economy, 1880-1913. In: *The Emergence of a World Economy, 1500-1914, Part II:* 1850-1914. (Ed.) W. Fischer; R. M. McInnis; J. Schneider. Weisbaden: Franz Steiner Verlag, p.700-19, 1986.

SUGIYAMA, S.; GUERRERO, M. C. (Eds.). International Commercial Rivalry in Southeast Asia in the Interwar Period. Monograph, n. 39. New Haven: Yale Southeast Asia Studies, 1994.

SUH, N. P. An Assessment of Critical Issues Confronting the Korean Machinery Industries. A preliminary report to the Economic Planning

Board, Republic of Korea. Cambridge, Mass.: Massachusetts Institute of Technology, 1980.

SUH, S.-C. *Growth and Structural Change in the Korean Economy, 1910-1940.* Cambridge, Mass.: Harvard University Press for the Council on East Asian Studies, 1978.

SUMMERHILL, W. Transport Improvements and Economic Growth in Brazil and Mexico. In: *How Latin America Fell Behind*: Essays on the Economic Histories of Brazil and Mexico. (Ed.) S. Haber. Stanford, Calif.: Stanford University Press, 1997.

SUZUKI, Y. E. The Japanese Financial Systeem. Oxford: Clarendon Press. Sylla, R., et al. (Eds.) (1999). *The State, the Financial System and Economic Modernization.* Nova York: Cambridge University Press, 1987.

TAIWAN, Conselho Nacional de Ciência da República da China . Indicators of Science and Technology. Taipei: Conselho Nacional de Ciência, 1996.

TAKAMURA, N. Japanese Cotton Spinning Industry during the Pre-World War I Period. In: *The Textile Industry and Its Business Climate.* (Ed.) A. Okochi; S.-I. Yonekawa. Tóquio: University of Tokyo. 8, p.277-285, 1982.

TANIURA, T. *Economic Development Effects of an Integrated Iron and Steel Works*: A Case Study of Minas Gerais Steel in Brazil. *Developing Economies* 24(2), p.169-93, 1986.

_____. *Management in Taiwan*: The Case of the Formosa Plastics Group. *East Asian Cultural Studies* 28(1-4), p.63-90, 1989.

_____. The Lucky-Goldstar Group in the Republic of Korea. *Developing Economies* 31(4), p.465-84, 1993.

TANZI, V.; SCHUKNECHT, L. The Growth of Government and the Reform of the State in Industrial Countries. In: *Social Inequality:* Values, Growth and the State. (Ed.) A. Solimano. Ann Arbor: University of Michigan, p.171-207, 1998.

TAUSSIG, F. *The Tariff History of the United States.* Nova York: G. Putnam [reimp. Augustus M. Kelley], 1892.

TAYLOR, A. M. *Argentina and World Capital Market*: Saving, Investment, and International Capital Mobility in the Twentieth Century. *Journal of Development Economics* 57(1), p.147-84, 1998a.

_____. *On the Costs of Inward-Looking Development*: Price Distortions, Growth and Divergence in Latin America. *Journal of Economic History* 58, n.1, p.1-29, 1998b.

TAYLOR, L. (Ed.). Varieties of Stabilization Experience. Oxford: Clarendon Press, 1988.

_____. (Ed.) (1993). *The Rocky Road to Reform*: Ajustment, Income Distribution, and Growth in the Developing World. Cambridge, Mass.: MIT Press, 1988.

TAYLOR, L.; BACHA, E. L. *The Unequal Spiral*: A First Growth Model for Belindia. *Quarterly Journal of Economics* 90, p.197-218, 1976.

TAYLOR, P. Software Exports. In: *Financial Times* (Londres), 2 dez., 111, 1998.

TEECE, D. J. The Multinational Corporation and the Resource Cost of International Technology Transfer. Cambridge, Mass.: Ballinger, 1976.

TEITEL, S.; THUOMI, F. E. *From Import Substitution to Exports*: The Manufacturing Exports Experience of Argentina and Brazil. *Economic Development and Cultural Change* 34(3), p.455-490, 1986.

TEIXEIRA VIEIRA, D. The Industrialization of Brazil. In: *Brazil:* Portrait of Half a Continent. (Ed.) T. L. Smith; A. Marchant. Nova York: Dryden Press, p.244-264, 1951.

TEMIN, P. *Iron and Steel in Nineteenth-Century America*: An Economic Inquiry. Cambridge, Mass.: MIT Press, 1964.

_____. Product Quality and Vertical Integration in the Early Cotton Textile Industry. *Journal of Economic History* 68 (4 de dezembro), p.891-907, 1988.

TAILÂNDIA, Governo da. Thailand, Official Yearbook. Bangkok: Government House Printing Office (vários anos).

THEE, K. W. Economic Policies in Indonesia during the Period 1950–1965, in Particular with Respect to Foreign Investment. In: *Historical Foundations of a National Economy in Indonesia, 1890s-1990s.* (Ed.) J. T. Lindblad. Amsterdam: Holanda do Norte, p.315-329, 1996.

THOBURN, J. T. *Primary Commodity Exports and Economic Development*: Theory, Evidence and a Study of Malaysia. Londres: John Wiley, 1977.

THOMAS, P. J. India in the World Depression. *Economic Journal* 45, p.469-483, 1935.

THOMAS, V. et al. (Eds.). *Restructuring Economies in Distress*: Policy Reform and the World Bank Washington, DC. Washington, D.C.: Oxford University Press for the World Bank, 1991.

THOMSON, G. P. C. *Puebla de Los Angeles*: Industry and Society in a Mexican City, 1700-1850. Boulder, Colo.: Westview Press, 1989.

_____. Continuity and Change in Mexican Manufacturing, 1800-1870. In: *Between Development and Underdevelopment:* The Precocious Attempts at Industrialization of the Periphery, 1800-1870. (Ed.) J. Batou. Genebra: Librairie Droz, p.255-302, 1991.

THORNBURG, M. W. Turkey, An Economic Appraisal. Nova York: Twentieth Century Fund, 1949.

THORP, R. (Ed.). *Latin America in the 1930s*: The Role of the Periphery in World Crisis. Londres: Macmillan, in association with St. Antony's College, Oxford, 1984.

_____. A Reappraisal of the Origins of Import-Substituting Industrialisation, 1930-1950. *Journal of Latin American Studies* 24, p.181-95, 1992.

TIGRE, P. B. Technology and Competition in the Brazilian Computer Industry. Nova York: St. Martin's, 1983.

TIROLE, J. Speculation. *The New Palgrave Dictionary of Money and Finance.* (Ed.) P. Newman; M. Milgate; J. Eatwell. Londres: Macmillan. 3, p.513-15, 1992.

TOGO, K. Elements of the Development of the Japanese Raw Silk Industry. Tóquio: Foundation for Advanced Studies on International Development, 1997.

TOMLINSON, B. R. Colonial Firms and the Decline of Colonialism in Eastern India, 1914-47. *Modern Asian Studies* 15 (3), p.455-86.

_____. *The Political Economy of the Raj*: The Decline of Colonialism. *Journal of Economic History* 42, n.1 (março), p.133-7, 1982.

_____. *The Historical Roots of Indian Poverty*: Issues in the Economic and Social History of Modern South Asia: 1880-1960. *Modern Asian Studies* 22(1), p.123-40, 1988.

_____. The Economy of Modern India, 1860-1970. Cambridge: Cambridge University Press, 1993.

TOPIK, S. *State Intervention in a Liberal Regime*: Brazil, 1889-1930. *Hispanic American Historical Review* 60(4), p.593-616, 1980.

_____. The Political Economy of the Brazilian State, 1889-1930. Austin: University of Texas, 1987.

TORTELLA, G. (Ed.). Education and Economic Development Since the Industrial Revolution. Valencia: Generalitat Valenciana, 1990.

TOULAN, O.; GUILLEN, M. *Internationalization*: Lessons from Mendoza. Cambridge, Mass.: CIT/MIT, 1996.

TOYE, J. *Structural Adjustment and Employment Policy*: Issues and Experience. Genebra: Organização Internacional do Trabalho, 1995.

TRAN, V. T. *Foreign Capital and Technology in the Process of Catching Up by the Developing Countries*: The Experience of the Synthetic Fiber Industry in the Republic of Korea. *The Developing Economies* 26 (4), p.386-402, 1988.

TREBILCOCK, C. *The Industrialization of the Continental Powers 1780-1914.* Londres: Longman, 1981.

TRIPATHI, D. Innovation in the Indian Textile Industry. In: *The Textile Industry and Its Business Climate.* (Ed.) A. Okochi; S.-I. Yonekawa. Tóquio: University of Tokyo Press. 8, p.175-97, 1982.

TRIPATHI, D.; MEHTA, M. *Business Houses in Western India*: A Study of Entrepreneurial Responses, 1850-1956. Columbia, Mo.: South Asia Publications, 1990.

TSKB (Banco de Desenvolvimento Industrial da Turquia). *Annual Report*. Ancara: s.n. (vários anos).

TURQUIA, Governo da Statistical Yearbook of Turkey. Ancara: Instituto Estadual de Estatísticas (vários anos).

TÜRKIYE IS BANKASI, A. S. Development Plan of Turkey, Second Five-Year (1968-1972). Ancara: Departamento de Pesquisa Econômica, Turkiye Is Bankasi A. S., 1967.

TWOMEY, M. J. Employment in Nineteenth Century Indian Textiles. *Explorations in Economic History* 20, p.37-57, 1983.

TYBOUT, J. Manufacturing Firms in Developing Countries. *Journal of Economic Literature* 37(1), p.11-44, 2000.

TYLER, W. Manufactured Export Expansion and Industrialization in Brazil. Tubingen: Mohr, 1976.

U.S. Dept. of Commerce. *Veja* Estados Unidos, Departamento do Comércio.

UNCTAD (Conferência das Nações Unidas sobre o Comércio e o Desenvolvimento). Handbook of International Trade and Development Statistics. Genebra: Nações Unidas, 1979.

_____. Trade and Development Report, 1987. Genebra: Nações Unidas, 1987.

_____. Handbook of International Trade and Development Statistics. Genebra: Nações Unidas, 1990.

_____. Handbook of International Trade and Development Statistics. Genebra: Nações Unidas, 1993.

_____. Handbook of International Trade and Development Statistics. Genebra: Nações Unidas, 1995.

_____. Handbook of International Trade and Development Statistics. Genebra: Nações Unidas, 1996.

_____. Trade and Development Report, 1998. Genebra: Nações Unidas, 1998a.

_____. World Investment Report. Genebra: Nações Unidas, 1998b.

_____. Commodity Trade Statistics. Series D. Genebra: Conferência das Nações Unidas sobre o Comércio e o Desenvolvimento (vários anos).

_____. Handbook of International Trade and Development Statistics. Genebra: Conferência das Nações Unidas sobre o Comércio e o Desenvolvimento (vários anos).

UNESCO (Conselho Econômico e Social das Nações Unidas). *Literacy, 1969-1971*: Progress Achieved in Literacy Throughout the World. Nova York: United Nations, 1972.

_____. Statistical Yearbook. Genebra: Nações Unidas, 1993.

_____. Statistical Yearbook. Genebra: Nações Unidas (vários anos).

UNGSON, G. R. et al. *Korean Enterprise*: The Quest for Globalization. Boston: Harvard Business School Press, 1997.

URZUA, C. M. Five Decades of Relations between the World Bank and Mexico. In: *The World Bank:* Its First Half Century. (Ed.) D. Kapur; J. P. Lewis; R. Webb. Washington, D.C.: Brookings, p.49-108, 1997.

USIMINAS. The Privatization Experience at Usiminas. Belo Horizonte: Usinas Siderurgicas de Minas Gerais S. A., 1993.

VAIDYANATHAN, A. The Indian Economy Since Independence, 1947-1970. In: *Cambridge Economic History of India.* Cambridge: Cambridge University Press, 2, 1982.

VALDES UGALDE, F. *Autonomia y Legitimidad*: Los Empresarios, La Politica y el Estado en Mexico. México: Siglo Veintiuno, 1997.

VAN HOESEL, R. *Beyond Export-Led Growth*: The Emergence of New Multinational Enterprises from Korea and Taiwan. Amsterdam: Erasmus University Thesis Publisher, 1997.

VELOSO, F. et al. *A Comparative Assessment of the Development of the Auto Parts Industry in Taiwan and Mexico*: Policy Implications for Thailand. Cambridge, Mass.: Massachusetts Institute of Technology, Center for Technology Development, International Motor Vehicle Program, 1998.

VENKATARAMANI, R. *Japan Enters Indian Industry.* Nova Délhi: Radiant, 1990.

VERMA, S. *Liberalisation, Institutions and Export Growth*: A Study of the Indian Garment and Software Industries. Tese (Doutorado). Nova York: New School for Social Research, 1996.

VERSIANI, F. R. Industrial Investment in an Export Economy: *The Brazilian Experience Before 1914. Journal of Development Economics* 7, p.307-29, 1980.

VICZIANY, M. The Deindustrialization of India in the Nineteenth Century: *A Methodological Critique of Amiya Kumar Bagchi. Indian Economic and Social History Review* 16(2), p.105-46, 1979.

VILLANUEVA, J. El Orígen de la industrialización argentina. *Desarrollo Económico* 12, n. 47 (nov.-dez.), p.451-476, 1972.

VOGEL, E. One Step Ahead in China. Cambridge, Mass.: Harvard University Press, 1989.

VON TUNZELMANN, N. The Transfer of Process Technologies in Comparative Perspective. In: *Chinese Technology Transfer in the 1990s*: Current Experience, Historical Problems and International Perspectives. (Ed.) C. Feinstein; C. Howe. Cheltenham: Edward Elgar, 1997.

WADE, R. *Governing the Market*: Economic Theory and the Role of the Government in East Asian Industrialization. Princeton, N.J.: Princeton University Press, 1990.

_____. The Asian Debt and Development Crisis of 1997–? *World Development* 26(8), p.1535-1553, 1998.

WALDER, A. G. *Local Governments as Industrial Firms*: An Organizational Analysis of China's Transitional Economy. *American Journal of Sociology* (set.), p.263-301, 1995.

WALKER, D. W. *Kinship, Business, and Politics*: The Martínez del Rio Family in Mexico, 1824-1867. Austin: University of Texas, 1986.

WANG, J.-C.; TSAI, K.-H. *Taiwan's Industrial Technology*: Policy Measures and an Evaluation of R&D Promotion Tools. *Journal of Industry Studies* 2 (1), p.69-82, 1995.

WANG, K. Development Strategies for the Automobile and Parts Industry of the Republic of China. Cambridge, Mass.: Massachusetts Institute of Technology, International Motor Vehicle Program, 1989.

WANG, T.-P. The Status of It Industry in Taiwan. Taipei: Market Intelligence Center, Institute for Information Industry, 1999.

WANG, X.; P. Nolan. Where Is the Firm? The Shanghai Petrochemical Company under Economic Reform. Cambridge: Cambridge University, Department of Applied Economics, 1996.

WANG, Y.-F. *China's Science and Technology Policy: 1949-1989*. Aldershot: Avebury, 1993.

WARE, C. F. *The Early New England Cotton Manufacture*: A Study in Industrial Beginnings. Boston: Houghton Mifflin Company, 1931.

WARMAN, J. *La Competitividad de la Industria Electronica*: Situacion Y Perspectivas. In: *La Industria Mexicana en el Mercado Mundial*. (Ed.) F. Clavijo; J. I. Casar. México: Fondo de Cultura Económica, p.395-426, 1994.

WARREN, K. Technology Transfer in the Origins of the Heavy Chemicals Industry in the United States and the Russian Empire. In: *International Technology Transfer, Europe, Japan and the USA, 1700-1914*. (Ed.) D. J. Jeremy. Aldershot: Edward Elgar, p.153-177, 1991.

WEAVER, F. S. *Class, State and Industrial Structure*: The Historical Process of South American Industrial Growth. Westport, Conn.: Greenwood Press, 1980.

WEBB, R. The Influence of the International Financial Institutions on ISI in the Period 1944-1980. In: *Industrialisation and the State in Latin America*: The Black Legend and the Postwar Years. (Ed.) E. Cardenas, J. A. Ocampo, e R. Thorp. Oxford: Macmillan, 2000.

WERNERFELT, B. A Resource-based View of the Firm. *Strategic Management Journal* 5 (2), p.171-80, 1984.

WEST, E. G. *Education and the Industrial Revolution*. Nova York: Harper and Row, 1975.

WESTPHAL, L. E. et al. Reflections on the Republic of Korea's Acquisition of Technological Capability. In: *International Technology Transfer:* Concepts, Measures, and Comparisons. (Ed.) N. Rosenberg e C. Frischtak. Nova York: Praeger, 1985.

WHITE HOUSE. President Proposes $23 Million Increase in Funding for PNGV. Washington, D.C.: White House, 1999.

WHITING, V. R. J. *The Political Economy of Foreign Investment in Mexico*: Nationalism, Liberalism, and Constraints on Choice. Baltimore, Md.: Johns Hopkins University Press, 1992.

WIBOONCHUTIKULA, P. et al. Thailand in the International Economic Community. In: *The 1989 TDRI Year-end Conference.* (Ed.) TDRI. Bangkok: Thailand Development Research Institute, 1989.

WIENER, N. *Cybernetics*: Or Control and Communication in the Animal and Machine. Nova York: John Wiley, 1948.

WILKIE, J. *The Mexican Revolution*: Federal Expenditure and Social Change Since 1910. Berkeley, Calif.: University of California Press, 1970.

WILKINS, M. *The Emergence of Multinational Enterprise*: American Business Abroad from the Colonial Era to 1914. Cambridge, Mass.: Harvard University Press, 1970.

_____. *Efficiency and Management*: A Comment on Gregory Clark's 'Why Isn't the Whole World Developed?' *Journal of Economic History* 67, n.4 (dez.), p.121-3, 1987.

WILLIAMSON, J. What Washington Means by Policy Reform. In: *Latin American Adjustment:* How Much Has Happened? (Ed.) J. Williamson. Washington, D.C.: Institute of International Economics, 1990.

WILLIS, E. J. *The Politicized Bureaucracy*: Regimes, Presidents and Economic Policy in Brazil. Boston, Mass.: Boston College, 1990.

WIONCZEK, M. S. *Electric Power*: The Uneasy Partnership. In: *Public Policy and Private Enterprise in Mexico*. (Ed.) R. Vernon. Cambridge, Mass.: Harvard University Press, 1964.

WOHLERT, C. The Introduction of the Bessemer Process in Sweden. In: *Technology Transfer and Scandinavian Industrialisation.* (Ed.) K. Bruland. Nova York: Berg, p.295-306, 1991.

WOLCOTT, S. Did Imperial Policies Doom the Indian Textile Industry? *Research in Econmic History* (17), p.135-83, 1997.

WOLCOTT, S.; CLARK, G. *Why Nations Fail*: Managerial Decisions and Performance in Indian Cotton Textiles, 1890-1938. *Journal of Economic History* 59, n. 2, p.397-423, 1999.

WON, S.-Y. A Study on the Persistency of the Policy Loans. KSESA, 1995. (Na Coréia)

WOODRUFF, W. *Impact of Western Man*: A Study of Europe's Role in the World Economy, 1750-1960. Nova York: St. Martin's Press, 1966.

WOYTINSKY, W. S.; WOYTINSKY, E. S. World Population and Production: *Trends and Outlook*. Nova York: Twentieth Century Fund, 1953.

WRIGHT, G. The Origins of American Industrial Success. *American Economic Review* 80, p.651-68, 1990.

WRIGHT, S. F. *China's Struggle for Tariff Autonomy, 1843-1938*. Taipei: Ch'eng Wen Publishing, 1966.

WRIGHT, W. R. *British-Owned Railways in Argentina*: Their Effect on Economic Nationalism, 1854-1948. Austin: University of Texas Press for the Institute of Latin American Studies, 1974.

WU, S.-H. *The Dynamic Cooperation Between Government and Enterprise*: The Development of Taiwan's Integrated Circuit Industry. In: *Taiwan's Enterprises in Global Perspective*. (Ed.) N. T. Wang. Armonk, N.Y.: M. E. Sharpe, p.171-92, 1992.

WYTHE, G. *Industry in Latin America*. Nova York: Columbia University Press, 1949.

WYTHE, G. *Brazil*: Trends in Industrial Development. *Economic Growth: Brazil, India, Japan*. (Ed.) S. Kuznets; Wilbert E. Moore; Joseph J. Spengler. Durham, N. C.: Duke University Press, p.29-77, 1955.

XUE, L. *Promoting Industrial R&D and High-Tech Development through Science Parks*: The Taiwan Experience and Its Implications for Developing Countries. *International Journal of Technology Management, Special Issue of R&D Management* 13 (7-8), p.744-61, 1997.

YAMAZAKI, H. *The Development of Large Enterprises in Japan*: An Analysis of the Top 50 Enterprises in the Profit Ranking Table (1929-1984). *Japanese Yearbook on Business History:* , 5, p.12-55, 1988.

YAMAZAWA, I. Industrial Growth and Trade Policy in Prewar Japan. Developing Economies 13, n.1 (1º mar.), p.38-65, 1975.

YATES, L. *Forty Years of Foreign Trade*: A Statistical Handbook with Special Reference to Primary Products and Under Developed Countries. Londres: George Allen and Unwin, 1959.

YATSKO, P. *Urge to Merge*: China Pins Hopes on Mergers to Save State Firms. *Far Eastern Economic Review* (23 maio), p.56-59, 1996.

YONEKAWA, S.-i. *The Growth of Cotton Spinning Firms*: A Comparative Study. In: *The Textile Industry and Its Business Climate*. (Ed.) A. Okochi e S.-i. Yonekawa. Tóquio: University of Tokyo Press, p.1-44, 1982.

_____. Comment. In: *Development of Managerial Enterprise*. (Ed.) K. Kobayashi; H. Morikawa. Tóquio: University of Tokyo Press, 12, p.258-60, 1986.

YONEKURA, S. The Japanese Iron and Steel Industry, 1850-1990. Nova York: St. Martin's, 1994.

YOO, J.-H. *Korea's Four Major Reform Programs*: Progress and Evaluation. Seul: Ewha Women's University, 1998.

YOON, B.-S. *Reverse Brain Drain in South Korea*: State-Led Model. *Studies in Comparative International Development* 27(1), p.4-26, 1992.

YOUNG, A. *Lessons From the East Asian NICs*: A Contrarian View. *European Economic Review* 38, 1994.

YOUNG, S. C. *The Gatt's Long-Term Cotton Textile Arrangement and Hong Kong's Cotton Textile Trade*. Tese (Doutorado) — Washington State University, 1969.

YUAN, B. J. C.; WANG, M. Y. Analysis On the Key Factors Influencing Competitive Advantages of DRAM Industry in Taiwan. *International Journal of Technology Management* 18(1-2), p.93-113, 1999.

ZEVIN, R. B. The Growth of Cotton Textile Production After 1815. In: *The Reinterpretation of American Economic History*. (Ed.) R. W. Fogel; S. L. Engerman. Nova York: Harper and Row, 1971.

ZHANG, X.-H. *Enterprise Response to Market Reforms*: The Case of the Chinese Bicycle Industry (1979-1988). Adelaide: University Of Adelaide, 1991.

_____. *Enterprise Reforms in a Centrally Planned Economy*: The Case of the Chinese Bicycle Industry. Basingstoke: St. Martin's Press, 1993.

ZHOU, G. X. Z. *Memorandum on Field Work in China, 1995*. Cambridge, Mass.: Massachusetts Institute of Technology, 1996.

Índice remissivo

A

A. D. Little, 381

Acer Computers, 341, 344n.7

ACER Group, 306

Acordo de Livre Comércio da América do Norte, 47, 464, 467, 484

Acordo Geral sobre Tarifas e Comércio, 315, 461-3, 486

administração científica, 147-8

Administração Otomana da Dívida Pública, 131-2

África do Sul, 300

agricultura, 29, 156, 196, 320

Alemán, Miguel, 56

Alemanha, 72-3, 158, 231n.9, 383
  indústria siderúrgica, 114, 126, 181n.46, 183n.48, 185n.51
  transferência tecnológica, 125-6
  Turquia e, 182, 271-2

Alembic, 406

Alfa Group, 383, 405

alfabetização, 120-3, 127, 328

alianças estratégicas, 46, 434

alocação de recursos, 393, 416, 439-40, 448-53

Altos Hornos, 375

Ambani, 365

América Fabril, 117

América Latina, 70, 241n.17, 414n.71
  crises da dívida, 43, 433, 437-9
  dívida externa, 43, 439-40
  empresas multinacionais, 110-1, 220, 352, 358, 363n.18, 369, 371, 383
  experiência manufatureira, 49
  exportações, 142, 220-1, 296-7, 302, 319-20
  firmas de pequena escala, 140-1
  firmas nacionais, 220-3, 352, 356-8, 371, 413
  indústria automobilística, 274-6, 303-4, 366-7
  investimento no exterior, 356-7

investimentos do exterior, 223, 363-6, 370-1, 433, 490
    padrões de desempenho, 324
    pesquisa e desenvolvimento, 416, 478-9
    protecionismo, 138
    redes de distribuição, 162
    setor de petroquímicos, 209-10, 220, 383
    Ver também países específicos
American Rolling Mill Company, 375
Amin, 406
Anaconda, 37
Antuñano, Esteban de, 88-9
Apkindo, 315-6
aprendizado
    papel das multinacionais no, 336-7, 346
    questões de transferência tecnológica, 108-24, 133
    subsidiado, 30
aprendizado puro, 29
Arbed, 37
Argentina, 42, 253n.24, 283, 414n.71, 490, 497-9
    bancos de desenvolvimento, 239, 264-5, 497-8
    desindustrialização, 449
    distribuição de terras, 51-2, 395
    dívida externa, 439
    divisões de classe, 392-405
    educação, 417-9
    empresas multinacionais, 108-11, 276, 360-5
    experiência manufatureira, 28, 49-50
    exportações, 164n.25, 265, 289-92, 295-7, 300n.12
    ferrovias, 156n.20, 157-8
    firmas de pequena escala, 192-3, 197-9
    firmas familiares, 338-9
    firmas nacionais, 220, 352
    indústria automobilística, 276, 365
    indústria de artigos eletrônicos, 360
    indústria dos petroquímicos, 210
    indústria farmacêutica, 397
    indústria siderúrgica, 283, 396, 465
    indústria têxtil, 106n.3

iniciativas antidumping, 463-5
inquietação da mão-de-obra, 152-3
investimento interno bruto, 230-1, 427
investimentos do exterior, 46-50, 357, 361, 467n.25, 468, 478
investimentos no exterior, 356-7
manufaturas, 285
mecanismo de controle, 478, 484-5
patentes, 422, 478
pesquisa e desenvolvimento, 415-28, 478-85
produção manufatureira, 209
ritmo de reestruturação, 439
salários, 152-3, 426-9
tarifas, 321-2, 461n.18
taxa de alfabetização, 120-1
vantagem comparativa, 451-8
Arthur G. McKee & Company, 187
assessores dos mecanismos de controle, 40
Associação Japonesa das Usinas de Algodão, 163
Associação Latino-Americana de Livre Comércio, 297
Astra Group, 307n.19
atividade manufatureira, 38, 48, 191
    administração científica, 148
    ativos baseados no conhecimento, 29-31
    desindustrialização, 449
    empresas de propriedade estatal, 409-11
    escala eficiente. *Ver* economias de escala
    experiência na, 28, 47-51, 189-219, 287-8, 497-500
    firmas líderes nacionais, 352-8
    investimentos dos bancos de desenvolvimento, 265-7
    localização da, 41-2, 274-5
    mecanismos de controle recíproco, 38-45
    produção da, 27-8, 43-4, 106, 190-1, 209-15, 281-5, 344, 363, 382, 426-30, 500
    Ver também indústrias específicas
ativos baseados no conhecimento, 29-38, 295, 330, 485-6

Índice remissivo

cultivo de, 478-83
firmas multinacionais e, 336-7
firmas nacionais e, 336-7
teoria do desenvolvimento industrial, 490-5
ativos fixos, 170-4
ativos intermediários, 38, 41, 48, 53-5, 227, 476, 485
como fator de expansão, 437, 489, 494-5
firmas nacionais e, 335-9
indústrias de média tecnologia, 265-6
Ver também subsídios
ativos, 47, 139, 472-3. Ver também ativos intermediários; ativos baseados no conhecimento
Austrália, 383, 464
Autoridade do Petróleo da Tailândia, 378

B

Bago, 397
Banco Bumiputra da Malásia Berhad, 236
Banco Comercial do Sião, 236
Banco da Agricultura e das Cooperativas Agrárias, 236
Banco de Desenvolvimento da Coréia, 233, 239-41, 248-9, 260, 268
Banco de Desenvolvimento da Índia, 239, 249
Banco de Desenvolvimento da Indonésia, 234
Banco de Desenvolvimento Industrial (Turquia), 236, 249
Banco de Desenvolvimento Industrial da Índia, 233, 240-1, 250, 261
Banco de Desenvolvimento Sümer, 182, 236, 271
Banco do Japão, 133
Banco Financeiro da Reconstrução, 228
Banco Industrial Chosen, 197
Banco Industrial, 257-8
Banco Malaio Berhad, 236
Banco Mundial, 228n.2, 236, 278, 381, 447
Banco Nacional de Desenvolvimento Econômico e Social, 234, 241, 245-6, 254-9, 264, 376, 384, 392-5, 404, 498
bancos de desenvolvimento, 227-39, 244,

260, 488, 498
critérios para investimento de capital, 245-51
empréstimos de, 41-2, 178, 230-2, 239-45
fontes de custeio, 241-4
padrões de desempenho, imposição de, 245-54. Ver também sobre países específicos
Bank Indonesia, 234
Bank Industri, 262, 387n.52
base competitiva, 335-9
Basf, 383
Bata Shoe, 208
Bayer, 37, 408
Bechtel Corporation, 365
Befiex, 272-3, 323
BEL, 385
Bélgica, 141, 228-9n.4
bens de capital, 298-9, 493
Bharat Heavy Electricals, 375
BI Walden International, 387n.52
BNDES. Ver Banco Nacional de Desenvolvimento Econômico e Social
Bodmer, Johann George, 328
Booz Allen (Estados Unidos), 377
Boston Manufacturing Company, 85
Boustead-Buttery, 207, 410
Brasil, 283-5, 397n.65, 466n.23, 478-9
bancos de desenvolvimento, 234, 240-1, 245-6, 254-9, 264, 376, 384, 392-5, 498
desindustrialização, 449
distribuição de terras, 51-2
divisões de classe, 392-405
empresas de propriedade estatal, 371-84, 393
empresas multinacionais, 108-11, 275-81, 360-5
experiência manufatureira, 28, 49-50
exportações, 272, 285, 289, 300-2, 308, 318-24, 465
ferrovias, 157-9
firmas de pequena escala, 192-3, 197-9, 492-3
firmas nacionais, 352, 356, 395n.58

formação de instituições, 55-6

imposição de norma tecnológica, 254-60

indexação dos empréstimos à taxa de juros, 240-1

indústria automobilística, 272-6, 366-9, 465-6

indústria siderúrgica, 178-86, 245-6, 255, 283, 373-6, 394-7

indústria têxtil, 92n.24, 97-8, 145-6, 149, 162-3

iniciativas antidumping, 463-5

inquietação da mão-de-obra, 152-3

investimento interno bruto, 230-1, 427

investimentos do exterior, 46-50, 366-9, 465-9, 478

investimentos no exterior, 356-7

manufaturas, 140-2

mecanismo de controle recíproco, 40-2

patentes, 422, 478

pesquisa e desenvolvimento, 415-28, 478-85

petróleo, gás, petroquímicos, 209-10, 372-84

privatização, 384n.45, 395n.56

produção manufatureira, 209

projetos de infra-estrutura, 229-32

questões comerciais, 308, 437-8

requisitos de conteúdo local, 275-6

royalties e taxas de licenciamento, 416-7

setor de artigos eletrônicos, 360-2, 370n.27, 385

tarifas, 321-2, 461n.18

transferência tecnológica, 109-20

vantagem comparativa, 451-8

British American Tobacco, 111, 113, 115, 147, 162, 204, 208

British Commonwealth, 219, 331

busca de renda, 29, 48

C

Canadá, 231n.9, 370, 464

capacidades de inovação, 30-2, 96

capacidades tecnológicas, 29-33, 90, 145-51, 252, 274, 320

Carso, 405

Cemex, 404

Cepal. *Ver* Comissão Econômica para a América Latina da ONU

certificados de estímulo, 237

chá, indústria do, 162

chaebol. *Ver sobre* Coréia

Chee Hsin, Companhia de Cimento, 167, 172

Chemtex, 116n.15

Cheng Kuan-ying, 115

Chevron, 382

Chiang Kai-shek, 410

Chien Chao-nan, 113, 147-9

Chile, 253n.24, 478-9, 484-6

bancos de desenvolvimento, 232-4, 264

distribuição de terras, 51-2

divisões de classe, 392

educação, 417-9

empresas de propriedade estatal, 378-82

empresas multinacionais, 108-11, 276

estratégia de desenvolvimento, 46

experiência manufatureira, 28, 49-50

exportações, 289, 304, 313-4, 484

ferrovias, 157-9

formação de instituições, 55-6

indústria automobilística, 366-9

indústria de artigos eletrônicos, 360

indústria têxtil, 106n.3

investimento interno bruto, 230-1

investimentos do exterior, 465-9, 478

investimentos no exterior, 356-7

manufaturas, 289, 484-5

pesquisa e desenvolvimento, 415-20, 478-85

produção manufatureira, 209

transferência tecnológica, 109-20

vantagem comparativa, 451-8

China, 70, 98n.30, 107, 283, 414n.71, 479, 484

compradores, 74, 80n.11, 105-6, 134n.25, 136, 168n.31

desindustrialização, 449

distribuição de renda, 51-2

Índice remissivo

distribuição de terras, 51-2
educação, 417-9
emigrantes, 49, 189, 199-208, 482-3
empresas de propriedade estatal, 378-82, 473
empresas multinacionais, 108-13, 360-5
experiência manufatureira, 28, 49-50
exportações, 267-9, 300, 309-13, 316-8, 325
ferrovias, 157-9, 167, 171
firmas de pequena escala, 192-3, 197-9, 492-3
firmas nacionais, 46, 53, 223, 352-3
formação de capital interno bruto, 438
formação de instituições, 55-6
índice de poupança, 494
indústria automobilística, 272-6, 366-9, 473
indústria de bicicletas, 474
indústria de cigarros, 113-4, 146-9, 161-2
indústria de cimento, 167-172
indústria do chá, 162
indústria siderúrgica, 125-6, 178-86, 282-3, 373-8
indústria têxtil, passim
indústrias líderes (1931-1933), 132
investimentos do exterior, 111n.10, 465-9
kuan-tu shang-pan, 171
manufaturas, 141-2
mão-de-obra contratada, 99, 152n.14
mecanismo de controle recíproco, 40-2
organizações de comércio, 463
pesquisa e desenvolvimento, 42, 415-20, 478-85
produção de seda, 107-9, 128-36
produção manufatureira, 209
questões financeiras, 164-70
salários, 147, 153n.15
setor de artigos eletrônicos, 360-2
tarifas, 91-6, 138-9, 316-8
terceirização da gerência, 147
transferência tecnológica, 118-21, 124-8
vantagem comparativa, 451-8

Chrysler, 405
Chung-hsing group, 201
Ciba, 141, 329
ciência e tecnologia, empresas de, 42, 483
Cifra, 405
Cingapura, 48n.10, 383
CMC, 385
Cobra, 385
Colômbia, 357
colonialismo, 492
    experiência manufatureira e, 191-9, 202-7, 220-1, 287-8
    Japão e, 34, 36, 192-9, 202, 220-3
    Ver também descolonização
comércio exterior. *Ver* comércio
comércio, 357
    crescimento intra-asiático, 300, 325
    crescimento latino-americano, 327
    direção do, 325-6
    direitos antidumping, 463-5
    Heckscher-Ohlin-Samuelson, teoria de, 30
    liberalização do, 447-61
    medidas não-tarifárias, 464
    padrão intra-regional de, 324-7
    segregação de mercado, 227-8, 287-333
    zonas de livre comércio, 41, 267
    Ver também exportações; livre comércio; importações; tarifas; *sobre* países específicos
Comissão Econômica para a América Latina da ONU, 296-7
Companhia Cristalerías Rigolleau, 111
Companhia das Índias Orientais, 160
Companhia de Bornéu, 207, 410
Companhia de Cigarros Nanyang, 113, 146-9, 158, 161
Companhia de Ferro e Aço de Bengala, 177n.44, 180
Companhia de Fiação de Algodão Osaka, 107, 118
Companhia de Petróleo da China (Taiwan), 378-9, 382
Companhia de Vapores do Japão, 163

Companhia Katakura de Manufatura de Seda, 133-5

Companhia Siderúrgica Bao da China, 377-8

companhias de comércio, 108-9, 164, 221, 310n.23, 415

Compañía de Petróleos, 378

compensado, indústria do, 314-6

compradores. *Ver sobre* China

comunicações, transferências tecnológicas e, 88, 108

Conacyt, 421

concorrência
formas retardatárias de, 252-4
teoria do mercado, 495-6

conflito étnico, 392, 409-13

conflito racial, 392, 409-13

conhecimento perfeito, 30, 327, 487, 495-7

Conselho de Investimentos (CDI; Tailândia), 55, 60-7, 236-7, 262, 271, 409, 498

Consenso de Washington, 447

Constancia, La (usina têxtil), 88-9

Coréia do Sul. *Ver* Coréia

Coréia, 283, 391, 397n.65, 404, 462n.20, 468, 479, 484
bancos de desenvolvimento, 233, 239-41, 248-9, 260, 268
bens de capital, 298-9, 493
chaebol, 197, 201, 268, 305, 382, 387, 414n.71, 415, 476-7
colonialismo japonês, 36, 49-50, 189-93, 219-23, 301
como subcontratada, 306-7
companhias de comércio, 310n.23
controles de preços, 276-81
desindustrialização, 449
distribuição de renda, 51-2, 416n.74
distribuição de terras, 51-2
dívida externa, 439
educação, 196, 417-9
empresas de propriedade estatal, 372n.30, 378-82
ênfase em grandes negócios, 413-6

estratégia dos "grandes acordos", 476-7

experiência manufatureira, 28, 49-50, 191-9

exportações, 267-73, 283, 289, 300-13, 356

firmas familiares, 338-9

firmas multinacionais na, 275-81

firmas nacionais, 46, 53, 223, 337-9, 352-6, 395n.58, 397, 413-4

formação de instituições, 55-6

gastos do governo, 240-4

globalização, 426-8, 435-6

indústria automobilística, 253-4, 272-6, 366-9, 476-7, 480-1n.39

indústria dos petroquímicos, 209-10, 372-84

indústria siderúrgica, 275, 282-3, 319, 373-6, 381-2, 394-7

indústria têxtil, 192-9, 216, 249, 301, 305-7, 315n.26

investimento interno bruto, 149-50, 230-1, 427

investimentos no exterior, 356-7

mecanismo de controle recíproco, 42, 253-4, 267-8

mercados financeiros, 436n.3

padrões de desempenho, 368, 425-6

patentes, 422, 478

pesquisa e desenvolvimento, 415-28, 478-85

produção de seda, 193

produção manufatureira, 209

Produto Interno Bruto, 470

projetos de infra-estrutura, 229-32

questões comerciais, 192-9, 308, 437-8

restrições voluntárias às exportações, 463

royalties e taxas de licenciamento, 416-7

salários, 426-9

setor de artigos eletrônicos, 268, 360-2, 386

sindicatos, 38

transferências tecnológicas, 116n.15, 126

vantagem comparativa, 451-8

Índice remissivo

Corfo. *Ver* Corporación de Fomento de la Producción

Corning Glassworks, 111

Corporação Coreana de Fertilizantes de Nitrogênio, 194

Corporação Coreana do Petróleo, 380

Corporação de Bancos Unidos da Malaia, 236

Corporação de Descaroçamento de Algodão Namboku, 193

Corporação de Fertilizantes de Nitrogênio do Japão, 194

Corporação de Finanças Industriais da Índia, 230n.7

Corporação de Finanças Industriais da Tailândia, 62, 236, 240-1

Corporação de Fios de Seda Bruta Chosen, 193

Corporação de Maquinário Semicondutor de Taiwan, 341

Corporação Eletrônica Unida, 386

Corporação Siderúrgica da China em Taiwan, 376, 397, 410

Corporação Taiwanesa para o Fabrico de Semicondutores, 386

Corporação Têxtil Chosen, 193

Corporação Têxtil Kyongsong, 193

Corporación de Fomento de la Producción (Chile), 56, 233, 264

corrupção, 42-3, 497-8
em projetos ferroviários, 160-1
na Argentina, 239
na Tailândia, 61-2
sistema de agenciamento administrativo, 172-4

Cosipa, 376

cotas de exportação, 315, 331

CSN. *Ver* Volta Redonda

Cuauhtemoc-HYLSA, 405

Cuba, 47

Curson, vice-rei, 120

D

Daewoo, 368-71, 477

Danforth, A. W., 115-7

Dastur, 374

Davar, N. F., 107n.5

déficits de habilidades, 96-102, 106

Delta Electronics, 343

Demag, 37, 116n.15

depreciação, orçando para a, 171-2

descaroçadora de algodão, 35-6, 140

descolonização, 50, 56, 209, 222-3, 337, 362

desenvolvimento econômico, 54-5, 492, 495-6
ativos baseados no conhecimento e, 29-38, 497-9
formação de instituições e, 55-67, 483, 497
superexpansão, 435-40

design original, fabricantes de, 346

desindustrialização, 449, 453, 461

desnacionalização, 461

despojamentos, 168

Di Tella (negociante argentino), 423

Dinamarca, 141, 301

direitos à propriedade intelectual relacionados ao comércio, 465n.22

direitos à propriedade, 464-6

direitos antidumping, 463-5

diversificação dos negócios. *Ver* diversificação; grupos comerciais diversificados

diversificação, 209, 344-6, 359-60, 406, 428-30, 449

dívida, crises da, 27-8, 43, 433-40

dívida externa, 439-40

dividendos garantidos, 171

divisão do trabalho, 300, 491

divisões de classe, 392-405

Dow, 37

Dunlop, 37, 360, 408

DuPont, 37

E

economias de escala, 216, 274, 332, 336, 339, 343-6, 350, 359, 414, 435, 442, 474

economias de escopo, 337, 394

Económica, La (usina têxtil), 89

educação, 30-1, 120nn.16-17, 416-8, 434n.1
  alfabetização, 120-3, 127, 327-8
  estudo de gerentes no exterior, 378
  fuga reversa de cérebros, 427-8
  migração de estudantes estrangeiros,
    56-7, 416-7
  Ver também aprendizado; *sobre* países
    específicos
efetuadores dos mecanismos de controle, 40
Egito, 47, 500
Electronics Corporation of India, 385
empreiteiros da área de defesa, 341
empreiteiros, sistema de, 152n.14, 159
empresas de fiação. *Ver* produção têxtil
empresas de pequena escala, 139-40, 145,
    187, 281, 319, 406, 492-3
empresas de propriedade estatal, 369-73
  conflitos raciais e étnicos e, 409-13
  firmas líderes nacionais, 320, 329-30,
    335-46
  modelo *spin-off*, 340-1, 384-91
  Ver também sobre países específicos
empresas multinacionais, 27, 37, 50, 141, 434
  firmas nacionais e, 281, 285, 307-13,
    330
  indústria de cigarros, 111-3, 208
  joint ventures, 471-6, 502
  na América Latina, 110-1, 220, 352,
    358, 363n.18, 369, 371, 383
  na Tailândia, 62, 370
  setor de artigos eletrônicos, 360-2
  transferências tecnológicas e, 108-124
  Ver também sobre países específicos
Empress Mill, 97, 107n.5
empréstimos monetários, 168n.31
engenharia reversa, 119, 417
engenheiros, 48, 223, 256, 328, 421-3
Engineers Indian Ltd., 365
Equador, 467n.24
equipamentos originais, fabricantes de,
    306, 346
escala eficiente. *Ver* economias de escala
escassez de recursos, 291
Escher-Wyss, 37, 141, 329
escravidão, 110

Escritório de Desenvolvimento Industrial
  (Taiwan), 55
Escritório de Planejamento Estatal
  (Turquia), 56, 236-7
Escritório de Propriedades da Coroa
  (Tailândia), 208, 236
Eslováquia, 464
especulação, 134-5, 175-7, 436
Esperança, 180
Estados Unidos, 72-3, 436, 441n.9
  casos de antidumping contra, 463-5
  empresas multinacionais, 108-11
  exportações, 299n.10, 310, 318-21, 324-5
  Federal Reserve, 437
  impacto da descaroçadora de
    algodão, 35-6, 84-5
  importações para, 447
  indústria siderúrgica, 181-2n.46,
    183n.48, 185n.51
  indústria têxtil, 69-70, 84-6, 93,
    101-3, 144-5n.7, 147, 217, 318-9
  investimentos no exterior, 362-4
  manufaturas, 139-41
  política econômica externa, 435-47
  projetos de pesquisa e
    desenvolvimento, 478-85
  subcontratações pelos, 306-7
  Tailândia e, 60-1
  tarifas, 84-6, 183n.48, 319-22
Etibank, 236
Eximbank, 185
exportações, 266-85, 494-6
  cotas, 331
  diferenças em abertura econômica,
    288-99
  distribuição global, 443-5
  firmas nacionais e, 320, 335-7
  história comercial pré-Segunda
    Guerra Mundial, 300-2
  índice de crescimento, 269-70, 290
  manufaturas como, 142-4, 288-9, 302,
    319-20
  mecanismos de controle recíproco,
    38-44, 266
  padrões políticos, 265-73, 285

Índice remissivo

restrições voluntárias, 218, 463
Ver também substituição de importações; *sobre* países específicos

F

fábricas modelo, 133-5
falência, 139, 168-9
Far Eastern, 201
Federação das Indústrias Coreanas, 477n.36
Federal Flour Mills, 412
Federal Reserve, U. S., 437
Femsa, 405
ferrovias, 155-61, 167, 229
Fiação Tomioka, 133
Fiat, 37
Filipinas, 316, 383, 500
Finanças para o Desenvolvimento Industrial Malaio Berhad, 235n.14, 241
finanças, 165n.26, 178-82, 230-5, 241-2, 317
Finlândia, 36n.4
Firestone, 37, 360
firmas nacionais, 49-51, 227, 335-430, 433-4, 492, 500
   base competitiva, 335-9
   desnacionalização das, 340
   distribuição de renda, 352-9, 391-405
   firmas multinacionais e, 281, 285, 307-13, 330
   globalização e, 46-51
   pesquisa e desenvolvimento, 415-28
   porte das, 343-51, 392-5
   questões de experiência manufatureira, 189-91, 283
   seleção governamental das, 340-2, 358-9, 391-405
   Ver também empresas de propriedade estatal
First Auto Works, 370-1
Fluor Corporation, 381
FMI. *Ver* Fundo Monetário Internacional
Ford Motor Company, 37, 109, 207-8, 272, 367-8, 405, 475n.32
formação de capital

como fator de exportações, 273, 295
critérios dos bancos de desenvolvimento, 245
interna, 57-9, 146-7, 153-6, 468-9
investimento estrangeiro e, 57-9, 204
na indústria da seda, 128-36
participação do governo na, 57-9
questões de investimento em três frentes, 146-55
formação de instituições, 55-67, 331-2, 426, 497
França, 75, 103, 130
   indústria têxtil, 36, 69-73, 81, 84, 87, 92, 102, 309n.21
fuga reversa de cérebros, 427-8
Fundo de Investimento Nacional (Coréia), 233
Fundo Monetário Internacional, 239n.15, 242, 441, 447
fusões e aquisições, 461, 467-70

G

Gandhi, Indira, 475
Gatt. *Ver* Acordo Geral sobre Tarifas e Comércio
Geertz, C., 203
Geigy, 141, 329
General Electric, 37, 159
General Motors, 37, 204, 208, 367-8, 371, 405, 475n.32
Gerdau, grupo, 395n.56
Gerschenkron, Alexander, 228n.4, 487-90
Gigante, 405
globalização, 46-51, 336, 356-9, 427, 470
GM. *Ver* General Motors
Goenkas, grupo, 408
Goodyear, 37
governo, 490-502
   custeio dos bancos de desenvolvimento, 241-6, 498
   desenvolvimento econômico e, 30-6, 137-9
   dívida externa, 433
   firmas nacionais e, 335-343, 367-8

573

formação de instituições e, 51-9, 497-9
imposição de padrões de
desempenho, 368-9, 390-2
indústria siderúrgica e, 178-86
níveis de investimento bruto, 57-9
no modelo da industrialização, 493-4
papel da indústria da seda, 128-36
subsídios, 34-5, 41-2, 54, 368-9, 391-2
teoria de Gerschenkron, 487-90
Ver também empresas de propriedade
estatal
Grã-Bretanha, 153-5, 161-2, 204
Commonwealth britânica, 219, 331
empresas multinacionais, 108-11, 161-2
indústria do chá, 162
indústria siderúrgica turca e, 182-3
indústria siderúrgica, 181-2n.46
indústria têxtil, 69-89, 91n.23, 97n.29
investimentos latino-americanos, 218-9
papel da transferência tecnológica,
88-9, 97-9, 102-4
política econômica externa, 441-3
tarifas, 84-6, 138
Grupo Birla, 407-8, 414n.71
Grupo Desc, 405, 421n.79
Grupo Executivo da Indústria
Automobilística (Brasil), 366
Grupo Geral de Tecnologia da China, 473
grupos comerciais diversificados, 161,
340-1, 344, 346, 386, 417, 470-3
Guananmex, 210
Gulf Oil (Estados Unidos), 380
Guomindang, partido do (Taiwan), 386, 410
Guthrie, 207, 410

H

H. A. Brassert, 182
habilidades administrativas, 29-31, 48, 193
administração científica, 148-9
como fator na pesquisa e
desenvolvimento, 415-28
em empresas de propriedade estatal,
372-3
estudo no exterior e, 378

investimentos em três frentes e, 178,
207, 227
nas firmas nacionais, 335-9
transferências tecnológicas e, 99-101,
155-7
habilidades exclusivas, 47, 55, 187, 337,
491-2, 500
HAN, projetos. *Ver* Projetos Nacionais
Altamente Avançados
Han-yeh-ping (usina siderúrgica), 125,
179, 182
Harrisons and Crosfield, 207, 410-1
HEC, 375
Heckscher-Ohlin-Samuelson, teoria
comercial de, 30
Henry Kaiser Corporation, 367
Hoechst, 37
Holanda, 141, 386, 470
Hong Kong, 48n.10, 327-31, 486
indústria têxtil, 217-9, 330
livre comércio, 327- 331
Hyundai, 22n.2, 368, 370, 476n.33, 477

I

IBM, 387, 408
ICA, 405
IIFB. *Ver* investimento interno fixo bruto
Império Otomano, 70-1
experiência manufatureira, 48-9
falta de transferências tecnológicas,
102-3
indústria têxtil, 49n.11, 69, 73-83, 90,
103, 112-3
salários, 83, 109-10, 127, 153n.15
tarifas, 91-6, 113
Ver também Turquia
importações
bens de capital, 298-9
direitos antidumping, 463-5
dos Estados Unidos, 445-7
indústria têxtil, 76, 80-2
proteções da OMC/Gatt contra, 460-1
sem tributação, 40, 267
Incidente da Manchúria (1931), 192, 199

indexação da taxa de juros para empréstimos, 240-1

Índia, 70-1, 107, 283, 414n.71, 479, 484
bancos de desenvolvimento, 232-4, 239-41, 249-50
conflitos de porte das firmas, 406-8
controles de preços, 276-81
distribuição de renda, 51-2
distribuição de terras, 51-2
divisões de classe, 392
educação, 120, 417-9
empresas de propriedade estatal, 372n.32, 375n.34, 378-82, 397
empresas multinacionais, 108-11, 360-5
experiência manufatureira, 28, 49-50
exportações, 144, 272, 285, 289, 300-2, 308, 325
ferrovias, 157-9
firmas de pequena escala, 192-3, 197-9, 406, 492-3
firmas familiares, 338-9
firmas nacionais, 46, 53, 223
formação de capital interno bruto, 438
formação de instituições, 55-6
índice de poupança, 494
indústria automobilística, 272-6, 366-9, 475
indústria farmacêutica, 279, 397, 406-7
indústria siderúrgica, 112, 148n.9, 177-86, 278-80, 373-6, 394-7
indústria têxtil, passim
iniciativas antidumping, 463-5
investimento interno fixo bruto, 150
investimentos do exterior, 221-2, 366-9, 465-9, 475n.32
investimentos no exterior, 356-7
joint ventures, 471-6, 502
manufaturas, 140-6
mecanismos de controle recíproco, 43-4, 478-80
padrões de desempenho, 281-2, 368-9
pesquisa e desenvolvimento, 415-20, 478-85

produção manufatureira, 209
projetos de infra-estrutura, 229-32
questões comerciais, 308, 437-8
questões financeiras, 164-70
salários, 152-3
setor de artigos eletrônicos, 360-2
sistema de agências administrativas, 159-60, 172-5
sistema de empreiteiros, 152n.14
tarifas, 91-6, 138-9, 461
terceirização da gerência, 147
transferência tecnológica, 116-20
vantagem comparativa, 451-8

Indian Petrochemicals Corporation, 378

índice de mudança estrutural, 448-51, 459n.17

índice de poupança, 494

Indonésia, 263n.27, 283-5, 414n.71
bancos de desenvolvimento, 232-4
bens de capital, 298-9
conflitos étnicos e raciais, 392, 409-13
educação, 417-9, 434n.1
empresas de propriedade estatal, 378-82, 409-10
estratégia tecnológica, 46
experiência manufatureira, 28, 49-50, 202-7
exportações, 267-73, 289, 295-6, 300-16, 325
firmas multinacionais na, 275-81, 360-5
firmas nacionais, 221-3, 340
formação de instituições, 55-6
governo colonial, 191, 209-10
indústria automobilística, 366-9
indústria de artigos eletrônicos, 360
indústria de compensado, 314-6
indústria dos petroquímicos, 209-10, 372-84
investimento interno bruto, 230-1, 427
investimentos do exterior, 366-9, 467n.25
investimentos no exterior, 356-7
joint ventures, 307n.19
padrões de desempenho, 368-9

pesquisa e desenvolvimento, 415-20
produção manufatureira, 209
Produto Interno Bruto, 470
questões comerciais, 202-7, 437-8
ritmo de reestruturação, 439
tarifas, 461
vantagem comparativa, 451-8
indústria automobilística, 31, 37, 275
requisitos de conteúdo local, 274-6,
368n.21. *Ver também sobre* países
específicos
indústria de artigos eletrônicos, 37, 41,
268, 305-6, 360. *Ver também sobre*
países específicos
indústria de bicicletas, 205, 302, 307, 474,
493
indústria de cigarros, 111, 113, 208
China, 113, 146-9, 161
indústria de empacotamento de carne
bovina, 111
indústria de ferro e aço. *Ver* indústria
siderúrgica
indústria de hardware para tecnologia da
informação, 336, 349, 351
indústria de telecomunicações, 384-6
indústria do cimento, 145, 171-2, 270
indústria do vidro, 145
indústria farmacêutica
Argentina, 397
Índia, 279, 397, 406-7
Suíça, 329
indústria química, 31, 198, 210, 233, 304.
Ver também petroquímicos
indústria siderúrgica, 89, 183n.47, 311
controles de preços, 276-81
empresas de propriedade estatal, 336,
372-5, 377
ferrovias e, 156-8, 180
firmas líderes nacionais, 372, 396-7
investimento em três frentes na, 178-86
melhoras no desempenho, 282-4
papel do governo na, 138, 180-2
Ver também sobre países específicos
Indústria Tailandesa de Cobertas, 208-9
industrialização, 90, 137-8

experiência manufatureira e, 189-223
formação de instituições, 55-66, 492-3
globalização e propriedade nacional,
46-55
mecanismo de controle recíproco, 38-
44, 55-66, 227, 254, 499-500
tardia, 27-38, 338-51, 435-6, 489-95
teoria da abordagem dos ativos, 487,
490-4
teoria de Gerschenkron, 487-90
indústrias de média tecnologia, 27, 41, 46
coeficiente de exportações japonês, 299
firmas multinacionais e, 362
propriedade nacional das, 46
protecionismo e, 308
substituição de importações, 287
indústrias pesadas, 158, 178-286, 246,
283, 304-5
empréstimos por bancos de
desenvolvimento, 42, 240-1
Ver também indústrias específicas
inflação, taxas de juros sobre
empréstimos e, 240
Inglaterra. *Ver* Grã-Bretanha
inovações exclusivas, 29, 478-9
Instituto Mexicano de Petróleos, 380
institutos de pesquisa, 341-2, 360, 385-7
institutos públicos de pesquisa, 341-2
integração horizontal, 470
integração vertical, 470
International Materials and Chemical
Corporation, 382
investimento de capital, 71, 75-81, 163-6
investimento em três frentes, 35, 135,
137-174, 227
administração, 137-8, 164-70, 227
distribuição, 137-8, 161-4, 227
indústrias de ferro e aço, 156-61
questões financeiras, 164-70
relativo a capital, 137-8, 146-55
unidades de produção, 139-46, 227
investimento estrangeiro, 449, 467n.25, 492
como fator na desnacionalização, 340
em ferrovias, 159-61

Índice remissivo

estratégia de desenvolvimento e, 46
experiência manufatureira e, 48-9, 220-2
firmas nacionais e, 335-7, 357-9
formação de capital, 57-9, 230-1
mecanismos de resistência e, 461-2
na América Latina, 223, 363-6, 370-1,
433, 490
no Sudeste Asiático, 191, 204, 219
políticas do governo para, 362-3
por firmas multinacionais, 336-40
teoria de Gerschenkron, 487-8
transferência tecnológica e, 86-100, 136
Ver também empresas multinacionais
investimento interno fixo bruto, 149-50
investimento. Ver investimento de
capital; bancos de desenvolvimento;
investimento estrangeiro;
investimento em três frentes
investimentos em novas áreas, 467n.26,
468n.27
Ipiranga, grupo, 383
Iron Mountain Company, 180
Itália, 108, 163, 283, 309n.21
produção de seda, 36n.5, 129-30
ITI, 385

J

Japão, 60, 283, 339-40, 442
Banco Financeiro da Reconstrução,
228
bancos de desenvolvimento, 166-7
colonialismo, 36, 48-50, 191-9, 220-2,
300-2
comércio exterior, 287-8
como subcontratado, 306-7
companhias de comércio, 310n.23
distribuição de terras, 51-2
empresas multinacionais, 108-11
exportações, 249n.22, 288, 299-313,
331-2, 463
ferrovias, 157-9
gastos do governo, 242-3
indústria siderúrgica, 107n.4, 112-6,
125-6, 178-86, 319, 373-6

indústria têxtil, passim
industrialização, 36-7, 107
iniciativas educacionais, 118-20
investimento interno fixo bruto, 149-50
investimentos no exterior, 360-4
joint ventures, 46, 307n.19, 471-6, 502
manufaturas, 141-3, 299-303
produção de seda, 36, 103, 107-9,
128-36, 309-13
questões financeiras, 164-70
redes de distribuição, 163-4
transferências tecnológicas, 106-7,
111-8, 126
zaibatsu, 98n.30, 111, 161, 173, 192-4,
338, 414, 473
Jardine, Matheson and Company, 109, 330
Jefferson Smurfit, 356
John Deere, 37
joint ventures, 46, 468n.27
empresas de propriedade estatal e, 370-1
firmas multinacionais e, 360-71
Índia, 397, 465
Indonésia, 307n.19
Japão, 66-7, 307n.19, 373-4, 463
modelo da spin-off estatal e, 340-1,
384-8
Tailândia, 60-4, 207-9
Turquia, 272-1
Julian Kennedy, Sahlin and Company, 184

K

Kaiser Steel Corporation, 376n.36
Karabuk (usina siderúrgica), 182-3
Khazanah Nasional BHD, 387n.52
KIA Motors, 477
Kim, Mahn-je, 254
Klabin, 356
Kolon Nylon, 116n.15, 383
Krakatau Steel, 234
Krung Thai, Banco, 236
Krupp, 37, 182
kuan-li. Ver dividendos garantidos
kuan-tu shang-pan, 171
Kubitschek, presidente, 56

Kungping Company, 109

Kuok, Robert, 412

L

laissez-faire, política do, 274, 329n.40, 487-8

Lanari Jr., Amaro, 376-7

LG (Lucky-Goldstar), grupo, 197, 382, 477

liberalismo, 41, 139, 254-6, 434

    políticas comerciais, 447-61

licenciamento

    estrangeiro, 46, 416-7, 434, 438

    industrial, 54, 341, 358, 391, 412, 438, 475

Lite-On Technology, 343

livre comércio, 70, 323, 327-30, 440-67. *Ver também* Acordo de Livre Comércio da América do Norte

Lowell, Francis Cabot, 85

lucros, 33, 169n.34, 372n.30

    distribuição dos, 54, 227

    inflação dos, 170-2

    maximização dos, 435

M

Macmillan, Harold, 56n.14

Macronix, 344

Mafatlals, grupo, 408

Malásia, 283-5, 412-13n.70, 414n.71

    bancos de desenvolvimento, 232-6, 262-3

    bens de capital, 298-9

    conflitos raciais e étnicos, 392, 409-13

    distribuição de terras, 51-2

    empresas de propriedade estatal, 378-82, 409-13

    estratégia tecnológica, 46

    experiência manufatureira, 28, 49-50, 207-9

    exportações, 267-73, 289, 318-24

    firmas multinacionais na, 275-81, 360-5

    firmas nacionais, 340

    formação de instituições, 55-6

    governo colonial, 189-91, 207-8

    indústria automobilística, 366-9

    indústria de artigos eletrônicos, 360-2, 387n.52

    indústria de compensado, 314-6

    indústria têxtil, 249n.23

    investimento interno bruto, 427

    investimentos do exterior, 126, 366-9, 467n.25

    investimentos no exterior, 356-7

    pesquisa e desenvolvimento, 415-28, 434n.1

    produção manufatureira, 209

    ritmo de reestruturação, 439

    superávits comerciais, 443

    tarifas, 461

    vantagem comparativa, 451-8

Manchúria, 36, 49, 191, 194, 197

Mannesmann, 271-2

manufatura colonial, 48-9, 287-8

manufatura de maquinário, 32, 155, 206-8, 388-91, 426, 434, 452-3, 471

manufaturas

    como parcela das exportações, 141-3, 282-5, 287

    história comercial antes da Segunda Guerra Mundial, 300-2

manufaturas emigradas, 48-9, 371

manufaturas pré-modernas, 48, 139

mão-de-obra contratada, 151-3

mão-de-obra. *Ver* sindicatos; trabalhadores

maquinário e fábricas. *Ver* unidades de produção

marcação, 464

marcas originais, fabricantes de original, 346

marketing, 35, 227

Martínez del Rio, família, 88-9

Maruti Motors, 341, 370

Maruti Udyog Limited, 475-6

Marx, Karl, 75, 103

matéria-prima, 178-83

McKinley, projeto de lei tarifária de 1890, 321-2

mecanismo de controle, 38-45, 227-8.

Índice remissivo

Ver também mecanismos de controle recíproco

mecanismos de controle recíproco, 38-45, 307, 396, 483-5, 494
    exportações e, 254, 266, 285, 494
    formação de instituições, 47-9
    nos países do "resquício", 499-500
    Ver também sobre países específicos

mecanismos de resistência, 434, 461-86

Mecon, 374

medidas de investimento relacionadas com o comércio, 465

medidas não-tarifárias, 464

mercados
    de nicho, 343, 346
    interno, 265, 267-8, 290-1, 303, 335, 339-40
    segregação seletiva dos, 227, 287-317, 324-7, 332-3

mercados de nicho, 343, 346

mercados financeiros, 27, 31, 381-2, 435-8

Mercedes Benz, 37

Mercosul, 327

metais primários, 37, 365

Metallgesellschaft, 108n.6

México, 283-5, 397n.65, 478-9, 484, 490
    Acordo de Livre Comércio da América do Norte, 46-7, 253n.24, 464-7, 484
    bancos de desenvolvimento, 87n.19, 228-9n.4, 232-4, 238-41, 248, 264, 403-4, 498
    controles de preços, 276-81
    desindustrialização, 449
    distribuição de terras, 51-2
    dívida externa, 439
    divisões de classe, 392-405
    educação, 417-9
    empresas de propriedade estatal, 378-82
    empresas multinacionais, 108-11, 360-5
    experiência manufatureira, 28, 49-50
    exportações, 267-73, 289, 300-13, 318-24
    ferrovias, 157-9

    formação de instituições, 55-6
    firmas nacionais, 209-10, 220, 340, 352-6
    indústria automobilística, 272-6, 366-9, 460
    indústria de artigos eletrônicos, 360-2
    indústria do petróleo e dos petroquímicos, 209-10, 272, 372-84
    indústria do vidro, 145
    indústria siderúrgica, 178-86, 282-3, 373-6
    indústria têxtil, 69, 77-90, 97n.29, 106-8, 117, 145, 149, 162-3
    iniciativas antidumping, 463-5
    inquietação da mão-de-obra, 152-3
    investimento interno bruto, 230-1, 427
    investimentos do exterior, 46-50, 340, 403-5, 465-9, 478
    investimentos no exterior, 356-7
    manufaturas, 141-2
    patentes, 422, 478
    pesquisa e desenvolvimento, 415-20, 478-85
    privatização, 403-4
    produção manufatureira, 209
    projetos de infra-estrutura, 229-32
    reformas comerciais, 307-8
    ritmo de reestruturação, 439
    salários, 151-2, 426-9
    tarifas, 91-6, 104, 460-1, 464-5
    transferências tecnológicas, 114-7
    vantagem comparativa, 451-8

migração, 48-9, 189, 493
    para a Indonésia, 203-6
    para a Malásia, 207-9
    para Taiwan, 199-201
    ultramarina, 56, 58

Miraflores (usina têxtil), 88

Miranda, Miguel, 264-5

Mitsubishi, grupo, 98n.30, 116n.15, 193

Mitsui, grupo, 133, 193

modelo de desenvolvimento por integração, 46-7, 359, 434, 466-7, 470, 483-4 modelo do desenvolvimento pela independência, 46-7, 359, 434, 466-7, 470, 480, 483-4

modernismo, 146-9, 158

moeda, 161, 201, 272-3, 467, 493

Moody, Paul, 85

N

Nacional Financiera (Nafinsa), 228n.4, 232, 264, 375, 404

nacionalização, 220

Nafta. *Ver* Acordo de Livre Comércio da América do Norte

Nakayama-sha, 133

nepotismo, 100-1

Nippon Steel, 37

Nippon Usiminas, 384

Noguchi, grupo, 194

Noruega, 125-8

O

oligopólio, 144, 170, 252-3, 491-2

Olivetti, 37

OMC. *Ver* Organização Mundial do Comércio

Onoda, Companhia de Cimento, 193

Organização de Serviços e Pesquisa em Artigos Eletrônicos, 386

Organização Mundial do Comércio, 276, 434, 461-6, 499

origem, requisitos de, 464

P

Pacific Electric Wire and Cable, 470-2

padrão-ouro, 310

padrão-prata, 144, 168n.32, 310

padrões de desempenho, 53, 333, 493-5
definição pelo governo, 249n.22, 333, 340-3
imposição pelos bancos de desenvolvimento, 245-54
mecanismos de controle recíproco, 38, 41-3, 254, 266-7
nos países do "resquício", 499-500

relação dívida-capital, 54, 255, 341, 359, 404-5
seleção de firmas e, 341-2
Ver também sobre países específicos

padrões políticos, 251-2, 265-76

padrões técnicos, 251-2, 254-60, 285

Paquistão, 47

Parceria por uma Nova Geração de Veículos, 481-2

Pareto, ótimo de, 327, 495-6

Park Chung Hee, 55, 267, 372n.30, 415

Park Taejun, 377

Parque Científico Hsinchu, 341-2, 426-8, 434n.1, 480

Parque Industrial Científico de Tainan, 342, 426

parques científicos, 42, 342, 385, 425, 428, 480-2, 493

Parry's, 382

Pasteur, Louis, 131

patentes, 31, 328-9, 422

pebrina (doença do bicho-da-seda), 130-1

Pemex, 210, 378-80, 383, 405

Perlis Plantations, 412

Permodalan Nasional Berhad, 411

Pertamina, 234, 378, 383

Peru, 357

pesquisa e desenvolvimento, 267, 416-26, 478-81
apoio governamental à, 372, 385-6, 416-26
investimento de firmas estrangeiras, 267, 360-2
padrões de desempenho, 42, 359

Petrobrás, 210, 378-9, 383

petróleo, indústria do, 210, 220, 265, 360. *Ver também* petroquímicos

Petronas, 378, 383

petroquímicos, 378-80
América Latina, 209-10, 216-17
empresas de propriedade estatal, 336, 356, 372, 384
firmas líderes nacionais, 336, 358

Índice remissivo

Petroquisa, 210, 381

Philips, 37, 141, 462

PIB. *Ver* Produto Interno Bruto

Pinochet, Augusto, 264, 314

Pirelli, 37, 108

Pittsburgh Glass Company, 111

Plásticos de Formosa, grupo, 366, 382

pneus, indústria de, 37

Pohang Iron and Steel Mill, 126, 278, 377-8, 381-4, 397

política industrial, 40, 55

política macroeconômica, 40, 493-5

população, 28, 45, 227, 294-5

Posco. *Ver* Pohang Iron and Steel Mill

poupança postal, 242n.20

Prebisch, Raul, 296-7

preços, 29, 155, 209, 494-7
 como fator de exportação, 287-9
 controles sobre os, 276-82
 mecanismos de controle recíproco, 38-9

Prieto, Carlos, 178

Primax Electronics, 344

Primeira Guerra Mundial, 168, 191, 203-4

primeiro lance, 50, 324, 331, 336, 339, 344-5, 362, 386

privatização, 382-4, 395n.56, 403

processamento de alimentos, 28, 193-4, 208, 221, 300-2, 344

Procter and Gamble, 361

produção de seda, 28, 128-36, 145
 China, 107, 128-35
 Coréia, 192-3
 Itália, 36n.5, 129-30
 Japão, 36, 106-7, 128-36, 309
 Turquia, 131-2

produção em massa, 69-70, 85, 492-3

produção têxtil, 27-8, 69-104, 496
 artesanato, 69-73, 86-7
 déficits de habilidades, 96-102
 descaroçadora de algodão e, 35-6, 140
 empréstimos dos bancos de desenvolvimento, 235
 especulação na, 175-7

investimento de capital, 146-55
 porte das firmas de fiação, 141-4
 protecionismo, 70-2, 91-6, 102, 138, 308
 questões de experiência manufatureira, 189-91
 redes de distribuição, 162-4
 subsídios, 41, 273
 Ver também tecidos de algodão; produção de seda; *sobre* países específicos

produção, capacidades de, 29-33, 198, 202, 222-3, 257-8, 419

produtividade, 33-5, 41, 86, 495-7
 indústria têxtil, 75-83, 87, 152, 217-18

Produto Interno Bruto
 parcela do "resto", 28
 participação das exportações no, 288-99
 per capita por região, 39
 preços de mercado (1990), 501

projeto, capacidades de execução de, 30-2, 96, 159, 206, 360

projetos de infra-estrutura, 229-32, 239, 245

Projetos Nacionais Altamente Avançados (Coréia), 480-1

promoção, certificados de, 237, 262

propriedade familiar, 51, 161, 173, 337-9

protecionismo, 291, 302, 307, 321, 466
 contra exportações japonesas, 191-2
 indústria têxtil, 70, 91-6, 102, 138, 308

Proton Motors, 370

Q

quase-rendas, 53, 358, 498

R

REA – Cumberbatch, 207, 410

recursos naturais, 53, 107, 181, 319-20

redes de comunicação dos mecanismos de controle, 40

redes de distribuição, 138, 161-4, 227

refinamento de açúcar, 106-7, 203-4, 296n.7

regulamentos contra compras, 271

Reino Unido. *Ver* Grã-Bretanha

relação dívida-capital, 42, 54, 415, 476, 483

Reliance, 407-8

relógios, fabrico de, 328-31

renda

   crescimento *per capita*, 43, 138n.2

   distribuição de, 47, 51-5, 282, 336-7, 352-9, 391-405, 485

   Ver também salários

Repos, SA, 383n.44

República Tcheca, 464

requisitos de conteúdo local, 41-2, 227, 274n.34, 276n.35, 465

   indústria automobilística, 274-6, 285, 368n.21

"resquício", 28, 47, 189, 486-8

restrições voluntárias às exportações, 102, 218, 463

Rio Flour Mills, 117

risco moral, 42, 160, 497

Roemmers, 397

Rosovsky, Henry, 333

Rússia, 108n.8, 120n.17, 293, 333, 380n.42. *Ver também* União Soviética

S

SAIL, 397

salários

   como fator sobre os investimentos de capital, 153-155

   como incentivos para investimentos em P&D, 267, 426-8

   como vantagem comparativa, 34-5

   cortes nos, 35, 38

   ganhos diários, Leste da Ásia, 37

   impacto das crises financeiras nos, 433

   indústria têxtil, 75, 152-3

   no Japão após a Segunda Guerra Mundial, 36-7

   questões de exportação, 40, 291

   questões de transferência tecnológica, 109-10

Salim, grupo comercial, 383, 413

Samsung, 197, 417n.76, 477

Sandoz, 141, 329

São João del Rey, companhia, 110

Segunda Revolução Industrial, 35, 146, 252, 329, 484-5

Semiconductor Complex Ltd., 385

sensores dos mecanismos de controle, 40

serviços bancários, 170n.36, 221, 233-4, 411-2, 477n.35. *Ver também* bancos de desenvolvimento

setor de alta tecnologia, 28, 37, 356n.12

   capitalismo de risco estatal, 384-91

   firmas nacionais, 46, 352-3, 428-9

   seleção no nível das firmas, 342

   subsídios ao, 461-2

Shell Brasil S.A., 383

Sheng Hsuan-Huai, 178

Shin Nippon Steel, 376-7, 384

Shinkon Synthetic Fibers, 383

Siam Cement, 208

Siam Di Tella, 367

Siam Motors, 208, 370

Siam, grupo, 367, 423-4

Siemens, 37

Siliconware Precision Industries, 344

Sime Darby, 411-2

sindicatos, 38

Sinopec, 378

sistema de agências administrativas, 161, 172-5

Slater, Samuel, 84

sociedades por ações, 158, 169, 305-6

Socma, 396

Soeharto, general, 55

Ssangyong Motors, 477

Stone Electronic Technology, 483

subentendimento da tecnologia, 105-7

subsídios, 14, 30, 34-5, 42, 54, 195, 227, 274-5, 323, 330

   capital a longo prazo, 248, 266

   regulamentos da OMC, 461-6

   relacionados à exportação, 266-73

   seletivos, 462

   teoria de Gerschenkron, 487-90

substituição de importações, 204-5, 266, 302-9, 496
    liberalização do comércio e, 447-8
    segregação de mercado, 287-8, 308, 317-8
Suécia, 36, 141, 181-2n.46, 185n.51, 231n.9
Suíça, 141, 327-31, 283, 459n.17, 486
Sukarno, presidente, 55
Sulzer, 141, 329
Sumitomo Electric Industries Ltd., 470-2
Sunkyung, grupo, 382
Super 301, cláusula comercial (Estados Unidos), 445n.10, 466
superexpansão, 435-40
Supremo Conselho de Exportações (Japão), 312, 315n.26
Suzuki Motors, 475
Swatch, 329

T

tabaco, indústria de. *Ver* indústria de cigarros
Tailândia, 189-90, 207-9, 283-5, 414n.71
    ajuda externa dos Estados Unidos, 60-1
    bancos de desenvolvimento, 232-8, 261-3
    bens de capital, 298-9
    conflitos raciais e étnicos, 392, 409-13
    Conselho de Investimento, 55, 60-7, 236-7, 262, 271, 409, 498
    corrupção na, 42-3
    desindustrialização, 449
    distribuição de terras, 51-2
    educação, 60, 417-9, 434n.1
    empresas de propriedade estatal, 60-1, 378-82, 409-10
    estratégia tecnológica, 46
    experiência manufatureira, 28, 49-50, 207-9
    exportações, 63-5, 267-73, 289-95, 300-13, 324-5
    firmas multinacionais na, 62, 370
    formação de instituições, 55-67
    indústria automobilística, 65-6, 366-9

    indústria de artigos eletrônicos, 360
    indústria têxtil, 208-9, 217n.12, 271
    investimento interno bruto, 230-1, 427
    investimentos do exterior, 467n.25
    joint ventures, 46, 208
    mecanismos de controle recíproco, 60-7
    padrões de desempenho, 62-5
    pesquisa e desenvolvimento, 415-20
    propriedade nacional, 208-9, 221
    questões comerciais, 61-3, 308, 437-8
    ritmo de reestruturação, 439
    tarifas, 62-6
    vantagem comparativa, 451-8
Taiwan, 198, 283, 315, 414n.71, 479, 484, 493
    bancos de desenvolvimento, 232-5, 246
    bens de capital, 298-9, 493
    colonialismo japonês, 36, 49-50, 189-91, 219-23, 301
    como subcontratada, 306-7
    conflitos raciais e étnicos, 392, 409-13
    controles de preços, 276-81
    desindustrialização, 449
    distribuição de renda, 51-2
    distribuição de terras, 51-2
    diversificação, 472
    educação, 417-9
    empresas de propriedade estatal, 372n.30, 378-82, 397, 484
    experiência manufatureira, 28, 49-50, 199-202
    exportações, 289, 295, 300-13, 324-6, 356
    firmas de pequena escala, 192-3, 209, 492-3
    firmas multinacionais em, 360-5
    firmas nacionais, 46, 53, 223, 340-56
    formação de capital interno bruto, 438
    formação de instituições, 55-6
    globalização, 427-8
    indústria automobilística, 281, 366-9
    indústria de hardware para tecnologia da informação, 336, 343-5, 349-51

indústria dos petroquímicos, 209-10
indústria siderúrgica, 373-6, 394-7
indústria têxtil, 199, 217-9, 308-10, 315n.26
investimento interno bruto, 230-1
investimentos do exterior, 409-10, 461n.18, 465-9
investimentos no exterior, 356-7
maiores grupos comerciais (1970-1996), 401
mecanismos de controle recíproco, 42
normas políticas para exportação, 267-73, 283
padrões de desempenho, 368-9
parques científicos, 42, 341-2, 385, 481, 493
patentes, 422, 478
pesquisa e desenvolvimento, 42, 415-28, 478-85
produção manufatureira, 209
questões comerciais, 199-202, 308, 437-8, 463
royalties e taxas de licenciamento, 416-7
salários, 426-9
setor de artigos eletrônicos, 360-2
sindicatos, 38
tarifas, 219, 306n.18
vantagem comparativa, 451-8
Tai-yuen, grupo, 201
tarifas, 91n.23, 93n.26, 130, 291, 447-8, 499-500
aumento de, 463-4
indicadores de nível (1913), 311t.
indústria de petroquímicos, 380-1n.42
liberalização e, 460-2
protecionismo e, 91-6, 102, 130, 274, 291
Ver também sobre países específicos
Tata, grupo, 125, 178-9, 184-6, 340n.4, 407-8, 414n.71
Tata, Jamshedji, 125, 149
Tata Sons and Company, 166, 179
Tate, Henry, 109n.7
Tatung, grupo, 472
Taussig, Frank, 93

taxa de juros, 40, 171, 239-40, 356
taxas de câmbio, 34, 40, 493-6
como fator na taxa de juros, 239-41
exportações e, 144, 294-7
padrão-prata, 144, 310
Taylor, Frederick Winslow, 148
teares, avanços tecnológicos nos, 72-3, 102, 114
tecelagem pelo tear manual, 34, 80-2, 90, 96-102, 140, 282
tecidos de algodão, 28, 41, 84-7, 96, 101-3
Coréia, 193
especulação em, 175-7
Japão, 36, 107, 175n.43, 309
México, 146-8
Tailândia, 64
tecnologia
ativos baseados no conhecimento e, 29-33
compra de, 46, 316, 335, 359
parques científicos. Ver parques científicos
questões da estratégia de desenvolvimento, 46, 49, 316, 320-1
Telco, 370, 476, 479
Telebrás, 385
Televis, 405
teoria da abordagem das transações, 491
teoria da abordagem dos ativos, 487, 490-3
teoria de mercado, 487-9, 495-6
terceirização, 152, 280, 307, 364
terra, distribuição de, 51-2
timidez do capital, 139, 164
Tisco, 183-6
Toppe, Sr., 114, 126
trabalhadores, 267n.31
contrato de trabalho, 100, 152n.14
diferença nos salários femininos, 37
emprego global, 442, 445t.
indústria têxtil, 81t.
oferta de, como fator de exportação, 428

questões de empréstimos para desenvolvimento, 40-1

questões de investimento de capital, 151

sistema de empreiteiros, 152n.14, 159

Ver também habilidades administrativas

transferências para pronto uso, 373

transferências tecnológicas, 33, 105-36, 157, 377-9. *Ver também sobre* países específicos

transporte, 108, 119, 204, 363-7, 459-60. *Ver também* indústria automobilística; ferrovias

Trims. *Ver* medidas de investimento relacionadas com o comércio

Trips. *Ver* direitos à propriedade intelectual relacionados ao comércio

Tunísia, 500

Turquia, 228n.2, 283-4, 414n.71, 501

    bancos de desenvolvimento, 234, 247-9

    empresas multinacionais, 108-11, 360-5

    experiência manufatureira, 28, 49-50

    exportações, 283, 289, 295, 309-12, 333

    formação de instituições, 55-6

    indústria automobilística, 368-9

    indústria da seda, 128-36

    indústria siderúrgica, 180-3, 283

    indústria têxtil, 49n.11, 99n.23, 308-9

    investimentos do exterior, 46-9, 90-1, 369n.26, 468

    investimentos no exterior, 356-7

    joint ventures, 341

    normas políticas para a exportação, 267-73

    padrões de desempenho, 368-9

    pesquisa e desenvolvimento, 415-28

    problemas da dívida, 441

    produção manufatureira, 209

    setor de artigos eletrônicos, 360-2

    vantagem comparativa, 451-8

    Ver também Império Otomano

U

União Européia, 464, 484, 501

União Saha, 208

União Soviética, 374, 383

unidades de produção, investimento em, 139-46, 410

Union Carbide, 116n.15, 360, 365

United Engineers, 207

Upjohn, 397

Usiminas, 341, 376-7, 383-4

Usina de Seda Chosen, 193

Usina de Tecidos de Algodão de Xangai, 97, 115-7

Usina siderúrgica Bokaro, 373-5

V

Vale do Rio Doce, 383-4

valor agregado das manufaturas, 388-91, 397, 429, 442-3, 448-54, 459, 497

VAM. *Ver* valor agregado das manufaturas

vantagem comparativa, 34, 103, 245, 303-4, 356, 451-8, 495

Vargas, Getúlio, 245

Venezuela, 47, 500

Vidriera Monterrey, 145

Vietnã, 383, 500

Vitro, S.A., 145, 404-5

VLSI Technologies Inc., 387n.52

Volkswagen, 370-1

Volta Redonda, 183-5, 373, 376, 397

W

Waltham, produção têxtil pelo sistema, 84-5

Webb, Beatrice e Sidney, 148n.9

Westinghouse, 37, 423

Whitney, Eli, 35, 86

Winbond Electronics Corporation, 343, 472

Wipro Infotech Ltd., 341

Wriston, Walter, 437

Wuhan Iron and Steel Company, 378n.38

Y

Yacimientos Petroliferos Fiscales, 210, 378n.39, 383

Yawata, Usinas Siderúrgicas, 114-5, 126, 182-3
Yokohama, Banco de Espécie, 133, 228n.3
Yongsan Engineering, 195
YPL. *Ver* Yacimientos Petroliferos Fiscales
Yuelong, 370

Z

zaibatsu. Ver sobre Japão
zonas de livre comércio, 40-1, 267
zonas de processamento de exportações, 40, 267n.32, 273, 465. *Ver também* zonas de livre comércio

SOBRE O LIVRO

Formato: 16 x 23
Mancha: 26 x 48,6 paicas
Tipologia: Minion 11,5/15,1
Papel: off-set 75g/m^2

1ª edição: 2009

EQUIPE DE REALIZAÇÃO

Edição de Texto
Mauricio Baptista e Adir de Lima (Copidesque e preparação de original)
Regina Machado (Revisão)

Editoração Eletrônica
Eduardo Seiji Seki

Rua Xavier Curado, 388 • Ipiranga - SP • 04210 100
Tel.: (11) 2063 7000 • Fax: (11) 2061 8709
rettec@rettec.com.br • www.rettec.com.br